U0940920

中国人口统计年鉴

CHINA POPULATION STATISTICS YEARBOOK

1994

国家统计局人口与就业统计司　编

中国统计出版社

(京)新登字 041 号

图书在版编目(CIP)数据

中国人口统计年鉴 1994/国家统计局人口与就业统计司编。
北京:中国统计出版社,1994,9
ISBN 7-5037-1735-1

Ⅰ.中…
Ⅱ.国…
Ⅲ.人口统计-中国-年鉴-1994
Ⅳ.C924.25-54

中国统计出版社出版
(北京复外三里河月坛南街 38 号 100826)
新华书店经销
友谊印刷经营公司印刷
*
787×1092 毫米 16 开本 34.125 印张 99 万字
1994 年 11 月第 1 版 1994 年 11 月北京第 1 次印刷
印数:1－2000
ISBN 7-5037-1735-1/C.998
定价:49.00元

《中国人口统计年鉴》编委会

编辑说明

一、《中国人口统计年鉴—1994》是一部全面反映中华人民共和国各种人口状况的资料性年刊，全书收集了全国和各省、自治区、直辖市大量的人口数据，以及世界各国的主要人口数据。

二、全书内容分为八个部分，即：(一)1993 年全国人口变动抽样调查数据；(二)1990 年全国人口普查数据；(三)1990 年全国人口普查分析文章；(四)全国历年人口统计数据；(五)1993 年度全国户籍统计人口数据；(六)1993 年度全国计划生育统计人口数据；(七)1993 年度全国民政统计人口数据；(八)世界各国主要人口数据。

三、为了满足社会各部门的需要，本期年鉴同时公布人口普查、人口抽样调查和户籍统计等多方面的人口数据。由于统计的方法不同，以及某些原因，数据不可能完全一致，请读者在使用时加以注意。

四、1984 年后新建制的市和镇包括大量的农业人口，特别是近几年来，许多乡改为镇，使镇人口猛增，市镇中的非农业人口所占比重较 1984 年以前相对降低较多。为了便于各部门使用，1990 年全国人口普查采用两种口径进行汇总市镇人口，1993 年全国人口抽样调查全部采用第二口径汇总市镇人口。两种口径划分如下：

第一种口径(按行政建制)：

市人口——市管辖区域内的全部人口(含市辖镇，不含市辖县)；

镇人口——县辖镇的全部人口(不含市辖镇)；

县人口——县辖乡人口。

第二种口径：

市人口——设区的市的区人口和不设区的市所辖的街道人口；

镇人口——不设区的市所辖镇的居民委员会人口和县辖镇的居民委员会人口；

县人口——除上述两种人口以外的全部人口。

五、1990年全国人口普查取得了十分丰富的人口资料，由于受年鉴篇幅限制，每年只能刊登一部分，读者在使用时，如能结合前四年的年鉴中所刊登的普查数据，将使资料更为全面，详细和系统。

六、除注明含中国人民解放军现役军人和台湾、香港、澳门人数的表外，其他表均为大陆30个省、自治区、直辖市的人口数。

七、本年鉴的编辑得到公安部三局、国家计生委规划统计司、民政部综合计划司等单位的大力支持，谨此致谢。

八、本年鉴表中的符号说明：

“…”表示数据不足本表最小单位数；

“空格”或“—”表示该项统计指标数据不详或无该项数据；

“※”或“①”表示本表下有注解。

目　　录

第一部分　1993年全国人口变动抽样调查数据

1993年我国人口增长稳中略降 …………………………………………………………… (3)
1993年我国人口出生率下降原因 ……………………………………………………………… (5)
说明…………………………………………………………………………………………………… (7)
1－1　省、自治区、直辖市人口变动情况 ……………………………………………………… (8)
1－2　省、自治区、直辖市分性别的人口数 ………………………………………………… (10)
1－3　全国分年龄、性别的人口数…………………………………………………………… (11)
1－4　全国市分年龄、性别的人口数(第二口径) …………………………………………… (14)
1－5　全国镇分年龄、性别的人口数(第二口径) …………………………………………… (17)
1－6　全国县分年龄、性别的人口数(第二口径) …………………………………………… (20)
1－7　省、自治区、直辖市人口年龄构成指数 ……………………………………………… (23)
1－8　省、自治区、直辖市家庭户与集体户的户数、人口数 ………………………………… (24)
1－9　省、自治区、直辖市家庭户规模 ……………………………………………………… (25)
1－10 省、自治区、直辖市有65岁及以上老年人的家庭户………………………………… (26)
1－11 省、自治区、直辖市分性别的各种文化程度人口数 …………………………………… (27)
1－12 全国6岁及6岁以上分年龄、性别的各种文化程度人口数………………………… (30)
1－13 全国15岁及15岁以上人口分年龄和文化程度的婚姻状况 ………………………… (36)
1－14 省、自治区、直辖市育龄妇女近几年平均初婚年龄 …………………………………… (54)
1－15 省、自治区、直辖市的市育龄妇女近几年平均初婚年龄 ……………………………… (55)
1－16 省、自治区、直辖市的镇育龄妇女近几年平均初婚年龄 ……………………………… (56)
1－17 省、自治区、直辖市的县育龄妇女近几年平均初婚年龄 ……………………………… (57)
1－18 全国近几年初婚1992年初育的育龄妇女人数及所占比重………………………… (58)
1－19 省、自治区、直辖市1993年生育的已有一个存活子女的妇女数…………………… (59)

1—20 省、自治区、直辖市分孩次及性别的出生人数 …………………………………………… (60)
1—21 省、自治区、直辖市分年龄死亡率 ………………………………………………………… (62)
1—22 省、自治区、直辖市迁入人口状况 ………………………………………………………… (64)
1—23 省、自治区、直辖市迁出人口状况 ………………………………………………………… (65)
1—24 全国按省内外分的迁入人口状况 …………………………………………………………… (66)
1—25 全国按省内外分的迁出人口状况 …………………………………………………………… (66)

第二部分 1990年全国人口普查数据

2—1 全国分县(含县辖镇)、市(不含市辖县)的居委会人口、村委会人口及非农业、农业人口 ……………………………………………………………………………………… (69)
2—2 省、自治区、直辖市常用人口年龄分组………………………………………………………… (149)
2—3 全国各民族人口的文化程度状况……………………………………………………………… (152)
2—4 全国各民族分性别的文盲、半文盲人口数 …………………………………………………… (158)
2—5 全国15岁及15岁以上分年龄、性别的文盲、半文盲人口数………………………………… (162)
2—6 全国市15岁及15岁以上分年龄、性别的文盲、半文盲人口数(第二口径)………… (166)
2—7 全国镇15岁及15岁以上分年龄、性别的文盲、半文盲人口数(第二口径)………… (170)
2—8 全国县15岁及15岁以上分年龄、性别的文盲、半文盲人口数(第二口径)………… (174)
2—9 省、自治区、直辖市按职业大、中、小类分的人口数……………………………………… (178)
2—10 全国按文化程度分的各职业大、中、小类人口数………………………………………… (188)
2—11 全国15岁及15岁以上人口分年龄和文化程度的婚姻状况…………………………… (210)
2—12 省、自治区、直辖市混合户户数及所占比重 ……………………………………………… (258)
2—13 省、自治区、直辖市有老年人口的户数………………………………………………… (259)
2—14 省、自治区、直辖市家庭户类别…………………………………………………………… (262)
2—15 省、自治区、直辖市市家庭户类别(第二口径)…………………………………………… (264)
2—16 省、自治区、直辖市镇家庭户类别(第二口径)…………………………………………… (266)
2—17 省、自治区、直辖市县家庭户类别(第二口径)…………………………………………… (268)
2—18 1989年全国分年龄生育双胞胎妇女及其占有生育妇女的百分比 ……………………… (270)
2—19 1989年全国市分年龄生育双胞胎妇女及其占有生育妇女的百分比(第二口径)………………………………………………………………………… (271)

2—20 1989年全国镇分年龄生育双胞胎妇女及其占有生育妇女的百分比(第二口径)…………(272)
2—21 1989年全国县分年龄生育双胞胎妇女及其占有生育妇女的百分比(第二口径)…………(273)
2—22 省、自治区、直辖市分性别的死亡人口数…………(274)
2—23 省、自治区、直辖市的市分性别的死亡人口数(第二口径)…………(276)
2—24 省、自治区、直辖市的镇分性别的死亡人口数(第二口径)…………(278)
2—25 省、自治区、直辖市的县分性别的死亡人口数(第二口径)…………(280)
2—26 全国按现住地和1985年7月1日常住地类型分性别、迁移原因的迁入人口数…………(282)
2—27 北京市1989年育龄妇女分年龄、孩次的生育状况…………(322)
2—28 天津市1989年育龄妇女分年龄、孩次的生育状况…………(324)
2—29 河北省1989年育龄妇女分年龄、孩次的生育状况…………(326)
2—30 山西省1989年育龄妇女分年龄、孩次的生育状况…………(328)
2—31 内蒙古自治区1989年育龄妇女分年龄、孩次的生育状况…………(330)
2—32 辽宁省1989年育龄妇女分年龄、孩次的生育状况…………(332)
2—33 吉林省1989年育龄妇女分年龄、孩次的生育状况…………(334)
2—34 黑龙江省1989年育龄妇女分年龄、孩次的生育状况…………(336)
2—35 上海市1989年育龄妇女分年龄、孩次的生育状况…………(338)
2—36 江苏省1989年育龄妇女分年龄、孩次的生育状况…………(340)
2—37 浙江省1989年育龄妇女分年龄、孩次的生育状况…………(342)
2—38 安徽省1989年育龄妇女分年龄、孩次的生育状况…………(344)
2—39 福建省1989年育龄妇女分年龄、孩次的生育状况…………(346)
2—40 江西省1989年育龄妇女分年龄、孩次的生育状况…………(348)
2—41 山东省1989年育龄妇女分年龄、孩次的生育状况…………(350)
2—42 河南省1989年育龄妇女分年龄、孩次的生育状况…………(352)
2—43 湖北省1989年育龄妇女分年龄、孩次的生育状况…………(354)
2—44 湖南省1989年育龄妇女分年龄、孩次的生育状况…………(356)
2—45 广东省1989年育龄妇女分年龄、孩次的生育状况…………(358)
2—46 广西壮族自治区1989年育龄妇女分年龄、孩次的生育状况…………(360)

2—47 海南省 1989 年育龄妇女分年龄、孩次的生育状况……………………………………(362)
2—48 四川省 1989 年育龄妇女分年龄、孩次的生育状况……………………………………(364)
2—49 贵州省 1989 年育龄妇女分年龄、孩次的生育状况……………………………………(366)
2—50 云南省 1989 年育龄妇女分年龄、孩次的生育状况……………………………………(368)
2—51 西藏自治区 1989 年育龄妇女分年龄、孩次的生育状况………………………………(370)
2—52 陕西省 1989 年育龄妇女分年龄、孩次的生育状况……………………………………(372)
2—53 甘肃省 1989 年育龄妇女分年龄、孩次的生育状况……………………………………(374)
2—54 青海省 1989 年育龄妇女分年龄、孩次的生育状况……………………………………(376)
2—55 宁夏回族自治区 1989 年育龄妇女分年龄、孩次的生育状况…………………………(378)
2—56 新疆维吾尔自治区 1989 年育龄妇女分年龄、孩次的生育状况………………………(380)

第三部分 1990 年全国人口普查分析文章

我国 15—24 岁的青年就学人数较少，就业人数较多……………………………………(385)
我国在业人口的文化素质亟待提高………………………………………………………(388)
我国有多少人“搞饭吃”？……………………………………………………………………(390)
我国农业、非农业户口人口的就业分布 …………………………………………………(392)
我国少数民族人口文化教育水平有较大幅度的提高，但各少数民族间的差异很大 ……(395)
我国夫妻年龄结构的现状及趋势…………………………………………………………(398)
全国有 768 万 30—44 岁大龄未婚人口 …………………………………………………(401)
我国妇女双胞胎生育的几个特点…………………………………………………………(403)

第四部分 全国历年人口统计数据

一、总户数、总人口

4—1 全国历年总户数、总人口 ……………………………………………………………(408)
4—2 全国历年非农业、农业人口 …………………………………………………………(409)
4—3 全国历年人口密度…………………………………………………………………(410)
4—4 台湾、香港、澳门历年人口数………………………………………………………(411)
4—5 省、自治区、直辖市历年总户数、总人口 …………………………………………(412)

二、市、镇人口

4—6 全国历年城乡人口构成……………………………………………(430)

4—7 全国历年市、镇人口数 ……………………………………………(431)

4—8 省、自治区、直辖市部分年份市、镇人口数 ………………………(432)

4—9 全国历年按非农业人口分组的市数………………………………(436)

三、人口自然变动

4—10 全国历年人口自然变动情况……………………………………(438)

4—11 省、自治区、直辖市部分年份人口自然变动情况………………(439)

四、人口教育

4—12 各级学校数、教师数 …………………………………………(444)

4—13 中等学校分类学校数、教师数 ………………………………(446)

4—14 普通高等学校各类学生数……………………………………(448)

4—15 小学各类学生数………………………………………………(448)

4—16 盲、聋哑学校各类学生数 …………………………………(449)

4—17 幼儿园各类学生数……………………………………………(449)

4—18 中等学校各类学生数…………………………………………(450)

4—19 初中毕业生和小学毕业生升学率……………………………(454)

4—20 小学学龄儿童入学率…………………………………………(454)

第五部分 1993年度全国户籍统计人口数据

5—1 总户数、总人口 ……………………………………………………(457)

5—2 非农业、农业人口 …………………………………………………(458)

5—3 非农业、农业人口所占比重 ………………………………………(460)

5—4 市、县、县辖镇个数及人口数………………………………………(461)

5—5 全国及市、县、县辖镇性别比………………………………………(462)

5—6 行政区划……………………………………………………………(463)

5—7 22个沿海城市人口及人口变动情况 ……………………………(464)

5—8 地级市及县级市个数、总人口、非农业人口………………………(466)

5—9 市人口分组…………………………………………………………(467)

5—10 按总人口排序的市及其人口数……………………………………………………………（468）
5—11 按非农业人口排序的市及其人口数…………………………………………………（473）
5—12 按县总人口分组的县数………………………………………………………………（478）

第六部分 1993年度全国计划生育统计人口数据

6—1 各地区采取各种节育措施的人口数……………………………………………………（481）
6—2 各地区采取各种节育措施人数与上年比较情况………………………………………（482）
6—3 各地区节育率及采取各种节育措施所占比重…………………………………………（483）
6—4 各地区采取各种节育措施比重与上年比较情况………………………………………（484）
6—5 各地区节育率及各分项措施节育率……………………………………………………（485）
6—6 各地区节育率及各分项措施节育率与上年比较情况…………………………………（486）
6—7 各地区已婚育龄妇女及领证情况………………………………………………………（487）

第七部分 1993年度全国民政统计人口数据

7—1 省、自治区、直辖市主要民政对象情况……………………………………………………（491）
7—2 省、自治区、直辖市优抚对象情况…………………………………………………………（492）
7—3 省、自治区、直辖市婚姻登记情况…………………………………………………………（494）
7—4 省、自治区、直辖市涉外及华侨、港澳台同胞婚姻情况………………………………（496）
7—5 1979—1993年全国婚姻登记情况 ……………………………………………………（498）

第八部分 世界各国主要人口数据

8—1 世界各国人口密度…………………………………………………………………………（501）
8—2 1993年世界各国人口数据 ……………………………………………………………（504）

主要统计指标解释……………………………………………………………………………（524）

NOTES FROM THE COMPILER

I. "CHINA POPULATION STATISTICS YEARBOOK——1994" is an annual statistical reference publication, intending to provide summary statistics on the population of the People's Republic of China. The yearbook contains population data at national and provincial level as well as the major figures of other countries of the world.

II. This yearbook consists of eight chapters, namely: Figures of the national population change survey in 1993; figures of the 1990 population census; papers using the 1990 population census data; figures of population statistics over the past years; figures of the household registration in 1993; figures of the family planning statistics; figures of the civil affairs statistics and major figures of other countries of the world.

III. In order to meet the needs of different departments or institutions, this yearbook contains the data from various sources, such as population census, population change survey and household registration. As the definition and the method of data collection are not the same as well as some other reason, the data under the same or similar heading may be different. The readers should pay attention to this when they use the data.

IV. The new cities and towns, which have being set up since 1984, have a large number of agricultural population. Especially in recent years, many townships changed into towns and this made population of towns sharply increased. Compared with the data before 1984, the percentage of non—agricultural population in cities and towns become much lower. For convenience of the users, the data of city and town population were tabulated with two concepts in the 1990 population census, and tabulated only with the second concept in the 1993 population change survey. The two concepts are as follows:

The first concept (according to the administrative division)

City population——total population living in the administrative division of the cities (including towns under the jurisdiction of city but excluding counties under jurisdiction of city);

Town population——total population living in the administrative division of the towns under the counties (excluding towns under the jurisdiction of city);

County population——total population of townships under the counties.

The second concept:

City population——total population living in the districts of cities which are sub—divided into districts and living in the street committees of cities which are not sub—divided into districts;

Town population—— total population living in the neighborhood committees of towns under the jurisdiction of cities which are not sub—divided into districts and living in the neighborhood committees of towns directly under county's jurisdiction;

County population——total population that are not included in the cites and towns.

V. Rich data were collected in the 1990 population census of China, but only a part of the data are published every year due to the limited space of the yearbook. The data will become more detail and completed if the readers can combine the data published in the four previous yearbooks together when they are using the data.

VI. Unless it is specified, all the data refer to the total population of the 30 provinces, autonomous regions and municipalities on the mainland of China excluding the servicemen and the population of Taiwan, Hongkong and Macao.

VII. We want express our thanks to the Department of Planning and Statistics of the State Family Planning Commission, the Department of Synthetic and Planning of the State Civil Affair Ministry, the Third Bureau of the Public Security Ministry and the other departments which have provided us with the data for this yearbook.

VIII. The explanation of the symbols in the tables of this yearbook:

"...." refers to magnitude less than minimum unit employed.

" " or "——" refers to data unknown or not available.

"*" or "①" refers to note below the table.

CONTENTS

Part One: Figures of the Annual Population Change Survey in 1993

Stable with a slight decline for China's population growth in 1993 ······ (3)

Reasons of CBR decline in 1993 ······ (5)

Explanations ······ (7)

1—1 Population change status by province ······ (8)

1—2 Population by sex and Province ······ (10)

1—3 Population by age and sex ······ (11)

1—4 City population by age and sex ······ (14)

1—5 Town population by age and sex ······ (17)

1—6 County population by age and sex ······ (20)

1—7 Index of age composition by province ······ (23)

1—8 Household and population in family and non—family household by province ······ (24)

1—9 Average size of family household by province ······ (25)

1—10 Family household with people aged 65 and over by province ······ (26)

1—11 Distribution of population according to educational level by sex and province ······ (27)

1—12 Distribution of population aged 6 and over according to educational level by age and sex ······ (30)

1—13 Distribution of population aged 15 and over according to marital status by age and educational level ······ (36)

1—14 Mean age at first marriage of women aged 15—49 in recent years by province ······ (54)

1—15 Mean age at first marriage of city women aged 15—49 in recent years by province ······ (55)

1—16 Mean age at first marriage of town women aged 15—49 in recent years by province ··· (56)

1—17 Mean age at first marriage of county women aged 15—49 in recent years by province ······ (57)

1—18 Proportion and number of women aged 15—49 who were firstly married in recent years and gave first birth in 1992 ······ (58)

1—19 Number of women already have had one living child and giving birth in 1993 ······ (59)

1—20 Number of birth by parity, sex and province ······ (60)

1—21 Number of death by age ······ (62)

1—22 Number of in—migrants by province ······ (64)

1—23 Number of out—migrants by province ······ (65)

1—24 Distribution of inmigrants according to status of inter-province and between provinces ······ (66)

1—25 Distribution of out—migrants according to status of inter-province and between provinces ······ (66)

Part Two: Figures of the 1990 Population Census

2—1 Agricultural and non—agricultural population in county(including town under county) and city(excluding county) by neighborhood and village committee .... (69)
2—2 Population by age group and province .... (149)
2—3 Population by nationality and educational level .... (152)
2—4 Illiterate and semi—literate population by nationality and sex .... (158)
2—5 Illiterate and semi—literate population aged 15 and over by age and sex .... (162)
2—6 Illiterate and semi—literate population aged 15 and over in city by age and sex .... (166)
2—7 Illiterate and semi—literate population aged 15 and over in town by age and sex .... (170)
2—8 Illiterate and semi—literate population aged 15 and over in county by age and sex .... (174)
2—9 Working person by two digits classification of occupation and province .... (178)
2—10 Working person by three digits classification, sex and educational level .... (188)
2—11 Population aged 15 and over by age, sex and marriage status .... (210)
2—12 Households with more than one nationality by province .... (258)
2—13 Households with people aged 60 and over by province .... (259)
2—14 Households by type of family household and province .... (262)
2—15 City households by type of family household and province .... (264)
2—16 Town households by type of family household and province .... (266)
2—17 County households by type of family household and province .... (268)
2—18 Women giving twin births in 1989 and its proportion by age .... (270)
2—19 City women giving twin births in 1989 and their proportion by age .... (271)
2—20 Town women giving twin births in 1989 and their proportion by age .... (272)
2—21 County women giving twin births in 1989 and their proportion by age .... (273)
2—22 Number of deaths by province (1989.1.1—1990.6.30) .... (274)
2—23 Number of city deaths by province (1989.1.1—1990.6.30) .... (276)
2—24 Number of town deaths by province (1989.1.1—1990.6.30) .... (278)
2—25 Number of county deaths by province (1989.1.1—1990.6.30) .... (280)
2—26 In—migrants according to their current residence and type of usual residence of July 1, 1985 by sex and cause of migration .... (282)
2—27 Age—parity—specific fertility rate of Beijing women in 1989 .... (322)
2—28 Age—parity—specific fertility rate of Tianjin women in 1989 .... (324)
2—29 Age—parity—specific fertility rate of Hebei women in 1989 .... (326)
2—30 Age—parity—specific fertility rate of Shanxi women in 1989 .... (328)
2—31 Age—parity—specific fertility rate of Inner Mongolian women in 1989 .... (330)
2—32 Age—parity—specific fertility rate of Liaoning women in 1989 .... (332)
2—33 Age—parity—specific fertility rate of Jilin women in 1989 .... (334)
2—34 Age—parity—specific fertility rate of Heilongjiang women in 1989 .... (336)
2—35 Age—parity—specific fertility rate of Shanghai women in 1989 .... (338)

2—36 Age—parity—specific fertility rate of Jiangsu women in 1989 ………………………… (340)
2—37 Age—parity—specific fertility rate of Zhejiang women in 1989 ………………………… (342)
2—38 Age—parity—specific fertility rate of Anhui women in 1989 ………………………… (244)
2—39 Age—parity—specific fertility rate of Fujiang women in 1989 ………………………… (346)
2—40 Age—parity—specific fertility rate of Jiangxi women in 1989 ………………………… (348)
2—41 Age—parity—specific fertility rate of Shandong women in 1989 ………………………… (350)
2—42 Age—parity—specific fertility rate of Henan women in 1989 ………………………… (352)
2—43 Age—parity—specific fertility rate of Hubei women in 1989 ………………………… (354)
2—44 Age—parity—specific fertility rate of Hunan women in 1989 ………………………… (356)
2—45 Age—parity—specific fertility rate of Guangdong women in 1989 ………………………… (358)
2—46 Age—parity—specific fertility rate of Guangxi women in 1989 ………………………… (360)
2—47 Age—parity—specific fertility rate of Hainan women in 1989 ………………………… (362)
2—48 Age—parity—specific fertility rate of Sichuan women in 1989 ………………………… (364)
2—49 Age—parity—specific fertility rate of Guizhou women in 1989 ………………………… (366)
2—50 Age—parity—specific fertility rate of Yunnan women in 1989 ………………………… (368)
2—51 Age—parity—specific fertility rate of Tibetan women in 1989 ………………………… (370)
2—52 Age—parity—specific fertility rate of Shaanxi women in 1989 ………………………… (372)
2—53 Age—parity—specific fertility rate of Gansu women in 1989 ………………………… (374)
2—54 Age—parity—specific fertility rate of Qinghai women in 1989 ………………………… (376)
2—55 Age—parity—specific fertility rate of Ningxia women in 1989 ………………………… (378)
2—56 Age—parity—specific fertility rate of Xinjiang women in 1989 ………………………… (380)

Part Three: Papers on data of the 1990 Population Census

Less students and more working people in age group of 15—24 ………………………… (385)
The educational quality of working people demanding prompt solution ………………………… (388)
How many people are engaging in agriculture? ………………………… (390)
Distribution of working people according to agricultural and non—agricultural household …… (392)
The educational level much high for minority population but a large gap between them …… (395)
Status and trends of age structure between husband and wife ………………………… (398)
There are 7.86 million single people aged 30—44 ………………………… (401)
Characteristics of women with twin birth ………………………… (403)

Part Four: Figures of population statistics over the years

A) Household and population

4—1 Household and population over the past years ………………………… (408)
4—2 Agricultural and non—agricultural population over the past years ………………………… (409)
4—3 Population Density over the past years ………………………… (410)

4—4 Population of Taiwan, Hong Kong and Macao over the past years ······················ (411)
4—5 Household and population over the past years by province ······························ (412)

B) Population of city/town

4—6 Composition of rural—urban population over the past years ························· (430)
4—7 Population of city/town over the past years ··· (431)
4—8 Population of city/town in selected years by province ······································ (432)
4—9 Number of city classified by their non—agricultural population ························ (436)

C) Population natural change

4—10 Population Change over the past years ·· (438)
4—11 Population natural change in selected years by province ································ (439)

D) Education level

4—12 Number of schools and teachers by level of school ·· (444)
4—13 Number of secondary schools and teachers by type of school ···························· (446)
4—14 Number of students of college and university by type of students ······················ (448)
4—15 Number of students of primary schools by type of students ······························ (448)
4—16 Number of schools special for blind, deaf and mute by type of students ·············· (449)
4—17 Number of students of kindergarten ·· (449)
4—18 Number of students of secondary schools by type of students ··························· (450)
4—19 Proportion of graduate students in junior middle and primary schools ················ (454)
4—20 Percentage of school—aged children enrolled ·· (454)

Part Five: Figures of the household registration in 1993

5—1 Household and population ·· (457)
5—2 Non—agricultural and agricultural population ·· (458)
5—3 Proportion of non—agricultural and agricultural population ································ (460)
5—4 Number of cities, counties and towns under county and their population ················ (461)
5—5 Sex-ratio of total population and population in city, county and town under county ··· (462)
5—6 Administrative division ·· (463)
5—7 Population of 22 cities in the coastal areas and their population change ················ (464)
5—8 Number of cities at prefectural and county level, their population and non—agricultural population ·· (466)
5—9 City by number of population ·· (467)
5—10 City and population according to the order of their total population ··················· (468)

5—11 City and population according to the order of their non—agricultural population ······ (473)
5—12 Number of counties classified by their total population ······ (478)

Part Six: Figures of the family planning statistics

6—1 Number of contraception users by method and province ······ (481)
6—2 Difference of contraception users compared with that of last year by method and province ······ (482)
6—3 Contraceptive rate and proportion of each method by province ······ (483)
6—4 Difference of proportion of each method users compared with that of last year by province ······ (484)
6—5 Total contraceptive rate and contraceptive rate of each method by province ······ (485)
6—6 Difference of total contraceptive rate and composition compared with that of last year by province ······ (486)
6—7 Number of women aged 15—49 and proportion signed one child certificate ······ (487)

Part Seven: Figures of civil affairs statistics

7—1 Main target population of civil affairs by province ······ (491)
7—2 Target population of civil affairs allowance by province ······ (492)
7—3 Status of marriage registration by province ······ (494)
7—4 Status of marriage registration concerning foreign nationals, overseas Chinese, compatriots in Taiwan, Hong Kong and Macao by province ······ (496)
7—5 Status of marriage registration during 1979—1993 ······ (498)

Part Eight: Main figures of other countries of the world

8—1 Population density of other countries of the world ······ (501)
8—2 Main figures of other countries of the world in 1993 ······ (504)

Attached: Explanation of the main statistical indexes ······ (524)

第 一 部 分

1993 年全国人口变动

抽样调查数据

1993年我国人口增长稳中略降

1993年全国人口变动情况抽样调查结果表明，我国人口增长稳中略降。全国人口出生率为18.09‰，死亡率为6.64‰，自然增长率为11.45‰。据此推算，1993年末我国大陆总人口为118 517万人。

全年净增人口1 346万人

根据抽样调查推算，1993年全国出生人口2 126万人，出生率为18.09‰，与1992年相比，人口出生率下降了0.15个千分点。1993年全年死亡人口780万人，死亡率为6.64‰，与1992年持平。自然增长率比1992年下降0.15个千分点，1993年全国净增人口1 346万人，比1992年的1 348万人减少2万人。

与人口计划相比，少出生306万人

1993年实际出生率比计划降低2.49个千分点，全国实际出生人口比计划减少306万人；实际人口自然增长率比计划降低2.43个千分点，实际净增人口比计划少增加294万人。

我国人口增长稳中略降的主要原因

1.各级党政领导进一步强化了计划生育工作的目标管理责任制。自1991年中共中央、国务院颁布《关于加强计划生育工作，严格控制人口增长的决定》以来，中央已经召开了三次计划生育工作座谈会，各级党政一把手亲自抓、总负责，层层签订人口与计划生育目标管理责任书的做法已经普遍推广。

2.计划生育工作逐步进入了经常化、科学化、制度化的管理轨道。随着计划生育工作的深入，计划生育的有关法规条例陆续出台，技术服务站、室和服务设施逐步配套，大部分地区已由“突击”活动为主转向经常性孕前服务工作为主，工作中心也转为分类指导，重点管理，进一步推动了基层计划生育工作的开展。

3.人口年龄结构的变化也起到了一定的作用。自1992年我国进入20—29岁生育旺盛期的妇女人数达到顶峰后，1993年开始下降，人数为12 139万人，比上年减少113万人。

值得注意的问题

1.1993年出生婴儿性别比依然偏高，为115.6(国际上通常认为正常值为103—107个男婴比100个女婴)。1990年人口普查，我国出生婴儿性别比已达到111.3。根据这几年的人口变动情况抽样调查，1991年、1992年均为117.4，1993年虽然比1992年略有下降，但出生婴儿性别比偏高的状况没有得到根本解决。如不很好地加以解决，将会造成严重的社会问题。

2. 流动人口的计划生育管理问题需要加强。随着社会主义市场经济体制的建立，流动人口不断增加。据这次人口变动抽样调查分析，北京在调查的713个出生孩子中，有35个是外地来京的流动人口所生，占5%。流动人口具有居住不定，流动性强，管理难度较大等特性，所生的孩子往往是多孩或无计划指标，若稍有疏忽，就会成为计划生育工作的死角。据武汉市流动人口调查，外来流动人口的妇女一般生育率是本市妇女一般生育率的两倍。因此，采取有效措施，切实加强对流动人口计划生育的管理，将是未来应解决的一个突出问题。

3. 近几年内人口出生率出现回升的可能性依然存在。虽然我国人口控制工作取得了很大成绩，生育旺盛期的妇女人数自1992年达到顶峰后，已开始陆续减少，这对于进一步稳定人口出生率，抓紧计划生育工作，实现2000年我国人口控制的战略目标是非常有利的。但由于我国人口基数大，1994年至2000年每年生育旺盛的妇女人数仍保持在一亿多人。而且，随着计划生育工作的规范化，目前部分推迟生育的育龄妇女今后还将生育。这说明，我国人口出生率出现回升的可能性依然存在。因此，对我国人口控制任务的长期性和艰巨性要保持清醒的认识，坚持不懈地抓紧抓好计划生育工作。

附表： 全国1993年人口增长情况

年　份	总人口（万人）	出生人口（万人）	净增人口（万人）	出生率（‰）	自然增长率（‰）
1993	118 517	2 126	1 346	18.09	11.45
1992	117 171	2 119	1 348	18.24	11.60
比　较	＋1 346	＋7	－2	－0.15	－0.15
1993年计划	119 000	2 432	1 640	20.58	13.88
与1993年实际比较	－483	－306	－294	－2.49	－2.43

1993 年我国人口出生率下降原因

国家统计局《1993 年国民经济和社会发展的统计公报》发表了 1993 年人口数据。1993 年全国人口出生率为 18.09‰，死亡率 6.64‰，自然增长率为 11.45‰。据此推算，1993 年末中国大陆总人口达到 118 517 万人，全年出生人口 2 126 万，死亡人口 780 万，净增人口 1 346 万人。

中国人口增长在连续两年取得较大幅度的下降之后，1993 年人口出生率和自然增长率同上年相比下降 0.15 个千分点，净增人口减少了 2 万人，表明了中国的人口增长进一步得到了有效的控制。其主要原因是：

1. 各级领导强化了计划生育工作的目标管理责任制。自 1991 年中共中央、国务院发出了《关于加强计划生育工作，严格控制人口增长的决定》以来，中央已经召开了四次计划生育工作座谈会，各级党政一把手亲自抓、负总责，实行和完善了人口与计划生育目标管理责任制，根据具体情况对不同地区的计划生育工作，实行了分类指导，先进地区逐步形成了较为完整的科学的计划生育工作考核及评估体系，同时也促进了后进地区的工作。

2. 基层的计划生育工作正逐步进入经常化、科学化、制度化、法制化的管理轨道。随着计划生育工作的深入，计划生育的法规和条例陆续出台，技术服务站、室和服务设施逐步配套，妇女避孕节育的技术服务和妇幼保健条件进一步改善。这些都为保持 1993 年人口增长平稳下降奠定了基础。

3. 妇女初婚人数减少，平均初婚年龄提高。近两年来，由于人口计划管理体系日臻完善，各地政府重视妇女早婚早育问题，并采取一系列措施，使早婚早育现象得到了有效的控制。从各地调查的情况看，一些计划生育工作先进的地区，1993 年妇女的早婚率仅为 1%，晚婚率达到了 70%以上。早婚早育的比例下降使 1993 年妇女的初婚人数减少。如山东省，1993 年结婚对数比上年减少了 16%。资料还表明，全年出生人数中的近 60%属于一孩生育，而初婚人数的减少，势必影响一孩生育的总量。

近两年由于早婚比例下降，中国妇女的平均初婚年龄有所提高。1988 年妇女平均初婚年龄为 21.81 岁，1990 年提高到 22.05 岁，1991 年为 22.21 岁，1992 年上升为 22.47 岁，1993 年初婚年龄已上升到 22.67 岁。

4. 20—29 岁生育旺盛期妇女人数开始下降，怀孕人数减少。尽管九十年代我国 15—49 岁育龄妇女人数达到 3.1 亿，但妇女的年龄结构发生了变化，20—29 岁生育旺盛期的妇女人数在 1992 年达到顶峰后，1993 年开始下降，人数为 12 139 万人，比上年减少了 113 万人。在一些地区，如江苏、浙江、山东、辽宁省和北京、天津、上海三个直辖市，育龄妇女人数都有所减少。

除了妇女年龄结构的变化外，在一些地区，由于前几年计划外的生育比较多，抢生一孩、强生二孩或多孩的现象比较普遍。近两年来，符合生育政策条件的怀孕妇女人数比前几年明显减少，多孩生育率大幅度下降。这些对人口出生率的平稳下降起了一定的作用。

5. 人们的生育观念逐步转变。社会主义市场经济的建立发展，使相当一部分妇女把更多的精力投入到经济活动中，少生孩子，快致富，由抱胖娃娃变为抱"金娃娃"的观念，已在相当一部分人中形成了共识。如吉林省 1993 年人口变动抽样调查表明，因经商外出做工而推迟了生育一孩或缓生二孩的人占 43%。据山东省威海市统计，1993 年该市已有 15 990 对育龄妇女主动退回二孩指标，占政策允许生育二孩家庭的 22.6%。辽宁省近几年符合二孩生育而不要指标的妇女每年以 20%的比例递增。一些地区的计划生育工作已与发展社会主义市场经济，帮助农民勤劳致富奔小康，建设文明幸福的家庭结合起来，收到了很好的效果。

说　　明

1993 年人口变动情况抽样调查是以全国为总体，采取分层、等距、整群概率抽样方法进行的。在全国(除台湾省)30 个省、自治区、直辖市共调查了 764 个县(市、区)、2 212 个乡(镇、街道)、4 890 个调查小区的 332 042 户，共 1 305 352 人。经加权后汇总，1993 年全国人口出生率为千分之18.09，死亡率为千分之 6.64，自然增长率为千分之 11.45。经样本推算，1993 年末全国 30 个省、自治区、直辖市总人口为 118 517 万人，出生人口为 2 126 万人，净增人口为 1 346 万人。

本部分各表中的绝对数为样本数(表 1－1 除外)，推算全国总体时需要按各省、自治区、直辖市人口占全国人口的比重加权。表中的相对数(百分比)可直接使用。

1—1 省、自治区、直辖市人口变动情况

地区	出生率(‰)	死亡率(‰)	自然增长率(‰)	总人口(万人)
全国	**18.09**	**6.64**	**11.45**	**118 517**
北京	9.35	6.16	3.19	1 112
天津	10.71	6.20	4.51	928
河北	15.43	6.11	9.32	6 334
山西	17.48	6.36	11.12	3 012
内蒙古	18.48	6.83	11.65	2 232
辽宁	12.43	6.11	6.32	4 042
吉林	15.28	6.31	8.97	2 555
黑龙江	15.90	5.52	10.38	3 640
上海	6.50	7.30	−0.80	1 349
江苏	13.97	6.61	7.36	6 967
浙江	13.61	6.58	7.03	4 266
安徽	17.18	6.51	10.67	5 897
福建	16.72	5.62	11.10	3 150
江西	20.33	6.89	13.44	3 966
山东	10.47	6.76	3.71	8 642
河南	15.87	6.35	9.52	8 946
湖北	20.04	6.93	13.11	5 653
湖南	14.08	7.13	6.95	6 311
广东	18.34	5.84	12.50	6 607
广西	19.58	6.35	13.23	4 438
海南	20.81	5.26	15.55	701
四川	16.77	7.21	9.56	11 104
贵州	22.60	8.50	14.10	3 409
云南	22.00	8.10	13.90	3 885
西藏	26.68	7.60	19.08	232
陕西	17.63	6.55	11.08	3 443
甘肃	20.16	6.84	13.32	2 345
青海	20.50	8.26	12.24	467
宁夏	19.43	5.36	14.07	495
新疆	21.53	7.68	13.85	1 605

注：1. 全国数据根据抽样误差和调查误差进行了修正。

2. 全国数据为我国大陆 30 个省、自治区、直辖市和中国人民解放军现役军人的数据，不含台湾省和港澳地区中国同胞。分省数据不含中国人民解放军现役军人。

1—2 省、自治区、直辖市分性别的人口数

地区	人口数（人）			占总人口的百分比（%）			性别比（女＝100）
	合计	男	女	合计	男	女	
总计	**1 303 734**	**664 022**	**639 712**	**100.00**	**100.00**	**100.00**	**103.80**
北京	76 230	38 367	37 863	5.85	5.78	5.92	101.33
天津	68 582	34 352	34 230	5.26	5.17	5.35	100.36
河北	44 346	22 656	21 690	3.40	3.41	3.39	104.45
山西	40 322	20 478	19 844	3.09	3.08	3.10	103.19
内蒙古	41 066	21 152	19 914	3.15	3.19	3.11	106.22
辽宁	40 482	20 626	19 856	3.11	3.11	3.10	103.88
吉林	40 735	20 792	19 943	3.12	3.13	3.12	104.26
黑龙江	40 214	20 501	19 713	3.08	3.09	3.08	104.00
上海	30 611	15 095	15 516	2.35	2.27	2.43	97.29
江苏	42 529	21 479	21 050	3.26	3.23	3.29	102.04
浙江	41 862	21 337	20 525	3.21	3.21	3.21	103.96
安徽	40 077	20 624	19 453	3.07	3.11	3.04	106.02
福建	40 046	20 611	19 435	3.07	3.10	3.04	106.05
江西	39 511	20 283	19 228	3.03	3.05	3.01	105.49
山东	50 350	25 343	25 007	3.86	3.82	3.91	101.34
河南	50 474	25 463	25 011	3.87	3.83	3.91	101.81
湖北	40 094	20 487	19 607	3.08	3.09	3.06	104.49
湖南	39 711	20 404	19 307	3.05	3.07	3.02	105.68
广东	62 429	31 482	30 947	4.79	4.74	4.84	101.73
广西	39 949	20 714	19 235	3.06	3.12	3.01	107.69
海南	41 833	21 550	20 283	3.21	3.25	3.17	106.25
四川	51 927	26 533	25 394	3.98	4.00	3.97	104.49
贵州	52 847	27 602	25 245	4.05	4.16	3.95	109.34
云南	40 285	20 422	19 863	3.09	3.08	3.10	102.81
西藏	2 796	1 324	1 472	0.21	0.20	0.23	89.95
陕西	41 526	21 194	20 332	3.19	3.19	3.18	104.24
甘肃	41 189	20 974	20 215	3.16	3.16	3.16	103.75
青海	39 897	20 468	19 429	3.06	3.08	3.04	105.35
宁夏	41 304	21 055	20 249	3.17	3.17	3.17	103.98
新疆	40 510	20 654	19 856	3.11	3.11	3.10	104.02

1—3　全国分年龄、性别的人口数

年　龄 (岁)	人　口　数（人）			占总人口的百分比(%)			性别比 (女=100)
	合　计	男	女	合　计	男	女	
总　计	**1 303 734**	**664 022**	**639 712**	**100.00**	**100.00**	**100.00**	**103.80**
0—4	**111 759**	**59 354**	**52 405**	**8.57**	**8.94**	**8.19**	**113.26**
0	19 601	10 489	9 112	1.50	1.58	1.42	115.11
1	18 189	9 855	8 334	1.40	1.48	1.30	118.25
2	20 686	11 056	9 630	1.59	1.67	1.51	114.81
3	25 433	13 477	11 956	1.95	2.03	1.87	112.72
4	27 850	14 477	13 373	2.14	2.18	2.09	108.26
5—9	**126 828**	**66 193**	**60 635**	**9.73**	**9.97**	**9.48**	**109.17**
5	26 450	13 964	12 486	2.03	2.10	1.95	111.84
6	28 299	14 764	13 535	2.17	2.22	2.12	109.08
7	25 897	13 555	12 342	1.99	2.04	1.93	109.83
8	23 094	11 949	11 145	1.77	1.80	1.74	107.21
9	23 088	11 961	11 127	1.77	1.80	1.74	107.50
10—14	**115 316**	**59 833**	**55 483**	**8.85**	**9.01**	**8.67**	**107.84**
10	22 985	12 022	10 963	1.76	1.81	1.71	109.66
11	24 860	12 968	11 892	1.91	1.95	1.86	109.05
12	23 683	12 246	11 437	1.82	1.84	1.79	107.07
13	21 287	11 000	10 287	1.63	1.66	1.61	106.93
14	22 501	11 597	10 904	1.73	1.75	1.70	106.36
15—19	**107 444**	**55 044**	**52 400**	**8.24**	**8.29**	**8.19**	**105.05**
15	22 183	11 441	10 742	1.70	1.72	1.68	106.51
16	20 406	10 533	9 873	1.57	1.59	1.54	106.68
17	20 930	10 694	10 236	1.61	1.61	1.60	104.47
18	21 844	11 153	10 691	1.68	1.68	1.67	104.32
19	22 081	11 223	10 858	1.69	1.69	1.70	103.36
20—24	**131 686**	**65 973**	**65 713**	**10.10**	**9.94**	**10.27**	**100.40**
20	23 972	12 155	11 817	1.84	1.83	1.85	102.86
21	24 682	12 278	12 404	1.89	1.85	1.94	98.98
22	26 300	13 185	13 115	2.02	1.99	2.05	100.53
23	28 985	14 385	14 600	2.22	2.17	2.28	98.53
24	27 747	13 970	13 777	2.13	2.10	2.15	101.40
25—29	**132 684**	**67 011**	**65 673**	**10.18**	**10.09**	**10.27**	**102.04**
25	30 281	15 175	15 106	2.32	2.29	2.36	100.46
26	24 332	12 277	12 055	1.87	1.85	1.88	101.84
27	26 202	13 268	12 934	2.01	2.00	2.02	102.58
28	25 830	13 129	12 701	1.98	1.98	1.99	103.37
29	26 039	13 162	12 877	2.00	1.98	2.01	102.21

1—3 续表1

年龄（岁）	人口数（人）			占总人口的百分比(%)			性别比（女=100）
	合计	男	女	合计	男	女	
30—34	101 340	51 355	49 985	7.77	7.73	7.81	102.74
30	30 560	15 496	15 064	2.34	2.33	2.35	102.87
31	25 132	12 747	12 385	1.93	1.92	1.94	102.92
32	13 996	7 039	6 957	1.07	1.06	1.09	101.18
33	16 239	8 225	8 014	1.25	1.24	1.25	102.63
34	15 413	7 848	7 565	1.18	1.18	1.18	103.74
35—39	102 304	52 120	50 184	7.85	7.85	7.84	103.86
35	19 322	9 899	9 423	1.48	1.49	1.47	105.05
36	21 586	11 214	10 372	1.66	1.69	1.62	108.12
37	20 110	10 152	9 958	1.54	1.53	1.56	101.95
38	20 707	10 507	10 200	1.59	1.58	1.59	103.01
39	20 579	10 348	10 231	1.58	1.56	1.60	101.14
40—44	86 075	43 820	42 255	6.60	6.60	6.61	103.70
40	19 509	9 942	9 567	1.50	1.50	1.50	103.92
41	18 793	9 558	9 235	1.44	1.44	1.44	103.50
42	16 378	8 292	8 086	1.26	1.25	1.26	102.55
43	15 572	7 885	7 687	1.19	1.19	1.20	102.58
44	15 823	8 143	7 680	1.21	1.23	1.20	106.03
45—49	61 327	31 029	30 298	4.70	4.67	4.74	102.41
45	13 471	6 784	6 687	1.03	1.02	1.05	101.45
46	13 394	6 812	6 582	1.03	1.03	1.03	103.49
47	12 359	6 276	6 083	0.95	0.95	0.95	103.17
48	11 269	5 617	5 652	0.86	0.85	0.88	99.38
49	10 834	5 540	5 294	0.83	0.83	0.83	104.65
50—54	52 041	26 230	25 811	3.99	3.95	4.03	101.62
50	11 119	5 424	5 695	0.85	0.82	0.89	95.24
51	10 427	5 311	5 116	0.80	0.80	0.80	103.81
52	10 620	5 439	5 181	0.81	0.82	0.81	104.98
53	10 375	5 303	5 072	0.80	0.80	0.79	104.55
54	9 500	4 753	4 747	0.73	0.72	0.74	100.13
55—59	50 940	26 119	24 821	3.91	3.93	3.88	105.23
55	10 751	5 547	5 204	0.82	0.84	0.81	106.59
56	10 268	5 231	5 037	0.79	0.79	0.79	103.85
57	10 197	5 222	4 975	0.78	0.79	0.78	104.96
58	10 104	5 199	4 905	0.78	0.78	0.77	105.99
59	9 620	4 920	4 700	0.74	0.74	0.73	104.68

1—3 续表 2

年龄（岁）	人口数（人）			占总人口的百分比（%）			性别比（女=100）
	合计	男	女	合计	男	女	
60—64	**43 823**	**22 386**	**21 437**	**3.36**	**3.37**	**3.35**	**104.43**
60	10 699	5 474	5 225	0.82	0.82	0.82	104.77
61	8 927	4 559	4 368	0.68	0.69	0.68	104.37
62	8 271	4 284	3 987	0.63	0.65	0.62	107.45
63	8 480	4 360	4 120	0.65	0.66	0.64	105.83
64	7 446	3 709	3 737	0.57	0.56	0.58	99.25
65—69	**32 967**	**16 515**	**16 452**	**2.53**	**2.49**	**2.57**	**100.38**
65	7 837	3 947	3 890	0.60	0.59	0.61	101.47
66	6 869	3 475	3 394	0.53	0.52	0.53	102.39
67	6 272	3 204	3 068	0.48	0.48	0.48	104.43
68	6 365	3 129	3 236	0.49	0.47	0.51	96.69
69	5 624	2 760	2 864	0.43	0.42	0.45	96.37
70—74	**23 251**	**11 023**	**12 228**	**1.78**	**1.66**	**1.91**	**90.15**
70	5 708	2 724	2 984	0.44	0.41	0.47	91.29
71	4 812	2 321	2 491	0.37	0.35	0.39	93.18
72	4 622	2 171	2 451	0.35	0.33	0.38	88.58
73	4 268	1 996	2 272	0.33	0.30	0.36	87.85
74	3 841	1 811	2 030	0.29	0.27	0.32	89.21
75—79	**13 544**	**6 022**	**7 522**	**1.04**	**0.91**	**1.18**	**80.06**
75	3 529	1 617	1 912	0.27	0.24	0.30	84.57
76	3 022	1 367	1 655	0.23	0.21	0.26	82.60
77	2 521	1 158	1 363	0.19	0.17	0.21	84.96
78	2 319	986	1 333	0.18	0.15	0.21	73.97
79	2 153	894	1 259	0.17	0.13	0.20	71.01
80—84	**7 158**	**2 879**	**4 279**	**0.55**	**0.43**	**0.67**	**67.28**
80	2 063	845	1 218	0.16	0.13	0.19	69.38
81	1 530	613	917	0.12	0.09	0.14	66.85
82	1 441	576	865	0.11	0.09	0.14	66.59
83	1 153	481	672	0.09	0.07	0.11	71.58
84	971	364	607	0.07	0.05	0.09	59.97
85—89	**2 503**	**870**	**1 633**	**0.19**	**0.13**	**0.26**	**53.28**
85	794	300	494	0.06	0.05	0.08	60.73
86	548	185	363	0.04	0.03	0.06	50.96
87	540	185	355	0.04	0.03	0.06	52.11
88	358	125	233	0.03	0.02	0.04	53.65
89	263	75	188	0.02	0.01	0.03	39.89
90+	**744**	**246**	**498**	**0.06**	**0.04**	**0.08**	**49.40**

1－4 全国市分年龄、性别的人口数(第二口径)

年龄（岁）	人口数（人）			占总人口的百分比(%)			性别比（女＝100）
	合计	男	女	合计	男	女	
总计	**317 869**	**159 318**	**158 551**	**100.00**	**100.00**	**100.00**	**100.48**
0－4	**19 608**	**10 205**	**9 403**	**6.17**	**6.41**	**5.93**	**108.53**
0	3 515	1 801	1 714	1.11	1.13	1.08	105.08
1	3 358	1 783	1 575	1.06	1.12	0.99	113.21
2	3 478	1 817	1 661	1.09	1.14	1.05	109.39
3	4 363	2 300	2 063	1.37	1.44	1.30	111.49
4	4 894	2 504	2 390	1.54	1.57	1.51	104.77
5－9	**23 985**	**12 509**	**11 476**	**7.55**	**7.85**	**7.24**	**109.00**
5	4 894	2 549	2 345	1.54	1.60	1.48	108.70
6	5 373	2 799	2 574	1.69	1.76	1.62	108.74
7	4 850	2 586	2 264	1.53	1.62	1.43	114.22
8	4 357	2 273	2 084	1.37	1.43	1.31	109.07
9	4 511	2 302	2 209	1.42	1.44	1.39	104.21
10－14	**23 439**	**12 173**	**11 266**	**7.37**	**7.64**	**7.11**	**108.05**
10	4 933	2 569	2 364	1.55	1.61	1.49	108.67
11	5 331	2 783	2 548	1.68	1.75	1.61	109.22
12	4 731	2 475	2 256	1.49	1.55	1.42	109.71
13	4 199	2 167	2 032	1.32	1.36	1.28	106.64
14	4 245	2 179	2 066	1.34	1.37	1.30	105.47
15－19	**20 596**	**10 246**	**10 350**	**6.48**	**6.43**	**6.53**	**99.00**
15	4 273	2 233	2 040	1.34	1.40	1.29	109.46
16	3 960	1 976	1 984	1.25	1.24	1.25	99.60
17	4 084	2 002	2 082	1.28	1.26	1.31	96.16
18	4 175	2 058	2 117	1.31	1.29	1.34	97.21
19	4 104	1 977	2 127	1.29	1.24	1.34	92.95
20－24	**28 769**	**14 081**	**14 688**	**9.05**	**8.84**	**9.26**	**95.87**
20	4 682	2 311	2 371	1.47	1.45	1.50	97.47
21	5 333	2 636	2 697	1.68	1.65	1.70	97.74
22	5 658	2 753	2 905	1.78	1.73	1.83	94.77
23	6 553	3 184	3 369	2.06	2.00	2.12	94.51
24	6 543	3 197	3 346	2.06	2.01	2.11	95.55
25－29	**31 445**	**15 604**	**15 841**	**9.89**	**9.79**	**9.99**	**98.50**
25	7 299	3 549	3 750	2.30	2.23	2.37	94.64
26	5 314	2 685	2 629	1.67	1.69	1.66	102.13
27	5 737	2 787	2 950	1.80	1.75	1.86	94.47
28	6 177	3 119	3 058	1.94	1.96	1.93	101.99
29	6 918	3 464	3 454	2.18	2.17	2.18	100.29

1－4 续表1

年龄（岁）	人口数（人）			占总人口的百分比(%)			性别比（女=100）
	合计	男	女	合计	男	女	
30—34	**31 105**	**15 797**	**15 308**	**9.79**	**9.92**	**9.65**	**103.19**
30	8 850	4 542	4 308	2.78	2.85	2.72	105.43
31	7 067	3 578	3 489	2.22	2.25	2.20	102.55
32	4 409	2 222	2 187	1.39	1.39	1.38	101.60
33	5 595	2 857	2 738	1.76	1.79	1.73	104.35
34	5 184	2 598	2 586	1.63	1.63	1.63	100.46
35—39	**31 312**	**15 811**	**15 501**	**9.85**	**9.92**	**9.78**	**102.00**
35	6 172	3 164	3 008	1.94	1.99	1.90	105.19
36	6 799	3 516	3 283	2.14	2.21	2.07	107.10
37	6 075	3 048	3 027	1.91	1.91	1.91	100.69
38	6 140	3 090	3 050	1.93	1.94	1.92	101.31
39	6 126	2 993	3 133	1.93	1.88	1.98	95.53
40—44	**24 023**	**12 009**	**12 014**	**7.56**	**7.54**	**7.58**	**99.96**
40	5 509	2 797	2 712	1.73	1.76	1.71	103.13
41	5 149	2 534	2 615	1.62	1.59	1.65	96.90
42	4 658	2 320	2 338	1.47	1.46	1.47	99.23
43	4 342	2 183	2 159	1.37	1.37	1.36	101.11
44	4 365	2 175	2 190	1.37	1.37	1.38	99.32
45—49	**16 419**	**8 049**	**8 370**	**5.17**	**5.05**	**5.28**	**96.16**
45	3 594	1 785	1 809	1.13	1.12	1.14	98.67
46	3 646	1 807	1 839	1.15	1.13	1.16	98.26
47	3 301	1 642	1 659	1.04	1.03	1.05	98.98
48	3 066	1 464	1 602	0.96	0.92	1.01	91.39
49	2 812	1 351	1 461	0.88	0.85	0.92	92.47
50—54	**15 106**	**7 228**	**7 878**	**4.75**	**4.54**	**4.97**	**91.75**
50	2 858	1 358	1 500	0.90	0.85	0.95	90.53
51	3 012	1 469	1 543	0.95	0.92	0.97	95.20
52	3 086	1 451	1 635	0.97	0.91	1.03	88.75
53	3 112	1 516	1 596	0.98	0.95	1.01	94.99
54	3 038	1 434	1 604	0.96	0.90	1.01	89.40
55—59	**16 018**	**7 878**	**8 140**	**5.04**	**4.94**	**5.13**	**96.78**
55	3 241	1 565	1 676	1.02	0.98	1.06	93.38
56	3 176	1 534	1 642	1.00	0.96	1.04	93.42
57	3 234	1 598	1 636	1.02	1.00	1.03	97.68
58	3 256	1 624	1 632	1.02	1.02	1.03	99.51
59	3 111	1 557	1 554	0.98	0.98	0.98	100.19

1－4 续表 2

年龄（岁）	人口数（人）			占总人口的百分比(%)			性别比（女＝100）
	合计	男	女	合计	男	女	
60－64	13 687	7 047	6 640	4.31	4.42	4.19	106.13
60	3 330	1 700	1 630	1.05	1.07	1.03	104.29
61	2 827	1 469	1 358	0.89	0.92	0.86	108.17
62	2 565	1 356	1 209	0.81	0.85	0.76	112.16
63	2 612	1 340	1 272	0.82	0.84	0.80	105.35
64	2 353	1 182	1 171	0.74	0.74	0.74	100.94
65－69	9 595	4 893	4 702	3.02	3.07	2.97	104.06
65	2 401	1 228	1 173	0.76	0.77	0.74	104.69
66	2 016	1 025	991	0.63	0.64	0.63	103.43
67	1 839	960	879	0.58	0.60	0.55	109.22
68	1 779	878	901	0.56	0.55	0.57	97.45
69	1 560	802	758	0.49	0.50	0.48	105.80
70－74	6 425	3 084	3 341	2.02	1.94	2.11	92.31
70	1 590	785	805	0.50	0.49	0.51	97.52
71	1 359	649	710	0.43	0.41	0.45	91.41
72	1 247	597	650	0.39	0.37	0.41	91.85
73	1 186	544	642	0.37	0.34	0.40	84.74
74	1 043	509	534	0.33	0.32	0.34	95.32
75－79	3 424	1 564	1 860	1.08	0.98	1.17	84.09
75	908	448	460	0.29	0.28	0.29	97.39
76	745	352	393	0.23	0.22	0.25	89.57
77	658	321	337	0.21	0.20	0.21	95.25
78	564	223	341	0.18	0.14	0.22	65.40
79	549	220	329	0.17	0.14	0.21	66.87
80－84	1 986	821	1 165	0.63	0.52	0.73	70.47
80	552	235	317	0.17	0.15	0.20	74.13
81	431	182	249	0.14	0.11	0.16	73.09
82	379	164	215	0.12	0.10	0.14	76.28
83	343	141	202	0.11	0.09	0.13	69.80
84	281	99	182	0.09	0.06	0.11	54.40
85－89	679	236	443	0.21	0.15	0.28	53.27
85	216	76	140	0.07	0.05	0.09	54.29
86	144	48	96	0.05	0.03	0.06	50.00
87	143	53	90	0.04	0.03	0.06	58.89
88	96	29	67	0.03	0.02	0.04	43.28
89	80	30	50	0.03	0.02	0.03	60.00
90＋	248	83	165	0.08	0.05	0.10	50.30

1－5　全国镇分年龄、性别的人口数(第二口径)

年　龄 (岁)	人口数(人)			占总人口的百分比(%)			性别比 (女＝100)
	合　计	男	女	合　计	男	女	
总　计	89 388	45 533	43 855	100.00	100.00	100.00	103.83
0－4	7 482	4 015	3 467	8.37	8.82	7.91	115.81
0	1 409	760	649	1.58	1.67	1.48	117.10
1	1 239	662	577	1.39	1.45	1.32	114.73
2	1 388	768	620	1.55	1.69	1.41	123.87
3	1 610	885	725	1.80	1.94	1.65	122.07
4	1 836	940	896	2.05	2.06	2.04	104.91
5－9	8 055	4 272	3 783	9.01	9.38	8.63	112.93
5	1 708	902	806	1.91	1.98	1.84	111.91
6	1 761	937	824	1.97	2.06	1.88	113.71
7	1 683	911	772	1.88	2.00	1.76	118.01
8	1 414	751	663	1.58	1.65	1.51	113.27
9	1 489	771	718	1.67	1.69	1.64	107.38
10－14	7 913	4 154	3 759	8.85	9.12	8.57	110.51
10	1 520	785	735	1.70	1.72	1.68	106.80
11	1 677	904	773	1.88	1.99	1.76	116.95
12	1 616	839	777	1.81	1.84	1.77	107.98
13	1 438	759	679	1.61	1.67	1.55	111.78
14	1 662	867	795	1.86	1.90	1.81	109.06
15－19	7 766	3 948	3 818	8.69	8.67	8.71	103.40
15	1 659	864	795	1.86	1.90	1.81	108.68
16	1 505	802	703	1.68	1.76	1.60	114.08
17	1 551	765	786	1.74	1.68	1.79	97.33
18	1 498	748	750	1.68	1.64	1.71	99.73
19	1 553	769	784	1.74	1.69	1.79	98.09
20－24	9 396	4 606	4 790	10.51	10.12	10.92	96.16
20	1 663	821	842	1.86	1.80	1.92	97.51
21	1 794	872	922	2.01	1.92	2.10	94.58
22	1 943	948	995	2.17	2.08	2.27	95.28
23	1 984	991	993	2.22	2.18	2.26	99.80
24	2 012	974	1 038	2.25	2.14	2.37	93.83
25－29	9 942	5 039	4 903	11.12	11.07	11.18	102.77
25	2 168	1 100	1 068	2.43	2.42	2.44	103.00
26	1 829	934	895	2.05	2.05	2.04	104.36
27	2 024	1 031	993	2.26	2.26	2.26	103.83
28	1 908	976	932	2.13	2.14	2.13	104.72
29	2 013	998	1 015	2.25	2.19	2.31	98.33

1—5 续表1

年 龄 (岁)	人口数(人)			占总人口的百分比(%)			性别比 (女=100)
	合 计	男	女	合 计	男	女	
30—34	7 248	3 631	3 617	8.11	7.97	8.25	100.39
30	2 251	1 128	1 123	2.52	2.48	2.56	100.45
31	1 787	903	884	2.00	1.98	2.02	102.15
32	959	466	493	1.07	1.02	1.12	94.52
33	1 160	568	592	1.30	1.25	1.35	95.95
34	1 091	566	525	1.22	1.24	1.20	107.81
35—39	7 121	3 606	3 515	7.97	7.92	8.02	102.59
35	1 362	690	672	1.52	1.52	1.53	102.68
36	1 512	756	756	1.69	1.66	1.72	100.00
37	1 374	691	683	1.54	1.52	1.56	101.17
38	1 472	760	712	1.65	1.67	1.62	106.74
39	1 401	709	692	1.57	1.56	1.58	102.46
40—44	5 739	2 933	2 806	6.42	6.44	6.40	104.53
40	1 285	654	631	1.44	1.44	1.44	103.65
41	1 254	670	584	1.40	1.47	1.33	114.73
42	1 090	551	539	1.22	1.21	1.23	102.23
43	1 031	508	523	1.15	1.12	1.19	97.13
44	1 079	550	529	1.21	1.21	1.21	103.97
45—49	4 148	2 108	2 040	4.64	4.63	4.65	103.33
45	976	491	485	1.09	1.08	1.11	101.24
46	902	470	432	1.01	1.03	0.99	108.80
47	812	419	393	0.91	0.92	0.90	106.62
48	765	378	387	0.86	0.83	0.88	97.67
49	693	350	343	0.78	0.77	0.78	102.04
50—54	3 515	1 739	1 776	3.93	3.82	4.05	97.92
50	768	378	390	0.86	0.83	0.89	96.92
51	707	345	362	0.79	0.76	0.83	95.30
52	714	361	353	0.80	0.79	0.80	102.27
53	671	314	357	0.75	0.69	0.81	87.96
54	655	341	314	0.73	0.75	0.72	108.60
55—59	3 304	1 701	1 603	3.70	3.74	3.66	106.11
55	723	362	361	0.81	0.80	0.82	100.28
56	664	351	313	0.74	0.77	0.71	112.14
57	657	324	333	0.73	0.71	0.76	97.30
58	637	330	307	0.71	0.72	0.70	107.49
59	623	334	289	0.70	0.73	0.66	115.57

1—5 续表 2

年龄（岁）	人口数（人）			占总人口的百分比(%)			性别比（女=100）
	合计	男	女	合计	男	女	
60—64	**2 657**	**1 377**	**1 280**	**2.97**	**3.02**	**2.92**	**107.58**
60	653	341	312	0.73	0.75	0.71	109.29
61	548	265	283	0.61	0.58	0.65	93.64
62	501	280	221	0.56	0.61	0.50	126.70
63	498	265	233	0.56	0.58	0.53	113.73
64	457	226	231	0.51	0.50	0.53	97.84
65—69	**2 194**	**1 102**	**1 092**	**2.45**	**2.42**	**2.49**	**100.92**
65	497	255	242	0.56	0.56	0.55	105.37
66	508	255	253	0.57	0.56	0.58	100.79
67	391	210	181	0.44	0.46	0.41	116.02
68	422	196	226	0.47	0.43	0.52	86.73
69	376	186	190	0.42	0.41	0.43	97.89
70—74	**1 446**	**670**	**776**	**1.62**	**1.47**	**1.77**	**86.34**
70	351	167	184	0.39	0.37	0.42	90.76
71	292	150	142	0.33	0.33	0.32	105.63
72	308	135	173	0.34	0.30	0.39	78.03
73	261	119	142	0.29	0.26	0.32	83.80
74	234	99	135	0.26	0.22	0.31	73.33
75—79	**852**	**381**	**471**	**0.95**	**0.84**	**1.07**	**80.89**
75	225	98	127	0.25	0.22	0.29	77.17
76	198	91	107	0.22	0.20	0.24	85.05
77	140	59	81	0.16	0.13	0.18	72.84
78	144	66	78	0.16	0.14	0.18	84.62
79	145	67	78	0.16	0.15	0.18	85.90
80—84	**399**	**173**	**226**	**0.45**	**0.38**	**0.52**	**76.55**
80	123	54	69	0.14	0.12	0.16	78.26
81	81	30	51	0.09	0.07	0.12	58.82
82	86	35	51	0.10	0.08	0.12	68.63
83	52	28	24	0.06	0.06	0.05	116.67
84	57	26	31	0.06	0.06	0.07	83.87
85—89	**150**	**54**	**96**	**0.17**	**0.12**	**0.22**	**56.25**
85	49	22	27	0.05	0.05	0.06	81.48
86	36	11	25	0.04	0.02	0.06	44.00
87	34	13	21	0.04	0.03	0.05	61.90
88	17	6	11	0.02	0.01	0.03	54.55
89	14	2	12	0.02	0.00	0.03	16.67
90+	**61**	**24**	**37**	**0.07**	**0.05**	**0.08**	**64.86**

1－6　全国县分年龄、性别的人口数(第二口径)

年龄(岁)	人口数(人)			占总人口的百人分比(%)			性别比(女=100)
	合计	男	女	合计	男	女	
总计	**896 477**	**459 171**	**437 306**	**100.00**	**100.00**	**100.00**	**105.00**
0－4	**84 669**	**45 134**	**39 535**	**9.44**	**9.83**	**9.04**	**114.16**
0	14 677	7 928	6 749	1.64	1.73	1.54	117.47
1	13 592	7 410	6 182	1.52	1.61	1.41	119.86
2	15 820	8 471	7 349	1.76	1.84	1.68	115.27
3	19 460	10 292	9 168	2.17	2.24	2.10	112.26
4	21 120	11 033	10 087	2.36	2.40	2.31	109.38
5－9	**94 788**	**49 412**	**45 376**	**10.57**	**10.76**	**10.38**	**108.89**
5	19 848	10 513	9 335	2.21	2.29	2.13	112.62
6	21 165	11 028	10 137	2.36	2.40	2.32	108.79
7	19 364	10 058	9 306	2.16	2.19	2.13	108.08
8	17 323	8 925	8 398	1.93	1.94	1.92	106.28
9	17 088	8 888	8 200	1.91	1.94	1.88	108.39
10－14	**83 964**	**43 506**	**40 458**	**9.37**	**9.47**	**9.25**	**107.53**
10	16 532	8 668	7 864	1.84	1.89	1.80	110.22
11	17 852	9 281	8 571	1.99	2.02	1.96	108.28
12	17 336	8 932	8 404	1.93	1.95	1.92	106.28
13	15 650	8 074	7 576	1.75	1.76	1.73	106.57
14	16 594	8 551	8 043	1.85	1.86	1.84	106.32
15－19	**79 082**	**40 850**	**38 232**	**8.82**	**8.90**	**8.74**	**106.85**
15	16 251	8 344	7 907	1.81	1.82	1.81	105.53
16	14 941	7 755	7 186	1.67	1.69	1.64	107.92
17	15 295	7 927	7 368	1.71	1.73	1.68	107.59
18	16 171	8 347	7 824	1.80	1.82	1.79	106.68
19	16 424	8 477	7 947	1.83	1.85	1.82	106.67
20－24	**93 521**	**47 286**	**46 235**	**10.43**	**10.30**	**10.57**	**102.27**
20	17 627	9 023	8 604	1.97	1.97	1.97	104.87
21	17 555	8 770	8 785	1.96	1.91	2.01	99.83
22	18 699	9 484	9 215	2.09	2.07	2.11	102.92
23	20 448	10 210	10 238	2.28	2.22	2.34	99.73
24	19 192	9 799	9 393	2.14	2.13	2.15	104.32
25－29	**91 297**	**46 368**	**44 929**	**10.18**	**10.10**	**10.27**	**103.20**
25	20 814	10 526	10 288	2.32	2.29	2.35	102.31
26	17 189	8 658	8 531	1.92	1.89	1.95	101.49
27	18 441	9 450	8 991	2.06	2.06	2.06	105.11
28	17 745	9 034	8 711	1.98	1.97	1.99	103.71
29	17 108	8 700	8 408	1.91	1.89	1.92	103.47

1—6 续表1

年龄 (岁)	人口数（人）			占总人口的百分比(%)			性别比 (女=100)
	合计	男	女	合计	男	女	
30—34	**62 987**	**31 927**	**31 060**	**7.03**	**6.95**	**7.10**	**102.79**
30	19 459	9 826	9 633	2.17	2.14	2.20	102.00
31	16 278	8 266	8 012	1.82	1.80	1.83	103.17
32	8 628	4 351	4 277	0.96	0.95	0.98	101.73
33	9 484	4 800	4 684	1.06	1.05	1.07	102.48
34	9 138	4 684	4 454	1.02	1.02	1.02	105.16
35—39	**63 871**	**32 703**	**31 168**	**7.12**	**7.12**	**7.13**	**104.92**
35	11 788	6 045	5 743	1.31	1.32	1.31	105.26
36	13 275	6 942	6 333	1.48	1.51	1.45	109.62
37	12 661	6 413	6 248	1.41	1.40	1.43	102.64
38	13 095	6 657	6 438	1.46	1.45	1.47	103.40
39	13 052	6 646	6 406	1.46	1.45	1.46	103.75
40—44	**56 313**	**28 878**	**27 435**	**6.28**	**6.29**	**6.27**	**105.26**
40	12 715	6 491	6 224	1.42	1.41	1.42	104.29
41	12 390	6 354	6 036	1.38	1.38	1.38	105.27
42	10 630	5 421	5 209	1.19	1.18	1.19	104.07
43	10 199	5 194	5 005	1.14	1.13	1.14	103.78
44	10 379	5 418	4 961	1.16	1.18	1.13	109.21
45—49	**40 760**	**20 872**	**19 888**	**4.55**	**4.55**	**4.55**	**104.95**
45	8 901	4 508	4 393	0.99	0.98	1.00	102.62
46	8 846	4 535	4 311	0.99	0.99	0.99	105.20
47	8 246	4 215	4 031	0.92	0.92	0.92	104.56
48	7 438	3 775	3 663	0.83	0.82	0.84	103.06
49	7 329	3 839	3 490	0.82	0.84	0.80	110.00
50—54	**33 420**	**17 263**	**16 157**	**3.73**	**3.76**	**3.69**	**106.85**
50	7 493	3 688	3 805	0.84	0.80	0.87	96.93
51	6 708	3 497	3 211	0.75	0.76	0.73	108.91
52	6 820	3 627	3 193	0.76	0.79	0.73	113.59
53	6 592	3 473	3 119	0.74	0.76	0.71	111.35
54	5 807	2 978	2 829	0.65	0.65	0.65	105.27
55—59	**31 618**	**16 540**	**15 078**	**3.53**	**3.60**	**3.45**	**109.70**
55	6 787	3 620	3 167	0.76	0.79	0.72	114.30
56	6 428	3 346	3 082	0.72	0.73	0.70	108.57
57	6 306	3 300	3 006	0.70	0.72	0.69	109.78
58	6 211	3 245	2 966	0.69	0.71	0.68	109.41
59	5 886	3 029	2 857	0.66	0.66	0.65	106.02

1－6　续表 2

年　龄（岁）	人口数（人）			占总人口的百分比（%）			性别比（女＝100）
	合　计	男	女	合　计	男	女	
60－64	27 479	13 962	13 517	3.07	3.04	3.09	103.29
60	6 716	3 433	3 283	0.75	0.75	0.75	104.57
61	5 552	2 825	2 727	0.62	0.62	0.62	103.59
62	5 205	2 648	2 557	0.58	0.58	0.58	103.56
63	5 370	2 755	2 615	0.60	0.60	0.60	105.35
64	4 636	2 301	2 335	0.52	0.50	0.53	98.54
65－69	21 178	10 520	10 658	2.36	2.29	2.44	98.71
65	4 939	2 464	2 475	0.55	0.54	0.57	99.56
66	4 345	2 195	2 150	0.48	0.48	0.49	102.09
67	4 042	2 034	2 008	0.45	0.44	0.46	101.29
68	4 164	2 055	2 109	0.46	0.45	0.48	97.44
69	3 688	1 772	1 916	0.41	0.39	0.44	92.48
70－74	15 380	7 269	8 111	1.72	1.58	1.85	89.62
70	3 767	1 772	1 995	0.42	0.39	0.46	88.82
71	3 161	1 522	1 639	0.35	0.33	0.37	92.86
72	3 067	1 439	1 628	0.34	0.31	0.37	88.39
73	2 821	1 333	1 488	0.31	0.29	0.34	89.58
74	2 564	1 203	1 361	0.29	0.26	0.31	88.39
75－79	9 268	4 077	5 191	1.03	0.89	1.19	78.54
75	2 396	1 071	1 325	0.27	0.23	0.30	80.83
76	2 079	924	1 155	0.23	0.20	0.26	80.00
77	1 723	778	945	0.19	0.17	0.22	82.33
78	1 611	697	914	0.18	0.15	0.21	76.26
79	1 459	607	852	0.16	0.13	0.19	71.24
80－84	4 773	1 885	2 888	0.53	0.41	0.66	65.27
80	1 388	556	832	0.15	0.12	0.19	66.83
81	1 018	401	617	0.11	0.09	0.14	64.99
82	976	377	599	0.11	0.08	0.14	62.94
83	758	312	446	0.08	0.07	0.10	69.96
84	633	239	394	0.07	0.05	0.09	60.66
85－89	1 674	580	1 094	0.19	0.13	0.25	53.02
85	529	202	327	0.06	0.04	0.07	61.77
86	368	126	242	0.04	0.03	0.06	52.07
87	363	119	244	0.04	0.03	0.06	48.77
88	245	90	155	0.03	0.02	0.04	58.06
89	169	43	126	0.02	0.01	0.03	34.13
90＋	435	139	296	0.05	0.03	0.07	46.96

1—7 省、自治区、直辖市人口年龄构成指数

单位：人、%

地 区	人口数				年龄构成指数		
	总 计	0—14岁人数	15—64岁人数	65岁及以上	总负担系数	负担少儿系数	负担老年系数
总 计	**1 303 734**	**353 903**	**869 664**	**80 167**	**49.91**	**40.69**	**9.22**
北 京	76 230	14 896	55 741	5 593	36.76	26.72	10.03
天 津	68 582	15 889	47 102	5 591	45.60	33.73	11.87
河 北	44 346	12 293	29 202	2 851	51.86	42.10	9.76
山 西	40 322	11 150	26 816	2 356	50.37	41.58	8.79
内蒙古	41 066	11 094	28 131	1 841	45.98	39.44	6.54
辽 宁	40 482	8 906	28 826	2 750	40.44	30.90	9.54
吉 林	40 735	9 779	28 765	2 191	41.61	34.00	7.62
黑龙江	40 214	9 740	28 871	1 603	39.29	33.74	5.55
上 海	30 611	5 494	21 632	3 485	41.51	25.40	16.11
江 苏	42 529	10 135	29 302	3 092	45.14	34.59	10.55
浙 江	41 862	8 887	29 753	3 222	40.70	29.87	10.83
安 徽	40 077	11 007	26 632	2 438	50.48	41.33	9.15
福 建	40 046	12 215	25 463	2 368	57.27	47.97	9.30
江 西	39 511	11 613	25 553	2 345	54.62	45.45	9.18
山 东	50 350	13 153	33 723	3 474	49.30	39.00	10.30
河 南	50 474	14 986	32 228	3 260	56.62	46.50	10.12
湖 北	40 094	11 584	26 204	2 306	53.01	44.21	8.80
湖 南	39 711	10 753	26 365	2 593	50.62	40.79	9.84
广 东	62 429	20 309	37 685	4 435	65.66	53.89	11.77
广 西	39 949	12 580	25 001	2 368	59.79	50.32	9.47
海 南	41 833	14 335	25 197	2 301	66.02	56.89	9.13
四 川	51 927	11 680	36 615	3 632	41.82	31.90	9.92
贵 州	52 847	16 075	34 183	2 589	54.60	47.03	7.57
云 南	40 285	12 263	25 742	2 280	56.50	47.64	8.86
西 藏	2 796	955	1 664	177	68.03	57.39	10.64
陕 西	41 526	12 169	27 028	2 329	53.64	45.02	8.62
甘 肃	41 189	11 769	27 580	1 840	49.34	42.67	6.67
青 海	39 897	11 533	27 021	1 343	47.65	42.68	4.97
宁 夏	41 304	13 099	26 629	1 576	55.11	49.19	5.92
新 疆	40 510	13 562	25 010	1 938	61.98	54.23	7.75

1—8 省、自治区、直辖市家庭户与集体户的户数、人口数

地区	户数（户）			人口数（人）			家庭户平均每户人口数（人）
	合计	家庭户	集体户	合计	家庭户	集体户	
总计	**331 333**	**330 691**	**642**	**1 303 734**	**1 295 518**	**8 216**	**3.92**
北京	22 295	22 257	38	76 230	73 451	2 779	3.30
天津	20 312	20 286	26	68 582	68 456	126	3.37
河北	11 715	11 669	46	44 346	43 495	851	3.73
山西	10 721	10 706	15	40 322	40 249	73	3.76
内蒙古	10 423	10 416	7	41 066	40 910	156	3.93
辽宁	11 480	11 480		40 482	40 482		3.53
吉林	11 148	11 132	16	40 735	40 686	49	3.65
黑龙江	10 950	10 947	3	40 214	40 204	10	3.67
上海	10 209	10 206	3	30 611	30 600	11	3.00
江苏	11 524	11 521	3	42 529	42 522	7	3.69
浙江	12 388	12 303	85	41 862	41 561	301	3.38
安徽	10 103	10 100	3	40 077	40 066	11	3.97
福建	8 856	8 843	13	40 046	39 985	61	4.52
江西	9 073	9 063	10	39 511	39 247	264	4.33
山东	13 896	13 887	9	50 350	50 276	74	3.62
河南	12 494	12 484	10	50 474	50 397	77	4.04
湖北	10 141	10 108	33	40 094	39 716	378	3.93
湖南	10 682	10 671	11	39 711	39 416	295	3.69
广东	13 379	13 321	58	62 429	61 970	459	4.65
广西	8 484	8 472	12	39 949	39 864	85	4.71
海南	9 017	8 944	73	41 833	41 250	583	4.61
四川	14 165	14 156	9	51 927	51 846	81	3.66
贵州	12 257	12 246	11	52 847	52 767	80	4.31
云南	9 299	9 278	21	40 285	40 127	158	4.32
西藏	579	579		2 796	2 796		4.83
陕西	10 412	10 395	17	41 526	41 330	196	3.98
甘肃	9 031	9 013	18	41 189	41 053	136	4.55
青海	8 239	8 189	50	39 897	39 212	685	4.79
宁夏	9 187	9 180	7	41 304	41 272	32	4.50
新疆	8 874	8 839	35	40 510	40 312	198	4.56

1—9 省、自治区、直辖市家庭户规模

单位:户

地 区	家庭户户数	户规模							
		一人户	二人户	三人户	四人户	五人户	六人户	七人户	八人及八人以上户
总 计	**330 691**	**19 445**	**37 120**	**86 685**	**85 163**	**54 312**	**25 755**	**12 041**	**10 170**
北 京	22 257	1 728	3 500	8 955	4 659	2 122	786	297	210
天 津	20 286	1 275	2 900	8 333	4 462	2 127	750	265	174
河 北	11 669	798	1 490	2 986	3 325	1 761	810	302	197
山 西	10 706	704	1 271	2 684	3 067	1 835	724	282	139
内蒙古	10 416	448	1 004	2 588	3 178	2 009	706	281	202
辽 宁	11 480	460	1 496	4 423	2 977	1 345	515	154	110
吉 林	11 132	413	1 312	3 917	3 085	1 502	533	212	158
黑龙江	10 947	349	1 193	3 949	3 013	1 520	637	193	93
上 海	10 206	1 188	2 200	3 911	1 749	820	234	71	33
江 苏	11 521	732	1 354	3 388	3 064	1 856	737	246	144
浙 江	12 303	1 243	1 744	3 837	3 257	1 448	517	170	87
安 徽	10 100	647	1 011	2 155	2 928	1 864	911	374	210
福 建	8 843	451	617	1 318	2 258	2 063	1 076	543	517
江 西	9 063	348	698	1 677	2 582	1 966	964	435	393
山 东	13 887	811	1 741	4 139	4 079	1 990	765	237	125
河 南	12 484	614	1 260	2 663	3 653	2 420	1 082	510	282
湖 北	10 108	433	1 028	2 413	3 136	1 892	735	296	175
湖 南	10 671	715	1 378	2 569	3 326	1 703	645	209	126
广 东	13 321	1 095	1 113	1 520	2 837	2 812	1 779	996	1 169
广 西	8 472	442	637	1 141	1 845	1 871	1 106	728	702
海 南	8 944	588	800	1 394	1 712	1 768	1 141	735	806
四 川	14 156	1 103	1 703	4 297	3 636	1 848	882	375	312
贵 州	12 246	596	1 029	2 201	3 041	2 781	1 462	680	456
云 南	9 278	419	774	1 663	2 627	1 839	1 024	507	425
西 藏	579	37	61	85	119	74	68	50	85
陕 西	10 395	581	1 162	2 221	2 892	1 985	933	424	197
甘 肃	9 013	279	561	1 749	2 416	1 760	1 056	593	599
青 海	8 189	279	523	1 229	1 968	1 793	1 015	620	762
宁 夏	9 180	250	691	1 688	2 387	1 953	1 131	587	493
新 疆	8 839	419	869	1 592	1 885	1 585	1 031	669	789

1—10 省、自治区、直辖市有65岁及以上老年人的家庭户

单位：户

地区	合计	单身老人户	一个老人户	二个老人户	三个及三个以上老人户
总计	**64 758**	**6 712**	**42 891**	**14 991**	**164**
北京	4 392	469	2 744	1 159	20
天津	4 325	577	2 503	1 231	14
河北	2 291	265	1 481	541	4
山西	1 935	247	1 272	414	2
内蒙古	1 512	137	1 062	304	9
辽宁	2 124	134	1 373	608	9
吉林	1 757	97	1 228	430	2
黑龙江	1 318	97	937	283	1
上海	2 699	333	1 593	760	13
江苏	2 438	305	1 489	635	9
浙江	2 636	528	1 528	579	1
安徽	1 918	191	1 212	510	5
福建	1 987	173	1 438	373	3
江西	1 923	139	1 366	415	3
山东	2 737	390	1 615	727	5
河南	2 561	236	1 642	671	12
湖北	1 874	167	1 281	424	2
湖南	2 109	263	1 371	471	4
广东	3 634	410	2 441	778	5
广西	1 943	176	1 348	413	6
海南	1 840	231	1 169	430	10
四川	3 004	341	2 043	617	3
贵州	2 154	213	1 509	429	3
云南	1 891	144	1 360	385	2
西藏	153	16	115	20	2
陕西	1 933	150	1 396	379	8
甘肃	1 556	68	1 208	277	3
青海	1 155	45	925	182	3
宁夏	1 312	51	997	264	
新疆	1 647	119	1 245	282	1

1－11 省、自治区、直辖市分性别的各种文化程度人口数

单位:人

地区	6岁及6岁以上人口			大专以上		
	合计	男	女	小计	男	女
总计	**1 165 525**	**590 704**	**574 821**	**26 758**	**16 666**	**10 092**
北京	71 214	35 770	35 444	8 545	4 908	3 637
天津	62 972	31 399	31 573	2 970	1 800	1 170
河北	39 706	20 224	19 482	405	255	150
山西	35 662	18 037	17 625	910	531	379
内蒙古	37 123	19 073	18 050	526	342	184
辽宁	37 212	18 902	18 310	915	570	345
吉林	37 135	18 921	18 214	1 120	698	422
黑龙江	36 703	18 689	18 014	732	433	299
上海	28 939	14 266	14 673	2 128	1 373	755
江苏	38 312	19 204	19 108	582	423	159
浙江	38 452	19 516	18 936	240	179	61
安徽	35 420	18 125	17 295	258	203	55
福建	35 465	18 066	17 399	307	225	82
江西	34 809	17 746	17 063	456	311	145
山东	45 375	22 664	22 711	278	188	90
河南	44 005	21 950	22 055	384	245	139
湖北	35 199	17 880	17 319	382	279	103
湖南	35 526	18 231	17 295	348	249	99
广东	54 457	27 152	27 305	464	305	159
广西	35 524	18 292	17 232	233	160	73
海南	36 087	18 502	17 585	785	525	260
四川	47 143	23 982	23 161	504	330	174
贵州	46 424	24 202	22 222	154	102	52
云南	35 228	17 752	17 476	90	71	19
西藏	2 443	1 150	1 293	6	3	3
陕西	36 422	18 458	17 964	546	379	167
甘肃	36 256	18 329	17 927	350	235	115
青海	35 125	18 020	17 105	529	332	197
宁夏	36 131	18 332	17 799	779	506	273
新疆	35 056	17 870	17 186	832	506	326

1—11 续表 1

单位:人

地 区	高 中			初 中		
	小 计	男	女	小 计	男	女
总 计	106 033	60 751	45 282	336 853	197 728	139 125
北 京	15 414	7 444	7 970	24 616	13 263	11 353
天 津	10 057	4 999	5 058	20 731	11 284	9 447
河 北	3 380	2 041	1 339	12 732	7 465	5 267
山 西	2 963	1 608	1 355	12 529	7 107	5 422
内蒙古	3 454	1 992	1 462	11 290	6 528	4 762
辽 宁	3 218	1 820	1 398	14 659	8 032	6 627
吉 林	5 059	2 794	2 265	12 280	6 745	5 535
黑龙江	4 159	2 237	1 922	12 710	7 091	5 619
上 海	5 814	3 077	2 737	10 362	5 465	4 897
江 苏	3 353	2 089	1 264	12 642	7 479	5 163
浙 江	2 469	1 477	992	12 281	6 963	5 318
安 徽	1 910	1 333	577	9 274	6 196	3 078
福 建	2 030	1 372	658	7 196	4 934	2 262
江 西	2 433	1 659	774	8 751	5 702	3 049
山 东	2 536	1 705	831	13 812	8 469	5 343
河 南	3 096	1 893	1 203	15 643	8 977	6 666
湖 北	3 002	1 861	1 141	10 621	6 297	4 324
湖 南	2 848	1 756	1 092	10 195	6 063	4 132
广 东	3 345	2 322	1 023	15 744	9 569	6 175
广 西	2 332	1 477	855	9 023	5 595	3 428
海 南	3 661	2 438	1 223	10 205	6 037	4 168
四 川	2 413	1 380	1 033	12 745	7 431	5 314
贵 州	1 085	710	375	7 646	5 436	2 210
云 南	1 005	628	377	6 198	3 978	2 220
西 藏	48	22	26	182	95	87
陕 西	4 017	2 305	1 712	10 582	6 092	4 490
甘 肃	2 941	1 857	1 084	7 610	4 907	2 703
青 海	2 342	1 342	1 000	6 698	4 241	2 457
宁 夏	3 076	1 811	1 265	9 455	5 664	3 791
新 疆	2 573	1 302	1 271	8 441	4 623	3 818

1—11 续表 2

单位：人

地　区	小学			不识字或识字很少		
	小计	男	女	小计	男	女
总　计	**468 198**	**242 001**	**226 197**	**227 683**	**73 558**	**154 125**
北　京	16 490	8 594	7 896	6 149	1 561	4 588
天　津	21 360	11 116	10 244	7 854	2 200	5 654
河　北	16 006	8 173	7 833	7 183	2 290	4 893
山　西	14 818	7 190	7 628	4 442	1 601	2 841
内蒙古	14 902	7 715	7 187	6 951	2 496	4 455
辽　宁	14 202	7 047	7 155	4 218	1 433	2 785
吉　林	14 461	7 131	7 330	4 215	1 553	2 662
黑龙江	13 809	7 034	6 775	5 293	1 894	3 399
上　海	6 879	3 389	3 490	3 756	962	2 794
江　苏	13 578	6 806	6 772	8 157	2 407	5 750
浙　江	15 857	8 485	7 372	7 605	2 412	5 193
安　徽	14 217	7 188	7 029	9 761	3 205	6 556
福　建	18 301	9 527	8 774	7 631	2 008	5 623
江　西	16 416	8 103	8 313	6 753	1 971	4 782
山　东	18 975	9 292	9 683	9 774	3 010	6 764
河　南	16 105	7 973	8 132	8 777	2 862	5 915
湖　北	15 119	7 608	7 511	6 075	1 835	4 240
湖　南	17 112	8 674	8 438	5 023	1 489	3 534
广　东	26 935	12 933	14 002	7 969	2 023	5 946
广　西	18 339	9 486	8 853	5 597	1 574	4 023
海　南	15 397	7 793	7 604	6 039	1 709	4 330
四　川	21 584	11 420	10 164	9 897	3 421	6 476
贵　州	22 148	13 211	8 937	15 391	4 743	10 648
云　南	15 507	8 902	6 605	12 428	4 173	8 255
西　藏	606	386	220	1 601	644	957
陕　西	13 774	7 046	6 728	7 503	2 636	4 867
甘　肃	12 800	6 807	5 993	12 555	4 523	8 032
青　海	11 122	6 737	4 385	14 434	5 368	9 066
宁　夏	14 241	7 391	6 850	8 580	2 960	5 620
新　疆	17 138	8 844	8 294	6 072	2 595	3 477

1—12 全国6岁及6岁以上分年龄、

年龄（岁）	6岁及6岁以上人口			大专以上		
	合计	男	女	小计	男	女
总计	**1 165 525**	**590 704**	**574 821**	**26 758**	**16 666**	**10 092**
6—9	**100 378**	**52 229**	**48 149**	**2**	**2**	**—**
6	28 299	14 764	13 535	1	1	—
7	25 897	13 555	12 342	—	—	—
8	23 094	11 949	11 145	—	—	—
9	23 088	11 961	11 127	1	1	—
10—14	**115 316**	**59 833**	**55 483**	**5**	**2**	**3**
10	22 985	12 022	10 963	—	—	—
11	24 860	12 968	11 892	—	—	—
12	23 683	12 246	11 437	1	—	1
13	21 287	11 000	10 287	1	—	1
14	22 501	11 597	10 904	3	2	1
15—19	**107 444**	**55 044**	**52 400**	**475**	**235**	**240**
15	22 183	11 441	10 742	5	4	1
16	20 406	10 533	9 873	19	6	13
17	20 930	10 694	10 236	42	23	19
18	21 844	11 153	10 691	134	60	74
19	22 081	11 223	10 858	275	142	133
20—24	**131 686**	**65 973**	**65 713**	**3 140**	**1 569**	**1 571**
20	23 972	12 155	11 817	336	151	185
21	24 682	12 278	12 404	451	223	228
22	26 300	13 185	13 115	603	307	296
23	28 985	14 385	14 600	801	387	414
24	27 747	13 970	13 777	949	501	448
25—29	**132 684**	**67 011**	**65 673**	**4 848**	**2 764**	**2 084**
25	30 281	15 175	15 106	1 132	609	523
26	24 332	12 277	12 055	838	485	353
27	26 202	13 268	12 934	928	527	401
28	25 830	13 129	12 701	946	555	391
29	26 039	13 162	12 877	1 004	588	416
30—34	**101 340**	**51 355**	**49 985**	**3 809**	**2 333**	**1 476**
30	30 560	15 496	15 064	1 242	762	480
31	25 132	12 747	12 385	962	594	368
32	13 996	7 039	6 957	553	323	230
33	16 239	8 225	8 014	562	339	223
34	15 413	7 848	7 565	490	315	175

性别的各种文化程度人口数

单位:人

高中			初中		
小计	男	女	小计	男	女
106 033	60 751	45 282	336 853	197 728	139 125
7	4	3	111	65	46
2	2	—	16	8	8
—	—	—	23	13	10
2	1	1	41	24	17
3	1	2	31	20	11
143	77	66	24 379	12 945	11 434
—	—	—	86	49	37
2	2	—	569	285	284
2	2	—	3 497	1 812	1 685
14	9	5	7 828	4 100	3 728
125	64	61	12 399	6 699	5 700
13 204	6 964	6 240	55 300	30 877	24 423
939	466	473	13 255	7 283	5 972
2 513	1 290	1 223	10 827	6 164	4 663
3 235	1 697	1 538	10 381	5 778	4 603
3 475	1 858	1 617	10 313	5 779	4 534
3 042	1 653	1 389	10 524	5 873	4 651
16 880	9 004	7 876	60 510	33 616	26 894
3 220	1 684	1 536	11 267	6 298	4 969
3 282	1 779	1 503	11 755	6 447	5 308
3 377	1 801	1 576	12 162	6 771	5 391
3 535	1 885	1 650	13 050	7 220	5 830
3 466	1 855	1 611	12 276	6 880	5 396
16 048	8 873	7 175	60 194	34 312	25 882
3 563	1 923	1 640	13 403	7 600	5 803
2 435	1 346	1 089	10 922	6 188	4 734
2 822	1 572	1 250	11 945	6 781	5 164
3 111	1 768	1 343	12 060	6 958	5 102
4 117	2 264	1 853	11 864	6 785	5 079
23 677	13 275	10 402	39 917	23 324	16 593
6 004	3 268	2 736	13 527	7 770	5 757
5 658	3 216	2 442	10 191	5 972	4 219
3 654	2 035	1 619	5 140	3 065	2 075
4 373	2 486	1 887	5 762	3 373	2 389
3 988	2 270	1 718	5 297	3 144	2 153

1—12 续表1

年 龄（岁）	6岁及6岁以上人口			大专以上		
	合 计	男	女	小 计	男	女
35—39	**102 304**	**52 120**	**50 184**	**3 127**	**1 926**	**1 201**
35	19 322	9 899	9 423	564	364	200
36	21 586	11 214	10 372	594	387	207
37	20 110	10 152	9 958	611	367	244
38	20 707	10 507	10 200	684	418	266
39	20 579	10 348	10 231	674	390	284
40—44	**86 075**	**43 820**	**42 255**	**2 569**	**1 644**	**925**
40	19 509	9 942	9 567	567	341	226
41	18 793	9 558	9 235	547	342	205
42	16 378	8 292	8 086	479	304	175
43	15 572	7 885	7 687	509	347	162
44	15 823	8 143	7 680	467	310	157
45—49	**61 327**	**31 029**	**30 298**	**2 026**	**1 336**	**690**
45	13 471	6 784	6 687	397	254	143
46	13 394	6 812	6 582	391	278	113
47	12 359	6 276	6 083	441	298	143
48	11 269	5 617	5 652	413	264	149
49	10 834	5 540	5 294	384	242	142
50—54	**52 041**	**26 230**	**25 811**	**2 115**	**1 401**	**714**
50	11 119	5 424	5 695	359	241	118
51	10 427	5 311	5 116	396	262	134
52	10 620	5 439	5 181	417	270	147
53	10 375	5 303	5 072	463	303	160
54	9 500	4 753	4 747	480	325	155
55—59	**50 940**	**26 119**	**24 821**	**2 225**	**1 589**	**636**
55	10 751	5 547	5 204	474	351	123
56	10 268	5 231	5 037	493	339	154
57	10 197	5 222	4 975	449	320	129
58	10 104	5 199	4 905	418	305	113
59	9 620	4 920	4 700	391	274	117
60—64	**43 823**	**22 386**	**21 437**	**1 321**	**990**	**331**
60	10 699	5 474	5 225	342	256	86
61	8 927	4 559	4 368	322	237	85
62	8 271	4 284	3 987	244	179	65
63	8 480	4 360	4 120	231	176	55
64	7 446	3 709	3 737	182	142	40
65岁及以上	**80 167**	**37 555**	**42 612**	**1 096**	**875**	**221**

单位:人

高中			初中		
小计	男	女	小计	男	女
16 695	**9 996**	**6 699**	**34 433**	**21 205**	**13 228**
4 293	2 482	1 811	6 671	4 049	2 622
4 251	2 496	1 755	7 267	4 570	2 697
3 333	1 986	1 347	6 748	4 207	2 541
2 730	1 748	982	6 922	4 221	2 701
2 088	1 284	804	6 825	4 158	2 667
5 759	**3 703**	**2 056**	**24 907**	**15 512**	**9 395**
1 602	1 027	575	6 110	3 768	2 342
1 204	788	416	5 637	3 562	2 075
974	626	348	4 898	3 009	1 889
919	597	322	4 389	2 729	1 660
1 060	665	395	3 873	2 444	1 429
4 340	**2 578**	**1 762**	**13 911**	**8 992**	**4 919**
1 024	618	406	2 941	1 888	1 053
1 008	594	414	2 880	1 836	1 044
789	483	306	2 797	1 815	982
788	464	324	2 697	1 731	966
731	419	312	2 596	1 722	874
3 804	**2 337**	**1 467**	**9 659**	**6 325**	**3 334**
798	472	326	2 355	1 501	854
813	473	340	2 184	1 429	755
820	502	318	1 928	1 245	683
714	476	238	1 789	1 213	576
659	414	245	1 403	937	466
2 552	**1 752**	**800**	**5 588**	**4 061**	**1 527**
595	386	209	1 387	957	430
546	356	190	1 162	833	329
529	366	163	1 056	755	301
494	356	138	1 013	769	244
388	288	100	970	747	223
1 473	**1 089**	**384**	**3 697**	**2 980**	**717**
416	308	108	979	767	212
294	218	76	755	610	145
271	197	74	710	581	129
272	194	78	689	571	118
220	172	48	564	451	113
1 451	**1 099**	**352**	**4 247**	**3 514**	**733**

单位:人

年龄（岁）	小学			不识字或识字很少		
	小计	男	女	小计	男	女
总计	**468 198**	**242 001**	**226 197**	**227 683**	**73 558**	**154 125**
6—9	**79 519**	**41 850**	**37 669**	**20 739**	**10 308**	**10 431**
6	14 113	7 468	6 645	14 167	7 285	6 882
7	21 905	11 606	10 299	3 969	1 936	2 033
8	21 539	11 287	10 252	1 512	637	875
9	21 962	11 489	10 473	1 091	450	641
10—14	**85 912**	**45 060**	**40 852**	**4 877**	**1 749**	**3 128**
10	22 002	11 636	10 366	897	337	560
11	23 328	12 320	11 008	961	361	600
12	19 215	10 093	9 122	968	339	629
13	12 455	6 532	5 923	989	359	630
14	8 912	4 479	4 433	1 062	353	709
15—19	**32 366**	**14 953**	**17 413**	**6 099**	**2 015**	**4 084**
15	6 879	3 318	3 561	1 105	370	735
16	5 900	2 684	3 216	1 147	389	758
17	6 092	2 812	3 280	1 180	384	796
18	6 629	3 025	3 604	1 293	431	862
19	6 866	3 114	3 752	1 374	441	933
20—24	42 002	19 214	22 788	9 154	2 570	6 584
20	7 528	3 540	3 988	1 621	482	1 139
21	7 594	3 374	4 220	1 600	455	1 145
22	8 335	3 793	4 542	1 823	513	1 310
23	9 506	4 340	5 166	2 093	553	1 540
24	9 039	4 167	4 872	2 017	567	1 450
25—29	**41 046**	**18 394**	**22 652**	**10 548**	**2 668**	**7 880**
25	9 889	4 459	5 430	2 294	584	1 710
26	8 061	3 688	4 373	2 076	570	1 506
27	8 431	3 852	4 579	2 076	536	1 540
28	7 673	3 352	4 321	2 040	496	1 544
29	6 992	3 043	3 949	2 062	482	1 580
30—34	**25 051**	**10 391**	**14 660**	**8 886**	**2 032**	**6 854**
30	7 452	3 151	4 301	2 335	545	1 790
31	6 215	2 508	3 707	2 106	457	1 649
32	3 345	1 335	2 010	1 304	281	1 023
33	3 986	1 661	2 325	1 556	366	1 190
34	4 053	1 736	2 317	1 585	383	1 202

1—12 续表 3　　　　单位:人

年龄(岁)	小学			不识字或识字很少		
	小计	男	女	小计	男	女
35—39	**33 568**	**15 453**	**18 115**	**14 481**	**3 540**	**10 941**
35	5 567	2 448	3 119	2 227	556	1 671
36	6 622	3 049	3 573	2 852	712	2 140
37	6 533	2 923	3 610	2 885	669	2 216
38	7 138	3 325	3 813	3 233	795	2 438
39	7 708	3 708	4 000	3 284	808	2 476
40—44	**36 161**	**18 366**	**17 795**	**16 679**	**4 595**	**12 084**
40	7 731	3 894	3 837	3 499	912	2 587
41	7 811	3 911	3 900	3 594	955	2 639
42	6 827	3 437	3 390	3 200	916	2 284
43	6 602	3 346	3 256	3 153	866	2 287
44	7 190	3 778	3 412	3 233	946	2 287
45—49	**26 829**	**14 283**	**12 546**	**14 221**	**3 840**	**10 381**
45	6 216	3 202	3 014	2 893	822	2 071
46	6 202	3 309	2 893	2 913	795	2 118
47	5 465	2 906	2 559	2 867	774	2 093
48	4 649	2 449	2 200	2 722	709	2 013
49	4 297	2 417	1 880	2 826	740	2 086
50—54	**19 045**	**10 996**	**8 049**	**17 418**	**5 171**	**12 247**
50	4 147	2 282	1 865	3 460	928	2 532
51	3 834	2 182	1 652	3 200	965	2 235
52	3 908	2 314	1 594	3 547	1 108	2 439
53	3 743	2 198	1 545	3 666	1 113	2 553
54	3 413	2 020	1 393	3 545	1 057	2 488
55—59	**17 570**	**11 267**	**6 303**	**23 005**	**7 450**	**15 555**
55	3 990	2 458	1 532	4 305	1 395	2 910
56	3 664	2 264	1 400	4 403	1 439	2 964
57	3 550	2 313	1 237	4 613	1 468	3 145
58	3 366	2 206	1 160	4 813	1 563	3 250
59	3 000	2 026	974	4 871	1 585	3 286
60—64	**12 568**	**9 042**	**3 526**	**24 764**	**8 285**	**16 479**
60	3 191	2 227	964	5 771	1 916	3 855
61	2 672	1 862	810	4 884	1 632	3 252
62	2 399	1 759	640	4 647	1 568	3 079
63	2 344	1 734	610	4 944	1 685	3 259
64	1 962	1 460	502	4 518	1 484	3 034
65 岁及以上	**16 561**	**12 732**	**3 829**	**56 812**	**19 335**	**37 477**

1—13 全国15岁及15岁以上人口

文化程度和年龄(岁)	合计			未婚		
	合 计	男	女	小 计	男	女
总 计	**949 672**	**478 596**	**471 076**	**214 049**	**125 309**	**88 740**
15—19	**107 417**	**55 041**	**52 376**	**105 228**	**54 376**	**50 852**
15	22 179	11 441	10 738	22 095	11 410	10 685
16	20 397	10 532	9 865	20 296	10 490	9 806
17	20 923	10 694	10 229	20 709	10 620	10 089
18	21 840	11 152	10 688	21 331	10 992	10 339
19	22 078	11 222	10 856	20 797	10 864	9 933
20—24	**131 675**	**65 972**	**65 703**	**77 022**	**45 213**	**31 809**
20	23 966	12 155	11 811	20 733	11 298	9 435
21	24 680	12 277	12 403	18 646	10 574	8 072
22	26 298	13 185	13 113	15 938	9 421	6 517
23	28 985	14 385	14 600	12 814	7 936	4 878
24	27 746	13 970	13 776	8 891	5 984	2 907
25—29	**132 681**	**67 010**	**65 671**	**17 319**	**13 016**	**4 303**
25	30 281	15 175	15 106	6 701	4 760	1 941
26	24 332	12 277	12 055	3 865	2 842	1 023
27	26 202	13 268	12 934	2 934	2 291	643
28	25 829	13 129	12 700	2 073	1 671	402
29	26 037	13 161	12 876	1 746	1 452	294
30—34	**101 322**	**51 348**	**49 974**	**4 407**	**3 723**	**684**
30	30 555	15 494	15 061	1 611	1 367	244
31	25 128	12 745	12 383	1 177	986	191
32	13 990	7 038	6 952	585	482	103
33	16 237	8 224	8 013	547	466	81
34	15 412	7 847	7 565	487	422	65
35—39	**102 270**	**52 107**	**50 163**	**2 886**	**2 547**	**339**
35	19 314	9 897	9 417	606	531	75
36	21 582	11 213	10 369	666	603	63
37	20 101	10 149	9 952	557	487	70
38	20 699	10 503	10 196	544	471	73
39	20 574	10 345	10 229	513	455	58
40—44	**86 048**	**43 813**	**42 235**	**2 127**	**1 911**	**216**
40	19 500	9 941	9 559	496	441	55
41	18 788	9 556	9 232	451	408	43
42	16 371	8 291	8 080	424	384	40
43	15 568	7 882	7 686	403	355	48
44	15 821	8 143	7 678	353	323	30
45—49	**61 312**	**31 021**	**30 291**	**1 471**	**1 325**	**146**
45	13 468	6 782	6 686	335	301	34
46	13 390	6 811	6 579	319	281	38
47	12 354	6 273	6 081	295	266	29
48	11 268	5 616	5 652	259	241	18

分年龄和文化程度的婚姻状况

单位:人

有配偶			丧偶			离婚		
小计	男	女	小计	男	女	小计	男	女
670 866	**330 662**	**340 204**	**57 927**	**18 213**	**39 714**	**6 830**	**4 412**	**2 418**
2 119	**644**	**1 475**	**26**	**9**	**17**	**44**	**12**	**32**
79	28	51	3	2	1	2	1	1
91	37	54	7	2	5	3	3	—
211	72	139	3	2	1	—	—	—
494	156	338	4	1	3	11	3	8
1 244	351	893	9	2	7	28	5	23
54 017	**20 445**	**33 572**	**157**	**77**	**80**	**479**	**237**	**242**
3 162	834	2 328	15	6	9	56	17	39
5 965	1 680	4 285	11	3	8	58	20	38
10 232	3 699	6 533	33	17	16	95	48	47
16 005	6 361	9 644	49	26	23	117	62	55
18 653	7 871	10 782	49	25	24	153	90	63
114 015	**53 234**	**60 781**	**372**	**172**	**200**	**975**	**588**	**387**
23 299	10 259	13 040	67	33	34	214	123	91
20 265	9 319	10 946	63	33	30	139	83	56
23 000	10 820	12 180	75	33	42	193	124	69
23 487	11 302	12 185	78	36	42	191	120	71
23 964	11 534	12 430	89	37	52	238	138	100
95 425	**46 781**	**48 644**	**498**	**236**	**262**	**992**	**608**	**384**
28 562	13 899	14 663	125	72	53	257	156	101
23 604	11 558	12 046	95	52	43	252	149	103
13 179	6 440	6 739	81	32	49	145	84	61
15 418	7 618	7 800	104	38	66	168	102	66
14 662	7 266	7 396	93	42	51	170	117	53
97 441	**48 463**	**48 978**	**864**	**397**	**467**	**1 079**	**700**	**379**
18 353	9 159	9 194	144	66	78	211	141	70
20 522	10 365	10 157	156	82	74	238	163	75
19 188	9 474	9 714	152	69	83	204	119	85
19 753	9 808	9 945	186	84	102	216	140	76
19 625	9 657	9 968	226	96	130	210	137	73
81 506	**40 700**	**40 806**	**1 576**	**653**	**923**	**839**	**549**	**290**
18 550	9 260	9 290	244	100	144	210	140	70
17 822	8 866	8 956	326	149	177	189	133	56
15 521	7 711	7 810	283	112	171	143	84	59
14 694	7 306	7 388	325	127	198	146	94	52
14 919	7 557	7 362	398	165	233	151	98	53
57 169	**28 484**	**28 685**	**2 101**	**792**	**1 309**	**571**	**420**	**151**
12 669	6 260	6 409	334	122	212	130	99	31
12 518	6 258	6 260	422	173	249	131	99	32
11 505	5 758	5 747	435	167	268	119	82	37
10 472	5 138	5 334	439	163	276	98	74	24

1—13 续表1

文化程度和年龄(岁)	合计			未婚		
	合计	男	女	小计	男	女
49	10 832	5 539	5 293	263	236	27
50—54	**52 035**	**26 229**	**25 806**	**1 126**	**1 044**	**82**
50	11 117	5 424	5 693	249	230	19
51	10 424	5 310	5 114	229	212	17
52	10 619	5 439	5 180	251	236	15
53	10 375	5 303	5 072	206	190	16
54	9 500	4 753	4 747	191	176	15
55—59	**50 934**	**26 117**	**24 817**	**952**	**874**	**78**
55	10 751	5 547	5 204	231	209	22
56	10 266	5 230	5 036	204	186	18
57	10 196	5 221	4 975	190	180	10
58	10 103	5 199	4 904	179	162	17
59	9 618	4 920	4 698	148	137	11
60—64	**43 820**	**22 385**	**21 435**	**640**	**580**	**60**
60	10 698	5 474	5 224	159	145	14
61	8 927	4 559	4 368	139	132	7
62	8 270	4 283	3 987	134	121	13
63	8 479	4 360	4 119	115	101	14
64	7 446	3 709	3 737	93	81	12
65岁及以上	**80 158**	**37 553**	**42 605**	**871**	**700**	**171**
大专及以上	**26 730**	**16 651**	**10 079**	**5 109**	**2 950**	**2 159**
15—19	**475**	**235**	**240**	**470**	**233**	**237**
15	5	4	1	4	3	1
16	19	6	13	18	6	12
17	42	23	19	41	23	18
18	134	60	74	134	60	74
19	275	142	133	273	141	132
20—24	**3 140**	**1 569**	**1 571**	**2 701**	**1 442**	**1 259**
20	**336**	**151**	**185**	**333**	**151**	**182**
21	451	223	228	438	221	217
22	603	307	296	567	296	271
23	801	387	414	672	351	321
24	949	501	448	691	423	268
25—29	**4 847**	**2 764**	**2 083**	**1 482**	**1 009**	**473**
25	1 132	609	523	630	403	227
26	838	485	353	338	233	105
27	928	527	401	226	158	68
28	946	555	391	156	112	44
29	1 003	588	415	132	103	29
30—34	**3 804**	**2 329**	**1 475**	**271**	**176**	**95**
30	1 241	761	480	117	83	34

单位：人

有配偶			丧偶			离婚		
小计	男	女	小计	男	女	小计	男	女
10 005	5 070	4 935	471	167	304	93	66	27
47 011	**23 650**	**23 361**	**3 405**	**1 181**	**2 224**	**493**	**354**	**139**
10 147	4 897	5 250	610	215	395	111	82	29
9 504	4 804	4 700	593	226	367	98	68	30
9 595	4 890	4 705	673	243	430	100	70	30
9 283	4 786	4 497	779	245	534	107	82	25
8 482	4 273	4 209	750	252	498	77	52	25
43 867	**23 080**	**20 787**	**5 649**	**1 837**	**3 812**	**466**	**326**	**140**
9 430	4 942	4 488	991	325	666	99	71	28
9 009	4 671	4 338	966	320	646	87	53	34
8 793	4 587	4 206	1 113	382	731	100	72	28
8 564	4 577	3 987	1 275	400	875	85	60	25
8 071	4 303	3 768	1 304	410	894	95	70	25
34 672	**18 985**	**15 687**	**8 134**	**2 541**	**5 593**	**374**	**279**	**95**
8 708	4 678	4 030	1 723	578	1 145	108	73	35
7 215	3 920	3 295	1 499	450	1 049	74	57	17
6 554	3 630	2 924	1 522	484	1 038	60	48	12
6 602	3 691	2 911	1 695	514	1 181	67	54	13
5 593	3 066	2 527	1 695	515	1 180	65	47	18
43 624	**26 196**	**17 428**	**35 145**	**10 318**	**24 827**	**518**	**339**	**179**
21 052	**13 413**	**7 639**	**337**	**170**	**167**	**232**	**118**	**114**
5	**2**	**3**	—	—	—	—	—	—
1	1	—	—	—	—	—	—	—
1	—	1	—	—	—	—	—	—
1	—	1	—	—	—	—	—	—
—	—	—	—	—	—	—	—	—
2	1	1	—	—	—	—	—	—
437	**127**	**310**	**1**	—	**1**	**1**	—	**1**
3	—	3	—	—	—	—	—	—
13	2	11	—	—	—	—	—	—
36	11	25	—	—	—	—	—	—
128	36	92	1	—	1	—	—	—
257	78	179	—	—	—	1	—	1
3 341	**1 744**	**1 597**	**3**	**1**	**2**	**21**	**10**	**11**
501	206	295	—	—	—	1	—	1
499	251	248	—	—	—	1	1	—
696	364	332	2	1	1	4	4	—
782	440	342	—	—	—	8	3	5
863	483	380	1	—	1	7	2	5
3 495	**2 134**	**1 361**	**3**	**1**	**2**	**35**	**18**	**17**
1 117	673	444	—	—	—	7	5	2

1—13 续表 2

文化程度和年龄(岁)	合计			未婚		
	合计	男	女	小计	男	女
31	961	593	368	75	47	28
32	551	322	229	38	23	15
33	561	338	223	23	10	13
34	490	315	175	18	13	5
35—39	**3 122**	**1 924**	**1 198**	**77**	**36**	**41**
35	562	362	200	16	10	6
36	594	387	207	20	13	7
37	611	367	244	8	1	7
38	683	418	265	14	5	9
39	672	390	282	19	7	12
40—44	**2 563**	**1 642**	**921**	**39**	**13**	**26**
40	565	341	224	6	—	6
41	546	341	205	7	2	5
42	477	303	174	14	6	8
43	508	347	161	9	4	5
44	467	310	157	3	1	2
45—49	**2 023**	**1 333**	**690**	**21**	**8**	**13**
45	396	253	143	6	1	5
46	390	277	113	7	3	4
47	441	298	143	4	3	1
48	413	264	149	4	1	3
49	383	241	142	—	—	—
50—54	**2 114**	**1 401**	**713**	**14**	**7**	**7**
50	358	241	117	5	2	3
51	396	262	134	2	1	1
52	417	270	147	1	1	—
53	463	303	160	2	1	1
54	480	325	155	4	2	2
55—59	**2 225**	**1 589**	**636**	**15**	**13**	**2**
55	474	351	123	3	2	1
56	493	339	154	2	2	—
57	449	320	129	5	4	1
58	418	305	113	3	3	—
59	391	274	117	2	2	—
60—64	**1 321**	**990**	**331**	**6**	**4**	**2**
60	342	256	86	1	—	1
61	322	237	85	1	1	—
62	244	179	65	1	—	1
63	231	176	55	1	1	—
64	182	142	40	2	2	—
65岁及以上	**1 096**	**875**	**221**	**13**	**9**	**4**

单位：人

有配偶			丧偶			离婚		
小计	男	女	小计	男	女	小计	男	女
876	543	333	2	1	1	8	2	6
510	297	213	—	—	—	3	2	1
530	325	205	1	—	1	7	3	4
462	296	166	—	—	—	10	6	4
2 992	**1 856**	**1 136**	**8**	**5**	**3**	**45**	**27**	**18**
534	346	188	2	1	1	10	5	5
560	363	197	1	1	—	13	10	3
598	364	234	—	—	—	5	2	3
657	405	252	3	2	1	9	6	3
643	378	265	2	1	1	8	4	4
2 476	**1 615**	**861**	**8**	**1**	**7**	**40**	**13**	**27**
551	338	213	1	—	1	7	3	4
529	337	192	—	—	—	10	2	8
455	294	161	1	—	1	7	3	4
486	341	145	5	1	4	8	1	7
455	305	150	1	—	1	8	4	4
1 969	**1 313**	**656**	**14**	**5**	**9**	**19**	**7**	**12**
384	250	134	3	—	3	3	2	1
378	271	107	—	—	—	5	3	2
430	293	137	5	2	3	2	—	2
403	261	142	3	1	2	3	1	2
374	238	136	3	2	1	6	1	5
2 036	**1 359**	**677**	**35**	**19**	**16**	**29**	**16**	**13**
342	233	109	6	3	3	5	3	2
381	257	124	5	2	3	8	2	6
406	263	143	3	1	2	7	5	2
443	293	150	13	6	7	5	3	2
464	313	151	8	7	1	4	3	1
2 141	**1 550**	**591**	**56**	**20**	**36**	**13**	**6**	**7**
458	344	114	12	5	7	1	—	1
476	333	143	12	2	10	3	2	1
433	309	124	9	5	4	2	2	—
401	298	103	10	3	7	4	1	3
373	266	107	13	5	8	3	1	2
1 237	**943**	**294**	**62**	**31**	**31**	**16**	**12**	**4**
321	245	76	18	10	8	2	1	1
299	225	74	17	7	10	5	4	1
233	174	59	7	3	4	3	2	1
221	171	50	9	4	5	—	—	—
163	128	35	11	7	4	6	5	1
923	770	153	147	87	60	13	9	4

文化程度和年龄(岁)	合计			未婚		
	合计	男	女	小计	男	女
高中	**105 856**	**60 659**	**45 197**	**31 104**	**17 780**	**13 324**
15—19	**13 202**	**6 964**	**6 238**	**13 146**	**6 936**	**6 210**
15	939	466	473	939	466	473
16	2 511	1 290	1 221	2 498	1 282	1 216
17	3 235	1 697	1 538	3 226	1 693	1 533
18	3 475	1 858	1 617	3 455	1 849	1 606
19	3 042	1 653	1 389	3 028	1 646	1 382
20—24	**16 878**	**9 003**	**7 875**	**13 349**	**7 562**	**5 787**
20	3 219	1 684	1 535	3 157	1 667	1 490
21	3 281	1 778	1 503	3 070	1 710	1 360
22	3 377	1 801	1 576	2 877	1 615	1 262
23	3 535	1 885	1 650	2 404	1 424	980
24	3 466	1 855	1 611	1 841	1 146	695
25—29	**16 048**	**8 873**	**7 175**	**3 185**	**2 212**	**973**
25	3 563	1 923	1 640	1 330	879	451
26	2 435	1 346	1 089	635	423	212
27	2 822	1 572	1 250	487	341	146
28	3 111	1 768	1 343	371	283	88
29	4 117	2 264	1 853	362	286	76
30—34	**23 673**	**13 275**	**10 398**	**924**	**706**	**218**
30	6 002	3 268	2 734	305	247	58
31	5 657	3 216	2 441	243	182	61
32	3 653	2 035	1 618	159	118	41
33	4 373	2 486	1 887	123	91	32
34	3 988	2 270	1 718	94	68	26
35—39	**16 685**	**9 992**	**6 693**	**290**	**216**	**74**
35	4 291	2 482	1 809	77	57	20
36	4 248	2 495	1 753	94	71	23
37	3 329	1 984	1 345	51	39	12
38	2 729	1 747	982	39	28	11
39	2 088	1 284	804	29	21	8
40—44	**5 756**	**3 701**	**2 055**	**66**	**50**	**16**
40	1 601	1 027	574	18	15	3
41	1 203	787	416	17	13	4
42	974	626	348	13	9	4
43	918	596	322	7	5	2
44	1 060	665	395	11	8	3
45—49	**4 334**	**2 574**	**1 760**	**59**	**33**	**26**
45	1 022	617	405	14	6	8
46	1 007	594	413	11	7	4
47	786	480	306	14	9	5

单位:人

有配偶			丧偶			离婚		
小计	男	女	小计	男	女	小计	男	女
72 946	**41 995**	**30 951**	**925**	**438**	**487**	**881**	**446**	**435**
54	**27**	**27**	—	—	—	**2**	**1**	**1**
—	—	—	—	—	—	—	—	—
12	7	5	—	—	—	1	1	—
9	4	5	—	—	—	—	—	—
20	9	11	—	—	—	—	—	—
13	7	6	—	—	—	1	—	1
3 504	**1 428**	**2 076**	**4**	**3**	**1**	**21**	**10**	**11**
60	17	43	—	—	—	2	—	2
210	68	142	—	—	—	1	—	1
496	185	311	1	1	—	3	—	3
1 128	460	668	1	—	1	2	1	1
1 610	698	912	2	2	—	13	9	4
12 699	**6 595**	**6 104**	**20**	**7**	**13**	**144**	**59**	**85**
2 214	1 038	1 176	2	1	1	17	5	12
1 783	916	867	1	1	—	16	6	10
2 303	1 219	1 084	5	2	3	27	10	17
2 707	1 472	1 235	7	2	5	26	11	15
3 692	1 950	1 742	5	1	4	58	27	31
22 364	**12 377**	**9 987**	**81**	**39**	**42**	**304**	**153**	**151**
5 606	2 983	2 623	15	3	12	76	35	41
5 331	2 995	2 336	17	11	6	66	28	38
3 432	1 888	1 544	12	8	4	50	21	29
4 174	2 352	1 822	19	9	10	57	34	23
3 821	2 159	1 662	18	8	10	55	35	20
16 106	**9 620**	**6 486**	**70**	**36**	**34**	**219**	**120**	**99**
4 145	2 384	1 761	13	6	7	56	35	21
4 070	2 375	1 695	24	13	11	60	36	24
3 233	1 927	1 306	11	4	7	34	14	20
2 636	1 692	944	13	8	5	41	19	22
2 022	1 242	780	9	5	4	28	16	12
5 567	**3 598**	**1 969**	**56**	**24**	**32**	**67**	**29**	**38**
1 550	999	551	15	5	10	18	8	10
1 162	760	402	12	8	4	12	6	6
940	608	332	11	6	5	10	3	7
895	584	311	5	1	4	11	6	5
1 020	647	373	13	4	9	16	6	10
4 147	**2 486**	**1 661**	**80**	**30**	**50**	**48**	**25**	**23**
983	598	385	14	6	8	11	7	4
976	580	396	11	5	6	9	2	7
749	462	287	13	3	10	10	6	4

文化程度和年龄(岁)	合计			未婚		
	合计	男	女	小计	男	女
48	788	464	324	8	6	2
49	731	419	312	12	5	7
50—54	**3 804**	**2 337**	**1 467**	**30**	**26**	**4**
50	798	472	326	1	1	—
51	813	473	340	9	8	1
52	820	502	318	7	6	1
53	714	476	238	8	7	1
54	659	414	245	5	4	1
55—59	**2 552**	**1 752**	**800**	**21**	**17**	**4**
55	595	386	209	5	4	1
56	546	356	190	7	5	2
57	529	366	163	2	1	1
58	494	356	138	6	6	—
59	388	288	100	1	1	—
60—64	**1 473**	**1 089**	**384**	**12**	**11**	**1**
60	416	308	108	1	1	—
61	294	218	76	4	4	—
62	271	197	74	4	3	1
63	272	194	78	2	2	—
64	220	172	48	1	1	—
65岁及以上	**1 451**	**1 099**	**352**	**22**	**11**	**11**
初　中	**312 315**	**184 703**	**127 612**	**100 761**	**60 591**	**40 170**
15—19	**55 287**	**30 874**	**24 413**	**54 667**	**30 594**	**24 073**
15	13 255	7 283	5 972	13 214	7 266	5 948
16	10 823	6 163	4 660	10 792	6 147	4 645
17	10 377	5 778	4 599	10 323	5 747	4 576
18	10 311	5 778	4 533	10 169	5 715	4 454
19	10 521	5 872	4 649	10 169	5 719	4 450
20—24	**60 506**	**33 616**	**26 890**	**36 409**	**22 368**	**14 041**
20	11 264	6 298	4 966	10 105	5 890	4 215
21	11 754	6 447	5 307	9 298	5 563	3 735
22	12 162	6 771	5 391	7 555	4 679	2 876
23	13 050	7 220	5 830	5 783	3 692	2 091
24	12 276	6 880	5 396	3 668	2 544	1 124
25—29	**60 192**	**34 311**	**25 881**	**6 748**	**5 107**	**1 641**
25	13 403	7 600	5 803	2 707	1 964	743
26	10 922	6 188	4 734	1 535	1 134	401
27	11 945	6 781	5 164	1 138	887	251
28	12 059	6 958	5 101	778	626	152
29	11 863	6 784	5 079	590	496	94
30—34	**39 911**	**23 321**	**16 590**	**1 439**	**1 263**	**176**

单位:人

有配偶			丧偶			离婚		
小计	男	女	小计	男	女	小计	男	女
749	443	306	23	10	13	8	5	3
690	403	287	19	6	13	10	5	5
3 635	**2 257**	**1 378**	**115**	**40**	**75**	**24**	**14**	**10**
769	459	310	21	6	15	7	6	1
782	460	322	17	3	14	5	2	3
783	486	297	24	8	16	6	2	4
673	455	218	28	10	18	5	4	1
628	397	231	25	13	12	1	—	1
2 411	**1 677**	**734**	**101**	**47**	**54**	**19**	**11**	**8**
556	370	186	31	9	22	3	3	—
518	344	174	16	6	10	5	1	4
505	352	153	19	11	8	3	2	1
461	332	129	22	14	8	5	4	1
371	279	92	13	7	6	3	1	2
1 342	**1 019**	**323**	**106**	**48**	**58**	**13**	**11**	**2**
377	289	88	35	16	19	3	2	1
277	206	71	10	6	4	3	2	1
250	192	58	16	1	15	1	1	—
249	178	71	18	11	7	3	3	—
189	154	35	27	14	13	3	3	—
1 117	**911**	**206**	**292**	**164**	**128**	**20**	**13**	**7**
206 323	**121 000**	**85 323**	**3 256**	**1 871**	**1 385**	**1 975**	**1 241**	**734**
606	**271**	**335**	**4**	**4**	—	**10**	**5**	**5**
39	15	24	1	1	—	1	1	—
28	13	15	1	1	—	2	2	—
53	30	23	1	1	—	—	—	—
139	61	78	1	1	—	2	1	1
347	152	195	—	—	—	5	1	4
23 882	**11 127**	**12 755**	**62**	**38**	**24**	**153**	**83**	**70**
1 137	396	741	5	5	—	17	7	10
2 443	878	1 565	3	2	1	10	4	6
4 568	2 072	2 496	13	7	6	26	13	13
7 205	3 491	3 714	20	14	6	42	23	19
8 529	4 290	4 239	21	10	11	58	36	22
52 880	**28 866**	**24 014**	**160**	**85**	**75**	**404**	**253**	**151**
10 584	5 568	5 016	28	16	12	84	52	32
9 305	5 002	4 303	25	17	8	57	35	22
10 698	5 830	4 868	34	16	18	75	48	27
11 155	6 257	4 898	35	16	19	91	59	32
11 138	6 209	4 929	38	20	18	97	59	38
37 921	**21 715**	**16 206**	**178**	**103**	**75**	**373**	**240**	**133**

1—13 续表 5

文化程度和年龄(岁)	合计			未婚		
	合计	男	女	小计	男	女
30	13 525	7 769	5 756	576	502	74
31	10 190	5 971	4 219	378	332	46
32	5 139	3 065	2 074	163	144	19
33	5 761	3 373	2 388	171	153	18
34	5 296	3 143	2 153	151	132	19
35—39	**34 420**	**21 199**	**13 221**	**684**	**591**	**93**
35	6 669	4 049	2 620	156	137	19
36	7 267	4 570	2 697	153	139	14
37	6 744	4 206	2 538	136	114	22
38	6 918	4 219	2 699	113	93	20
39	6 822	4 155	2 667	126	108	18
40—44	**24 899**	**15 510**	**9 389**	**360**	**287**	**73**
40	6 108	3 767	2 341	95	74	21
41	5 636	3 562	2 074	75	58	17
42	4 895	3 009	1 886	71	61	10
43	4 388	2 728	1 660	63	48	15
44	3 872	2 444	1 428	56	46	10
45—49	**13 911**	**8 992**	**4 919**	**173**	**148**	**25**
45	2 941	1 888	1 053	36	30	6
46	2 880	1 836	1 044	44	36	8
47	2 797	1 815	982	35	33	2
48	2 697	1 731	966	28	24	4
49	2 596	1 722	874	30	25	5
50—54	**9 659**	**6 325**	**3 334**	**117**	**104**	**13**
50	2 355	1 501	854	32	28	4
51	2 184	1 429	755	24	21	3
52	1 928	1 245	683	24	21	3
53	1 789	1 213	576	20	18	2
54	1 403	937	466	17	16	1
55—59	**5 587**	**4 061**	**1 526**	**64**	**57**	**7**
55	1 387	957	430	18	16	2
56	1 162	833	329	20	16	4
57	1 056	755	301	9	9	—
58	1 013	769	244	8	8	—
59	969	747	222	9	8	1
60—64	**3 697**	**2 980**	**717**	**29**	**24**	**5**
60	979	767	212	6	5	1
61	755	610	145	4	4	—
62	710	581	129	8	6	2
63	689	571	118	7	6	1
64	564	451	113	4	3	1
65 岁及以上	**4 246**	**3 514**	**732**	**71**	**48**	**23**

单位：人

有配偶			丧偶			离婚		
小计	男	女	小计	男	女	小计	男	女
12 796	7 161	5 635	50	39	11	103	67	36
9 676	5 550	4 126	36	23	13	100	66	34
4 893	2 877	2 016	29	12	17	54	32	22
5 499	3 177	2 322	35	13	22	56	30	26
5 057	2 950	2 107	28	16	12	60	45	15
33 109	**20 233**	**12 876**	**235**	**120**	**115**	**392**	**255**	**137**
6 401	3 846	2 555	41	22	19	71	44	27
6 979	4 338	2 641	46	30	16	89	63	26
6 496	4 031	2 465	45	21	24	67	40	27
6 671	4 049	2 622	56	26	30	78	51	27
6 562	3 969	2 593	47	21	26	87	57	30
23 984	**14 919**	**9 065**	**290**	**146**	**144**	**265**	**158**	**107**
5 888	3 623	2 265	48	24	24	77	46	31
5 437	3 429	2 008	68	37	31	56	38	18
4 726	2 906	1 820	55	22	33	43	20	23
4 213	2 618	1 595	62	33	29	50	29	21
3 720	2 343	1 377	57	30	27	39	25	14
13 256	**8 591**	**4 665**	**348**	**163**	**185**	**134**	**90**	**44**
2 837	1 825	1 012	40	18	22	28	15	13
2 744	1 747	997	70	35	35	22	18	4
2 649	1 728	921	80	33	47	33	21	12
2 566	1 643	923	77	46	31	26	18	8
2 460	1 648	812	81	31	50	25	18	7
9 034	**5 962**	**3 072**	**393**	**185**	**208**	**115**	**74**	**41**
2 208	1 418	790	90	40	50	25	15	10
2 045	1 350	695	87	39	48	28	19	9
1 790	1 159	631	91	50	41	23	15	8
1 672	1 151	521	72	27	45	25	17	8
1 319	884	435	53	29	24	14	8	6
5 120	**3 772**	**1 348**	**348**	**196**	**152**	**55**	**36**	**19**
1 279	888	391	73	42	31	17	11	6
1 067	778	289	65	31	34	10	8	2
962	702	260	75	38	37	10	6	4
939	717	222	63	41	22	3	3	—
873	687	186	72	44	28	15	8	7
3 303	**2 727**	**576**	**334**	**207**	**127**	**31**	**22**	**9**
881	713	168	84	45	39	8	4	4
684	567	117	64	37	27	3	2	1
630	522	108	64	46	18	8	7	1
607	515	92	68	44	24	7	6	1
501	410	91	54	35	19	5	3	2
3 228	**2 817**	**411**	**904**	**624**	**280**	**43**	**25**	**18**

1—13 续表 6

文化程度和年龄(岁)	合计			未婚		
	合计	男	女	小计	男	女
小　学	**302 732**	**155 086**	**147 646**	**61 894**	**35 113**	**26 781**
15—19	**32 356**	**14 953**	**17 403**	**31 399**	**14 687**	**16 712**
15	6 876	3 318	3 558	6 849	3 310	3 539
16	5 897	2 684	3 213	5 866	2 673	3 193
17	6 089	2 812	3 277	6 009	2 781	3 228
18	6 628	3 025	3 603	6 407	2 961	3 446
19	6 866	3 114	3 752	6 268	2 962	3 306
20—24	**41 999**	**19 214**	**22 785**	**21 059**	**12 176**	**8 883**
20	7 527	3 540	3 987	6 094	3 192	2 902
21	7 594	3 374	4 220	5 051	2 734	2 317
22	8 333	3 793	4 540	4 257	2 510	1 747
23	9 506	4 340	5 166	3 393	2 168	1 225
24	9 039	4 167	4 872	2 264	1 572	692
25—29	**41 046**	**18 394**	**22 652**	**4 632**	**3 730**	**902**
25	9 889	4 459	5 430	1 692	1 266	426
26	8 061	3 688	4 373	1 055	846	209
27	8 431	3 852	4 579	853	717	136
28	7 673	3 352	4 321	549	475	74
29	6 992	3 043	3 949	483	426	57
30—34	**25 049**	**10 391**	**14 658**	**1 204**	**1 093**	**111**
30	7 452	3 151	4 301	417	375	42
31	6 214	2 508	3 706	338	300	38
32	3 344	1 335	2 009	159	146	13
33	3 986	1 661	2 325	145	134	11
34	4 053	1 736	2 317	145	138	7
35—39	**33 564**	**15 452**	**18 112**	**1 066**	**1 018**	**48**
35	5 566	2 448	3 118	214	200	14
36	6 622	3 049	3 573	236	230	6
37	6 532	2 923	3 609	204	193	11
38	7 136	3 324	3 812	218	210	8
39	7 708	3 708	4 000	194	185	9
40—44	**36 154**	**18 365**	**17 789**	**872**	**831**	**41**
40	7 730	3 894	3 836	202	192	10
41	7 809	3 911	3 898	195	189	6
42	6 825	3 437	3 388	171	163	8
43	6 601	3 345	3 256	162	149	13
44	7 189	3 778	3 411	142	138	4
45—49	**26 824**	**14 282**	**12 542**	**602**	**574**	**28**
45	6 216	3 202	3 014	131	128	3
46	6 200	3 309	2 891	139	129	10
47	5 464	2 906	2 558	108	104	4
48	4 648	2 448	2 200	103	99	4

单位:人

有配偶			丧偶			离婚		
小计	男	女	小计	男	女	小计	男	女
227 117	**111 780**	**115 337**	**11 499**	**6 550**	**4 949**	**2 222**	**1 643**	**579**
926	**261**	**665**	**5**	**1**	**4**	**26**	**4**	**22**
26	8	18	—	—	—	1	—	1
29	11	18	2	—	2	—	—	—
80	31	49	—	—	—	—	—	—
213	63	150	1	—	1	7	1	6
578	148	430	2	1	1	18	3	15
20 649	**6 892**	**13 757**	**58**	**29**	**29**	**233**	**117**	**116**
1 401	339	1 062	6	1	5	26	8	18
2 506	628	1 878	2	—	2	35	12	23
4 012	1 251	2 761	12	6	6	52	26	26
6 041	2 133	3 908	17	10	7	55	29	26
6 689	2 541	4 148	21	12	9	65	42	23
35 968	**14 379**	**21 589**	**140**	**69**	**71**	**306**	**216**	**90**
8 082	3 125	4 957	32	16	16	83	52	31
6 925	2 793	4 132	30	14	16	51	35	16
7 487	3 072	4 415	24	12	12	67	51	16
7 048	2 825	4 223	28	15	13	48	37	11
6 426	2 564	3 862	26	12	14	57	41	16
23 498	**9 083**	**14 415**	**149**	**66**	**83**	**198**	**149**	**49**
6 941	2 715	4 226	41	23	18	53	38	15
5 796	2 156	3 640	26	11	15	54	41	13
3 135	1 160	1 975	24	7	17	26	22	4
3 777	1 488	2 289	31	13	18	33	26	7
3 849	1 564	2 285	27	12	15	32	22	10
31 850	**14 040**	**17 810**	**356**	**178**	**178**	**292**	**216**	**76**
5 237	2 178	3 059	62	28	34	53	42	11
6 278	2 750	3 528	56	31	25	52	38	14
6 199	2 652	3 547	61	31	30	68	47	21
6 787	3 030	3 757	70	37	33	61	47	14
7 349	3 430	3 919	107	51	56	58	42	16
34 243	**16 951**	**17 292**	**735**	**344**	**391**	**304**	**239**	**65**
7 352	3 592	3 760	108	53	55	68	57	11
7 386	3 579	3 807	143	76	67	85	67	18
6 477	3 180	3 297	128	57	71	49	37	12
6 236	3 092	3 144	159	68	91	44	36	8
6 792	3 508	3 284	197	90	107	58	42	16
25 074	**13 087**	**11 987**	**902**	**418**	**484**	**246**	**203**	**43**
5 857	2 953	2 904	170	71	99	58	50	8
5 797	3 026	2 771	202	98	104	62	56	6
5 119	2 673	2 446	192	98	94	45	31	14
4 339	2 241	2 098	161	71	90	45	37	8

1—13 续表 7

文化程度和年龄(岁)	合计 合计	合计 男	合计 女	未婚 小计	未婚 男	未婚 女
49	4 296	2 417	1 879	121	114	7
50—54	**19 044**	**10 996**	**8 048**	**422**	**409**	**13**
50	4 147	2 282	1 865	91	90	1
51	3 833	2 182	1 651	92	87	5
52	3 908	2 314	1 594	90	88	2
53	3 743	2 198	1 545	75	74	1
54	3 413	2 020	1 393	74	70	4
55—59	**17 569**	**11 266**	**6 303**	**316**	**307**	**9**
55	3 990	2 458	1 532	90	88	2
56	3 663	2 263	1 400	62	58	4
57	3 550	2 313	1 237	64	64	—
58	3 366	2 206	1 160	61	60	1
59	3 000	2 026	974	39	37	2
60—64	**12 567**	**9 041**	**3 526**	**160**	**154**	**6**
60	3 191	2 227	964	41	40	1
61	2 672	1 862	810	41	38	3
62	2 398	1 758	640	40	38	2
63	2 344	1 734	610	23	23	—
64	1 962	1 460	502	15	15	—
65 岁及以上	**16 560**	**12 732**	**3 828**	**162**	**134**	**28**
不识字或识字很少	**202 039**	**61 497**	**140 542**	**15 181**	**8 875**	**6 306**
15—19	**6 097**	**2 015**	**4 082**	**5 546**	**1 926**	**3 620**
15	1 104	370	734	1 089	365	724
16	1 147	389	758	1 122	382	740
17	1 180	384	796	1 110	376	734
18	1 292	431	861	1 166	407	759
19	1 374	441	933	1 059	396	663
20—24	**9 152**	**2 570**	**6 582**	**3 504**	**1 665**	**1 839**
20	1 620	482	1 138	1 044	398	646
21	1 600	455	1 145	789	346	443
22	1 823	513	1 310	682	321	361
23	2 093	553	1 540	562	301	261
24	2 016	567	1 449	427	299	128
25—29	**10 548**	**2 668**	**7 880**	**1 272**	**958**	**314**
25	2 294	584	1 710	342	248	94
26	2 076	570	1 506	302	206	96
27	2 076	536	1 540	230	188	42
28	2 040	496	1 544	219	175	44
29	2 062	482	1 580	179	141	38
30—34	**8 885**	**2 032**	**6 853**	**569**	**485**	**84**
30	2 335	545	1 790	196	160	36

单位:人

有配偶			丧偶			离婚		
小计	男	女	小计	男	女	小计	男	女
3 962	2 194	1 768	177	80	97	36	29	7
17 271	**9 874**	**7 397**	**1 156**	**555**	**601**	**195**	**158**	**37**
3 816	2 062	1 754	200	97	103	40	33	7
3 479	1 952	1 527	220	108	112	42	35	7
3 554	2 073	1 481	227	121	106	37	32	5
3 360	1 968	1 392	266	123	143	42	33	9
3 062	1 819	1 243	243	106	137	34	25	9
15 526	**10 037**	**5 489**	**1 547**	**780**	**767**	**180**	**142**	**38**
3 539	2 192	1 347	324	152	172	37	26	11
3 275	2 036	1 239	296	146	150	30	23	7
3 149	2 057	1 092	294	158	136	43	34	9
2 937	1 961	976	337	163	174	31	22	9
2 626	1 791	835	296	161	135	39	37	2
10 629	**7 808**	**2 821**	**1 651**	**973**	**678**	**127**	**106**	**21**
2 738	1 940	798	370	214	156	42	33	9
2 290	1 626	664	317	177	140	24	21	3
2 016	1 507	509	324	198	126	18	15	3
1 992	1 515	477	310	180	130	19	16	3
1 593	1 220	373	330	204	126	24	21	3
11 483	**9 368**	**2 115**	**4 800**	**3 137**	**1 663**	**115**	**93**	**22**
143 428	**42 474**	**100 954**	**41 910**	**9 184**	**32 726**	**1 520**	**964**	**556**
528	**83**	**445**	**17**	**4**	**13**	**6**	**2**	**4**
13	4	9	2	1	1	—	—	—
21	6	15	4	1	3	—	—	—
68	7	61	2	1	1	—	—	—
122	23	99	2	—	2	2	1	1
304	43	261	7	1	6	4	1	3
5 545	**871**	**4 674**	**32**	**7**	**25**	**71**	**27**	**44**
561	82	479	4	—	4	11	2	9
793	104	689	6	1	5	12	4	8
1 120	180	940	7	3	4	14	9	5
1 503	241	1 262	10	2	8	18	9	9
1 568	264	1 304	5	1	4	16	3	13
9 127	**1 650**	**7 477**	**49**	**10**	**39**	**100**	**50**	**50**
1 918	322	1 596	5	—	5	29	14	15
1 753	357	1 396	7	1	6	14	6	8
1 816	335	1 481	10	2	8	20	11	9
1 795	308	1 487	8	3	5	18	10	8
1 845	328	1 517	19	4	15	19	9	10
8 147	**1 472**	**6 675**	**87**	**27**	**60**	**82**	**48**	**34**
2 102	367	1 735	19	7	12	18	11	7

1—13　续表 8

文化程度和年龄(岁)	合计			未婚		
	合计	男	女	小计	男	女
31	2 106	457	1 649	143	125	18
32	1 303	281	1 022	66	51	15
33	1 556	366	1 190	85	78	7
34	1 585	383	1 202	79	71	8
35—39	**14 479**	**3 540**	**10 939**	**769**	**686**	**83**
35	2 226	556	1 670	143	127	16
36	2 851	712	2 139	163	150	13
37	2 885	669	2 216	158	140	18
38	3 233	795	2 438	160	135	25
39	3 284	808	2 476	145	134	11
40—44	**16 676**	**4 595**	**12 081**	**790**	**730**	**60**
40	3 496	912	2 584	175	160	15
41	3 594	955	2 639	157	146	11
42	3 200	916	2 284	155	145	10
43	3 153	866	2 287	162	149	13
44	3 233	946	2 287	141	130	11
45—49	**14 220**	**3 840**	**10 380**	**616**	**562**	**54**
45	2 893	822	2 071	148	136	12
46	2 913	795	2 118	118	106	12
47	2 866	774	2 092	134	117	17
48	2 722	709	2 013	116	111	5
49	2 826	740	2 086	100	92	8
50—54	**17 414**	**5 170**	**12 244**	**543**	**498**	**45**
50	3 459	928	2 531	120	109	11
51	3 198	964	2 234	102	95	7
52	3 546	1 108	2 438	129	120	9
53	3 666	1 113	2 553	101	90	11
54	3 545	1 057	2 488	91	84	7
55—59	**23 001**	**7 449**	**15 552**	**536**	**480**	**56**
55	4 305	1 395	2 910	115	99	16
56	4 402	1 439	2 963	113	105	8
57	4 612	1 467	3 145	110	102	8
58	4 812	1 563	3 249	101	85	16
59	4 870	1 585	3 285	97	89	8
60—64	**24 762**	**8 285**	**16 477**	**433**	**387**	**46**
60	5 770	1 916	3 854	110	99	11
61	4 884	1 632	3 252	89	85	4
62	4 647	1 568	3 079	81	74	7
63	4 943	1 685	3 258	82	69	13
64	4 518	1 484	3 034	71	60	11
65 岁及以上	**56 805**	**19 333**	**37 472**	**603**	**498**	**105**

单位:人

有配偶			丧偶			离婚		
小计	男	女	小计	男	女	小计	男	女
1 925	314	1 611	14	6	8	24	12	12
1 209	218	991	16	5	11	12	7	5
1 438	276	1 162	18	3	15	15	9	6
1 473	297	1 176	20	6	14	13	9	4
13 384	**2 714**	**10 670**	**195**	**58**	**137**	**131**	**82**	**49**
2 036	405	1 631	26	9	17	21	15	6
2 635	539	2 096	29	7	22	24	16	8
2 662	500	2 162	35	13	22	30	16	14
3 002	632	2 370	44	11	33	27	17	10
3 049	638	2 411	61	18	43	29	18	11
15 236	**3 617**	**11 619**	**487**	**138**	**349**	**163**	**110**	**53**
3 209	708	2 501	72	18	54	40	26	14
3 308	761	2 547	103	28	75	26	20	6
2 923	723	2 200	88	27	61	34	21	13
2 864	671	2 193	94	24	70	33	22	11
2 932	754	2 178	130	41	89	30	21	9
12 723	**3 007**	**9 716**	**757**	**176**	**581**	**124**	**95**	**29**
2 608	634	1 974	107	27	80	30	25	5
2 623	634	1 989	139	35	104	33	20	13
2 558	602	1 956	145	31	114	29	24	5
2 415	550	1 865	175	35	140	16	13	3
2 519	587	1 932	191	48	143	16	13	3
15 035	**4 198**	**10 837**	**1 706**	**382**	**1 324**	**130**	**92**	**38**
3 012	725	2 287	293	69	224	34	25	9
2 817	785	2 032	264	74	190	15	10	5
3 062	909	2 153	328	63	265	27	16	11
3 135	919	2 216	400	79	321	30	25	5
3 009	860	2 149	421	97	324	24	16	8
18 669	**6 044**	**12 625**	**3 597**	**794**	**2 803**	**199**	**131**	**68**
3 598	1 148	2 450	551	117	434	41	31	10
3 673	1 180	2 493	577	135	442	39	19	20
3 744	1 167	2 577	716	170	546	42	28	14
3 826	1 269	2 557	843	179	664	42	30	12
3 828	1 280	2 548	910	193	717	35	23	12
18 161	**6 488**	**11 673**	**5 981**	**1 282**	**4 699**	**187**	**128**	**59**
4 391	1 491	2 900	1 216	293	923	53	33	20
3 665	1 296	2 369	1 091	223	868	39	28	11
3 425	1 235	2 190	1 111	236	875	30	23	7
3 533	1 312	2 221	1 290	275	1 015	38	29	9
3 147	1 154	1 993	1 273	255	1 018	27	15	12
26 873	**12 330**	**14 543**	**29 002**	**6 306**	**22 696**	**327**	**199**	**128**

1—14　省、自治区、直辖市育龄妇女近几年平均初婚年龄

单位:岁

地　区	1989年 平均初婚年龄	1990年 平均初婚年龄	1991年 平均初婚年龄	1992年 平均初婚年龄	1993年 平均初婚年龄
总　计	**22.08**	**22.12**	**22.32**	**22.53**	**22.67**
北　京	24.45	24.38	24.44	24.28	24.77
天　津	23.43	23.31	23.32	23.26	23.95
河　北	22.22	22.54	22.35	22.28	22.77
山　西	21.42	21.58	21.69	21.85	22.15
内蒙古	21.81	21.83	22.05	22.39	22.62
辽　宁	22.51	22.44	22.63	22.79	22.76
吉　林	21.91	22.20	22.25	22.54	22.93
黑龙江	21.88	22.00	22.39	22.40	22.94
上　海	24.62	24.58	24.31	24.01	24.52
江　苏	21.92	22.05	22.37	22.55	23.07
浙　江	22.75	22.64	22.68	22.92	23.27
安　徽	21.87	22.15	22.26	22.56	22.76
福　建	21.19	21.47	21.89	22.11	22.38
江　西	20.89	21.01	21.46	21.84	21.98
山　东	22.91	23.10	23.37	23.75	24.22
河　南	22.19	22.11	22.31	22.70	22.84
湖　北	21.74	21.56	21.84	22.14	22.62
湖　南	21.24	21.51	21.99	22.25	22.47
广　东	22.72	22.79	23.06	23.40	23.63
广　西	22.35	22.58	22.58	23.26	23.23
海　南	21.77	22.01	22.29	22.20	22.42
四　川	21.29	21.42	21.53	21.71	21.82
贵　州	21.52	21.77	21.85	22.20	22.11
云　南	21.17	21.35	21.35	21.38	21.49
西　藏	19.98	21.26	22.02	23.35	23.51
陕　西	21.67	21.53	21.90	22.10	22.07
甘　肃	21.19	21.25	21.47	21.91	21.77
青　海	21.03	21.05	21.42	22.21	21.76
宁　夏	21.52	21.48	21.51	21.72	21.98
新　疆	20.66	20.80	21.14	21.50	22.13

1—15 省、自治区、直辖市的市育龄妇女近几年平均初婚年龄

单位:岁

地 区	1989年 平均初婚年龄	1990年 平均初婚年龄	1991年 平均初婚年龄	1992年 平均初婚年龄	1993年 平均初婚年龄
总 计	23.61	23.56	23.71	23.69	23.91
北 京	24.92	25.11	25.08	24.78	25.07
天 津	23.99	23.77	23.81	23.82	24.23
河 北	23.65	23.54	23.45	23.59	23.61
山 西	22.69	22.41	22.66	22.90	23.33
内蒙古	22.35	22.31	22.95	22.63	22.94
辽 宁	23.61	23.47	23.64	23.83	24.14
吉 林	22.92	23.56	23.11	23.47	23.41
黑龙江	23.15	23.14	23.63	23.66	23.60
上 海	25.51	26.00	25.95	25.29	25.83
江 苏	23.06	22.84	23.07	22.86	23.94
浙 江	24.11	23.29	24.28	22.91	23.91
安 徽	22.78	23.29	22.92	22.83	22.95
福 建	24.01	23.08	23.94	23.27	23.75
江 西	21.98	21.64	21.96	22.30	22.30
山 东	23.04	22.75	23.08	23.05	23.85
河 南	23.96	22.96	23.31	23.70	23.86
湖 北	23.07	22.39	23.17	23.15	23.68
湖 南	22.30	22.09	23.24	23.37	22.93
广 东	23.48	24.34	24.85	24.18	24.16
广 西	23.69	24.59	24.23	24.96	24.34
海 南	22.19	22.78	23.20	22.44	23.53
四 川	22.80	23.05	22.55	22.71	23.22
贵 州	22.39	24.32	23.72	23.84	24.32
云 南	21.94	22.58	22.56	22.80	24.39
西 藏	20.82	22.42	23.35	24.39	—
陕 西	22.97	23.07	23.32	23.44	23.54
甘 肃	23.17	23.25	22.86	24.06	23.90
青 海	23.53	24.25	23.61	25.68	24.16
宁 夏	23.39	23.18	22.98	23.62	23.67
新 疆	22.18	21.93	22.00	22.73	21.81

1—16 省、自治区、直辖市的镇育龄妇女近几年平均初婚年龄

单位:岁

地区	1989年 平均初婚年龄	1990年 平均初婚年龄	1991年 平均初婚年龄	1992年 平均初婚年龄	1993年 平均初婚年龄
总计	**22.35**	**22.49**	**22.42**	**22.78**	**22.89**
北京	—	—	—	—	—
天津	—	—	—	—	—
河北	—	—	—	—	—
山西	—	—	—	—	—
内蒙古	22.98	23.31	22.57	24.30	23.34
辽宁	21.67	21.54	22.47	22.20	22.28
吉林	21.62	21.41	21.71	22.00	22.48
黑龙江	23.28	23.02	22.85	22.59	23.12
上海	28.15	36.00	25.92	27.54	—
江苏	23.17	22.23	22.77	22.64	21.85
浙江	23.33	23.66	23.02	23.69	23.95
安徽	22.16	22.00	22.68	22.86	22.83
福建	22.11	23.26	22.45	22.31	24.52
江西	20.62	21.35	22.15	22.15	22.59
山东	22.65	22.82	22.68	22.78	24.55
河南	22.24	22.21	21.69	22.42	22.37
湖北	22.61	21.77	20.32	22.11	21.30
湖南	21.88	21.51	21.63	21.40	22.38
广东	23.50	23.94	23.48	23.53	24.58
广西	23.36	24.74	23.15	25.10	26.10
海南	21.97	22.70	22.87	22.49	23.24
四川	22.84	24.07	23.99	22.66	23.32
贵州	21.70	22.33	22.12	22.65	22.49
云南	21.48	21.38	21.00	21.72	21.38
西藏	—	—	—	—	—
陕西	21.67	24.21	22.63	22.56	23.25
甘肃	24.10	24.92	21.50	24.75	24.21
青海	—	—	—	—	—
宁夏	23.75	22.88	22.88	23.55	23.37
新疆	22.98	22.98	22.92	23.95	24.23

1—17 省、自治区、直辖市的县育龄妇女近几年平均初婚年龄

单位:岁

地区	1989年 平均初婚年龄	1990年 平均初婚年龄	1991年 平均初婚年龄	1992年 平均初婚年龄	1993年 平均初婚年龄
总计	21.45	21.56	21.77	22.03	22.26
北京	23.00	22.65	22.64	22.83	23.79
天津	22.11	22.30	22.12	22.15	23.06
河北	22.05	22.35	22.12	22.06	22.60
山西	20.81	21.18	21.25	21.14	21.59
内蒙古	21.06	21.03	21.10	21.73	22.13
辽宁	22.12	21.89	21.98	22.16	22.15
吉林	21.06	21.53	21.70	21.86	22.50
黑龙江	20.90	21.15	21.63	21.65	22.48
上海	23.04	22.43	22.22	22.51	22.47
江苏	21.63	21.91	22.23	22.50	22.90
浙江	22.22	22.10	22.19	22.63	22.92
安徽	21.55	21.89	21.99	22.45	22.71
福建	20.72	21.17	21.56	21.96	22.11
江西	20.49	20.70	21.11	21.51	21.75
山东	22.89	23.18	23.46	23.92	24.31
河南	21.94	21.95	22.24	22.57	22.73
湖北	21.13	21.18	21.42	21.58	22.27
湖南	20.99	21.40	21.82	22.06	22.37
广东	22.55	22.43	22.76	23.25	23.49
广西	22.02	22.16	22.26	22.74	23.04
海南	21.61	21.65	21.88	22.06	22.00
四川	20.97	21.09	21.26	21.47	21.64
贵州	21.44	21.43	21.71	22.00	21.98
云南	21.01	21.25	21.40	21.25	21.43
西藏	19.46	19.53	21.14	22.68	23.51
陕西	21.34	20.99	21.43	21.60	21.76
甘肃	20.50	20.79	21.12	21.37	21.37
青海	20.56	20.56	21.08	21.52	21.48
宁夏	20.82	20.92	21.01	21.05	21.40
新疆	20.11	20.34	20.65	20.93	21.65

1—18 全国近几年初婚1993年初育的育龄妇女人数及所占比重

单位:人、%

年龄(岁)	1991年初婚			1992年初婚			1993年初婚		
	1991年初婚人数	1993年初育人数	初育占初婚的百分比	1992年初婚人数	1993年初育人数	初育占初婚的百分比	1993年初婚人数	1993年初育人数	初育占初婚的百分比
总计	**11 206**	**2 540**	**22.67**	**11 442**	**6 076**	**53.10**	**8 020**	**1 204**	**15.01**
15—19	**206**	**50**	**24.27**	**448**	**197**	**43.97**	**521**	**53**	**10.17**
15	1	—	—	3	—	—	4	—	—
16	2	1	50.00	8	2	25.00	15	1	6.67
17	11	1	9.09	37	20	54.05	52	4	7.69
18	40	11	27.50	105	39	37.14	141	16	11.35
19	152	37	24.34	295	136	46.10	309	32	10.36
20—24	**6 330**	**1 549**	**24.47**	**7 700**	**4 205**	**54.61**	**5 781**	**916**	**15.85**
20	388	102	26.29	642	314	48.91	897	104	11.59
21	766	206	26.89	1 416	783	55.30	1 158	208	17.96
22	1 444	345	23.89	1 785	1 023	57.31	1 287	204	15.85
23	1 904	440	23.11	2 032	1 108	54.53	1 466	225	15.35
24	1 828	456	24.95	1 825	977	53.53	973	175	17.99
25—29	**4 210**	**875**	**20.78**	**2 952**	**1 541**	**52.20**	**1 461**	**218**	**14.86**
25	1 783	386	21.65	1 383	740	53.51	752	113	15.03
26	991	200	20.18	680	349	51.32	312	48	15.38
27	735	157	21.36	439	224	51.03	224	36	16.07
28	435	77	17.70	276	146	52.90	114	13	11.40
29	266	55	20.68	174	82	47.13	65	8	12.31
30—34	**366**	**60**	**16.39**	**243**	**113**	**46.50**	**160**	**16**	**10.00**
30	178	28	15.73	98	50	51.02	54	8	14.81
31	94	18	19.15	65	31	47.69	42	4	9.52
32	37	8	21.62	32	13	40.63	21	1	4.76
33	37	4	10.81	31	10	32.26	23	1	4.35
34	20	2	10.00	17	9	52.94	20	2	10.00
35—39	**57**	**2**	**3.51**	**64**	**17**	**26.56**	**55**	**1**	**1.82**
35	13	1	7.69	15	5	33.33	11	—	—
36	10	—	—	21	5	23.81	14	—	—
37	15	—	—	8	3	37.50	14	—	—
38	10	—	—	13	2	15.38	9	1	11.11
39	9	1	11.11	7	2	28.57	7	—	—
40—44	**28**	**4**	**14.29**	**27**	**3**	**11.11**	**22**	—	—
40	7	2	28.57	7	3	42.86	4	—	—
41	8	—	—	4	—	—	6	—	—
42	5	—	—	5	—	—	7	—	—
43	4	1	25.00	4	—	—	2	—	—
44	4	1	25.00	7	—	—	3	—	—
45—49	**9**	—	—	**8**	—	—	**14**	—	—
45	4	—	—	—	—	—	2	—	—
46	3	—	—	2	—	—	2	—	—
47	1	—	—	2	—	—	6	—	—
48	—	—	—	1	—	—	3	—	—
49	1	—	—	3	—	—	1	—	—

1—19 省、自治区、直辖市1993年生育的已有一存活子女的妇女数

单位:人、%

地区	1993年生育的妇女人数	以第一个存活子女性别分的孩子数			百分比	
		合计	男	女	男	女
总计	20 616	5 372	2 266	3 106	42.18	57.82
北京	713	82	29	53	35.37	64.63
天津	731	120	41	79	34.17	65.83
河北	681	166	72	94	43.37	56.63
山西	632	193	83	110	43.01	56.99
内蒙古	620	137	52	85	37.96	62.04
辽宁	502	93	11	82	11.83	88.17
吉林	617	99	32	67	32.32	67.68
黑龙江	634	89	31	58	34.83	65.17
上海	193	6	3	3	50.00	50.00
江苏	592	70	17	53	24.29	75.71
浙江	568	140	40	100	28.57	71.43
安徽	585	187	52	135	27.81	72.19
福建	565	154	41	113	26.62	73.38
江西	773	199	102	97	51.26	48.74
山东	505	105	27	78	25.71	74.29
河南	764	196	89	107	45.41	54.59
湖北	795	257	120	137	46.69	53.31
湖南	470	107	39	68	36.45	63.55
广东	1 141	363	189	174	52.07	47.93
广西	668	211	82	129	38.86	61.14
海南	874	288	129	159	44.79	55.21
四川	796	196	83	113	42.35	57.65
贵州	1 194	358	171	187	47.77	52.23
云南	956	309	164	145	53.07	46.93
西藏	75	17	10	7	58.82	41.18
陕西	680	218	95	123	43.58	56.42
甘肃	832	278	125	153	44.96	55.04
青海	814	264	124	140	46.97	53.03
宁夏	774	239	110	129	46.03	53.97
新疆	872	231	103	128	44.59	55.41

1—20 省、自治区、直辖市分

地区	出生人数				第一孩		
	合计	男	女	性别比	小计	男	女
总计	**20 580**	**10 966**	**9 614**	**114.03**	**12 624**	**6 484**	**6 140**
北京	713	374	339	110.32	622	324	298
天津	731	384	347	110.66	589	300	289
河北	680	363	317	114.51	485	246	239
山西	631	329	302	108.94	367	176	191
内蒙古	618	334	284	117.61	446	229	217
辽宁	502	262	240	109.17	397	200	197
吉林	616	320	296	108.11	492	252	240
黑龙江	631	337	294	114.63	530	283	247
上海	192	104	88	118.18	185	101	84
江苏	592	332	260	127.69	506	281	225
浙江	568	297	271	109.59	408	202	206
安徽	584	317	267	118.73	378	194	184
福建	565	292	273	106.96	356	160	196
江西	773	409	364	112.36	465	242	223
山东	504	277	227	122.03	377	205	172
河南	763	413	350	118.00	478	251	227
湖北	794	418	376	111.17	431	231	200
湖南	468	249	219	113.70	332	164	168
广东	1 137	619	518	119.50	518	270	248
广西	666	366	300	122.00	323	168	155
海南	872	463	409	113.20	336	170	166
四川	795	414	381	108.66	548	276	272
贵州	1 190	633	557	113.64	621	315	306
云南	956	533	423	126.00	465	245	220
西藏	75	38	37	102.70	24	13	11
陕西	679	374	305	122.62	374	194	180
甘肃	831	457	374	122.19	424	227	197
青海	809	406	403	100.74	377	184	193
宁夏	774	405	369	109.76	387	194	193
新疆	871	447	424	105.42	383	187	196

孩次及性别的出生人数

单位:人

	第二孩				三孩及以上			
性别比	小计	男	女	性别比	小计	男	女	性别比
105.60	5 645	3 193	2 452	130.22	2311	1289	1022	126.13
108.72	84	44	40	110.00	7	6	1	600.00
103.81	127	73	54	135.19	15	11	4	275.00
102.93	176	106	70	151.43	19	11	8	137.50
92.15	207	117	90	130.00	57	36	21	171.43
105.53	142	84	58	144.83	30	21	9	233.33
101.52	97	56	41	136.59	8	6	2	300.00
105.00	104	54	50	108.00	20	14	6	233.33
114.57	89	49	40	122.50	12	5	7	71.43
120.24	6	3	3	100.00	1	0	1	0.00
124.89	76	44	32	137.50	10	7	3	233.33
98.06	144	84	60	140.00	16	11	5	220.00
105.43	193	116	77	150.65	13	7	6	116.67
81.63	168	107	61	175.41	41	25	16	156.25
108.52	221	124	97	127.84	87	43	44	97.73
119.19	108	59	49	120.41	19	13	6	216.67
110.57	207	124	83	149.40	78	38	40	95.00
115.50	263	135	128	105.47	100	52	48	108.33
97.62	109	66	43	153.49	27	19	8	237.50
108.87	391	225	166	135.54	228	124	104	119.23
108.39	221	128	93	137.63	122	70	52	134.62
102.41	302	171	131	130.53	234	122	112	108.93
101.47	202	120	82	146.34	45	18	27	66.67
102.94	367	199	168	118.45	202	119	83	143.37
111.36	319	190	129	147.29	172	98	74	132.43
118.18	17	7	10	70.00	34	18	16	112.50
107.78	228	127	101	125.74	77	53	24	220.83
115.23	298	164	134	122.39	109	66	43	153.49
95.34	283	150	133	112.78	149	72	77	93.51
100.52	242	133	109	122.02	145	78	67	116.42
95.41	254	134	120	111.67	234	126	108	116.67

1—21 省、自治区、直

地 区	0岁	1—4岁	5—9岁	10—14岁	15—19岁	20—24岁	25—29岁	30—34岁	35—39岁	40—44岁
总 计	**41.57**	**2.04**	**0.77**	**0.58**	**0.99**	**1.26**	**1.39**	**1.32**	**1.90**	**2.88**
北 京	5.84	0.58	0.72	0.57	0.51	0.74	0.93	1.22	0.79	1.92
天 津	9.50	0.51	0.33	0.38	0.24	0.93	0.65	0.77	0.97	1.52
河 北	20.12	0.31	0.22	0.25	0.34	0.95	1.81	0.64	1.05	2.44
山 西	19.82	0.91	0.54	0.28	1.69	0.74	1.04	0.99	3.26	3.31
内蒙古	64.87	—	0.52	0.49	2.01	1.28	2.47	2.80	2.09	2.29
辽 宁	6.44	0.90	0.33	0.60	—	1.02	1.14	0.85	1.54	3.48
吉 林	36.79	0.83	0.30	0.57	1.57	0.68	1.38	1.10	1.09	1.97
黑龙江	19.94	—	0.60	—	0.27	1.89	0.91	1.17	1.50	2.09
上 海	—	0.83	0.95	—	0.68	—	1.37	0.32	1.04	2.21
江 苏	30.25	2.00	0.28	0.32	1.00	0.23	1.12	0.69	2.21	2.86
浙 江	13.47	1.75	0.67	0.95	0.31	0.94	1.30	1.44	1.34	1.89
安 徽	48.86	1.78	0.82	—	0.58	0.63	0.64	2.57	2.37	5.01
福 建	54.67	1.50	0.66	—	0.51	0.98	0.75	1.04	1.40	2.68
江 西	65.84	1.82	1.20	0.54	1.10	1.22	1.55	1.10	2.18	2.75
山 东	14.11	0.54	0.79	0.25	0.78	1.82	2.06	0.27	1.18	2.56
河 南	34.89	0.63	0.39	0.45	—	0.19	0.57	2.28	1.65	4.02
湖 北	39.24	1.19	0.73	0.89	1.32	1.66	1.19	0.66	1.59	3.25
湖 南	41.90	2.60	1.30	0.86	1.17	0.94	1.37	3.14	3.42	4.21
广 东	27.03	2.16	0.69	0.16	1.30	1.04	0.85	0.68	2.16	2.64
广 西	29.73	2.98	0.42	0.71	1.77	1.26	2.26	1.24	2.37	3.30
海 南	29.00	1.76	0.83	0.42	—	0.98	1.66	2.38	1.89	1.05
四 川	57.65	1.52	1.69	0.86	0.43	0.79	1.35	1.44	3.21	2.45
贵 州	78.59	6.27	1.64	1.33	1.50	2.61	3.39	1.44	2.81	4.08
云 南	77.63	4.13	0.48	1.55	1.64	1.76	1.44	1.23	2.36	2.12
西 藏	37.74	—	2.73	3.28	—	3.82	10.49	5.35	—	11.17
陕 西	41.16	1.93	1.10	0.60	1.73	2.56	1.00	0.95	1.26	4.31
甘 肃	55.56	3.58	0.24	—	0.60	1.16	1.49	2.28	2.90	2.91
青 海	90.97	5.52	2.18	1.51	1.34	0.98	1.50	2.41	3.05	6.12
宁 夏	42.75	1.39	0.69	0.67	1.16	1.54	1.44	0.38	3.00	2.88
新 疆	73.93	6.09	1.03	1.19	2.07	4.33	1.61	2.91	4.41	4.96

辖市分年龄死亡率

单位:‰

45—49岁	50—54岁	55—59岁	60—64岁	65—69岁	70—74岁	75—79岁	80—84岁	85—89岁	90+岁
4.15	**6.47**	**9.53**	**17.84**	**28.96**	**49.68**	**74.87**	**130.55**	**185.74**	**302.34**
2.03	5.31	8.24	16.61	30.70	48.80	55.27	105.65	131.43	276.42
4.75	4.74	7.31	18.66	26.18	45.39	60.06	104.55	158.54	235.29
3.29	4.58	6.51	22.18	26.19	52.86	83.68	121.77	241.61	307.69
2.81	6.83	8.32	16.59	24.86	56.94	98.19	174.93	361.45	210.53
6.90	5.58	12.22	19.90	42.45	63.69	36.13	112.90	250.00	333.33
5.44	7.68	9.22	14.76	28.44	46.35	66.45	108.01	207.55	107.14
3.98	6.66	11.01	21.13	40.82	55.37	98.20	117.02	288.46	129.03
4.04	10.47	16.89	27.05	41.91	57.08	76.31	161.70	153.85	250.00
2.07	4.23	6.00	11.71	19.54	31.17	71.55	131.36	238.10	322.58
4.14	7.35	6.76	10.30	25.41	40.84	51.33	121.09	208.96	327.87
3.40	3.88	13.67	17.78	25.34	37.40	83.72	118.67	148.15	561.40
3.13	6.30	9.93	11.94	31.51	59.22	69.80	158.54	153.85	238.10
6.08	10.12	12.39	20.03	23.23	34.27	63.66	114.14	100.72	270.27
6.63	3.85	12.08	21.51	28.59	42.40	93.99	133.70	179.78	352.94
3.07	4.38	11.32	14.40	25.42	55.29	82.71	141.35	224.22	419.35
6.14	7.03	11.75	14.47	29.34	46.59	76.92	138.94	227.72	204.08
3.23	7.54	13.14	18.43	29.97	59.90	69.05	198.20	357.14	347.83
4.38	8.28	9.30	22.93	27.72	57.53	62.50	142.86	259.54	312.50
3.76	8.37	6.79	10.03	27.04	39.59	48.46	93.90	121.78	290.60
4.24	6.38	7.91	19.69	18.83	41.06	84.79	131.15	153.85	133.33
5.06	4.26	7.18	14.96	23.31	53.10	46.01	94.81	94.74	361.11
2.54	8.35	7.20	15.86	26.32	52.47	69.66	121.21	130.43	405.80
3.58	5.11	10.97	15.43	38.10	68.31	94.36	141.49	251.43	714.29
3.18	10.94	11.13	24.98	31.47	54.95	04.97	174.39	134.62	583.33
—	9.30	—	34.09	24.69	22.99	56.34	181.82	—	—
3.13	7.43	7.12	23.09	33.47	53.63	67.71	190.18	298.51	608.70
3.10	6.99	6.31	18.18	34.19	63.91	23.18	221.31	309.86	285.71
9.08	8.83	14.39	28.64	51.53	65.40	99.75	228.57	195.12	727.27
5.55	2.35	8.24	15.12	30.51	53.94	86.64	188.84	260.87	200.00
6.55	5.87	11.91	28.61	21.68	45.50	64.31	82.42	138.89	175.82

1－22 省、自治区、直辖市迁入人口状况

单位：人

地区	迁入人口			省内迁入			省外迁入		
	合计	男	女	合计	男	女	合计	男	女
总计	20 455	7 581	12 874	18 262	6 430	11 832	2 193	1 151	1 042
北京	1 324	579	745	1 077	452	625	247	127	120
天津	933	473	460	811	404	407	122	69	53
河北	468	165	303	430	148	282	38	17	21
山西	411	118	293	391	111	280	20	7	13
内蒙古	575	202	373	488	156	332	87	46	41
辽宁	716	278	438	583	208	375	133	70	63
吉林	1 215	549	666	1 144	499	645	71	50	21
黑龙江	527	185	342	470	150	320	57	35	22
上海	983	479	504	817	395	422	166	84	82
江苏	453	110	343	416	98	318	37	12	25
浙江	485	143	342	424	123	301	61	20	41
安徽	572	163	409	518	143	375	54	20	34
福建	417	123	294	380	106	274	37	17	20
江西	384	123	261	348	100	248	36	23	13
山东	819	304	515	723	260	463	96	44	52
河南	675	217	458	628	188	440	47	29	18
湖北	666	266	400	639	251	388	27	15	12
湖南	401	115	286	375	101	274	26	14	12
广东	1 361	479	882	1 171	421	750	190	58	132
广西	380	105	275	372	101	271	8	4	4
海南	591	297	294	483	220	263	108	77	31
四川	1 612	698	914	1 480	614	866	132	84	48
贵州	784	191	593	746	173	573	38	18	20
云南	442	124	318	406	100	306	36	24	12
西藏	1	—	1	1	—	1	—	—	—
陕西	496	157	339	414	104	310	82	53	29
甘肃	776	253	523	754	238	516	22	15	7
青海	806	317	489	759	292	467	47	25	22
宁夏	458	126	332	403	95	308	55	31	24
新疆	724	242	482	611	179	432	113	63	50

1—23 省、自治区、直辖市迁出人口状况

单位:人

地区	迁出人口			迁往省内			迁往省外		
	合计	男	女	合计	男	女	合计	男	女
总计	**23 408**	**9 360**	**14 048**	**20 543**	**7 741**	**12 802**	**2 865**	**1 619**	**1 246**
北京	1 626	786	840	1 443	667	776	183	119	64
天津	620	328	292	532	268	264	88	60	28
河北	453	165	288	417	145	272	36	20	16
山西	619	217	402	561	180	381	58	37	21
内蒙古	787	323	464	677	266	411	110	57	53
辽宁	803	325	478	732	282	450	71	43	28
吉林	853	384	469	788	338	450	65	46	19
黑龙江	504	213	291	399	149	250	105	64	41
上海	1 177	546	631	1 109	502	607	68	44	24
江苏	488	155	333	448	126	322	40	29	11
浙江	485	164	321	439	133	306	46	31	15
安徽	856	331	525	762	277	485	94	54	40
福建	537	195	342	475	159	316	62	36	26
江西	555	226	329	393	143	250	162	83	79
山东	1 003	407	596	881	328	553	122	79	43
河南	832	304	528	697	216	481	135	88	47
湖北	615	243	372	542	199	343	73	44	29
湖南	680	283	397	527	208	319	153	75	78
广东	1 609	690	919	1 554	657	897	55	33	22
广西	382	108	274	329	93	236	53	15	38
海南	708	356	352	497	233	264	211	123	88
四川	1 662	687	975	1 401	552	849	261	135	126
贵州	974	263	711	846	214	632	128	49	79
云南	556	172	384	478	139	339	78	33	45
西藏	5	—	5	1	—	1	4	—	4
陕西	564	205	359	493	156	337	71	49	22
甘肃	1 061	387	674	967	339	628	94	48	46
青海	1 182	488	694	1 063	429	634	119	59	60
宁夏	574	187	387	497	146	351	77	41	36
新疆	638	222	416	595	197	398	43	25	18

1—24　全国按省内外分的迁入人口状况

单位:人

年龄（岁）	迁入人口			省内迁入			省外迁入		
	合计	男	女	合计	男	女	合计	男	女
总　计	**20 455**	**7 581**	**12 874**	**18 262**	**6 430**	**11 832**	**2 193**	**1 151**	**1 042**
0—4	1 233	615	618	1 120	571	549	113	44	69
5—9	1 111	561	550	1 003	507	496	108	54	54
10—14	856	448	408	756	393	363	100	55	45
15—19	1 443	464	979	1 234	387	847	209	77	132
20—24	7 107	1 428	5 679	6 394	1 044	5 350	713	384	329
25—29	3 143	1 168	1 975	2 814	1 004	1 810	329	164	165
30—34	1 464	730	734	1 276	614	662	188	116	72
35—39	1 213	640	573	1 074	549	525	139	91	48
40—44	821	466	355	707	392	315	114	74	0
45—49	428	226	202	377	200	177	51	26	25
50—54	388	217	171	348	197	151	40	20	20
55—59	348	201	147	324	186	138	24	15	9
60—64	329	175	154	302	161	141	27	14	13
65—69	212	92	120	196	84	112	16	8	8
70—74	174	72	102	165	69	96	9	3	6
75—79	101	42	59	92	37	55	9	5	4
80—84	54	25	29	51	24	27	3	1	2
85—89	18	7	11	17	7	10	1	—	1
90＋	12	4	8	12	4	8	—	—	—

1—25　全国按省内外分的迁出人口状况

单位:人

年龄（岁）	迁出人口			迁往省内			迁往省外		
	合计	男	女	合计	男	女	合计	男	女
总　计	**23 408**	**9 360**	**14 048**	**20 543**	**7 741**	**12 802**	**2 865**	**1 619**	**1 246**
0—4	1 241	631	610	1 114	568	546	127	63	64
5—9	1 180	604	576	1 074	546	528	106	58	48
10—14	1 043	551	492	948	501	447	95	50	45
15—19	3 772	1 766	2 006	2 939	1 220	1 719	833	546	287
20—24	7 116	1 658	5 458	6 346	1 276	5 070	770	382	388
25—29	3 424	1 357	2 067	3 097	1 186	1 911	327	171	156
30—34	1 609	743	866	1 431	652	779	178	91	87
35—39	1 192	628	564	1 087	561	526	105	67	38
40—44	807	411	396	697	349	348	110	62	48
45—49	492	256	236	445	229	216	47	27	20
50—54	381	189	192	341	168	173	40	21	19
55—59	383	214	169	314	165	149	69	49	20
60—64	309	164	145	283	147	136	26	17	9
65—69	203	83	120	190	76	114	13	7	6
70—74	119	61	58	112	59	53	7	2	5
75—79	73	24	49	67	22	45	6	2	4
80—84	46	13	33	42	11	31	4	2	2
85—89	14	5	9	13	4	9	1	1	—
90＋	4	2	2	3	1	2	1	1	—

第 二 部 份

1990年全国人口普查数据

2—1 全国分县(含县辖镇)、市(不含市辖县)的居委会人口、村委会人口及非农业、农业人口

北京市 天津市

单位:人

县、市名称	合计	按基层行政单位分			按户口分		
		居委会	村委会	其他	非农业	农业	户口待定和暂无户口
总计	**1130510638**	**225530737**	**889511709**	**15468192**	**219931980**	**901806098**	**8772560**
北京市	**10819414**	**6566875**	**4252539**		**6373517**	**4312988**	**132909**
市辖区	**7362426**	**5983964**	**1378462**		**5715368**	**1561038**	**86020**
东城区	606203	606203			575144	21686	9373
西城区	755813	755813			716843	28614	10356
崇文区	417651	417651			402738	11964	2949
宣武区	556877	556877			537003	15719	4155
朝阳区	1448441	1073423	375018		1116844	317124	14473
丰台区	789151	592706	196445		557621	225196	6334
石景山区	308811	308811			269230	37963	1618
海淀区	1442776	1210465	232311		1160800	257822	24154
门头沟区	270343	152426	117917		156210	112411	1722
房山区	766360	309589	456771		222935	532539	10886
县	**3456988**	**582911**	**2874077**		**658149**	**2751950**	**46889**
昌平县	433901	121282	312619		142800	288324	2777
顺义县	548345	86990	461355		70990	471926	5429
通县	602597	172294	430303		139100	451392	12105
大兴县	523603	75349	448254		115173	396749	11681
平谷县	386234	29888	356346		41825	336757	7652
怀柔县	261448	35260	226188		46779	213174	1495
密云县	426454	41974	384480		58656	364278	3520
延庆县	274406	19874	254532		42826	229350	2230
天津市	**8785427**	**4814245**	**3914381**	**56801**	**4808170**	**3926474**	**50783**
市辖区	**5855044**	**4558206**	**1245817**	**51021**	**4521266**	**1309687**	**24091**
和平区	490789	487570		3219	484039	5134	1616
河东区	623997	623997			609522	12455	2020
河西区	660020	650557		9463	644104	14046	1870
南开区	706588	691227		15361	683712	20241	2635
河北区	609704	609704			598605	9514	1585
红桥区	573743	568470		5273	560288	11761	1694
塘沽区	443444	363371	78794	1279	340609	100697	2138
汉沽区	166348	104192	62156		112141	53152	1055
大港区	309637	193698	113187	2752	161114	144674	3849
东郊区	296013	72239	220398	3376	83422	211233	1358
西郊区	299923	64519	228788	6616	68753	229881	1289
南郊区	359569	72820	286362	387	75627	282542	1400
北郊区	315269	55842	256132	3295	99330	214357	1582

2—1 续表1

天津市　河北省

单位:人

县、市名称	合　计	按基层行政单位分			按　户　口　分		
		居委会	村委会	其　他	非农业	农　业	户口待定和暂无户口
县	**2930383**	**256039**	**2668564**	**5780**	**286904**	**2616787**	**26692**
宁河县	330711	39266	290318	1127	48611	278288	3812
武清县	773927	97013	675394	1520	65499	702458	5970
静海县	474438	43073	431365		52575	412622	9241
宝坻县	609187	35007	571626	2554	58331	547182	3674
蓟　县	742120	41680	699861	579	61888	676237	3995
河　北　省	**61082755**	**9061787**	**51438736**	**582232**	**8513340**	**52282265**	**287150**
石家庄市	**2921433**	**1164216**	**1739120**	**18097**	**1160689**	**1736658**	**24086**
长安区	340925	340925			315589	23512	1824
桥东区	227923	227923			206161	20602	1160
桥西区	189758	189758			176913	11957	888
新华区	263340	245243		18097	244105	18062	1173
郊　区	254275	19020	235255		55427	196273	2575
井陉矿区	113985	54428	59557		67197	43170	3618
井陉县	318298	19886	298412		22060	293358	2880
获鹿县	342669	24765	317904		23955	314686	4028
正定县	540162	29207	510955		37311	501628	1223
栾城县	330098	13061	317037		11971	313410	4717
唐山市	**6590550**	**1331577**	**5062550**	**196423**	**1426814**	**5146085**	**17651**
路南区	197951	197951			180039	17392	520
路北区	400963	396843		4120	381528	18741	694
东矿区	401621	294160	107461		288717	111271	1633
开平区	389082	40716	319243	29123	125228	261683	2171
新　区	128141	66681	61460		66188	60964	989
丰润县	677602	55677	621925		50818	620900	5884
丰南县	504922	36186	446912	21824	57368	446023	1531
滦　县	516916	29902	487014		41486	475259	171
滦南县	533664	21768	511896		26123	507063	478
乐亭县	479438	27441	446803	5194	33535	445773	130
迁安县	616952	32032	558083	26837	60041	556563	348
迁西县	346211	37236	308975		27726	317744	741
遵化县	642890	54503	588387		42400	599930	560
玉田县	622585	18194	604391		32202	589924	459
唐海县	131612	22287		109325	13415	116855	1342
秦皇岛市	**2469334**	**481908**	**1985196**	**2230**	**477348**	**1984522**	**7464**
海港区	331327	261779	67318	2230	261310	68123	1894
山海关区	134639	75945	58694		75574	58297	768

2-1 续表 2

河北省

单位:人

县、市名称	合计	按基层行政单位分			按户口分		
		居委会	村委会	其他	非农业	农业	户口待定和暂无户口
北戴河区	55176	20282	34894		23541	31102	533
青龙满族自治县	516778	24108	492670		19956	496750	72
昌黎县	518195	62361	455834		47692	469922	581
抚宁县	522565	23181	499384		28508	491047	3010
卢龙县	390654	14252	376402		20767	369281	606
邯郸市	**2134644**	**882001**	**1234807**	**17836**	**840310**	**1267017**	**27317**
邯山区	225164	168964	38664	17536	182159	38248	4757
丛台区	252920	198958	53962		214063	35280	3577
复兴区	196495	157469	39026		147711	46231	2553
峰峰矿区	477279	274431	202848		253930	210063	13286
邯郸县	347493	1006	346487		7908	339334	251
武安市	635293	81173	553820	300	34539	597861	2893
邢台市	**824877**	**304408**	**518039**	**2430**	**282795**	**530418**	**11664**
桥东区	184650	152949	31701		133435	46666	4549
桥西区	213781	147449	63902	2430	136121	72667	4993
邢台县	426446	4010	422436		13239	411085	2122
保定市	**1642297**	**538344**	**1093832**	**10121**	**524638**	**1115180**	**2479**
新市区	271100	195126	65853	10121	209278	61255	567
北市区	164602	149861	14741		146559	17493	550
南市区	169385	126283	43102		129507	38910	968
满城县	401355	13341	388014		17586	383637	132
清苑县	635855	53733	582122		21708	613885	262
张家口市	**1044777**	**592279**	**451356**	**1142**	**557724**	**479846**	**7207**
桥东区	219160	170482	47536	1142	170966	46682	1512
桥西区	206427	169141	37286		157506	47486	1435
宣化区	226675	183517	43158		165249	59537	1889
下花园区	68552	35146	33406		31292	36832	428
宣化县	323963	33993	289970		32711	289309	1943
承德市	**853060**	**291236**	**557955**	**3869**	**280039**	**562483**	**10538**
双桥区	210392	152015	54508	3869	154946	52233	3213
双滦区	88134	46388	41746		44665	42153	1316
鹰手营子矿区	70862	50206	20656		43637	25664	1561
承德县	483672	42627	441045		36791	442433	4448
沧州市	**1294164**	**264553**	**1004822**	**24789**	**270199**	**1018883**	**5082**
新华区	103981	88146		15835	98820	4401	760
运河区	115682	115682			108646	6102	934
郊区	111014	-	111014		14408	95028	1578

河北省

单位:人

县、市名称	合计	按基层行政单位分			按户口分		
		居委会	村委会	其他	非农业	农业	户口待定和暂无户口
沧县	613630	29776	578933	4921	18745	594724	161
青县	349857	30949	314875	4033	29580	318628	1649
廊坊市	**3386992**	**340164**	**3040858**	**5970**	**333966**	**3036116**	**16910**
安次区	597080	160722	430472	5886	146020	438169	12891
三河县	381903	34185	347718		42181	338877	845
固安县	368849	32740	336109		21076	347644	129
永清县	344053	18062	325991		16030	327974	49
香河县	293143	17203	275940		18142	272851	2150
大城县	400889	15839	385050		19054	381742	93
文安县	409902	21554	388348		22959	386459	484
大厂回族自治县	104273	8895	95378		11156	92983	134
霸州市	486900	30964	455852	84	37348	449417	135
邯郸地区	**5428675**	**262624**	**5166051**		**214448**	**5153239**	**60988**
大名县	669485	19684	649801		25476	640571	3438
魏县	711162	15626	695536		19453	689695	2014
曲周县	359051	10127	348924		13010	325030	21011
邱县	182830	7862	174968		6798	175193	839
鸡泽县	218742	13763	204979		5615	213107	20
肥乡县	279389	19544	259845		9594	269732	63
广平县	221841	7537	214304		8334	213301	206
成安县	336187	11676	324511		13008	301843	21336
临漳县	521612	19094	502518		17524	503867	221
磁县	575231	47507	527724		33004	535298	6929
涉县	350967	45052	305915		21917	328460	590
永年县	738910	29210	709700		29393	707451	2066
馆陶县	263268	15942	247326		11322	249691	2255
邢台地区	**5151751**	**467148**	**4654589**	**30014**	**268832**	**4879357**	**3562**
南宫市	429588	80383	348968	237	21459	407685	444
沙河市	420980	136804	257517	26659	66762	352772	1446
临城县	176198	11552	164646		10625	165573	
内丘县	237495	11162	226333		12800	224670	25
柏乡县	165492	12677	152815		7890	157560	42
隆尧县	440085	31996	408089		20407	419611	67
任　县	281747	19514	262233		10582	271129	36
南和县	282442	21189	261253		8445	273993	4
宁晋县	653590	33222	617250	3118	25937	627456	197
巨鹿县	321013	17114	303899		13891	306872	250

2—1 续表 4

河北省

单位:人

县、市名称	合计	按基层行政单位分			按户口分		
		居委会	村委会	其他	非农业	农业	户口待定和暂无户口
新河县	154172	8268	145904		8669	145333	170
广宗县	245056	7643	237413		8105	236941	10
平乡县	245101	8661	236440		7319	237650	132
威县	495169	21427	473742		17586	477509	74
清河县	320148	28831	291317		14883	305208	57
临西县	283475	16705	266770		13472	269395	608
石家庄地区	**5133980**	**427373**	**4692200**	**14407**	**231406**	**4885969**	**16605**
辛集市	582131	156408	425574	149	43402	532440	6289
藁城市	685592	51499	633978	115	23036	659658	2898
晋县	477849	19625	458224		21647	455744	458
深泽县	235243	7067	214033	14143	18142	216542	559
无极县	446746	30181	416565		15007	431598	141
赵县	498635	33355	465280		17598	480007	1030
新乐县	394472	20088	374384		14919	379080	473
高邑县	164925	3219	161706		9523	154062	1340
元氏县	345538	39685	305853		14081	331369	88
赞皇县	208369	5904	202465		8323	199876	170
平山县	427187	21800	405387		18150	407247	1790
灵寿县	289093	15477	273616		12619	276316	158
行唐县	378200	23065	355135		14959	362030	1211
保定地区	**7965764**	**593053**	**7363574**	**9137**	**483451**	**7452674**	**29639**
定州市	1024953	170104	854485	364	65717	948988	10248
涿州市	495362	107087	379502	8773	70604	422400	2358
易县	515346	44476	470870		26231	488804	311
徐水县	533249	21305	511944		31106	501800	343
涞源县	245738	14885	230853		21001	223696	1041
定兴县	503098	18497	484601		25192	477598	308
完县	276799	5502	271297		12628	264052	119
唐县	478555	14105	464450		21663	456331	561
望都县	242991	13431	229560		16155	224150	2686
涞水县	315571	10991	304580		17021	297852	698
高阳县	283541	23721	259820		19973	262182	1386
安新县	370754	22421	348333		13530	357162	62
雄县	299901	11204	288697		14446	285226	229
容城县	220895	6419	214476		11273	207809	1813
新城县	458813	44262	414551		34915	423609	289
曲阳县	480409	16914	463495		19963	456689	3757

2—1 续表5

河北省

单位:人

县、市名称	合计	按基层行政单位分			按户口分		
		居委会	村委会	其他	非农业	农业	户口待定和暂无户口
阜平县	192485	9944	182541		11848	180453	184
安国县	363452	21350	342102		21990	340876	586
博野县	232506	7587	224919		10904	220994	608
蠡县	431346	8848	422498		17291	412003	2052
张家口地区	**3146602**	**288433**	**2844962**	**13207**	**261843**	**2865293**	**19466**
张北县	350985	30932	314446	5607	29009	321607	369
康保县	263456	27605	234702	1149	15726	247257	473
沽源县	211879	12146	193282	6451	18689	192237	953
尚义县	178164	18914	159250		12945	165170	49
蔚县	427208	47372	379836		31145	389553	6510
阳原县	248763	25186	223577		17366	230290	1107
怀安县	238837	18243	220594		21227	214809	2801
万全县	201364	23108	178256		14270	185643	1451
怀来县	310906	35882	275024		40487	267411	3008
涿鹿县	319941	21577	298364		31275	287222	1444
赤城县	277399	18522	258877		21356	254941	1102
崇礼县	117700	8946	108754		8348	109153	199
承德地区	**2517098**	**200708**	**2309220**	**7170**	**188308**	**2319171**	**9619**
宽城满族自治县	225308	11479	213829		14627	210533	148
兴隆县	305446	25174	280272		26156	278830	460
平泉县	431009	39953	391056		38107	389494	3408
滦平县	313423	16722	296701		18094	294432	897
丰宁满族自治县	354624	29133	325491		26836	327167	621
隆化县	393967	28507	365460		27098	365462	1407
围场满族蒙古族自治县	493321	49740	436411	7170	37390	453253	2678
沧州地区	**4748627**	**339546**	**4183691**	**225390**	**417502**	**4319620**	**11505**
泊头市	494656	70002	424654		65535	425996	3125
任丘市	701411	92670	476708	132033	127843	572650	918
黄骅市	428856	19499	333831	75526	61850	365688	1318
河间县	714770	33462	663477	17831	38381	676055	334
肃宁县	301185	13040	288145		16934	283393	858
献县	498248	14449	483799		18955	478718	575
吴桥县	264280	15160	249120		18502	244961	817
东光县	316238	15930	300308		17820	295928	2490
南皮县	315725	21806	293919		16757	298942	26
盐山县	368959	19134	349825		14492	353626	841
孟村回族自治县	162462	13452	149010		9723	152699	40

2—1 续表 6

河北省 山西省

单位：人

县、市名称	合 计	按基层行政单位分			按 户 口 分		
		居委会	村委会	其 他	非农业	农 业	户口待定和暂无户口
海兴县	181837	10942	170895		10710	170964	163
衡水地区	**3828130**	**292216**	**3535914**		**293028**	**3529734**	**5368**
衡水市	329781	124872	204909		99123	230048	610
冀县	353252	24453	328799		20397	332622	233
枣强县	353705	24480	329225		19451	333988	266
武邑县	294808	14981	279827		13964	280737	107
深县	540407	22183	518224		33375	506980	52
武强县	193947	11242	182705		10962	182853	132
饶阳县	265104	17653	247451		17084	247960	60
安平县	292280	9233	283047		14916	277218	146
故城县	427606	16364	411242		24145	402011	1450
景县	468832	16068	452764		23227	443346	2259
阜城县	308408	10687	297721		16384	291971	53
山 西 省	**28758846**	**6103545**	**22649820**	**5481**	**6027674**	**22493521**	**237651**
太原市	**2710541**	**1665452**	**1045089**		**1617549**	**1067881**	**25111**
南城区	564675	564675			538946	22713	3016
北城区	573018	573018			541786	27895	3337
河西区	413083	413083			371422	38536	3125
南郊区	294823	20917	273906		35056	256327	3440
北郊区	205959	5947	200012		27137	176007	2815
清徐县	260753	14460	246293		19893	236919	3941
阳曲县	134468	8412	126056		11820	121559	1089
娄烦县	90740	6171	84569		8515	81125	1100
古交市	173022	58769	114253		62974	106800	3248
大同市	**1277310**	**917288**	**360022**		**778978**	**473297**	**25035**
城区	420337	420337			377542	39310	3485
矿区	474983	474983			359276	108037	7670
南郊区	282183	12462	269721		31824	239259	11100
新荣区	99807	9506	90301		10336	86691	2780
阳泉市	**1166258**	**375486**	**790772**		**396864**	**761844**	**7550**
城区	131564	131564			122260	8654	650
矿区	189968	189968			160032	28384	1552
郊区	253300	22433	230867		55539	195992	1769
平定县	318646	18176	300470		33086	284160	1400
盂县	272780	13345	259435		25947	244654	2179
长治市	**2909219**	**526264**	**2382955**		**509899**	**2379164**	**20156**
城区	290385	290385			213247	72356	4782

山西省

单位:人

县、市名称	合计	按基层行政单位分			按户口分		
		居委会	村委会	其他	非农业	农业	户口待定和暂无户口
郊区	261870	82841	179029		93966	164516	3388
长治县	303791	9807	293984		23226	279170	1395
潞城县	185121	21960	163161		24610	159084	1427
襄垣县	233582	38619	194963		34436	198027	1119
屯留县	228173	7925	220248		13129	214208	836
平顺县	159777	9342	150435		10410	148989	378
黎城县	148106	8213	139893		12003	135395	708
壶关县	258559	11179	247380		16629	241235	695
长子县	320979	9087	311892		18517	299567	2895
武乡县	201604	15700	185904		16473	184653	478
沁县	163507	12929	150578		18690	143261	1556
沁源县	153765	8277	145488		14563	138703	499
晋城市	**1926543**	**218763**	**1707780**		**233738**	**1684524**	**8281**
城区	190048	114323	75725		93148	94278	2622
郊区	486997	14638	472359		34447	451803	747
沁水县	203528	28319	175209		18100	184640	788
阳城县	372152	24433	347719		31581	339619	952
高平县	433949	25657	408292		39602	391756	2591
陵川县	239869	11393	228476		16860	222428	581
朔州市	**667836**	**99225**	**568611**		**97504**	**562389**	**7943**
朔城区	301966	50112	251854		59636	237926	4404
平鲁区	167937	27979	139958		16585	150225	1127
山阴县	197933	21134	176799		21283	174238	2412
雁北地区	**1937106**	**193055**	**1744051**		**197771**	**1711314**	**28021**
阳高县	251301	16950	234351		22840	227412	1049
天镇县	185154	17174	167980		15749	167758	1647
广灵县	147804	9949	137855		11924	135192	688
灵丘县	195151	12671	182480		15805	179149	197
浑源县	305478	32539	272939		36514	265196	3768
应县	261167	18411	242756		16975	239785	4407
左云县	123448	19762	103686		16132	106422	894
右玉县	95643	11762	83881		9404	84343	1896
大同县	150880	11161	139719		13052	136718	1110
怀仁县	221080	42676	178404		39376	169339	12365
忻州地区	**2678475**	**359627**	**2318848**		**355894**	**2294359**	**28222**
忻州市	434062	132842	301220		93420	335395	5247
定襄县	199210	16916	182294		20296	176570	2344

2—1 续表 8

山西省

单位:人

县、市名称	合计	按基层行政单位分			按户口分		
		居委会	村委会	其他	非农业	农业	户口待定和暂无户口
五台县	302468	9529	292939		22643	275833	3992
原平县	440383	69623	370760		73956	361916	4511
代县	189880	20046	169834		25158	161927	2795
繁峙县	217909	10865	207044		14581	200904	2424
宁武县	136943	30901	106042		23165	111745	2033
静乐县	141249	10342	130907		14485	125554	1210
神池县	90691	8687	82004		8088	81344	1259
五寨县	98002	10230	87772		12576	85043	383
岢岚县	74959	6661	68298		7389	67016	554
河曲县	128029	10082	117947		15429	111541	1059
保德县	128576	12649	115927		12781	115604	191
偏关县	96114	10254	85860		11927	83967	220
吕梁地区	**2962434**	**283857**	**2678577**		**333800**	**2593788**	**34846**
汾阳县	338734	33849	304885		43973	291391	3370
文水县	355775	17459	338316		24382	327014	4379
交城县	183342	14521	168821		21183	159522	2637
孝义县	363204	80080	283124		78374	279813	5017
兴县	239768	14346	225422		17395	221841	532
临县	496718	21051	475667		28585	459138	8995
柳林县	245420	16340	229080		21416	221966	2038
石楼县	88544	5036	83508		6139	81865	540
岚县	143854	7253	136601		9944	131928	1982
方山县	118494	7448	111046		8808	108006	1680
离石县	176777	43355	133422		47311	127713	1753
中阳县	114462	12874	101588		14710	98755	997
交口县	97342	10245	87097		11580	84836	926
晋中地区	**2841942**	**481356**	**2360586**		**518636**	**2300098**	**23208**
榆次市	467127	191461	275666		188985	272322	5820
榆社县	129370	9796	119574		12426	116067	877
左权县	155534	12885	142649		13816	141116	602
和顺县	134211	11748	122463		13541	120022	648
昔阳县	244738	14124	230614		23232	221306	200
寿阳县	216536	18714	197822		22218	192047	2271
太谷县	263167	46601	216566		50942	210884	1341
祁县	233798	23813	209985		28275	204359	1164
平遥县	440155	39523	400632		47806	389784	2565
介休县	335101	62358	272743		66973	264924	3204

山西省 内蒙古自治区

单位：人

县、市名称	合 计	按基层行政单位分			按 户 口 分		
		居委会	村委会	其 他	非农业	农 业	户口待定和暂无户口
灵石县	222205	50333	171872		50422	167267	4516
临汾地区	**3467149**	**523916**	**2937752**	**5481**	**530161**	**2914943**	**22045**
临汾市	588171	187697	394993	5481	174159	407432	6580
侯马市	178480	74625	103855		71873	105200	1407
霍州市	248163	72411	175752		64989	181204	1970
曲沃县	198607	14001	184606		19313	178164	1130
翼城县	272416	23386	249030		31594	239298	1524
襄汾县	429339	22005	407334		29153	398425	1761
洪洞县	601865	38496	563369		44583	555245	2037
古县	79221	8192	71029		8471	70186	564
安泽县	73243	6046	67197		6906	65753	584
浮山县	120726	6825	113901		12329	107223	1174
吉县	90327	7943	82384		8828	80336	1163
乡宁县	181524	13561	167963		13959	166829	736
蒲县	86776	11943	74833		10230	75883	663
大宁县	55654	10657	44997		7327	48059	268
永和县	55217	5485	49732		5166	49944	107
隰县	86263	11515	74748		11705	74198	360
汾西县	121157	9128	112029		9576	111564	17
运城地区	**4214033**	**459256**	**3754777**		**456880**	**3749920**	**7233**
运城市	492291	161584	330707		106967	383263	2061
永济县	373172	46911	326261		48263	324677	232
芮城县	329187	13840	315347		18385	310447	355
临猗县	473873	14506	459367		19761	453883	229
万荣县	376445	9886	366559		16048	360230	167
新绛县	274124	19527	254597		25947	247716	461
稷山县	281849	13938	267911		16378	264891	580
河津县	299081	39749	259332		45862	252848	371
闻喜县	339705	29505	310200		39915	298941	849
夏县	308618	16083	292535		18105	290432	81
绛县	247971	36781	211190		39226	208241	504
平陆县	214812	10091	204721		14551	200205	56
垣曲县	202905	46855	156050		47472	154146	1287
内蒙古自治区	**21456518**	**6563251**	**14468956**	**424311**	**6488991**	**14628963**	**338564**
呼和浩特市	**1441641**	**683203**	**749231**	**9207**	**709767**	**702122**	**29752**
新城区	346854	346854			326480	15965	4409
回民区	171776	171776			162225	7847	1704

2—1 续表10

内蒙古自治区

单位:人

县、市名称	合 计	按基层行政单位分			按 户 口 分		
		居委会	村委会	其 他	非农业	农 业	户口待定和暂无户口
玉泉区	107476	107476			98366	7575	1535
郊区	321571	8408	303956	9207	66494	245951	9126
土默特左旗	322793	30608	292185		34755	278434	9604
托克托县	171171	18081	153090		21447	146350	3374
包头市	**1779290**	**1136841**	**622830**	**19619**	**1052284**	**703600**	**23406**
东河区	347002	347002			315847	26803	4352
昆都伦区	347341	347341			322449	21753	3139
青山区	256367	256367			239893	14866	1608
石拐矿区	60412	60412			53817	5645	950
白云矿区	22735	22735			21045	1561	129
郊区	214534	10231	184684	19619	27385	183147	4002
土默特右旗	324361	61847	262514		43903	273577	6881
固阳县	206538	30906	175632		27945	176248	2345
乌海市	**314148**	**310037**		**4111**	**260955**	**45029**	**8164**
海勃湾区	119876	119876			98739	18357	2780
海南区	75215	71104		4111	58920	14161	2134
乌达区	119057	119057			103296	12511	3250
赤峰市	**4105758**	**610602**	**3495156**		**619607**	**3461137**	**25014**
红山区	234989	183173	51816		176867	55462	2660
元宝山区	254527	115211	139316		126706	124451	3370
郊区	497785	46651	451134		40740	454843	2202
阿鲁科尔沁旗	272599	11811	260788		23646	248282	671
巴林左旗	331663	32123	299540		29808	300530	1325
巴林右旗	159401	27808	131593		24143	133671	1587
林西县	223669	37785	185884		28444	194291	934
克什克腾旗	239815	27045	212770		31074	207453	1288
翁牛特旗	440251	40699	399552		34946	403809	1496
喀喇沁旗	356809	23425	333384		30163	324019	2627
宁城县	554126	34994	519132		39138	511364	3624
敖汉旗	540124	29877	510247		33932	502962	3230
呼伦贝尔盟	**2551743**	**1509128**	**932935**	**109680**	**1431505**	**1020746**	**99492**
海拉尔市	205744	145039	54561	6144	176123	25527	4094
满州里市	137790	137790			119400	15653	2737
扎兰屯市	415498	145084	257334	13080	131156	270208	14134
牙克石市	416043	416043			365246	38665	12132
阿荣旗	309213	44154	239179	25880	40035	252057	17121
莫力达瓦达斡尔族自治旗	269170	38175	213841	17154	48716	213339	7115

2—1 续表 11

内蒙古自治区

单位:人

县、市名称	合计	按基层行政单位分			按户口分		
		居委会	村委会	其他	非农业	农业	户口待定和暂无户口
额尔古纳右旗	72793	47759	24793	241	42768	27361	2664
额尔古纳左旗	177450	176959		491	164358	9873	3219
鄂伦春自治旗	293846	191614	59317	42915	182707	87251	23888
鄂温克族自治旗	128733	107852	20881		96546	23445	8742
新巴尔虎右旗	32270	15044	17226		16317	14987	966
新巴尔虎左旗	39600	14695	21130	3775	19596	19184	820
陈巴尔虎旗	53593	28920	24673		28537	23196	1860
兴安盟	**1524067**	**353970**	**1101064**	**69033**	**388266**	**1114230**	**21571**
乌兰浩特市	229136	142376	86760		152005	72359	4772
科尔沁右翼前旗	402271	76307	308642	17322	78895	316454	6922
科尔沁右翼中旗	224675	41995	166105	16575	54359	168431	1885
扎赉特旗	378332	52141	294492	31699	52154	321875	4303
突泉县	289653	41151	245065	3437	50853	235111	3689
哲里木盟	**2753485**	**529476**	**2123718**	**100291**	**545126**	**2192097**	**16262**
通辽市	688764	242476	431130	15158	246828	437287	4649
霍林郭勒市	46892	41051	5841		33670	12005	1217
科尔沁左翼中旗	483670	44441	415667	23562	67408	414789	1473
科尔沁左翼后旗	369803	48704	305046	16053	50622	317618	1563
开鲁县	350180	37048	295922	17210	37684	310974	1522
库伦旗	162275	29808	132467		30572	130744	959
奈曼旗	392316	32477	355727	4112	37875	352126	2315
扎鲁特旗	259585	53471	181918	24196	40467	216554	2564
锡林郭勒盟	**888047**	**283587**	**548656**	**55804**	**305267**	**565512**	**17268**
二连浩特市	11628	11628			9455	1964	209
锡林浩特市	126908	88612	10566	27730	86623	36262	4023
阿巴嘎旗	41172	14620	26552		17387	22864	921
苏尼特左旗	30524	11577	18635	312	12770	17231	523
苏尼特右旗	69325	30429	34651	4245	30993	37291	1041
东乌珠穆沁旗	59695	23345	32374	3976	26955	31382	1358
西乌珠穆沁旗	68206	20360	41140	6706	27067	39856	1283
太仆寺旗	208034	29950	178084		30031	175210	2793
镶黄旗	28883	10854	18029		11163	17319	401
正镶白旗	69855	11747	56731	1377	12137	57054	664
正蓝旗	75917	11021	58275	6621	22031	52456	1430
多伦县	97900	19444	73619	4837	18655	76623	2622
乌兰察布盟	**3171273**	**494130**	**2677143**		**499118**	**2633120**	**39035**
集宁市	193085	167625	25460		159077	31798	2210

2—1 续表 12

内蒙古自治区　辽宁省

单位:人

县、市名称	合计	按基层行政单位分			按户口分		
		居委会	村委会	其他	非农业	农业	户口待定和暂无户口
武川县	165673	20134	145539		19366	145349	958
和林格尔县	178352	16470	161882		18344	155800	4208
清水河县	125950	8529	117421		15488	106022	4440
卓资县	226665	24098	202567		28015	196417	2233
化德县	153947	17385	136562		14659	137017	2271
商都县	316855	26147	290708		24661	290190	2004
兴和县	290661	27543	263118		25173	262514	2974
丰镇县	300149	62204	237945		54464	238029	7656
凉城县	229139	13611	215528		18005	209908	1226
察哈尔右翼前旗	261218	21953	239265		27534	231114	2570
察哈尔右翼中旗	221802	20075	201727		23375	196390	2037
察哈尔右翼后旗	200091	28451	171640		23716	175164	1211
达尔罕茂明安联合旗	105546	17331	88215		22393	81488	1665
四子王旗	202140	22574	179566		24848	175920	1372
伊克昭盟	**1198930**	**192293**	**1003281**	**3356**	**211178**	**974343**	**13409**
东胜市	147026	72597	74429		72368	72129	2529
达拉特旗	294987	29439	265548		31978	260315	2694
准格尔旗	235803	23226	212577		32906	201451	1446
鄂托克前旗	63526	8432	55094		8652	53704	1170
鄂托克旗	103775	20162	83613		19316	82963	1496
杭锦旗	128961	16820	112141		19114	107275	2572
乌审旗	91097	10299	80798		11597	78795	705
伊金霍洛旗	133755	11318	119081	3356	15247	117711	797
巴彦淖尔盟	**1562560**	**367615**	**1141735**	**53210**	**378733**	**1142155**	**41672**
临河市	433654	140073	285900	7681	131254	289286	13114
五原县	262401	45925	212285	4191	46684	205198	10519
磴口县	103867	37088	53570	13209	36397	64481	2989
乌拉特前旗	308490	51824	233668	22998	65926	236619	5945
乌拉特中旗	128556	26299	99642	2615	27341	96718	4497
乌拉特后旗	47384	22368	25016		22351	23644	1389
杭锦后旗	278208	44038	231654	2516	48780	226209	3219
阿拉善盟	**165576**	**92369**	**73207**		**87185**	**74872**	**3519**
阿拉善左旗	126249	71678	54571		67221	56357	2671
阿拉善右旗	23922	11716	12206		11227	12121	574
额济纳旗	15405	8975	6430		8737	6394	274
辽　宁　省	**39459694**	**16626829**	**22706269**	**126596**	**16351813**	**22819677**	**288204**
沈阳市	**5827089**	**3854614**	**1958018**	**14457**	**3751002**	**2044083**	**32004**

辽宁省

单位:人

县、市名称	合计	按基层行政单位分			按户口分		
		居委会	村委会	其他	非农业	农业	户口待定和暂无户口
和平区	581313	581313			564554	14423	2336
沈河区	533564	533564			507298	24667	1599
大东区	583843	575357		8486	566462	15700	1681
皇姑区	629784	629784			613069	14622	2093
铁西区	726364	726364			708410	16095	1859
苏家屯区	421101	200806	220295		189971	227313	3817
东陵区	455625	162766	292859		171369	279673	4583
新城子区	304038	94966	209072		110253	190011	3774
于洪区	434105	145758	282376	5971	156698	272931	4476
新民县	665342	83425	581917		101951	559421	3970
辽中县	492010	120511	371499		60967	429227	1816
大连市	**5246376**	**2450802**	**2784270**	**11304**	**2226797**	**2969980**	**49599**
中山区	349143	349143			337718	9937	1488
西岗区	322183	322183			312376	8980	827
沙河口区	486525	486525			462884	22214	1427
甘井子区	503276	373297	129979		336571	163960	2745
旅顺口区	216918	123166	88977	4775	88532	127871	515
金州区	605731	229996	369206	6529	182603	415590	7538
新金县	793454	105546	687908		124204	663337	5913
长海县	86314	18062	68252		16655	69086	573
庄河县	881472	149186	732286		115436	756132	9904
瓦房店市	1001360	293698	707662		249818	732873	18669
鞍山市	**2835596**	**1647960**	**1187636**		**1459270**	**1354289**	**22037**
铁东区	398696	398696			390268	7706	722
铁西区	283540	283540			270591	12292	657
立山区	417860	417860			401966	14620	1274
旧堡区	342124	133851	208273		152330	185883	3911
台安县	356946	58123	298823		48328	304595	4023
海城市	1036430	355890	680540		195787	829193	11450
抚顺市	**2245750**	**1479643**	**766107**		**1410177**	**824721**	**10852**
新抚区	525072	525072			503545	20479	1048
露天区	382900	382900			355997	25536	1367
望花区	313100	313100			292901	19506	693
顺城区	166939	67887	99052		58034	107357	1548
抚顺县	199030	8379	190651		23503	174357	1170
新宾满族自治县	314880	86534	228346		74578	237869	2433
清原满族自治县	343829	95771	248058		101619	239617	2593
本溪市	**1545798**	**916706**	**629092**		**937980**	**596678**	**11140**
平山区	318779	296018	22761		286639	31038	1102
溪湖区	247247	191622	55625		194534	51162	1551
明山区	272711	213177	59534		223585	47744	1382
南芬区	99068	58266	40802		61819	36609	640

辽宁省

单位：人

县、市名称	合计	按基层行政单位分			按户口分		
		居委会	村委会	其他	非农业	农业	户口待定和暂无户口
本溪满族自治县	303742	86372	217370		98608	201535	3599
桓仁满族自治县	304251	71251	233000		72795	228590	2866
丹东市	**2819487**	**962413**	**1842477**	**14597**	**956323**	**1848132**	**15032**
元宝区	188576	188576			176390	11595	591
振兴区	274436	274436			266302	7403	731
振安区	197506	80015	117491		82112	113415	1979
凤城满族自治县	599540	148626	450914		155558	441318	2664
岫岩满族自治县	495950	91610	404340		86679	406120	3151
东沟县	621315	99788	521527		88215	531085	2015
宽甸满族自治县	442164	79362	348205	14597	101067	337196	3901
锦州市	**2937837**	**867333**	**2065539**	**4965**	**912408**	**2004992**	**20437**
古塔区	207749	207749			200204	6885	660
凌河区	266433	266433			259867	5635	931
太和区	236380	117471	118909		107226	126806	2348
锦县	603864	52022	551842		77046	524882	1936
北镇满族自治县	523585	62463	456157	4965	73798	448552	1235
黑山县	639040	118166	520874		128661	506994	3385
义县	435051	38500	396551		60391	364783	9877
天桥镇	25735	4529	21206		5215	20455	65
营口市	**2130068**	**669588**	**1460480**		**714172**	**1394428**	**21468**
站前区	228752	228752			219457	8575	720
西市区	149180	149180			143340	5288	552
鲅鱼圈区	58864	58864			18337	37906	2621
老边区	134717	21557	113160		42126	89539	3052
营口县	681669	110679	570990		134127	539091	8451
盖县	876886	100556	776330		156785	714029	6072
阜新市	**1841168**	**723685**	**1111606**	**5877**	**782986**	**1047083**	**11099**
海州区	295031	295031			285905	7930	1196
新邱区	82403	82403			78697	3425	281
太平区	157642	157642			153065	4165	412
清河门区	73634	40733	32901		44708	27997	929
细河区	134455	24315	110140		60210	72152	2093
阜新蒙古族自治县	705145	57642	647503		90545	611967	2633
彰武县	392858	65919	321062	5877	69856	319447	3555
辽阳市	**1721211**	**636015**	**1085196**		**639228**	**1068090**	**13893**
白塔区	183063	183063			170255	11960	848
文圣区	150064	150064			142031	7333	700
宏伟区	68337	68337			64843	3222	272
弓长岭区	92194	60992	31202		61060	30343	791
太子河区	145895	30794	115101		46834	97837	1224
辽阳县	589620	74053	515567		77668	505569	6383
灯塔县	492038	68712	423326		76537	411826	3675

2—1 续表15

辽宁省 吉林省

单位:人

县、市名称	合计	按基层行政单位分			按户口分		
		居委会	村委会	其他	非农业	农业	户口待定和暂无户口
盘锦市	**1055844**	**446771**	**597601**	**11472**	**444157**	**598879**	**12808**
双台子区	146006	108013	37993		102878	41157	1971
兴隆台区	293780	259626	22682	11472	245241	46627	1912
大洼县	344499	56088	288411		68532	270132	5835
盘山县	271559	23044	248515		27506	240963	3090
铁岭市	**3583518**	**812809**	**2713863**	**56846**	**850405**	**2706980**	**26133**
银州区	270056	223761	22750	23545	221048	47214	1794
清河区	56886	36574	20312		26267	30006	613
铁岭县	383167	29847	350182	3138	29984	349510	3673
西丰县	338671	56570	282101		60729	275129	2813
昌图县	974795	117788	836867	20140	145098	821141	8556
康平县	326555	44920	271612	10023	57388	267645	1522
法库县	439169	55994	383175		61706	374903	2560
铁法市	206689	124287	82402		126640	78102	1947
开原市	587530	123068	464462		121545	463330	2655
朝阳市	**3156658**	**585307**	**2564273**	**7078**	**678888**	**2459822**	**17948**
双塔区	238641	177347	61294		191518	45320	1803
龙城区	130326	24416	105910		26212	103127	987
朝阳县	626732	30165	596567		33407	589616	3709
建平县	537968	68600	469368		74950	460110	2908
凌源县	602979	93845	502056	7078	114897	485704	2378
喀喇沁左翼蒙古族自治县	399230	32938	366292		48077	348674	2479
北票市	620782	157996	462786		189827	427271	3684
锦西市	**2513294**	**573183**	**1940111**		**588020**	**1901520**	**23754**
连山区	597520	238271	359249		237910	352827	6783
葫芦岛区	80354	55135	25219		52959	26607	788
南票区	151406	57930	93476		57769	91274	2363
绥中县	586876	65569	521307		77577	506661	2638
建昌县	576284	37593	538691		59696	507228	9360
兴城市	520854	118685	402169		102109	416923	1822
吉　林　省	**24659790**	**9230734**	**15359166**	**69890**	**9311747**	**15046406**	**301637**
长春市	**6421956**	**2312387**	**4109569**		**2300067**	**4025606**	**96283**
南关区	463802	397671	66131		394615	64462	4725
宽城区	379398	347502	31896		317400	58038	3960
朝阳区	823500	719866	103634		715466	101653	6381
二道河子区	270699	216686	54013		220165	47217	3317
郊区	254921	39854	215067		49974	197310	7637
榆树县	1158011	143866	1014145		121264	1019040	17707
农安县	1057754	96804	960950		128057	912707	16990
德惠县	829586	111394	718192		114868	704508	10210
双阳县	395735	58856	336879		65027	323698	7010
九台市	788550	179888	608662		173231	596973	18346

2—1 续表16

吉林省

单位:人

县、市名称	合计	按基层行政单位分			按户口分		
		居委会	村委会	其他	非农业	农业	户口待定和暂无户口
吉林市	4182943	1888353	2294590		1832695	2297949	52299
昌邑区	379596	379596			362478	15348	1770
龙潭区	277937	277937			253169	23510	1258
船营区	353953	353953			332776	19319	1858
郊区	308722	78843	229879		90062	212646	6014
永吉县	740203	105865	634338		113317	620522	6364
舒兰县	649590	178451	471139		182616	456388	10586
磐石县	541302	149935	391367		160303	372799	8200
桦甸市	452505	189255	263250		166456	274649	11400
蛟河市	479135	174518	304617		171518	302768	4849
四平市	3020167	778044	2195923	46200	854434	2112006	53727
铁西区	179674	146472	33202		142682	34592	2400
铁东区	227512	170226	57286		166849	57798	2865
梨树县	818993	136767	636026	46200	157185	648294	13514
伊通满族自治县	433829	44767	389062		65985	363030	4814
双辽县	372251	93794	278457		103563	263130	5558
公主岭市	987908	186018	801890		218170	745162	24576
辽源市	1203147	441531	761616		499022	691286	12839
龙山区	228837	173478	55359		181832	44460	2545
西安区	182236	159162	23074		159624	21113	1499
东丰县	394744	66777	327967		90808	299270	4666
东辽县	397330	42114	355216		66758	326443	4129
通化市	2191148	804797	1386351		871887	1303751	15510
东昌区	270891	226577	44314		223380	46537	974
二道江区	135281	100595	34686		97863	36379	1039
通化县	255340	42648	212692		58825	194159	2356
辉南县	366923	134306	232617		137049	226217	3657
柳河县	369503	71302	298201		85531	281459	2513
梅河口市	569052	187409	381643		204732	360834	3486
集安市	224158	41960	182198		64507	158166	1485
浑江市	1266806	764725	502081		731571	512470	22765
八道江区	271303	194808	76495		189454	79626	2223
三岔子区	269204	188928	80276		185674	78904	4626
临江区	181334	94381	86953		100041	79680	1613
抚松县	309562	208400	101162		172843	126971	9748
靖宇县	148548	56331	92217		51700	93180	3668
长白朝鲜族自治县	86855	21877	64978		31859	54109	887
白城地区	4293721	1106986	3163045	23690	1105849	3156148	31724
白城市	335043	214187	120856		213886	116931	4226
洮南市	511239	136955	374284		129629	376126	5484
扶余市	944932	184732	760200		174029	765507	5396
大安市	403897	129377	274520		123912	277140	2845

吉林省 黑龙江省

单位:人

县、市名称	合 计	按基层行政单位分			按户口分		
		居委会	村委会	其 他	非农业	农 业	户口待定和暂无户口
长岭县	567513	86252	481261		79170	485041	3302
前郭尔罗斯蒙古族自治县	625149	149770	475379		149255	470942	4952
镇赉县	311669	72751	215228	23690	99425	209799	2445
通榆县	331196	72113	259083		82346	247702	1148
乾安县	263083	60849	202234		54197	206960	1926
延边朝鲜族自治州	**2079902**	**1133911**	**945991**		**1116222**	**947190**	**16490**
延吉市	293069	219846	73223		232807	58260	2002
图们市	122579	91206	31373		90859	31108	612
敦化市	477127	256310	220817		225324	245534	6269
珲春市	183755	78444	105311		87407	95469	879
龙井市	279611	140664	138947		136302	142429	880
和龙县	238730	124388	114342		127636	109917	1177
汪清县	268642	128141	140501		122889	144447	1306
安图县	216389	94912	121477		92998	120026	3365
黑 龙 江 省	**35215932**	**14548283**	**18523741**	**2143908**	**14323543**	**20281105**	**611284**
哈尔滨市	**4219484**	**2899148**	**1320336**		**2771310**	**1392397**	**55777**
道里区	670114	553904	116210		535016	126169	8929
南岗区	742554	682328	60226		660755	74804	6995
道外区	387438	324851	62587		316788	65504	5146
太平区	356004	296729	59275		272901	77582	5521
香坊区	322347	268377	53970		247114	70341	4892
动力区	352063	301176	50887		302292	46267	3504
平房区	160401	134104	26297		133506	25824	1071
鸡冠区	622080	128922	493158		110104	503969	8007
阿城市	606483	208757	397726		192834	401937	11712
齐齐哈尔市	**5904441**	**1940726**	**3790013**	**173702**	**1895502**	**3956475**	**52464**
龙沙区	280342	256796	23546		247854	27853	4635
建华区	217906	202546	15360		192066	23114	2726
铁锋区	294556	263524	24103	6929	251933	39980	2643
昂昂溪区	100918	70848	30070		57881	40522	2515
富拉尔基区	275535	239948	35587		224750	46603	4182
碾子山区	91307	70127	21180		60736	28150	2421
梅里斯达斡尔族区	164294	11509	135447	17338	30456	132285	1553
龙江县	566583	107642	458941		86938	472595	7050
讷河县	695341	111694	565626	18021	116251	573616	5474
依安县	475078	77801	391690	5587	75534	397261	2283
泰来县	317197	86719	219068	11410	67933	247667	1597
甘南县	373935	62941	254086	56908	80496	290896	2543
杜尔伯特蒙古族自治县	235680	53166	176570	5944	53457	180914	1309
富裕县	283728	72877	189676	21175	70729	206374	6625
林甸县	244312	45086	195712	3514	44246	198767	1299
克山县	464586	84700	355708	24178	109784	353498	1304

2—1 续表 18

黑龙江省

单位:人

县、市名称	合计	按基层行政单位分			按户口分		
		居委会	村委会	其他	非农业	农业	户口待定和暂无户口
克东县	264050	54542	206810	2698	54853	207871	1326
拜泉县	559093	68260	490833		69605	488509	979
鸡西市	**1153188**	**718267**	**392710**	**42211**	**736144**	**394766**	**22278**
鸡冠区	250776	209508	41268		209468	37727	3581
恒山区	194524	147390	47134		144756	46932	2836
滴道区	135452	97965	37487		96210	36726	2516
梨树区	101019	90288	10731		83048	15604	2367
城子河区	115629	84925	30704		86222	27076	2331
麻山区	38096	20212	17884		17871	18921	1304
鸡东县	317692	67979	207502	42211	98569	211780	7343
鹤岗市	**1073213**	**657886**	**199145**	**216182**	**595131**	**440255**	**37827**
向阳区	84649	84649			78130	4640	1879
工农区	145204	123441	17644	4119	114948	24726	5530
南山区	136437	136437			113593	15430	7414
兴安区	151329	102633	25411	23285	83137	59511	8681
东山区	97158	78444	18714		66866	25052	5240
兴山区	59648	59648			50519	7049	2080
萝北县	221267	39224	47073	134970	52828	164278	4161
绥滨县	177521	33410	90303	53808	35110	139569	2842
双鸭山市	**805148**	**484925**	**256764**	**63459**	**470652**	**312678**	**21818**
尖山区	176988	139421	23385	14182	142503	29751	4734
岭东区	98804	93721	5083		78179	17083	3542
四方台区	73341	55448	17893		50844	19954	2543
宝山区	155090	122974	12034	20082	120897	30123	4070
集贤县	300925	73361	198369	29195	78229	215767	6929
大庆市	**1025949**	**756444**	**240422**	**29083**	**676153**	**333986**	**15810**
萨尔图区	238468	236157		2311	213537	23539	1392
龙凤区	163682	120199	38497	4986	116315	44891	2476
让胡路区	235741	196007	28992	10742	183769	49321	2651
红岗区	159710	131348	28362		114258	43149	2303
大同区	228348	72733	144571	11044	48274	173086	6988
伊春市	**955743**	**876965**	**68747**	**10031**	**811020**	**126422**	**18301**
伊春区	137343	129324	8019		123640	10852	2851
南岔区	149826	131361	18465		123339	22219	4268
友好区	77778	77778			72683	4292	803
西林区	55467	55467			49438	5047	982
翠峦区	55779	55779			50807	3681	1291
新青区	54815	54815			51373	2784	658
美溪区	54137	54137			46627	6152	1358
金山屯区	50392	50392			45609	3922	861
五营区	45140	45140			42767	2035	338
乌马河区	40787	40787			35249	4929	609

2—1 续表19

黑龙江省

单位:人

县、市名称	合计	按基层行政单位分			按户口分		
		居委会	村委会	其他	非农业	农业	户口待定和暂无户口
汤旺河区	38507	38507			34697	2995	815
带岭区	40079	38986	1093		34079	5355	645
乌伊岭区	27846	27846			25548	1797	501
红星区	28624	28624			26884	1349	391
上甘岭区	25716	25716			24659	828	229
嘉荫县	73507	22306	41170	10031	23621	48185	1701
佳木斯市	**2852979**	**914382**	**1524376**	**414221**	**1035908**	**1776061**	**41010**
永红区	151300	151300			139172	10437	1691
向阳区	87401	87401			83605	3275	521
前进区	120981	120981			115279	4461	1241
东风区	102893	102893			91971	9340	1582
郊区	197155	6056	191099		46974	139347	10834
桦南县	419232	64287	295387	59558	102373	309723	7136
依兰县	363124	94488	254305	14331	108825	252161	2138
桦川县	227522	40304	172434	14784	34232	191691	1599
宝清县	406683	58881	217482	130320	132032	272116	2535
汤原县	330455	73473	203939	53043	85018	240836	4601
饶河县	131476	20384	43855	67237	23598	104816	3062
抚远县	62587	15900	24622	22065	14009	46852	1726
友谊县	114433	54170	60263		36593	77230	610
同江市	137737	23864	60990	52883	22227	113776	1734
七台河市	**786500**	**432241**	**318164**	**36095**	**303200**	**439319**	**43981**
新兴区	231692	216627	15065		128555	83963	19174
桃山区	105934	95149	10785		68906	30374	6654
茄子河区	107590	12081	95509		20546	78496	8548
勃利县	341284	108384	196805	36095	85193	246486	9605
牡丹江市	**2837450**	**1246853**	**1318130**	**272467**	**1360290**	**1414954**	**62206**
东安区	106163	106163			103278	2168	717
阳明区	106579	106579			95616	9584	1379
爱民区	161220	161220			153149	6808	1263
西安区	104594	104594			100081	3715	798
郊区	243664	91717	151947		110345	125700	7619
宁安县	423550	95248	297537	30765	134993	278127	10430
海林县	441716	188532	179269	73915	227040	205143	9533
穆棱县	316201	87243	204976	23982	118474	189518	8209
东宁县	202050	65318	112168	24564	82085	114436	5529
林口县	424167	134034	272042	18091	116760	294331	13076
虎林县	279181	88719	89312	101150	100454	175713	3014
绥芬河市	28365	17486	10879		18015	9711	639
松花江地区	**4357099**	**923803**	**3261781**	**171515**	**1011823**	**3236264**	**109012**
双城市	738722	122182	616540		130847	571414	36461
尚志市	585386	237267	296870	51249	207620	361756	16010

黑龙江省 上海市

单位:人

县、市名称	合计	按基层行政单位分			按户口分		
		居委会	村委会	其他	非农业	农业	户口待定和暂无户口
宾县	557985	86074	471911		80675	458779	18531
五常县	888881	164861	695202	28818	192243	688644	7994
巴彦县	638444	108834	529610		102787	529174	6483
木兰县	255447	52615	194631	8201	61498	191779	2170
通河县	226568	65220	130260	31088	96120	122306	8142
方正县	218465	38997	136135	43333	85384	124716	8365
延寿县	247201	47753	190622	8826	54649	187696	4856
绥化地区	**5929400**	**1362631**	**4461041**	**105728**	**1228230**	**4639871**	**61299**
绥化市	769958	278171	491787		219221	530383	20354
安达市	454706	182457	270392	1857	133309	314269	7128
肇东市	797432	193889	603543		163976	622431	11025
海伦市	764548	125328	608467	30753	127613	632950	3985
望奎县	446724	79247	367477		68421	375454	2849
兰西县	456041	87191	368850		68222	384889	2930
青冈县	419081	79589	339492		77840	337830	3411
肇源县	435478	84716	342635	8127	77461	355585	2432
肇州县	410002	76887	333115		62796	345129	2077
庆安县	348766	56467	288656	3643	61535	285925	1306
明水县	324210	65292	258918		55784	266834	1592
绥棱县	302454	53397	187709	61348	112052	188192	2210
黑河地区	**1554579**	**479404**	**681129**	**394046**	**523919**	**1002313**	**28347**
黑河市	145616	65844	57251	22521	80282	63661	1673
北安市	450600	169741	174168	106691	193084	249348	8168
五大连池市	23971	7173	6616	10182	8054	15412	505
嫩江县	444980	117139	203183	124658	102529	334220	8231
德都县	324672	75961	144746	103965	81407	236709	6556
逊克县	86187	18214	50907	17066	35736	49126	1325
孙吴县	78553	25332	44258	8963	22827	53837	1889
大兴安岭地区	**519648**	**420229**	**81888**	**17531**	**424017**	**82152**	**13479**
加格达奇区	132222	116570	15652		107464	20752	4006
松岭区	37193	30580	6613		33671	2632	890
新林区	61319	46015	15304		58197	2230	892
呼中区	59174	54345	4829		51451	5850	1873
呼玛县	44762	21667	23095		21511	22100	1151
塔河县	99997	70421	12045	17531	81608	16135	2254
漠河县	84981	80631	4350		70115	12453	2413
省直辖行政单位	**1241111**	**434379**	**609095**	**197637**	**480244**	**733192**	**27675**
富锦市	416203	107440	244205	64558	116031	286798	13374
铁力市	402428	219393	105438	77597	266520	123935	11973
密山市	422480	107546	259452	55482	97693	322459	2328
上海市	**13341852**	**8443751**	**4699611**	**198490**	**8673429**	**4541330**	**127093**
市辖区	**8214384**	**7821787**	**383811**	**8786**	**7551236**	**574131**	**89017**

2—1 续表21

上海市 江苏省

单位:人

县、市名称	合计	按基层行政单位分			按户口分		
		居委会	村委会	其他	非农业	农业	户口待定和暂无户口
黄浦区	733200	718972	14228		705437	21048	6715
南市区	825924	821598	4326		794270	25907	5747
卢湾区	475796	475796			459628	8118	8050
徐汇区	776602	771112	5490		728637	33666	14299
长宁区	585418	571213	14205		547958	30204	7256
静安区	486625	486625			466986	9244	10395
普陀区	796151	796151			759548	30036	6567
闸北区	712917	712917			678658	28568	5691
虹口区	879658	879658			852558	17520	9580
杨浦区	1124454	1109756	14698		1073078	41837	9539
闵行区	158786	158786			135941	21879	966
宝山区	658853	319203	330864	8786	348537	306104	4212
县	**5127468**	**621964**	**4315800**	**189704**	**1122193**	**3967199**	**38076**
上海县	449331	32090	417241		98452	348051	2828
嘉定县	536576	114618	421958		144000	387657	4919
川沙县	645541	63362	582179		153005	487613	4923
南汇县	705871	81845	612005	12021	125479	573669	6723
奉贤县	526706	38825	463543	24338	86254	438482	1970
松江县	511547	101275	410272		118112	389436	3999
金山县	554128	55423	420486	78219	147575	402587	3966
青浦县	461578	66959	394619		81998	376959	2621
崇明县	736190	67567	593497	75126	167318	562745	6127
江 苏 省	**67056812**	**10893582**	**55360920**	**802310**	**12589405**	**53739182**	**728225**
南京市	**5168112**	**2380896**	**2693576**	**93640**	**2380463**	**2726221**	**61428**
玄武区	245625	244514		1111	229940	13895	1790
白下区	248470	248359		111	234118	12951	1401
秦淮区	189440	189325		115	178409	9876	1155
建邺区	207830	207721		109	197013	9701	1116
鼓楼区	416101	409198		6903	390724	21866	3511
下关区	220016	208330		11686	202518	16286	1212
浦口区	166024	91530	70727	3767	98749	65526	1749
大厂区	188411	149595	38704	112	138136	48316	1959
栖霞区	491228	286543	191528	13157	283304	202165	5759
雨花台区	305218	131311	143209	30698	160972	141627	2619
江宁县	733757	52654	681103		70209	639154	24394
江浦县	289952	38543	241098	10311	41974	241887	6091
六合县	666532	65324	601208		81356	580190	4986
溧水县	392456	28253	359132	5071	34340	356296	1820
高淳县	407052	29696	366867	10489	38701	366485	1866
无锡市	**4291624**	**1043711**	**3233263**	**14650**	**1258924**	**2998930**	**33770**
崇安区	183372	180099		3273	169533	12765	1074
南长区	206460	206460			188083	17298	1079

2—1 续表 22

江苏区

单位:人

县、市名称	合计	按基层行政单位分			按户口分		
		居委会	村委会	其他	非农业	农业	户口待定和暂无户口
北塘区	180008	178176		1832	163116	15222	1670
郊区	418906	144436	274470		276510	136755	5641
马山区	24860	14767	10093		9023	15321	516
无锡县	1094989	51764	1043225		122327	966736	5926
江阴市	1108406	129544	978862		144639	952362	11405
宜兴市	1074623	138465	926613	9545	185693	882471	6459
徐州市	**8161979**	**1130410**	**6971340**	**60229**	**1345813**	**6711235**	**104931**
鼓楼区	265762	263184		2578	249161	14574	2027
云龙区	278250	275217		3033	261253	15225	1772
矿区	140287	140287			123223	15561	1503
贾汪区	70049	70049			58779	10169	1101
郊区	194919	32088	162831		102496	89952	2471
丰县	952760	51140	901620		59499	886598	6663
沛县	1042280	74244	917038	50998	120747	914052	7481
铜山县	1741522	28559	1712963		142611	1583546	15365
睢宁县	1160772	66384	1094388		70635	1063282	26855
邳县	1431728	73946	1354162	3620	83153	1313610	34965
新沂市	883650	55312	828338		74256	804666	4728
常州市	**3279734**	**653203**	**2598997**	**27534**	**805687**	**2416104**	**57943**
天宁区	221067	221067			197012	22548	1507
钟楼区	206719	205430		1289	187042	18158	1519
戚墅堰区	79567	48149	31418		51362	27110	1095
郊区	223829	-	223829		87641	131739	4449
武进县	1268441	50439	1215164	2838	116716	1121905	29820
金坛县	531023	53608	474411	3004	56847	466259	7917
溧阳县	749088	74510	654175	20403	109067	628385	11636
苏州市	**5643553**	**1243662**	**4365757**	**34134**	**1383142**	**4224724**	**35687**
沧浪区	261478	258678		2800	244991	14867	1620
平江区	177733	177733			169748	7174	811
金阊区	233700	228384		5316	220796	11409	1495
郊区	209766	23853	185913		61380	146596	1790
太仓县	451419	68783	382636		80072	369494	1853
吴县	1121480	68584	1049281	3615	118800	993314	9366
吴江县	767125	115441	651684		117921	646398	2806
常熟市	1036733	146490	890243		180345	851773	4615
张家港市	815125	59091	733631	22403	88655	717131	9339
昆山市	568994	96625	472369		100434	466568	1992
南通市	**7667913**	**703603**	**6908930**	**55380**	**1011701**	**6616918**	**39294**
城区	259998	256220		3778	242110	16854	1034
郊区	213688	-	213688		81598	130670	1420
海安县	973135	65010	904964	3161	106894	860241	6000
如皋县	1427207	94152	1333055		133699	1285266	8242

2—1 续表 23

江苏省

单位:人

县、市名称	合计	按基层行政单位分			按户口分		
		居委会	村委会	其他	非农业	农业	户口待定和暂无户口
如东县	1116318	65603	1041629	9086	97494	1015561	3263
南通县	1545005	85584	1436885	22536	149121	1391610	4274
海门县	996141	70088	913534	12519	108066	880895	7180
启东市	1136421	66946	1065175	4300	92719	1035821	7881
连云港市	**3439743**	**473449**	**2875089**	**91205**	**569211**	**2813202**	**57330**
连云区	100980	71487	29493		75653	23845	1482
云台区	142158	45562	87970	8626	56975	79070	6113
新浦区	181112	175569		5543	163047	15891	2174
海州区	127274	51626	75648		56204	68590	2480
赣榆县	947520	35844	908578	3098	57109	882069	8342
东海县	1014643	35382	957301	21960	56193	938410	20040
灌云县	926056	57979	816099	51978	104030	805327	16699
淮阴市	**9902913**	**773878**	**8919283**	**209752**	**990988**	**8823035**	**88890**
清河区	166701	116975	48154	1572	121029	42897	2775
清浦区	274894	95307	179587		99848	172220	2826
淮阴县	778912	33722	726187	19003	62648	703739	12525
灌南县	641790	30305	611485		44447	591869	5474
沭阳县	1502712	40183	1451305	11224	91265	1403261	8186
泗阳县	1058647	51305	965500	41842	68859	982139	7649
涟水县	953345	50300	886742	16303	64502	885132	3711
泗洪县	917998	51402	815391	51205	82636	826752	8610
洪泽县	358892	53731	305161		56844	299072	2976
盱眙县	694322	32075	643753	18494	59400	630099	4823
金湖县	345191	36474	294336	14381	39575	303035	2581
宿迁市	1076793	97724	963243	15826	86960	977721	12112
淮安市	1132716	84375	1028439	19902	112975	1005099	14642
盐城市	**7742215**	**800955**	**6777951**	**163309**	**884598**	**6755002**	**102615**
城区	254111	243838		10273	182613	66338	5160
郊区	1112668	50086	1057940	4642	56150	1042443	14075
响水县	530423	48264	451487	30672	58329	454828	17266
滨海县	1054707	65131	970030	19546	86462	959112	9133
阜宁县	1062560	48902	1013658		90281	964016	8263
射阳县	1019381	81696	909943	27742	92210	901887	25284
建湖县	786720	64849	721871		80201	698024	8495
大丰县	758853	75451	639157	44245	107357	647333	4163
东台市	1162792	122738	1013865	26189	130995	1021021	10776
扬州市	**9154797**	**1191029**	**7933013**	**30755**	**1375054**	**7672499**	**107244**
广陵区	300235	299188		1047	272040	25870	2325
郊区	156060	2819	153241		33482	119424	3154
高邮县	825134	87150	735429	2555	105253	705900	13981
宝应县	877212	75638	801574		90459	777827	8926
靖江县	624641	67830	556811		77178	538207	9256

江苏省 浙江省

单位:人

县、市名称	合计	按基层行政单位分			按户口分		
		居委会	村委会	其他	非农业	农业	户口待定和暂无户口
泰兴县	1389362	105973	1283389		130397	1243586	15379
江都县	1058423	85778	948985	23660	122403	916679	19341
邗江县	553619	14881	538738		35049	515619	2951
泰县	1056059	80313	972253	3493	104126	939458	12475
泰州市	255114	157488	97626		151348	101442	2324
仪征市	561827	83163	478664		98780	460292	2755
兴化市	1497111	130808	1366303		154539	1328195	14377
镇江市	**2604229**	**498786**	**2083721**	**21722**	**583824**	**1981312**	**39093**
京口区	294221	290903		3318	263157	29249	1815
润州区	201056	37218	161878	1960	91907	105349	3800
丹徒县	452990	13896	439094		35760	403763	13467
句容县	583908	48132	527173	8603	64970	517280	1658
扬中县	274185	15990	258195		29048	243314	1823
丹阳市	797869	92647	697381	7841	98982	682357	16530
浙江省	**41446015**	**9735677**	**31559253**	**151085**	**6531406**	**34582368**	**332241**
杭州市	**5832143**	**2080039**	**3734620**	**17484**	**1698897**	**4097936**	**35310**
上城区	211046	211046			198447	10740	1859
下城区	256576	256576			236643	17604	2329
江干区	361187	288798	72389		247322	110253	3612
拱墅区	293436	228070	65366		218335	72258	2843
西湖区	353966	229170	124796		218132	131800	4034
桐庐县	376563	68659	307904		47989	327174	1400
富阳县	580718	100224	480494		61374	516828	2516
临安县	495530	89908	405622		48727	445180	1623
余杭县	860775	200747	660028		149379	704782	6614
建德县	476278	122214	354064		74596	398989	2693
淳安县	435476	44111	391180	185	38519	395823	1134
萧山市	1130592	240516	872777	17299	159434	966505	4653
宁波市	**5090901**	**1453796**	**3636896**	**209**	**984397**	**4076071**	**30433**
海曙区	244629	225461	19168		209131	33577	1921
江东区	158378	125105	33273		118508	38587	1283
江北区	215740	119669	96071		98162	115256	2322
北仑区	314055	61007	253048		43197	268226	2632
镇海区	209627	102894	106733		79279	129103	1245
象山县	501642	107456	394107	79	53090	446419	2133
宁海县	541804	89994	451810		42456	497518	1830
鄞县	696474	119583	576891		76477	613467	6530
余姚市	794359	177268	616961	130	103401	687984	2974
慈溪市	948528	207178	741350		101347	842461	4720
奉化市	465665	118181	347484		59349	403473	2843
温州市	**6330912**	**1638182**	**4692730**		**782121**	**5467842**	**80949**
鹿城区	523413	434295	89118		390758	115698	16957

2—1 续表25

浙江省

单位:人

县、市名称	合　　计	按基层行政单位分			按户口分		
		居委会	村委会	其　他	非农业	农　业	户口待定和暂无户口
龙湾区	80976	22024	58952		6988	71006	2982
瓯海县	506253	139053	367200		21162	477857	7234
洞头县	120148	19871	100277		8706	109216	2226
乐清县	953377	251208	702169		58689	886752	7936
永嘉县	730769	83947	646822		33100	692136	5533
平阳县	702804	133241	569563		69321	626060	7423
苍南县	1044503	235032	809471		61046	974661	8796
文成县	312543	48916	263627		20139	290419	1985
泰顺县	310096	40457	269639		14974	283988	11134
瑞安市	1046030	230138	815892		97238	940049	8743
嘉兴市	**3163080**	**682678**	**2480402**		**543494**	**2600236**	**19350**
城区	261162	177285	83877		168049	91475	1638
郊区	479948	32613	447335		36845	439198	3905
嘉善县	366587	59059	307528		61381	303205	2001
平湖县	463917	82709	381208		61395	400484	2038
海盐县	350655	67691	282964		46228	303468	959
桐乡县	623188	84217	538971		74856	544698	3634
海宁市	617623	179104	438519		94740	517708	5175
湖州市	**2449958**	**412857**	**1990758**	**46343**	**408316**	**2018901**	**22741**
市辖区	1027570	214354	813216		204195	809179	14196
德清县	398613	73581	325032		54014	343020	1579
长兴县	593231	67731	485968	39532	99264	488853	5114
安吉县	430544	57191	366542	6811	50843	377849	1852
绍兴市	**3997125**	**727626**	**3259885**	**9614**	**507553**	**3458228**	**31344**
越城区	293404	181356	112048		180086	108579	4739
绍兴县	893051	107545	781236	4270	83953	801698	7400
上虞县	710107	123797	581891	4419	71199	636597	2311
嵊县	703204	118404	583875	925	57231	639762	6211
新昌县	419495	68975	350520		36539	378631	4325
诸暨市	977864	127549	850315		78545	892961	6358
金华市	**4119996**	**736607**	**3351131**	**32258**	**452222**	**3634874**	**32900**
婺城区	305448	137469	146450	21529	138857	163357	3234
金华县	530582	45835	474018	10729	29721	498109	2752
永康县	489774	86386	403388		40440	441828	7506
武义县	317964	62627	255337		33104	283310	1550
浦江县	349336	58082	291254		22789	325253	1294
磐安县	195145	26765	168380		9236	185493	416
兰溪市	622437	95635	526802		77155	539502	5780
义乌市	609246	114258	494988		49861	554252	5133
东阳市	700064	109550	590514		51059	643770	5235
衢州市	**2260225**	**333089**	**1884284**	**42852**	**281871**	**1962919**	**15435**
柯城区	233139	73941	133386	25812	105314	125782	2043

2—1 续表 26

浙江省 安徽省

单位:人

县、市名称	合 计	按基层行政单位分			按户口分		
		居委会	村委会	其 他	非农业	农 业	户口待定和暂无户口
衢县	498304	34673	453635	9996	24350	470304	3650
常山县	299954	44419	255535		28723	268965	2266
开化县	329051	49512	279539		30166	297736	1149
龙游县	379848	46091	326713	7044	44701	333462	1685
江山市	519929	84453	435476		48617	466670	4642
舟山市	**976132**	**312816**	**663316**		**190119**	**778184**	**7829**
定海区	342831	105228	237603		76560	263251	3020
普陀区	329436	107050	222386		69338	256651	3447
岱山县	216523	66457	150066		30787	184965	771
嵊泗县	87342	34081	53261		13434	73317	591
丽水地区	**2349181**	**443953**	**1905228**		**239792**	**2084857**	**24532**
丽水市	323933	111987	211946		63546	255592	4795
青田县	447534	68054	379480		34989	405832	6713
云和县	111464	23391	88073		16785	93448	1231
龙泉县	266099	65880	200219		30916	232943	2240
庆元县	187744	30832	156912		11459	175240	1045
缙云县	393824	55905	337919		25292	365890	2642
遂昌县	224117	34223	189894		26258	195869	1990
松阳县	221381	33893	187488		18886	200146	2349
景宁畲族自治县	173085	19788	153297		11661	159897	1527
台州地区	**4876362**	**914034**	**3960003**	**2325**	**442624**	**4402320**	**31418**
椒江市	396499	125306	269210	1983	71677	321396	3426
临海市	980883	178164	802377	342	87010	890013	3860
黄岩市	888631	139515	749116		85819	799343	3469
温岭县	984708	192696	792012		79210	899633	5865
仙居县	406226	62136	344090		24468	379675	2083
天台县	476671	70278	406393		31349	438088	7234
三门县	374154	59313	314841		22516	350841	797
玉环县	368590	86626	281964		40575	323331	4684
安 徽 省	**56181005**	**7799804**	**48004933**	**376268**	**7611246**	**48241373**	**328386**
合肥市	**3864243**	**871469**	**2981519**	**11255**	**907400**	**2915278**	**41565**
东市区	199067	199067			174507	23640	920
中市区	206499	195244		11255	183865	21503	1131
西市区	272222	272222			241195	28648	2379
郊区	432990	47709	385281		133829	280215	18946
长丰县	858670	49675	808995		43701	805264	9705
肥东县	997669	45653	952016		64442	927003	6224
肥西县	897126	61899	835227		65861	829005	2260
芜湖市	**2011428**	**579775**	**1420770**	**10883**	**568603**	**1436860**	**5965**
镜湖区	152914	152914			135269	16704	941
新芜区	197955	191558		6397	177390	19809	756
马塘区	75546	57981	17565		54614	20222	710

2—1 续表 27

安徽省

单位:人

县、市名称	合 计	按基层行政单位分			按户口分		
		居委会	村委会	其 他	非农业	农 业	户口待定和暂无户口
鸠江区	137400	39546	93368	4486	51236	84693	1471
芜湖县	517999	39116	478883		45767	471917	315
繁昌县	429533	59664	369869		59178	369312	1043
南陵县	500081	38996	461085		45149	454203	729
蚌埠市	**2967623**	**580648**	**2365942**	**21033**	**614749**	**2341165**	**11709**
东区	194199	190369		3830	180269	12688	1242
中区	76279	70893		5386	70945	4614	720
西区	183779	183779			169159	12974	1646
郊区	249999	2043	247956		21086	227818	1095
怀远县	1103540	70270	1021453	11817	80414	1019627	3499
五河县	596696	42162	554534		46959	548897	840
固镇县	563131	21132	541999		45917	514547	2667
淮南市	**1834619**	**766440**	**1056279**	**11900**	**726008**	**1094228**	**14383**
大通区	122442	57863	59245	5334	58195	61914	2333
田家庵区	316350	249294	60490	6566	241111	71781	3458
谢家集区	258474	222902	35572		193873	59964	4637
八公山区	164000	129562	34438		120468	40564	2968
潘集区	378686	64536	314150		60782	317563	341
凤台县	594667	42283	552384		51579	542442	646
马鞍山市	**1064589**	**390700**	**673121**	**768**	**365189**	**693045**	**6355**
金家庄区	84525	84525			68837	14948	740
花山区	112285	111517		768	102965	8944	376
雨山区	101704	101704			88421	12770	513
向山区	146840	29930	116910		36821	106017	4002
当涂县	619235	63024	556211		68145	550366	724
淮北市	**1615088**	**352411**	**1229596**	**33081**	**397887**	**1206968**	**10233**
杜集区	265570	95632	166096	3842	109791	152278	3501
相山区	193355	137832	55005	518	135607	55313	2435
烈山区	109979	56926	24332	28721	86656	22003	1320
濉溪县	1046184	62021	984163		65833	977374	2977
铜陵市	**615207**	**278880**	**310369**	**25958**	**240342**	**371031**	**3834**
铜官山区	190381	179784		10597	165410	23708	1263
狮子山区	45978	45978			35368	10353	257
郊区	46057	24030	6666	15361	11254	33743	1060
铜陵县	332791	29088	303703		28310	303227	1254
安庆市	**5572023**	**494739**	**5013926**	**63358**	**541378**	**5019760**	**10885**
迎江区	129331	126731		2600	99721	28874	736
大观区	144097	144097			129247	14058	792
郊区	219810	3023	190261	26526	18252	200427	1131
桐城县	735268	43189	692079		48765	685503	1000
怀宁县	728645	28682	699963		40669	686428	1548
枞阳县	890687	30837	859850		48052	841138	1497

安徽省

单位:人

县、市名称	合计	按基层行政单位分			按户口分		
		居委会	村委会	其他	非农业	农业	户口待定和暂无户口
潜山县	534302	24390	509912		26693	506968	641
太湖县	528586	25979	502607		29241	498971	374
宿松县	729274	30211	664831	34232	50660	676940	1674
望江县	543666	17753	525913		26765	516056	845
岳西县	388357	19847	368510		23313	364397	647
黄山市	**1406707**	**204926**	**1198733**	**3048**	**208165**	**1182648**	**15894**
屯溪区	128472	70021	58451		68097	58657	1718
黄山区	158289	17751	137490	3048	21998	135166	1125
徽州区	92808	10160	82648		9508	80364	2936
歙县	487818	37586	450232		40208	438927	8683
休宁县	265360	30882	234478		25736	238895	729
黟县	93912	12433	81479		12247	81388	277
祁门县	180048	26093	153955		30371	149251	426
阜阳地区	**12258108**	**864019**	**11318513**	**75576**	**758979**	**11351238**	**147891**
阜阳市	232349	142170	90179		161221	64931	6197
亳州市	1222018	163296	1034999	23723	90454	1128824	2740
界首市	642474	126056	516418		53240	587017	2217
阜阳县	1296952	33534	1263418		39993	1223522	33437
临泉县	1597211	61076	1536135		56120	1540133	958
太和县	1319192	42962	1276230		52750	1262156	4286
涡阳县	1188643	93579	1058155	36909	74196	1092293	22154
蒙城县	1015637	58463	946521	10653	57654	900957	57026
阜南县	1267447	39504	1223652	4291	53566	1198420	15461
颍上县	1277667	58320	1219347		76907	1198686	2074
利辛县	1198518	45059	1153459		42878	1154299	1341
宿县地区	**4962961**	**593368**	**4369593**		**400658**	**4545669**	**16634**
宿州市	257705	171526	86179		146982	105869	4854
砀山县	765866	65648	700218		51803	713562	501
萧县	1093610	124658	968952		62398	1030324	888
宿县	1160807	118272	1042535		64967	1087607	8233
灵璧县	956229	63481	892748		41253	914530	446
泗县	728744	49783	678961		33255	693777	1712
滁县地区	**3802597**	**454231**	**3333681**	**14685**	**456998**	**3335992**	**9607**
滁州市	416926	139717	277209		119561	295197	2168
天长县	558917	58899	497458	2560	54628	501936	2353
来安县	444942	29927	415015		37555	407023	364
全椒县	405339	44419	360920		53253	351086	1000
定远县	780680	47849	732831		55055	724744	881
凤阳县	629820	76266	553554		63202	565472	1146
嘉山县	565973	57154	496694	12125	73744	490534	1695
六安地区	**6030496**	**548426**	**5464489**	**17581**	**560983**	**5453886**	**15627**
六安市	198179	150233	41214	6732	137401	56253	4525

2—1　续表 29

安徽省　福建省

单位:人

县、市名称	合　　计	按基层行政单位分			按　户　口　分		
		居委会	村委会	其　他	非农业	农　业	户口待定和暂无户口
六安县	1366775	52214	1314561		62183	1302365	2227
寿县	1148678	96368	1041461	10849	110429	1034146	4103
霍邱县	1469838	104274	1365564		89895	1378710	1233
舒城县	889789	72514	817275		69284	819386	1119
金寨县	597190	43006	554184		47614	549073	503
霍山县	360047	29817	330230		44177	313953	1917
宣城地区	**2630959**	**292079**	**2293222**	**45658**	**327349**	**2295788**	**7822**
宣州市	778419	137930	631014	9475	110613	665623	2183
郎溪县	326612	28048	271598	26966	48670	276548	1394
广德县	480525	26035	454490		40603	438156	1766
宁国县	366693	33621	327794	5278	43910	322343	440
泾县	354394	30115	324279		45639	307836	919
旌德县	148131	11043	133149	3939	13978	133846	307
绩溪县	176185	25287	150898		23936	151436	813
巢湖地区	**4079929**	**408265**	**3630180**	**41484**	**403015**	**3670115**	**6799**
巢湖市	759557	153002	606555		120053	637632	1872
庐江县	1115127	74520	1002181	38426	92557	1020273	2297
无为县	1234032	96893	1137139		95834	1136477	1721
含山县	398391	51492	346899		47589	350434	368
和县	572822	32358	537406	3058	46982	525299	541
池州地区	**1464428**	**119428**	**1345000**		**133543**	**1327702**	**3183**
贵池市	571068	56465	514603		60492	509849	727
东至县	513754	30132	483622		36690	475118	1946
石台县	107915	11602	96313		11771	95843	301
青阳县	271691	21229	250462		24590	246892	209
福　建　省	**30048275**	**4847977**	**24980278**	**220020**	**4871999**	**24561186**	**615090**
福州市	**5340927**	**1243054**	**4078833**	**19040**	**1226344**	**4007819**	**106764**
鼓楼区	414444	414444			372778	35328	6338
台江区	296939	296939			261366	28299	7274
仓山区	129860	123015		6845	116590	10399	2871
马尾区	45469	29110	16359		28841	14814	1814
郊区	515872	11665	504207		110345	389213	16314
闽侯县	551295	14098	533382	3815	49562	494481	7252
连江县	583418	92909	490509		43054	533497	6867
罗源县	228957	42061	186896		23851	203532	1574
闽清县	283234	21725	261509		34994	244853	3387
永泰县	323270	22697	300573		26016	292426	4828
长乐县	604794	78489	526305		54016	525945	24833
福清县	1044058	68981	966844	8233	79009	944865	20184
平潭县	319317	26921	292249	147	25922	290167	3228
厦门市	**1175551**	**462633**	**675475**	**37443**	**433490**	**724860**	**17201**
鼓浪屿区	22834	-		22834	21225	1208	401

2—1 续表 30

福建省

单位:人

县、市名称	合计	按基层行政单位分			按户口分		
		居委会	村委会	其他	非农业	农业	户口待定和暂无户口
思明区	120155	114980	5175		102928	15112	2115
开元区	223460	223460			186099	34137	3224
杏林区	63171	24543	38628		25590	36842	739
湖里区	76168	34327	41841		29025	45841	1302
集美区	156482	26486	129996		26080	128544	1858
同安县	513281	38837	459835	14609	42543	463176	7562
莆田市	**2625358**	**231995**	**2393363**		**189275**	**2398028**	**38055**
城厢区	146427	41705	104722		52777	91527	2123
涵江区	164909	39730	125179		32657	128779	3473
莆田县	1438022	50537	1387485		51012	1371596	15414
仙游县	876000	100023	775977		52829	806126	17045
三明市	**2559943**	**546431**	**1997806**	**15706**	**507723**	**1998840**	**53380**
梅列区	117478	94061	23417		80707	34941	1830
三元区	149377	89680	59697		78525	66432	4420
明溪县	118451	21468	96983		18817	97279	2355
清流县	142555	12698	129857		21309	117648	3598
宁化县	333973	17912	316061		35830	290206	7937
大田县	329500	26653	302847		28174	298443	2883
尤溪县	382282	23620	358662		32988	338410	10884
沙县	228605	53053	169348	6204	44936	177904	5765
将乐县	169111	21213	138396	9502	24207	140489	4415
泰宁县	125909	31136	94773		16043	108275	1591
建宁县	143911	19785	124126		16900	125092	1919
永安市	318791	135152	183639		109287	203721	5783
泉州市	**5734441**	**566236**	**5114282**	**53923**	**588897**	**5013771**	**131773**
鲤城区	493442	173571	306124	13747	178395	301745	13302
惠安县	1091616	79939	988560	23117	77476	972143	41997
晋江县	931315	97990	831766	1559	85234	808498	37583
南安县	1271003	79580	1191423		69658	1195039	6306
安溪县	901951	41697	857103	3151	46660	849471	5820
永春县	494157	28430	453378	12349	43707	440610	9840
德化县	277910	18494	259416		24039	252491	1380
石狮市	273047	46535	226512		63728	193774	15545
漳州市	**4141139**	**529641**	**3536228**	**75270**	**576649**	**3519168**	**45322**
芗城区	346707	182012	159625	5070	178448	164126	4133
龙海县	812033	81819	724593	5621	85574	715347	11112
云霄县	376063	49460	308423	18180	51874	317862	6327
漳浦县	734440	32476	678365	23599	51366	677240	5834
诏安县	524972	48175	476797		54461	465105	5406
长泰县	177684	17556	150208	9920	15115	160945	1624
东山县	182967	61039	121928		53697	125439	3831
南靖县	327763	27243	290980	9540	34059	290905	2799

福建省 江西省

单位:人

县、市名称	合 计	按基层行政单位分			按 户 口 分		
		居委会	村委会	其 他	非农业	农 业	户口待定和暂无户口
平和县	502984	17678	481966	3340	36664	462650	3670
华安县	155526	12183	143343		15391	139549	586
南平地区	**2928046**	**596540**	**2331506**		**645841**	**2230245**	**51960**
南平市	466995	177400	289595		187546	273323	6126
邵武市	298694	101116	197578		86037	208408	4249
武夷山市	206620	37193	169427		38425	162787	5408
顺昌县	243695	35948	207747		60295	177675	5725
建阳县	339606	47244	292362		69144	264444	6018
建瓯县	489168	73765	415403		78657	402869	7642
浦城县	385566	51475	334091		56575	323628	5363
光泽县	151258	34708	116550		29766	118183	3309
松溪县	150541	18788	131753		19719	127677	3145
政和县	195903	18903	177000		19677	171251	4975
宁德地区	**2860217**	**330369**	**2526747**	**3101**	**348855**	**2402551**	**108811**
宁德市	364324	54982	306241	3101	60231	276494	27599
福安市	525580	64745	460835		78443	420315	26822
福鼎县	484420	82917	401503		61894	419040	3486
霞浦县	458410	42348	416062		50255	389432	18723
古田县	398897	53044	345853		50169	341834	6894
屏南县	164529	12572	151957		13488	145750	5291
寿宁县	215082	4932	210150		14287	189563	11232
周宁县	161609	4035	157574		11960	143272	6377
柘荣县	87366	10794	76572		8128	76851	2387
龙岩地区	**2682653**	**341078**	**2326038**	**15537**	**354925**	**2265904**	**61824**
龙岩市	438162	155910	277711	4541	134027	289774	14361
长汀县	444641	54294	390347		53856	380975	9810
永定县	446975	38859	397120	10996	38510	398391	10074
上杭县	443086	26595	416491		36468	400700	5918
武平县	340759	14705	326054		22330	317144	1285
漳平县	266296	27518	238778		36762	217850	11684
连城县	302734	23197	279537		32972	261070	8692
江 西 省	**37710177**	**5053580**	**31794229**	**862368**	**6510328**	**30861774**	**338075**
南昌市	**3783882**	**1120853**	**2475970**	**187059**	**1332190**	**2403315**	**48377**
东湖区	358595	340929		17666	338300	15480	4815
西湖区	405090	405090			383879	14713	6498
青云谱区	140689	140689			134220	5158	1311
湾里区	72744	22650	50094		22411	48040	2293
郊区	392053	2514	300065	89474	147448	227259	17346
南昌县	936012	71000	838367	26645	107856	821040	7116
新建县	603210	51488	498448	53274	99307	500973	2930
安义县	218846	20810	198036		22553	195238	1055
进贤县	656643	65683	590960		76216	575414	5013

2—1 续表 32

江西省

单位:人

县、市名称	合计	按基层行政单位分			按户口分		
		居委会	村委会	其他	非农业	农业	户口待定和暂无户口
景德镇市	**1343463**	**352380**	**927567**	**63516**	**427938**	**902125**	**13400**
昌江区	125771	29816	88227	7728	44362	79357	2052
珠山区	251952	251952			229434	17970	4548
乐平县	696410	57135	607039	32236	105138	587211	4061
浮梁县	269330	13477	232301	23552	49004	217587	2739
萍乡市	**1388427**	**248929**	**1139498**		**305503**	**1074759**	**8165**
城关区	321410	186708	134702		193200	124647	3563
上栗区	422827	6048	416779		25464	395981	1382
芦溪区	268076	20573	247503		31012	235122	1942
湘东区	376114	35600	340514		55827	319009	1278
九江市	**4063940**	**537417**	**3403281**	**123242**	**672077**	**3354293**	**37570**
庐山区	226081	45586	167959	12536	87365	132534	6182
浔阳区	215934	215934			196546	15718	3670
九江县	306349	22923	268768	14658	30686	274220	1443
武宁县	349560	25130	324430		30337	317505	1718
修水县	702940	30489	672451		55042	644859	3039
永修县	347964	39097	261003	47864	60468	279523	7973
德安县	174193	23198	130908	20087	34102	133964	6127
星子县	206621	16876	189745		22127	184191	303
都昌县	597850	21986	575864		38615	557349	1886
湖口县	243328	22151	221177		27087	215157	1084
彭泽县	317949	19672	283606	14671	28045	287546	2358
瑞昌市	375171	54375	307370	13426	61657	311727	1787
新余市	**973251**	**132309**	**771691**	**69251**	**215283**	**752907**	**5061**
渝水区	677464	78951	529262	69251	162710	510976	3778
分宜县	295787	53358	242429		52573	241931	1283
鹰潭市	**942429**	**173814**	**750499**	**18116**	**182226**	**752348**	**7855**
月湖区	135222	79051	56171		75147	57645	2430
贵溪县	500851	67276	432404	1171	73629	423081	4141
余江县	306356	27487	261924	16945	33450	271622	1284
赣州地区	**7074112**	**618653**	**6455459**		**870302**	**6148529**	**55281**
赣州市	391454	187938	203516		218731	167504	5219
赣县	475884	18181	457703		35900	436790	3194
南康县	683411	31356	652055		60014	617861	5536
信丰县	571314	30990	540324		43513	526781	1020
大余县	260488	48632	211856		60905	196571	3012
上犹县	254902	15327	239575		25673	228013	1216
崇义县	197319	17650	179669		28466	167118	1735
安远县	293291	15739	277552		22458	268337	2496
龙南县	263094	17377	245717		30592	230730	1772
定南县	172978	15342	157636		17381	154600	997
全南县	174949	33026	141923		39087	135187	675

2—1 续表 33

江西省

单位:人

县、市名称	合 计	按基层行政单位分			按户口分		
		居委会	村委会	其 他	非农业	农 业	户口待定和暂无户口
宁都县	631194	31490	599704		57070	567474	6650
于都县	732993	44986	688007		64078	664968	3947
兴国县	595323	29600	565723		44458	547953	2912
瑞金县	507824	25998	481826		44151	460705	2968
会昌县	363027	19065	343962		32389	327185	3453
寻乌县	251419	18440	232979		22266	223358	5795
石城县	253248	17516	235732		23170	227394	2684
宜春地区	**4660960**	**521878**	**3999292**	**139790**	**704351**	**3926666**	**29943**
宜春市	836105	141150	694955		134025	697845	4235
丰城市	1090020	67393	951518	71109	149963	936082	3975
樟树市	489178	92913	396265		79846	404415	4917
高安县	708194	53381	617945	36868	90949	613832	3413
奉新县	265416	29122	229617	6677	35406	227705	2305
万载县	433904	35906	397998		53892	377314	2698
上高县	308475	41356	267119		44216	262314	1945
宜丰县	264426	25886	226702	11838	58927	201890	3609
靖安县	132237	18049	114188		25605	104558	2074
铜鼓县	133005	16722	102985	13298	31522	100711	772
上饶地区	**5797444**	**486215**	**5151745**	**159484**	**717629**	**5022554**	**57261**
上饶市	167570	124168	43402		126799	35438	5333
上饶县	753489	14924	709660	28905	41177	710690	1622
广丰县	657465	36774	620691		47952	592095	17418
玉山县	496108	31730	464378		43647	445786	6675
铅山县	377540	38506	315986	23048	57363	314749	5428
横峰县	177050	18834	158216		22136	153807	1107
弋阳县	331352	35059	285638	10655	44071	285727	1554
余干县	755006	34655	720351		54601	694255	6150
波阳县	1151322	64589	1029020	57713	134157	1010636	6529
万年县	317411	29461	287950		35098	280662	1651
德兴县	293980	33666	221151	39163	78970	212921	2089
婺源县	319151	23849	295302		31658	285788	1705
吉安地区	**4370297**	**412128**	**3935583**	**22586**	**559344**	**3772991**	**37962**
吉安市	288501	141702	146799		142890	140986	4625
井冈山市	54767	7761	37824	9182	14479	39709	579
吉安县	509221	34349	461468	13404	52654	448806	7761
吉水县	437536	27021	410515		37714	398118	1704
峡江县	154432	15039	139393		19740	133154	1538
新干县	280565	20751	259814		23401	256670	494
永丰县	363563	24297	339266		32907	328348	2308
泰和县	466502	29774	436728		47167	415238	4097
遂川县	473632	16150	457482		33298	433618	6716
万安县	260608	21355	239253		32492	224867	3249

江西省 山东省

单位:人

县、市名称	合 计	按基层行政单位分			按 户 口 分		
		居委会	村委会	其 他	非农业	农 业	户口待定和暂无户口
安福县	360641	32929	327712		56008	302846	1787
永新县	425768	26145	399623		38978	385117	1673
莲花县	217075	7750	209325		16929	199454	692
宁冈县	77486	7105	70381		10687	66060	739
抚州地区	**3311972**	**449004**	**2783644**	**79324**	**523485**	**2751287**	**37200**
临川市	872657	142923	729734		160550	704239	7868
南城县	272510	39170	233340		44482	226344	1684
黎川县	211224	26548	160422	24254	37834	169706	3684
南丰县	248702	33868	214834		34910	205406	8386
崇仁县	279068	37537	241531		42923	233531	2614
乐安县	320571	25137	269188	26246	54170	261584	4817
宜黄县	194694	23926	170768		27729	165567	1398
金溪县	249216	31631	211239	6346	31667	216177	1372
资溪县	100815	19202	80122	1491	18980	80699	1136
东乡县	366995	39755	306253	20987	42752	321791	2452
广昌县	195520	29307	166213		27488	166243	1789
山 东 省	**84392104**	**14038459**	**70342604**	**11041**	**11347369**	**72300950**	**743785**
济南市	**5293314**	**1741695**	**3551619**		**1584098**	**3687382**	**21834**
历下区	389897	349515	40382		330981	56722	2194
市中区	328443	300734	27709		284449	42472	1522
槐荫区	337044	247313	89731		225575	109056	2413
天桥区	382418	328818	53600		322030	58838	1550
历城区	966144	211216	754928		198033	765188	2923
章丘县	941435	101884	839551		79916	860615	904
长清县	504513	73268	431245		40814	463013	686
平阴县	369789	55041	314748		35612	331975	2202
济阳县	517453	40092	477361		32119	483345	1989
商河县	556178	33814	522364		34569	516158	5451
青岛市	**6663989**	**1806750**	**4857239**		**1644897**	**4995993**	**23099**
市南区	352148	352148			335850	14728	1570
市北区	163299	163299			155021	7663	615
台东区	206396	206396			197561	8144	691
四方区	277198	277198			262702	13576	920
沧口区	288641	254013	34628		251944	35871	826
黄岛区	105253	28888	76365		20155	84324	774
崂山区	708873	50132	658741		94232	612469	2172
胶南县	839100	67110	771990		54064	780195	4841
莱西县	700021	67281	632740		50639	645981	3401
胶州市	707536	162603	544933		81596	624305	1635
即墨市	1018709	62743	955966		65166	951234	2309
平度市	1296815	114939	1181876		75967	1217503	3345
淄博市	**3845488**	**917165**	**2928323**		**978964**	**2857819**	**8705**

2—1 续表 35

山东省

单位:人

县、市名称	合计	按基层行政单位分			按户口分		
		居委会	村委会	其他	非农业	农业	户口待定和暂无户口
淄川区	656773	67454	589319		151522	503391	1860
张店区	525576	287140	238436		276800	247343	1433
博山区	470385	192199	278186		199044	270845	496
临淄区	546583	124674	421909		142330	402946	1307
周村区	284889	105445	179444		94495	189902	492
桓台县	447728	52128	395600		34982	411389	1357
高青县	350258	22124	328134		23057	326566	635
沂源县	563296	66001	497295		56734	505437	1125
枣庄市	**3191974**	**478203**	**2713771**		**465960**	**2685662**	**40352**
市中区	395654	167457	228197		168314	220446	6894
薛城区	396225	74197	322028		84610	303721	7894
峄城区	322456	29742	292714		26430	293248	2778
台儿庄区	254893	20281	234612		20048	229633	5212
山亭区	423875	10964	412911		9993	411266	2616
滕州市	1398871	175562	1223309		156565	1227348	14958
东营市	**1602195**	**483219**	**1118976**		**328735**	**1268249**	**5211**
东营区	465334	291817	173517		196836	266455	2043
河口区	179160	103179	75981		59716	118434	1010
垦利县	207258	11607	195651		19933	187108	217
利津县	289566	28348	261218		20498	268597	471
广饶县	460877	48268	412609		31752	427655	1470
烟台市	**6262553**	**1245784**	**5007559**	**9210**	**880142**	**5359190**	**23221**
芝罘区	547564	389376	158188		356359	189285	1920
福山区	299721	32906	257605	9210	43586	255561	574
蓬莱县	485926	91087	394839		44518	440736	672
招远县	565523	105608	459915		47684	515289	2550
栖霞县	669958	70170	599788		44762	623058	2138
海阳县	699388	89239	610149		44776	652267	2345
牟平县	578467	50505	527962		46520	528634	3313
长岛县	49412	13552	35860		11174	38136	102
龙口市	599386	81156	518230		84428	513051	1907
莱阳市	896055	173585	722470		77191	814817	4047
莱州市	871153	148600	722553		79144	788356	3653
潍坊市	**8571226**	**1171248**	**7399978**		**899333**	**7621794**	**50099**
潍城区	559239	299411	259828		282691	274405	2143
寒亭区	351235	54316	296919		38252	311780	1203
坊子区	241288	38917	202371		37631	202639	1018
安丘县	1077357	107306	970051		58296	1007864	11197
寿光县	1008506	130674	877832		81641	923010	3855
临朐县	872140	68721	803419		45105	822434	4601
昌乐县	565525	47650	517875		41960	516849	6716
昌邑县	665954	40086	625868		49233	615969	752

2—1 续表 36

山东省

单位:人

县、市名称	合计	按基层行政单位分			按户口分		
		居委会	村委会	其他	非农业	农业	户口待定和暂无户口
高密县	840192	137020	703172		66867	768372	4953
五莲县	504017	45768	458249		36208	465475	2334
青州市	855115	103833	751282		96308	757016	1791
诸城市	1030658	97546	933112		65141	955981	9536
济宁市	**7267280**	**972278**	**6295002**		**869193**	**6311287**	**86800**
市中区	286853	151225	135628		227966	55439	3448
市郊区	584317	31838	552479		20339	556551	7427
兖州县	570640	68547	502093		120134	438711	11795
邹县	1039672	224375	815297		172770	856572	10330
微山县	627599	96238	531361		54257	558514	14828
鱼台县	393643	43226	350417		29433	359293	4917
金乡县	567557	50774	516783		37589	518779	11189
嘉祥县	704342	48874	655468		32231	662620	9491
汶上县	682025	52739	629286		38899	641099	2027
泗水县	561631	79989	481642		30211	530280	1140
梁山县	654515	41630	612885		47625	599116	7774
曲阜市	594486	82823	511663		57739	534313	2434
泰安市	**6347304**	**1390890**	**4956414**		**911301**	**5406329**	**29674**
泰山区	364825	295449	69376		209488	152189	3148
郊区	1047974	70994	976980		36521	1008154	3299
宁阳县	810588	102437	708151		79338	729285	1965
肥城县	976599	183241	793358		146666	823146	6787
东平县	735369	78012	657357		45023	683236	7110
莱芜市	1105473	320698	784775		186196	918020	1257
新泰市	1306476	340059	966417		208069	1092299	6108
威海市	**2363219**	**435096**	**1928123**		**234835**	**2122597**	**5787**
环翠区	262790	107271	155519		83051	179097	642
乳山县	629932	107725	522207		41746	586378	1808
文登市	716211	123836	592375		54739	659140	2332
荣成市	754286	96264	658022		55299	697982	1005
日照市	**1027724**	**248388**	**779336**		**108876**	**914238**	**4610**
缺省县	1027724	248388	779336		108876	914238	4610
惠民地区	**3499484**	**325362**	**3172291**	**1831**	**313447**	**3138867**	**47170**
滨州市	563064	122686	440378		128629	430668	3767
惠民县	608446	46923	561523		37334	557008	14104
阳信县	416255	15657	400598		20512	390658	5085
无棣县	419586	29268	390318		24410	386480	8696
沾化县	382358	24659	355868	1831	23915	344866	13577
博兴县	444164	43129	401035		39234	403765	1165
邹平县	665611	43040	622571		39413	625422	776
德州地区	**5067999**	**548179**	**4519820**		**525891**	**4509412**	**32696**
德州市	321381	186218	135163		183243	134166	3972

山东省　河南省

单位:人

县、市名称	合　计	按基层行政单位分			按　户　口　分		
		居委会	村委会	其　他	非农业	农　业	户口待定和暂无户口
乐陵市	607781	35360	572421		33926	570669	3186
陵县	590556	43399	547157		42348	544661	3547
平原县	459720	19887	439833		35444	419947	4329
夏津县	475389	42909	432480		26910	446235	2244
武城县	360703	31553	329150		26988	329675	4040
齐河县	574819	41247	533572		48126	525122	1571
禹城县	475036	55320	419716		41028	432842	1166
临邑县	481247	41888	439359		45100	432591	3556
宁津县	439214	32618	406596		26966	409113	3135
庆云县	282153	17780	264373		15812	264391	1950
聊城地区	**5225839**	**651447**	**4574392**		**448089**	**4704958**	**72792**
聊城市	838309	220060	618249		148971	679428	9910
临清市	672759	126431	546328		95137	564014	13608
阳谷县	719718	75225	644493		45678	669834	4206
莘县	881671	72023	809648		38050	828754	14867
茌平县	540917	43841	497076		32066	501879	6972
东阿县	412338	35048	377290		29616	376958	5764
冠县	707407	48256	659151		29669	671462	6276
高唐县	452720	30563	422157		28902	412629	11189
临沂地区	**10356042**	**953018**	**9403024**		**622447**	**9666400**	**67195**
临沂市	1590160	260558	1329602		209821	1365952	14387
郯城县	875250	81724	793526		44567	822317	8366
苍山县	1082844	57996	1024848		36165	1040335	6344
莒南县	958833	76950	881883		43065	914599	1169
莒县	1053446	59066	994380		45192	993333	14921
沂水县	1087374	83484	1003890		60819	1022214	4341
蒙阴县	502216	58446	443770		37811	462027	2378
平邑县	905042	69414	835628		38230	863109	3703
费县	872333	80823	791510		35873	834049	2411
沂南县	859498	61423	798075		42402	812981	4115
临沭县	569046	63134	505912		28502	535484	5060
菏泽地区	**7806474**	**669737**	**7136737**		**531161**	**7050773**	**224540**
菏泽市	1154798	254035	900763		154591	938417	61790
曹县	1309643	74410	1235233		68531	1210603	30509
定陶县	559569	51631	507938		35542	509315	14712
成武县	583365	30392	552973		37548	538351	7466
单县	1058593	66048	992545		63693	950878	44022
巨野县	820282	55290	764992		42297	751225	26760
郓城县	992845	57224	935621		54867	924235	13743
鄄城县	686307	39055	647252		33800	638372	14135
东明县	641072	41652	599420		40292	589377	11403
河　南　省	**85534200**	**9998507**	**75230530**	**305163**	**10416517**	**74419867**	**697816**

2—1　续表 38

河南省

单位:人

县、市名称	合　计	按基层行政单位分			按　户　口　分		
		居委会	村委会	其　他	非农业	农　业	户口待定和暂无户口
郑州市	**5514168**	**1310698**	**4147201**	**56269**	**1383626**	**4080527**	**50015**
中原区	419533	275466	144067		265104	150739	3690
二七区	377543	269585	107958		263219	110701	3623
管城回族区	267241	172015	95226		159306	104822	3113
金水区	487259	357687	129572		349187	133794	4278
上街区	56865	41350	15515		42171	13818	876
邙山区	132685	6823	125862		17240	113849	1596
郑州矿区管委	55717	11248		44469	42411	12595	711
荥阳县	594208	30842	563366		43339	546688	4181
中牟县	599709	28657	571052		34696	561689	3324
新郑县	557308	18790	538518		34313	517661	5334
巩县	730158	50856	667502	11800	64142	657559	8457
登封县	558950	25451	533499		31015	523965	3970
密县	676992	21928	655064		37483	632647	6862
开封市	**4193232**	**613770**	**3552254**	**27208**	**678972**	**3469290**	**44970**
龙亭区	87996	87996			83696	3680	620
顺河回族区	172917	172917			162084	10068	765
古楼区	125398	118111		7287	119951	4636	811
南关区	118887	118887			111718	6190	979
郊区	195237	-	195237		25232	169355	650
杞县	923826	25242	898584		39128	876253	8445
通许县	509046	16542	492504		24069	478788	6189
尉氏县	759719	21686	738033		31904	721702	6113
开封县	639098	15021	624077		25734	596950	16414
兰考县	661108	37368	603819	19921	55456	601668	3984
洛阳市	**5648191**	**894349**	**4740650**	**13192**	**1018395**	**4586747**	**43049**
老城区	84334	84334			76920	6058	1356
西工区	216330	216330			202447	12531	1352
廛河回族区	96497	96497			90966	4828	703
涧西区	273576	273576			259804	12407	1365
吉利区	56003	18669	37334		20529	35131	343
郊区	475452	35954	439498		78843	390615	5994
偃师县	749821	24401	725420		45089	700446	4286
孟津县	407352	10454	396898		26416	379069	1867
新安县	485662	39340	446322		42861	439052	3749
栾川县	286958	15721	271237		25301	259482	2175
嵩县	486992	15087	471905		21862	460788	4342
汝阳县	376375	10457	365918		21279	350161	4935
宜阳县	593124	20748	559184	13192	51433	537970	3721
洛宁县	412082	15249	396833		25199	384384	2499
伊川县	647633	17532	630101		29446	613825	4362
平顶山市	**5064068**	**703044**	**4343337**	**17687**	**677174**	**4317203**	**69691**

2—1 续表 39

河南省

单位:人

县、市名称	合计	按基层行政单位分			按户口分		
		居委会	村委会	其他	非农业	农业	户口待定和暂无户口
新华区	249348	249348			203694	43609	2045
卫东区	181493	181493			157333	22964	1196
郊区	269198	-	269198		24942	234424	9832
舞钢区	296653	46636	250017		56322	233478	6853
宝丰县	446537	25865	420672		30178	411244	5115
叶县	759258	49643	709615		35264	709986	14008
鲁山县	770990	61632	709358		53144	712155	5691
郏县	505578	47087	458491		22783	475398	7397
襄城县	736425	25162	711263		33268	697975	5182
汝州市	848588	16178	814723	17687	60246	775970	12372
安阳市	**4760308**	**639103**	**4121205**		**625343**	**4094133**	**40832**
文峰区	122319	122319			115759	5448	1112
北关区	147662	147662			137500	8638	1524
铁西区	140386	140386			115690	23138	1558
郊区	206436	-	206436		26275	176779	3382
林县	942453	37265	905188		53773	885785	2895
安阳县	1058178	27595	1030583		54390	991919	11869
汤阴县	404384	58184	346200		35619	363964	4801
滑县	1100859	79386	1021473		55508	1040188	5163
内黄县	637631	26306	611325		30829	598274	8528
鹤壁市	**1214047**	**214235**	**999812**		**252399**	**939980**	**21668**
鹤山区	68044	68044			57742	8917	1385
山城区	128467	128467			116344	9624	2499
郊区	180835	1698	179137		22015	155372	3448
浚县	614543	11269	603274		37379	567342	9822
淇县	222158	4757	217401		18919	198725	4514
新乡市	**4829574**	**674416**	**4155158**		**749105**	**4041273**	**39196**
红旗区	235425	235425			219243	14865	1317
新华区	184556	184556			174604	8734	1218
北站区	86042	30366	55676		30687	53005	2350
郊区	107334	-	107334		28058	77747	1529
新乡县	400817	11370	389447		29398	369753	1666
获嘉县	343600	25485	318115		24520	316369	2711
原阳县	554017	30054	523963		29741	522076	2200
延津县	416236	28120	388116		27746	384566	3924
封丘县	634681	2648	632033		28916	602807	2958
长垣县	709853	38951	670902		35821	664809	9223
卫辉市	439565	70376	369189		73483	361342	4740
辉县市	717448	17065	700383		46888	665200	5360
焦作市	**3450890**	**602781**	**2848109**		**659736**	**2753273**	**37881**
解放区	216624	176479	40145		174632	39189	2803
中站区	113049	63860	49189		60143	51113	1793

河南省

单位:人

县、市名称	合计	按基层行政单位分			按户口分		
		居委会	村委会	其他	非农业	农业	户口待定和暂无户口
马村区	120244	51915	68329		47525	70534	2185
郊区	154587	103061	51526		103287	49075	2225
修武县	265112	12077	253035		29630	231000	4482
博爱县	381506	22432	359074		36914	342150	2442
武陟县	561025	15449	545576		32806	524543	3676
温县	358897	28876	330021		32273	324211	2413
孟县	305889	26409	279480		27040	278113	736
济原市	574878	27140	547738		70263	500021	4594
沁阳市	399079	75083	323996		45223	343324	10532
濮阳市	**3074718**	**358488**	**2632435**	**83795**	**332205**	**2724652**	**17861**
市区	302077	151582	150495		119629	180366	2082
清丰县	623302	27029	559694	36579	61660	558881	2761
南乐县	431275	26186	405089		21529	408485	1261
范县	429173	27670	389832	11671	35356	391019	2798
台前县	303487	9518	293969		12853	289318	1316
濮阳县	985404	116503	833356	35545	81178	896583	7643
许昌市	**3291403**	**385959**	**2905444**		**354385**	**2904769**	**32249**
魏都区	295890	212854	83036		195589	98255	2046
长葛县	603417	38090	565327		38697	557951	6769
许昌县	749145	11234	737911		19025	726043	4077
鄢陵县	569991	25083	544908		24196	542449	3346
禹州市	1072960	98698	974262		76878	980071	16011
漯河市	**2156108**	**193451**	**1962657**		**213260**	**1921120**	**21728**
源汇区	187792	106244	81548		121562	64427	1803
舞阳县	535698	39305	496393		28395	504275	3028
临颍县	608466	20267	588199		30309	569028	9129
郾城县	824152	27635	796517		32994	783390	7768
三门峡市	**1947005**	**314673**	**1632332**		**330557**	**1600260**	**16188**
湖滨区	198569	112693	85876		113594	84135	840
渑池县	307552	23586	283966		39483	263946	4123
陕县	322659	32330	290329		34740	285267	2652
灵宝县	656129	56586	599543		60970	590770	4389
卢氏县	351122	14592	336530		20349	328339	2434
义马市	110974	74886	36088		61421	47803	1750
商丘地区	**7077658**	**506978**	**6570680**		**487926**	**6536145**	**53587**
商丘市	244581	164475	80106		159221	83106	2254
虞城县	948829	47980	900849		37006	908416	3407
商丘县	1019275	66434	952841		52624	957678	8973
民权县	717704	44470	673234		42464	674939	301
宁陵县	520905	24522	496383		27420	491624	1861
睢县	681431	45579	635852		30606	634455	16370
夏邑县	959506	28702	930804		35217	922964	1325

2—1　续表41

河南省

单位:人

县、市名称	合　计	按基层行政单位分			按　户　口　分		
		居委会	村委会	其　他	非农业	农　业	户口待定和暂无户口
柘城县	812750	29804	782946		31912	779981	857
永城县	1172677	55012	1117665		71456	1082982	18239
周口地区	**9236822**	**741604**	**8453478**	**41740**	**615160**	**8589826**	**31836**
周口市	254651	128960	116758	8933	136342	116585	1724
扶沟县	646485	48388	591389	6708	37038	606264	3183
西华县	763277	76600	660578	26099	65700	694815	2762
商水县	1015604	54490	961114		30492	984021	1091
太康县	1181755	67915	1113840		56874	1123678	1203
鹿邑县	1000150	71652	928498		47721	947595	4834
郸城县	1122024	81878	1040146		46713	1072734	2577
淮阳县	1191957	67146	1124811		66067	1122700	3190
沈丘县	1068573	84824	983749		70975	995031	2567
项城县	992346	59751	932595		57238	926403	8705
驻马店地区	**7384502**	**468899**	**6915603**		**498178**	**6835681**	**50643**
驻马店市	249162	119333	129829		121003	118354	9805
确山县	558755	39229	519526		35503	521729	1523
泌阳县	841467	26623	814844		45241	790924	5302
遂平县	574587	38904	535683		33860	539235	1492
西平县	765327	28196	737131		42463	719830	3034
上蔡县	1180153	45583	1134570		44337	1130857	4959
汝南县	773115	57508	715607		51328	712752	9035
平舆县	848275	30229	818046		31850	809912	6513
新蔡县	927517	48405	879112		48213	874451	4853
正阳县	666144	34889	631255		44380	617637	4127
南阳地区	**9756661**	**785792**	**8906812**	**64057**	**841917**	**8844112**	**70632**
南阳市	374600	228293	146307		228623	140059	5918
邓州市	1391056	53856	1337200		71051	1312734	7271
南召县	571130	76957	494173		70692	488971	11467
方城县	926479	24388	902091		47067	873496	5916
西峡县	408918	39912	369006		32280	372584	4054
南阳县	1086267	38422	1000800	47045	68324	1010841	7102
镇平县	889992	69122	820870		58968	827527	3497
内乡县	606839	18714	588125		38157	561807	6875
淅川县	655605	33612	621993		40114	613482	2009
社旗县	591382	39404	551978		36202	552977	2203
唐河县	1172102	62184	1109918		56749	1107449	7904
新野县	683184	71148	612036		43054	635811	4319
桐柏县	399107	29780	352315	17012	50636	346374	2097
信阳地区	**6934845**	**590267**	**6343363**	**1215**	**698179**	**6180876**	**55790**
信阳市	273175	170026	103149		184747	86044	2384
息县	809100	45176	763924		51205	750817	7078
淮滨县	562452	40385	522067		43936	511776	6740

2—1 续表 42

河南省 湖北省

单位:人

县、市名称	合计	按基层行政单位分			按户口分		
		居委会	村委会	其他	非农业	农业	户口待定和暂无户口
信阳县	957277	61668	895609		77579	874270	5428
潢川县	692890	65950	626940		70764	615593	6533
光山县	703015	26520	676495		51903	646213	4899
固始县	1363088	73905	1289183		91630	1257358	14100
商城县	609519	28951	579353	1215	43030	562605	3884
罗山县	660354	49635	610719		53977	602179	4198
新县	303975	28051	275924		29408	274021	546
湖北省	**53970501**	**12038430**	**40174461**	**1757610**	**10263331**	**43477645**	**229525**
武汉市	**6903136**	**3791622**	**2847617**	**263897**	**3547669**	**3283269**	**72198**
江岸区	619505	594600	24905		545368	65288	8849
江汉区	451103	427294	23809		398524	45999	6580
桥口区	553615	532077	21538		490342	55901	7372
汉阳区	405731	347318	54265	4148	326419	73251	6061
武昌区	770471	770471			710795	51671	8005
青山区	381607	381607			353192	26878	1537
洪山区	559040	300037	246744	12259	319710	230228	9102
东西湖区	203581	37715	6204	159662	25643	172187	5751
汉南区	95460	26363	37589	31508	6880	85423	3157
汉阳县	482008	74984	403729	3295	83616	394951	3441
武昌县	572112	110887	454551	6674	105198	462979	3935
黄陂县	961911	94491	837401	30019	93714	866144	2053
新洲县	846992	93778	736882	16332	88268	752369	6355
黄石市	**1334745**	**553984**	**780761**		**496430**	**829789**	**8526**
黄石港区	152351	152351			133787	17309	1255
石灰窑区	181532	170622	10910		149459	29600	2473
下陆区	151642	108849	42793		104462	45088	2092
铁山区	60765	50918	9847		44771	15406	588
大冶县	788455	71244	717211		63951	722386	2118
十堰市	**400823**	**333089**	**67734**		**241130**	**153399**	**6294**
茅箭区	172230	155229	17001		109622	60043	2565
张湾区	228593	177860	50733		131508	93356	3729
沙市市	**372216**	**301487**	**58558**	**12171**	**276718**	**91956**	**3542**
市辖区	372216	301487	58558	12171	276718	91956	3542
宜昌市	**492286**	**412605**	**79681**		**363920**	**118889**	**9477**
西陵区	314064	293228	20836		261212	47673	5179
伍家岗区	132734	107174	25560		92503	37894	2337
点军区	45488	12203	33285		10205	33322	1961
襄樊市	**6595067**	**1019398**	**5082354**	**493315**	**1034233**	**5536897**	**23937**
襄城区	147582	-		147582	127001	19222	1359
樊东区	133650	-		133650	114220	18654	776
樊西区	124261	-		124261	108256	15109	896
郊区	148553	2723	145830		40795	103543	4215

2—1 续表 43

湖北省

单位:人

县、市名称	合计	按基层行政单位分			按户口分		
		居委会	村委会	其他	非农业	农业	户口待定和暂无户口
襄阳县	1228273	53897	1151338	23038	99796	1126447	2030
宜城县	506249	72560	421939	11750	77475	427606	1168
南漳县	597958	73227	513827	10904	68989	524309	4660
谷城县	541541	64848	469580	7113	59301	481327	913
保康县	294558	39136	255422		21115	272432	1011
随州市	1439770	303807	1116949	19014	138968	1297468	3334
老河口市	454362	214436	239926		107899	344538	1925
枣阳市	978310	194764	767543	16003	70418	906242	1650
鄂州市	**906426**	**190542**	**701693**	**14191**	**136500**	**762035**	**7891**
梁子湖区	158168	8570	149598		4333	153563	272
华容区	249722	9487	240235		9498	239103	1121
鄂城区	498536	172485	311860	14191	122669	369369	6498
荆门市	**1042987**	**236819**	**780202**	**25966**	**157869**	**882193**	**2925**
东宝区	439130	164813	248351	25966	116366	320796	1968
沙洋区	603857	72006	531851		41503	561397	957
黄冈地区	**6504507**	**778154**	**5640216**	**86137**	**567425**	**5919079**	**18003**
麻城市	1062888	140848	915749	6291	75509	985247	2132
武穴市	654948	204778	443827	6343	60933	591248	2767
黄冈县	632757	107350	513153	12254	101269	529559	1929
红安县	586863	56784	526882	3197	50808	535416	639
罗田县	536174	41788	494386		37146	496480	2548
英山县	384356	32899	351457		28988	354729	639
浠水县	927910	66702	851444	9764	63255	862266	2389
蕲春县	858473	59008	784185	15280	71448	784282	2743
黄梅县	860138	67997	759133	33008	78069	779852	2217
孝感地区	**5296335**	**890016**	**4290504**	**115815**	**575592**	**4711524**	**9219**
孝感市	1302061	193461	1061584	47016	140238	1160746	1077
应城市	600598	242873	340932	16793	72058	527892	648
安陆市	557742	76409	481333		58736	498721	285
广水市	817331	159178	658153		82844	731443	3044
大悟县	550119	54582	495537		50213	499023	883
云梦县	511518	56178	455340		52404	457386	1728
汉川县	956966	107335	797625	52006	119099	836313	1554
咸宁地区	**3224631**	**603864**	**2531419**	**89348**	**470864**	**2739464**	**14303**
咸宁市	458810	163411	291560	3839	109995	343588	5227
蒲圻市	458500	157191	259443	41866	96865	358148	3487
嘉鱼县	319302	65881	245337	8084	58274	260474	554
通城县	419886	40511	379375		39768	378745	1373
崇阳县	404065	48453	355612		34269	369708	88
通山县	360557	42076	318481		45604	313486	1467
阳新县	803511	86341	681611	35559	86089	715315	2107
荆州地区	**10919475**	**1759898**	**8545146**	**614431**	**1404876**	**9483646**	**30953**

2—1 续表 44

湖北省 湖南省

单位:人

县、市名称	合 计	按基层行政单位分			按户口分		
		居委会	村委会	其 他	非农业	农 业	户口待定和暂无户口
仙桃市	1371150	297446	1063794	9910	123800	1246918	432
石首市	579415	134962	444453		67071	511083	1261
洪湖市	822516	213235	530485	78796	129742	691718	1056
天门市	1506568	256338	1227747	22483	137549	1364572	4447
潜江市	873894	141475	526232	206187	171511	697348	5035
江陵县	952415	155799	717042	79574	174599	773359	4457
松滋县	860804	94229	766575		98320	760969	1515
公安县	970723	145770	818966	5987	100142	868236	2345
监利县	1297168	125188	1113552	58428	146439	1144598	6131
钟祥县	965922	106016	840143	19763	117021	847903	998
京山县	642636	89440	496157	57039	79367	560413	2856
沙洋农管局	76264	-		76264	59315	16529	420
郧阳地区	**2891676**	**356302**	**2521307**	**14067**	**278326**	**2603923**	**9427**
丹江口市	460413	111144	349269		89932	369741	740
郧县	604109	65578	530501	8030	47150	554783	2176
郧西县	502990	25031	477959		34481	466733	1776
竹山县	473428	93724	379704		32305	439411	1712
竹溪县	359632	17104	342528		31704	327537	391
房县	491104	43721	441346	6037	42754	445718	2632
宜昌地区	**3431435**	**529367**	**2877597**	**24471**	**417355**	**3006965**	**7115**
枝城市	384703	141489	243214		65394	317866	1443
当阳市	470795	107002	339322	24471	66172	403212	1411
宜昌县	565705	63757	501948		54231	509812	1662
枝江县	536723	77606	459117		74117	461555	1051
远安县	224584	48931	175653		47539	176460	585
兴山县	190869	26378	164491		21066	169529	274
秭归县	420713	23022	397691		34741	385735	237
长阳土家族自治县	428910	25379	403531		35321	393328	261
五峰土家族自治县	208433	15803	192630		18774	189468	191
鄂西土家族苗族自治州	**3577462**	**270096**	**3307366**		**278459**	**3293513**	**5490**
恩施市	712574	91151	621423		91149	619518	1907
利川市	764267	71585	692682		45693	717485	1089
建始县	496261	22026	474235		33002	462993	266
巴东县	478079	25785	452294		28851	448835	393
宣恩县	316629	11821	304808		16724	299467	438
咸丰县	334591	16129	318462		20861	313498	232
来凤县	269597	19362	250235		23829	244946	822
鹤峰县	205464	12237	193227		18350	186771	343
省直辖行政单位	**77294**	**11187**	**62306**	**3801**	**15965**	**61104**	**225**
神农架林区	77294	11187	62306	3801	15965	61104	225
湖 南 省	**60657992**	**8327899**	**51643079**	**687014**	**8732244**	**51698760**	**226988**
长沙市	**5490729**	**1303931**	**4139345**	**47453**	**1396122**	**4073513**	**21094**

湖南省

单位:人

县、市名称	合计	按基层行政单位分			按户口分		
		居委会	村委会	其他	非农业	农业	户口待定和暂无户口
东区	193161	193161			180339	11263	1559
南区	428986	428986			401278	24403	3305
西区	244343	244343			222932	18711	2700
北区	222681	222681			203073	17589	2019
郊区	287232	-	239779	47453	69558	216097	1577
长沙县	802527	18810	783717		56794	744487	1246
望城县	737576	61984	675592		74898	656537	6141
浏阳县	1298992	59779	1239213		89089	1208586	1317
宁乡县	1275231	74187	1201044		98161	1175840	1230
株洲市	**3475739**	**664839**	**2805915**	**4985**	**678407**	**2786554**	**10778**
东区	150866	150866			142838	7575	453
北区	138992	138992			128345	9626	1021
南区	115357	115357			106722	8066	569
郊区	180038	24643	155395		19771	159050	1217
株洲县	488635	29792	458843		41548	445744	1343
攸县	733656	57915	675741		66064	666184	1408
茶陵县	555810	41566	509259	4985	47507	505216	3087
酃县	175759	12126	163633		19065	156282	412
醴陵市	936626	93582	843044		106547	828811	1268
湘潭市	**2625485**	**570277**	**2048010**	**7198**	**569733**	**2044541**	**11211**
雨湖区	120444	120444			108866	9709	1869
湘江区	121773	121773			111607	8608	1558
岳塘区	121463	121463			112529	7852	1082
板塘区	73748	73748			68345	4500	903
郊区	151539	-	144341	7198	16757	133010	1772
韶山区	96559	9311	87248		11294	85130	135
湘潭县	1087170	29811	1057359		60033	1025639	1498
湘乡市	852789	93727	759062		80302	770093	2394
衡阳市	**6448032**	**944158**	**5490594**	**13280**	**937691**	**5485722**	**24619**
江东区	155582	155582			142634	11820	1128
城南区	166168	166168			152880	11865	1423
城北区	167017	163109		3908	148378	16764	1875
郊区	180608	9121	166857	4630	16335	159801	4472
南岳区	41629	9745	31884		8678	32656	295
衡阳县	1058866	48619	1010247		59264	997801	1801
衡南县	949462	52778	896684		51822	895702	1938
衡山县	371060	24899	346161		31243	339228	589
衡东县	617269	45087	572182		48399	567941	929
常宁县	767674	83702	679230	4742	88052	676904	2718
祁东县	860227	58827	801400		61416	795912	2899
耒阳市	1112470	126521	985949		128590	979328	4552
邵阳市	**6623868**	**599068**	**6005391**	**19409**	**659889**	**5951967**	**12012**

2—1 续表 46

湖南省

单位:人

县、市名称	合计	按基层行政单位分			按户口分		
		居委会	村委会	其他	非农业	农业	户口待定和暂无户口
东区	144761	144761			127175	16177	1409
西区	107516	107516			96564	10117	835
郊区	273367	-	270448	2919	18336	253905	1126
邵东县	1076176	53980	1022196		78882	995306	1988
新邵县	696719	34324	662395		51064	645194	461
邵阳县	857473	38172	812470	6831	42909	813310	1254
隆回县	1007245	51866	955379		48340	957484	1421
洞口县	711054	44944	662349	3761	57260	652874	920
武冈县	654742	49552	604068	1122	51425	603038	279
绥宁县	318224	21877	296347		28101	288876	1247
新宁县	540507	26068	514439		34723	505289	495
城步苗族自治县	236084	26008	205300	4776	25110	210397	577
岳阳市	**4784673**	**624792**	**3949189**	**210692**	**663957**	**4097648**	**23068**
南区	228069	228069			203892	22642	1535
北区	151280	63377	82511	5392	60179	90255	846
郊区	150494	13119	86760	50615	31579	113125	5790
岳阳县	777336	38579	734741	4016	39840	735490	2006
临湘县	453664	61752	382948	8964	56606	395451	1607
华容县	769632	70299	625351	73982	70188	692028	7416
湘阴县	637596	53030	580233	4333	70288	566180	1128
平江县	949327	50520	898807		66129	881440	1758
汨罗市	667275	46047	557838	63390	65256	601037	982
常德市	**5690278**	**648341**	**4906756**	**135181**	**699313**	**4977722**	**13243**
武陵区	266772	217310	49462		193737	71227	1808
鼎城区	964777	57885	855483	51409	59274	903644	1859
安乡县	541840	62025	478244	1571	57003	482227	2610
汉寿县	776903	58967	667340	50596	67648	707078	2177
澧县	858006	43588	806015	8403	69659	787318	1029
临澧县	417698	32757	384941		37447	379600	651
桃源县	947279	47854	899425		78339	867882	1058
石门县	676345	48174	616019	12152	55551	619851	943
津市市	240658	79781	149827	11050	80655	158895	1108
大庸市	**1466526**	**152718**	**1308297**	**5511**	**126325**	**1339689**	**512**
永定区	369151	88224	280927		48429	320534	188
武陵源区	39315	3264	36051		5671	33629	15
慈利县	647330	37741	604078	5511	44642	602419	269
桑植县	410730	23489	387241		27583	383107	40
益阳地区	**4268041**	**488266**	**3618385**	**161390**	**556630**	**3690318**	**21093**
益阳市	417667	190680	226987		180379	234272	3016
沅江市	716492	80820	563481	72191	91287	622925	2280
益阳县	756896	38838	710019	8039	45786	701866	9244
南县	704474	61516	568008	74950	93039	607487	3948

2—1　续表47

湖南省

单位:人

县、市名称	合　计	按基层行政单位分			按　户　口　分		
		居委会	村委会	其　他	非农业	农　业	户口待定和暂无户口
桃江县	776597	52180	724417		64582	711289	726
安化县	895915	64232	825473	6210	81557	812479	1879
娄底地区	**3677945**	**473213**	**3197721**	**7011**	**526559**	**3137129**	**14257**
娄底市	300428	113155	187273		121015	177796	1617
冷水江市	316362	119227	197135		126446	185166	4750
涟源市	1006665	105263	901402		113979	889298	3388
双峰县	851483	65718	785765		69363	779604	2516
新化县	1203007	69850	1126146	7011	95756	1105265	1986
郴州地区	**4212611**	**559228**	**3649361**	**4022**	**604082**	**3588668**	**19861**
郴州市	233917	178063	55854		166267	64210	3440
资兴市	360813	105838	254975		107344	248199	5270
郴县	336286	32071	304215		38850	296264	1172
桂阳县	716564	49964	666600		59019	656873	672
永兴县	583820	59192	524628		68992	514109	719
宜章县	508900	44442	462739	1719	53143	451803	3954
嘉禾县	300763	22235	278528		22721	276949	1093
临武县	293534	21450	269781	2303	25306	267721	507
汝城县	343762	16037	327725		23646	319619	497
桂东县	163664	9013	154651		15094	148134	436
安仁县	370588	20923	349665		23700	344787	2101
零陵地区	**5106032**	**463699**	**4577063**	**65270**	**472380**	**4611752**	**21900**
永州市	543395	84170	457794	1431	84067	457828	1500
冷水滩市	403684	91314	312370		78185	323474	2025
东安县	547630	45138	496352	6140	40694	504383	2553
道县	596429	37183	547863	11383	45490	549889	1050
宁远县	684320	29032	655288		34062	648595	1663
江永县	231451	19025	198709	13717	21785	208131	1535
江华瑶族自治县	410181	27040	375443	7698	32374	372106	5701
蓝山县	311966	18803	293163		22418	288475	1073
新田县	339208	18599	320609		20025	318355	828
双牌县	154641	14070	128669	11902	16219	138013	409
祁阳县	883127	79325	790803	12999	77061	802503	3563
怀化地区	**4493163**	**560954**	**3932209**		**583502**	**3890245**	**19416**
怀化市	488343	127910	360433		120382	365419	2542
洪江市	89451	54963	34488		51836	36511	1104
黔阳县	392417	59518	332899		58428	333019	970
沅陵县	608246	66996	541250		72036	535977	233
辰溪县	470274	70279	399995		72499	394536	3239
溆浦县	808389	45869	762520		64397	741772	2220
麻阳苗族自治县	317122	25370	291752		25534	290412	1176
新晃侗族自治县	239016	20300	218716		23243	214250	1523
芷江侗族自治县	321873	29964	291909		29184	290634	2055

湖南省 广东省

单位:人

县、市名称	合计	按基层行政单位分			按户口分		
		居委会	村委会	其他	非农业	农业	户口待定和暂无户口
会同县	321883	20812	301071		24924	293672	3287
靖州苗族侗族自治县	231942	26234	205708		26688	204370	884
通道侗族自治县	204207	12739	191468		14351	189673	183
湘西土家族苗族自治州	**2294870**	**274415**	**2014843**	**5612**	**257654**	**2023292**	**13924**
吉首市	230621	86480	144141		77805	150489	2327
泸溪县	240919	34329	206590		27125	210920	2874
凤凰县	325427	35051	290376		26271	297985	1171
花垣县	234308	19394	214914		22619	211426	263
保靖县	253371	25211	228160		20919	232360	92
古丈县	118652	8202	107050	3400	11316	106725	611
永顺县	426521	33687	392834		36531	388912	1078
龙山县	465051	32061	430778	2212	35068	424475	5508
广东省	**62829741**	**16245226**	**45468739**	**1115776**	**13549082**	**48728262**	**552397**
广州市	**6299943**	**3509726**	**2723901**	**66316**	**3295932**	**2917159**	**86852**
东山区	545136	545136			501551	37874	5711
荔湾区	554589	552121		2468	517030	33691	3868
越秀区	441316	436684		4632	412668	24445	4203
海珠区	776679	712217	64462		647162	124203	5314
天河区	430153	340165	85097	4891	294521	130053	5579
芳村区	167803	130583	37220		109677	56606	1520
白云区	828245	237870	585183	5192	292069	510886	25290
黄埔区	191272	117850	73422		116965	71717	2590
花县	511061	96948	404897	9216	77299	420664	13098
从化县	422695	62704	339735	20256	58536	360099	4060
增城县	645468	110661	534807		97730	542703	5035
番禺县	785526	166787	599078	19661	170724	604218	10584
韶关市	**2840524**	**619525**	**1976624**	**244375**	**787751**	**2028596**	**24177**
北江区	139302	76266	8955	54081	114762	22930	1610
武江区	142864	103069	34297	5498	99903	40800	2161
浈江区	162548	57895	35005	69648	119737	40524	2287
曲江县	381590	76571	290238	14781	80559	298836	2195
始兴县	224897	26490	192423	5984	32903	191325	669
南雄县	434171	50631	380366	3174	59364	373310	1497
仁化县	178513	38282	114357	25874	49502	122700	6311
乐昌县	461605	97845	310374	53386	134140	323349	4116
翁源县	330621	37537	286875	6209	41404	287449	1768
乳源瑶族自治县	184230	25553	152937	5740	27508	156143	579
新丰县	200183	29386	170797		27969	171230	984
深圳市	**1667398**	**1081621**	**565831**	**19946**	**558138**	**1091251**	**18009**
沙头角区	46153	46153			15927	29865	361
罗湖区	370352	370352			225181	140858	4313
上步区	274488	274488			146551	124107	3830

广东省

单位：人

县、市名称	合计	按基层行政单位分			按户口分		
		居委会	村委会	其他	非农业	农业	户口待定和暂无户口
南头区	125460	125460			40595	84011	854
蛇口区	58723	58723			37595	20524	604
宝安县	792222	206445	565831	19946	92289	691886	8047
珠海市	**635365**	**269457**	**302979**	**62929**	**215102**	**409203**	**11060**
香洲区	334179	219819	111246	3114	161848	168251	4080
斗门县	301186	49638	191733	59815	53254	240952	6980
汕头市	**8635915**	**2415853**	**6157570**	**62492**	**1546180**	**7019339**	**70396**
同平区	106612	106612			99500	4816	2296
安平区	88347	88347			83349	3243	1755
公园区	127100	127100			120572	4541	1987
金砂区	206626	206626			166762	36853	3011
达濠区	125314	100186	25128		49206	72998	3110
郊区	166465	55646	110819		19237	146422	806
汕头经济特区	64079	39838	24241		19683	43625	771
澄海县	722265	249273	471546	1446	125720	589106	7439
饶平县	823544	204539	612185	6820	135600	681665	6279
南澳县	66257	16385	47184	2688	16691	47701	1865
潮阳县	1999443	776628	1222815		212323	1780900	6220
揭阳县	1378375	176421	1199247	2707	160761	1207995	9619
揭西县	634949	87567	547382		99687	522669	12593
普宁县	1331805	75593	1232335	23877	110861	1215014	5930
惠来县	794734	105092	664688	24954	126228	661791	6715
佛山市	**3002835**	**901455**	**2077477**	**23903**	**882714**	**2089382**	**30739**
城区	259132	259132			225810	31821	1501
石湾区	170278	64155	106123		65511	103707	1060
三水县	346077	104199	223283	18595	84976	257343	3758
南海县	1024294	172557	851737		201070	814061	9163
顺德县	965470	244946	720524		248142	702822	14506
高明县	237584	56466	175810	5308	57205	179628	751
江门市	**3461733**	**846400**	**2578064**	**37269**	**740604**	**2693266**	**27863**
城区	187231	177453		9778	174560	11891	780
郊区	107482	12945	94537		44909	61927	646
新会县	863002	188999	674003		150103	707733	5166
台山县	943857	168560	768599	6698	134375	803535	5947
恩平县	430112	107570	315397	7145	83626	338715	7771
开平县	605565	135341	470224		101610	497674	6281
鹤山县	324484	55532	255304	13648	51421	271791	1272
湛江市	**5400447**	**1098220**	**4089893**	**212334**	**870395**	**4479173**	**50879**
赤坎区	173742	173742			121790	46731	5221
霞山区	280720	208026	52941	19753	190764	84441	5515
坡头区	289638	51707	220293	17638	29930	256515	3193
郊区	355469	52358	289653	13458	41742	306038	7689

广东省

单位:人

县、市名称	合　计	按基层行政单位分			按　户　口　分		
		居委会	村委会	其　他	非农业	农　业	户口待定和暂无户口
吴川县	729884	129026	600858		73394	644972	11518
廉江县	1157508	156383	953908	47217	134546	1014343	8619
遂溪县	741227	94895	620188	26144	77985	661316	1926
海康县	1116145	137771	926244	52130	114461	998432	3252
徐闻县	556114	94312	425808	35994	85783	466385	3946
茂名市	**4890856**	**576887**	**4234092**	**79877**	**588918**	**4269839**	**32099**
茂南区	532715	173414	359301		162462	361647	8606
信宜县	878937	62934	816003		65270	810023	3644
高州县	1162693	106366	1029127	27200	116283	1039032	7378
电白县	1300614	137041	1150640	12933	132804	1164163	3647
化州县	1015897	97132	879021	39744	112099	894974	8824
肇庆市	**5261738**	**834498**	**4388219**	**39021**	**695913**	**4545307**	**20518**
端州区	235663	235663			160481	71854	3328
鼎湖区	119510	11593	101601	6316	12503	103904	3103
高要县	610675	65117	545558		46119	559631	4925
四会县	363223	69703	266750	26770	74780	285602	2841
广宁县	460835	40034	420801		47302	413117	416
怀集县	682444	57192	620667	4585	53893	627189	1362
封开县	385225	59051	326174		43642	340918	665
德庆县	312269	40067	272202		39665	271946	658
云浮县	476312	61610	414702		56191	419496	625
新兴县	367928	41906	326022		42753	324883	292
郁南县	407874	64167	342357	1350	54553	351873	1448
罗定县	839780	88395	751385		64031	774894	855
惠州市	**2290170**	**603582**	**1646006**	**40582**	**462538**	**1809292**	**18340**
惠城区	274689	204454	70235		147043	119850	7796
惠阳县	500552	98182	394386	7984	60619	435355	4578
博罗县	651922	104236	515088	32598	109366	539183	3373
惠东县	584705	146667	438038		99029	484020	1656
龙门县	278302	50043	228259		46481	230884	937
梅州市	**4053138**	**393815**	**3629812**	**29511**	**549673**	**3470320**	**33145**
梅江区	234350	101821	130277	2252	119697	112338	2315
梅县	544963	27464	517499		59789	482161	3013
大埔县	444827	43715	401112		53155	385046	6626
丰顺县	519401	48477	470792	132	54815	461182	3404
五华县	927036	52264	874772		76226	839878	10932
兴宁县	948921	80273	853064	15584	122379	820686	5856
平远县	228051	22867	205184		29646	197639	766
蕉岭县	205589	16934	177112	11543	33966	171390	233
汕尾市	**2170763**	**608491**	**1510452**	**51820**	**437535**	**1688494**	**44734**
城区	344348	169985	174363		98592	238007	7749
海丰县	594323	146032	428904	19387	116115	470156	8052

广东省 广西壮族自治区

单位:人

县、市名称	合计	按基层行政单位分			按户口分		
		居委会	村委会	其他	非农业	农业	户口待定和暂无户口
陆丰县	1038699	274727	731539	32433	206472	804986	27241
陆河县	193393	17747	175646		16356	175345	1692
河源市	**2516647**	**263988**	**2234443**	**18216**	**303734**	**2201323**	**11590**
源城区	143225	78021	63006	2198	69672	71724	1829
郊区	409939	21442	382377	6120	30826	378099	1014
紫金县	563793	42203	515837	5753	57788	499990	6015
龙川县	678816	53734	625082		64106	614109	601
连平县	313719	32276	277386	4057	40964	271039	1716
和平县	407155	36312	370755	88	40378	366362	415
阳江市	**2156835**	**492703**	**1609879**	**54253**	**366194**	**1777804**	**12837**
江城区	258826	258826			129513	123604	5709
阳东区	626991	83159	527257	16575	73542	551153	2296
阳西县	386828	52372	330385	4071	54492	329337	2999
阳春县	884190	98346	752237	33607	108647	773710	1833
清远市	**3272534**	**449934**	**2764657**	**57943**	**431633**	**2828197**	**12704**
清城区	411124	126683	281482	2959	100733	306990	3401
清郊区	563488	41209	513581	8698	32811	529782	895
佛冈县	256922	27958	226317	2647	27760	228787	375
英德县	893189	119580	731937	41672	131933	759264	1992
阳山县	450308	42353	407955		41279	407128	1901
连县	460075	59455	400620		59775	396739	3561
连山壮族瑶族自治县	100315	16641	83674		17024	82963	328
连南瑶族自治县	137113	16055	119091	1967	20318	116544	251
东莞市	**1741731**	**552328**	**1184541**	**4862**	**270744**	**1455939**	**15048**
东莞市	1741731	552328	1184541	4862	270744	1455939	15048
中山市	**1237432**	**393353**	**834182**	**9897**	**256268**	**967907**	**13257**
中山市	1237432	393353	834182	9897	256268	967907	13257
省直辖行政单位	**1293737**	**333390**	**960117**	**230**	**289116**	**986471**	**18150**
潮州市	1293737	333390	960117	230	289116	986471	18150
广西壮族自治区	**42244884**	**5290870**	**36381395**	**572619**	**5484006**	**36543311**	**217567**
南宁市	**2608571**	**848171**	**1714967**	**45433**	**852431**	**1738634**	**17506**
兴宁区	108642	108642			90215	15432	2995
新城区	223854	219005		4849	202495	18838	2521
城北区	217555	217555			194263	21338	1954
江南区	109119	109119			96709	11604	806
永新区	102804	102804			90698	9806	2300
市郊区	401974	1972	400002		48320	347349	6305
邕宁县	829659	58109	771550		66378	762931	350
武鸣县	614964	30965	543415	40584	63353	551336	275
柳州市	**1668032**	**695800**	**858327**	**113905**	**692414**	**934827**	**40791**
城中区	72821	72821			66780	4860	1181
鱼峰区	187393	187393			140346	41528	5519

广西壮族自治区

单位:人

县、市名称	合计	按基层行政单位分			按户口分		
		居委会	村委会	其他	非农业	农业	户口待定和暂无户口
柳南区	205294	195505		9789	175830	25396	4068
柳北区	210556	164116		46440	176208	31380	2968
市郊区	153902	16993	114483	22426	43149	105312	5441
柳江县	467384	25021	421790	20573	41955	424966	463
柳城县	370682	33951	322054	14677	48146	301385	21151
桂林市	**1245706**	**450579**	**791102**	**4025**	**424209**	**807706**	**13791**
秀峰区	67498	67498			61008	5736	754
叠彩区	94438	94438			82342	10931	1165
象山区	152588	152588			132377	18413	1798
七星区	79965	79965			70707	8441	817
市郊区	166882	5150	157707	4025	24152	140361	2369
阳朔县	283643	26206	257437		26025	256185	1433
临桂县	400692	24734	375958		27598	367639	5455
梧州市	**874468**	**264152**	**608533**	**1783**	**255509**	**612579**	**6380**
白云区	77668	77668			72941	3351	1376
万秀区	53745	53745			51165	1860	720
蝶山区	93838	93838			86898	5802	1138
市郊区	73664	-	73664		1944	70733	987
苍梧县	575553	38901	534869	1783	42561	530833	2159
北海市	**1246489**	**284101**	**953877**	**8511**	**231488**	**1002437**	**12564**
海城区	119053	119053			96952	19792	2309
市郊区	110854	36949	73905		18764	84705	7385
合浦县	1016582	128099	879972	8511	115772	897940	2870
南宁地区	**5155834**	**417796**	**4657247**	**80791**	**444225**	**4699496**	**12113**
凭祥市	88762	15222	72730	810	16260	72341	161
横县	961788	59935	896709	5144	67961	890786	3041
宾阳县	849636	85261	751253	13122	87495	759923	2218
上林县	412872	19409	393463		21947	390629	296
隆安县	347766	24658	318260	4848	23306	324278	182
马山县	450875	29972	419364	1539	20953	429451	471
扶绥县	387454	56869	313964	16621	48711	337305	1438
崇左县	316717	35154	271489	10074	42745	273346	626
大新县	340109	38488	297420	4201	31955	308004	150
天等县	384307	12697	371610		16399	366223	1685
宁明县	361783	20690	329840	11253	35858	325267	658
龙州县	253765	19441	221145	13179	30635	221943	1187
柳州地区	**3642955**	**294144**	**3248968**	**99843**	**374603**	**3263314**	**5038**
合山市	135071	9046	73812	52213	53957	80547	567
鹿寨县	433566	63669	362822	7075	64319	369110	137
象州县	322166	22052	300114		24698	297232	236
武宣县	345157	16772	322252	6133	26390	317465	1302
来宾县	830634	56361	745243	29030	74187	755473	974

2—1 续表53

广西壮族自治区

单位:人

县、市名称	合　计	按基层行政单位分			按　户　口　分		
		居委会	村委会	其　他	非农业	农　业	户口待定和暂无户口
融安县	298812	30192	263228	5392	36771	261835	206
三江侗族自治县	316331	11580	304751		21805	293997	529
融水苗族自治县	442061	38198	403863		40550	400599	912
金秀瑶族自治县	139043	14565	124478		12467	126440	136
忻城县	380114	31709	348405		19459	360616	39
桂林地区	**3275969**	**266359**	**3001716**	**7894**	**288859**	**2966134**	**20976**
灵川县	329406	35625	293781		30944	293734	4728
全州县	731277	49105	682172		46857	683080	1340
兴安县	359466	34796	324670		34510	323617	1339
永福县	257371	20731	236640		21720	227630	8021
灌阳县	260791	13414	247377		15775	244655	361
龙胜各族自治县	165353	11416	153937		15761	149011	581
资源县	161895	8228	153667		12996	148522	377
平乐县	391506	36569	354937		43958	346554	994
荔浦县	352222	38416	313806		34273	315261	2688
恭城县	266682	18059	240729	7894	32065	234070	547
梧州地区	**3399852**	**354123**	**3019176**	**26553**	**309839**	**3075810**	**14203**
岑溪县	638589	79753	558836		47645	589611	1333
藤县	772357	62040	710317		57227	711747	3383
昭平县	348385	24155	322222	2008	31481	316561	343
蒙山县	182337	15552	166785		16696	164819	822
贺县	784185	125115	659070		83915	694581	5689
钟山县	418096	31868	361683	24545	52795	363692	1609
富川瑶族自治县	255903	15640	240263		20080	234799	1024
玉林地区	**8641628**	**529920**	**8101160**	**10548**	**590325**	**8003028**	**48275**
玉林市	1323410	139865	1183545		130295	1161420	31695
贵港市	1387939	71993	1305398	10548	110557	1272518	4864
桂平县	1378724	66940	1311784		93639	1280623	4462
平南县	1054176	65346	988830		67423	985221	1532
容县	628455	38562	589893		41672	586597	186
北流县	952874	51664	901210		52738	896203	3933
陆川县	714454	30292	684162		38169	675225	1060
博白县	1201596	65258	1136338		55832	1145221	543
百色地区	**3457005**	**313810**	**3123901**	**19294**	**308587**	**3142606**	**5812**
百色市	302517	80742	216635	5140	91198	209508	1811
田阳县	324354	30345	294009		32918	290982	454
田东县	374299	30165	329980	14154	42078	330938	1283
平果县	412861	32830	380031		25470	387020	371
德保县	337380	19167	318213		19339	317765	276
靖西县	545111	45145	499966		28693	515791	627
那坡县	190982	12036	178946		12753	178050	179
凌云县	167397	12701	154696		8019	159334	44

2—1 续表 54

广西壮族自治区 海南省

单位:人

县、市名称	合 计	按基层行政单位分			按 户 口 分		
		居委会	村委会	其 他	非农业	农 业	户口待定和暂无户口
乐业县	132204	10143	122061		8488	123622	94
田林县	213104	12146	200958		11667	201233	204
隆林各族自治县	333548	19414	314134		20548	312873	127
西林县	123248	8976	114272		7416	115490	342
河池地区	**3586401**	**289756**	**3202181**	**94464**	**391263**	**3188447**	**6691**
河池市	289844	88419	201425		79999	208168	1677
宜山县	567728	40579	527149		68591	497189	1948
罗城仫佬族自治县	339718	19887	307770	12061	35869	303100	749
环江毛南族自治县	325931	18124	279559	28248	46749	278472	710
南丹县	271214	28543	208771	33900	51571	218975	668
天峨县	131767	9135	122632		9155	122481	131
凤山县	167763	11686	156077		10629	157070	64
东兰县	270872	16301	254571		14867	255927	78
巴马瑶族自治县	224033	2869	221164		15826	208014	193
都安瑶族自治县	604609	25501	579108		27988	576415	206
大化瑶族自治县	392922	28712	343955	20255	30019	362636	267
钦州地区	**3441974**	**282159**	**3100240**	**59575**	**320254**	**3108293**	**13427**
钦州市	1005999	118033	874366	13600	105431	896565	4003
上思县	193718	17973	168959	6786	26386	167243	89
防城各族自治县	483437	67521	388099	27817	79622	399279	4536
灵山县	1095061	48020	1039022	8019	66538	1026118	2405
浦北县	663759	30612	629794	3353	42277	619088	2394
海 南 省	**6558076**	**1221708**	**4272361**	**1064007**	**1248462**	**5251719**	**57895**
海口市	**410050**	**332750**	**77300**		**271348**	**131893**	**6809**
海口市辖区	326370	326370			262395	59531	4444
海口空缺区	83680	6380	77300		8953	72362	2365
三亚市	**370244**	**106764**	**200184**	**63296**	**88375**	**276006**	**5863**
三亚市辖区	79926	79926			54335	24577	1014
三亚空缺区	290318	26838	200184	63296	34040	251429	4849
省辖行政单位	**5777782**	**782194**	**3994877**	**1000711**	**888739**	**4843820**	**45223**
通什市	94117	44548	41656	7913	30405	63004	708
琼山县	560267	78462	430349	51456	83695	476262	310
文昌县	491719	64539	400061	27119	63734	422604	5381
琼海县	417927	41954	322191	53782	52080	363784	2063
万宁县	482101	50720	331786	99595	46683	431724	3694
定安县	278950	36000	205633	37317	41894	235815	1241
屯昌县	240046	33881	150710	55455	33346	204564	2136
澄迈县	427498	53661	276315	97522	60107	362281	5110
临高县	347539	50658	244882	51999	51621	295669	249
儋县	696950	124365	413502	159083	145752	538027	13171
白沙黎族自治县	163735	16118	94282	53335	15456	146477	1802
昌江黎族自治县	205547	29684	128633	47230	51554	153061	932

2—1 续表 55

海南省 四川省

单位:人

县、市名称	合 计	按基层行政单位分			按 户 口 分		
		居委会	村委会	其 他	非农业	农 业	户口待定和暂无户口
东方黎族自治县	312843	39854	234222	38767	54860	256223	1760
乐东黎族自治县	421409	42471	321404	57534	68491	351276	1642
陵水黎族自治县	284426	34185	220032	30209	39666	243808	952
保亭黎族苗族自治县	155583	17245	82040	56298	19313	134666	1604
琼中黎族苗族自治县	195880	22606	97179	76095	29762	163651	2467
西沙群岛	1243	1243			318	924	1
南沙群岛	2	-		2	2		
四 川 省	**107218310**	**13798249**	**92901353**	**518708**	**15248834**	**91507753**	**461723**
成都市	**9266518**	**2440236**	**6816449**	**9833**	**2465385**	**6746429**	**54704**
东城区	824430	824430			779643	42059	2728
西城区	759228	759228			717866	38697	2665
金牛区	624393	130381	494012		121844	497688	4861
龙泉驿区	372955	27107	345848		32313	337288	3354
青白江区	373866	66877	306989		67786	304270	1810
金堂县	791038	49584	741454		57173	729785	4080
双流县	834865	83529	751336		96187	733895	4783
温江县	260725	39394	221331		42560	216845	1320
郫县	405913	41137	364776		46432	357383	2098
新都县	528535	58803	469732		73530	453470	1535
彭县	734411	78612	655799		91677	637719	5015
崇庆县	615846	42930	572916		58276	551393	6177
大邑县	471873	40553	431320		47527	417509	6837
邛崃县	615914	51382	564532		59048	554576	2290
蒲江县	244100	16604	227496		20113	223026	961
新津县	269631	29139	240492		37592	230017	2022
都江堰市	538795	100546	428416	9833	115818	420809	2168
重庆市	**14701288**	**3220541**	**11254047**	**226700**	**3589665**	**11051781**	**59842**
市中区	499687	499687			466491	30261	2935
大渡口区	114664	114664			110399	3975	290
江北区	343951	287622	56329		276910	65803	1238
沙坪坝区	622178	532758	89420		505965	113418	2795
九龙坡区	515873	364593	151280		354752	158941	2180
南岸区	337125	253288	83837		244868	90986	1271
北碚区	391787	183960	203353	4474	189406	200841	1540
南桐矿区	265257	87305	177952		103349	160034	1874
双桥区	36656	13240	23416		12997	23235	424
长寿县	839281	42138	728458	68685	118027	719756	1498
巴县	1212941	115643	1097298		136830	1072254	3857
綦江县	911201	52437	760683	98081	165412	742084	3705
江北县	996890	65961	930929		95336	898081	3473
江津县	1406011	136608	1269403		169636	1231689	4686
合川县	1441793	142428	1299365		160675	1276017	5101

2—1 续表56

四川省

单位：人

县、市名称	合计	按基层行政单位分			按户口分		
		居委会	村委会	其他	非农业	农业	户口待定和暂无户口
潼南县	832420	35167	797253		45584	778931	7905
铜梁县	767737	50006	717731		63425	703218	1094
永川县	983477	98100	875659	9718	139682	840141	3654
大足县	848403	60731	787672		68231	776548	3624
荣昌县	766655	50006	670907	45742	109788	651741	5126
璧山县	567301	34199	533102		51902	513827	1572
自贡市	**2946406**	**508915**	**2428249**	**9242**	**554827**	**2375370**	**16209**
自流井区	176786	176786			171545	4479	762
贡井区	129980	66313	63667		65310	64124	546
大安区	316292	102824	213468		112562	201709	2021
沿滩区	354089	30968	323121		35700	316688	1701
荣县	857880	54460	803420		64372	791847	1661
富顺县	1111379	77564	1024573	9242	105338	996523	9518
攀枝花市	**948101**	**458183**	**489918**		**440021**	**503060**	**5020**
东区	294146	294146			266546	26198	1402
西区	130988	130988			122973	7404	611
仁和区	206618	10867	195751		17934	187493	1191
米易县	185236	14045	171191		22182	161609	1445
盐边县	131113	8137	122976		10386	120356	371
泸州市	**4312928**	**471994**	**3840197**	**737**	**537706**	**3758751**	**16471**
市中区	412211	272736	139475		262479	146143	3589
泸县	1351647	32817	1318830		64155	1283943	3549
合江县	799184	59467	739717		68732	725803	4649
纳溪县	473147	13959	459188		22193	448874	2080
叙永县	600396	60655	539741		73666	525427	1303
古蔺县	676343	32360	643246	737	46481	628561	1301
德阳市	**3528902**	**427777**	**3091092**	**10033**	**439152**	**3073120**	**16630**
市中区	762215	176414	585801		170708	585098	6409
绵竹县	497272	69971	427301		68510	427158	1604
中江县	1336636	56970	1279666		65476	1264852	6308
什邡县	408330	49927	348370	10033	59357	347849	1124
广汉市	524449	74495	449954		75101	448163	1185
绵阳市	**4924916**	**574236**	**4315265**	**35415**	**631531**	**4277260**	**16125**
市中区	907675	232035	643503	32137	249997	654945	2733
三台县	1396149	80473	1315676		86607	1302745	6797
盐亭县	608617	26433	582184		34881	572909	827
安县	472171	36663	435508		37661	433821	689
梓潼县	377707	18527	359180		23718	353045	944
北川县	155467	7855	146186	1426	14368	140914	185
平武县	181609	11482	168275	1852	18075	163026	508
江油市	825521	160768	664753		166224	655855	3442
广元市	**2877589**	**334741**	**2526508**	**16340**	**335590**	**2527665**	**14334**

四川省

单位：人

县、市名称	合　计	按基层行政单位分			按户口分		
		居委会	村委会	其　他	非农业	农　业	户口待定和暂无户口
市中区	445944	217244	228700		159383	279490	7071
元坝区	225179	5672	219507		8961	214502	1716
朝天区	188868	2485	186305	78	4892	183511	465
旺苍县	428110	35324	381408	11378	71775	354904	1431
青川县	211090	10744	195462	4884	20405	190409	276
剑阁县	620677	35395	585282		29160	589376	2141
苍溪县	757721	27877	729844		41014	715473	1234
遂宁市	**3400878**	**231809**	**3169069**		**277168**	**3112454**	**11256**
市中区	1259604	110609	1148995		134367	1119710	5527
蓬溪县	1191300	44462	1146838		69123	1118198	3979
射洪县	949974	76738	873236		73678	874546	1750
内江市	**8673210**	**766387**	**7875023**	**31800**	**832975**	**7799658**	**40577**
市中区	326935	203679	123256		191764	131753	3418
东兴区	962249	35975	926274		48395	903156	10698
乐至县	838826	37769	801057		44962	790686	3178
安岳县	1491629	59966	1431663		65774	1421738	4117
威远县	717242	75054	636900	5288	85941	627604	3697
资中县	1241848	94514	1147334		98297	1138347	5204
资阳县	1002993	97217	905776		91444	907591	3958
简阳县	1361610	100309	1261301		107033	1251839	2738
隆昌县	729878	61904	641462	26512	99365	626944	3569
乐山市	**6456783**	**739037**	**5661168**	**56578**	**860735**	**5578205**	**17843**
市中区	488522	141960	346562		149184	337348	1990
沙湾区	210113	64430	145683		66251	142754	1108
五通桥区	315674	91083	224591		103685	210966	1023
金口河区	55786	15526	40260		14071	41512	203
仁寿县	1451194	51887	1399307		71008	1376476	3710
眉山县	747448	74399	673049		79459	666900	1089
犍为县	552215	59541	489600	3074	70008	481873	334
井研县	406704	23886	382818		27219	379004	481
夹江县	336895	36847	300048		41429	292666	2800
洪雅县	322554	21561	300993		25965	295733	856
彭山县	291974	27706	264268		30064	261625	285
沐川县	242597	18509	224088		20406	221305	886
青神县	193678	19071	174607		21563	171473	642
丹棱县	153025	8119	144906		10746	142248	31
峨边彝族自治县	130013	20681	109332		23096	106770	147
马边彝族自治县	161946	9640	152306		13289	148050	607
峨眉山市	396445	54191	288750	53504	93292	301502	1651
万县地区	**7988564**	**511356**	**7477208**		**627277**	**7328641**	**32646**
万县市	314392	166166	148226		156229	157117	1046
万县	1236183	40889	1195294		57552	1173193	5438

2—1 续表 58

四川省

单位:人

县、市名称	合计	按基层行政单位分			按户口分		
		居委会	村委会	其他	非农业	农业	户口待定和暂无户口
开县	1363560	59730	1303830		81757	1275443	6360
忠县	934451	42751	891700		58119	874041	2291
梁平县	818902	49145	769757		62682	752465	3755
云阳县	1149742	51096	1098646		72308	1071133	6301
奉节县	909531	48354	861177		62721	843606	3204
巫山县	546499	21909	524590		28972	516236	1291
巫溪县	487927	21838	466089		30681	455254	1992
城口县	227377	9478	217899		16256	210153	968
涪陵地区	**3552696**	**336218**	**3198849**	**17629**	**379877**	**3151097**	**21722**
涪陵市	1018146	164944	839768	13434	164020	848797	5329
垫江县	807509	40076	763238	4195	60109	736687	10713
南川县	629298	70885	558413		75336	551426	2536
丰都县	722688	42808	679880		51053	669002	2633
武隆县	375055	17505	357550		29359	345185	511
宜宾地区	**4684170**	**512226**	**4138768**	**33176**	**648157**	**4020599**	**15414**
宜宾市	699420	225670	459522	14228	240918	455088	3414
宜宾县	921297	29713	891584		59466	858561	3270
南溪县	379305	32707	332613	13985	53552	323948	1805
江安县	478410	30573	442874	4963	44090	433246	1074
长宁县	391474	18717	372757		32811	358277	386
高县	466681	28559	438122		39857	425601	1223
筠连县	334333	23450	310883		31006	301848	1479
珙县	382011	78018	303993		83366	297672	973
兴文县	396047	29096	366951		41540	353744	763
屏山县	235192	15723	219469		21551	212614	1027
南充地区	**9845169**	**722707**	**9113403**	**9059**	**779012**	**9038117**	**28040**
南充市	279178	188908	90270		179013	98622	1543
华蓥市	339371	85094	254277		84417	254315	639
南充县	1381788	74199	1307589		78210	1301586	1992
南部县	1210726	58609	1152117		61283	1147479	1964
岳池县	1013740	46840	966900		54781	956283	2676
营山县	828907	33003	795904		36647	788913	3347
广安县	1044976	55401	984709	4866	72385	968655	3936
蓬安县	633419	36892	592334	4193	39992	592077	1350
仪陇县	914088	28549	885539		40155	868776	5157
武胜县	730433	29165	701268		36513	690887	3033
西充县	626889	30085	596804		31829	593935	1125
阆中县	841654	55962	785692		63787	776589	1278
达县地区	**9812679**	**615706**	**9165289**	**31684**	**813143**	**8955252**	**44284**
达县市	326886	160701	134501	31684	185245	138629	3012
达县	1197075	21184	1175891		53163	1139016	4896
宣汉县	1081976	47100	1034876		68483	1010032	3461

2—1 续表 59

四川省

单位:人

县、市名称	合计	按基层行政单位分			按户口分		
		居委会	村委会	其他	非农业	农业	户口待定和暂无户口
开江县	501522	26227	475295		35247	464179	2096
万源县	434681	40516	394165		45589	387410	1682
通江县	654704	30364	624340		45236	609175	293
南江县	562198	30884	531314		41648	518484	2066
巴中县	1120766	55524	1065242		64581	1054385	1800
平昌县	791844	39602	752242		41814	747667	2363
大竹县	981245	49550	931695		75765	897752	7728
渠县	1247348	71924	1175424		92346	1151014	3988
邻水县	835660	36295	799365		48202	777005	10453
白沙工农区	76774	5835	70939		15824	60504	446
雅安地区	**1413060**	**191576**	**1191682**	**29802**	**214092**	**1194302**	**4666**
雅安市	297590	118858	178732		98089	198405	1096
名山县	247517	12968	234549		15052	232088	377
荥经县	128629	9499	119130		14372	113714	543
汉源县	322989	15891	307098		20529	301682	778
石棉县	116696	11669	85727	19300	29469	86232	995
天全县	137950	13003	124947		14530	122969	451
芦山县	110490	5656	95438	9396	16460	93795	235
宝兴县	51199	4032	46061	1106	5591	45417	191
阿坝藏族羌族自治州	**775703**	**129373**	**646330**		**139331**	**633439**	**2933**
汶川县	99194	24128	75066		28178	70407	609
理县	42418	7018	35400		7805	34538	75
茂县	91229	7738	83491		8903	82127	199
松潘县	65019	9060	55959		9964	54996	59
南坪县	53002	8740	44262		8830	44005	167
金川县	68291	10783	57508		11075	57006	210
小金县	72747	6872	65875		8374	64265	108
黑水县	57072	9281	47791		8621	48286	165
马尔康县	57341	23488	33853		22561	34338	442
壤塘县	30073	5058	25015		5566	24292	215
阿坝县	50996	5317	45679		5468	45411	117
若尔盖县	57525	4944	52581		7685	49595	245
红原县	30796	6946	23850		6301	24173	322
甘孜藏族自治州	**828531**	**102027**	**726504**		**118304**	**706361**	**3866**
康定县	98960	28823	70137		35282	63434	244
泸定县	69178	8891	60287		10201	58836	141
丹巴县	57923	11244	46679		10838	46641	444
九龙县	43216	3199	40017		3781	39384	51
雅江县	36617	4362	32255		4574	31970	73
道孚县	44117	7687	36430		8466	35442	209
炉霍县	37312	6425	30887		5489	31785	38
甘孜县	53458	4707	48751		4972	48318	168

四川省 贵州省

单位:人

县、市名称	合计	按基层行政单位分			按户口分		
		居委会	村委会	其他	非农业	农业	户口待定和暂无户口
新龙县	39842	2548	37294		5458	34130	254
德格县	59486	2427	57059		3627	54663	1196
白玉县	39543	3318	36225		3513	35809	221
石渠县	59846	2268	57578		3297	56519	30
色达县	33646	2936	30710		3193	30085	368
理塘县	43798	3346	40452		4098	39501	199
巴塘县	47184	3971	43213		4965	42151	68
乡城县	23923	2531	21392		2627	21258	38
稻城县	25496	1732	23764		2039	23349	108
得荣县	14986	1612	13374		1884	13086	16
凉山彝族自治州	**3656559**	**359065**	**3296814**	**680**	**393400**	**3231575**	**31584**
西昌市	481196	129008	352188		133491	344490	3215
木里藏族自治县	115258	14032	101226		13791	101404	63
盐源县	276180	17339	258841		20260	251893	4027
德昌县	168573	14333	154240		16873	147838	3862
会理县	397859	30794	367065		44761	350983	2115
会东县	333008	14401	318607		16819	314664	1525
宁南县	153436	8307	145129		10524	141730	1182
普格县	130371	15282	115089		14379	114400	1592
布拖县	129995	7167	122828		8056	121182	757
金阳县	126102	4598	121504		5718	119266	1118
昭觉县	205880	13670	192210		12213	191733	1934
喜德县	122046	6089	115957		9336	111700	1010
冕宁县	279191	32982	246209		25891	251166	2134
越西县	213925	11948	201977		17752	195084	1089
甘洛县	156969	11795	145174		12003	142843	2123
美姑县	153656	5866	147110	680	7328	143026	3302
雷波县	212914	21454	191460		24205	188173	536
黔江地区	**2623660**	**144139**	**2479521**		**171486**	**2444617**	**7557**
石柱土家族自治县	448959	30002	418957		33684	414391	884
秀山土家族苗族自治县	524553	23337	501216		33867	488375	2311
黔江土家族苗族自治县	429695	30821	398874		27461	401267	967
酉阳土家族苗族自治县	663304	29437	633867		40196	622249	859
彭水苗族土家族自治县	557149	30542	526607		36278	518335	2536
贵州省	**32391051**	**4142280**	**28094689**	**154082**	**3856691**	**28339285**	**195075**
贵阳市	**1664709**	**1079652**	**585057**		**1009399**	**611578**	**43732**
南明区	514415	479943	34472		430665	73819	9931
云岩区	458552	421441	37111		377522	71880	9150
花溪区	304172	53517	250655		73223	219320	11629
乌当区	243840	50042	193798		56861	179136	7843
白云区	143730	74709	69021		71128	67423	5179
六盘水市	**2467222**	**399277**	**2067945**		**352336**	**2099693**	**15193**

2—1 续表 61

贵州省

单位:人

县、市名称	合计	按基层行政单位分			按户口分		
		居委会	村委会	其他	非农业	农业	户口待定和暂无户口
钟山区	350287	227097	123190		174124	169316	6847
盘县特区	962394	80353	882041		86479	871498	4417
六枝特区	531790	91827	439963		81612	447118	3060
水城县	622751	-	622751		10121	611761	869
遵义地区	**6168683**	**557053**	**5568321**	**43309**	**626144**	**5502864**	**39675**
遵义市	435146	249939	141898	43309	269083	156325	9738
遵义县	1253371	71272	1182099		77312	1166030	10029
桐梓县	566275	34242	532033		39197	523375	3703
绥阳县	436285	17698	418587		20262	411363	4660
正安县	513076	17163	495913		21228	490874	974
道真仡佬族苗族自治县	293309	9305	284004		13813	278627	869
务川仡佬族苗族自治县	350528	12575	337953		16610	332904	1014
凤冈县	336954	12921	324033		15181	320788	985
湄潭县	395372	26215	369157		29264	363793	2315
余庆县	246564	12589	233975		14394	231710	460
仁怀县	493320	23865	469455		29330	462508	1482
赤水县	269637	44399	225238		46888	220010	2739
习水县	578846	24870	553976		33582	544557	707
铜仁地区	**3226955**	**250442**	**2976513**		**245496**	**2973339**	**8120**
铜仁市	284344	81824	202520		65618	215787	2939
江口县	191349	10953	180396		14014	176917	418
玉屏侗族自治县	118689	15656	103033		16364	101846	479
石阡县	319039	17480	301559		15434	303422	183
思南县	524761	23527	501234		29060	494991	710
印江土家族苗族自治县	349597	6927	342670		18616	329837	1144
德江县	379898	15875	364023		20681	359004	213
沿河土家族自治县	460036	19936	440100		23309	435950	777
松桃苗族自治县	535194	40790	494404		23500	510751	943
万山特区	64048	17474	46574		18900	44834	314
黔西南布依族苗族自治州	**2524639**	**225595**	**2299044**		**167291**	**2350138**	**7210**
兴义市	593451	120719	472732		56975	535175	1301
兴仁县	376999	15247	361752		21899	354640	460
普安县	239697	15480	224217		13039	226376	282
晴隆县	244423	21854	222569		19559	222162	2702
贞丰县	287355	14075	273280		15966	271269	120
望谟县	238439	10143	228296		8535	229834	70
册亨县	185024	7301	177723		8671	175637	716
安龙县	359251	20776	338475		22647	335045	1559
毕节地区	**5925744**	**453780**	**5468347**	**3617**	**314523**	**5594509**	**16712**
毕节县	1054793	113079	941714		84812	964555	5426
大方县	820948	64755	756193		35091	783742	2115
黔西县	692663	37325	651721	3617	43615	647912	1136

2—1 续表 62

贵州省

单位:人

县、市名称	合计	按基层行政单位分			按户口分		
		居委会	村委会	其他	非农业	农业	户口待定和暂无户口
金沙县	527146	43666	483480		34809	490913	1424
织金县	787975	51953	736022		32708	753290	1977
纳雍县	638227	39865	598362		24648	612307	1272
威宁彝族回族苗族自治县	883233	61122	822111		32445	848783	2005
赫章县	520759	42015	478744		26395	493007	1357
安顺地区	**3453283**	**403550**	**2943982**	**105751**	**489457**	**2938334**	**25492**
安顺市	673677	189149	468707	15821	174819	488154	10704
开阳县	372109	16340	335966	19803	33291	336372	2446
息烽县	223353	13972	209381		27480	194965	908
修文县	266694	38979	227715		38748	226072	1874
清镇县	434131	56935	353332	23864	86031	345838	2262
平坝县	299432	19916	238564	40952	59611	236925	2896
普定县	339672	14355	325317		17391	321806	475
关岭布依族苗族自治县	268151	23222	244929		15319	252206	626
镇宁布依族苗族自治县	298451	19129	274011	5311	25938	270644	1869
紫云苗族布依族自治县	277613	11553	266060		10829	265352	1432
黔东南苗族侗族自治州	**3672260**	**442988**	**3229272**		**308555**	**3351337**	**12368**
凯里市	382026	139445	242581		108790	271590	1646
黄平县	298237	25573	272664		18412	278676	1149
施秉县	130352	15896	114456		8584	121208	560
三穗县	174179	18409	155770		10798	162280	1101
镇远县	224906	26189	198717		24089	200228	589
岑巩县	181913	14142	167771		10060	171356	497
天柱县	352523	40138	312385		19693	332654	176
锦屏县	191128	18532	172596		14808	175766	554
剑河县	181805	15763	166042		9996	171702	107
台江县	141212	11047	130165		8544	132269	399
黎平县	423487	38188	385299		20276	401156	2055
榕江县	269930	29491	240439		17057	251743	1130
从江县	266894	11006	255888		11182	255494	218
雷山县	126024	10528	115496		7404	118388	232
麻江县	186866	15503	171363		9415	176121	1330
丹寨县	140778	13138	127640		9447	130706	625
黔南布依族苗族自治州	**3287556**	**329943**	**2956208**	**1405**	**343490**	**2917493**	**26573**
都匀市	417154	134097	283057		129753	284962	2439
荔波县	144086	7270	135411	1405	8628	132452	3006
贵定县	250968	40745	210223		38671	209531	2766
福泉县	258607	21641	236966		22887	234540	1180
瓮安县	383593	26951	356642		28563	354580	450
独山县	288874	26196	262678		26659	258760	3455
平塘县	256661	6964	249697		9987	246085	589
罗甸县	275585	3536	272049		11349	264030	206

贵州省 云南省

单位:人

县、市名称	合计	按基层行政单位分			按户口分		
		居委会	村委会	其他	非农业	农业	户口待定和暂无户口
长顺县	209023	4823	204200		11642	196829	552
龙里县	179261	14780	164481		14564	163094	1603
惠水县	360119	25945	334174		28607	321387	10125
三都水族自治县	263625	16995	246630		12180	251243	202
云南省	**36972587**	**4777165**	**31859321**	**336101**	**4507803**	**32405297**	**59487**
昆明市	**3635203**	**1298449**	**2336754**		**1380535**	**2239133**	**15535**
五华区	356546	356546			330665	23712	2169
盘龙区	374070	374070			352711	19073	2286
官渡区	548519	193478	355041		240250	305694	2575
西山区	332834	175777	157057		184047	147462	1325
呈贡县	137386	14542	122844		20961	116227	198
晋宁县	238337	28499	209838		36376	201608	353
安宁县	235205	86160	149045		110564	122982	1659
富民县	123441	4608	118833		9103	112757	1581
宜良县	373553	29485	344068		42328	329012	2213
路南彝族自治县	201215	6663	194552		12200	188529	486
嵩明县	300086	21311	278775		28290	271364	432
禄劝彝族苗族自治县	414011	7310	406701		13040	400713	258
东川市	**279456**	**63904**	**215552**		**62190**	**216915**	**351**
市辖区	279456	63904	215552		62190	216915	351
昭通地区	**4255496**	**324095**	**3931401**		**240405**	**4005021**	**10070**
昭通市	619521	108544	510977		83931	533548	2042
鲁甸县	299455	9989	289466		9190	290134	131
巧家县	463984	9089	454895		14945	448284	755
盐津县	313991	12411	301580		17243	296410	338
大关县	224714	6839	217875		10263	213524	927
永善县	363473	9046	354427		15438	347437	598
绥江县	133007	25749	107258		12916	119697	394
镇雄县	1014838	102615	912223		33203	981361	274
彝良县	437135	12460	424675		16739	418338	2058
威信县	302439	15154	287285		13457	287815	1167
水富县	82939	12199	70740		13080	68473	1386
曲靖地区	**5227734**	**569807**	**4657927**		**471344**	**4752165**	**4225**
曲靖市	824137	165075	659062		163408	659284	1445
马龙县	178019	33468	144551		20392	157534	93
宣威县	1174691	82418	1092273		99596	1074021	1074
富源县	557922	45972	511950		33780	523892	250
罗平县	459984	39220	420764		28368	431038	578
师宗县	301351	24659	276692		14921	286287	143
陆良县	504452	82444	422008		40749	463489	214
寻甸回族彝族自治县	431768	36887	394881		21208	410327	233
会泽县	795410	59664	735746		48922	746293	195

云南省

单位:人

县、市名称	合计	按基层行政单位分			按户口分		
		居委会	村委会	其他	非农业	农业	户口待定和暂无户口
楚雄彝族自治州	**2328829**	**309957**	**2018872**		**239652**	**2087527**	**1650**
楚雄市	410530	106521	304009		77886	332084	560
双柏县	147915	9317	138598		9550	138206	159
牟定县	191129	13165	177964		12853	178225	51
南华县	214138	15348	198790		13798	200294	46
姚安县	184679	16645	168034		11756	172854	69
大姚县	269909	24237	245672		20791	249008	110
永仁县	98197	9030	89167		7740	90417	40
元谋县	186436	15966	170470		13284	172987	165
武定县	239973	19921	220052		12038	227842	93
禄丰县	385923	79807	306116		59956	325610	357
玉溪地区	**1811137**	**233502**	**1524937**	**52698**	**202243**	**1607563**	**1331**
玉溪市	321271	83767	237504		64544	256495	232
江川县	221702	14758	206944		13336	208240	126
澄江县	131896	21485	110411		9643	122222	31
通海县	230634	22711	196639	11284	21886	208409	339
华宁县	180607	19323	161284		11110	169463	34
易门县	161390	22963	120039	18388	29351	131966	73
峨山彝族自治县	135432	19756	111326	4350	19415	115924	93
新平彝族傣族自治县	248968	14342	231013	3613	18917	229833	218
元江哈尼族彝族傣族自治县	179237	14397	149777	15063	14041	165011	185
红河哈尼族彝族自治州	**3655633**	**694539**	**2925666**	**35428**	**553696**	**3098394**	**3543**
个旧市	384569	254871	129698		212222	171377	970
开远市	248303	160083	88220		91512	156304	487
蒙自县	283894	56663	227231		49657	233936	301
屏边苗族自治县	139062	5291	133771		9493	129530	39
建水县	445902	38742	401271	5889	53362	392172	368
石屏县	263513	28661	234852		25206	238223	84
弥勒县	439653	76599	363054		32951	406513	189
泸西县	324415	30086	294329		23680	300475	260
元阳县	335290	8302	326988		13177	322079	34
红河县	238723	9486	229237		12186	226505	32
金平苗族瑶族傣族自治县	298136	11460	282229	4447	11941	286112	83
绿春县	180614	6101	174513		9474	171118	22
河口瑶族自治县	73559	8194	40273	25092	8835	64050	674
文山壮族苗族自治州	**2974174**	**247267**	**2726907**		**179679**	**2792348**	**2147**
文山县	373146	51960	321186		52150	319739	1257
砚山县	380916	44575	336341		21307	359316	293
西畴县	228141	14534	213607		11389	216714	38
麻栗坡县	253029	16357	236672		14269	238665	95
马关县	336968	51303	285665		22481	314374	113
丘北县	383718	15032	368686		22048	361576	94

2—1 续表 65

云南省

单位:人

县、市名称	合计	按基层行政单位分			按户口分		
		居委会	村委会	其他	非农业	农业	户口待定和暂无户口
广南县	657751	34671	623080		20426	637113	212
富宁县	360505	18835	341670		15609	344851	45
思茅地区	**2212775**	**187258**	**2022268**	**3249**	**190792**	**2019926**	**2057**
思茅县	150853	57357	93496		47237	102953	663
普洱哈尼族彝族自治县	177373	23454	153919		23347	153922	104
墨江哈尼族自治县	345026	12104	332922		18341	326678	7
景东彝族自治县	337190	10513	323428	3249	18547	318471	172
景谷傣族彝族自治县	278489	20095	258394		18577	259818	94
镇沅彝族哈尼族拉祜族自治县	201119	8386	192733		12436	188536	147
江城哈尼族彝族自治县	89362	11350	78012		10476	78794	92
孟连傣族拉祜族佤族自治县	102700	9145	93555		8119	94345	236
澜沧拉祜族自治县	450748	29064	421684		26878	423711	159
西盟佤族自治县	79915	5790	74125		6834	72698	383
西双版纳傣族自治州	**796352**	**87851**	**560877**	**147624**	**161405**	**628305**	**6642**
景洪县	338465	54940	197076	86449	77054	257338	4073
勐海县	279037	14789	245896	18352	30295	248088	654
勐腊县	178850	18122	117905	42823	54056	122879	1915
大理白族自治州	**3001769**	**239248**	**2762521**		**273589**	**2723984**	**4196**
大理市	432235	129188	303047		134466	295279	2490
漾濞彝族自治县	92804	4090	88714		7618	85050	136
祥云县	395495	14017	381478		17621	377814	60
宾川县	297977	8309	289668		14959	282699	319
弥渡县	274309	5060	269249		14434	259699	176
南涧彝族自治县	199762	8298	191464		7656	192068	38
巍山彝族回族自治县	271759	8957	262802		15488	255908	363
永平县	157411	12781	144630		9471	147909	31
云龙县	189463	14907	174556		10893	178500	70
洱源县	295760	17797	277963		15281	280174	305
剑川县	152067	8299	143768		11111	140792	164
鹤庆县	242727	7545	235182		14591	228092	44
保山地区	**2099477**	**102901**	**1984229**	**12347**	**142651**	**1955544**	**1282**
保山市	728950	39381	683515	6054	62982	665499	469
施甸县	290009	9823	280186		11462	278514	33
腾冲县	529644	27671	501973		36384	492729	531
龙陵县	245180	9811	235369		12804	232164	212
昌宁县	305694	16215	283186	6293	19019	286638	37
德宏傣族景颇族自治州	**920268**	**95597**	**777353**	**47318**	**101306**	**816690**	**2272**
畹町市	10810	4193	5217	1400	3415	7151	244
潞西县	295996	45087	237374	13535	40732	254564	700
梁河县	141557	9081	132476		11833	129651	73
盈江县	235421	14463	214501	6457	17193	217461	767
陇川县	148973	12351	123602	13020	15018	133696	259

2—1　续表66

云南省　西藏自治区

单位:人

县、市名称	合　　计	按基层行政单位分			按　户　口　分		
		居委会	村委会	其　他	非农业	农　业	户口待定和暂无户口
瑞丽县	87511	10422	64183	12906	13115	74167	229
丽江地区	**1015013**	**92407**	**922606**		**97039**	**916762**	**1212**
丽江纳西族自治县	319481	41656	277825		51129	267819	533
永胜县	352710	32175	320535		19711	332850	149
华坪县	141613	9461	132152		12707	128634	272
宁蒗彝族自治县	201209	9115	192094		13492	187459	258
怒江傈僳族自治州	**439791**	**44263**	**395528**		**42039**	**397443**	**309**
泸水县	146427	17339	129088		20158	126200	69
福贡县	84473	4167	80306		6479	77825	169
贡山独龙族怒族自治县	33395	6674	26721		4054	29336	5
兰坪白族普米族自治县	175496	16083	159413		11348	164082	66
迪庆藏族自治州	**315317**	**26958**	**285341**	**3018**	**34296**	**280731**	**290**
中甸县	122109	15557	103534	3018	19587	102292	230
德钦县	56644	3841	52803		5862	50759	23
维西傈僳族自治县	136564	7560	129004		8847	127680	37
临沧地区	**2004163**	**159162**	**1810582**	**34419**	**134942**	**1866846**	**2375**
临沧县	259992	50579	209413		38527	221215	250
凤庆县	397653	26509	371144		18093	379467	93
云县	377448	19740	357708		19477	357806	165
永德县	303029	7613	291034	4382	11332	291564	133
镇康县	143239	6932	136307		7542	135653	44
双江拉祜族佤族布朗族傣族自治县	150685	9189	136507	4989	9287	141181	217
耿马傣族佤族自治县	223123	27193	175692	20238	19029	203147	947
沧源佤族自治县	148994	11407	132777	4810	11655	136813	526
西藏自治区	**2196029**	**205070**	**1990959**		**279147**	**1908697**	**8185**
拉萨市	**375985**	**91968**	**284017**		**117632**	**254501**	**3852**
城关区	139822	91968	47854		99258	37511	3053
林周县	47124	-	47124		1971	45126	27
当雄县	34023	-	34023		2903	30623	497
尼木县	26250	-	26250		838	25402	10
曲水县	27341	-	27341		1532	25767	42
堆龙德庆县	41219	-	41219		7918	33118	183
达孜县	23517	-	23517		1961	21532	24
墨竹工卡县	36689	-	36689		1251	35422	16
昌都地区	**500173**	**18877**	**481296**		**32224**	**467319**	**630**
昌都县	77329	18877	58452		17186	59895	248
江达县	59994	-	59994		2046	57909	39
贡觉县	38270	-	38270		981	37262	27
类乌齐县	32937	-	32937		1634	31286	17
丁青县	49971	-	49971		1456	48354	161
察雅县	47004	-	47004		1226	45769	9

西藏自治区

单位：人

县、市名称	合计	按基层行政单位分			按户口分		
		居委会	村委会	其他	非农业	农业	户口待定和暂无户口
八宿县	32944	-	32944		1917	30987	40
左贡县	35960	-	35960		1426	34527	7
芒康县	66060	-	66060		2093	63916	51
洛隆县	33731	-	33731		1382	32323	26
边坝县	25973	-	25973		877	25091	5
山南地区	**280811**	**19639**	**261172**		**21883**	**257660**	**1268**
乃东县	45173	16700	28473		10314	34625	234
扎囊县	33291	-	33291		1196	31755	340
贡嘎县	41625	2939	38686		1751	39851	23
桑日县	14213	-	14213		974	13236	3
琼结县	15636	-	15636		675	14889	72
曲松县	13954	-	13954		1270	12667	17
措美县	11815	-	11815		782	11010	23
洛扎县	16806	-	16806		798	15869	139
加查县	15883	-	15883		856	14809	218
隆孜县	28968	-	28968		1372	27529	67
错那县	13935	-	13935		849	13080	6
浪卡子县	29512	-	29512		1046	28340	126
日喀则地区	**549157**	**46941**	**502216**		**48530**	**499267**	**1360**
日喀则市	79335	30206	49129		21900	56769	666
南木林县	61105	-	61105		1125	59976	4
江孜县	55859	8960	46899		5348	50269	242
定日县	40200	-	40200		2140	38016	44
萨迦县	38705	1832	36873		1093	37599	13
拉孜县	39276	-	39276		1296	37970	10
昂仁县	38433	-	38433		1311	37092	30
谢通门县	34933	-	34933		762	34169	2
白朗县	36183	-	36183		828	35354	1
仁布县	27693	-	27693		731	26948	14
康马县	17670	-	17670		994	16666	10
定结县	15332	-	15332		890	14427	15
仲巴县	14131	-	14131		738	13380	13
亚东县	10842	3169	7673		4448	6334	60
吉隆县	10150	783	9367		884	9228	38
聂拉木县	12058	1991	10067		2663	9207	188
萨嘎县	9430	-	9430		834	8587	9
岗巴县	7822	-	7822		545	7276	1
那曲地区	**293842**	**13299**	**280543**		**25360**	**267948**	**534**
那曲县	61403	13299	48104		12685	48389	329
嘉黎县	19719	-	19719		1159	18552	8
比如县	36478	-	36478		1996	34459	23
聂荣县	23627	-	23627		1129	22486	12

2—1 续表 68　　西藏自治区　陕西省　　单位：人

县、市名称	合　计	按基层行政单位分			按户口分		
		居委会	村委会	其　他	非农业	农　业	户口待定和暂无户口
安多县	27744	-	27744		2361	25329	54
申扎县	40891	-	40891		1840	39028	23
索县	28753	-	28753		1090	27647	16
班嘎县	26392	-	26392		1564	24813	15
巴青县	28835	-	28835		1536	27245	54
阿里地区	**61639**	-	**61639**		**7149**	**54408**	**82**
普兰县	7187	-	7187		501	6673	13
札达县	5134	-	5134		763	4368	3
噶尔县	9381	-	9381		3797	5562	22
日土县	5815	-	5815		442	5370	3
革吉县	10340	-	10340		513	9813	14
改则县	13964	-	13964		590	13353	21
措勤县	9818	-	9818		543	9269	6
林芝地区	**134422**	**14346**	**120076**		**26369**	**107594**	**459**
林芝县	30157	14346	15811		12236	17617	304
工布江达县	20840	-	20840		1391	19431	18
米林县	15015	-	15015		3003	11961	51
墨脱县	8714	-	8714		483	8222	9
波密县	24798	-	24798		6128	18655	15
察隅县	22801	-	22801		2334	20412	55
朗县	12097	-	12097		794	11296	7
陕　西　省	**32882286**	**5653246**	**27227249**	**1791**	**5811276**	**26808051**	**262959**
西安市	**6179539**	**2383546**	**3795993**		**2231209**	**3903406**	**44924**
新城区	446855	446855			407784	34294	4777
碑林区	510828	510828			472437	34229	4162
莲湖区	548072	548072			487706	54923	5443
灞桥区	411430	114616	296814		145701	262935	2794
未央区	339335	134297	205038		135535	201578	2222
雁塔区	406826	352013	54813		251554	153131	2141
阎良区	209193	50012	159181		53245	155220	728
长安县	831038	41290	789748		72231	750166	8641
蓝田县	575835	37144	538691		34198	537761	3876
临潼县	596678	66354	530324		71664	520119	4895
周至县	564817	18238	546579		25013	538766	1038
户县	525262	52646	472616		58801	465673	788
高陵县	213370	11181	202189		15340	194611	3419
铜川市	**782335**	**291402**	**490933**		**318159**	**454843**	**9333**
城区	184975	126857	58118		137229	44630	3116
郊区	229056	121593	107463		122174	103052	3830
耀县	277940	37988	239952		50505	225976	1459
宜君县	90364	4964	85400		8251	81185	928
宝鸡市	**3322543**	**559638**	**2762905**		**598805**	**2690498**	**33240**

陕西省

单位:人

县、市名称	合计	按基层行政单位分			按户口分		
		居委会	村委会	其他	非农业	农业	户口待定和暂无户口
渭滨区	243036	161092	81944		158581	82149	2306
金台区	209250	165455	43795		166132	40573	2545
宝鸡县	668628	74690	593938		73432	588156	7040
凤翔县	473264	20511	452753		29165	440130	3969
岐山县	433542	44500	389042		60026	371111	2405
扶风县	423322	22635	400687		24207	396309	2806
眉县	279360	14861	264499		17210	257453	4697
陇县	228921	13356	215565		15900	211035	1986
千阳县	120317	8306	112011		9876	109266	1175
麟游县	81170	7020	74150		6123	74046	1001
凤县	111990	19759	92231		30124	78896	2970
太白县	49743	7453	42290		8029	41374	340
咸阳市	**4330398**	**571160**	**3759238**		**613846**	**3690448**	**26104**
秦都区	332066	151120	180946		151679	179321	1066
渭城区	300917	141571	159346		153183	145660	2074
杨陵区	103886	23950	79936		23421	79187	1278
兴平县	503818	80522	423296		83480	416781	3557
三原县	356429	38224	318205		43374	306700	6355
泾阳县	454335	27033	427302		30486	415945	7904
乾县	491797	17738	474059		22078	469652	67
礼泉县	405726	14732	390994		19546	385927	253
永寿县	165583	10414	155169		9999	155365	219
彬县	282595	14598	267997		15016	267433	146
长武县	155598	7215	148383		9867	145118	613
旬邑县	236910	11230	225680		12607	223750	553
淳化县	170899	7183	163716		9613	159554	1732
武功县	369839	25630	344209		29497	340055	287
渭南地区	**4798126**	**587162**	**4210964**		**593228**	**4165009**	**39889**
渭南市	766268	146824	619444		135002	619839	11427
韩城市	345502	88944	256558		72881	269586	3035
华县	331046	54121	276925		56374	271998	2674
华阴县	216081	44042	172039		48926	164424	2731
潼关县	129570	18493	111077		17163	111492	915
大荔县	652930	40235	612695		45817	604664	2449
蒲城县	673402	47975	625427		59967	607986	5449
澄城县	348072	48425	299647		45185	298973	3914
白水县	245858	28277	217581		26861	216814	2183
合阳县	398060	21839	376221		24745	371086	2229
富平县	691337	47987	643350		60307	628147	2883
汉中地区	**3590158**	**351593**	**3238565**		**487054**	**3093974**	**9130**
汉中市	441706	123858	317848		157381	281613	2712
南郑县	516940	28484	488456		45518	470641	781

陕西省

单位:人

县、市名称	合计	按基层行政单位分			按户口分		
		居委会	村委会	其他	非农业	农业	户口待定和暂无户口
城固县	489661	50818	438843		54685	433270	1706
洋县	431467	20445	411022		40150	390752	565
西乡县	407856	27022	380834		33222	374144	490
勉县	407816	16672	391144		61410	346201	205
宁强县	328579	19899	308680		26124	301820	635
略阳县	203035	44305	158730		43343	158174	1518
镇巴县	281420	10631	270789		14600	266779	41
留坝县	46024	5348	40676		5643	40299	82
佛坪县	35654	4111	31543		4978	30281	395
安康地区	**2825985**	**226281**	**2599704**		**268930**	**2529660**	**27395**
安康市	859165	120585	738580		129484	711038	18643
汉阴县	273061	14282	258779		18199	253536	1326
石泉县	179382	17929	161453		20205	157490	1687
宁陕县	75478	6564	68914		9325	65208	945
紫阳县	335893	19032	316861		26019	308586	1288
岚皋县	173463	7020	166443		10944	162176	343
平利县	234124	10720	223404		13874	218783	1467
镇坪县	57534	4141	53393		4989	52352	193
旬阳县	434937	15653	419284		23052	411235	650
白河县	202948	10355	192593		12839	189256	853
商洛地区	**2312008**	**112603**	**2199405**		**148329**	**2151238**	**12441**
商州市	511326	42484	468842		51137	458298	1891
洛南县	437577	24610	412967		33693	401455	2429
丹凤县	282721	9605	273116		14037	268511	173
商南县	229261	8927	220334		11478	217444	339
山阳县	412558	9789	402769		16778	389769	6011
镇安县	284518	10670	273848		12313	270974	1231
柞水县	154047	6518	147529		8893	144787	367
延安地区	**1828833**	**282357**	**1546476**		**280862**	**1536029**	**11942**
延安市	317313	117930	199383		106221	207292	3800
延长县	138514	16408	122106		15591	122808	115
延川县	148436	20701	127735		17627	130616	193
子长县	203607	11655	191952		21647	181032	928
安塞县	146744	9378	137366		9042	137371	331
志丹县	112118	10750	101368		8261	103578	279
吴旗县	111116	11800	99316		8656	102130	330
甘泉县	72044	13265	58779		13279	57468	1297
富县	133263	17344	115919		16945	115600	718
洛川县	177269	16886	160383		18355	158447	467
宜川县	107516	10852	96664		11112	96218	186
黄龙县	48830	6918	41912		9091	38095	1644
黄陵县	112063	18470	93593		25035	85374	1654

2—1 续表 71

陕西省 甘肃省

单位:人

县、市名称	合计	按基层行政单位分			按户口分		
		居委会	村委会	其他	非农业	农业	户口待定和暂无户口
榆林地区	**2912361**	**287504**	**2623066**	**1791**	**270854**	**2592946**	**48561**
榆林市	369335	86910	282425		74712	283954	10669
神木县	308041	36093	271948		31159	267758	9124
府谷县	188173	16441	171732		16860	167991	3322
横山县	281028	10619	268618	1791	13847	267098	83
靖边县	240220	15044	225176		14614	225157	449
定边县	264523	29241	235282		23090	240279	1154
绥德县	308680	27195	281485		28852	276704	3124
米脂县	193475	16785	176690		18181	168825	6469
佳县	227809	11046	216763		13073	213964	772
吴堡县	72309	8628	63681		7234	58888	6187
清涧县	193472	16420	177052		12643	179450	1379
子洲县	265296	13082	252214		16589	242878	5829
甘 肃 省	**22371085**	**3501518**	**18725901**	**143666**	**3591048**	**18663416**	**116621**
兰州市	**2624347**	**1360616**	**1263475**	**256**	**1284662**	**1311698**	**27987**
城关区	669962	614945	55017		575450	83962	10550
七里河区	393713	292786	100927		271903	115974	5836
西固区	291055	212586	78469		201278	87060	2717
安宁区	132230	93553	38677		91692	39031	1507
红古区	130801	75886	54915		64775	63670	2356
永登县	459770	47804	411710	256	49240	408376	2154
皋兰县	149709	7967	141742		8283	140780	646
榆中县	397107	15089	382018		22041	372845	2221
嘉峪关市	**109987**	**87232**	**22755**		**77009**	**32396**	**582**
嘉峪关区	109987	87232	22755		77009	32396	582
金昌市	**387151**	**149879**	**225193**	**12079**	**136579**	**248383**	**2189**
金川区	159579	110073	46834	2672	100464	57932	1183
永昌县	227572	39806	178359	9407	36115	190451	1006
白银市	**1459488**	**277053**	**1168575**	**13860**	**268233**	**1184844**	**6411**
白银区	224729	149084	75645		139416	84005	1308
平川区	157925	74554	83371		59319	97316	1290
靖远县	395953	22152	365339	8462	32488	362369	1096
会宁县	489294	10609	478685		16012	471493	1789
景泰县	191587	20654	165535	5398	20998	169661	928
天水市	**2909831**	**313060**	**2596771**		**331780**	**2564572**	**13479**
秦城区	533255	151956	381299		149292	378388	5575
北道区	506495	86418	420077		88531	415005	2959
清水县	266595	8023	258572		11464	254872	259
秦安县	495383	19348	476035		24538	467945	2900
甘谷县	491912	24555	467357		26677	463927	1308
武山县	361841	15389	346452		20665	341101	75
张家川回族自治县	254350	7371	246979		10613	243334	403

2—1　续表 72

甘肃省

单位：人

县、市名称	合　计	按基层行政单位分			按　户　口　分		
		居委会	村委会	其　他	非农业	农　业	户口待定和暂无户口
酒泉地区	**824330**	**221657**	**549525**	**53148**	**244859**	**574836**	**4635**
玉门市	193911	91172	67438	35301	112324	80737	850
酒泉市	300947	68941	225139	6867	71302	227925	1720
敦煌市	114907	21216	91540	2151	21756	92150	1001
金塔县	122915	13690	106905	2320	13644	108955	316
肃北蒙古族自治县	10933	3448	4997	2488	3804	7057	72
阿克塞哈萨克族自治县	7229	2617	4612		2867	4233	129
安西县	73488	20573	48894	4021	19162	53779	547
张掖地区	**1151422**	**130442**	**990388**	**30592**	**162484**	**983914**	**5024**
张掖市	433569	85463	345050	3056	85420	346193	1956
肃南裕固族自治县	35500	5637	28767	1096	7622	27829	49
民乐县	218342	6851	211491		8238	209225	879
临泽县	132566	7325	124103	1138	9381	122818	367
高台县	146237	9142	137095		11338	134488	411
山丹县	185208	16024	143882	25302	40485	143361	1362
武威地区	**1669369**	**172618**	**1482782**	**13969**	**176402**	**1483978**	**8989**
武威市	876073	127640	736359	12074	124855	744631	6587
民勤县	258945	14476	242574	1895	15216	243223	506
古浪县	323506	9593	313913		12797	309510	1199
天祝藏族自治县	210845	20909	189936		23534	186614	697
定西地区	**2551138**	**144232**	**2406906**		**164521**	**2375746**	**10871**
定西县	412241	43395	368846		45067	364930	2244
通渭县	388045	6155	381890		10743	376868	434
陇西县	426357	43241	383116		44968	380086	1303
渭源县	301379	5593	295786		8587	292201	591
临洮县	466968	19359	447609		24787	436534	5647
漳县	162792	4592	158200		7091	155630	71
岷县	393356	21897	371459		23278	369497	581
陇南地区	**2411553**	**129479**	**2282074**		**153977**	**2249301**	**8275**
武都县	471166	34847	436319		38253	432056	857
宕昌县	266079	9044	257035		10468	255568	43
成县	229249	16771	212478		19902	207163	2184
康县	195969	9096	186873		9141	185717	1111
文县	221681	16028	205653		19265	202207	209
西和县	327183	10730	316453		16169	310326	688
礼县	450634	13358	437276		17465	430987	2182
两当县	50070	4314	45756		6337	43570	163
徽县	199522	15291	184231		16977	181707	838
平凉地区	**1909419**	**180246**	**1724561**	**4612**	**192594**	**1709425**	**7400**
平凉市	386325	99325	287000		95848	287060	3417
泾川县	293069	11652	279102	2315	16875	275684	510
灵台县	209723	6643	202015	1065	10656	198587	480

甘肃省 青海省

单位:人

县、市名称	合 计	按基层行政单位分			按户口分		
		居委会	村委会	其 他	非农业	农 业	户口待定和暂无户口
崇信县	83566	5521	76813	1232	7401	75593	572
华亭县	161981	38916	123065		36194	124525	1262
庄浪县	362260	6497	355763		10577	351463	220
静宁县	412495	11692	400803		15043	396513	939
庆阳地区	**2167560**	**165468**	**2002092**		**182512**	**1980247**	**4801**
西峰市	270435	48333	222102		50087	219065	1283
庆阳县	275461	60412	215049		53656	220805	1000
环县	286243	9948	276295		12024	273658	561
华池县	111245	7571	103674		9759	101144	342
合水县	141945	7083	134862		12051	129453	441
正宁县	199385	6188	193197		10041	189315	29
宁县	447095	16616	430479		21648	424409	1038
镇原县	435751	9317	426434		13246	422398	107
临夏回族自治州	**1614784**	**113920**	**1500864**		**129095**	**1479165**	**6524**
临夏市	168714	76609	92105		77429	86735	4550
临夏县	317152	1723	315429		5222	311823	107
康乐县	199875	2727	197148		5686	193798	391
永靖县	188563	23000	165563		23067	164695	801
广河县	159558	2220	157338		4094	155349	115
和政县	163548	3531	160017		5630	157861	57
东乡族自治县	222975	1926	221049		4357	218343	275
积石山保安族东乡族撒拉族自治县	194399	2184	192215		3610	190561	228
甘南藏族自治州	**580706**	**55616**	**509940**	**15150**	**86341**	**484911**	**9454**
临潭县	131112	4483	126629		8053	122847	212
卓尼县	87241	3942	80955	2344	7762	79250	229
舟曲县	116332	-	113057	3275	10268	105950	114
迭部县	50217	-	41909	8308	12929	36904	384
玛曲县	30314	-	29091	1223	3826	25846	642
碌曲县	25804	-	25804		3703	20732	1369
夏河县	139686	47191	92495		39800	93382	6504
青 海 省	**4456952**	**1112692**	**3168569**	**175691**	**1239764**	**3160336**	**56852**
西宁市	**1087192**	**667779**	**419413**		**640870**	**430789**	**15533**
城东区	207789	180312	27477		165518	37137	5134
城中区	129468	129468			120934	6993	1541
城西区	179826	154604	25222		149517	27899	2410
城北区	180697	127731	52966		122701	54868	3128
大通回族土族自治县	389412	75664	313748		82200	303892	3320
海东地区	**1908391**	**136997**	**1769806**	**1588**	**182748**	**1708889**	**16754**
平安县	102013	22139	79874		23798	76994	1221
民和回族土族自治县	327488	10993	316495		24531	301599	1358
乐都县	279280	16788	262492		35970	240834	2476

2—1 续表74

青海省

单位:人

县、市名称	合计	按基层行政单位分			按户口分		
		居委会	村委会	其他	非农业	农业	户口待定和暂无户口
湟中县	427530	29418	398112		31323	390482	5725
湟源县	127083	22280	104803		24447	101001	1635
互助土族自治县	345076	13685	331391		19659	324202	1215
化隆回族自治县	200448	14059	184801	1588	14987	185016	445
循化撒拉族自治县	99473	7635	91838		8033	88761	2679
海北藏族自治州	**258458**	**40911**	**183702**	**33845**	**73501**	**182779**	**2178**
门源回族自治县	138283	18647	107619	12017	28928	108609	746
祁连县	42392	7883	32334	2175	10189	31488	715
海晏县	38182	4529	19100	14553	19136	18794	252
刚察县	39601	9852	24649	5100	15248	23888	465
黄南藏族自治州	**181978**	**31180**	**150798**		**30112**	**149324**	**2542**
同仁县	68349	15811	52538		16308	51029	1012
尖扎县	46065	9444	36621		7448	37906	711
泽库县	42489	2663	39826		3513	38484	492
河南蒙古族自治县	25075	3262	21813		2843	21905	327
海南藏族自治州	**361354**	**73349**	**267580**	**20425**	**86456**	**269057**	**5841**
共和县	127904	52762	67525	7617	55547	70385	1972
同德县	40833	4335	34490	2008	4577	35755	501
贵德县	85562	7591	77971		9721	74019	1822
兴海县	49914	4196	43644	2074	5784	43155	975
贵南县	57141	4465	43950	8726	10827	45743	571
果洛藏族自治州	**119973**	**22112**	**89674**	**8187**	**18894**	**97983**	**3096**
玛沁县	30718	11588	19130		8339	21869	510
班玛县	18782	2109	16673		2759	15725	298
甘德县	21973	1871	20102		1589	19362	1022
达日县	21539	2538	19001		2224	18602	713
久治县	16422	1654	14768		1761	14545	116
玛多县	10539	2352		8187	2222	7880	437
玉树藏族自治州	**227281**	**24224**	**203057**		**24037**	**199252**	**3992**
玉树县	64520	13091	51429		12260	51395	865
杂多县	31307	2722	28585		2147	26678	2482
称多县	37736	1939	35797		3043	34425	268
治多县	19313	2569	16744		2024	17172	117
囊谦县	55421	2167	53254		2804	52535	82
曲麻莱县	18984	1736	17248		1759	17047	178
海西蒙古族藏族自治州	**312325**	**116140**	**84539**	**111646**	**183146**	**122263**	**6916**
格尔木市	83015	38114	9111	35790	50990	30213	1812
德令哈市	52771	26993	13169	12609	30396	20912	1463
乌兰县	35744	17009	15308	3427	17065	17738	941
都兰县	56090	9236	34584	12270	17568	36512	2010
天峻县	15915	3827	12088		3853	12042	20
茫崖—大柴旦(虚拟县)	68790	20961	279	47550	63274	4846	670

宁夏回族自治区　新疆维吾尔自治区

单位:人

县、市名称	合　计	按基层行政单位分			按户口分		
		居委会	村委会	其　他	非农业	农　业	户口待定和暂无户口
宁夏回族自治区	**4655445**	**1072728**	**3505107**	**77610**	**1086866**	**3535903**	**32676**
银川市	**840869**	**417347**	**407997**	**15525**	**391417**	**441738**	**7714**
城区	192573	192573			184406	7048	1119
新城区	191081	191081			158510	30766	1805
郊区	118426	-	118426		7155	108798	2473
永宁县	169137	16316	145009	7812	20232	148073	832
贺兰县	169652	17377	144562	7713	21114	147053	1485
石嘴山市	**622459**	**335159**	**279609**	**7691**	**301705**	**315459**	**5295**
大武口区	96519	92389	4130		80821	14644	1054
石嘴山区	111714	111189		525	99231	10962	1521
石炭井区	75237	75237			64727	9456	1054
平罗县	245626	48513	197113		43290	201461	875
陶乐县	22136	4072	18064		4147	17806	183
惠农县	71227	3759	60302	7166	9489	61130	608
银南地区	**1600180**	**237898**	**1316876**	**45406**	**284486**	**1303358**	**12336**
吴忠市	252017	61088	182053	8876	64809	184374	2834
青铜峡市	221131	49500	165540	6091	49810	169888	1433
中卫县	286752	30762	254647	1343	44462	239208	3082
中宁县	206032	16607	178244	11181	26699	177972	1361
灵武县	220352	48475	154856	17021	56581	162159	1612
盐池县	139726	17405	121427	894	20622	118477	627
同心县	274170	14061	260109		21503	251280	1387
固原地区	**1591937**	**82324**	**1500625**	**8988**	**109258**	**1475348**	**7331**
固原县	435752	44590	391162		49211	384275	2266
海原县	298055	10035	288020		17617	279820	618
西吉县	369873	9912	359961		16004	352865	1004
隆德县	181237	6214	166035	8988	11335	169029	873
泾源县	92414	4726	87688		6377	84531	1506
彭阳县	214606	6847	207759		8714	204828	1064
新疆维吾尔自治区	**15156883**	**3816770**	**8812560**	**2527553**	**4282932**	**10738234**	**135717**
乌鲁木齐市	**1384349**	**1149883**	**166759**	**67707**	**1094484**	**273198**	**16667**
天山区	333571	326452		7119	307783	21784	4004
沙衣巴克区	318006	297687		20319	280316	33877	3813
新市区	245223	245223			228645	14692	1886
水磨沟区	110108	110108			96354	12726	1028
头屯河区	100025	70922		29103	67820	31222	983
南山区	27677	27677			24689	2577	411
东山区	82706	70407	12299		65203	16414	1089
乌鲁木齐县	167033	1407	154460	11166	23674	139906	3453
克拉玛依市	**210064**	**168343**	**5583**	**36138**	**194049**	**14551**	**1464**
独山子区	35628	-		35628	33426	2052	150
克拉玛依区	93074	91726	983	365	87715	4907	452

2—1 续表 76

新疆维吾尔自治区

单位:人

县、市名称	合计	按基层行政单位分			按户口分		
		居委会	村委会	其他	非农业	农业	户口待定和暂无户口
白碱滩区	71093	70948		145	64725	5593	775
乌尔禾区	10269	5669	4600		8183	1999	87
吐鲁番地区	**474165**	**74579**	**370302**	**29284**	**98667**	**374131**	**1367**
吐鲁番市	218354	47056	153036	18262	55645	162113	596
鄯善县	159062	14874	135232	8956	24815	133710	537
托克逊县	96749	12649	82034	2066	18207	78308	234
哈密地区	**408945**	**125916**	**188927**	**94102**	**170364**	**236566**	**2015**
哈密市	290143	109800	102304	78039	146495	142013	1635
巴里坤哈萨克自治县	101557	12592	73852	15113	19254	81970	333
伊吾县	17245	3524	12771	950	4615	12583	47
昌吉回族自治州	**1270460**	**274471**	**694948**	**301041**	**313776**	**941550**	**15134**
昌吉市	258592	118654	87940	51998	109236	146274	3082
米泉县	147148	23542	91437	32169	33736	111111	2301
呼图壁县	169690	22527	70472	76691	27375	140346	1969
玛纳斯县	144161	20048	83907	40206	30230	112506	1425
奇台县	213827	36048	143210	34569	39531	172394	1902
阜康县	126821	24291	59852	42678	38795	84396	3630
吉木萨尔县	123771	15754	89929	18088	18418	104756	597
木垒哈萨克自治县	86450	13607	68201	4642	16455	69767	228
博尔塔拉蒙古自治州	**328006**	**63504**	**167393**	**97109**	**64803**	**256636**	**6567**
博乐市	160753	41340	75130	44283	40676	116735	3342
精河县	99830	9675	59281	30874	13142	84731	1957
温泉县	67423	12489	32982	21952	10985	55170	1268
巴音郭楞蒙古自治州	**839162**	**231213**	**391287**	**216662**	**265483**	**564048**	**9631**
库尔勒市	246982	136170	66855	43957	136765	108030	2187
轮台县	77797	8656	66799	2342	12035	65575	187
尉犁县	76196	7420	29342	39434	11032	64374	790
若羌县	26601	6691	12163	7747	6617	19651	333
且末县	44761	8827	32167	3767	10415	33344	1002
焉耆回族自治县	107448	26151	61635	19662	33791	72656	1001
和静县	160135	25943	68231	65961	36252	122364	1519
和硕县	50756	6551	18666	25539	12248	37733	775
博湖县	48486	4804	35429	8253	6328	40321	1837
阿克苏地区	**1715713**	**295013**	**1147498**	**273202**	**353522**	**1355208**	**6983**
阿克苏市	383038	118471	124977	139590	126325	252497	4216
温宿县	178176	25332	103848	48996	31161	145745	1270
库车县	339237	51675	261217	26345	74632	264164	441
沙雅县	165391	23335	136152	5904	26515	138566	310
新和县	120873	14465	105928	480	16998	103835	40
拜城县	178020	25809	129343	22868	28631	149150	239
乌什县	159099	15368	135290	8441	18857	140044	198
阿瓦提县	157721	16933	121121	19667	23392	134074	255

2—1 续表 77

新疆维吾尔自治区

单位:人

县、市名称	合计	按基层行政单位分			按户口分		
		居委会	村委会	其他	非农业	农业	户口待定和暂无户口
柯坪县	34158	3625	29622	911	7011	27133	14
克孜勒苏柯尔克孜自治州	**375796**	**55457**	**304695**	**15644**	**71113**	**303667**	**1016**
阿图什市	167851	30307	133403	4141	36296	131234	321
阿克陶县	137900	6536	124462	6902	12817	124976	107
阿合奇县	29109	5554	21348	2207	7000	22047	62
乌恰县	40936	13060	25482	2394	15000	25410	526
喀什地区	**2854553**	**400351**	**2275537**	**178665**	**499624**	**2340656**	**14273**
喀什市	215437	154677	59947	813	158352	54172	2913
疏附县	337260	8483	326889	1888	24888	311995	377
疏勒县	245649	16575	221113	7961	27124	218014	511
英吉沙县	187745	15795	169636	2314	21598	165912	235
泽普县	149226	19148	109943	20135	37457	110571	1198
莎车县	537710	61604	469513	6593	71785	464318	1607
叶城县	311633	41689	259356	10588	47527	259536	4570
麦盖提县	168231	20216	127862	20153	26980	140513	738
岳普湖县	110825	5992	100751	4082	10336	100410	79
伽师县	262928	17590	236963	8375	17916	244918	94
巴楚县	303291	34871	173367	95053	50324	251093	1874
塔什库尔干塔吉克自治县	24618	3711	20197	710	5337	19204	77
和田地区	**1430185**	**143221**	**1254401**	**32563**	**162837**	**1261159**	**6189**
和田市	139603	78480	59344	1779	62902	73940	2761
和田县	219166	2901	215595	670	8899	210078	189
墨玉县	339829	11639	323823	4367	17981	321400	448
皮山县	195109	13719	166109	15281	21660	171612	1837
洛浦县	205111	5916	198903	292	16117	188871	123
策勒县	119996	9150	108637	2209	11928	107941	127
于田县	182581	15923	160171	6487	17161	164905	515
民丰县	28790	5493	21819	1478	6189	22412	189
伊犁哈萨克自治州	**226104**	**61277**		**164827**	**58836**	**165343**	**1925**
奎屯市	226104	61277		164827	58836	165343	1925
伊犁地区	**1819556**	**319129**	**1086377**	**414050**	**418704**	**1365779**	**35073**
伊宁市	271288	176399	80674	14215	172480	89469	9339
伊宁县	340215	10777	288008	41430	39323	291844	9048
察布查尔锡伯自治县	148161	15031	87817	45313	31187	114583	2391
霍城县	301496	24416	164557	112523	36643	257190	7663
巩留县	131246	14005	92324	24917	23482	105895	1869
新源县	242971	25751	154953	62267	34387	207391	1193
昭苏县	131767	15401	59373	56993	26833	103055	1879
特克斯县	122332	21043	75431	25858	26135	94762	1435
尼勒克县	130080	16306	83240	30534	28234	101590	256
塔城地区	**777412**	**166727**	**437503**	**173182**	**186903**	**581025**	**9484**
塔城市	128680	39193	58442	31045	40834	86591	1255

2—1　续表 78

新疆维吾尔自治区

单位：人

县、市名称	合　计	按基层行政单位分			按　户　口　分		
		居委会	村委会	其　他	非农业	农　业	户口待定和暂无户口
额敏县	163605	27016	72488	64101	34779	127745	1081
乌苏县	161958	37933	93448	30577	41868	115687	4403
沙湾县	163886	18672	136005	9209	24953	138246	687
托里县	71124	21015	33117	16992	19230	51084	810
裕民县	46319	8820	25516	11983	11218	34244	857
和布克赛尔蒙古自治县	41840	14078	18487	9275	14021	27428	391
阿勒泰地区	**511689**	**134172**	**304233**	**73284**	**169774**	**336923**	**4992**
阿勒泰市	176772	63290	65336	48146	66824	107434	2514
布尔津县	54898	10784	43364	750	15383	39339	176
富蕴县	81803	26866	52200	2737	32343	49044	416
福海县	55913	9442	31865	14606	16900	38236	777
哈巴河县	63959	9437	51238	3284	16199	47159	601
青河县	46533	7143	38101	1289	11035	35333	165
吉木乃县	31811	7210	22129	2472	11090	20378	343
省直辖行政单位	**530724**	**153514**	**17117**	**360093**	**159993**	**367794**	**2937**
石河子市	530724	153514	17117	360093	159993	367794	2937

2—2 省、自治区、直辖市常用人口年龄分组

单位:人

地　区	总 人 口	不满周岁儿童 (0岁)	学龄前儿童 (1—6岁)	学龄儿童 (7—12岁)	初中就学年龄 (13—15岁)
总　计	**1 130 510 638**	**23 220 851**	**132 255 936**	**117 697 206**	**61 471 652**
北　京	10 819 414	143 185	963 937	880 662	296 623
天　津	8 785 427	135 000	862 515	786 833	316 612
河　北	61 082 755	1 197 531	8 102 393	6 716 274	2 576 583
山　西	28 758 846	630 444	3 503 933	2 943 689	1 585 436
内蒙古	21 456 518	420 628	2 456 480	2 437 647	1 242 272
辽　宁	39 459 694	599 761	3 611 875	3 881 992	1 658 066
吉　林	24 659 790	442 992	2 637 598	2 565 412	1 215 341
黑龙江	35 215 932	606 046	3 661 424	3 865 168	1 958 202
上　海	13 341 852	149 398	1 030 996	999 546	366 692
江　苏	67 056 812	1 352 134	6 544 244	5 994 818	3 025 524
浙　江	41 446 015	605 156	3 746 948	3 931 837	2 041 006
安　徽	56 181 005	1 376 799	6 438 400	6 062 961	3 164 375
福　建	30 048 275	694 305	3 995 829	3 494 762	1 878 622
江　西	37 710 177	893 005	4 777 280	4 412 483	2 856 911
山　东	84 392 104	1 571 433	9 932 623	8 218 890	4 178 378
河　南	85 534 200	2 025 187	10 660 402	9 430 613	4 583 052
湖　北	53 970 501	1 292 536	6 858 618	5 442 728	2 679 411
湖　南	60 657 992	1 424 093	7 270 645	6 158 537	3 340 496
广　东	62 829 741	1 368 612	8 235 005	7 207 149	3 092 219
广　西	42 244 884	845 935	5 951 748	5 512 005	2 718 665
海　南	6 558 076	149 479	893 832	889 549	359 459
四　川	107 218 310	1 848 382	10 428 651	8 500 036	6 699 896
贵　州	32 391 051	745 604	4 190 322	4 053 017	2 490 312
云　南	36 972 587	824 625	4 618 579	4 526 447	2 596 074
西　藏	2 196 029	56 431	332 162	305 182	129 567
陕　西	32 882 286	757 566	4 417 950	3 226 283	1 681 274
甘　肃	22 371 085	496 312	2 832 790	2 230 380	1 112 575
青　海	4 456 952	95 754	513 845	558 231	307 685
宁　夏	4 655 445	109 856	617 217	629 273	324 190
新　疆	15 156 883	362 662	2 167 695	1 834 802	996 134

2—2 续表

地　区	高中就学年龄 （16—18岁）	大学就学年龄 （19—24岁）	兵源年龄 （男18—22岁）	育龄妇女 （15—49岁）	劳动年龄人口 （男16—59岁 女16—54岁）
总　计	**72 520 168**	**151 755 636**	**65 500 063**	**306 346 792**	**679 025 949**
北　京	483 149	1 275 093	605 676	3 046 710	7 174 606
天　津	397 928	916 428	403 429	2 501 824	5 592 494
河　北	3 307 772	7 324 204	3 070 519	16 284 640	35 939 078
山　西	1 845 958	3 675 684	1 619 653	7 690 310	17 196 304
内蒙古	1 464 882	2 871 719	1 272 517	5 987 892	13 188 079
辽　宁	2 137 890	4 842 064	2 028 497	11 535 619	25 399 152
吉　林	1 537 915	3 420 218	1 467 031	7 198 682	15 618 043
黑龙江	2 435 617	4 815 178	2 092 343	10 346 484	22 381 677
上　海	423 210	1 146 974	512 414	3 630 184	8 521 240
江　苏	3 353 866	9 328 245	3 789 678	18 761 417	41 930 109
浙　江	2 299 546	5 337 034	2 183 414	11 661 713	25 989 693
安　徽	3 968 913	8 464 233	3 648 363	14 987 773	33 367 260
福　建	2 011 329	3 925 474	1 697 026	7 779 634	17 100 184
江　西	2 710 545	5 017 495	2 186 966	9 737 655	21 308 164
山　东	4 928 626	10 866 891	4 594 532	23 250 154	50 918 006
河　南	5 741 260	11 628 881	5 007 053	22 785 559	49 849 991
湖　北	3 275 192	7 374 935	3 236 184	14 501 584	32 296 453
湖　南	3 944 875	8 426 365	3 611 250	16 079 939	36 182 581
广　东	3 952 029	8 164 137	3 473 790	16 288 566	36 150 994
广　西	2 669 465	5 290 537	2 313 290	10 195 037	23 098 879
海　南	408 752	816 014	366 796	1 580 113	3 620 547
四　川	8 405 391	15 952 215	6 984 118	30 742 239	68 253 400
贵　州	2 415 218	4 382 404	1 982 073	8 197 127	18 119 515
云　南	2 663 943	5 026 602	2 239 647	9 490 572	20 959 402
西　藏	132 469	267 228	119 399	535 326	1 172 028
陕　西	2 101 203	4 275 888	1 917 514	8 867 204	19 750 900
甘　肃	1 690 991	3 504 616	1 536 124	6 245 945	13 941 452
青　海	353 114	690 529	315 783	1 204 055	2 685 979
宁　夏	336 149	651 233	282 181	1 242 558	2 664 128
新　疆	1 122 971	2 077 118	942 803	3 990 277	8 655 611

单位:人

0—14岁 人　口	15—64岁 人　口	60岁及以上 人　口	65岁及以上 人　口	80岁及以上 人　口	100岁及以上 人　口
313 001 854	**754 515 392**	**96 969 646**	**62 993 392**	**7 676 368**	**6 681**
2 181 046	7 951 487	1 094 295	686 881	92 074	40
1 994 816	6 222 723	898 268	567 888	72 885	27
17 736 926	39 796 356	5 456 663	3 549 473	442 128	98
8 094 827	19 114 582	2 389 390	1 549 437	151 595	49
6 103 718	14 492 923	1 380 774	859 877	75 578	26
9 162 540	055 096	3 547 598	2 242 058	306 896	148
6 450 725	17 094 645	1 784 070	1 114 420	123 827	110
9 368 205	24 517 289	2 210 666	1 330 438	137 933	87
2 431 834	9 658 600	1 891 100	1 251 418	171 970	80
15 923 677	46 579 283	6 865 328	4 553 852	605 184	283
9 652 149	28 964 316	4 303 808	2 829 550	395 188	171
15 949 555	37 194 634	4 815 051	3 036 816	308 261	343
9 456 502	19 067 465	2 410 998	1 524 308	190 423	143
11 986 859	23 803 600	2 914 370	1 919 718	194 730	111
22 448 366	56 709 914	7 956 441	5 233 824	695 188	311
25 048 931	55 496 318	7 520 872	4 988 951	626 974	417
15 356 696	35 646 108	4 497 775	2 967 697	265 449	208
16 964 083	40 299 256	5 225 117	3 394 653	375 390	186
18 797 313	40 306 644	5 646 419	3 725 784	585 506	644
14 101 331	25 855 906	3 423 123	2 287 647	355 974	932
2 169 229	4 034 344	538 104	354 503	57 039	82
24 848 340	76 248 034	9 588 691	6 121 936	716 912	826
10 584 675	20 312 502	2 289 776	1 493 874	190 507	188
11 704 111	23 456 619	2 835 258	1 811 857	196 641	266
781 426	1 312 941	162 462	101 662	10 512	59
9 494 722	21 693 594	2 515 035	1 693 970	143 142	72
6 258 233	15 204 293	1 384 678	908 559	71 148	82
1 370 675	2 949 509	229 019	136 768	11 511	29
1 570 659	2 921 495	249 868	163 291	16 059	33
5 009 685	9 554 916	944 629	592 282	89 744	630

2—3 全国各民族人

民族	合计			大学本科		
	合计	男	女	小计	男	女
总计	**789 235 125**	**445 547 738**	**343 687 387**	**6 138 484**	**4 418 514**	**1 719 970**
汉族	734 351 614	413 880 976	320 470 638	5 803 242	4 186 802	1 616 440
蒙古族	3 321 871	1 768 767	1 553 104	36 358	23 466	12 892
回族	5 037 103	2 871 006	2 166 097	50 898	33 781	17 117
藏族	1 215 772	822 196	393 576	7 152	4 910	2 242
维吾尔族	4 419 473	2 310 170	2 109 303	32 902	20 995	11 907
苗族	3 799 238	2 435 187	1 364 051	9 179	7 303	1 876
彝族	2 959 424	1 878 255	1 081 169	6 497	4 746	1 751
壮族	10 757 211	6 107 313	4 649 898	30 066	23 570	6 496
布依族	1 311 453	852 100	459 353	3 558	2 633	925
朝鲜族	1 582 031	810 135	771 896	43 676	30 317	13 359
满族	7 514 775	4 079 795	3 434 980	61 473	40 674	20 799
侗族	1 586 743	970 167	616 576	5 102	4 007	1 095
瑶族	1 289 365	770 774	518 591	3 643	2 820	823
白族	1 007 061	601 534	405 527	8 023	5 783	2 240
土家族	3 843 252	2 262 550	1 580 702	12 178	9 598	2 580
哈尼族	464 390	311 510	152 880	709	520	189
哈萨克族	775 012	407 937	367 075	5 958	3 989	1 969
傣族	530 439	302 268	228 171	1 095	726	369
黎族	675 129	379 843	295 286	1 457	1 205	252
傈僳族	195 670	129 444	66 226	304	230	74
佤族	130 609	78 448	52 161	172	130	42
畲族	408 480	250 343	158 137	1 531	1 220	311
高山族	2 197	1 169	1 028	67	43	24
拉祜族	107 744	63 429	44 315	182	129	53
水族	152 010	109 252	42 758	431	337	94
东乡族	60 406	45 060	15 346	192	166	26
纳西族	180 689	102 926	77 763	1 785	1 270	515
景颇族	58 059	31 318	26 741	110	73	37

口的文化程度状况

单位:人

大学专科			中专			高中		
小计	男	女	小计	男	女	小计	男	女
9 618 959	**6 559 621**	**3 059 338**	**17 283 681**	**10 130 670**	**7 153 011**	**72 603 846**	**44 632 787**	**27 971 059**
9 114 504	6 215 134	2 899 370	16 012 856	9 362 612	6 650 244	68 563 346	42 151 145	26 412 201
52 412	32 587	19 825	113 558	59 449	54 109	381 288	209 230	172 058
80 452	50 989	29 463	140 890	74 949	65 941	538 351	295 451	242 900
13 240	9 818	3 422	53 597	33 627	19 970	40 988	26 797	14 191
31 601	20 184	11 417	118 915	67 321	51 594	252 446	133 006	119 440
20 160	15 872	4 288	62 153	44 004	18 149	180 521	131 001	49 520
10 655	8 280	2 375	49 904	36 321	13 583	86 761	58 702	28 059
58 221	45 028	13 193	180 336	120 292	60 044	700 198	481 883	218 315
6 286	4 698	1 588	25 423	17 628	7 795	42 369	30 147	12 222
39 339	25 987	13 352	64 805	31 022	33 783	337 705	182 534	155 171
100 807	63 156	37 651	186 053	102 134	83 919	715 915	422 293	293 622
10 006	7 792	2 214	30 031	20 509	9 522	87 097	62 131	24 966
7 155	5 513	1 642	20 894	14 189	6 705	74 599	53 645	20 954
8 929	6 495	2 434	25 256	16 587	8 669	60 531	39 948	20 583
28 600	21 920	6 680	81 348	54 585	26 763	260 560	178 920	81 640
1 482	1 197	285	6 985	5 181	1 804	13 165	9 060	4 105
7 849	5 453	2 396	29 057	18 269	10 788	61 265	32 701	28 564
1 891	1 405	486	8 028	4 536	3 492	14 047	8 132	5 915
3 837	3 092	745	9 253	6 326	2 927	48 943	34 757	14 186
679	572	107	3 261	2 420	841	3 379	2 464	915
364	285	79	1 824	1 284	540	2 835	1 831	1 004
1 979	1 550	429	6 413	4 581	1 832	20 978	15 370	5 608
148	100	48	109	47	62	393	201	192
304	210	94	1 619	928	691	2 330	1 244	1 086
684	538	146	2 957	2 083	874	5 384	3 943	1 441
326	273	53	1 400	1 057	343	2 391	1 806	585
1 981	1 438	543	6 582	4 053	2 529	10 825	6 605	4 220
207	149	58	1 125	605	520	1 411	752	659

2—3 续表1

民族	合计			大学本科		
	合计	男	女	小计	男	女
柯尔克孜族	86 836	46 774	40 062	507	388	119
土族	88 640	58 761	29 879	1 142	838	304
达斡尔族	90 615	46 415	44 200	1 429	776	653
仫佬族	112 665	61 865	50 800	543	383	160
羌族	113 723	67 527	46 196	623	446	177
布朗族	29 255	18 900	10 355	38	28	10
撒拉族	24 918	19 802	5 116	288	242	46
毛南族	51 644	28 799	22 845	218	174	44
仡佬族	265 372	170 229	95 143	966	786	180
锡伯族	135 817	72 912	62 905	2 338	1 441	897
阿昌族	13 339	8 055	5 284	44	38	6
普米族	13 293	9 164	4 129	47	38	9
塔吉克族	18 326	10 315	8 011	96	82	14
怒族	10 357	6 176	4 181	33	26	7
乌孜别克族	10 968	5 867	5 101	392	199	193
俄罗斯族	10 592	5 011	5 581	323	144	179
鄂温克族	19 077	9 652	9 425	215	105	110
德昂族	5 213	3 117	2 096	8	8	—
保安族	3 280	2 433	847	25	19	6
裕固族	7 754	4 289	3 465	91	65	26
京族	12 738	6 687	6 051	139	109	30
塔塔尔族	3 934	2 075	1 859	183	103	80
独龙族	2 198	1 228	970	13	8	5
鄂伦春族	5 095	2 446	2 649	63	30	33
赫哲族	3 072	1 585	1 487	62	41	21
门巴族	1 402	839	563	10	3	7
珞巴族	605	327	278	1	1	—
基诺族	10 122	5 552	4 570	27	21	6
其他未识别的民族	345 111	236 456	108 655	621	506	115
外国人加入中国籍	1 944	608	1 336	59	23	36

单位:人

大学专科			中专			高中		
小计	男	女	小计	男	女	小计	男	女
772	596	176	3 449	2 420	1 029	4 979	3 090	1 889
943	758	185	2 619	1 708	911	6 893	4 296	2 597
2 380	1 300	1 080	4 076	1 775	2 301	11 806	5 754	6 052
975	672	303	2 715	1 530	1 185	8 694	5 290	3 404
852	644	208	3 422	2 215	1 207	5 590	3 476	2 114
84	68	16	369	242	127	509	326	183
294	250	44	831	660	171	1 419	993	426
431	333	98	1 455	916	539	4 064	2 640	1 424
1 273	1 000	273	4 045	2 864	1 181	10 840	7 959	2 881
3 248	1 855	1 393	5 169	2 632	2 537	16 774	8 960	7 814
68	55	13	274	174	100	436	296	140
94	85	9	394	291	103	368	279	89
122	114	8	709	567	142	861	673	188
82	71	11	378	239	139	364	226	138
288	156	132	699	359	340	1 596	791	805
354	155	199	718	263	455	1 759	766	993
461	242	219	790	345	445	2 208	999	1 209
17	15	2	74	49	25	87	59	28
64	54	10	117	80	37	338	250	88
176	117	59	253	154	99	650	395	255
163	127	36	438	267	171	1 339	820	519
130	69	61	298	149	149	555	247	308
22	19	3	98	57	41	72	44	28
156	68	88	286	107	179	606	275	331
133	71	62	162	77	85	502	249	253
32	15	17	107	56	51	16	7	9
10	4	6	31	11	20	10	4	6
43	28	15	288	189	99	338	192	146
1 143	949	194	4 713	3 650	1 063	9 891	7 660	2 231
51	16	35	72	25	47	261	72	189

单位:人

民族	初中			小学		
	小计	男	女	小计	男	女
总计	**263 384 863**	**159 569 272**	**103 815 591**	**420 205 292**	**220 236 874**	**199 968 418**
汉族	248 671 291	150 442 019	98 229 272	386 186 375	201 523 264	184 663 111
蒙古族	1 048 301	586 781	461 520	1 689 954	857 254	832 700
回族	1 718 923	996 042	722 881	2 507 589	1 419 794	1 087 795
藏族	209 657	144 002	65 655	891 138	603 042	288 096
维吾尔族	859 876	476 054	383 822	3 123 733	1 592 610	1 531 123
苗族	827 097	598 328	228 769	2 700 128	1 638 679	1 061 449
彝族	557 782	395 392	162 390	2 247 825	1 374 814	873 011
壮族	2 705 642	1 743 307	962 335	7 082 748	3 693 233	3 389 515
布依族	290 268	216 014	74 254	943 549	580 980	362 569
朝鲜族	648 567	335 050	313 517	447 939	205 225	242 714
满族	2 709 371	1 553 449	1 155 922	3 741 156	1 898 089	1 843 067
侗族	385 041	269 920	115 121	1 069 466	605 808	463 658
瑶族	259 357	179 017	80 340	923 717	515 590	408 127
白族	279 174	186 495	92 679	625 148	346 226	278 922
土家族	1 026 521	684 071	342 450	2 434 045	1 313 456	1 120 589
哈尼族	88 065	63 187	24 878	353 984	232 365	121 619
哈萨克族	182 775	102 958	79 817	488 108	244 567	243 541
傣族	86 264	53 201	33 063	419 114	234 268	184 846
黎族	197 355	117 764	79 591	414 284	216 699	197 585
傈僳族	27 172	20 456	6 716	160 875	103 302	57 573
佤族	22 083	14 592	7 491	103 331	60 326	43 005
畲族	86 661	60 755	25 906	290 918	166 867	124 051
高山族	749	415	334	731	363	368
拉祜族	14 539	8 682	5 857	88 770	52 236	36 534
水族	29 468	22 945	6 523	113 086	79 406	33 680
东乡族	10 618	8 351	2 267	45 479	33 407	12 072
纳西族	52 723	32 866	19 857	106 793	56 694	50 099
景颇族	10 404	5 533	4 871	44 802	24 206	20 596

单位:人

民族	初中			小学		
	小计	男	女	小计	男	女
柯尔克孜族	14 693	8 797	5 896	62 436	31 483	30 953
土族	21 847	15 485	6 362	55 196	35 676	19 520
达斡尔族	32 570	17 081	15 489	38 354	19 729	18 625
仫佬族	26 638	16 424	10 214	73 100	37 566	35 534
羌族	27 885	18 020	9 865	75 351	42 726	32 625
布朗族	4 459	3 234	1 225	23 796	15 002	8 794
撒拉族	5 593	4 537	1 056	16 493	13 120	3 373
毛南族	13 948	8 353	5 595	31 528	16 383	15 145
仡佬族	67 960	51 518	16 442	180 288	106 102	74 186
锡伯族	50 688	27 588	23 100	57 600	30 436	27 164
阿昌族	2 481	1 682	799	10 036	5 810	4 226
普米族	2 906	2 212	694	9 484	6 259	3 225
塔吉克族	3 092	2 192	900	13 446	6 687	6 759
怒族	2 217	1 363	854	7 283	4 251	3 032
乌孜别克族	3 005	1 679	1 326	4 988	2 683	2 305
俄罗斯族	4 356	2 165	2 191	3 082	1 518	1 564
鄂温克族	6 474	3 302	3 172	8 929	4 659	4 270
德昂族	668	447	221	4 359	2 539	1 820
保安族	842	642	200	1 894	1 388	506
裕固族	1 777	1 059	718	4 807	2 499	2 308
京族	3 233	1 933	1 300	7 426	3 431	3 995
塔塔尔族	1 114	601	513	1 654	906	748
独龙族	436	262	174	1 557	838	719
鄂伦春族	1 896	920	976	2 088	1 046	1 042
赫哲族	1 064	581	483	1 149	566	583
门巴族	176	106	70	1 061	652	409
珞巴族	78	37	41	475	270	205
基诺族	2 486	1 375	1 111	6 940	3 747	3 193
其他未识别的民族	73 915	57 831	16 084	254 828	165 860	88 968
外国人加入中国籍	622	200	422	879	272	607

2—4 全国各民族分性

民族	15岁及15岁以上人口数		
	合计	男	女
总计	**817 508 784**	**418 956 809**	**398 551 975**
汉族	757 258 446	388 127 789	369 130 657
蒙古族	3 082 011	1 567 941	1 514 070
回族	5 856 888	2 963 154	2 893 734
藏族	2 946 181	1 435 757	1 510 424
维吾尔族	4 366 283	2 238 074	2 128 209
苗族	4 812 894	2 502 005	2 310 889
彝族	4 252 536	2 158 304	2 094 232
壮族	10 322 377	5 203 174	5 119 203
布依族	1 688 595	852 260	836 335
朝鲜族	1 447 546	708 897	738 649
满族	6 816 144	3 591 232	3 224 912
侗族	1 700 360	900 599	799 761
瑶族	1 353 107	706 918	646 189
白族	1 078 806	546 889	531 917
土家族	4 032 671	2 131 573	1 901 098
哈尼族	794 789	403 965	390 824
哈萨克族	634 015	325 522	308 493
傣族	680 724	337 306	343 418
黎族	679 434	341 166	338 268
傈僳族	361 381	183 094	178 287
佤族	216 179	108 902	107 277
畲族	431 878	235 081	196 797
高山族	2 056	1 052	1 004
拉祜族	257 567	131 000	126 567
水族	218 230	111 955	106 275
东乡族	238 840	123 433	115 407
纳西族	198 674	99 312	99 362
景颇族	71 180	34 014	37 166

别的文盲、半文盲人口数

单位：人、%

文盲、半文盲人口			文盲率		
小计	男	女	小计	男	女
181 609 097	54 359 731	127 249 366	22.21	12.98	31.93
163 034 745	48 040 451	114 994 294	21.53	12.38	31.15
549 075	197 995	351 080	17.82	12.63	23.19
1 939 093	702 797	1 236 296	33.11	23.72	42.72
2 044 430	799 861	1 244 569	69.39	55.71	82.40
1 160 557	548 171	612 386	26.58	24.49	28.77
2 014 326	656 866	1 357 460	41.85	26.25	58.74
2 113 823	756 191	1 357 632	49.71	35.04	64.83
2 184 742	503 069	1 681 673	21.17	9.67	32.85
722 958	207 132	515 826	42.81	24.30	61.68
101 260	19 014	82 246	7.00	2.68	11.13
777 673	263 829	513 844	11.41	7.35	15.93
485 113	136 132	348 981	28.53	15.12	43.64
404 793	125 180	279 613	29.92	17.71	43.27
325 296	80 089	245 207	30.15	14.64	46.10
1 018 025	313 861	704 164	25.24	14.72	37.04
480 443	183 802	296 641	60.45	45.50	75.90
78 257	29 576	48 681	12.34	9.09	15.78
287 314	104 684	182 630	42.21	31.04	53.18
193 703	61 328	132 375	28.51	17.98	39.13
227 335	90 064	137 271	62.91	49.19	76.99
127 144	52 963	74 181	58.81	48.63	69.15
126 766	39 515	87 251	29.35	16.81	44.34
193	54	139	9.39	5.13	13.84
184 695	86 048	98 647	71.71	65.69	77.94
109 518	31 796	77 722	50.18	28.40	73.13
197 347	91 094	106 253	82.63	73.80	92.07
56 461	16 577	39 884	28.42	16.69	40.14
31 431	11 975	19 456	44.16	35.21	52.35

2—4 续表

民族	15岁及15岁以上人口数		
	合计	男	女
柯尔克孜族	80 371	41 112	39 259
土族	125 223	64 705	60 518
达斡尔族	77 813	39 199	38 614
仫佬族	99 270	50 360	48 910
羌族	131 349	66 423	64 926
布朗族	50 423	25 737	24 686
撒拉族	52 024	26 550	25 474
毛南族	44 993	23 292	21 701
仡佬族	289 212	157 819	131 393
锡伯族	113 500	60 684	52 816
阿昌族	16 645	8 297	8 348
普米族	19 198	9 653	9 545
塔吉克族	19 013	9 742	9 271
怒族	16 093	8 166	7 927
乌孜别克族	9 115	4 856	4 259
俄罗斯族	9 280	4 209	5 071
鄂温克族	15 686	7 822	7 864
德昂族	9 030	4 508	4 522
保安族	7 987	4 129	3 858
裕固族	8 406	4 192	4 214
京族	12 123	5 434	6 689
塔塔尔族	3 067	1 606	1 461
独龙族	3 356	1 590	1 766
鄂伦春族	4 109	1 925	2 184
赫哲族	2 577	1 330	1 247
门巴族	4 293	2 103	2 190
珞巴族	1 444	697	747
基诺族	11 891	5 939	5 952
其他未识别的民族	468 282	243 710	224 572
外国人加入中国籍	3 219	652	2 567

单位：人、%

文盲、半文盲人口			文盲率		
小计	男	女	小计	男	女
19 987	7 989	11 998	24.87	19.43	30.56
65 058	22 431	42 627	51.95	34.67	70.44
7 806	3 103	4 703	10.03	7.92	12.18
16 147	3 662	12 485	16.27	7.27	25.53
48 396	15 686	32 710	36.85	23.62	50.38
30 150	11 975	18 175	59.79	46.53	73.62
35 734	13 073	22 661	68.69	49.24	88.96
7 913	2 123	5 790	17.59	9.11	26.68
96 543	29 078	67 465	33.38	18.42	51.35
7 070	2 498	4 572	6.23	4.12	8.66
7 533	2 472	5 061	45.26	29.79	60.63
9 840	2 981	6 859	51.26	30.88	71.86
6 360	2 453	3 907	33.45	25.18	42.14
8 884	3 647	5 237	55.20	44.66	66.07
758	300	458	8.32	6.18	10.75
689	175	514	7.42	4.16	10.14
1 544	613	931	9.84	7.84	11.84
5 570	2 296	3 274	61.68	50.93	72.40
5 496	2 204	3 292	68.81	53.38	85.33
2 495	850	1 645	29.68	20.28	39.04
2 331	315	2 016	19.23	5.80	30.14
149	52	97	4.86	3.24	6.64
1 800	695	1 105	53.64	43.71	62.57
321	110	211	7.81	5.71	9.66
220	74	146	8.54	5.56	11.71
3 338	1 509	1 829	77.75	71.75	83.52
1 050	484	566	72.71	69.44	75.77
4 206	1 676	2 530	35.37	28.22	42.51
233 777	74 983	158 794	49.92	30.77	70.71
1 416	110	1 306	43.99	16.87	50.88

2—5 全国15岁及15岁以上分年

年龄（岁）	15岁及15岁以上人口数			文盲、
	合计	男	女	合计
总计	**817 508 784**	**418 956 809**	**398 551 975**	**181 609 097**
15—19	**120 158 421**	**61 650 589**	**58 507 832**	**6 341 459**
15	21 643 791	11 123 627	10 520 164	1 078 634
16	23 487 567	12 043 876	11 443 691	1 219 305
17	24 536 599	12 581 345	11 955 254	1 288 064
18	24 496 002	12 567 848	11 928 154	1 338 867
19	25 994 462	13 333 893	12 660 569	1 416 589
20—24	**125 761 174**	**64 233 023**	**61 528 151**	**7 721 519**
20	26 036 065	13 191 336	12 844 729	1 495 900
21	27 155 679	13 820 659	13 335 020	1 584 003
22	24 552 078	12 586 327	11 965 751	1 523 765
23	22 823 165	11 691 041	11 132 124	1 496 079
24	25 194 187	12 943 660	12 250 527	1 621 772
25—29	**104 267 525**	**53 512 983**	**50 754 542**	**7 284 756**
25	24 520 614	12 593 865	11 926 749	1 582 704
26	25 287 489	12 959 015	12 328 474	1 610 426
27	27 026 864	13 966 581	13 060 283	1 793 521
28	15 928 062	8 144 945	7 783 117	1 321 331
29	11 504 496	5 848 577	5 655 919	976 774
30—34	**83 875 707**	**43 706 133**	**40 169 574**	**10 192 152**
30	14 443 119	7 519 677	6 923 442	1 353 281
31	14 378 626	7 535 588	6 843 038	1 550 275
32	19 060 366	10 007 244	9 053 122	2 317 278
33	18 350 283	9 528 741	8 821 542	2 457 668
34	17 643 313	9 114 883	8 528 430	2 513 650
35—39	**86 351 812**	**44 568 847**	**41 782 965**	**15 006 097**
35	19 377 065	10 051 375	9 325 690	2 959 532
36	18 330 697	9 452 337	8 878 360	3 019 218
37	17 226 144	8 870 602	8 355 542	3 092 207
38	16 887 297	8 704 522	8 182 775	3 187 298
39	14 530 609	7 490 011	7 040 598	2 747 842

龄、性别的文盲、半文盲人口数

单位:人、%

半文盲人口数		文盲、半文盲占同龄人口百分比		
男	女	合计	男	女
54 359 731	**127 249 366**	**22.21**	**12.98**	**31.93**
1 832 392	**4 509 067**	**5.28**	**2.97**	**7.71**
311 199	767 435	4.98	2.80	7.29
352 258	867 047	5.19	2.92	7.58
371 288	916 776	5.25	2.95	7.67
389 731	949 136	5.47	3.10	7.96
407 916	1 008 673	5.45	3.06	7.97
1 973 154	**5 748 365**	**6.14**	**3.07**	**9.34**
412 129	1 083 771	5.75	3.12	8.44
420 361	1 163 642	5.83	3.04	8.73
389 733	1 134 032	6.21	3.10	9.48
369 020	1 127 059	6.56	3.16	10.12
381 911	1 239 861	6.44	2.95	10.12
1 495 755	**5 789 001**	**6.99**	**2.80**	**11.41**
358 012	1 224 692	6.45	2.84	10.27
342 799	1 267 627	6.37	2.65	10.28
350 626	1 442 895	6.64	2.51	11.05
250 794	1 070 537	8.30	3.08	13.75
193 524	783 250	8.49	3.31	13.85
2 310 739	**7 881 413**	**12.15**	**5.29**	**19.62**
297 170	1 056 111	9.37	3.95	15.25
353 417	1 196 858	10.78	4.69	17.49
537 294	1 779 984	12.16	5.37	19.66
554 674	1 902 994	13.39	5.82	21.57
568 184	1 945 466	14.25	6.23	22.81
3 699 505	**11 306 592**	**17.38**	**8.30**	**27.06**
683 117	2 276 415	15.27	6.80	24.41
711 056	2 308 162	16.47	7.52	26.00
760 139	2 332 068	17.95	8.57	27.91
819 002	2 368 296	18.87	9.41	28.94
726 191	2 021 651	18.91	9.70	28.71

2—5 续表

年龄（岁）	15岁及15岁以上人口数			文盲、
	合计	男	女	合计
40－44	**63 707 664**	**33 335 977**	**30 371 687**	**12 712 522**
40	15 342 107	8 042 718	7 299 389	2 939 232
41	13 010 398	6 805 059	6 205 339	2 553 721
42	12 392 389	6 496 011	5 896 378	2 463 265
43	11 950 704	6 264 508	5 686 196	2 406 470
44	11 012 066	5 727 681	5 284 385	2 349 834
45－49	**49 087 941**	**25 855 900**	**23 232 041**	**13 625 645**
45	10 465 110	5 481 782	4 983 328	2 446 914
46	9 953 414	5 250 473	4 702 941	2 554 801
47	9 445 561	4 982 722	4 462 839	2 615 533
48	9 670 367	5 088 847	4 581 520	2 929 431
49	9 553 489	5 052 076	4 501 413	3 078 966
50－54	**45 619 559**	**24 110 355**	**21 509 204**	**18 258 819**
50	9 248 199	4 875 474	4 372 725	3 233 144
51	8 942 550	4 738 952	4 203 598	3 316 784
52	9 233 016	4 919 285	4 313 731	3 687 054
53	9 098 119	4 810 911	4 287 208	3 879 450
54	9 097 675	4 765 733	4 331 942	4 142 387
55－59	**41 709 335**	**21 839 937**	**19 869 398**	**22 153 712**
55	8 804 360	4 580 456	4 223 904	4 291 143
56	8 802 518	4 618 277	4 184 241	4 514 918
57	8 620 744	4 525 324	4 095 420	4 606 925
58	7 846 915	4 106 208	3 740 707	4 369 516
59	7 634 798	4 009 672	3 625 126	4 371 210
60－64	**33 976 254**	**17 481 948**	**16 494 306**	**21 023 852**
60	7 730 945	4 019 833	3 711 112	4 588 058
61	6 966 479	3 585 188	3 381 291	4 247 776
62	7 060 132	3 635 374	3 424 758	4 368 932
63	6 233 873	3 200 259	3 033 614	3 947 156
64	5 984 825	3 041 294	2 943 531	3 871 930
65岁及以上	**62 993 392**	**28 661 117**	**34 332 275**	**47 288 564**

单位：人、%

半文盲人口数		文盲、半文盲占同龄人口百分比		
男	女	合计	男	女
3 405 767	**9 306 755**	**19.95**	**10.22**	**30.64**
822 167	2 117 065	19.16	10.22	29.00
700 286	1 853 435	19.63	10.29	29.87
660 952	1 802 313	19.88	10.17	30.57
626 664	1 779 806	20.14	10.00	31.30
595 698	1 754 136	21.34	10.40	33.19
3 818 925	**9 806 720**	**27.76**	**14.77**	**42.21**
640 015	1 806 899	23.38	11.68	36.26
688 799	1 866 002	25.67	13.12	39.68
732 678	1 882 855	27.69	14.70	42.19
848 758	2 080 673	30.29	16.68	45.41
908 675	2 170 291	32.23	17.99	48.21
5 659 339	**12 599 480**	**40.02**	**23.47**	**58.58**
975 841	2 257 303	34.96	20.02	51.62
1 016 234	2 300 550	37.09	21.44	54.73
1 160 760	2 526 294	39.93	23.60	58.56
1 211 332	2 668 118	42.64	25.18	62.23
1 295 172	2 847 215	45.53	27.18	65.73
7 239 725	**14 913 987**	**53.11**	**33.15**	**75.06**
1 359 518	2 931 625	48.74	29.68	69.41
1 459 835	3 055 083	51.29	31.61	73.01
1 506 845	3 100 080	53.44	33.30	75.70
1 444 087	2 925 429	55.68	35.17	78.21
1 469 440	2 901 770	57.25	36.65	80.05
7 195 307	**13 828 545**	**61.88**	**41.16**	**83.84**
1 556 236	3 031 822	59.35	38.71	81.70
1 437 968	2 809 808	60.97	40.11	83.10
1 492 347	2 876 585	61.88	41.05	83.99
1 367 617	2 579 539	63.32	42.73	85.03
1 341 139	2 530 791	64.70	44.10	85.98
15 729 123	**31 559 441**	**75.07**	**54.88**	**91.92**

2—6 全国市15岁及15岁以上分年龄、

年龄（岁）	15岁及15岁以上人口数			文盲、
	合计	男	女	合计
总计	165 266 592	85 559 730	79 706 862	20 113 289
15—19	20 083 951	10 386 518	9 697 433	263 578
15	3 092 747	1 587 699	1 505 048	41 769
16	3 479 609	1 774 717	1 704 892	47 615
17	4 116 353	2 109 088	2 007 265	53 113
18	4 447 833	2 309 803	2 138 030	56 877
19	4 947 409	2 605 211	2 342 198	64 204
20—24	23 831 097	12 649 909	11 181 188	370 364
20	5 087 259	2 703 426	2 383 833	68 439
21	5 380 561	2 859 203	2 521 358	74 125
22	4 670 509	2 489 846	2 180 663	72 382
23	4 027 485	2 137 072	1 890 413	72 161
24	4 665 283	2 460 362	2 204 921	83 257
25—29	23 062 203	12 100 237	10 961 966	418 971
25	4 909 801	2 594 638	2 315 163	83 882
26	5 650 284	2 962 694	2 687 590	88 763
27	6 034 933	3 171 402	2 863 531	103 851
28	3 400 485	1 782 716	1 617 769	75 892
29	3 066 700	1 588 787	1 477 913	66 583
30—34	20 028 986	10 441 880	9 587 106	741 217
30	3 747 163	1 962 136	1 785 027	98 751
31	3 555 770	1 866 045	1 689 725	114 895
32	4 522 110	2 366 817	2 155 293	167 888
33	4 189 556	2 172 427	2 017 129	175 394
34	4 014 387	2 074 455	1 939 932	184 289
35—39	18 420 810	9 505 759	8 915 051	1 150 375
35	4 258 548	2 201 781	2 056 767	218 466
36	4 001 295	2 060 055	1 941 240	228 699
37	3 613 089	1 858 312	1 754 777	236 758
38	3 474 654	1 793 260	1 681 394	248 564
39	3 073 224	1 592 351	1 480 873	217 888

性别的文盲、半文盲人口数（第二口径）

单位：人、%

半文盲人口数		文盲、半文盲占同龄人口百分比		
男	女	合计	男	女
5 364 710	**14 748 579**	**12.17**	**6.27**	**18.50**
96 999	**166 579**	**1.31**	**0.93**	**1.72**
14 733	27 036	1.35	0.93	1.80
17 047	30 568	1.37	0.96	1.79
19 520	33 593	1.29	0.93	1.67
21 387	35 490	1.28	0.93	1.66
24 312	39 892	1.30	0.93	1.70
125 656	**244 708**	**1.55**	**0.99**	**2.19**
25 561	42 878	1.35	0.95	1.80
26 548	47 577	1.38	0.93	1.89
24 569	47 813	1.55	0.99	2.19
23 343	48 818	1.79	1.09	2.58
25 635	57 622	1.78	1.04	2.61
114 020	**304 951**	**1.82**	**0.94**	**2.78**
25 189	58 693	1.71	0.97	2.54
25 609	63 154	1.57	0.86	2.35
27 358	76 493	1.72	0.86	2.67
18 820	57 072	2.23	1.06	3.53
17 044	49 539	2.17	1.07	3.35
185 598	**555 619**	**3.70**	**1.78**	**5.80**
26 161	72 590	2.64	1.33	4.07
30 361	84 534	3.23	1.63	5.00
43 087	124 801	3.71	1.82	5.79
42 361	133 033	4.19	1.95	6.60
43 628	140 661	4.59	2.10	7.25
280 300	**870 075**	**6.24**	**2.95**	**9.76**
51 469	166 997	5.13	2.34	8.12
54 169	174 530	5.72	2.63	8.99
56 908	179 850	6.55	3.06	10.25
62 383	186 181	7.15	3.48	11.07
55 371	162 517	7.09	3.48	10.97

2-6 续表

年龄（岁）	15岁及15岁以上人口数			文盲、
	合计	男	女	合计
40－44	**12 915 487**	**6 766 633**	**6 148 854**	**1 008 064**
40	3 184 503	1 672 512	1 511 991	231 091
41	2 617 717	1 363 701	1 254 016	199 265
42	2 483 048	1 299 425	1 183 623	192 758
43	2 419 729	1 274 322	1 145 407	192 471
44	2 210 490	1 156 673	1 053 817	192 479
45－49	**9 982 419**	**5 146 032**	**4 836 387**	**1 238 136**
45	2 069 085	1 073 816	995 269	207 139
46	1 952 720	1 010 737	941 983	220 695
47	1 936 082	994 463	941 619	235 290
48	1 999 541	1 023 105	976 436	272 579
49	2 024 991	1 043 911	981 080	302 433
50－54	**9 923 948**	**5 086 363**	**4 837 585**	**2 096 604**
50	1 997 242	1 020 386	976 856	335 958
51	1 950 093	990 222	959 871	363 373
52	2 008 507	1 034 406	974 101	419 441
53	1 982 116	1 025 778	956 338	461 241
54	1 985 990	1 015 571	970 419	516 591
55－59	**8 889 831**	**4 665 248**	**4 224 583**	**2 989 808**
55	1 928 604	985 647	942 957	561 601
56	1 894 860	987 286	907 574	602 901
57	1 834 144	962 007	872 137	627 078
58	1 646 009	875 961	770 048	598 369
59	1 586 214	854 347	731 867	599 859
60－64	**6 767 661**	**3 542 563**	**3 225 098**	**2 932 297**
60	1 590 598	843 374	747 224	637 448
61	1 409 298	735 980	673 318	594 488
62	1 391 658	726 558	665 100	606 790
63	1 215 424	634 981	580 443	550 184
64	1 160 683	601 670	559 013	543 387
65岁及以上	**11 360 199**	**5 268 588**	**6 091 611**	**6 903 875**

单位:人、%

半文盲人口数		文盲、半文盲占同龄人口百分比		
男	女	合计	男	女
260 488	747 576	7.81	3.85	12.16
62 568	168 523	7.26	3.74	11.15
52 817	146 448	7.61	3.87	11.68
49 800	142 958	7.76	3.83	12.08
48 610	143 861	7.95	3.81	12.56
46 693	145 786	8.71	4.04	13.83
306 302	931 834	12.40	5.95	19.27
50 506	156 633	10.01	4.70	15.74
54 945	165 750	11.30	5.44	17.60
58 179	177 111	12.15	5.85	18.81
67 535	205 044	13.63	6.60	21.00
75 137	227 296	14.94	7.20	23.17
521 844	1 574 760	21.13	10.26	32.55
83 999	251 959	16.82	8.23	25.79
90 455	272 918	18.63	9.13	28.43
106 916	312 525	20.88	10.34	32.08
115 256	345 985	23.27	11.24	36.18
125 218	391 373	26.01	12.33	40.33
760 866	2 228 942	33.63	16.31	52.76
136 006	425 595	29.12	13.80	45.13
150 516	452 385	31.82	15.25	49.85
158 572	468 506	34.19	16.48	53.72
155 441	442 928	36.35	17.75	57.52
160 331	439 528	37.82	18.77	60.06
798 445	2 133 852	43.33	22.54	66.16
170 912	466 536	40.08	20.27	62.44
158 355	436 133	42.18	21.52	64.77
164 420	442 370	43.60	22.63	66.51
152 892	397 292	45.27	24.08	68.45
151 866	391 521	46.82	25.24	70.04
1 914 192	4 989 683	60.77	36.33	81.91

2—7 全国镇15岁及15岁以上分年龄、

年龄（岁）	15岁及15岁以上人口数			文盲、
	合计	男	女	合计
总计	**64 761 017**	**34 252 858**	**30 508 159**	**7 413 213**
15—19	**8 773 035**	**4 469 956**	**4 303 079**	**99 931**
15	1 456 954	748 690	708 264	15 092
16	1 612 870	818 879	793 991	17 348
17	1 819 428	923 654	895 774	19 917
18	1 890 972	964 872	926 100	22 490
19	1 992 811	1 013 861	978 950	25 084
20—24	**9 795 078**	**4 999 402**	**4 795 676**	**162 594**
20	2 008 537	1 013 494	995 043	28 376
21	2 070 120	1 041 559	1 028 561	31 079
22	1 881 166	959 590	921 576	32 038
23	1 778 348	916 166	862 182	33 007
24	2 056 907	1 068 593	988 314	38 094
25—29	**9 362 233**	**4 924 477**	**4 437 756**	**203 860**
25	2 155 781	1 130 140	1 025 641	39 519
26	2 291 404	1 200 700	1 090 704	42 046
27	2 411 913	1 274 314	1 137 599	50 494
28	1 411 371	745 364	666 007	38 915
29	1 091 764	573 959	517 805	32 886
30—34	**7 363 440**	**3 920 724**	**3 442 716**	**361 312**
30	1 344 193	716 761	627 432	48 872
31	1 310 224	701 686	608 538	56 623
32	1 678 565	897 824	780 741	82 141
33	1 547 516	818 908	728 608	85 126
34	1 482 942	785 545	697 397	88 550
35—39	**7 095 010**	**3 801 175**	**3 293 835**	**522 309**
35	1 605 234	854 106	751 128	104 579
36	1 525 556	810 443	715 113	105 863
37	1 409 485	754 861	654 624	106 820
38	1 360 429	732 677	627 752	109 253
39	1 194 306	649 088	545 218	95 794

性别的文盲、半文盲人口数(第二口径)

单位:人、%

半文盲人口数		文盲、半文盲占同龄人口百分比		
男	女	合计	男	女
1 923 799	**5 489 414**	**11.45**	**5.62**	**17.99**
40 664	**59 267**	**1.14**	**0.91**	**1.38**
5 963	9 129	1.04	0.80	1.29
6 737	10 611	1.08	0.82	1.34
8 150	11 767	1.09	0.88	1.31
9 341	13 149	1.19	0.97	1.42
10 473	14 611	1.26	1.03	1.49
58 707	**103 887**	**1.66**	**1.17**	**2.17**
11 368	17 008	1.41	1.12	1.71
11 953	19 126	1.50	1.15	1.86
11 629	20 409	1.70	1.21	2.21
11 329	21 678	1.86	1.24	2.51
12 428	25 666	1.85	1.16	2.60
53 971	**149 889**	**2.18**	**1.10**	**3.38**
11 939	27 580	1.83	1.06	2.69
11 854	30 192	1.83	0.99	2.77
12 966	37 528	2.09	1.02	3.30
9 226	29 689	2.76	1.24	4.46
7 986	24 900	3.01	1.39	4.81
85 519	**275 793**	**4.91**	**2.18**	**8.01**
12 411	36 461	3.64	1.73	5.81
14 263	42 360	4.32	2.03	6.96
20 092	62 049	4.89	2.24	7.95
19 095	66 031	5.50	2.33	9.06
19 658	68 892	5.97	2.50	9.88
122 805	**399 504**	**7.36**	**3.23**	**12.13**
23 338	81 241	6.51	2.73	10.82
23 573	82 290	6.94	2.91	11.51
25 104	81 716	7.58	3.33	12.48
26 834	82 419	8.03	3.66	13.13
23 956	71 838	8.02	3.69	13.18

2—7 续表

年龄（岁）	15岁及15岁以上人口数			文盲、
	合计	男	女	合计
40 —44	**5 316 270**	**2 981 352**	**2 334 918**	**435 972**
40	1 290 020	716 103	573 917	103 050
41	1 079 854	598 248	481 606	86 945
42	1 019 800	570 457	449 343	82 565
43	1 005 120	571 767	433 353	82 505
44	921 476	524 777	396 699	80 907
45 —49	**4 115 148**	**2 303 940**	**1 811 208**	**496 785**
45	871 161	494 550	376 611	86 309
46	820 980	462 905	358 075	89 415
47	796 970	443 798	353 172	93 355
48	807 264	445 147	362 117	108 046
49	818 773	457 540	361 233	119 660
50 —54	**3 806 606**	**2 117 399**	**1 689 207**	**784 474**
50	798 566	444 662	353 904	132 262
51	763 830	423 199	340 631	139 855
52	773 708	433 096	340 612	158 749
53	744 392	415 608	328 784	168 194
54	726 110	400 834	325 276	185 414
55 —59	**3 130 029**	**1 775 864**	**1 354 165**	**1 011 433**
55	683 307	375 968	307 339	195 649
56	679 679	384 074	295 605	206 457
57	641 521	365 275	276 246	210 319
58	572 360	329 306	243 054	199 183
59	553 162	321 241	231 921	199 825
60 —64	**2 249 026**	**1 245 538**	**1 003 488**	**964 020**
60	540 564	306 610	233 954	212 933
61	466 081	258 588	207 493	194 675
62	464 851	256 878	207 973	200 086
63	402 552	220 646	181 906	180 599
64	374 978	202 816	172 162	175 727
65岁及以上	**3 755 142**	**1 713 031**	**2 042 111**	**2 370 523**

单位：人、%

半文盲人口数		文盲、半文盲占同龄人口百分比		
男	女	合计	男	女
114 914	321 058	8.20	3.85	13.75
28 108	74 942	7.99	3.93	13.06
23 700	63 245	8.05	3.96	13.13
21 788	60 777	8.10	3.82	13.53
21 325	61 180	8.21	3.73	14.12
19 993	60 914	8.78	3.81	15.36
124 123	372 662	12.07	5.39	20.58
21 737	64 572	9.91	4.40	17.15
22 672	66 743	10.89	4.90	18.64
23 429	69 926	11.71	5.28	19.80
27 000	81 046	13.38	6.07	22.38
29 285	90 375	14.61	6.40	25.02
191 183	593 291	20.61	9.03	35.12
32 224	100 038	16.56	7.25	28.27
34 227	105 628	18.31	8.09	31.01
39 516	119 233	20.52	9.12	35.01
40 931	127 263	22.59	9.85	38.71
44 285	141 129	25.54	11.05	43.39
249 837	761 596	32.31	14.07	56.24
46 510	149 139	28.63	12.37	48.53
50 110	156 347	30.38	13.05	52.89
51 613	158 706	32.78	14.13	57.45
50 094	149 089	34.80	15.21	61.34
51 510	148 315	36.12	16.03	63.95
254 323	709 697	42.86	20.42	70.72
55 625	157 308	39.39	18.14	67.24
50 480	144 195	41.77	19.52	69.49
52 273	147 813	43.04	20.35	71.07
48 390	132 209	44.86	21.93	72.68
47 555	128 172	46.86	23.45	74.45
627 753	1 742 770	63.13	36.65	85.34

2—8 全国县15岁及15岁以上分年龄、

年龄（岁）	15岁及15岁以上人口数			文盲、
	合计	男	女	合计
总计	**587 481 175**	**299 144 221**	**288 336 954**	**154 082 595**
15—19	**91 301 435**	**46 794 115**	**44 507 320**	**5 977 950**
15	17 094 090	8 787 238	8 306 852	1 021 773
16	18 395 088	9 450 280	8 944 808	1 154 342
17	18 600 818	9 548 603	9 052 215	1 215 034
18	18 157 197	9 293 173	8 864 024	1 259 500
19	19 054 242	9 714 821	9 339 421	1 327 301
20—24	**92 134 999**	**46 583 712**	**45 551 287**	**7 188 561**
20	18 940 269	9 474 416	9 465 853	1 399 085
21	19 704 998	9 919 897	9 785 101	1 478 799
22	18 000 403	9 136 891	8 863 512	1 419 345
23	17 017 332	8 637 803	8 379 529	1 390 911
24	18 471 997	9 414 705	9 057 292	1 500 421
25—29	**71 843 089**	**36 488 269**	**35 354 820**	**6 661 925**
25	17 455 032	8 869 087	8 585 945	1 459 303
26	17 345 801	8 795 621	8 550 180	1 479 617
27	18 580 018	9 520 865	9 059 153	1 639 176
28	11 116 206	5 616 865	5 499 341	1 206 524
29	7 346 032	3 685 831	3 660 201	877 305
30—34	**56 483 281**	**29 343 529**	**27 139 752**	**9 089 623**
30	9 351 763	4 840 780	4 510 983	1 205 658
31	9 512 632	4 967 857	4 544 775	1 378 757
32	12 859 691	6 742 603	6 117 088	2 067 249
33	12 613 211	6 537 406	6 075 805	2 197 148
34	12 145 984	6 254 883	5 891 101	2 240 811
35—39	**60 835 992**	**31 261 913**	**29 574 079**	**13 333 413**
35	13 513 283	6 995 488	6 517 795	2 636 487
36	12 803 846	6 581 839	6 222 007	2 684 656
37	12 203 570	6 257 429	5 946 141	2 748 629
38	12 052 214	6 178 585	5 873 629	2 829 481
39	10 263 079	5 248 572	5 014 507	2 434 160

性别的文盲、半文盲人口数(第二口径)

单位:人、%

半文盲人口数		文盲、半文盲占同龄人口百分比		
男	女	合计	男	女
47 071 222	**107 011 373**	**26.23**	**15.74**	**37.11**
1 694 729	**4 283 221**	**6.55**	**3.62**	**9.62**
290 503	731 270	5.98	3.31	8.80
328 474	825 868	6.28	3.48	9.23
343 618	871 416	6.53	3.60	9.63
359 003	900 497	6.94	3.86	10.16
373 131	954 170	6.97	3.84	10.22
1 788 791	**5 399 770**	**7.80**	**3.84**	**11.85**
375 200	1 023 885	7.39	3.96	10.82
381 860	1 096 939	7.50	3.85	11.21
353 535	1 065 810	7.89	3.87	12.02
334 348	1 056 563	8.17	3.87	12.61
343 848	1 156 573	8.12	3.65	12.77
1 327 764	**5 334 161**	**9.27**	**3.64**	**15.09**
320 884	1 138 419	8.36	3.62	13.26
305 336	1 174 281	8.53	3.47	13.73
310 302	1 328 874	8.82	3.26	14.67
222 748	983 776	10.85	3.97	17.89
168 494	708 811	11.94	4.57	19.37
2 039 622	**7 050 001**	**16.09**	**6.95**	**25.98**
258 598	947 060	12.89	5.34	20.99
308 793	1 069 964	14.49	6.22	23.54
474 115	1 593 134	16.08	7.03	26.04
493 218	1 703 930	17.42	7.54	28.04
504 898	1 735 913	18.45	8.07	29.47
3 296 400	**10 037 013**	**21.92**	**10.54**	**33.94**
608 310	2 028 177	19.51	8.70	31.12
633 314	2 051 342	20.97	9.62	32.97
678 127	2 070 502	22.52	10.84	34.82
729 785	2 099 696	23.48	11.81	35.75
646 864	1 787 296	23.72	12.32	35.64

2—8 续表

年龄（岁）	15岁及15岁以上人口数			文盲、
	合计	男	女	合计
40—44	45 475 907	23 587 992	21 887 915	11 268 486
40	10 867 584	5 654 103	5 213 481	2 605 091
41	9 312 827	4 843 110	4 469 717	2 267 511
42	8 889 541	4 626 129	4 263 412	2 187 942
43	8 525 855	4 418 419	4 107 436	2 131 494
44	7 880 100	4 046 231	3 833 869	2 076 448
45—49	34 990 374	18 405 928	16 584 446	11 890 724
45	7 524 864	3 913 416	3 611 448	2 153 466
46	7 179 714	3 776 831	3 402 883	2 244 691
47	6 712 509	3 544 461	3 168 048	2 286 888
48	6 863 562	3 620 595	3 242 967	2 548 806
49	6 709 725	3 550 625	3 159 100	2 656 873
50—54	31 889 005	16 906 593	14 982 412	15 377 741
50	6 452 391	3 410 426	3 041 965	2 764 924
51	6 228 627	3 325 531	2 903 096	2 813 556
52	6 450 801	3 451 783	2 999 018	3 108 864
53	6 371 611	3 369 525	3 002 086	3 250 015
54	6 385 575	3 349 328	3 036 247	3 440 382
55—59	29 689 475	15 398 825	14 290 650	18 152 471
55	6 192 449	3 218 841	2 973 608	3 533 893
56	6 227 979	3 246 917	2 981 062	3 705 560
57	6 145 079	3 198 042	2 947 037	3 769 528
58	5 628 546	2 900 941	2 727 605	3 571 964
59	5 495 422	2 834 084	2 661 338	3 571 526
60—64	24 959 567	12 693 847	12 265 720	17 127 535
60	5 599 783	2 869 849	2 729 934	3 737 677
61	5 091 100	2 590 620	2 500 480	3 458 613
62	5 203 623	2 651 938	2 551 685	3 562 056
63	4 615 897	2 344 632	2 271 265	3 216 373
64	4 449 164	2 236 808	2 212 356	3 152 816
65岁及以上	47 878 051	21 679 498	26 198 553	38 014 166

单位:人、%

半文盲人口数		文盲、半文盲占同龄人口百分比		
男	女	合计	男	女
3 030 365	**8 238 121**	**24.78**	**12.85**	**37.64**
731 491	1 873 600	23.97	12.94	35.94
623 769	1 643 742	24.35	12.88	36.78
589 364	1 598 578	24.61	12.74	37.50
556 729	1 574 765	25.00	12.60	38.34
529 012	1 547 436	26.35	13.07	40.36
3 388 500	**8 502 224**	**33.98**	**18.41**	**51.27**
567 772	1 585 694	28.62	14.51	43.91
611 182	1 633 509	31.26	16.18	48.00
651 070	1 635 818	34.07	18.37	51.63
754 223	1 794 583	37.14	20.83	55.34
804 253	1 852 620	39.60	22.65	58.64
4 946 312	**10 431 429**	**48.22**	**29.26**	**69.62**
859 618	1 905 306	42.85	25.21	62.63
891 552	1 922 004	45.17	26.81	66.21
1 014 328	2 094 536	48.19	29.39	69.84
1 055 145	2 194 870	51.01	31.31	73.11
1 125 669	2 314 713	53.88	33.61	76.24
6 229 022	**11 923 449**	**61.14**	**40.45**	**83.44**
1 177 002	2 356 891	57.07	36.57	79.26
1 259 209	2 446 351	59.50	38.78	82.06
1 296 660	2 472 868	61.34	40.55	83.91
1 238 552	2 333 412	63.46	42.69	85.55
1 257 599	2 313 927	64.99	44.37	86.95
6 142 539	**10 984 996**	**68.62**	**48.39**	**89.56**
1 329 699	2 407 978	66.75	46.33	88.21
1 229 133	2 229 480	67.93	47.45	89.16
1 275 654	2 286 402	68.45	48.10	89.60
1 166 335	2 050 038	69.68	49.74	90.26
1 141 718	2 011 098	70.86	51.04	90.90
13 187 178	**24 826 988**	**79.40**	**60.83**	**94.76**

2—9 省、自治区、直辖市

地　区	在业人口总数	各类专业、				
		合　计	科学研究人员	工程技术人员和农林技术人员	科学技术管理人员和辅助人员	飞机和船舶技术人员
总　计	**647 244 706**	**34 393 821**	**198 019**	**4 510 846**	**78 919**	**134 962**
北　京	6 225 657	1 043 278	39 575	249 879	12 209	1 639
天　津	4 995 332	618 852	6 922	115 975	3 141	3 732
河　北	34 101 127	1 547 463	6 187	180 199	1 706	1 464
山　西	14 951 958	1 031 642	5 315	119 404	1 501	753
内蒙古	11 192 078	833 718	3 438	96 798	1 475	285
辽　宁	22 380 944	1 940 400	14 091	314 092	2 569	6 172
吉　林	12 865 126	1 071 412	5 419	139 029	2 306	415
黑龙江	17 450 242	1 553 713	7 187	211 210	3 742	2 066
上　海	8 058 492	1 075 234	9 745	232 129	4 295	11 916
江　苏	41 867 966	2 216 969	7 289	307 540	4 014	10 419
浙　江	24 575 395	1 285 050	5 768	128 743	3 962	7 645
安　徽	33 465 671	1 257 278	4 791	128 456	2 316	5 691
福　建	14 955 085	825 203	3 194	90 494	1 170	5 203
江　西	20 444 776	1 000 546	3 097	108 584	1 337	2 062
山　东	50 772 124	2 291 739	6 880	249 870	2 408	10 998
河　南	50 191 516	1 996 450	4 635	195 126	2 989	680
湖　北	31 569 591	1 757 187	7 266	210 919	3 997	16 193
湖　南	34 897 417	1 480 231	4 542	183 598	2 715	7 015
广　东	33 657 219	1 817 338	10 063	207 427	3 665	24 930
广　西	22 925 557	889 082	3 391	96 530	1 454	3 302
海　南	3 335 260	195 013	463	16 220	182	1 621
四　川	68 543 731	2 557 357	12 620	374 620	6 095	8 537
贵　州	18 012 462	640 651	2 307	77 051	843	593
云　南	21 047 971	845 132	3 764	111 236	1 786	397
西　藏	1 108 891	71 833	397	6 905	27	6
陕　西	18 101 652	1 017 345	7 346	161 092	3 112	573
甘　肃	13 173 638	591 558	6 994	79 431	1 942	350
青　海	2 412 514	179 142	1 035	22 882	299	23
宁　夏	2 408 769	162 122	1 055	21 324	518	9
新　疆	7 556 545	600 883	3 243	74 083	1 144	273

按职业大、中类分的人口数

单位:人

技术人员						
卫生技术人员	经济业务人员	法律工作人员	教学人员	文艺、体育工作人员	文化工作人员	宗教职业者
4 575 233	11 840 783	369 893	11 242 508	482 363	836 448	123 847
117 526	319 230	6 627	207 611	22 983	65 626	373
76 024	235 408	5 001	144 170	7 563	20 758	158
214 698	535 821	19 712	531 861	20 366	34 672	777
142 493	347 305	9 102	359 224	21 397	24 527	621
105 696	290 936	9 895	286 920	13 516	24 034	725
248 999	769 753	16 884	496 497	23 777	46 931	635
133 279	399 826	10 372	338 793	16 985	24 456	532
198 916	575 008	14 819	487 791	20 980	31 695	299
128 450	405 532	8 084	217 721	16 434	40 380	548
279 333	906 751	20 016	606 204	26 537	47 010	1 856
157 712	566 845	15 665	344 675	20 070	29 202	4 763
175 533	412 509	13 526	469 079	15 788	28 230	1 359
112 731	251 911	10 943	307 830	17 865	16 355	7 507
143 116	323 130	11 061	374 373	12 106	19 588	2 092
299 542	807 265	24 738	819 422	24 293	45 736	587
298 556	620 700	22 086	786 218	26 156	38 030	1 274
242 072	620 866	16 155	581 275	19 819	37 373	1 252
203 195	447 849	18 748	559 804	18 004	33 662	1 099
243 226	709 858	19 190	535 349	27 636	33 461	2 533
119 229	248 020	10 969	377 113	12 267	16 607	200
31 718	65 359	2 439	70 620	2 630	3 680	81
363 643	770 830	29 012	866 956	31 422	66 574	27 048
81 520	184 511	9 380	262 958	7 422	13 636	430
109 060	255 057	12 768	316 377	10 840	20 213	3 634
8 872	13 162	756	12 007	2 062	1 595	26 044
134 465	292 689	11 205	359 677	18 239	27 722	1 225
81 164	172 166	6 961	209 197	9 775	14 466	9 112
21 642	51 920	2 757	48 053	2 927	4 719	22 885
20 104	51 857	2 303	54 462	3 012	4 978	2 500
82 719	188 709	8 719	210 271	9 492	20 532	1 698

2—9 续表1

地区	国家机关党群组织、企事业单位负责人				办事人员和		
	合计	国家机关及其工作机构负责人	党群组织负责人	企、事业各级组织及工作机构专职负责人	合计	行政办事人员	政治保卫工作人员
总计	**11 328 317**	**1 357 389**	**2 650 573**	**7 320 355**	**11 275 891**	**5 846 414**	**4 091 304**
北京	419 098	47 671	75 267	296 160	378 126	177 741	163 545
天津	207 501	24 245	50 612	132 644	204 758	93 730	91 374
河北	492 993	76 845	99 208	316 940	519 258	278 143	189 184
山西	358 582	55 841	76 585	226 156	346 525	202 171	103 347
内蒙古	255 864	36 088	65 712	154 064	301 965	162 079	105 137
辽宁	813 896	72 885	187 894	553 117	608 625	278 907	250 026
吉林	340 979	36 798	80 913	223 268	372 344	206 420	125 207
黑龙江	618 324	74 745	138 002	405 577	510 496	229 539	223 543
上海	295 695	11 985	79 810	203 900	465 062	266 721	153 943
江苏	1 175 247	57 429	205 809	912 009	599 757	287 415	222 507
浙江	402 649	39 094	87 692	275 863	378 439	175 778	114 327
安徽	426 475	55 147	99 666	271 662	376 261	191 740	139 347
福建	202 657	26 979	47 467	128 211	303 341	174 485	90 064
江西	295 189	42 402	71 173	181 614	292 042	145 891	115 024
山东	669 708	67 784	218 730	383 194	771 444	427 031	268 564
河南	648 983	89 572	181 664	377 747	626 225	365 682	196 282
湖北	570 336	69 630	171 923	328 783	594 218	347 679	196 110
湖南	463 034	71 767	125 344	265 923	446 021	234 156	156 789
广东	578 123	64 713	115 687	397 723	697 129	305 077	276 557
广西	271 949	43 559	54 250	174 140	255 520	123 900	99 504
海南	52 058	7 430	9 966	34 662	77 956	37 786	32 486
四川	584 892	93 983	132 022	358 887	855 419	481 710	283 289
贵州	174 785	35 720	36 255	102 810	206 800	105 906	75 040
云南	209 404	33 739	70 015	105 650	263 980	123 746	106 688
西藏	20 815	6 715	7 734	6 366	21 786	9 111	10 901
陕西	297 696	39 920	53 298	204 478	330 295	190 473	107 091
甘肃	196 645	32 859	44 918	118 868	171 215	87 343	61 886
青海	49 970	9 079	8 274	32 617	57 043	25 435	26 078
宁夏	49 032	7 346	12 877	28 809	47 930	25 188	17 721
新疆	185 738	25 419	41 806	118 513	195 911	85 431	89 743

单位:人

有关人员		商业工作人员					
邮电工作人员	其他办事人员和有关人员	合计	售货人员	采购员和供销人员	收购人员	经纪人和有关人员	其他商业工作人员
822 594	**515 579**	**19 472 273**	**14 201 053**	**4 542 190**	**628 083**	**32 929**	**68 018**
27 726	9 114	388 023	248 068	131 576	7 805	448	126
14 312	5 342	292 265	175 236	111 840	5 136	24	29
36 601	15 330	753 918	516 569	217 324	18 703	597	725
25 777	15 230	444 724	302 701	130 319	8 759	185	2 760
25 226	9 523	399 830	302 929	80 132	15 472	98	1 199
45 170	34 522	1 059 190	734 338	295 954	27 407	194	1 297
29 436	11 281	557 598	414 140	125 567	17 006	184	701
42 385	15 029	785 845	582 995	177 789	24 148	161	752
29 360	15 038	524 225	331 704	182 346	9 467	150	558
52 613	37 222	1 488 507	973 853	461 303	50 498	1 875	978
37 990	50 344	1 280 756	886 474	350 342	35 767	5 961	2 212
25 596	19 578	798 581	606 017	137 527	46 339	6 240	2 458
19 490	19 302	628 075	494 700	116 750	15 007	904	714
20 557	10 570	510 506	379 965	115 379	14 135	325	702
52 252	23 597	1 049 820	685 296	313 405	30 534	379	20 206
39 450	24 811	1 052 140	783 610	220 471	42 654	3 911	1 494
36 006	14 423	1 127 629	807 121	253 459	62 096	2 765	2 188
33 105	21 971	867 545	664 240	170 843	28 728	1 003	2 731
51 144	64 351	1 731 354	1 337 555	337 992	42 732	5 554	7 521
20 187	11 929	560 505	466 447	71 721	19 448	520	2 369
6 145	1 539	160 875	139 890	15 941	3 605	75	1 364
52 365	38 055	1 369 042	1 060 227	255 262	47 349	579	5 625
14 548	11 306	308 212	252 753	41 360	12 801	139	1 159
19 817	13 729	328 072	263 455	51 541	9 421	86	3 569
1 699	75	18 434	17 672	553	177	—	32
24 038	8 693	399 863	308 633	77 990	12 106	273	861
15 588	6 398	242 785	187 431	44 612	7 681	118	2 943
4 609	921	62 805	49 800	10 563	2 303	28	111
3 503	1 518	58 499	44 978	11 896	1 568	20	37
15 899	4 838	222 650	182 256	30 433	9 231	133	597

2—9 续表 2

地区	服务性工作人员					
	合计	服务员	厨师和炊事员	导游员	生活日用品修理人员	其他服务性工作人员
总计	**15 511 513**	**10 958 955**	**3 390 456**	**12 139**	**1 008 623**	**141 340**
北京	535 065	393 077	123 870	1 356	15 202	1 560
天津	315 501	245 979	59 813	78	8 980	651
河北	575 833	419 814	125 397	322	29 025	1 275
山西	355 978	248 484	88 828	191	15 915	2 560
内蒙古	360 001	280 535	59 010	31	18 489	1 936
辽宁	952 591	772 744	139 441	223	35 277	4 906
吉林	483 147	413 739	48 724	152	19 055	1 477
黑龙江	817 365	698 800	90 039	121	26 309	2 096
上海	699 053	510 705	170 222	487	15 442	2 197
江苏	1 275 532	875 721	291 670	990	100 210	6 941
浙江	781 633	454 884	169 511	881	95 871	60 486
安徽	574 631	399 036	116 988	330	56 071	2 206
福建	380 145	244 381	79 400	763	52 749	2 852
江西	400 257	248 717	113 162	238	36 514	1 626
山东	837 890	564 177	226 435	384	44 604	2 290
河南	636 669	446 002	148 744	228	39 197	2 498
湖北	856 231	541 355	258 417	315	53 021	3 123
湖南	589 035	384 216	155 308	317	46 047	3 147
广东	1 135 388	790 795	248 504	1 939	86 162	7 988
广西	324 247	226 127	67 063	838	27 386	2 833
海南	86 246	65 854	13 567	113	6 117	595
四川	1 142 181	782 927	248 854	589	93 826	15 985
贵州	201 248	146 870	38 638	118	13 103	2 519
云南	285 656	185 281	78 069	294	19 840	2 172
西藏	16 204	10 131	5 287	52	682	52
陕西	334 982	223 809	87 840	438	21 518	1 377
甘肃	200 612	141 571	47 310	167	10 469	1 095
青海	63 203	44 482	15 061	31	3 124	505
宁夏	62 394	45 086	13 703	15	3 295	295
新疆	232 595	153 656	61 581	138	15 123	2 097

单位：人

农、林、牧、渔劳动者							
合　　计	农业劳动者	林业劳动者	牧业劳动者	渔业劳动者	狩猎业劳动者	农业机械操作人员	其他农、林、牧、渔劳动者
456 819 731	446 935 427	1 782 988	4 662 589	2 386 455	1 479	572 786	478 007
1 119 198	1 038 330	6 765	50 216	9 051	—	11 038	3 798
1 426 256	1 381 653	900	21 230	17 552	—	2 331	2 590
26 307 900	26 172 360	7 442	64 827	46 516	2	12 610	4 143
9 625 857	9 533 743	11 157	68 527	1 969	1	6 463	3 997
7 142 172	6 608 161	59 828	439 556	6 601	390	21 215	6 421
10 775 962	10 531 176	22 804	81 399	111 818	—	14 308	14 457
7 377 630	7 257 508	55 184	37 649	9 993	6	11 677	5 613
9 038 518	8 613 689	194 386	100 187	22 334	112	100 429	7 381
929 069	825 217	934	42 984	36 385	1	12 300	11 248
24 353 669	23 806 360	25 136	48 499	315 662	339	109 301	48 372
12 990 312	11 764 166	159 367	599 394	298 618	49	24 616	144 102
26 588 652	26 279 690	131 375	58 050	66 037	6	12 824	40 670
9 792 662	9 299 687	52 821	181 847	246 388	143	4 508	7 268
15 133 679	14 789 539	90 190	185 564	49 064	6	9 883	9 433
39 120 057	38 778 929	14 276	55 512	207 160	1	54 165	10 014
41 278 493	41 219 193	14 967	19 951	9 171	10	7 393	7 808
22 379 038	22 039 926	49 325	82 259	169 703	261	18 312	19 252
27 363 362	26 308 297	161 366	765 848	97 253	8	12 744	17 846
20 254 603	19 524 359	130 041	94 398	468 516	65	7 899	29 325
19 024 151	18 807 769	95 723	39 764	62 749	10	9 588	8 548
2 371 256	2 007 695	265 771	15 581	75 158	13	4 049	2 989
56 186 857	55 616 445	60 475	450 975	26 516	1	9 272	23 173
15 358 898	15 322 305	15 434	12 811	3 945	9	2 653	1 741
17 578 950	17 366 637	98 663	88 816	14 030	5	5 679	5 120
876 755	642 622	1 812	230 362	167	39	1 725	28
13 657 805	13 527 691	12 425	93 318	4 216	—	8 730	11 425
10 553 398	10 392 341	15 875	125 100	1 197	—	12 480	6 405
1 639 781	1 379 456	1 916	248 087	392	—	3 781	6 149
1 712 153	1 673 160	3 610	19 125	1 616	—	12 948	1 694
4 862 638	4 427 323	23 020	340 753	6 678	2	47 865	16 997

2—9 续表 3

地 区	生产工人、运输工人和有关人员						
	合 计	工段长	采矿、采石、勘探、钻井、采盐工人	金属冶炼和处理工人	化学工人	橡胶和塑料制品生产工人	纺织、针织、印染工人
总 计	**98 125 481**	**1 034 381**	**4 539 867**	**2 892 039**	**1 854 630**	**1 503 030**	**6 980 170**
北 京	2 340 111	26 286	39 608	59 804	35 893	30 521	87 052
天 津	1 926 187	18 904	19 118	81 338	51 186	42 999	150 634
河 北	3 901 276	61 130	267 862	140 625	78 585	43 899	278 695
山 西	2 776 789	40 734	405 843	116 083	75 117	19 608	92 347
内蒙古	1 883 503	30 945	124 462	51 870	30 415	11 125	67 789
辽 宁	6 196 060	58 056	297 431	274 389	158 593	88 504	288 404
吉 林	2 658 968	41 043	134 083	77 661	74 543	33 211	94 020
黑龙江	4 069 639	68 376	299 756	93 852	62 271	40 668	147 063
上 海	4 068 455	67 224	1 819	176 645	81 291	101 734	424 293
江 苏	10 715 553	32 413	234 906	330 073	211 464	208 175	1 145 109
浙 江	7 446 262	63 833	143 699	147 705	85 353	219 956	898 220
安 徽	3 433 012	35 058	203 044	81 977	59 754	38 485	231 333
福 建	2 817 638	24 214	165 082	41 521	37 208	42 067	130 418
江 西	2 803 755	24 043	169 844	67 383	44 068	23 997	122 708
山 东	6 019 474	99 855	366 560	156 971	108 644	91 416	532 638
河 南	3 925 214	62 620	280 032	121 144	92 346	38 051	305 751
湖 北	4 279 318	51 162	87 615	142 743	88 945	54 122	418 372
湖 南	3 680 024	23 258	201 404	111 055	76 464	34 970	176 911
广 东	7 441 500	64 593	150 486	114 887	83 484	182 932	555 167
广 西	1 598 002	14 770	73 490	44 960	35 184	17 395	76 179
海 南	391 283	9 188	25 892	2 810	3 405	11 077	8 467
四 川	5 822 341	35 379	362 251	198 735	129 213	58 410	368 398
贵 州	1 118 514	6 283	80 866	42 317	17 536	9 812	26 948
云 南	1 536 361	15 837	122 354	52 687	30 222	15 741	38 948
西 藏	83 063	111	2 018	139	311	69	5 823
陕 西	2 056 351	23 106	97 255	64 012	40 081	16 094	141 839
甘 肃	1 213 369	12 026	66 888	49 770	30 947	13 300	52 115
青 海	358 384	4 287	17 169	14 765	5 570	1 969	14 710
宁 夏	314 929	4 404	26 780	12 144	6 901	3 719	11 535
新 疆	1 250 146	15 243	72 250	21 974	19 636	9 004	88 284

单位:人

皮革、皮毛制造及制品制作工人	裁剪缝纫工人	食品饮料制造工人	制烟工人	木加工和木、竹、麻、藤、草制品工人	造纸和纸制品制作工人	印刷工人和有关人员	石料切割和雕刻工
1 018 319	**5 101 189**	**3 328 706**	**151 279**	**5 980 231**	**1 031 127**	**1 159 902**	**336 164**
13 077	114 829	56 049	508	90 894	18 841	61 663	4 235
25 566	83 512	41 399	1 671	47 596	23 361	21 589	487
25 870	140 543	103 640	4 414	178 814	46 515	50 860	3 258
7 418	47 724	60 286	1 194	89 862	20 250	28 704	2 147
20 645	59 973	74 477	1 405	113 286	13 378	20 715	1 182
33 956	195 253	157 259	3 209	200 451	58 902	70 412	6 802
14 899	75 567	110 917	3 162	142 685	35 653	45 075	1 779
21 605	97 406	189 482	3 509	268 012	36 688	46 987	1 576
35 944	189 704	67 579	3 038	124 829	35 364	49 100	1 799
162 303	592 518	260 234	3 496	937 687	88 578	113 183	11 667
110 776	803 829	229 868	2 980	919 607	93 938	63 335	35 341
17 169	139 887	153 059	9 370	324 341	39 156	35 942	8 244
38 401	197 818	142 739	2 685	268 203	34 944	29 450	111 101
16 621	124 434	108 723	2 623	371 989	30 227	33 396	14 589
48 835	381 542	201 787	7 925	221 152	68 772	69 859	14 785
28 298	93 544	139 925	14 816	112 468	54 441	50 541	6 160
25 657	196 208	169 370	15 732	233 608	43 007	58 288	6 495
27 435	227 514	128 993	11 580	309 235	49 028	47 165	15 281
214 553	804 544	208 126	7 314	339 047	75 425	71 438	22 540
8 291	63 662	102 262	5 414	63 180	21 888	21 245	1 580
1 369	11 168	24 412	539	33 832	1 366	3 557	1 541
55 046	188 803	282 477	12 740	258 682	73 346	72 339	48 977
9 684	37 555	55 872	9 741	36 619	9 530	14 093	3 895
9 965	45 118	81 226	11 470	75 040	11 948	15 461	3 789
1 346	5 693	2 222	—	9 815	14	966	2 242
9 070	63 520	62 525	8 108	82 812	23 116	29 304	2 836
7 699	36 731	36 428	1 596	49 255	9 371	14 654	1 017
2 941	9 721	8 708	138	14 617	1 278	3 474	284
2 365	9 450	9 616	187	11 597	3 884	4 024	54
21 515	63 419	59 046	715	51 016	8 918	13 083	481

2—9 续表 4

地区	生产工人、运输工人和有关人员						
	锻工、工具制造工、机床安装操作工	机器装配工和精密仪器制造工	电气设备工修理工和有关人员	广播电台录音设备操作人员和电影放映员	管工、焊工、冷作工和金属构件安装工	玻璃陶瓷和搪瓷制品工人	油漆工人
总计	**6 415 771**	**4 619 686**	**5 611 448**	**209 391**	**3 474 483**	**971 656**	**1 133 371**
北京	162 507	160 712	186 464	2 970	129 730	15 554	40 898
天津	145 297	145 920	133 905	1 584	98 720	12 591	20 029
河北	305 062	191 153	239 131	6 278	156 478	62 056	27 600
山西	185 306	136 382	175 455	5 488	100 008	24 031	22 056
内蒙古	93 711	80 682	104 047	6 873	82 041	7 892	18 769
辽宁	492 841	349 485	434 311	7 464	418 342	46 808	70 316
吉林	188 852	124 565	154 231	5 994	136 970	18 333	26 328
黑龙江	262 895	189 546	250 635	8 187	184 438	17 566	38 972
上海	400 655	261 127	289 285	3 069	201 350	28 644	56 657
江苏	727 332	399 267	594 005	13 594	381 209	101 662	189 875
浙江	437 867	222 178	268 998	10 846	152 169	58 553	119 174
安徽	164 154	152 631	165 523	7 796	89 817	25 888	42 973
福建	107 879	95 820	108 430	7 854	44 377	38 487	34 107
江西	159 195	116 251	125 901	7 238	62 212	74 160	31 786
山东	416 978	308 703	318 871	10 731	189 111	62 650	42 130
河南	310 241	226 371	249 750	9 612	120 838	32 560	32 350
湖北	311 923	197 829	236 442	11 207	155 690	32 804	54 511
湖南	239 805	158 927	187 926	10 069	85 863	65 570	49 793
广东	228 008	310 132	510 007	10 165	164 027	113 700	67 996
广西	83 921	85 135	84 166	6 322	40 400	21 197	9 652
海南	10 704	14 554	21 203	2 592	6 326	2 684	1 072
四川	438 592	296 034	319 902	18 267	183 551	59 125	58 881
贵州	78 341	58 078	67 842	4 036	34 496	6 996	9 400
云南	80 715	73 169	68 448	8 335	42 343	11 639	11 466
西藏	2 415	2 632	2 781	1 598	786	314	644
陕西	191 442	106 242	136 087	7 696	80 975	15 639	23 326
甘肃	95 652	57 089	81 965	4 873	59 542	6 670	13 885
青海	24 805	17 666	20 137	1 577	16 078	790	4 423
宁夏	18 367	18 763	20 682	1 466	13 850	2 057	2 960
新疆	50 309	62 643	54 918	5 610	42 746	5 036	11 342

单位:人

生产工人、运输工人和有关人员							不便分类的其他劳动者
其他生产工人和有关人员	建筑工人	动力设备操作工	装卸工和有关设备操作工	运输设备操作工	检验、试验、分析人员和有关人员	其他生产工人、运输工人和有关人员	
4 745 619	7 692 383	2 150 773	3 601 112	10 328 053	3 699 700	6 561 001	317 679
76 478	184 410	43 328	110 011	306 322	114 816	166 651	2 758
72 241	86 266	45 142	97 808	185 111	107 010	165 203	4 012
139 705	264 732	86 785	123 553	473 675	145 978	254 380	2 486
87 260	164 669	75 017	99 344	410 900	99 352	184 204	11 861
98 278	177 488	51 313	99 170	255 544	67 127	118 901	15 025
195 721	391 583	159 554	347 117	634 783	296 074	460 040	34 220
85 174	184 269	76 261	154 890	305 076	117 517	196 210	3 048
138 717	295 433	107 086	241 703	491 543	164 209	301 458	56 342
113 318	190 540	75 535	214 920	284 531	245 967	342 494	1 699
595 765	1 114 170	168 887	273 741	859 894	368 155	596 191	42 732
474 387	573 062	89 106	149 781	542 406	213 535	315 760	10 294
176 811	349 191	56 006	128 686	380 706	96 975	219 036	10 781
117 004	318 380	49 221	81 593	329 935	70 122	148 578	5 364
169 627	256 996	57 789	90 427	239 050	83 306	175 172	8 802
376 982	383 026	140 358	159 184	554 548	231 588	453 873	11 992
146 455	225 728	103 969	126 780	463 136	159 078	318 209	27 342
182 299	304 287	95 387	177 323	448 982	165 958	313 352	5 634
196 026	277 840	83 878	115 434	414 107	125 460	229 033	8 165
686 583	704 084	107 003	208 997	723 856	226 862	485 544	1 784
71 126	106 735	52 836	71 583	244 733	51 596	119 100	2 101
18 448	57 593	8 130	12 489	65 810	6 513	24 542	573
230 540	378 572	165 807	252 458	612 514	231 235	432 067	25 642
39 461	89 593	37 093	45 665	150 045	44 400	92 317	3 354
63 834	154 554	46 419	47 811	250 488	46 957	100 377	416
1 502	10 814	2 324	1 587	20 613	658	3 626	1
63 845	153 560	52 183	63 460	260 038	97 224	140 956	7 315
46 456	82 864	43 730	44 332	155 716	53 170	85 628	4 056
11 736	39 840	12 869	15 616	55 740	13 952	23 524	2 186
9 497	21 513	13 116	10 389	39 737	13 976	21 896	1 710
60 343	150 591	44 641	35 260	168 514	40 930	72 679	5 984

2—10 全国按文化程度分

职业	合计	大学本科	大学专科
总计	**647 244 706**	**4 301 484**	**7 818 309**
一.各类专业、技术人员	**34 393 821**	**3 061 322**	**4 432 950**
1.科学研究人员	**198 019**	**124 282**	**34 821**
哲学研究人员	2 787	862	165
社会学研究人员	4 313	2 810	948
经济学研究人员	9 879	5 085	2 225
法学研究人员	2 485	1 616	517
教育学研究人员	19 268	6 199	5 630
文学、艺术研究人员	3 455	2 121	698
图书馆学、情报学研究人员	8 288	4 813	2 086
历史学研究人员	4 537	2 637	933
理学研究人员	27 651	21 858	3 067
工学研究人员	61 253	42 960	9 856
农学研究人员	30 180	17 989	4 544
医学研究人员	16 403	10 937	2 686
其他科学研究人员	7 520	4 395	1 466
2.工程技术人员和农林技术人员	**4 510 846**	**1 115 216**	**966 196**
城市建筑规划设计人员	47 836	12 763	12 111
土木建筑工程技术人员	604 723	129 369	131 717
电气和电子工程技术人员	699 392	263 415	194 598
机械工程技术人员	838 704	272 162	235 750
化工工程技术人员	273 352	96 961	66 613
冶金工程技术人员	92 862	39 265	22 795
矿业工程技术人员	112 124	27 354	21 488
工业管理技术人员	304 237	72 040	80 897
测绘、水文技术人员	90 701	13 395	13 909
气象、地震技术人员	50 350	7 691	7 122
地质工程技术人员	139 834	46 619	26 201
轻工、纺织技术人员	191 541	26 339	39 025
食品、饮料技术人员	62 200	10 318	11 292
农业技术人员	402 092	43 748	46 962
林业技术人员	133 677	17 305	15 146
兽医	345 069	10 136	12 517
其他工程技术人员和农林技术人员	122 152	26 336	28 053

的各职业大、中、小类人口数

单位：人

中专	高中	初中	小学	文盲、半文盲
13 424 418	58 241 590	209 138 649	244 833 796	109 486 460
8 002 866	9 010 370	8 328 402	1 504 697	53 214
22 409	8 441	6 155	1 721	190
80	201	733	636	110
208	170	142	33	2
1 073	724	656	113	3
93	131	98	28	2
5 351	1 484	569	34	1
247	210	140	37	2
715	418	235	21	—
310	396	240	21	—
1 514	801	333	70	8
5 593	1 648	1 020	165	11
4 870	1 175	1 208	374	20
1 682	574	382	114	28
673	509	399	75	3
1 143 061	503 777	577 114	198 149	7 333
12 422	6 336	3 566	613	25
159 529	84 472	77 297	21 831	508
154 256	52 145	30 508	4 404	66
208 800	57 439	51 661	12 721	171
61 230	25 036	19 017	4 390	105
18 761	5 657	4 898	1 453	33
40 113	8 871	9 131	4 567	600
72 138	35 248	34 621	9 018	275
31 162	15 394	14 313	2 471	57
19 978	8 329	6 607	606	17
47 830	9 670	7 757	1 664	93
39 941	38 523	37 735	9 595	383
14 527	9 975	11 810	4 023	255
138 096	61 125	80 774	29 843	1 544
43 035	21 470	26 910	9 157	654
52 210	48 021	142 662	77 089	2 434
29 033	16 066	17 847	4 704	113

2—10 续表1

职业	合计	大学本科	大学专科
3. 科学技术管理人员和辅助人员	**78 919**	**19 407**	**16 376**
科学技术管理人员	23 836	10 240	6 091
科学技术辅助人员	55 083	9 167	10 285
4. 飞机和船舶技术人员	**134 962**	**6 039**	**8 264**
飞机驾驶员和领航人员	4 155	110	1 902
飞机机械技术人员	4 656	588	690
船舶指挥和领航人员	67 781	1 954	2 420
船舶轮机技术人员	50 962	1 713	2 091
其他飞机、船舶技术人员	7 408	1 674	1 161
5. 卫生技术人员	**4 575 233**	**320 405**	**421 344**
医生	1 806 895	295 569	339 714
中西药剂人员	447 561	12 109	22 551
护理人员	1 198 190	2 126	24 147
城市街道群防员	20 068	162	526
农村乡村卫生技术人员	740 196	1 391	9 303
其他卫生技术人员	362 323	9 048	25 103
6. 经济业务人员	**11 840 783**	**165 683**	**960 126**
经济计划人员	399 162	34 927	90 337
统计人员	1 193 249	18 973	120 574
财会人员和审计人员	7 316 760	61 227	485 547
劳动工资人员	294 189	5 621	41 292
调度人员	582 172	8 376	32 934
税务人员和工商管理人员	666 096	7 556	64 799
金融业务人员	949 099	16 547	73 848
海关检查人员	11 253	1 088	3 186
其他经济业务人员	428 803	11 368	47 609
7. 法律工作人员	**369 893**	**25 467**	**103 649**
审判人员	101 508	5 273	31 066
检察人员	86 871	4 289	26 222
律师	35 283	6 787	14 285
其他法律工作人员	146 231	9 118	32 076
8. 教学人员	**11 242 508**	**1 147 189**	**1 700 575**
高等教育教师	510 925	430 637	63 309
中等教育教师	3 735 991	626 694	1 366 397
小学教师	5 919 181	16 152	145 500

单位：人

中　专	高　中	初　中	小　学	文盲、半文盲
13 021	**15 067**	**12 024**	**2 749**	**275**
4 328	1 684	1 233	253	7
8 693	13 383	10 791	2 496	268
16 330	**17 053**	**42 301**	**39 939**	**5 036**
1 477	278	240	123	25
1 286	1 431	585	72	4
6 407	7 452	21 399	24 385	3 764
5 840	6 846	18 790	14 511	1 171
1 320	1 046	1 287	848	72
1 511 178	**767 085**	**1 257 611**	**288 367**	**9 243**
595 617	209 023	310 871	54 917	1 184
110 582	104 324	164 905	32 560	530
639 335	213 795	278 819	38 144	1 824
2 458	4 749	8 481	3 258	434
44 080	147 552	392 803	140 988	4 079
119 106	87 642	101 732	18 500	1 192
1 766 740	**4 224 876**	**4 019 987**	**697 380**	**5 991**
86 398	87 909	87 725	11 811	55
196 655	442 346	375 800	38 686	215
1 060 416	2 628 326	2 631 781	447 422	2 041
46 669	93 418	94 334	12 715	140
61 677	150 538	249 121	77 902	1 624
106 615	255 747	186 391	43 698	1 290
132 711	416 772	268 500	40 599	122
2 000	4 162	714	100	3
73 599	145 658	125 621	24 447	501
63 803	**97 042**	**67 324**	**12 428**	**180**
15 957	22 826	22 447	3 916	23
16 125	20 109	17 292	2 764	70
4 143	6 616	3 106	320	26
27 578	47 491	24 479	5 428	61
3 292 602	**3 014 350**	**1 958 535**	**126 989**	**2 268**
9 645	4 534	1 928	733	139
987 319	603 738	143 593	7 989	261
2 019 629	2 129 050	1 526 755	81 477	618

2—10 续表 2

职业	合计	大学本科	大学专科
幼儿教师	624 559	979	10 012
盲聋哑学校教师	10 226	201	983
教学辅助人员	245 546	25 301	52 229
其他教师	196 080	47 225	62 145
9. 文艺、体育工作人员	**482 363**	**18 821**	**42 295**
文艺创作和评论人员	7 399	1 298	2 036
编导和音乐指挥人员	11 784	2 453	3 061
演员	104 571	1 883	3 276
乐器演奏员	39 537	1 844	2 096
摄影人员	125 077	671	3 839
电影、电视摄制人员	11 508	688	2 232
美术工作人员	100 703	4 422	12 571
舞台工作人员	12 641	228	929
体育教练员和裁判员	31 178	4 858	9 913
运动员	20 740	190	1 386
其他文艺、体育工作人员	17 225	286	956
10. 文化工作人员	**836 448**	**118 103**	**177 115**
记者	48 982	13 368	19 555
编辑	112 179	43 960	36 903
播音员	88 263	724	3 780
翻译	61 126	30 106	22 033
图书资料业务人员	241 837	18 043	46 038
档案业务人员	227 612	9 683	42 813
考古和文物工作人员	9 341	1 363	1 913
展览讲解员	4 391	153	608
其他文化工作人员	42 717	703	3 472
11. 宗教职业者	**123 847**	**710**	**2 189**
宗教职业者	123 847	710	2 189
二. 国家机关党群组织、企事业单位负责人	**11 328 317**	**743 142**	**1 481 425**
1. 国家机关及其工作机构负责人	**1 357 389**	**144 541**	**307 092**
中央级国家机关及其工作机构负责人	17 546	9 737	3 927
省级国家机关及其工作机构负责人	66 795	21 092	19 395
地、市级国家机关及其工作机构负责人	324 197	51 405	99 479
县级国家机关及其工作机构负责人	624 068	55 289	142 085
街道、镇、乡各级国家机关负责人	324 783	7 018	42 206
2. 党群组织负责人	**2 650 573**	**96 883**	**294 357**
中国共产党中央及地方县级以上组织及其工作机构专职负责人	159 329	23 401	46 805

单位:人

中　专	高　中	初　中	小　学	文盲、半文盲
148 861	198 097	236 705	28 988	917
5 328	2 179	1 394	134	7
83 301	49 574	30 759	4 213	169
38 519	27 178	17 401	3 455	157
55 607	**123 525**	**185 973**	**53 219**	**2 923**
982	1 709	1 164	193	17
1 608	2 246	1 945	460	11
18 329	17 129	44 267	18 844	843
6 892	8 922	15 042	4 486	255
3 727	37 673	61 708	16 897	562
1 243	4 339	2 687	306	13
11 385	32 168	33 816	5 953	388
1 468	3 775	4 756	1 394	91
5 187	5 871	4 648	646	55
3 509	5 570	9 297	766	22
1 277	4 123	6 643	3 274	666
116 346	**230 902**	**170 320**	**23 183**	**479**
3 742	9 320	2 808	179	10
9 960	15 532	5 496	313	15
4 862	39 378	33 879	5 505	135
4 048	3 416	1 388	128	7
41 062	68 034	59 472	9 057	131
46 660	72 111	51 100	5 215	30
909	2 725	2 011	387	33
326	2 226	997	78	3
4 777	18 160	13 169	2 321	115
1 769	**8 252**	**31 058**	**60 573**	**19 296**
1 769	8 252	31 058	60 573	19 296
1 604 959	**2 235 224**	**3 771 517**	**1 421 572**	**70 478**
261 104	**262 044**	**322 853**	**59 032**	**723**
1 051	1 446	1 204	170	11
8 433	9 795	7 449	611	20
51 887	56 766	58 163	6 447	50
124 617	116 900	159 393	25 606	178
75 116	77 137	96 644	26 198	464
299 054	**511 598**	**948 784**	**466 464**	**33 433**
26 143	24 384	33 145	5 402	49

2—10 续表 3

职业	合计	大学本科	大学专科
中国共产党基层组织负责人	1 337 406	42 001	143 936
共青团、工会、妇联负责人	562 119	22 381	91 165
政协、民主党派、人民团体各级组织及其工作机构专职负责人	53 560	8 402	10 261
居民委员会(村民委员会)负责人	538 159	698	2 190
3. 企、事业单位及其工作机构、各级组织及其工作机构专职负责人	**7 320 355**	**501 718**	**879 976**
中央级的企、事业单位及其工作机构负责人	1 586	120	204
省、军级的企、事业单位及其工作机构负责人	10 767	4 696	2 684
地、师级的企、事业单位及其工作机构负责人	379 733	109 308	89 046
县、团级的企、事业单位及其工作机构负责人	1 666 473	225 551	355 346
县、团级以下及集体所有制的企、事业单位负责人	4 963 011	161 155	430 470
私营企业负责人	298 785	888	2 226
三. 办事人员和有关人员	**11 275 891**	**293 669**	**1 080 873**
1. 行政办事人员	**5 846 414**	**222 434**	**705 985**
行政业务管理员、助理员	2 655 717	94 126	275 653
秘书	613 561	42 034	156 935
收发员和通讯员	197 112	1 298	7 162
打字、誊印人员	434 525	1 486	20 462
其他行政办事人员	1 945 499	83 490	245 773
2. 政治、保卫工作人员	**4 091 304**	**61 955**	**340 626**
政治工作人员	829 273	32 646	162 463
人事管理人员	219 050	10 954	50 641
人民警察和公安保卫人员	1 418 525	14 230	90 040
消防人员	138 537	336	2 064
其他政治、保卫工作人员	1 485 919	3 789	35 418
3. 邮电工作人员	**822 594**	**2 781**	**13 018**
邮政业务人员	308 715	440	2 808
电信业务人员	488 605	2 139	9 500
其他邮电工作人员	25 274	202	710
4. 其他办事人员和有关人员	**515 579**	**6 499**	**21 244**
其他办事人员和有关人员	515 579	6 499	21 244
四. 商业工作人员	**19 472 273**	**52 286**	**179 300**
1. 售货人员	**14 201 053**	**5 106**	**38 139**
营业员、售货员	9 750 893	4 027	34 683
其他售货人员	4 450 160	1 079	3 456

单位:人

中专	高中	初中	小学	文盲、半文盲
160 731	243 032	512 047	226 931	8 728
95 634	144 433	158 337	48 375	1 794
7 937	9 549	13 447	3 681	283
8 609	90 200	231 808	182 075	22 579
1 044 801	**1 461 582**	**2 499 880**	**896 076**	**36 322**
203	279	555	206	19
1 041	1 187	972	172	15
62 048	46 311	60 918	11 941	161
295 399	279 511	417 337	91 772	1 557
682 729	1 079 571	1 883 802	700 227	25 057
3 381	54 723	136 296	91 758	9 513
1 426 034	**3 338 376**	**3 972 344**	**1 084 929**	**79 666**
880 617	**1 626 626**	**1 888 615**	**502 960**	**19 177**
410 499	642 482	934 790	288 409	9 758
118 434	176 381	105 130	14 511	136
14 446	58 178	89 112	25 135	1 781
35 205	233 922	136 574	6 626	250
302 033	515 663	623 009	168 279	7 252
456 460	**1 268 798**	**1 477 858**	**432 062**	**53 545**
147 662	229 387	209 177	46 540	1 398
43 253	56 271	49 378	8 443	110
201 018	567 438	479 511	63 407	2 881
4 537	49 011	73 825	8 261	503
59 990	366 691	665 967	305 411	48 653
45 145	**282 087**	**398 188**	**79 569**	**1 806**
11 519	94 601	159 905	38 707	735
31 050	180 295	226 969	37 732	920
2 576	7 191	11 314	3 130	151
43 812	**160 865**	**207 683**	**70 338**	**5 138**
43 812	160 865	207 683	70 338	5 138
377 106	**4 288 550**	**9 239 691**	**4 407 319**	**928 021**
154 404	**2 874 387**	**6 723 115**	**3 564 001**	**841 901**
142 001	2 406 159	4 939 624	1 908 475	315 924
12 403	468 228	1 783 491	1 655 526	525 977

2—10 续表 4

职业	合计	大学本科	大学专科
2. 采购员和供销人员	**4 542 190**	**46 286**	**137 653**
采购员和供销人员	4 542 190	46 286	137 653
3. 收购人员	**628 083**	**288**	**1 867**
农副产品收购人员	350 425	216	1 461
信托收购人员	5 374	9	41
废旧物资回收人员	272 284	63	365
4. 经纪人和有关人员	**32 929**	**240**	**432**
经纪人	32 929	240	432
5. 其他商业工作人员	**68 018**	**366**	**1 209**
其他商业工作人员	68 018	366	1 209
五. 服务性工作人员	**15 511 513**	**9 504**	**44 730**
1. 服务员	**10 958 955**	**6 924**	**35 208**
饭馆、餐厅服务员	1 593 368	436	2 581
旅店、饭店、宾馆、招待所服务员	1 123 380	896	6 745
影剧院、体育场(馆)和公共游览观赏场所服务员	93 626	129	969
浴室服务员	78 468	12	98
车、船、飞机服务员	288 919	279	1 966
售票员	439 661	219	1 681
幼儿保育员	530 647	127	1 620
家庭保姆及家庭服务员	136 928	5	17
理发员	938 521	91	404
洗染织补人员	67 224	19	137
生活燃料供应工人	77 630	37	274
环境清洁卫生工人	322 051	195	582
公勤人员	4 589 608	3 408	13 224
殡葬人员	11 565	8	35
园林工作人员	241 436	620	1 697
其他服务员	425 923	443	3 178
2. 厨师和炊事员	**3 390 456**	**457**	**3 932**
厨师	626 334	166	1 822
炊事员	2 764 122	291	2 110
3. 导游员	**12 139**	**1 201**	**1 685**
导游员	12 139	1 201	1 685
4. 生活日用品修理人员	**1 008 623**	**749**	**3 375**
家用机电产品修理人员	733 309	692	3 203
其他生活日用品修理人员	275 314	57	172

单位:人

中专	高中	初中	小学	文盲、半文盲
208 263	1 287 622	2 185 951	650 645	25 770
208 263	1 287 622	2 185 951	650 645	25 770
11 053	106 316	287 456	167 047	54 056
9 538	78 450	186 107	68 447	6 206
117	971	2 563	1 364	309
1 398	26 895	98 786	97 236	47 541
424	4 469	11 818	11 347	4 199
424	4 469	11 818	11 347	4 199
2 962	15 756	31 351	14 279	2 095
2 962	15 756	31 351	14 279	2 095
170 160	2 365 771	6 752 384	4 781 655	1 387 309
129 063	1 723 955	4 777 771	3 271 732	1 014 302
9 312	238 896	747 288	471 977	122 878
16 519	297 062	554 523	204 136	43 499
2 447	23 730	45 354	17 997	3 000
679	10 179	35 215	25 326	6 959
7 358	104 801	145 735	27 019	1 761
6 535	133 871	244 120	49 647	3 588
15 481	126 780	247 231	109 191	30 217
148	2 792	48 029	52 308	33 629
1 774	84 418	464 102	325 584	62 148
566	12 136	31 740	17 574	5 052
1 000	14 138	36 127	20 560	5 494
1 750	30 239	111 693	114 278	63 314
47 168	496 584	1 757 854	1 680 683	590 687
105	1 202	4 260	4 352	1 603
6 048	42 186	105 740	66 911	18 234
12 173	104 941	198 760	84 189	22 239
30 007	446 863	1 461 465	1 154 794	292 938
12 968	123 536	307 876	150 911	29 055
17 039	323 327	1 153 589	1 003 883	263 883
819	5 318	2 734	367	15
819	5 318	2 734	367	15
9 188	173 374	455 674	304 131	62 132
8 541	155 861	363 827	178 706	22 479
647	17 513	91 847	125 425	39 653

2—10 续表 5

职业	合计	大学本科	大学专科
5. 其他服务性工作人员	**141 340**	**173**	**530**
其他服务性工作人员	141 340	173	530
六. 农、林、牧、渔劳动者	**456 819 731**	**7 684**	**46 191**
1. 农业劳动者	**446 935 427**	**5 932**	**41 282**
粮农	420 545 193	5 093	37 108
棉农	14 692 643	139	1 229
菜农	6 705 086	309	1 416
茶农、果农、桑农	3 161 521	268	1 104
其他农业劳动者	1 830 984	123	425
2. 林业劳动者	**1 782 988**	**617**	**2 000**
营造林人员	808 172	304	812
采伐人员	241 127	66	413
护林人员	299 756	224	572
木材水运人员	13 464	1	8
其他林业劳动者	420 469	22	195
3. 牧业劳动者	**4 662 589**	**594**	**1 264**
大牲畜饲养人员	807 037	102	182
家禽家畜饲养人员	3 634 938	309	831
特殊用途动物饲养人员	14 101	54	89
其他牧业劳动者	206 513	129	162
4. 渔业劳动者	**2 386 455**	**386**	**983**
水产养殖劳动者	974 012	255	780
水产捕捞劳动者	1 237 571	50	129
天然水生物采集劳动者	23 688	1	3
机动渔船驾驶人员	96 210	80	59
其他渔业劳动者	54 974	—	12
5. 狩猎业劳动者	**1 479**	**—**	**1**
狩猎业劳动者	1 479	—	1
6. 农业机械操作人员	**572 786**	**28**	**190**
拖拉机驾驶员	523 189	8	122
其他农业机械操作人员	49 597	20	68
7. 其他农林牧渔劳动者	**478 007**	**127**	**471**
其他农、林、牧、渔劳动者	478 007	127	471

单位：人

中专	高中	初中	小学	文盲、半文盲
1 083	**16 261**	**54 740**	**50 631**	**17 922**
1 083	16 261	54 740	50 631	17 922
320 958	**18 879 141**	**126 915 051**	**207 175 263**	**103 475 443**
291 792	**18 333 751**	**124 289 530**	**202 972 237**	**101 000 903**
265 544	16 948 733	115 992 262	191 560 079	95 736 374
8 490	653 054	4 237 612	6 428 043	3 364 076
8 504	450 334	2 517 623	2 636 174	1 090 726
6 726	187 503	1 029 315	1 475 801	460 804
2 528	94 127	512 718	872 140	348 923
11 706	**181 429**	**708 315**	**643 465**	**235 456**
4 936	62 081	289 810	332 950	117 279
2 479	37 409	133 368	54 696	12 696
3 276	27 123	95 557	113 784	59 220
60	1 007	5 124	5 778	1 486
955	53 809	184 456	136 257	44 775
7 430	**135 343**	**785 886**	**2 017 473**	**1 714 599**
1 056	17 830	107 859	267 712	412 296
5 041	107 725	634 982	1 698 221	1 187 829
339	2 145	6 797	3 981	696
994	7 643	36 248	47 559	113 778
5 424	**119 244**	**676 210**	**1 162 641**	**421 567**
3 996	69 822	319 783	444 265	135 111
755	41 886	304 618	630 435	259 698
17	950	7 283	11 704	3 730
579	5 136	32 026	49 375	8 955
77	1 450	12 500	26 862	14 073
2	**56**	**371**	**705**	**344**
2	56	371	705	344
1 740	**73 914**	**300 591**	**176 864**	**19 459**
1 238	67 116	277 835	160 571	16 299
502	6 798	22 756	16 293	3 160
2 864	**35 404**	**154 148**	**201 878**	**83 115**
2 864	35 404	154 148	201 878	83 115

2—10 续表 6

职业	合计	大学本科	大学专科
七.生产工人、运输工人和有关人员	**98 125 481**	**122 037**	**535 689**
1.工段长	**1 034 381**	**11 492**	**36 314**
工段长	1 034 381	11 492	36 314
2.采矿、采石、勘探、钻井、采盐工人	**4 539 867**	**2 752**	**5 569**
采矿、采石工	3 534 255	438	1 679
矿物和石料处理工	429 711	117	539
石油、天然气开采工	121 645	382	793
地质勘探工	217 437	1 726	2 339
采盐工人	147 360	10	74
其他采矿、采石、勘探、钻井、采盐工人	89 459	79	145
3.金属冶炼和处理工人	**2 892 039**	**3 220**	**11 921**
金属冶炼工人	587 703	786	2 775
金属轧制和机械操作工	339 485	387	1 547
铸工	1 121 869	775	3 201
金属热处理工	187 598	761	2 207
金属拉拔和挤压工	235 474	139	597
金属表面处理工	348 933	262	1 309
其他金属冶炼和处理工人	70 977	110	285
4.化学工人	**1 854 630**	**3 590**	**13 203**
基本化学原料制造工人	328 174	469	1 873
化学肥料制造工人	298 026	464	1 775
化学农药制造工人	45 671	69	265
日用化学工人	125 166	115	628
化学纤维制造工人	87 891	127	610
炼油工人	128 393	790	1 918
炼焦工人	96 043	67	271
制药工人	381 241	1 054	3 773
其他化学工人	364 025	435	2 090
5.橡胶和塑料制品生产工人	**1 503 030**	**571**	**3 194**
橡胶机械操作工	337 190	148	1 064
塑料机械操作工	923 008	338	1 618
轮胎制作工和加硫工	103 443	51	374
其他橡胶和塑料生产工人	139 389	34	138

单位：人

中专	高中	初中	小学	文盲、半文盲
1 504 861	**18 034 900**	**50 015 231**	**24 426 894**	**3 485 869**
68 020	**223 902**	**473 933**	**208 374**	**12 346**
68 020	223 902	473 933	208 374	12 346
22 607	**474 375**	**2 208 505**	**1 517 715**	**308 344**
8 816	316 285	1 709 345	1 252 149	245 543
1 873	56 054	213 451	125 353	32 324
3 212	31 222	73 514	11 390	1 132
7 513	49 161	111 925	41 997	2 776
461	9 935	55 204	60 583	21 093
732	11 718	45 066	26 243	5 476
33 500	**501 491**	**1 515 084**	**727 061**	**99 762**
6 713	115 502	312 165	132 195	17 567
4 032	69 594	187 345	68 707	7 873
11 576	162 475	581 295	319 322	43 225
5 778	46 922	95 820	33 200	2 910
1 450	38 487	127 163	58 200	9 438
3 328	57 436	175 224	96 074	15 300
623	11 075	36 072	19 363	3 449
31 534	**464 819**	**957 771**	**333 602**	**50 111**
4 800	76 501	173 098	61 788	9 645
4 365	72 014	156 303	54 855	8 250
662	10 117	24 394	9 075	1 089
1 410	27 802	66 974	24 281	3 956
1 518	29 295	46 138	9 060	1 143
3 967	40 582	61 381	17 136	2 619
796	16 640	51 149	22 999	4 121
9 106	113 202	192 246	54 870	6 990
4 910	78 666	186 088	79 538	12 298
9 488	**233 896**	**772 359**	**409 944**	**73 578**
3 167	66 374	182 026	71 970	12 441
4 619	132 141	480 298	262 185	41 809
1 283	22 009	55 853	20 829	3 044
419	13 372	54 182	54 960	16 284

2—10 续表 7

职　　业	合　　计	大学本科	大学专科
6. 纺织、针织、印染工人	**6 980 170**	**1 555**	**12 878**
纤维预处理工	431 935	80	721
纺纱工、缫丝工、合股捻线工	1 623 014	173	1 652
纺织、针织、印染机安装维修工	795 642	474	4 724
织布工	2 339 335	285	2 608
针织工	1 099 824	151	906
纺织印染工	461 701	296	2 026
其他纺织、针织、印染工人	228 719	96	241
7. 皮革、皮毛制造及制品制作工人	**1 018 319**	**122**	**820**
皮革、皮毛制造工	107 253	33	191
皮革制造品制作工	842 002	76	553
皮毛制品制作工	37 785	4	43
其他皮革、皮毛制造及制品制作工人	31 279	9	31 279
8. 裁剪缝纫工人	**5 101 189**	**332**	**2 470**
打样、裁剪工人	265 043	87	492
缝纫、缝制工人	3 546 138	185	1 419
鞋、帽制作工人	405 946	37	308
刺绣工人	821 729	10	115
其他裁剪缝纫工人	62 333	13	136
9. 食品饮料制造工人	**3 328 706**	**961**	**5 406**
碾米工、磨粉工、榨油工	724 443	200	908
制糖工人	74 491	47	345
屠宰和肉类食品加工工人	395 387	57	266
食品腌渍、制罐头和保藏工人	239 657	104	558
乳制品加工工人	29 301	20	135
面包、糕点和糖果制造工人	483 480	87	816
制茶工人	84 241	40	164
酿造和饮料制造工人	655 799	278	1 635
其他食品、饮料制造工人	641 907	128	579
10. 制烟工人	**151 279**	**142**	**620**
制烟工人	151 279	142	620
11. 木材加工和木、竹、麻、藤、棕、草制品制作工人	**5 980 231**	**455**	**3 140**
木材处理工	31 275	5	58
制材工人	489 216	84	580
家具、营建木工	4 516 737	308	2 175
竹、麻、藤、棕、草制品制作工人	779 078	18	59
其他木材加工和木、竹、麻、藤、棕、草制品制作工人	163 925	40	268

单位:人

中专	高中	初中	小学	文盲、半文盲
42 700	**1 256 503**	**4 019 634**	**1 425 807**	**221 093**
2 542	86 037	247 836	78 333	16 386
7 795	286 639	997 973	284 308	44 474
12 819	205 137	462 679	104 335	5 474
10 555	407 926	1 404 727	446 567	66 667
3 354	140 325	574 170	342 596	38 322
4 960	109 074	248 778	82 755	13 812
675	21 365	83 471	86 913	35 958
3 034	**125 228**	**567 981**	**287 939**	**33 195**
644	15 654	54 786	30 147	5 798
2 117	99 656	477 438	238 597	23 565
173	6 269	21 051	8 890	1 355
9	3 649	14 706	10 305	2 477
11 410	**599 917**	**2 641 400**	**1 621 222**	**224 438**
1 687	51 589	145 531	58 888	6 769
7 808	442 086	1 950 220	1 039 809	104 611
1 105	56 614	226 352	105 690	15 840
425	38 696	285 144	402 234	95 105
385	10 932	34 153	14 601	2 113
22 126	**484 356**	**1 560 844**	**1 032 797**	**222 216**
4 804	90 619	316 335	259 174	52 403
1 722	22 138	36 068	12 804	1 367
1 346	42 685	173 265	150 177	27 591
2 116	39 670	121 064	64 372	11 773
456	7 397	15 838	4 505	950
3 097	82 249	248 745	127 253	21 233
660	11 712	36 581	28 336	6 748
5 547	119 542	351 470	150 907	26 420
2 378	68 344	261 478	235 269	73 731
2 668	**41 804**	**81 511**	**21 857**	**2 677**
2 668	41 804	81 511	21 857	2 677
12 852	**625 169**	**3 021 520**	**1 982 749**	**334 346**
222	6 200	16 808	6 784	1 198
2 277	83 897	267 324	116 155	18 899
9 091	491 667	2 468 391	1 418 469	126 636
418	22 796	189 802	387 356	178 629
844	20 609	79 195	53 985	8 984

2—10 续表 8

职业	合计	大学本科	大学专科
12. 造纸和纸制品制作工人	**1 031 127**	**251**	**1 587**
造纸工人	568 819	159	1 159
纸制品制作工人	426 909	82	372
其他造纸和纸制品制作工人	35 399	10	56
13. 印刷工人和有关人员	**1 159 902**	**1 196**	**9 830**
拣字和排版工人	162 471	164	1 802
制版工人	66 512	134	1 222
印刷工人	620 728	375	3 494
装订工人	231 994	70	768
照像暗室工人	31 824	81	551
其他印刷工人和有关人员	46 373	372	1 993
14. 石料切割和雕刻工	**336 164**	**34**	**154**
裁石工	286 730	15	63
工艺石工	38 576	17	77
其他石工	10 858	2	14
15. 锻工、工具制造工、机床安装操作工	**6 415 771**	**5 265**	**46 516**
铁匠、锻工和锻压机操作工	651 739	202	983
钳工	2 023 344	2 450	19 403
机床安装工	18 896	42	145
金属切削机床操作工和刃磨工	3 518 430	2 483	25 585
其他锻工、工具制造工和机床安装操作工	203 362	88	400
16. 机器装配工和精密仪器制造工	**4 619 686**	**6 839**	**36 810**
机器装配工	445 603	786	4 365
机器修理工	3 863 818	4 497	25 862
钟表及精密仪器制造工	272 773	1 439	6 199
其他机器装配工和精密仪器制造工	37 492	117	384
17. 电气、电子设备安装工、修理工、装配工和有关人员	**5 611 448**	**15 153**	**75 196**
电气设备安装工、修理工	359 855	2 451	8 626
电子设备安装工、修理工	100 371	1 344	4 252
电气、电子设备装配工	1 006 846	1 987	9 397
电工	3 567 738	6 648	45 636
电话、电报设备装修工	173 230	2 326	5 457
其他电气、电子设备安装工、修理工、装配工和有关人员	403 408	397	1 828
18. 广播电台(站)录音设备操作人员和电影放映员	**209 391**	**1 287**	**5 104**
发射设备操作人员	41 878	814	2 044
录音设备操作人员	18 772	321	1 054
电影放映员	148 741	152	2 006

单位：人

中专	高中	初中	小学	文盲、半文盲
5 441	**152 817**	**519 897**	**288 656**	**62 478**
4 053	97 479	293 909	142 878	29 182
1 250	51 026	210 564	133 312	30 303
138	4 312	15 424	12 466	2 993
16 575	**310 887**	**619 999**	**183 381**	**18 034**
2 561	60 479	85 124	11 928	413
1 978	23 624	31 262	7 695	597
7 758	155 039	345 191	99 755	9 116
1 935	46 548	122 862	53 230	6 581
976	11 360	15 154	3 504	198
1 367	13 837	20 406	7 269	1 129
468	**18 226**	**115 919**	**181 766**	**19 597**
261	12 992	93 213	162 647	17 539
182	4 426	18 729	14 079	1 066
25	808	3 977	5 040	992
156 234	**1 577 950**	**3 397 491**	**1 120 420**	**111 895**
4 085	63 093	272 708	259 863	50 805
65 320	546 020	1 050 648	320 167	19 336
463	4 560	10 188	3 232	266
85 183	934 825	1 957 187	480 850	32 317
1 183	29 452	106 760	56 308	9 171
116 586	**1 108 672**	**2 479 004**	**808 299**	**63 476**
11 264	122 866	229 934	69 045	7 343
94 423	889 855	2 096 879	699 870	52 432
10 013	87 271	133 242	31 723	2 886
886	8 680	18 949	7 661	815
189 673	**1 658 491**	**2 830 139**	**789 714**	**53 082**
18 967	118 675	165 665	42 132	3 339
6 103	38 459	41 944	7 815	454
17 567	257 562	543 874	162 009	14 450
121 244	1 109 545	1 790 325	471 227	23 113
21 229	56 520	68 917	17 993	788
4 563	77 730	219 414	88 538	10 938
12 444	**72 427**	**94 035**	**23 004**	**1 090**
4 617	15 921	14 857	3 420	205
1 189	6 340	7 536	2 173	159
6 638	50 166	71 642	17 411	726

2—10 续表 9

职业	合计	大学本科	大学专科
19. 管工、焊工、冷作工和金属构件安装工	**3 474 483**	**1 773**	**12 000**
管工和管道工	671 800	415	2 733
焊工	1 637 831	755	4 863
冷作工	902 184	353	2 899
金属构件制作和安装工	262 668	250	1 505
20. 玻璃、陶瓷和搪瓷制品工人	**971 656**	**360**	**1 923**
玻璃工	384 833	222	1 066
陶瓷工	544 084	114	720
搪瓷工	42 739	24	137
21. 油漆工人	**1 133 371**	**212**	**1 449**
油漆工	1 085 651	193	1 355
其他油漆工	47 720	19	94
22. 其他生产工人和有关人员	**4 745 619**	**883**	**3 936**
水泥及其制品制造工人	798 157	180	873
石棉及其制品制造工人	52 644	14	53
砖瓦、石灰制造工人	1 624 138	63	371
耐火材料制造工人	135 394	38	188
其他非金属矿物制品制造工人	118 360	64	276
文教体育用品制造工人	100 661	75	390
珠宝、金银首饰加工工人	52 675	28	155
工艺美术品制作工人	1 250 033	245	994
其他生产工人和有关人员	613 557	176	636
23. 建筑工人	**7 692 383**	**762**	**4 439**
瓦工、抹灰工	5 456 625	335	2 145
混凝土工	208 519	37	204
钢筋工	312 441	55	465
架子工	150 702	22	120
力工(壮工)	1 388 921	153	893
其他建筑工人	175 175	160	612
24. 动力设备操作工	**2 150 773**	**3 736**	**15 916**
发电设备运行工	330 480	1 282	4 351
电力网值班运行工	144 747	822	3 209
锅炉工	967 431	580	2 691
其他动力设备操作工	708 115	1 052	5 665

单位:人

中　专	高　中	初　中	小　学	文盲、半文盲
43 227	**724 078**	**1 949 760**	**677 335**	**66 310**
9 314	149 471	383 096	115 706	11 065
20 415	344 060	943 411	301 544	22 783
8 407	163 779	478 549	219 070	29 127
5 091	66 768	144 704	41 015	3 335
6 282	**148 362**	**520 645**	**258 222**	**35 862**
3 058	68 734	215 489	86 045	10 219
2 864	70 669	282 370	163 083	24 264
360	8 959	22 786	9 094	1 379
5 311	**171 051**	**638 404**	**285 642**	**31 302**
5 015	163 350	611 690	274 026	30 022
296	7 701	26 714	11 616	1 280
11 835	**398 770**	**2 066 226**	**1 913 307**	**350 662**
3 255	95 846	383 670	260 698	53 635
226	6 150	24 325	17 441	4 435
1 733	97 294	630 122	724 856	169 699
484	14 999	69 620	42 958	7 107
812	16 777	62 186	32 011	6 234
891	17 173	50 634	27 702	3 796
340	8 766	28 708	13 385	1 293
2 356	85 320	521 595	576 890	62 633
1 738	56 445	295 366	217 366	41 830
17 850	**732 744**	**3 895 976**	**2 719 653**	**320 959**
9 500	478 965	2 772 604	2 007 148	185 928
850	24 305	97 763	71 804	13 556
1 995	53 232	177 784	71 448	7 462
458	18 404	81 022	44 923	5 753
3 362	128 786	675 633	478 291	101 803
1 685	29 052	91 170	46 039	6 457
53 359	**515 053**	**1 068 358**	**440 075**	**54 276**
16 250	110 465	147 004	47 149	3 979
10 809	51 771	61 674	15 297	1 165
11 124	178 529	510 045	233 679	30 783
15 176	174 288	349 635	143 950	18 349

2—10 续表 10

职　　业	合　　计	大学本科	大学专科
25. 装卸工和有关设备操作工	**3 601 112**	**734**	**4 715**
装卸搬运工	2 491 012	376	1 922
起重机械操作工	761 118	254	2 218
土建机械和有关设备操作工	270 470	61	442
其他装卸工和有关设备操作工	78 512	43	133
26. 运输设备操作工	**10 328 053**	**4 248**	**25 815**
船员	1 120 259	1 737	3 898
机车司机和司炉	197 171	129	645
铁路运输工人	791 602	696	3 153
汽车司机	5 301 834	1 471	16 760
机动车司机	421 647	41	458
兽力车驭手	123 315	3	16
其他运输设备操作工和有关人员	2 372 225	171	885
27. 检验、计量、试验、分析人员和有关人员	**3 699 700**	**41 115**	**126 849**
检验员(工)、检查员(工)	2 070 600	15 622	47 936
计量员(工)	244 397	3 551	13 940
测试员(工)、试验员(工)	225 549	4 731	12 941
化验员(工)、分析员(工)	936 123	10 475	32 771
描图、绘图、影印员(工)	183 857	2 289	10 560
计算机纸带穿孔录入员(工)	39 174	4 447	8 701
28. 其他生产工人、运输工人和有关人员	**6 561 001**	**12 997**	**67 915**
水下作业人员	7 600	13	59
测绘工人	100 136	1 043	2 870
包装工、打包工	1 191 614	287	2 129
仓储工人	4 724 014	6 036	38 855
其他生产工人、运输工人和有关人员	537 637	5 618	24 002
八. 不便分类的其他劳动者	**317 679**	**11 840**	**17 151**
不便分类的其他劳动者	317 679	11 840	17 151

单位:人

中专	高中	初中	小学	文盲、半文盲
19 438	**515 165**	**1 789 181**	**1 048 745**	**223 134**
7 574	271 895	1 177 655	832 301	199 289
9 223	182 517	424 053	129 607	13 246
2 188	48 596	146 260	66 238	6 685
453	12 157	41 213	20 599	3 914
146 117	**2 122 373**	**5 283 844**	**2 403 234**	**342 422**
15 632	100 939	379 470	453 356	165 227
14 104	66 529	91 812	22 970	982
22 847	210 601	413 130	126 856	14 319
85 165	1 400 651	2 957 735	808 743	31 309
2 261	69 639	221 746	118 487	9 015
113	4 801	37 294	61 801	19 287
5 995	269 213	1 182 657	811 021	102 283
236 014	**1 253 313**	**1 608 321**	**406 488**	**27 600**
103 727	558 573	983 148	337 064	24 530
20 809	87 916	97 067	20 022	1 092
18 099	89 373	86 591	13 107	707
71 137	415 534	374 468	30 661	1 077
17 138	85 276	62 976	5 442	176
5 104	16 641	4 071	192	18
208 068	**1 523 061**	**3 317 490**	**1 309 886**	**121 584**
275	1 373	3 418	1 976	486
9 202	38 693	41 132	6 929	267
7 309	201 442	629 796	300 289	50 362
147 125	1 168 835	2 419 955	886 262	56 946
44 157	112 718	223 189	114 430	13 523
17 474	**89 258**	**144 029**	**31 467**	**6 460**
17 474	89 258	144 029	31 467	6 460

2—11　全国15岁及15岁以上人口

文化程度和年龄（岁）	合计			未婚			
	合　计	男	女	小　计	男	女	小　计
总　计	**817 508 784**	**418 956 809**	**398 551 975**	**205 404 790**	**121 303 468**	**84 101 322**	**557 373 062**
15 —19	**120 158 421**	**61 650 589**	**58 507 832**	**116 310 775**	**60 540 883**	**55 769 892**	**3 803 740**
15	21 643 791	11 123 627	10 520 164	21 606 562	11 110 971	10 495 591	36 017
16	23 487 567	12 043 876	11 443 691	23 372 974	12 013 248	11 359 726	112 189
17	24 536 599	12 581 345	11 955 254	24 182 803	12 489 421	11 693 382	348 526
18	24 496 002	12 567 848	11 928 154	23 507 766	12 300 494	11 207 272	973 801
19	25 994 462	13 333 893	12 660 569	23 640 670	12 626 749	11 013 921	2 333 207
20 —24	**125 761 174**	**64 233 023**	**61 528 151**	**65 559 614**	**40 115 955**	**25 443 659**	**59 831 470**
20	26 036 065	13 191 336	12 844 729	20 841 594	11 634 752	9 206 842	5 154 782
21	27 155 679	13 820 659	13 335 020	18 002 480	10 720 767	7 281 713	9 101 924
22	24 552 078	12 586 327	11 965 751	12 459 544	7 848 717	4 610 827	12 022 330
23	22 823 165	11 691 041	11 132 124	8 037 254	5 428 694	2 608 560	14 698 312
24	25 194 187	12 943 660	12 250 527	6 218 742	4 483 025	1 735 717	18 854 122
25 —29	**104 267 525**	**53 512 983**	**50 754 542**	**11 122 332**	**8 942 780**	**2 179 552**	**92 355 156**
25	24 520 614	12 593 865	11 926 749	4 161 439	3 187 837	973 602	20 209 907
26	25 287 489	12 959 015	12 328 474	2 979 598	2 399 710	579 888	22 130 583
27	27 026 864	13 966 581	13 060 283	2 259 037	1 880 080	378 957	24 557 807
28	15 928 062	8 144 945	7 783 117	1 060 906	903 649	157 257	14 729 152
29	11 504 496	5 848 577	5 655 919	661 352	571 504	89 848	10 727 707
30 —34	**83 875 707**	**43 706 133**	**40 169 574**	**3 385 227**	**3 129 715**	**255 512**	**79 500 410**
30	14 443 119	7 519 677	6 923 442	695 935	623 988	71 947	13 587 145
31	14 378 626	7 535 588	6 843 038	638 666	586 213	52 453	13 576 794
32	19 060 366	10 007 244	9 053 122	771 816	719 482	52 334	18 066 404
33	18 350 283	9 528 741	8 821 542	669 232	626 429	42 803	17 461 387
34	17 643 313	9 114 883	8 528 430	609 578	573 603	35 975	16 808 680
35 —39	**86 351 812**	**44 568 847**	**41 782 965**	**2 680 645**	**2 553 270**	**127 375**	**82 267 267**
35	19 377 065	10 051 375	9 325 690	643 955	610 061	33 894	18 465 067
36	18 330 697	9 452 337	8 878 360	586 023	557 186	28 837	17 471 240
37	17 226 144	8 870 602	8 355 542	536 964	512 781	24 183	16 408 130
38	16 887 297	8 704 522	8 182 775	501 667	479 394	22 273	16 087 524
39	14 530 609	7 490 011	7 040 598	412 036	393 848	18 188	13 835 306

分年龄和文化程度的婚姻状况

单位:人

有配偶		丧偶			离婚		
男	女	小计	男	女	小计	男	女
278 265 597	279 107 465	49 893 332	15 914 739	33 978 593	4 837 600	3 473 005	1 364 595
1 097 426	2 706 314	6 976	3 314	3 662	36 930	8 966	27 964
12 172	23 845	424	237	187	788	247	541
29 939	82 250	570	327	243	1 834	362	1 472
90 501	258 025	1 036	564	472	4 234	859	3 375
264 071	709 730	1 837	838	999	12 598	2 445	10 153
700 743	1 632 464	3 109	1 348	1 761	17 476	5 053	12 423
23 931 228	35 900 242	83 695	42 547	41 148	286 395	143 293	143 102
1 541 589	3 613 193	6 323	2 697	3 626	33 366	12 298	21 068
3 076 846	6 025 078	10 731	4 811	5 920	40 544	18 235	22 309
4 703 342	7 318 988	15 523	7 564	7 959	54 681	26 704	27 977
6 215 769	8 482 543	21 093	11 117	9 976	66 506	35 461	31 045
8 393 682	10 460 440	30 025	16 358	13 667	91 298	50 595	40 703
44 112 339	48 242 817	212 590	116 157	96 433	577 447	341 707	235 740
9 322 174	10 887 733	37 532	20 348	17 184	111 736	63 506	48 230
10 457 973	11 672 610	45 991	25 186	20 805	131 317	76 146	55 171
11 963 629	12 594 178	57 902	32 021	25 881	152 118	90 851	61 267
7 159 120	7 570 032	40 237	22 045	18 192	97 767	60 131	37 636
5 209 443	5 518 264	30 928	16 557	14 371	84 509	51 073	33 436
39 956 629	39 543 781	362 129	204 086	158 043	627 941	415 703	212 238
6 798 532	6 788 613	46 161	25 431	20 730	113 878	71 726	42 152
6 846 955	6 729 839	53 058	30 208	22 850	110 108	72 212	37 896
9 147 262	8 919 142	80 327	45 765	34 562	141 819	94 735	47 084
8 763 755	8 697 632	87 119	49 485	37 634	132 545	89 072	43 473
8 400 125	8 408 555	95 464	53 197	42 267	129 591	87 958	41 633
41 152 709	41 114 558	746 418	396 698	349 720	657 482	466 170	191 312
9 273 710	9 191 357	122 577	67 916	54 661	145 466	99 688	45 778
8 724 980	8 746 260	134 349	73 188	61 161	139 085	96 983	42 102
8 183 983	8 224 147	150 200	80 671	69 529	130 850	93 167	37 683
8 042 698	8 044 826	169 148	88 933	80 215	128 958	93 497	35 461
6 927 338	6 907 968	170 144	85 990	84 154	113 123	82 835	30 288

2—11 续表 1

文化程度和年龄（岁）	合计			未婚			
	合 计	男	女	小 计	男	女	小 计
40 —44	**63 707 664**	**33 335 977**	**30 371 687**	**1 795 997**	**1 724 268**	**71 729**	**60 169 508**
40	15 342 107	8 042 718	7 299 389	441 773	423 102	18 671	14 553 341
41	13 010 398	6 805 059	6 205 339	366 445	351 309	15 136	12 319 578
42	12 392 389	6 496 011	5 896 378	349 717	335 066	14 651	11 701 774
43	11 950 703	6 264 508	5 686 195	331 231	318 230	13 001	11 258 195
44	11 012 067	5 727 681	5 284 386	306 831	296 561	10 270	10 336 620
45 —49	**49 087 941**	**25 855 900**	**23 232 041**	**1 352 392**	**1 311 294**	**41 098**	**45 445 914**
45	10 465 110	5 481 782	4 983 328	294 544	285 074	9 470	9 774 718
46	9 953 414	5 250 473	4 702 941	274 222	265 773	8 449	9 262 070
47	9 445 561	4 982 722	4 462 839	258 325	250 665	7 660	8 750 355
48	9 670 367	5 088 847	4 581 520	268 494	260 449	8 045	8 902 855
49	9 553 489	5 052 076	4 501 413	256 807	249 333	7 474	8 755 916
50 —54	**45 619 559**	**24 110 355**	**21 509 204**	**1 117 719**	**1 080 840**	**36 879**	**40 815 750**
50	9 248 198	4 875 473	4 372 725	244 607	237 235	7 372	8 403 597
51	8 942 551	4 738 953	4 203 598	224 001	217 330	6 671	8 075 539
52	9 233 016	4 919 285	4 313 731	230 803	222 800	8 003	8 261 836
53	9 098 119	4 810 911	4 287 208	214 825	206 833	7 992	8 075 784
54	9 097 675	4 765 733	4 331 942	203 483	196 642	6 841	7 998 994
55 —59	**41 709 335**	**21 839 937**	**19 869 398**	**807 036**	**772 235**	**34 801**	**35 309 118**
55	8 804 360	4 580 456	4 223 904	189 361	182 457	6 904	7 648 236
56	8 802 518	4 618 277	4 184 241	179 666	172 400	7 266	7 552 564
57	8 620 744	4 525 324	4 095 420	163 716	156 484	7 232	7 305 348
58	7 846 915	4 106 208	3 740 707	142 737	136 126	6 611	6 544 482
59	7 634 798	4 009 672	3 625 126	131 556	124 768	6 788	6 258 488
60 —64	**33 976 254**	**17 481 948**	**16 494 306**	**519 853**	**483 738**	**36 115**	**26 029 101**
60	7 730 945	4 019 833	3 711 112	128 148	120 735	7 413	6 192 463
61	6 966 479	3 585 188	3 381 291	106 623	99 842	6 781	5 462 813
62	7 060 132	3 635 374	3 424 758	106 693	98 735	7 958	5 399 615
63	6 233 873	3 200 259	3 033 614	92 321	85 117	7 204	4 642 519
64	5 984 825	3 041 294	2 943 531	86 068	79 309	6 759	4 331 691
65 —69	**26 332 520**	**12 917 485**	**13 415 035**	**349 246**	**312 031**	**37 215**	**17 127 464**
65	6 169 042	3 058 844	3 110 198	84 826	77 221	7 605	4 290 988
66	5 696 874	2 813 087	2 883 787	75 193	67 826	7 367	3 840 858
67	4 989 630	2 448 512	2 541 118	68 385	60 706	7 679	3 231 497
68	4 885 527	2 384 722	2 500 805	63 471	55 814	7 657	3 040 786
69	4 591 447	2 212 320	2 379 127	57 371	50 464	6 907	2 723 335

单位：人

有配偶		丧偶			离婚		
男	女	小计	男	女	小计	男	女
30 645 355	29 524 153	1 199 307	553 028	646 279	542 852	413 326	129 526
7 416 305	7 137 036	216 899	106 514	110 385	130 094	96 797	33 297
6 267 574	6 052 004	214 381	102 934	111 447	109 994	83 242	26 752
5 970 508	5 731 266	235 582	110 150	125 432	105 316	80 287	25 029
5 750 618	5 507 577	258 585	116 521	142 064	102 692	79 139	23 553
5 240 350	5 096 270	273 860	116 909	156 951	94 756	73 861	20 895
23 439 006	22 006 908	1 842 206	748 894	1 093 312	447 429	356 706	90 723
4 997 088	4 777 630	301 648	126 194	175 454	94 200	73 426	20 774
4 776 181	4 485 889	327 872	137 593	190 279	89 250	70 926	18 324
4 519 675	4 230 680	350 576	143 519	207 057	86 305	68 863	17 442
4 591 971	4 310 884	408 993	164 181	244 812	90 025	72 246	17 779
4 554 091	4 201 825	453 117	177 407	275 710	87 649	71 245	16 404
21 472 236	19 343 514	3 239 176	1 187 937	2 051 239	446 914	369 342	77 572
4 374 920	4 028 677	509 430	190 425	319 005	90 564	72 893	17 671
4 241 690	3 833 849	557 620	209 504	348 116	85 391	70 429	14 962
4 379 346	3 882 490	649 770	241 510	408 260	90 607	75 629	14 978
4 268 917	3 806 867	718 197	260 751	457 446	89 313	74 410	14 903
4 207 363	3 791 631	804 159	285 747	518 412	91 039	75 981	15 058
18 938 954	16 370 164	5 165 054	1 773 087	3 391 967	428 127	355 661	72 466
4 019 547	3 628 689	876 681	303 660	573 021	90 082	74 792	15 290
4 027 939	3 524 625	979 514	341 925	637 589	90 774	76 013	14 761
3 926 524	3 378 824	1 063 547	368 988	694 559	88 133	73 328	14 805
3 537 842	3 006 640	1 079 000	365 398	713 602	80 696	66 842	13 854
3 427 102	2 831 386	1 166 312	393 116	773 196	78 442	64 686	13 756
14 438 844	11 590 257	7 089 131	2 289 692	4 799 439	338 169	269 674	68 495
3 396 789	2 795 674	1 329 617	437 606	892 011	80 717	64 703	16 014
2 997 460	2 465 353	1 327 384	431 876	895 508	69 659	56 010	13 649
3 001 157	2 398 458	1 483 987	479 501	1 004 486	69 837	55 981	13 856
2 604 839	2 037 680	1 438 326	462 114	976 212	60 707	48 189	12 518
2 438 599	1 893 092	1 509 817	478 595	1 031 222	57 249	44 791	12 458
9 809 175	7 318 289	8 622 595	2 619 265	6 003 330	233 215	177 014	56 201
2 407 155	1 883 833	1 735 477	530 182	1 205 295	57 751	44 286	13 465
2 176 563	1 664 295	1 729 568	529 504	1 200 064	51 255	39 194	12 061
1 855 088	1 376 409	1 645 468	499 143	1 146 325	44 280	33 575	10 705
1 770 270	1 270 516	1 739 279	527 059	1 212 220	41 991	31 579	10 412
1 600 099	1 123 236	1 772 803	533 377	1 239 426	37 938	28 380	9 558

2-11 续表 2

文化程度和年龄(岁)	合计			未婚			
	合计	男	女	小计	男	女	小计
70 —74	**18 050 580**	**8 344 204**	**9 706 376**	**214 106**	**184 601**	**29 505**	**9 136 224**
70	4 452 357	2 108 722	2 343 635	55 559	48 788	6 771	2 480 261
71	3 732 596	1 741 629	1 990 967	45 254	39 277	5 977	1 976 619
72	3 529 123	1 630 231	1 898 892	41 856	36 042	5 814	1 769 438
73	3 301 436	1 506 451	1 794 985	37 709	32 121	5 588	1 563 749
74	3 035 068	1 357 171	1 677 897	33 728	28 373	5 355	1 346 157
75 —79	**10 933 924**	**4 689 104**	**6 244 820**	**118 714**	**97 383**	**21 331**	**4 023 540**
75	2 736 912	1 209 315	1 527 597	30 342	25 282	5 060	1 131 906
76	2 614 032	1 140 595	1 473 437	28 679	23 758	4 921	1 014 948
77	2 123 063	906 767	1 216 296	22 911	18 762	4 149	767 109
78	1 846 321	774 071	1 072 250	19 989	16 155	3 834	615 314
79	1 613 596	658 356	955 240	16 793	13 426	3 367	494 263
80 —84	**5 352 690**	**1 993 954**	**3 358 736**	**51 862**	**40 587**	**11 275**	**1 255 364**
80	1 494 781	586 258	908 523	15 074	11 980	3 094	410 223
81	1 236 185	469 224	766 961	12 155	9 586	2 569	307 122
82	1 029 258	380 639	648 619	10 044	7 855	2 189	232 296
83	852 655	304 110	548 545	7 991	6 108	1 883	171 318
84	739 811	253 723	486 088	6 598	5 058	1 540	134 405
85 —89	**1 907 544**	**605 746**	**1 301 798**	**16 024**	**11 773**	**4 251**	**269 273**
85	593 736	197 370	396 366	5 214	3 931	1 283	97 727
86	467 819	150 705	317 114	3 975	2 963	1 012	68 619
87	362 274	113 341	248 933	2 937	2 141	796	47 617
88	277 790	84 378	193 412	2 264	1 621	643	33 549
89	205 925	59 952	145 973	1 634	1 117	517	21 761
90 —94	**351 602**	**94 520**	**257 082**	**2 713**	**1 784**	**929**	**28 962**
90	139 173	39 602	99 571	1 132	769	363	13 667
91	80 713	21 629	59 084	545	367	178	6 250
92	60 818	15 724	45 094	476	306	170	4 408
93	41 841	10 510	31 331	361	224	137	2 789
94	29 057	7 055	22 002	199	118	81	1 848
95 —99	**57 851**	**14 549**	**43 302**	**451**	**274**	**177**	**4 391**
95	21 397	5 387	16 010	165	103	62	1 641
96	14 184	3 462	10 722	99	57	42	957
97	9 641	2 358	7 283	76	48	28	710
98	7 525	2 006	5 519	72	44	28	659
99	5 104	1 336	3 768	39	22	17	424
100 岁及以上	**6 681**	**1 555**	**5 126**	**84**	**57**	**27**	**410**

单位:人

有配偶		丧偶			离婚		
男	女	小计	男	女	小计	男	女
5 554 430	**3 581 794**	**8 569 769**	**2 509 394**	**6 060 375**	**130 481**	**95 779**	**34 702**
1 478 998	1 001 263	1 880 021	553 827	1 326 194	36 516	27 109	9 407
1 188 059	788 560	1 682 648	493 659	1 188 989	28 075	20 634	7 441
1 078 354	691 084	1 692 792	497 417	1 195 375	25 037	18 418	6 619
967 049	596 700	1 678 060	491 301	1 186 759	21 918	15 980	5 938
841 970	504 187	1 636 248	473 190	1 163 058	18 935	13 638	5 297
2 618 646	**1 404 894**	**6 733 056**	**1 931 060**	**4 801 996**	**58 614**	**42 015**	**16 599**
721 975	409 931	1 558 096	449 988	1 108 108	16 568	12 070	4 498
655 242	359 706	1 555 889	451 237	1 104 652	14 516	10 358	4 158
500 868	266 241	1 321 980	379 308	942 672	11 063	7 829	3 234
408 521	206 793	1 201 898	342 832	859 066	9 120	6 563	2 557
332 040	162 223	1 095 193	307 695	787 498	7 347	5 195	2 152
870 520	**384 844**	**4 026 136**	**1 069 369**	**2 956 767**	**19 328**	**13 478**	**5 850**
279 310	130 913	1 063 006	290 443	772 563	6 478	4 525	1 953
211 118	96 004	912 480	245 418	667 062	4 428	3 102	1 326
162 118	70 178	783 341	208 161	575 180	3 577	2 505	1 072
121 499	49 819	670 681	174 653	496 028	2 665	1 850	815
96 475	37 930	596 628	150 694	445 934	2 180	1 496	684
200 218	**69 055**	**1 617 235**	**390 415**	**1 226 820**	**5 012**	**3 340**	**1 672**
71 302	26 425	489 063	120 956	368 107	1 732	1 181	551
50 844	17 775	393 940	96 055	297 885	1 285	843	442
35 675	11 942	310 837	74 934	235 903	883	591	292
25 572	7 977	241 304	56 744	184 560	673	441	232
16 825	4 936	182 091	41 726	140 365	439	284	155
23 703	**5 259**	**318 990**	**68 421**	**250 569**	**937**	**612**	**325**
11 050	2 617	123 910	27 482	96 428	464	301	163
5 084	1 166	73 758	16 072	57 686	160	106	54
3 693	715	55 802	11 637	44 165	132	88	44
2 302	487	38 593	7 920	30 673	98	64	34
1 574	274	26 927	5 310	21 617	83	53	30
3 806	**585**	**52 712**	**10 267**	**42 445**	**297**	**202**	**95**
1 407	234	19 500	3 818	15 682	91	59	32
838	119	13 061	2 515	10 546	67	52	15
617	93	8 809	1 667	7 142	46	26	20
575	84	6 735	1 343	5 392	59	44	15
369	55	4 607	924	3 683	34	21	13
373	**37**	**6 157**	**1 108**	**5 049**	**30**	**17**	**13**

2—11 续表 3

文化程度和年龄（岁）	合计			未婚			
	合计	男	女	小计	男	女	小计
文盲、半文盲	**181 609 097**	**54 359 731**	**127 249 366**	**13 930 980**	**8 178 349**	**5 752 631**	**128 939 021**
15 —19	**6 341 459**	**1 832 392**	**4 509 067**	**5 679 525**	**1 742 704**	**3 936 821**	**651 573**
15	1 078 634	311 199	767 435	1 067 199	308 353	758 846	11 035
16	1 219 305	352 258	867 047	1 186 152	346 259	839 893	32 449
17	1 288 064	371 288	916 776	1 204 420	358 580	845 840	82 164
18	1 338 867	389 731	949 136	1 152 996	364 879	788 117	182 583
19	1 416 589	407 916	1 008 673	1 068 758	364 633	704 125	343 342
20 —24	**7 721 519**	**1 973 154**	**5 748 365**	**2 728 686**	**1 312 751**	**1 415 935**	**4 944 552**
20	1 495 900	412 129	1 083 771	882 223	337 981	544 242	606 063
21	1 584 003	420 361	1 163 642	705 930	312 081	393 849	870 020
22	1 523 765	389 733	1 134 032	498 001	253 803	244 198	1 015 791
23	1 496 079	369 020	1 127 059	354 021	211 940	142 081	1 131 373
24	1 621 772	381 911	1 239 861	288 511	196 946	91 565	1 321 305
25 —29	**7 284 756**	**1 495 755**	**5 789 001**	**736 658**	**600 343**	**136 315**	**6 482 815**
25	1 582 704	358 012	1 224 692	221 484	167 098	54 386	1 347 309
26	1 610 426	342 799	1 267 627	183 963	149 651	34 312	1 412 651
27	1 793 521	350 626	1 442 895	164 139	138 753	25 386	1 614 049
28	1 321 331	250 794	1 070 537	97 952	84 332	13 620	1 210 941
29	976 774	193 524	783 250	69 120	60 509	8 611	897 865
30 —34	**10 192 152**	**2 310 739**	**7 881 413**	**638 102**	**600 403**	**37 699**	**9 432 471**
30	1 353 281	297 170	1 056 111	94 417	85 791	8 626	1 242 685
31	1 550 275	353 417	1 196 858	106 338	99 031	7 307	1 426 749
32	2 317 278	537 294	1 779 984	150 616	142 337	8 279	2 140 002
33	2 457 668	554 674	1 902 994	144 373	137 294	7 079	2 284 214
34	2 513 650	568 184	1 945 466	142 358	135 950	6 408	2 338 821
35 —39	**15 006 097**	**3 699 505**	**11 306 592**	**808 153**	**776 747**	**31 406**	**13 923 706**
35	2 959 532	683 117	2 276 415	165 561	158 671	6 890	2 750 791
36	3 019 218	711 056	2 308 162	163 688	157 217	6 471	2 807 373
37	3 092 207	760 139	2 332 068	166 034	159 763	6 271	2 870 847
38	3 187 298	819 002	2 368 296	168 766	162 449	6 317	2 954 767
39	2 747 842	726 191	2 021 651	144 104	138 647	5 457	2 539 928

单位:人

有配偶		丧偶			离婚		
男	女	小计	男	女	小计	男	女
37 225 917	91 713 104	37 417 962	7 996 430	29 421 532	1 321 134	959 035	362 099
86 930	564 643	2 406	1 049	1 357	7 955	1 709	6 246
2 698	8 337	203	96	107	197	52	145
5 789	26 660	235	127	108	469	83	386
12 285	69 879	441	202	239	1 039	221	818
24 082	158 501	687	293	394	2 601	477	2 124
42 076	.301 266	840	331	509	3 649	876	2 773
643 365	4 301 187	11 269	3 415	7 854	37 012	13 623	23 389
71 902	534 161	1 493	508	985	6 121	1 738	4 383
105 731	764 289	1 634	474	1 160	6 419	2 075	4 344
132 412	883 379	2 237	648	1 589	7 736	2 870	4 866
153 031	978 342	2 623	792	1 831	8 062	3 257	4 805
180 289	1 141 016	3 282	993	2 289	8 674	3 683	4 991
867 083	5 615 732	23 303	6 911	16 392	41 980	21 418	20 562
185 203	1 162 106	4 040	1 216	2 824	9 871	4 495	5 376
187 394	1 225 257	4 525	1 314	3 211	9 287	4 440	4 847
205 248	1 408 801	5 728	1 625	4 103	9 605	5 000	4 605
160 822	1 050 119	4 931	1 481	3 450	7 507	4 159	3 348
128 416	769 449	4 079	1 275	2 804	5 710	3 324	2 386
1 649 107	7 783 364	62 679	20 998	41 681	58 900	40 231	18 669
203 284	1 039 401	6 539	2 124	4 415	9 640	5 971	3 669
245 496	1 181 253	8 007	2 729	5 278	9 181	6 161	3 020
381 211	1 758 791	13 481	4 616	8 865	13 179	9 130	4 049
402 849	1 881 365	16 006	5 366	10 640	13 075	9 165	3 910
416 267	1 922 554	18 646	6 163	12 483	13 825	9 804	4 021
2 794 489	11 129 217	179 163	58 603	120 560	95 075	69 666	25 409
503 491	2 247 300	25 413	8 413	17 000	17 767	12 542	5 225
530 927	2 276 446	29 919	9 869	20 050	18 238	13 043	5 195
574 471	2 296 376	36 200	11 881	24 319	19 126	14 024	5 102
626 866	2 327 901	42 950	14 183	28 767	20 815	15 504	5 311
558 734	1 981 194	44 681	14 257	30 424	19 129	14 553	4 576

2—11 续表 4

文化程度和年龄（岁）	合计			未婚			
	合计	男	女	小计	男	女	小计
40 —44	12 712 522	3 405 767	9 306 755	677 534	650 715	26 819	11 577 863
40	2 939 232	822 167	2 117 065	163 738	157 491	6 247	2 690 617
41	2 553 721	700 286	1 853 435	137 134	131 942	5 192	2 335 605
42	2 463 265	660 952	1 802 313	132 267	126 996	5 271	2 242 693
43	2 406 469	626 664	1 779 805	126 001	120 732	5 269	2 183 691
44	2 349 835	595 698	1 754 137	118 394	113 554	4 840	2 125 257
45 —49	13 625 645	3 818 925	9 806 720	595 782	572 852	22 930	12 157 838
45	2 446 914	640 015	1 806 899	118 262	113 456	4 806	2 203 404
46	2 554 801	688 799	1 866 002	115 092	110 590	4 502	2 295 919
47	2 615 533	732 678	1 882 855	113 758	109 456	4 302	2 338 447
48	2 929 431	848 758	2 080 673	124 798	120 028	4 770	2 601 075
49	3 078 966	908 675	2 170 291	123 872	119 322	4 550	2 718 993
50 —54	18 258 819	5 659 339	12 599 480	596 593	574 132	22 461	15 672 128
50	3 233 143	975 840	2 257 303	123 480	118 860	4 620	2 822 913
51	3 316 785	1 016 235	2 300 550	114 510	110 438	4 072	2 880 650
52	3 687 054	1 160 760	2 526 294	122 852	118 267	4 585	3 168 851
53	3 879 450	1 211 332	2 668 118	118 211	113 620	4 591	3 306 132
54	4 142 387	1 295 172	2 847 215	117 540	112 947	4 593	3 493 582
55 —59	22 153 712	7 239 725	14 913 987	517 749	493 966	23 783	17 870 382
55	4 291 143	1 359 518	2 931 625	114 655	109 890	4 765	3 571 124
56	4 514 918	1 459 835	3 055 083	112 551	107 822	4 729	3 706 043
57	4 606 925	1 506 845	3 100 080	105 333	100 451	4 882	3 728 115
58	4 369 516	1 444 087	2 925 429	95 193	90 613	4 580	3 468 240
59	4 371 210	1 469 440	2 901 770	90 017	85 190	4 827	3 396 860
60 —64	21 023 852	7 195 307	13 828 545	371 522	346 445	25 077	15 100 398
60	4 588 058	1 556 236	3 031 822	90 976	85 519	5 457	3 469 307
61	4 247 776	1 437 968	2 809 808	75 831	71 025	4 806	3 139 903
62	4 368 932	1 492 347	2 876 585	75 194	70 126	5 068	3 134 261
63	3 947 156	1 367 617	2 579 539	66 464	61 539	4 925	2 747 833
64	3 871 930	1 341 139	2 530 791	63 057	58 236	4 821	2 609 094
65 —69	18 203 455	6 287 332	11 916 123	259 255	233 943	25 312	10 888 984
65	4 131 618	1 411 502	2 720 116	62 733	57 338	5 395	2 665 744
66	3 882 133	1 337 959	2 544 174	55 895	50 711	5 184	2 421 187
67	3 458 680	1 198 544	2 260 136	49 991	45 098	4 893	2 061 233
68	3 428 489	1 189 094	2 239 395	46 963	41 932	5 031	1 953 186
69	3 302 535	1 150 233	2 152 302	43 673	38 864	4 809	1 787 634

单位：人

有配偶		丧偶			离婚		
男	女	小计	男	女	小计	男	女
2 577 981	8 999 882	352 168	96 428	255 740	104 957	80 643	24 314
626 894	2 063 723	59 979	18 803	41 176	24 898	18 979	5 919
534 392	1 801 213	60 408	17 985	42 423	20 574	15 967	4 607
499 289	1 743 404	67 943	19 041	48 902	20 362	15 626	4 736
470 637	1 713 054	76 882	20 005	56 877	19 895	15 290	4 605
446 769	1 678 488	86 956	20 594	66 362	19 228	14 781	4 447
2 973 951	9 183 887	754 726	179 887	574 839	117 299	92 235	25 064
486 080	1 717 324	103 926	24 270	79 656	21 322	16 209	5 113
532 417	1 763 502	122 534	29 147	93 387	21 256	16 645	4 611
571 875	1 766 572	141 103	33 758	107 345	22 225	17 589	4 636
665 302	1 935 773	177 693	42 982	134 711	25 865	20 446	5 419
718 277	2 000 716	209 470	49 730	159 740	26 631	21 346	5 285
4 534 199	11 137 929	1 820 330	414 772	1 405 558	169 768	136 236	33 532
773 772	2 049 141	255 483	58 771	196 712	31 267	24 437	6 830
813 645	2 067 005	291 455	67 766	223 689	30 170	24 386	5 784
930 323	2 238 528	361 027	84 260	276 767	34 324	27 910	6 414
974 169	2 331 963	419 369	94 752	324 617	35 738	28 791	6 947
1 042 290	2 451 292	492 996	109 223	383 773	38 269	30 712	7 557
5 795 313	12 075 069	3 557 789	786 792	2 770 997	207 792	163 654	44 138
1 093 851	2 477 273	564 747	123 575	441 172	40 617	32 202	8 415
1 172 545	2 533 498	654 209	145 841	508 368	42 115	33 627	8 488
1 209 449	2 518 666	730 551	163 047	567 504	42 926	33 898	9 028
1 153 363	2 314 877	765 168	168 197	596 971	40 915	31 914	9 001
1 166 105	2 230 755	843 114	186 132	656 982	41 219	32 013	9 206
5 554 963	9 545 435	5 361 931	1 152 747	4 209 184	190 001	141 152	48 849
1 223 192	2 246 115	983 115	214 163	768 952	44 660	33 362	11 298
1 124 216	2 015 687	993 510	213 806	779 704	38 532	28 921	9 611
1 153 684	1 980 577	1 120 407	239 327	881 080	39 070	29 210	9 860
1 044 293	1 703 540	1 098 245	236 199	862 046	34 614	25 586	9 028
1 009 578	1 599 516	1 166 654	249 252	917 402	33 125	24 073	9 052
4 506 909	6 382 075	6 913 098	1 447 163	5 465 935	142 118	99 317	42 801
1 046 959	1 618 785	1 368 441	282 728	1 085 713	34 700	24 477	10 223
978 014	1 443 173	1 374 148	287 318	1 086 830	30 903	21 916	8 987
858 044	1 203 189	1 320 319	276 481	1 043 838	27 137	18 921	8 216
835 221	1 117 965	1 402 751	294 291	1 108 460	25 589	17 650	7 939
788 671	998 963	1 447 439	306 345	1 141 094	23 789	16 353	7 436

2—11 续表 5

文化程度和年龄(岁)	合计			未婚			
	合计	男	女	小计	男	女	小计
70—74	**13 736 133**	**4 751 567**	**8 984 566**	**169 069**	**148 024**	**21 045**	**6 262 448**
70	3 306 885	1 155 231	2 151 654	43 186	38 386	4 800	1 673 166
71	2 809 976	975 423	1 834 553	35 839	31 535	4 304	1 346 212
72	2 691 909	933 943	1 757 966	33 032	28 917	4 115	1 216 595
73	2 550 063	879 417	1 670 646	29 846	25 910	3 936	1 083 776
74	2 377 300	807 553	1 569 747	27 166	23 276	3 890	942 699
75—79	**8 775 161**	**2 883 494**	**5 891 667**	**94 651**	**79 657**	**14 994**	**2 839 788**
75	2 164 084	729 995	1 434 089	24 300	20 733	3 567	794 582
76	2 084 157	696 032	1 388 125	22 973	19 462	3 511	715 361
77	1 707 699	559 743	1 147 956	18 226	15 315	2 911	542 770
78	1 497 708	482 964	1 014 744	15 815	13 145	2 670	435 916
79	1 321 513	414 760	906 753	13 337	11 002	2 335	351 159
80—84	**4 533 196**	**1 316 295**	**3 216 901**	**42 033**	**33 995**	**8 038**	**913 004**
80	1 251 511	383 717	867 794	12 204	10 016	2 188	298 726
81	1 042 222	308 300	733 922	9 865	8 042	1 823	223 397
82	873 727	251 927	621 800	8 021	6 453	1 568	168 979
83	728 753	202 299	526 454	6 519	5 162	1 357	124 106
84	636 983	170 052	466 931	5 424	4 322	1 102	97 796
85—89	**1 666 719**	**412 224**	**1 254 495**	**13 136**	**9 942**	**3 194**	**196 037**
85	514 428	133 030	381 398	4 296	3 315	981	70 986
86	408 050	102 445	305 605	3 254	2 515	739	50 144
87	317 844	77 828	240 016	2 419	1 807	612	34 871
88	244 511	57 805	186 706	1 857	1 376	481	24 333
89	181 886	41 116	140 770	1 310	929	381	15 703
90—94	**314 821**	**66 190**	**248 631**	**2 102**	**1 453**	**649**	**21 282**
90	124 232	27 940	96 292	900	636	264	10 178
91	72 012	14 930	57 082	452	320	132	4 518
92	54 695	11 028	43 667	352	241	111	3 235
93	37 652	7 332	30 320	242	161	81	2 034
94	26 230	4 960	21 270	156	95	61	1 317
95—99	**52 869**	**10 819**	**42 050**	**366**	**234**	**132**	**3 409**
95	19 517	3 969	15 548	136	89	47	1 265
96	12 960	2 551	10 409	78	48	30	716
97	8 798	1 734	7 064	65	43	22	544
98	6 924	1 558	5 366	54	35	19	537
99	4 670	1 007	3 663	33	19	14	347
100岁及以上	**6 210**	**1 202**	**5 008**	**64**	**43**	**21**	**343**

单位:人

有配偶		丧偶			离婚		
男	女	小计	男	女	小计	男	女
3 004 916	**3 257 532**	**7 217 298**	**1 539 462**	**5 677 836**	**87 318**	**59 165**	**28 153**
769 603	903 563	1 566 332	330 719	1 235 613	24 201	16 523	7 678
632 019	714 193	1 409 442	299 313	1 110 129	18 483	12 556	5 927
587 464	629 131	1 425 484	306 086	1 119 398	16 798	11 476	5 322
537 335	546 441	1 421 592	306 168	1 115 424	14 849	10 004	4 845
478 495	464 204	1 394 448	297 176	1 097 272	12 987	8 606	4 381
1 536 058	**1 303 730**	**5 799 242**	**1 240 305**	**4 558 937**	**41 480**	**27 474**	**14 006**
416 010	378 572	1 333 631	285 441	1 048 190	11 571	7 811	3 760
381 700	333 661	1 335 641	288 165	1 047 476	10 182	6 705	3 477
295 373	247 397	1 138 876	243 954	894 922	7 827	5 101	2 726
243 393	192 523	1 039 444	222 069	817 375	6 533	4 357	2 176
199 582	151 577	951 650	200 676	750 974	5 367	3 500	1 867
550 452	**362 552**	**3 563 696**	**722 447**	**2 841 249**	**14 463**	**9 401**	**5 062**
175 585	123 141	935 758	194 998	740 760	4 823	3 118	1 705
133 090	90 307	805 667	165 005	640 662	3 293	2 163	1 130
102 713	66 266	694 044	141 017	553 027	2 683	1 744	939
77 082	47 024	596 110	118 749	477 361	2 018	1 306	712
61 982	35 814	532 117	102 678	429 439	1 646	1 070	576
130 732	**65 305**	**1 453 621**	**269 124**	**1 184 497**	**3 925**	**2 426**	**1 499**
45 994	24 992	437 798	82 860	354 938	1 348	861	487
33 313	16 831	353 638	66 004	287 634	1 014	613	401
23 586	11 285	279 857	51 997	227 860	697	438	259
16 793	7 540	217 793	39 321	178 472	528	315	213
11 046	4 657	164 535	28 942	135 593	338	199	139
16 296	**4 986**	**290 639**	**47 945**	**242 694**	**798**	**496**	**302**
7 673	2 505	112 755	19 383	93 372	399	248	151
3 426	1 092	66 905	11 098	55 807	137	86	51
2 546	689	50 997	8 171	42 826	111	70	41
1 582	452	35 292	5 537	29 755	84	52	32
1 069	248	24 690	3 756	20 934	67	40	27
2 865	**544**	**48 827**	**7 545**	**41 282**	**267**	**175**	**92**
1 049	216	18 037	2 782	15 255	79	49	30
607	109	12 104	1 849	10 255	62	47	15
458	86	8 147	1 211	6 936	42	22	20
458	79	6 279	1 026	5 253	54	39	15
293	54	4 260	677	3 583	30	18	12
308	**35**	**5 777**	**837**	**4 940**	**26**	**14**	**12**

2—11 续表 6

文化程度和年龄（岁）	合计			未婚			
	合计	男	女	小计	男	女	小计
小学	282 507 460	147 836 697	134 670 763	69 181 843	38 054 834	31 127 009	201 952 523
15—19	43 234 606	19 501 031	23 733 575	41 291 084	19 034 801	22 256 283	1 918 660
15	8 785 475	4 175 576	4 609 899	8 766 958	4 169 625	4 597 333	17 952
16	8 483 355	3 844 681	4 638 674	8 424 261	3 830 405	4 593 856	57 844
17	8 430 967	3 743 230	4 687 737	8 247 677	3 702 576	4 545 101	180 443
18	8 430 082	3 719 147	4 710 935	7 919 528	3 605 037	4 314 491	501 854
19	9 104 727	4 018 397	5 086 330	7 932 660	3 727 158	4 205 502	1 160 567
20—24	43 412 533	19 427 012	23 985 521	20 194 335	11 806 771	8 387 564	23 059 620
20	9 335 419	4 096 417	5 239 002	6 853 093	3 480 527	3 372 566	2 460 312
21	9 765 345	4 386 558	5 378 787	5 691 781	3 226 901	2 464 880	4 048 468
22	8 655 875	3 933 048	4 722 827	3 710 364	2 301 635	1 408 729	4 913 270
23	7 796 914	3 516 471	4 280 443	2 301 776	1 573 786	727 990	5 459 575
24	7 858 980	3 494 518	4 364 462	1 637 321	1 223 922	413 399	6 177 995
25—29	26 204 739	10 871 051	15 333 688	2 724 493	2 348 066	376 427	23 274 117
25	6 858 097	2 968 406	3 889 691	1 020 032	825 682	194 350	5 791 382
26	6 310 532	2 654 465	3 656 067	701 336	608 328	93 008	5 562 212
27	6 356 614	2 598 575	3 758 039	548 670	493 802	54 868	5 757 205
28	3 892 567	1 532 840	2 359 727	276 887	254 059	22 828	3 581 278
29	2 786 929	1 116 765	1 670 164	177 568	166 195	11 373	2 582 040
30—34	26 505 589	11 856 552	14 649 037	1 309 818	1 278 090	31 728	24 884 034
30	3 808 202	1 624 804	2 183 398	223 779	214 916	8 863	3 541 582
31	4 193 401	1 854 882	2 338 519	236 133	229 637	6 496	3 910 144
32	5 981 320	2 694 503	3 286 817	306 885	300 453	6 432	5 605 263
33	6 157 291	2 769 497	3 387 794	278 291	272 822	5 469	5 806 639
34	6 365 375	2 912 866	3 452 509	264 730	260 262	4 468	6 020 406
35—39	37 510 905	18 621 646	18 889 259	1 269 388	1 251 267	18 121	35 609 478
35	7 585 225	3 609 386	3 975 839	293 200	288 710	4 490	7 186 312
36	7 678 210	3 762 542	3 915 668	276 216	272 277	3 939	7 285 813
37	7 668 858	3 850 477	3 818 381	258 872	255 262	3 610	7 280 745
38	7 759 068	3 936 261	3 822 807	241 584	238 218	3 366	7 375 010
39	6 819 544	3 462 980	3 356 564	199 516	196 800	2 716	6 481 500

单位:人

有配偶		丧偶			离婚		
男	女	小计	男	女	小计	男	女
102 283 706	99 668 817	9 618 727	6 083 734	3 534 993	1 754 367	1 414 423	339 944
460 284	1 458 376	2 767	1 244	1 523	22 095	4 702	17 393
5 749	12 203	133	87	46	432	115	317
13 992	43 852	196	119	77	1 054	165	889
40 061	140 382	364	203	161	2 483	390	2 093
112 474	389 380	726	312	414	7 974	1 324	6 650
288 008	872 559	1 348	523	825	10 152	2 708	7 444
7 538 313	15 521 307	34 423	17 157	17 266	124 155	64 771	59 384
607 794	1 852 518	2 859	1 146	1 713	19 155	6 950	12 205
1 148 000	2 900 468	4 980	2 186	2 794	20 116	9 471	10 645
1 615 079	3 298 191	6 734	3 209	3 525	25 507	13 125	12 382
1 922 742	3 536 833	8 657	4 510	4 147	26 906	15 433	11 473
2 244 698	3 933 297	11 193	6 106	5 087	32 471	19 792	12 679
8 389 707	14 884 410	64 821	35 255	29 566	141 308	98 023	43 285
2 114 146	3 677 236	12 454	6 718	5 736	34 229	21 860	12 369
2 015 772	3 546 440	14 282	7 898	6 384	32 702	22 467	10 235
2 071 522	3 685 683	16 801	9 129	7 672	33 938	24 122	9 816
1 256 167	2 325 111	11 941	6 378	5 563	22 461	16 236	6 225
932 100	1 649 940	9 343	5 132	4 211	17 978	13 338	4 640
10 358 888	14 525 146	140 935	84 338	56 597	170 802	135 236	35 566
1 380 252	2 161 330	15 453	8 961	6 492	27 388	20 675	6 713
1 591 543	2 318 601	19 207	11 579	7 628	27 917	22 123	5 794
2 344 823	3 260 440	30 849	18 662	12 187	38 323	30 565	7 758
2 445 703	3 360 936	34 649	20 821	13 828	37 712	30 151	7 561
2 596 567	3 423 839	40 777	24 315	16 462	39 462	31 722	7 740
16 940 536	18 668 942	370 754	218 137	152 617	261 285	211 706	49 579
3 247 564	3 938 748	56 004	33 460	22 544	49 709	39 652	10 057
3 410 103	3 875 710	64 574	38 661	25 913	51 607	41 501	10 106
3 506 467	3 774 278	75 294	45 178	30 116	53 947	43 570	10 377
3 601 511	3 773 499	86 525	50 763	35 762	55 949	45 769	10 180
3 174 891	3 306 707	88 357	50 075	38 282	50 073	41 214	8 859

2—11 续表 7

文化程度和年龄(岁)	合计			未婚			
	合计	男	女	小计	男	女	小计
40 —44	**31 546 850**	**16 878 866**	**14 667 984**	**885 264**	**872 838**	**12 426**	**29 770 073**
40	7 456 040	3 898 920	3 557 120	214 240	211 327	2 913	7 067 079
41	6 577 733	3 504 237	3 073 496	181 290	178 710	2 580	6 227 414
42	6 340 347	3 427 925	2 912 422	174 420	171 564	2 856	5 986 385
43	5 972 658	3 242 651	2 730 007	165 075	162 655	2 420	5 620 325
44	5 200 072	2 805 133	2 394 939	150 239	148 582	1 657	4 868 870
45 —49	**20 771 534**	**12 001 854**	**8 769 680**	**598 158**	**591 644**	**6 514**	**19 200 750**
45	4 690 578	2 591 710	2 098 868	139 467	137 931	1 536	4 368 139
46	4 282 775	2 439 733	1 843 042	125 020	123 664	1 356	3 973 105
47	3 909 030	2 264 382	1 644 648	113 113	111 941	1 172	3 612 276
48	3 963 531	2 337 529	1 626 002	113 899	112 627	1 272	3 645 938
49	3 925 620	2 368 500	1 557 120	106 659	105 481	1 178	3 601 292
50 —54	**18 001 364**	**11 589 468**	**6 411 896**	**425 944**	**419 246**	**6 698**	**16 271 787**
50	3 757 953	2 310 451	1 447 502	97 969	96 843	1 126	3 430 428
51	3 646 163	2 300 160	1 346 003	89 641	88 540	1 101	3 313 460
52	3 671 860	2 373 937	1 297 923	88 299	86 593	1 706	3 317 236
53	3 524 625	2 322 619	1 202 006	79 005	77 327	1 678	3 169 458
54	3 400 763	2 282 301	1 118 462	71 030	69 943	1 087	3 041 205
55 —59	**13 707 134**	**9 871 443**	**3 835 691**	**235 905**	**229 869**	**6 036**	**12 010 006**
55	3 126 381	2 141 035	985 346	61 686	60 586	1 100	2 776 807
56	2 990 551	2 121 528	869 023	54 685	53 291	1 394	2 637 000
57	2 829 858	2 055 138	774 720	47 340	46 024	1 316	2 479 064
58	2 453 961	1 815 695	638 266	38 614	37 457	1 157	2 131 852
59	2 306 383	1 738 047	568 336	33 580	32 511	1 069	1 985 283
60 —64	**9 406 175**	**7 281 334**	**2 124 841**	**117 236**	**110 834**	**6 402**	**7 792 334**
60	2 239 612	1 703 982	535 630	29 851	28 771	1 080	1 904 839
61	1 965 849	1 512 081	453 768	24 682	23 523	1 159	1 649 143
62	1 962 308	1 523 458	438 850	24 468	22 819	1 649	1 623 016
63	1 677 698	1 313 406	364 292	20 146	18 785	1 361	1 365 617
64	1 560 708	1 228 407	332 301	18 089	16 936	1 153	1 249 719
65 —69	**6 161 254**	**4 946 458**	**1 214 796**	**68 427**	**61 335**	**7 092**	**4 649 921**
65	1 526 120	1 209 612	316 508	17 366	15 975	1 391	1 196 437
66	1 370 484	1 095 018	275 466	14 967	13 636	1 331	1 054 363
67	1 162 445	934 680	227 765	13 612	11 972	1 640	874 151
68	1 109 684	898 560	211 124	12 228	10 707	1 521	815 387
69	992 521	808 588	183 933	10 254	9 045	1 209	709 583

单位：人

有配偶		丧偶			离婚		
男	女	小计	男	女	小计	男	女
15 447 810	14 322 263	626 620	336 523	290 097	264 893	221 695	43 198
3 574 389	3 492 690	114 142	63 523	50 619	60 579	49 681	10 898
3 217 150	3 010 264	115 114	63 380	51 734	53 915	44 997	8 918
3 143 315	2 843 070	126 758	68 855	57 903	52 784	44 191	8 593
2 964 448	2 655 877	135 640	71 979	63 661	51 618	43 569	8 049
2 548 508	2 320 362	134 966	68 786	66 180	45 997	39 257	6 740
10 834 892	8 365 858	770 231	400 488	369 743	202 395	174 830	27 565
2 345 560	2 022 579	139 059	70 803	68 256	43 913	37 416	6 497
2 205 250	1 767 855	143 391	75 190	68 201	41 259	35 629	5 630
2 043 737	1 568 539	145 278	75 535	69 743	38 363	33 169	5 194
2 104 805	1 541 133	163 878	85 558	78 320	39 816	34 539	5 277
2 135 540	1 465 752	178 625	93 402	85 223	39 044	34 077	4 967
10 395 223	5 876 564	1 111 601	605 352	506 249	192 032	169 647	22 385
2 080 903	1 349 525	190 372	98 703	91 669	39 184	34 002	5 182
2 069 015	1 244 445	205 441	109 495	95 946	37 621	33 110	4 511
2 128 994	1 188 242	226 961	123 398	103 563	39 364	34 952	4 412
2 079 551	1 089 907	238 281	132 038	106 243	37 881	33 703	4 178
2 036 760	1 004 445	250 546	141 718	108 828	37 982	33 880	4 102
8 705 277	3 304 729	1 302 336	793 630	508 706	158 887	142 667	16 220
1 903 846	872 961	252 212	144 778	107 434	35 676	31 825	3 851
1 878 690	758 310	263 604	157 881	105 723	35 262	31 666	3 596
1 813 300	665 764	270 796	166 485	104 311	32 658	29 329	3 329
1 593 482	538 370	254 826	158 897	95 929	28 669	25 859	2 810
1 515 959	469 324	260 898	165 589	95 309	26 622	23 988	2 634
6 173 418	1 618 916	1 391 257	903 308	487 949	105 348	93 774	11 574
1 474 079	430 760	279 247	178 195	101 052	25 675	22 937	2 738
1 294 321	354 822	269 693	174 304	95 389	22 331	19 933	2 398
1 290 524	332 492	292 899	190 571	102 328	21 925	19 544	2 381
1 099 328	266 289	273 451	178 866	94 585	18 484	16 427	2 057
1 015 166	234 553	275 967	181 372	94 595	16 933	14 933	2 000
3 896 653	753 268	1 378 947	932 336	446 611	63 959	56 134	7 825
982 985	213 452	296 009	196 295	99 714	16 308	14 357	1 951
876 278	178 085	286 857	192 610	94 247	14 297	12 494	1 803
734 702	139 449	262 606	177 364	85 242	12 076	10 642	1 434
692 999	122 388	270 609	184 813	85 796	11 460	10 041	1 419
609 689	99 894	262 866	181 254	81 612	9 818	8 600	1 218

2—11 续表 8

文化程度和年龄（岁）	合计			未婚			
	合计	男	女	小计	男	女	小计
70 —74	**3 405 785**	**2 813 118**	**592 667**	**34 485**	**29 289**	**5 196**	**2 233 527**
70	893 433	735 944	157 489	9 424	8 218	1 206	620 170
71	724 916	597 091	127 825	7 329	6 318	1 011	487 787
72	663 611	547 631	115 980	6 663	5 621	1 042	431 646
73	597 792	495 623	102 169	5 948	4 925	1 023	376 235
74	526 033	436 829	89 204	5 121	4 207	914	317 689
75 —79	**1 742 410**	**1 448 145**	**294 265**	**17 934**	**14 064**	**3 870**	**940 482**
75	459 365	381 875	77 490	4 607	3 676	931	266 333
76	427 108	356 104	71 004	4 369	3 468	901	238 068
77	336 596	279 518	57 078	3 465	2 727	738	178 877
78	282 760	234 675	48 085	3 020	2 327	693	143 257
79	236 581	195 973	40 608	2 473	1 866	607	113 947
80 —84	**667 190**	**547 671**	**119 519**	**6 932**	**5 063**	**1 869**	**273 398**
80	198 347	164 073	34 274	2 082	1 561	521	89 319
81	157 433	129 735	27 698	1 615	1 195	420	66 648
82	126 975	104 296	22 679	1 399	1 035	364	50 739
83	100 843	82 183	18 660	999	703	296	37 583
84	83 592	67 384	16 208	837	569	268	29 109
85 —89	**195 398**	**155 251**	**40 147**	**2 017**	**1 412**	**605**	**57 639**
85	64 455	51 795	12 660	655	474	181	21 220
86	48 604	38 801	9 803	504	350	154	14 577
87	36 059	28 478	7 581	365	265	100	9 988
88	26 965	21 266	5 699	286	186	100	7 216
89	19 315	14 911	4 404	207	137	70	4 638
90 —94	**29 565**	**22 518**	**7 047**	**355**	**206**	**149**	**5 908**
90	12 050	9 314	2 736	148	96	52	2 700
91	7 002	5 330	1 672	57	30	27	1 339
92	4 967	3 766	1 201	67	35	32	919
93	3 319	2 498	821	58	33	25	576
94	2 227	1 610	617	25	12	13	374
95 —99	**4 050**	**3 000**	**1 050**	**58**	**32**	**26**	**739**
95	1 507	1 139	368	20	12	8	273
96	991	721	270	11	6	5	173
97	696	508	188	10	4	6	133
98	493	357	136	14	7	7	94
99	363	275	88	3	3	—	66
100 岁及以上	**379**	**279**	**100**	**10**	**7**	**3**	**50**

单位:人

有配偶		丧偶			离婚		
男	女	小计	男	女	小计	男	女
1 969 816	**263 711**	**1 107 298**	**787 403**	**319 895**	**30 475**	**26 610**	**3 865**
540 778	79 392	255 178	179 329	75 849	8 661	7 619	1 042
427 529	60 258	223 114	157 428	65 686	6 686	5 816	870
381 214	50 432	219 461	155 721	63 740	5 841	5 075	766
335 295	40 940	210 604	151 044	59 560	5 005	4 359	646
285 000	32 689	198 941	143 881	55 060	4 282	3 741	541
857 024	**83 458**	**771 709**	**566 308**	**205 401**	**12 285**	**10 749**	**1 536**
240 650	25 683	184 851	134 423	50 428	3 574	3 126	448
216 580	21 488	181 598	133 380	48 218	3 073	2 676	397
163 249	15 628	151 907	111 506	40 401	2 347	2 036	311
131 477	11 780	134 626	99 233	35 393	1 857	1 638	219
105 068	8 879	118 727	87 766	30 961	1 434	1 273	161
254 831	**18 567**	**383 336**	**284 708**	**98 628**	**3 524**	**3 069**	**455**
82 813	6 506	105 748	78 641	27 107	1 198	1 058	140
61 914	4 734	88 356	65 919	22 437	814	707	107
47 492	3 247	74 182	55 197	18 985	655	572	83
35 255	2 328	61 793	45 816	15 977	468	409	59
27 357	1 752	53 257	39 135	14 122	389	323	66
54 572	**3 067**	**134 956**	**98 579**	**36 377**	**786**	**688**	**98**
20 049	1 171	42 302	31 028	11 274	278	244	34
13 799	778	33 328	24 481	8 847	195	171	24
9 452	536	25 576	18 650	6 926	130	111	19
6 864	352	19 359	14 122	5 237	104	94	10
4 408	230	14 391	10 298	4 093	79	68	11
5 703	**205**	**23 194**	**16 514**	**6 680**	**108**	**95**	**13**
2 614	86	9 153	6 560	2 593	49	44	5
1 283	56	5 589	4 003	1 586	17	14	3
899	20	3 964	2 816	1 148	17	16	1
552	24	2 672	1 902	770	13	11	2
355	19	1 816	1 233	583	12	10	2
710	**29**	**3 226**	**2 233**	**993**	**27**	**25**	**2**
261	12	1 202	856	346	12	10	2
166	7	803	545	258	4	4	—
127	6	549	373	176	4	4	—
90	4	381	256	125	4	4	—
66	—	291	203	88	3	3	—
49	**1**	**316**	**221**	**95**	**3**	**2**	**1**

2—11 续表 9

文化程度和年龄（岁）	合计			未婚			
	合计	男	女	小计	男	女	小计
初中	**247 845 535**	**151 072 547**	**96 772 988**	**89 617 314**	**55 083 210**	**34 534 104**	**154 934 196**
15—19	**56 369 830**	**32 292 426**	**24 077 404**	**55 190 563**	**31 768 202**	**23 422 361**	**1 171 517**
15	11 206 339	6 327 473	4 878 866	11 199 661	6 323 989	4 875 672	6 440
16	11 848 311	6 792 405	5 055 906	11 827 364	6 782 911	5 044 453	20 535
17	11 415 328	6 562 792	4 852 536	11 332 587	6 526 453	4 806 134	81 926
18	10 733 675	6 182 624	4 551 051	10 455 260	6 060 610	4 394 650	276 223
19	11 166 177	6 427 132	4 739 045	10 375 691	6 074 239	4 301 452	786 393
20—24	**55 713 783**	**31 767 084**	**23 946 699**	**28 304 748**	**18 145 529**	**10 159 219**	**27 269 120**
20	10 979 764	6 245 377	4 734 387	9 034 431	5 439 084	3 595 347	1 936 399
21	11 559 379	6 562 426	4 996 953	7 758 384	4 888 102	2 870 282	3 784 825
22	10 784 230	6 168 823	4 615 407	5 388 184	3 524 985	1 863 199	5 371 469
23	10 419 815	5 959 985	4 459 830	3 463 638	2 374 730	1 088 908	6 920 635
24	11 970 595	6 830 473	5 140 122	2 660 111	1 918 628	741 483	9 255 792
25—29	**45 585 660**	**26 139 759**	**19 445 901**	**4 272 448**	**3 463 675**	**808 773**	**40 970 805**
25	11 656 543	6 608 184	5 048 359	1 709 357	1 307 975	401 382	9 878 574
26	11 660 150	6 590 002	5 070 148	1 153 067	937 695	215 372	10 424 683
27	11 852 950	6 820 335	5 032 615	837 699	711 603	126 096	10 921 712
28	6 286 637	3 694 707	2 591 930	362 525	318 509	44 016	5 869 269
29	4 129 380	2 426 531	1 702 849	209 800	187 893	21 907	3 876 567
30—34	**27 662 364**	**17 471 206**	**10 191 158**	**908 491**	**844 254**	**64 237**	**26 413 724**
30	4 970 558	3 008 898	1 961 660	208 717	191 514	17 203	4 705 414
31	4 821 055	2 994 762	1 826 293	178 723	165 859	12 864	4 585 502
32	6 304 021	4 018 318	2 285 703	204 038	191 194	12 844	6 023 460
33	5 967 870	3 840 770	2 127 100	170 106	159 051	11 055	5 722 761
34	5 598 860	3 608 458	1 990 402	146 907	136 636	10 271	5 376 587
35—39	**24 544 514**	**16 019 797**	**8 524 717**	**481 317**	**438 754**	**42 563**	**23 679 550**
35	5 940 937	3 852 147	2 088 790	142 882	132 089	10 793	5 712 921
36	5 385 680	3 481 132	1 904 548	115 636	105 916	9 720	5 187 889
37	4 798 751	3 133 222	1 665 529	91 001	82 749	8 252	4 632 096
38	4 572 067	3 017 383	1 554 684	75 205	67 599	7 606	4 422 409
39	3 847 079	2 535 913	1 311 166	56 593	50 401	6 192	3 724 235

单位:人

有配偶		丧偶			离婚		
男	女	小计	男	女	小计	男	女
93 807 581	61 126 615	2 123 915	1 412 351	711 564	1 170 110	769 405	400 705
521 069	650 448	1 600	892	708	6 150	2 263	3 887
3 354	3 086	88	54	34	150	76	74
9 317	11 218	130	74	56	282	103	179
35 996	45 930	201	135	66	614	208	406
121 244	154 979	361	194	167	1 831	576	1 255
351 158	435 235	820	435	385	3 273	1 300	1 973
13 545 324	13 723 796	33 842	19 740	14 102	106 073	56 491	49 582
802 136	1 134 263	1 745	904	841	7 189	3 253	3 936
1 666 334	2 118 491	3 729	1 952	1 777	12 441	6 038	6 403
2 630 846	2 740 623	5 962	3 412	2 550	18 615	9 580	9 035
3 565 305	3 355 330	8 833	5 268	3 565	26 709	14 682	12 027
4 880 703	4 375 089	13 573	8 204	5 369	41 119	22 938	18 181
22 467 772	18 503 033	90 917	56 084	34 833	251 490	152 228	99 262
5 260 535	4 618 039	17 387	10 487	6 900	51 225	29 187	22 038
5 603 729	4 820 954	21 091	12 713	8 378	61 309	35 865	25 444
6 050 979	4 870 733	25 600	15 997	9 603	67 939	41 756	26 183
3 340 861	2 528 408	15 935	10 172	5 763	38 908	25 165	13 743
2 211 668	1 664 899	10 904	6 715	4 189	32 109	20 255	11 854
16 403 324	10 010 400	108 947	71 876	37 071	231 202	151 752	79 450
2 781 059	1 924 355	15 086	9 607	5 479	41 341	26 718	14 623
2 791 532	1 793 970	16 811	10 977	5 834	40 019	26 394	13 625
3 776 247	2 247 213	24 601	16 276	8 325	51 922	34 601	17 321
3 631 832	2 090 929	25 943	17 526	8 417	49 060	32 361	16 699
3 422 654	1 953 933	26 506	17 490	9 016	48 860	31 678	17 182
15 338 955	8 340 595	158 748	98 901	59 847	224 899	143 187	81 712
3 665 203	2 047 718	31 165	20 356	10 809	53 969	34 499	19 470
3 323 008	1 864 881	31 341	19 869	11 472	50 814	32 339	18 475
3 002 825	1 629 271	31 467	19 502	11 965	44 187	28 146	16 041
2 903 142	1 519 267	33 318	20 505	12 813	41 135	26 137	14 998
2 444 777	1 279 458	31 457	18 669	12 788	34 794	22 066	12 728

2—11 续表 10

文化程度和年龄（岁）	合计			未婚			
	合 计	男	女	小 计	男	女	小 计
40 —44	14 008 370	9 368 062	4 640 308	183 392	167 186	16 206	13 519 037
40	3 724 396	2 478 706	1 245 690	51 701	46 234	5 467	3 602 553
41	2 740 131	1 833 313	906 818	36 803	33 334	3 469	2 646 800
42	2 479 229	1 659 317	819 912	32 754	29 720	3 034	2 391 225
43	2 534 135	1 696 246	837 889	31 324	28 801	2 523	2 443 233
44	2 530 479	1 700 480	829 999	30 810	29 097	1 713	2 435 226
45 —49	10 012 568	6 847 138	3 165 430	125 915	120 545	5 370	9 549 773
45	2 438 813	1 655 295	783 518	30 046	28 614	1 432	2 339 356
46	2 214 946	1 516 418	698 528	27 535	26 355	1 180	2 118 194
47	1 966 655	1 340 425	626 230	25 049	24 075	974	1 873 759
48	1 800 900	1 231 811	569 089	23 393	22 437	956	1 709 783
49	1 591 254	1 103 189	488 065	19 892	19 064	828	1 508 681
50 —54	5 499 877	4 015 100	1 484 777	67 849	64 021	3 828	5 159 598
50	1 358 795	951 256	407 539	16 943	16 216	727	1 283 362
51	1 155 761	824 633	331 128	14 055	13 411	644	1 087 368
52	1 082 130	794 004	288 126	14 141	13 189	952	1 013 755
53	983 191	740 259	242 932	12 440	11 447	993	917 929
54	920 000	704 948	215 052	10 270	9 758	512	857 184
55 —59	3 699 863	3 033 099	666 764	36 587	34 004	2 583	3 401 171
55	841 813	660 042	181 771	9 057	8 579	478	780 971
56	814 711	658 321	156 390	8 736	8 106	630	752 219
57	759 054	627 001	132 053	7 680	7 097	583	697 288
58	660 074	554 839	105 235	5 907	5 461	446	603 798
59	624 211	532 896	91 315	5 207	4 761	446	566 895
60 —64	2 353 753	2 028 450	325 303	19 412	16 945	2 467	2 065 213
60	592 740	507 566	85 174	4 559	4 154	405	533 047
61	496 862	426 621	70 241	3 718	3 332	386	441 143
62	484 733	418 712	66 021	4 509	3 737	772	423 599
63	407 531	352 879	54 652	3 596	3 072	524	351 449
64	371 887	322 672	49 215	3 030	2 650	380	315 975
65 —69	1 347 238	1 172 543	174 695	14 099	11 311	2 788	1 078 630
65	347 179	301 800	45 379	2 976	2 570	406	288 714
66	304 124	264 593	39 531	2 767	2 300	467	248 169
67	253 139	220 376	32 763	3 278	2 542	736	201 705
68	238 198	207 281	30 917	2 860	2 188	672	185 224
69	204 598	178 493	26 105	2 218	1 711	507	154 818

单位:人

有配偶		丧偶			离婚		
男	女	小计	男	女	小计	男	女
9 013 557	**4 505 480**	**182 627**	**103 489**	**79 138**	**123 314**	**83 830**	**39 484**
2 389 336	1 213 217	35 923	20 793	15 130	34 219	22 343	11 876
1 764 969	881 831	31 589	18 337	13 252	24 939	16 673	8 266
1 595 636	795 589	33 331	19 029	14 302	21 919	14 932	6 987
1 631 258	811 975	38 081	21 197	16 884	21 497	14 990	6 507
1 632 358	802 868	43 703	24 133	19 570	20 740	14 892	5 848
6 522 460	**3 027 313**	**251 228**	**139 952**	**111 276**	**85 652**	**64 181**	**21 471**
1 584 524	754 832	49 006	27 242	21 764	20 405	14 915	5 490
1 447 586	670 608	50 800	28 701	22 099	18 417	13 776	4 641
1 275 007	598 752	50 741	28 424	22 317	17 106	12 919	4 187
1 168 729	541 054	51 935	28 715	23 220	15 789	11 930	3 859
1 046 614	462 067	48 746	26 870	21 876	13 935	10 641	3 294
3 784 836	**1 374 762**	**221 577**	**126 417**	**95 160**	**50 853**	**39 826**	**11 027**
900 705	382 657	46 353	25 106	21 247	12 137	9 229	2 908
778 843	308 525	43 919	24 349	19 570	10 419	8 030	2 389
747 687	266 068	44 226	25 224	19 002	10 008	7 904	2 104
695 907	222 022	43 454	25 448	18 006	9 368	7 457	1 911
661 694	195 490	43 625	26 290	17 335	8 921	7 206	1 715
2 818 187	**582 984**	**223 823**	**148 782**	**75 041**	**38 282**	**32 126**	**6 156**
617 714	163 257	43 374	26 869	16 505	8 411	6 880	1 531
613 586	138 633	45 335	29 550	15 785	8 421	7 079	1 342
582 336	114 952	46 104	30 881	15 223	7 982	6 687	1 295
513 866	89 932	43 399	29 617	13 782	6 970	5 895	1 075
490 685	76 210	45 611	31 865	13 746	6 498	5 585	913
1 813 626	**251 587**	**243 519**	**176 323**	**67 196**	**25 609**	**21 556**	**4 053**
463 670	69 377	48 843	34 434	14 409	6 291	5 308	983
385 509	55 634	46 702	33 322	13 380	5 299	4 458	841
373 003	50 596	51 341	37 483	13 858	5 284	4 489	795
310 886	40 563	47 995	35 162	12 833	4 491	3 759	732
280 558	35 417	48 638	35 922	12 716	4 244	3 542	702
969 195	**109 435**	**238 729**	**179 038**	**59 691**	**15 780**	**12 999**	**2 781**
257 646	31 068	51 535	38 296	13 239	3 954	3 288	666
222 306	25 863	49 645	37 083	12 562	3 543	2 904	639
181 486	20 219	45 219	33 927	11 292	2 937	2 421	516
167 279	17 945	47 270	35 501	11 769	2 844	2 313	531
140 478	14 340	45 060	34 231	10 829	2 502	2 073	429

2—11 续表 11

文化程度和年龄（岁）	合计			未婚			
	合 计	男	女	小 计	男	女	小 计
70 —74	627 372	550 055	77 317	6 373	4 768	1 605	437 849
70	174 876	153 957	20 919	1 818	1 431	387	128 667
71	136 239	119 124	17 115	1 206	886	320	97 431
72	119 485	104 687	14 798	1 358	1 032	326	82 765
73	105 750	92 508	13 242	1 170	837	333	70 532
74	91 022	79 779	11 243	821	582	239	58 454
75 —79	284 500	249 906	34 594	3 846	2 615	1 231	163 116
75	78 034	68 507	9 527	860	581	279	48 048
76	70 525	62 209	8 316	832	586	246	41 430
77	53 762	47 088	6 674	784	539	245	30 480
78	44 723	39 202	5 521	741	506	235	23 996
79	37 456	32 900	4 556	629	403	226	19 162
80 —84	101 871	88 881	12 990	1 646	1 018	628	44 556
80	30 412	26 622	3 790	487	292	195	14 595
81	24 547	21 384	3 163	376	233	143	11 090
82	18 975	16 577	2 398	351	230	121	8 081
83	15 331	13 367	1 964	263	161	102	6 086
84	12 606	10 931	1 675	169	102	67	4 704
85 —89	28 996	24 965	4 031	438	277	161	9 392
85	9 591	8 262	1 329	139	93	46	3 391
86	7 207	6 265	942	101	63	38	2 401
87	5 280	4 552	728	63	39	24	1 644
88	3 939	3 374	565	65	43	22	1 153
89	2 979	2 512	467	70	39	31	803
90 —94	4 365	3 585	780	169	96	73	1 000
90	1 780	1 469	311	54	29	25	472
91	1 034	858	176	23	14	9	206
92	698	573	125	42	21	21	133
93	490	385	105	41	24	17	94
94	363	300	63	9	8	1	95
95 —99	550	442	108	17	6	11	138
95	217	172	45	5	2	3	61
96	127	107	20	5	2	3	34
97	93	70	23	—	—	—	21
98	66	58	8	4	2	2	16
99	47	35	12	3	—	3	6
100岁及以上	61	49	12	4	4	—	7

单位:人

有配偶		丧偶			离婚		
男	女	小计	男	女	小计	男	女
403 224	**34 625**	**175 900**	**136 067**	**39 833**	**7 250**	**5 996**	**1 254**
118 006	10 661	42 274	32 750	9 524	2 117	1 770	347
89 409	8 022	35 953	27 475	8 478	1 649	1 354	295
76 171	6 594	33 998	26 346	7 652	1 364	1 138	226
65 277	5 255	32 861	25 421	7 440	1 187	973	214
54 361	4 093	30 814	24 075	6 739	933	761	172
153 383	**9 733**	**114 861**	**91 670**	**23 191**	**2 677**	**2 238**	**439**
44 913	3 135	28 317	22 327	5 990	809	686	123
38 959	2 471	27 550	22 066	5 484	713	598	115
28 672	1 808	22 011	17 471	4 540	487	406	81
22 631	1 365	19 599	15 746	3 853	387	319	68
18 208	954	17 384	14 060	3 324	281	229	52
42 527	**2 029**	**54 965**	**44 756**	**10 209**	**704**	**580**	**124**
13 892	703	15 080	12 231	2 849	250	207	43
10 556	534	12 913	10 459	2 454	168	136	32
7 723	358	10 420	8 516	1 904	123	108	15
5 845	241	8 890	7 288	1 602	92	73	19
4 511	193	7 662	6 262	1 400	71	56	15
9 031	**361**	**19 010**	**15 520**	**3 490**	**156**	**137**	**19**
3 247	144	6 006	4 876	1 130	55	46	9
2 319	82	4 665	3 848	817	40	35	5
1 581	63	3 547	2 908	639	26	24	2
1 107	46	2 699	2 203	496	22	21	1
777	26	2 093	1 685	408	13	11	2
970	**30**	**3 180**	**2 507**	**673**	**16**	**12**	**4**
457	15	1 246	979	267	8	4	4
201	5	802	640	162	3	3	—
132	1	521	418	103	2	2	—
88	6	354	272	82	1	1	—
92	3	257	198	59	2	2	—
134	**4**	**393**	**300**	**93**	**2**	**2**	**—**
59	2	151	111	40	—	—	—
34	—	87	70	17	1	1	—
21	—	72	49	23	—	—	—
15	1	45	40	5	1	1	—
5	1	38	30	8	—	—	—
7	**—**	**49**	**37**	**12**	**1**	**1**	**—**

2—11 续表 12

文化程度和年龄(岁)	合计			未婚			
	合计	男	女	小计	男	女	小计
高中	**72 517 201**	**44 583 891**	**27 933 310**	**22 511 565**	**13 897 107**	**8 614 458**	**49 162 403**
15 —19	**10 989 378**	**6 420 453**	**4 568 925**	**10 933 290**	**6 393 877**	**4 539 413**	**55 297**
15	493 022	275 052	217 970	492 502	274 733	217 769	512
16	1 606 122	906 839	699 283	1 604 942	906 136	698 806	1 148
17	2 734 609	1 588 753	1 145 856	2 730 940	1 586 801	1 144 139	3 562
18	3 062 684	1 812 821	1 249 863	3 050 531	1 807 059	1 243 472	11 938
19	3 092 941	1 836 988	1 255 953	3 054 375	1 819 148	1 235 227	38 137
20 —24	**12 302 976**	**7 141 754**	**5 161 222**	**8 837 795**	**5 430 182**	**3 407 613**	**3 446 009**
20	2 836 220	1 659 294	1 176 926	2 707 512	1 606 408	1 101 104	127 766
21	2 740 582	1 577 674	1 162 908	2 414 749	1 443 306	971 443	324 217
22	2 281 932	1 315 505	966 427	1 711 571	1 049 485	662 086	567 539
23	1 982 029	1 150 147	831 882	1 090 827	706 939	383 888	886 408
24	2 462 213	1 439 134	1 023 079	913 136	624 044	289 092	1 540 079
25 —29	**19 449 450**	**11 334 005**	**8 115 445**	**2 144 811**	**1 589 067**	**555 744**	**17 155 961**
25	3 088 498	1 814 472	1 274 026	703 185	502 950	200 235	2 368 878
26	4 206 688	2 424 413	1 782 275	581 926	429 034	152 892	3 596 707
27	5 496 589	3 208 297	2 288 292	471 382	355 181	116 201	4 982 741
28	3 625 925	2 144 430	1 481 495	232 382	179 429	52 953	3 362 379
29	3 031 750	1 742 393	1 289 357	155 936	122 473	33 463	2 845 256
30 —34	**16 113 942**	**9 846 322**	**6 267 620**	**422 421**	**340 460**	**81 961**	**15 510 663**
30	3 705 263	2 192 812	1 512 451	134 683	108 359	26 324	3 531 654
31	3 271 293	1 974 715	1 296 578	96 091	77 782	18 309	3 138 904
32	3 718 670	2 267 342	1 451 328	89 298	72 518	16 780	3 587 137
33	3 011 168	1 868 942	1 142 226	60 034	47 926	12 108	2 916 163
34	2 407 548	1 542 511	865 037	42 315	33 875	8 440	2 336 805
35 —39	**5 952 473**	**4 140 044**	**1 812 429**	**85 030**	**70 308**	**14 722**	**5 793 279**
35	2 076 702	1 398 073	678 629	31 178	25 297	5 881	2 021 030
36	1 499 519	1 037 815	461 704	21 796	17 924	3 872	1 459 595
37	1 028 465	730 138	298 327	14 560	12 235	2 325	1 000 774
38	767 195	554 046	213 149	10 375	8 828	1 547	746 691
39	580 592	419 972	160 620	7 121	6 024	1 097	565 189

单位:人

有配偶		丧偶			离婚		
男	女	小计	男	女	小计	男	女
30 188 367	18 974 036	440 962	273 988	166 974	402 271	224 429	177 842
26 241	29 056	163	93	70	628	242	386
316	196	—	—	—	8	3	5
688	460	8	6	2	24	9	15
1 904	1 658	22	16	6	85	32	53
5 680	6 258	50	28	22	165	54	111
17 653	20 484	83	43	40	346	144	202
1 702 826	1 743 183	3 476	1 847	1 629	15 696	6 899	8 797
52 485	75 281	180	105	75	762	296	466
133 680	190 537	306	143	163	1 310	545	765
264 856	302 683	494	241	253	2 328	923	1 405
441 004	445 404	818	465	353	3 976	1 739	2 237
810 801	729 278	1 678	893	785	7 320	3 396	3 924
9 671 378	7 484 583	30 119	16 225	13 894	118 559	57 335	61 224
1 303 416	1 065 462	3 154	1 696	1 458	13 281	6 410	6 871
1 981 803	1 614 904	5 326	2 875	2 451	22 729	10 701	12 028
2 832 198	2 150 543	8 815	4 774	4 041	33 651	16 144	17 507
1 949 145	1 413 234	6 776	3 697	3 079	24 388	12 159	12 229
1 604 816	1 240 440	6 048	3 183	2 865	24 510	11 921	12 589
9 408 733	6 101 930	44 679	24 775	19 904	136 179	72 354	63 825
2 064 355	1 467 299	8 414	4 426	3 988	30 512	15 672	14 840
1 877 474	1 261 430	8 346	4 620	3 726	27 952	14 839	13 113
2 172 113	1 415 024	10 380	5 777	4 603	31 855	16 934	14 921
1 802 049	1 114 114	9 352	5 251	4 101	25 619	13 716	11 903
1 492 742	844 063	8 187	4 701	3 486	20 241	11 193	9 048
4 024 509	1 768 770	28 833	18 011	10 822	45 331	27 216	18 115
1 358 463	662 567	8 292	5 042	3 250	16 202	9 271	6 931
1 008 839	450 756	6 735	4 208	2 527	11 393	6 844	4 549
709 667	291 107	5 462	3 508	1 954	7 669	4 728	2 941
538 753	207 938	4 522	2 888	1 634	5 607	3 577	2 030
408 787	156 402	3 822	2 365	1 457	4 460	2 796	1 664

2—11　续表 13

文化程度和年龄(岁)	合计			未婚			
	合　计	男	女	小　计	男	女	小　计
40 —44	2 434 926	1 690 085	744 841	28 905	22 722	6 183	2 361 644
40	603 220	432 122	171 098	7 070	5 776	1 294	586 741
41	520 262	361 488	158 774	6 294	4 863	1 431	504 854
42	483 479	331 803	151 676	5 913	4 500	1 413	468 845
43	439 353	299 787	139 566	5 234	4 042	1 192	425 489
44	388 612	264 885	123 727	4 394	3 541	853	375 715
45 —49	1 980 721	1 389 231	591 490	20 362	17 681	2 681	1 905 953
45	384 047	261 419	122 628	4 191	3 485	706	370 448
46	398 905	275 453	123 452	4 191	3 556	635	384 595
47	415 822	290 257	125 565	4 028	3 502	526	400 560
48	409 043	291 829	117 214	4 045	3 592	453	392 902
49	372 904	270 273	102 631	3 907	3 546	361	357 448
50 —54	1 236 923	929 184	307 739	15 000	13 595	1 405	1 171 675
50	318 128	232 314	85 814	3 694	3 371	323	302 988
51	264 706	195 704	69 002	3 257	2 938	319	251 350
52	242 349	182 897	59 452	2 996	2 701	295	229 302
53	214 413	164 818	49 595	2 739	2 488	251	202 293
54	197 327	153 451	43 876	2 314	2 097	217	185 742
55 —59	831 268	671 583	159 685	9 008	8 111	897	773 863
55	181 350	143 254	38 096	2 049	1 853	196	170 313
56	175 211	140 614	34 597	1 951	1 772	179	163 959
57	168 574	136 351	32 223	1 817	1 644	173	157 154
58	154 613	126 508	28 105	1 671	1 498	173	143 213
59	151 520	124 856	26 664	1 520	1 344	176	139 224
60 —64	607 185	506 485	100 700	6 45[illegible]	5 515	937	537 796
60	149 009	123 307	25 702	1 52[illegible]	1 333	192	135 261
61	127 667	106 048	21 619	1 2[illegible]	1 117	177	114 622
62	126 490	106 035	20 455	1 427	1 221	206	111 753
63	106 639	89 338	17 301	1 207	1 023	184	92 584
64	97 380	81 757	15 623	999	821	178	83 576
65 —69	348 091	290 799	57 292	4 140	3 160	980	280 262
65	90 213	75 785	14 428	959	775	184	75 645
66	78 816	65 781	13 035	871	690	181	64 686
67	64 881	54 213	10 668	842	626	216	52 083
68	61 754	51 436	10 318	798	571	227	48 072
69	52 427	43 584	8 843	670	498	172	39 776

单位:人

有配偶		丧偶			离婚		
男	女	小计	男	女	小计	男	女
1 642 625	**719 019**	**21 685**	**11 161**	**10 524**	**22 692**	**13 577**	**9 115**
420 715	166 026	4 375	2 541	1 834	5 034	3 090	1 944
351 534	153 320	4 335	2 277	2 058	4 779	2 814	1 965
322 511	146 334	4 124	2 076	2 048	4 597	2 716	1 881
291 098	134 391	4 355	2 140	2 215	4 275	2 507	1 768
256 767	118 948	4 496	2 127	2 369	4 007	2 450	1 557
1 341 175	**564 778**	**34 938**	**17 410**	**17 528**	**19 468**	**12 965**	**6 503**
252 886	117 562	5 368	2 515	2 853	4 040	2 533	1 507
266 462	118 133	6 173	2 891	3 282	3 946	2 544	1 402
280 532	120 028	7 235	3 589	3 646	3 999	2 634	1 365
281 290	111 612	8 181	4 221	3 960	3 915	2 726	1 189
260 005	97 443	7 981	4 194	3 787	3 568	2 528	1 040
885 334	**286 341**	**36 486**	**19 832**	**16 654**	**13 762**	**10 423**	**3 339**
222 322	80 666	8 108	4 204	3 904	3 338	2 417	921
186 710	64 640	7 209	3 845	3 364	2 890	2 211	679
174 061	55 241	7 303	4 024	3 279	2 748	2 111	637
156 596	45 697	6 965	3 895	3 070	2 416	1 839	577
145 645	40 097	6 901	3 864	3 037	2 370	1 845	525
632 740	**141 123**	**37 917**	**22 490**	**15 427**	**10 480**	**8 242**	**2 238**
135 829	34 484	6 778	3 866	2 912	2 210	1 706	504
133 014	30 945	7 205	4 185	3 020	2 096	1 643	453
128 643	28 511	7 492	4 385	3 107	2 111	1 679	432
118 678	24 535	7 696	4 707	2 989	2 033	1 625	408
116 576	22 648	8 746	5 347	3 399	2 030	1 589	441
457 948	**79 848**	**53 913**	**35 847**	**18 066**	**9 024**	**7 175**	**1 849**
113 907	21 354	10 179	6 464	3 715	2 044	1 603	441
97 055	17 567	9 926	6 399	3 527	1 825	1 477	348
95 624	16 129	11 403	7 682	3 721	1 907	1 508	399
79 391	13 193	11 171	7 586	3 585	1 677	1 338	339
71 971	11 605	11 234	7 716	3 518	1 571	1 249	322
242 731	**37 531**	**57 484**	**40 078**	**17 406**	**6 205**	**4 830**	**1 375**
65 356	10 289	12 096	8 429	3 667	1 513	1 225	288
55 740	8 946	11 876	8 283	3 593	1 383	1 068	315
45 179	6 904	10 805	7 526	3 279	1 151	882	269
41 772	6 300	11 740	8 213	3 527	1 144	880	264
34 684	5 092	10 967	7 627	3 340	1 014	775	239

2—11 续表 14

文化程度和年龄（岁）	合计			未婚			
	合计	男	女	小计	男	女	小计
70—74	**159 403**	**132 383**	**27 020**	**2 253**	**1 437**	**816**	**111 739**
70	43 764	36 756	7 008	645	452	193	32 356
71	34 921	28 949	5 972	456	298	158	25 033
72	30 678	25 359	5 319	441	273	168	21 132
73	26 891	22 180	4 711	393	244	149	18 097
74	23 149	19 139	4 010	318	170	148	15 121
75—79	**73 236**	**60 804**	**12 432**	**1 176**	**577**	**599**	**42 600**
75	20 024	16 655	3 369	299	154	145	12 365
76	18 027	14 963	3 064	259	125	134	10 797
77	13 888	11 545	2 343	229	107	122	7 940
78	11 505	9 526	1 979	214	105	109	6 307
79	9 792	8 115	1 677	175	86	89	5 191
80—84	**27 102**	**22 487**	**4 615**	**654**	**309**	**345**	**12 272**
80	7 801	6 483	1 318	169	67	102	3 869
81	6 464	5 392	1 072	149	70	79	3 009
82	5 185	4 309	876	145	86	59	2 265
83	4 107	3 375	732	105	49	56	1 734
84	3 545	2 928	617	86	37	49	1 395
85—89	**8 530**	**7 030**	**1 500**	**218**	**84**	**134**	**2 997**
85	2 806	2 340	466	65	30	35	1 057
86	2 029	1 663	366	60	21	39	715
87	1 620	1 320	300	46	19	27	551
88	1 209	995	214	23	8	15	392
89	866	712	154	24	6	18	282
90—94	**1 389**	**1 082**	**307**	**42**	**18**	**24**	**335**
90	545	424	121	16	5	11	129
91	320	246	74	5	1	4	83
92	232	182	50	10	7	3	48
93	175	136	39	8	4	4	39
94	117	94	23	3	1	2	36
95—99	**194**	**148**	**46**	**4**	**1**	**3**	**53**
95	74	56	18	—	—	—	22
96	53	38	15	3	—	3	16
97	34	28	6	1	1	—	7
98	21	17	4	—	—	—	5
99	12	9	3	—	—	—	3
100岁及以上	**14**	**12**	**2**	**4**	**3**	**1**	**5**

单位：人

有配偶		丧偶			离婚		
男	女	小计	男	女	小计	男	女
98 767	**12 972**	**42 592**	**30 042**	**12 550**	**2 819**	**2 137**	**682**
28 505	3 851	9 993	7 177	2 816	770	622	148
22 048	2 985	8 786	6 126	2 660	646	477	169
18 698	2 434	8 558	5 993	2 565	547	395	152
16 025	2 072	7 934	5 561	2 373	467	350	117
13 491	1 630	7 321	5 185	2 136	389	293	96
38 734	**3 866**	**28 382**	**20 698**	**7 684**	**1 078**	**795**	**283**
11 137	1 228	7 038	5 114	1 924	322	250	72
9 785	1 012	6 707	4 866	1 841	264	187	77
7 263	677	5 521	4 035	1 486	198	140	58
5 752	555	4 822	3 549	1 273	162	120	42
4 797	394	4 294	3 134	1 160	132	98	34
11 434	**838**	**13 896**	**10 552**	**3 344**	**280**	**192**	**88**
3 599	270	3 673	2 749	924	90	68	22
2 799	210	3 231	2 475	756	75	48	27
2 111	154	2 721	2 075	646	54	37	17
1 620	114	2 236	1 685	551	32	21	11
1 305	90	2 035	1 568	467	29	18	11
2 830	**167**	**5 251**	**4 072**	**1 179**	**64**	**44**	**20**
995	62	1 664	1 300	364	20	15	5
670	45	1 236	962	274	18	10	8
520	31	1 012	773	239	11	8	3
374	18	784	607	177	10	6	4
271	11	555	430	125	5	5	—
311	**24**	**1 007**	**750**	**257**	**5**	**3**	**2**
121	8	396	296	100	4	2	2
75	8	231	169	62	1	1	—
46	2	174	129	45	—	—	—
35	4	128	97	31	—	—	—
34	2	78	59	19	—	—	—
47	**6**	**136**	**100**	**36**	**1**	**—**	**1**
20	2	52	36	16	—	—	—
13	3	34	25	9	—	—	—
6	1	26	21	5	—	—	—
5	—	16	12	4	—	—	—
3	—	8	6	2	1	—	1
4	**1**	**5**	**5**	**—**	**—**	**—**	**—**

2—11　续表15

文化程度和年龄（岁）	合计			未婚			
	合　计	男	女	小　计	男	女	小　计
中　专	**17 272 055**	**10 125 812**	**7 146 243**	**5 364 777**	**2 942 938**	**2 421 839**	**11 651 079**
15 —19	**2 560 512**	**1 226 418**	**1 334 094**	**2 554 353**	**1 223 836**	**1 330 517**	**6 051**
15	80 302	34 312	45 990	80 223	34 256	45 967	78
16	325 869	145 305	180 564	325 687	145 176	180 511	177
17	630 444	295 384	335 060	630 076	295 176	334 900	348
18	748 231	361 665	386 566	747 129	361 142	385 987	1 072
19	775 666	389 752	385 914	771 238	388 086	383 152	4 376
20 —24	**3 032 819**	**1 675 160**	**1 357 659**	**2 326 313**	**1 371 860**	**954 453**	**703 678**
20	723 433	378 442	344 991	701 447	372 118	329 329	21 853
21	674 434	362 385	312 049	611 740	343 609	268 131	62 448
22	558 296	310 428	247 868	443 692	266 895	176 797	114 178
23	503 001	289 990	213 011	310 700	206 388	104 312	191 578
24	573 655	333 915	239 740	258 734	182 850	75 884	313 621
25 —29	**2 542 925**	**1 493 298**	**1 049 627**	**412 169**	**302 482**	**109 687**	**2 116 200**
25	607 226	357 105	250 121	179 044	131 439	47 605	426 002
26	665 068	387 211	277 857	118 306	87 809	30 497	543 425
27	668 923	396 988	271 935	73 817	54 498	19 319	591 066
28	349 710	208 106	141 604	26 824	19 179	7 645	320 221
29	251 998	143 888	108 110	14 178	9 557	4 621	235 486
30 —34	**1 709 453**	**1 015 399**	**694 054**	**31 695**	**19 512**	**12 183**	**1 659 974**
30	285 810	168 837	116 973	10 041	6 558	3 483	272 938
31	273 971	164 193	109 778	6 594	4 180	2 414	264 535
32	374 726	225 711	149 015	6 204	3 811	2 393	364 762
33	384 063	229 442	154 621	4 757	2 757	2 000	375 255
34	390 883	227 216	163 667	4 099	2 206	1 893	382 484
35 —39	**1 766 462**	**999 664**	**766 798**	**12 250**	**5 718**	**6 532**	**1 733 553**
35	434 166	246 318	187 848	3 631	1 821	1 810	425 619
36	400 774	223 633	177 141	2 766	1 313	1 453	393 506
37	344 177	193 593	150 584	2 210	1 001	1 209	337 860
38	318 822	180 268	138 554	2 022	855	1 167	312 990
39	268 523	155 852	112 671	1 621	728	893	263 578

单位:人

有配偶		丧偶			离婚		
男	女	小计	男	女	小计	男	女
7 062 589	4 588 490	163 312	73 564	89 748	92 887	46 721	46 166
2 520	3 531	30	26	4	78	36	42
55	23	—	—	—	1	1	—
126	51	1	1	—	4	2	2
193	155	7	7	—	13	8	5
505	567	9	7	2	21	11	10
1 641	2 735	13	11	2	39	14	25
302 085	401 593	434	220	214	2 394	995	1 399
6 265	15 588	27	19	8	106	40	66
18 678	43 770	45	25	20	201	73	128
43 370	70 808	63	33	30	363	130	233
83 304	108 274	109	49	60	614	249	365
150 468	163 153	190	94	96	1 110	503	607
1 183 971	932 229	2 101	947	1 154	12 455	5 898	6 557
224 660	201 342	320	139	181	1 860	867	993
297 872	245 553	487	231	256	2 850	1 299	1 551
340 527	250 539	548	259	289	3 492	1 704	1 788
187 655	132 566	405	174	231	2 260	1 098	1 162
133 257	102 229	341	144	197	1 993	930	1 063
987 935	672 039	3 133	1 244	1 889	14 651	6 708	7 943
160 966	111 972	416	184	232	2 415	1 129	1 286
158 702	105 833	437	186	251	2 405	1 125	1 280
220 183	144 579	642	243	399	3 118	1 474	1 644
224 881	150 374	753	306	447	3 298	1 498	1 800
223 203	159 281	885	325	560	3 415	1 482	1 933
986 106	747 447	5 814	1 873	3 941	14 845	5 967	8 878
242 518	183 101	1 101	395	706	3 815	1 584	2 231
220 627	172 879	1 150	348	802	3 352	1 345	2 007
191 061	146 799	1 182	377	805	2 925	1 154	1 771
178 046	134 944	1 203	355	848	2 607	1 012	1 595
153 854	109 724	1 178	398	780	2 146	872	1 274

2-11 续表16

文化程度和年龄（岁）	合计			未婚			
	合计	男	女	小计	男	女	小计
40－44	**1 733 512**	**1 060 717**	**672 795**	**9 861**	**5 993**	**3 868**	**1 696 521**
40	323 535	195 794	127 741	1 946	1 032	914	317 238
41	376 697	226 863	149 834	2 528	1 518	1 010	368 377
42	395 708	243 335	152 373	2 266	1 415	851	387 195
43	355 166	220 836	134 330	1 798	1 165	633	347 571
44	282 406	173 889	108 517	1 323	863	460	276 140
45－49	**1 526 822**	**937 084**	**589 738**	**6 339**	**4 738**	**1 601**	**1 485 845**
45	264 802	158 080	106 722	1 239	838	401	258 313
46	281 834	167 568	114 266	1 250	906	344	274 536
47	318 277	193 038	125 239	1 292	970	322	309 786
48	332 612	207 028	125 584	1 268	991	277	323 488
49	329 297	211 370	117 927	1 290	1 033	257	319 722
50－54	**1 369 397**	**944 596**	**424 801**	**5 693**	**4 677**	**1 016**	**1 321 816**
50	310 369	202 924	107 445	1 277	1 036	241	300 617
51	290 383	195 501	94 882	1 222	993	229	280 794
52	284 518	199 416	85 102	1 176	979	197	274 741
53	257 643	183 551	74 092	1 054	873	181	248 192
54	226 484	163 204	63 280	964	796	168	217 472
55－59	**640 181**	**482 000**	**158 181**	**2 803**	**2 299**	**504**	**606 455**
55	186 090	136 152	49 938	786	656	130	177 848
56	154 697	116 226	38 471	651	535	116	147 207
57	124 267	94 510	29 757	585	488	97	117 539
58	95 269	73 344	21 925	436	352	84	89 481
59	79 858	61 768	18 090	345	268	77	74 380
60－64	**230 122**	**176 370**	**53 752**	**1 370**	**991**	**379**	**206 154**
60	67 831	52 189	15 642	355	261	94	62 313
61	50 350	38 368	11 982	268	202	66	45 617
62	45 776	35 043	10 733	294	210	84	40 800
63	35 639	27 416	8 223	229	164	65	31 177
64	30 526	23 354	7 172	224	154	70	26 247
65－69	**94 909**	**71 140**	**23 769**	**797**	**482**	**315**	**76 419**
65	26 921	20 523	6 398	182	130	52	22 724
66	21 845	16 519	5 326	178	112	66	17 942
67	17 348	12 951	4 397	148	90	58	13 779
68	15 856	11 798	4 058	149	85	64	12 319
69	12 939	9 349	3 590	140	65	75	9 655

单位:人

有配偶		丧偶			离婚		
男	女	小计	男	女	小计	男	女
1 043 753	**652 768**	**11 521**	**3 642**	**7 879**	**15 609**	**7 329**	**8 280**
193 019	124 219	1 675	542	1 133	2 676	1 201	1 475
223 065	145 312	2 179	645	1 534	3 613	1 635	1 978
239 406	147 789	2 581	804	1 777	3 666	1 710	1 956
217 268	130 303	2 604	834	1 770	3 193	1 569	1 624
170 995	105 145	2 482	817	1 665	2 461	1 214	1 247
918 121	**567 724**	**22 225**	**7 705**	**14 520**	**12 413**	**6 520**	**5 893**
155 232	103 081	2 888	869	2 019	2 362	1 141	1 221
164 276	110 260	3 562	1 105	2 457	2 486	1 281	1 205
189 106	120 680	4 594	1 584	3 010	2 605	1 378	1 227
202 753	120 735	5 330	1 942	3 388	2 526	1 342	1 184
206 754	112 968	5 851	2 205	3 646	2 434	1 378	1 056
920 408	**401 408**	**31 836**	**13 294**	**18 542**	**10 052**	**6 217**	**3 835**
198 177	102 440	6 129	2 349	3 780	2 346	1 362	984
190 720	90 074	6 257	2 517	3 740	2 110	1 271	839
194 340	80 401	6 594	2 824	3 770	2 007	1 273	734
178 602	69 590	6 492	2 832	3 660	1 905	1 244	661
158 569	58 903	6 364	2 772	3 592	1 684	1 067	617
463 552	**142 903**	**25 570**	**12 431**	**13 139**	**5 353**	**3 718**	**1 635**
131 684	46 164	5 999	2 827	3 172	1 457	985	472
112 176	35 031	5 595	2 670	2 925	1 244	845	399
90 861	26 678	5 114	2 445	2 669	1 029	716	313
70 143	19 338	4 495	2 236	2 259	857	613	244
58 688	15 692	4 367	2 253	2 114	766	559	207
162 875	**43 279**	**20 014**	**10 705**	**9 309**	**2 584**	**1 799**	**785**
49 133	13 180	4 472	2 304	2 168	691	491	200
35 769	9 848	3 938	2 035	1 903	527	362	165
32 240	8 560	4 142	2 210	1 932	540	383	157
24 861	6 316	3 820	2 102	1 718	413	289	124
20 872	5 375	3 642	2 054	1 588	413	274	139
60 686	**15 733**	**16 292**	**9 060**	**7 232**	**1 401**	**912**	**489**
18 100	4 624	3 649	2 043	1 606	366	250	116
14 274	3 668	3 410	1 921	1 489	315	212	103
10 970	2 809	3 140	1 703	1 437	281	188	93
9 800	2 519	3 130	1 757	1 373	258	156	102
7 542	2 113	2 963	1 636	1 327	181	106	75

2—11 续表 17

文化程度和年龄（岁）	合计			未婚			
	合计	男	女	小计	男	女	小计
70 —74	**38 461**	**26 765**	**11 696**	**526**	**202**	**324**	**25 847**
70	10 876	7 813	3 063	133	57	76	7 766
71	8 215	5 758	2 457	97	33	64	5 747
72	7 324	5 052	2 272	104	41	63	4 847
73	6 482	4 409	2 073	108	44	64	4 135
74	5 564	3 733	1 831	84	27	57	3 352
75 —79	**17 736**	**11 769**	**5 967**	**334**	**91**	**243**	**9 452**
75	4 804	3 246	1 558	77	24	53	2 879
76	4 423	2 945	1 478	60	14	46	2 436
77	3 339	2 219	1 120	66	21	45	1 746
78	2 814	1 858	956	78	21	57	1 357
79	2 356	1 501	855	53	11	42	1 034
80 —84	**6 288**	**3 966**	**2 322**	**194**	**45**	**149**	**2 463**
80	1 858	1 184	674	48	14	34	778
81	1 499	965	534	52	9	43	632
82	1 208	783	425	40	14	26	469
83	920	552	368	33	5	28	327
84	803	482	321	21	3	18	257
85 —89	**2 042**	**1 243**	**799**	**63**	**10**	**53**	**578**
85	653	401	252	16	2	14	202
86	523	322	201	16	1	15	140
87	364	212	152	11	3	8	95
88	290	173	117	12	3	9	75
89	212	135	77	8	1	7	66
90 —94	**360**	**196**	**164**	**15**	**2**	**13**	**60**
90	143	82	61	4	—	4	29
91	82	42	40	2	—	2	11
92	47	27	20	1	—	1	8
93	57	31	26	6	2	4	7
94	31	14	17	2	—	2	5
95 —99	**48**	**23**	**25**	**1**	**—**	**1**	**11**
95	26	8	18	1	—	1	5
96	10	7	3	—	—	—	5
97	3	3	—	—	—	—	—
98	7	3	4	—	—	—	—
99	2	2	—	—	—	—	1
100 岁及以上	**6**	**4**	**2**	**1**	**—**	**1**	**2**

单位:人

有配偶		丧偶			离婚		
男	女	小计	男	女	小计	男	女
20 266	**5 581**	**11 424**	**5 892**	**5 532**	**664**	**405**	**259**
6 096	1 670	2 776	1 524	1 252	201	136	65
4 474	1 273	2 223	1 161	1 062	148	90	58
3 770	1 077	2 261	1 180	1 081	112	61	51
3 262	873	2 125	1 032	1 093	114	71	43
2 664	688	2 039	995	1 044	89	47	42
7 598	**1 854**	**7 667**	**3 909**	**3 758**	**283**	**171**	**112**
2 278	601	1 768	899	869	80	45	35
1 952	484	1 845	929	916	82	50	32
1 409	337	1 475	750	725	52	39	13
1 103	254	1 342	716	626	37	18	19
856	178	1 237	615	622	32	19	13
2 124	**339**	**3 546**	**1 756**	**1 790**	**85**	**41**	**44**
657	121	1 003	500	503	29	13	16
544	88	789	398	391	26	14	12
415	54	682	345	337	17	9	8
281	46	553	263	290	7	3	4
227	30	519	250	269	6	2	4
524	**54**	**1 382**	**704**	**678**	**19**	**5**	**14**
187	15	427	210	217	8	2	6
127	13	363	192	171	4	2	2
85	10	254	124	130	4	—	4
64	11	200	105	95	3	1	2
61	5	138	73	65	—	—	—
54	**6**	**284**	**140**	**144**	**1**	—	**1**
27	2	110	55	55	—	—	—
10	1	69	32	37	—	—	—
7	1	37	20	17	1	—	1
7	—	44	22	22	—	—	—
3	2	24	11	13	—	—	—
9	**2**	**36**	**14**	**22**	—	—	—
3	2	20	5	15	—	—	—
5	—	5	2	3	—	—	—
0	—	3	3	—	—	—	—
0	—	7	3	4	—	—	—
1	—	1	1	—	—	—	—
2	—	**3**	**2**	**1**	—	—	—

2—11 续表 18

文化程度和年龄(岁)	合计			未婚			
	合计	男	女	小计	男	女	小计
大学专科	**9 618 959**	**6 559 621**	**3 059 338**	**2 609 923**	**1 614 602**	**995 321**	**6 882 135**
15—19	**332 024**	**169 691**	**162 333**	**331 493**	**169 386**	**162 107**	**520**
15	1	—	1	1	—	1	—
16	2 852	1 299	1 553	2 823	1 278	1 545	29
17	17 136	7 958	9 178	17 082	7 920	9 162	53
18	85 195	41 716	43 479	85 094	41 651	43 443	98
19	226 840	118 718	108 122	226 493	118 537	107 956	340
20—24	**2 018 218**	**1 192 989**	**825 229**	**1 722 674**	**1 050 389**	**672 285**	**294 591**
20	369 411	204 735	164 676	367 201	203 807	163 394	2 175
21	467 526	268 786	198 740	456 559	264 720	191 839	10 904
22	418 809	247 280	171 529	384 862	233 069	151 793	33 826
23	356 470	219 590	136 880	274 936	181 539	93 397	81 315
24	406 002	252 598	153 404	239 116	167 254	71 862	166 371
25—29	**2 063 737**	**1 354 417**	**709 320**	**468 263**	**344 301**	**123 962**	**1 586 570**
25	431 881	275 244	156 637	173 221	127 258	45 963	257 682
26	530 844	340 957	189 887	136 699	101 529	35 170	392 283
27	571 930	380 454	191 476	97 315	72 090	25 225	471 901
28	305 783	206 849	98 934	39 527	28 516	11 011	264 585
29	223 299	150 913	72 386	21 501	14 908	6 593	200 119
30—34	**1 266 817**	**897 965**	**368 852**	**49 278**	**30 001**	**19 277**	**1 204 052**
30	226 291	159 647	66 644	15 372	10 380	4 992	208 892
31	200 950	144 861	56 089	9 885	6 356	3 529	188 901
32	276 422	199 381	77 041	10 082	6 029	4 053	263 428
33	281 175	199 199	81 976	7 793	4 204	3 589	270 226
34	281 979	194 877	87 102	6 146	3 032	3 114	272 605
35—39	**1 276 663**	**882 582**	**394 081**	**17 584**	**7 271**	**10 313**	**1 243 864**
35	301 818	206 908	94 910	5 271	2 349	2 922	292 928
36	281 598	190 794	90 804	4 209	1 716	2 493	273 970
37	239 984	165 836	74 148	3 113	1 262	1 851	234 010
38	233 209	163 046	70 163	2 762	1 060	1 702	227 685
39	220 054	155 998	64 056	2 229	884	1 345	215 271

单位:人

有配偶		丧偶			离婚		
男	女	小计	男	女	小计	男	女
4 869 521	2 012 614	66 755	39 423	27 332	60 146	36 075	24 071
298	222	1	1	—	10	6	4
0	—	—	—	—	—	—	—
21	8	—	—	—	—	—	—
37	16	1	1	—	—	—	—
64	34	—	—	—	3	1	2
176	164	—	—	—	7	5	2
142 133	152 458	175	111	64	778	356	422
906	1 269	12	8	4	23	14	9
4 027	6 877	21	18	3	42	21	21
14 148	19 678	22	10	12	99	53	46
37 957	43 358	38	22	16	181	72	109
85 095	81 276	82	53	29	433	196	237
1 005 102	581 468	946	507	439	7 958	4 507	3 451
147 474	110 208	115	62	53	863	450	413
238 425	153 858	209	106	103	1 653	897	756
306 791	165 110	299	167	132	2 415	1 406	1 009
177 382	87 203	169	93	76	1 502	858	644
135 030	65 089	154	79	75	1 525	896	629
860 391	343 661	1 398	675	723	12 089	6 898	5 191
148 049	60 843	192	101	91	1 835	1 117	718
137 250	51 651	189	86	103	1 975	1 169	806
191 686	71 742	297	152	145	2 615	1 514	1 101
193 235	76 991	350	176	174	2 806	1 584	1 222
190 171	82 434	370	160	210	2 858	1 514	1 344
867 824	376 040	2 564	978	1 586	12 651	6 509	6 142
202 729	90 199	497	205	292	3 122	1 625	1 497
187 423	86 547	512	184	328	2 907	1 471	1 436
163 188	70 822	504	198	306	2 357	1 188	1 169
160 616	67 069	517	201	316	2 245	1 169	1 076
153 868	61 403	534	190	344	2 020	1 056	964

2—11 续表 19

文化程度和年龄(岁)	合计			未婚			
	合计	男	女	小计	男	女	小计
40—44	**907 277**	**669 029**	**238 248**	**7 504**	**3 248**	**4 256**	**888 678**
40	241 703	175 486	66 217	2 219	896	1 323	236 730
41	194 611	143 131	51 480	1 708	666	1 042	190 625
42	179 288	133 605	45 683	1 467	621	846	175 698
43	158 633	118 581	40 052	1 165	535	630	155 423
44	133 042	98 226	34 816	945	530	415	130 202
45—49	**553 478**	**415 806**	**137 672**	**3 175**	**2 126**	**1 049**	**540 687**
45	116 152	86 151	30 001	772	428	344	113 560
46	106 886	80 161	26 725	630	401	229	104 597
47	107 301	80 452	26 849	578	385	193	104 828
48	109 536	82 311	27 225	580	432	148	106 906
49	113 603	86 731	26 872	615	480	135	110 796
50—54	**547 563**	**430 597**	**116 966**	**3 352**	**2 740**	**612**	**530 496**
50	115 742	88 403	27 339	628	495	133	112 550
51	114 266	88 472	25 794	703	566	137	110 896
52	113 647	90 192	23 455	644	541	103	110 207
53	105 674	84 480	21 194	692	561	131	102 137
54	98 234	79 050	19 184	685	577	108	94 706
55—59	**339 837**	**278 868**	**60 969**	**2 429**	**2 017**	**412**	**324 226**
55	87 109	70 233	16 876	570	470	100	83 747
56	76 962	62 964	13 998	525	436	89	73 687
57	67 105	55 149	11 956	473	389	84	64 021
58	57 407	47 633	9 774	437	377	60	54 512
59	51 254	42 889	8 365	424	345	79	48 259
60—64	**172 474**	**146 181**	**26 293**	**1 795**	**1 471**	**324**	**158 269**
60	46 852	39 304	7 548	411	336	75	43 772
61	38 237	32 301	5 936	367	298	69	35 433
62	34 926	29 686	5 240	370	322	48	31 989
63	28 117	24 037	4 080	326	264	62	25 392
64	24 342	20 853	3 489	321	251	70	21 683
65—69	**79 514**	**68 574**	**10 940**	**1 162**	**901**	**261**	**67 756**
65	21 612	18 657	2 955	286	226	60	19 003
66	17 926	15 500	2 426	243	199	44	15 455
67	14 777	12 710	2 067	248	190	58	12 511
68	13 809	11 937	1 872	205	157	48	11 503
69	11 390	9 770	1 620	180	129	51	9 284

单位:人

有配偶		丧偶			离婚		
男	女	小计	男	女	小计	男	女
660 204	**228 474**	**3 311**	**1 292**	**2 019**	**7 784**	**4 285**	**3 499**
173 198	63 532	670	258	412	2 084	1 134	950
141 336	49 289	618	251	367	1 660	878	782
131 909	43 789	661	266	395	1 462	809	653
117 020	38 403	673	255	418	1 372	771	601
96 741	33 461	689	262	427	1 206	693	513
408 671	**132 016**	**4 678**	**1 935**	**2 743**	**4 938**	**3 074**	**1 864**
84 806	28 754	748	276	472	1 072	641	431
78 937	25 660	767	309	458	892	514	378
79 060	25 768	886	376	510	1 009	631	378
80 795	26 111	1 016	423	593	1 034	661	373
85 073	25 723	1 261	551	710	931	627	304
420 071	**110 425**	**8 959**	**4 464**	**4 495**	**4 756**	**3 322**	**1 434**
86 499	26 051	1 542	715	827	1 022	694	328
86 475	24 421	1 676	774	902	991	657	334
88 034	22 173	1 827	926	901	969	691	278
82 245	19 892	1 917	989	928	928	685	243
76 818	17 888	1 997	1 060	937	846	595	251
269 064	**55 162**	**9 709**	**5 184**	**4 525**	**3 473**	**2 603**	**870**
68 188	15 559	1 985	997	988	807	578	229
60 903	12 784	1 971	1 041	930	779	584	195
53 246	10 775	1 945	1 020	925	666	494	172
45 792	8 720	1 873	1 014	859	585	450	135
40 935	7 324	1 935	1 112	823	636	497	139
136 599	**21 670**	**9 772**	**6 014**	**3 758**	**2 638**	**2 097**	**541**
37 300	6 472	1 995	1 147	848	674	521	153
30 419	5 014	1 921	1 168	753	516	416	100
27 687	4 302	2 053	1 261	792	514	416	98
22 180	3 212	1 934	1 215	719	465	378	87
19 013	2 670	1 869	1 223	646	469	366	103
60 238	**7 518**	**8 897**	**6 095**	**2 802**	**1 699**	**1 340**	**359**
16 828	2 175	1 921	1 284	637	402	319	83
13 759	1 696	1 847	1 243	604	381	299	82
11 112	1 399	1 703	1 170	533	315	238	77
10 275	1 228	1 786	1 248	538	315	257	58
8 264	1 020	1 640	1 150	490	286	227	59

2—11 续表 20

文化程度和年龄(岁)	合计			未婚			
	合计	男	女	小计	男	女	小计
70—74	**35 445**	**30 470**	**4 975**	**656**	**448**	**208**	**26 631**
70	9 717	8 370	1 347	180	134	46	7 604
71	7 775	6 609	1 166	154	106	48	5 919
72	6 790	5 849	941	120	84	36	5 084
73	6 112	5 297	815	109	79	30	4 446
74	5 051	4 345	706	93	45	48	3 578
75—79	**16 835**	**14 622**	**2 213**	**328**	**194**	**134**	**11 217**
75	4 510	3 893	617	92	63	29	3 173
76	4 071	3 531	540	79	51	28	2 747
77	3 186	2 760	426	64	27	37	2 115
78	2 724	2 371	353	48	25	23	1 724
79	2 344	2 067	277	45	28	17	1 458
80—84	**6 512**	**5 614**	**898**	**168**	**84**	**84**	**3 516**
80	1 909	1 653	256	40	19	21	1 123
81	1 522	1 317	205	34	15	19	855
82	1 211	1 043	168	38	21	17	644
83	1 007	865	142	32	16	16	516
84	863	736	127	24	13	11	378
85—89	**2 131**	**1 852**	**279**	**48**	**20**	**28**	**930**
85	659	570	89	16	8	8	303
86	520	450	70	11	4	7	236
87	383	338	45	12	4	8	158
88	320	284	36	5	2	3	144
89	249	210	39	4	2	2	89
90—94	**365**	**311**	**54**	**10**	**5**	**5**	**115**
90	155	135	20	4	2	2	54
91	94	79	15	1	1	—	28
92	45	36	9	1	1	—	16
93	53	46	7	2	—	2	14
94	18	15	3	2	1	1	3
95—99	**63**	**48**	**15**	**3**	**—**	**3**	**16**
95	19	12	7	2	—	2	3
96	20	16	4	1	—	1	7
97	8	6	2	—	—	—	—
98	8	8	—	—	—	—	5
99	8	6	2	—	—	—	1
100及以上	**6**	**5**	**1**	**1**	**—**	**1**	**1**

单位:人

有配偶		丧偶			离婚		
男	女	小计	男	女	小计	男	女
24 126	**2 505**	**7 256**	**5 183**	**2 073**	**902**	**713**	**189**
6 839	765	1 663	1 169	494	270	228	42
5 304	615	1 495	1 049	446	207	150	57
4 612	472	1 414	1 019	395	172	134	38
4 083	363	1 422	1 028	394	135	107	28
3 288	290	1 262	918	344	118	94	24
10 440	**777**	**4 967**	**3 740**	**1 227**	**323**	**248**	**75**
2 910	263	1 156	856	300	89	64	25
2 535	212	1 174	891	283	71	54	17
1 978	137	945	707	238	62	48	14
1 633	91	891	663	228	61	50	11
1 384	74	801	623	178	40	32	8
3 335	**181**	**2 713**	**2 104**	**609**	**115**	**91**	**24**
1 056	67	711	548	163	35	30	5
814	41	609	472	137	24	16	8
613	31	509	391	118	20	18	2
492	24	441	342	99	18	15	3
360	18	443	351	92	18	12	6
896	**34**	**1 125**	**914**	**211**	**28**	**22**	**6**
292	11	327	261	66	13	9	4
225	11	266	214	52	7	7	—
152	6	208	178	30	5	4	1
141	3	170	140	30	1	1	—
86	3	154	121	33	2	1	1
112	**3**	**236**	**190**	**46**	**4**	**4**	—
53	1	95	78	17	2	2	—
27	1	63	49	14	2	2	—
16	—	28	19	9	—	—	—
13	1	37	33	4	—	—	—
3	—	13	11	2	—	—	—
16	—	**44**	**32**	**12**	—	—	—
3	—	14	9	5	—	—	—
7	—	12	9	3	—	—	—
0	—	8	6	2	—	—	—
5	—	3	3	—	—	—	—
1	—	7	5	2	—	—	—
1	—	**4**	**4**	—	—	—	—

2—11 续表 21

文化程度和年龄（岁）	合计			未婚			
	合计	男	女	小计	男	女	小计
大学本科	**6 138 477**	**4 418 510**	**1 719 967**	**2 188 388**	**1 532 428**	**655 960**	**3 851 705**
15—19	**330 612**	**208 178**	**122 434**	**330 467**	**208 077**	**122 390**	**122**
15	18	15	3	18	15	3	—
16	1 753	1 089	664	1 745	1 083	662	7
17	20 051	11 940	8 111	20 021	11 915	8 106	30
18	97 268	60 144	37 124	97 228	60 116	37 112	33
19	211 522	134 990	76 532	211 455	134 948	76 507	52
20—24	**1 559 326**	**1 055 870**	**503 456**	**1 445 063**	**998 473**	**446 590**	**113 900**
20	295 918	194 942	100 976	295 687	194 827	100 860	214
21	364 410	242 469	121 941	363 337	242 048	121 289	1 042
22	329 171	221 510	107 661	322 870	218 845	104 025	6 257
23	268 857	185 838	83 019	241 356	173 372	67 984	27 428
24	300 970	211 111	89 859	221 813	169 381	52 432	78 959
25—29	**1 136 258**	**824 698**	**311 560**	**363 490**	**294 846**	**68 644**	**768 688**
25	295 665	212 442	83 223	155 116	125 435	29 681	140 080
26	303 781	219 168	84 613	104 301	85 664	18 637	198 622
27	286 337	211 306	75 031	66 015	54 153	11 862	219 133
28	146 109	107 219	38 890	24 809	19 625	5 184	120 479
29	104 366	74 563	29 803	13 249	9 969	3 280	90 374
30—34	**425 390**	**307 950**	**117 440**	**25 422**	**16 995**	**8 427**	**395 492**
30	93 714	67 509	26 205	8 926	6 470	2 456	83 980
31	67 681	48 758	18 923	4 902	3 368	1 534	62 059
32	87 929	64 695	23 234	4 693	3 140	1 553	82 352
33	91 048	66 217	24 831	3 878	2 375	1 503	86 129
34	85 018	60 771	24 247	3 023	1 642	1 381	80 972
35—39	**294 698**	**205 609**	**89 089**	**6 923**	**3 205**	**3 718**	**283 837**
35	78 685	55 426	23 259	2 232	1 124	1 108	75 466
36	65 698	45 365	20 333	1 712	823	889	63 094
37	53 702	37 197	16 505	1 174	509	665	51 798
38	49 638	34 516	15 122	953	385	568	47 972
39	46 975	33 105	13 870	852	364	488	45 507

单位：人

有配偶		丧偶			离婚		
男	女	小计	男	女	小计	男	女
2 827 916	**1 023 789**	**61 699**	**35 249**	**26 450**	**36 685**	**22 917**	**13 768**
84	**38**	**9**	**9**	**—**	**14**	**8**	**6**
0	—	—	—	—	—	—	—
6	1	—	—	—	1	—	1
25	5	—	—	—	—	—	—
22	11	4	4	—	3	2	1
31	21	5	5	—	10	6	4
57 182	**56 718**	**76**	**57**	**19**	**287**	**158**	**129**
101	113	7	7	—	10	7	3
396	646	16	13	3	15	12	3
2 631	3 626	11	11	—	33	23	10
12 426	15 002	15	11	4	58	29	29
41 628	37 331	27	15	12	171	87	84
527 326	**241 362**	**383**	**228**	**155**	**3 697**	**2 298**	**1 399**
86 740	53 340	62	30	32	407	237	170
132 978	65 644	71	49	22	787	477	310
156 364	62 769	111	70	41	1 078	719	359
87 088	33 391	80	50	30	741	456	285
64 156	26 218	59	29	30	684	409	275
288 251	**107 241**	**358**	**180**	**178**	**4 118**	**2 524**	**1 594**
60 567	23 413	61	28	33	747	444	303
44 958	17 101	61	31	30	659	401	258
60 999	21 353	77	39	38	807	517	290
63 206	22 923	66	39	27	975	597	378
58 521	22 451	93	43	50	930	565	365
200 290	**83 547**	**542**	**195**	**347**	**3 396**	**1 919**	**1·477**
53 742	21 724	105	45	60	882	515	367
44 053	19 041	118	49	69	774	440	334
36 304	15 494	91	27	64	639	357	282
33 764	14 208	113	38	75	600	329	271
32 427	13 080	115	36	79	501	278	223

2—11 续表 22

文化程度和年龄（岁）	合计			未婚			
	合计	男	女	小计	男	女	小计
40—44	364 207	263 451	100 756	3 537	1 566	1 971	355 692
40	53 981	39 523	14 458	859	346	513	52 383
41	47 243	35 741	11 502	688	276	412	45 903
42	51 073	39 074	11 999	630	250	380	49 733
43	84 289	59 743	24 546	634	300	334	82 463
44	127 621	89 370	38 251	726	394	332	125 210
45—49	617 173	445 862	171 311	2 661	1 708	953	605 068
45	123 804	89 112	34 692	567	322	245	121 498
46	113 267	82 341	30 926	504	301	203	111 124
47	112 943	81 490	31 453	507	336	171	110 699
48	125 314	89 581	35 733	511	342	169	122 763
49	141 845	103 338	38 507	572	407	165	138 984
50—54	705 616	542 071	163 545	3 288	2 429	859	688 250
50	154 068	114 285	39 783	616	414	202	150 739
51	154 487	118 248	36 239	613	444	169	151 021
52	151 458	118 079	33 379	695	530	165	147 744
53	133 123	103 852	29 271	684	517	167	129 643
54	112 480	87 607	24 873	680	524	156	109 103
55—59	337 340	263 219	74 121	2 555	1 969	586	323 015
55	90 474	70 222	20 252	558	423	135	87 426
56	75 468	58 789	16 679	567	438	129	72 449
57	64 961	50 330	14 631	488	391	97	62 167
58	56 075	44 102	11 973	479	368	111	53 386
59	50 362	39 776	10 586	463	349	114	47 587
60—64	182 693	147 821	34 872	2 066	1 537	529	168 937
60	46 843	37 249	9 594	471	361	110	43 924
61	39 738	31 801	7 937	463	345	118	36 952
62	36 967	30 093	6 874	431	300	131	34 197
63	31 093	25 566	5 527	353	270	83	28 467
64	28 052	23 112	4 940	348	261	87	25 397
65—69	98 059	80 639	17 420	1 366	899	467	85 492
65	25 379	20 965	4 414	324	207	117	22 721
66	21 546	17 717	3 829	272	178	94	19 056
67	18 360	15 038	3 322	266	188	78	16 035
68	17 737	14 616	3 121	268	174	94	15 095
69	15 037	12 303	2 734	236	152	84	12 585

单位:人

有配偶		丧偶			离婚		
男	女	小计	男	女	小计	男	女
259 425	96 267	1 375	493	882	3 603	1 967	1 636
38 754	13 629	135	54	81	604	369	235
35 128	10 775	138	59	79	514	278	236
38 442	11 291	184	79	105	526	303	223
58 889	23 574	350	111	239	842	443	399
88 212	36 998	568	190	378	1 117	574	543
439 736	165 332	4 180	1 517	2 663	5 264	2 901	2 363
88 000	33 498	653	219	434	1 086	571	515
81 253	29 871	645	250	395	994	537	457
80 358	30 341	739	253	486	998	543	455
88 297	34 466	960	340	620	1 080	602	478
101 828	37 156	1 183	455	728	1 106	648	458
532 165	156 085	8 387	3 806	4 581	5 691	3 671	2 020
112 542	38 197	1 443	577	866	1 270	752	518
116 282	34 739	1 663	758	905	1 190	764	426
115 907	31 837	1 832	854	978	1 187	788	399
101 847	27 796	1 719	797	922	1 077	691	386
85 587	23 516	1 730	820	910	967	676	291
254 821	68 194	7 910	3 778	4 132	3 860	2 651	1 209
68 435	18 991	1 586	748	838	904	616	288
57 025	15 424	1 595	757	838	857	569	288
48 689	13 478	1 545	725	820	761	525	236
42 518	10 868	1 543	730	813	667	486	181
38 154	9 433	1 641	818	823	671	455	216
139 415	29 522	8 725	4 748	3 977	2 965	2 121	844
35 508	8 416	1 766	899	867	682	481	201
30 171	6 781	1 694	842	852	629	443	186
28 395	5 802	1 742	967	775	597	431	166
23 900	4 567	1 710	984	726	563	412	151
21 441	3 956	1 813	1 056	757	494	354	140
72 763	12 729	9 148	5 495	3 653	2 053	1 482	571
19 281	3 440	1 826	1 107	719	508	370	138
16 192	2 864	1 785	1 046	739	433	301	132
13 595	2 440	1 676	972	704	383	283	100
12 924	2 171	1 993	1 236	757	381	282	99
10 771	1 814	1 868	1 134	734	348	246	102

2—11 续表23

文化程度和年龄（岁）	合计			未婚			
	合计	男	女	小计	男	女	小计
70—74	**47 981**	**39 846**	**8 135**	**744**	**433**	**311**	**38 183**
70	12 806	10 651	2 155	173	110	63	10 532
71	10 554	8 675	1 879	173	101	72	8 490
72	9 326	7 710	1 616	138	74	64	7 369
73	8 346	7 017	1 329	135	82	53	6 528
74	6 949	5 793	1 156	125	66	59	5 264
75—79	**24 046**	**20 364**	**3 682**	**445**	**185**	**260**	**16 885**
75	6 091	5 144	947	107	51	56	4 526
76	5 721	4 811	910	107	52	55	4 109
77	4 593	3 894	699	77	26	51	3 181
78	4 087	3 475	612	73	26	47	2 757
79	3 554	3 040	514	81	30	51	2 312
80—84	**10 531**	**9 040**	**1 491**	**235**	**73**	**162**	**6 155**
80	2 943	2 526	417	44	11	33	1 813
81	2 498	2 131	367	64	22	42	1 491
82	1 977	1 704	273	50	16	34	1 119
83	1 694	1 469	225	40	12	28	966
84	1 419	1 210	209	37	12	25	766
85—89	**3 728**	**3 181**	**547**	**104**	**28**	**76**	**1 700**
85	1 144	972	172	27	9	18	568
86	886	759	127	29	9	20	406
87	724	613	111	21	4	17	310
88	556	481	75	16	3	13	236
89	418	356	62	11	3	8	180
90—94	**737**	**638**	**99**	**20**	**4**	**16**	**262**
90	268	238	30	6	1	5	105
91	169	144	25	5	1	4	65
92	134	112	22	3	1	2	49
93	95	82	13	4	—	4	25
94	71	62	9	2	1	1	18
95—99	**77**	**69**	**8**	**2**	**1**	**1**	**25**
95	37	31	6	1	—	1	12
96	23	22	1	1	1	—	6
97	9	9	—	—	—	—	5
98	6	5	1	—	—	—	2
99	2	2	—	—	—	—	—
100及以上	**5**	**4**	**1**	—	—	—	**2**

单位：人

有配偶		丧偶			离婚		
男	女	小计	男	女	小计	男	女
33 315	**4 868**	**8 001**	**5 345**	**2 656**	**1 053**	**753**	**300**
9 171	1 361	1 805	1 159	646	296	211	85
7 276	1 214	1 635	1 107	528	256	191	65
6 425	944	1 616	1 072	544	203	139	64
5 772	756	1 522	1 047	475	161	116	45
4 671	593	1 423	960	463	137	96	41
15 409	**1 476**	**6 228**	**4 430**	**1 798**	**488**	**340**	**148**
4 077	449	1 335	928	407	123	88	35
3 731	378	1 374	940	434	131	88	43
2 924	257	1 245	885	360	90	59	31
2 532	225	1 174	856	318	83	61	22
2 145	167	1 100	821	279	61	44	17
5 817	**338**	**3 984**	**3 046**	**938**	**157**	**104**	**53**
1 708	105	1 033	776	257	53	31	22
1 401	90	915	690	225	28	18	10
1 051	68	783	620	163	25	17	8
924	42	658	510	148	30	23	7
733	33	595	450	145	21	15	6
1 633	**67**	**1 890**	**1 502**	**388**	**34**	**18**	**16**
538	30	539	421	118	10	4	6
391	15	444	354	90	7	5	2
299	11	383	304	79	10	6	4
229	7	299	246	53	5	3	2
176	4	225	177	48	2	—	2
257	**5**	**450**	**375**	**75**	**5**	**2**	**3**
105	—	155	131	24	2	1	1
62	3	99	81	18	—	—	—
47	2	81	64	17	1	—	1
25	—	66	57	9	—	—	—
18	—	49	42	7	2	1	1
25	—	**50**	**43**	**7**	—	—	—
12	—	24	19	5	—	—	—
6	—	16	15	1	—	—	—
5	—	4	4	—	—	—	—
2	—	4	3	1	—	—	—
0	—	2	2	—	—	—	—
2	—	**3**	**2**	**1**	—	—	—

2—12 省、自治区、直辖市民族混合户户数及所占比重

单位：户、%

地区	合计	二个民族户		三个民族户		四个及四个以上民族户	
		户数	占合计百分比	户数	占合计百分比	户数	占合计百分比
总计	**7 394 559**	**7 306 793**	**98.81**	**87 077**	**1.18**	**689**	**0.01**
北京	102 378	101 862	99.50	509	0.50	7	0.01
天津	27 209	27 152	99.79	56	0.21	1	
河北	344 274	342 370	99.45	1 895	0.55	9	
山西	14 896	14 853	99.71	43	0.29		
内蒙古	523 503	518 897	99.12	4 587	0.88	19	
辽宁	1 108 884	1 101 830	99.36	7 039	0.63	15	
吉林	389 548	388 352	99.69	1 192	0.31	4	
黑龙江	401 305	399 778	99.62	1 515	0.38	12	
上海	18 431	18 399	99.83	31	0.17	1	0.01
江苏	55 793	55 718	99.87	75	0.13		
浙江	51 213	51 189	99.95	24	0.05		
安徽	50 611	50 566	99.91	44	0.09	1	
福建	113 433	113 239	99.83	193	0.17	1	
江西	40 243	40 208	99.91	34	0.08	1	
山东	42 064	41 985	99.81	77	0.18	2	
河南	97 101	96 945	99.84	156	0.16		
湖北	330 589	326 906	98.89	3 675	1.11	8	
湖南	578 721	568 675	98.26	10 022	1.73	24	
广东	102 775	102 317	99.55	454	0.44	4	
广西	903 723	892 978	98.81	10 638	1.18	107	0.01
海南	43 352	43 132	99.49	215	0.50	5	0.01
四川	378 870	371 989	98.18	6 861	1.81	20	0.01
贵州	816 406	794 890	97.36	21 274	2.61	242	0.03
云南	668 854	653 811	97.75	14 853	2.22	190	0.03
西藏	3 702	3 652	98.65	49	1.32	1	0.03
陕西	20 288	20 247	99.80	40	0.20	1	
甘肃	53 207	52 762	99.16	442	0.83	3	0.01
青海	43 376	42 677	98.39	692	1.60	7	0.02
宁夏	15 323	15 272	99.67	51	0.33		
新疆	54 487	54 142	99.37	341	0.63	4	0.01

2—13　省、自治区、直辖市有老年人口的户数

单位：户

地　区	总户数		有60岁以上老人的户	
	家庭户	集体户	家庭户	集体户
总　计	**276 911 767**	**1 710 285**	**73 894 481**	**285 593**
北　京	3 101 665	30 599	814 945	4 440
天　津	2 539 286	12 687	667 827	1 968
河　北	15 302 097	63 962	4 069 791	13 853
山　西	7 144 111	42 642	1 829 925	7 719
内蒙古	5 273 146	20 254	1 065 052	2 272
辽　宁	10 810 526	25 369	2 569 915	4 057
吉　林	6 277 160	13 088	1 335 839	2 315
黑龙江	8 895 075	19 795	1 688 266	2 921
上　海	4 065 274	34 361	1 376 894	7 428
江　苏	17 815 925	82 961	5 075 961	18 750
浙　江	11 684 715	79 752	3 309 950	17 777
安　徽	13 320 101	56 423	3 613 946	11 725
福　建	6 577 547	64 263	1 905 596	10 097
江　西	8 329 303	63 528	2 256 913	11 291
山　东	21 874 449	101 199	5 906 761	13 770
河　南	19 735 114	90 559	5 600 946	22 215
湖　北	13 003 134	124 747	3 445 498	18 751
湖　南	15 648 776	89 094	4 011 754	14 778
广　东	13 436 117	209 886	4 425 219	26 368
广　西	8 847 909	63 341	2 667 442	11 381
海　南	1 386 326	17 515	401 179	3 362
四　川	28 475 224	144 963	7 524 651	28 667
贵　州	7 210 364	34 490	1 782 487	4 044
云　南	7 964 195	82 283	2 213 254	7 633
西　藏	402 441	4 399	127 945	843
陕　西	7 762 770	62 107	1 967 600	8 747
甘　肃	4 771 514	33 154	1 101 774	3 898
青　海	916 390	10 446	184 137	944
宁　夏	992 237	7 211	195 505	648
新　疆	3 348 876	25 207	757 509	2 931

2—13 续表

地区	有一个60岁以上老人的户		有两个60岁以上老人的户		有三个及以上60岁以上老人的户	
	家庭户	集体户	家庭户	集体户	家庭户	集体户
总计	**52 056 960**	**171 229**	**21 385 294**	**49 656**	**452 227**	**64 708**
北京	550 957	2 930	258 443	757	5 545	753
天津	448 276	1 185	215 845	334	3 706	449
河北	2 766 676	7 452	1 271 550	2 363	31 565	4 038
山西	1 296 148	4 911	526 163	1 325	7 614	1 483
内蒙古	762 787	1 154	298 058	249	4 207	869
辽宁	1 635 847	2 007	913 820	558	20 248	1 492
吉林	914 414	954	413 590	230	7 835	1 131
黑龙江	1 192 015	1 266	488 694	384	7 557	1 271
上海	890 676	4 697	474 423	1 406	11 795	1 325
江苏	3 377 911	10 549	1 659 388	3 694	38 662	4 507
浙江	2 374 266	10 803	918 194	3 485	17 490	3 489
安徽	2 468 898	7 009	1 119 513	2 059	25 535	2 657
福建	1 432 213	6 354	463 038	1 829	10 345	1 914
江西	1 643 627	6 656	603 342	1 754	9 944	2 881
山东	3 947 459	8 451	1 916 372	2 079	42 930	3 240
河南	3 798 000	12 210	1 748 481	4 078	54 465	5 927
湖北	2 458 828	11 836	966 748	3 109	19 922	3 806
湖南	2 848 792	9 521	1 144 558	2 594	18 404	2 663
广东	3 300 388	16 477	1 097 641	4 483	27 190	5 408
广西	1 953 837	6 626	698 822	2 153	14 783	2 602
海南	276 306	1 890	121 603	610	3 270	862
四川	5 564 047	17 288	1 928 108	5 375	32 496	6 004
贵州	1 291 560	2 788	483 213	626	7 714	630
云南	1 621 089	4 975	580 656	1 180	11 509	1 478
西藏	99 248	354	26 296	132	2 401	357
陕西	1 445 006	5 906	514 276	1 447	8 318	1 394
甘肃	830 238	2 658	267 877	615	3 659	625
青海	142 392	527	41 179	147	566	270
宁夏	143 095	423	51 874	101	536	124
新疆	581 964	1 372	173 529	500	2 016	1 059

单位:人

有65岁以上老人的户		有一个65岁以上老人的户		有两个65岁以上老人的户		有三个及以上65岁以上老人的户	
家庭户	集体户	家庭户	集体户	家庭户	集体户	家庭户	集体户
51 692 189	**159 222**	**40 950 682**	**98 007**	**10 628 291**	**24 011**	**113 216**	**37 204**
551 735	2 181	422 942	1 546	127 350	311	1 443	324
456 274	1 068	349 296	652	106 119	173	859	243
2 867 761	7 492	2 222 265	3 971	637 639	1 138	7 857	2 383
1 281 619	3 918	1 024 663	2 591	255 185	586	1 771	741
710 460	1 508	568 432	617	140 971	153	1 057	738
1 761 480	2 702	1 302 496	1 203	454 171	286	4 813	1 213
899 733	1 734	701 210	594	196 700	130	1 823	1 010
1 094 067	2 096	872 880	797	219 414	212	1 773	1 087
984 801	3 203	728 360	2 297	253 082	496	3 359	410
3 626 293	11 260	2 739 441	6 966	876 824	1 889	10 028	2 405
2 341 526	10 872	1 881 172	7 160	456 383	1 828	3 971	1 884
2 467 916	6 804	1 922 959	4 190	538 520	1 015	6 437	1 599
1 303 356	5 407	1 095 918	3 548	205 435	828	2 003	1 031
1 592 645	6 844	1 291 199	3 882	298 852	851	2 594	2 111
4 203 916	7 834	3 214 295	4 634	979 162	940	10 459	2 260
4 021 724	11 078	3 097 748	6 842	909 227	1 789	14 749	2 447
2 430 292	11 515	1 927 985	7 272	496 795	1 690	5 512	2 553
2 801 053	7 355	2 228 344	4 872	568 484	1 085	4 225	1 398
3 149 060	14 196	2 616 357	9 189	526 195	2 114	6 508	2 893
1 910 166	5 724	1 549 253	3 574	357 039	980	3 874	1 170
284 074	1 923	219 424	1 101	63 707	340	943	482
5 163 941	16 461	4 252 811	10 484	903 552	2 742	7 578	3 235
1 244 010	2 014	1 000 475	1 375	241 631	272	1 904	367
1 519 995	4 146	1 241 284	2 592	276 011	607	2 700	947
85 521	649	72 209	287	12 529	127	783	235
1 413 608	4 087	1 143 366	2 831	267 917	572	2 325	684
768 463	1 994	633 284	1 346	134 199	287	980	361
117 327	617	99 544	342	17 626	104	157	171
135 866	403	109 526	246	26 190	62	150	95
503 507	2 137	421 544	1 006	81 382	404	581	727

2—14 省、自 治 区、直

地 区	合 计	单身户	一对夫妇户	二代户	三代户	四代户
总 计	**276 911 767**	**13 532 357**	**17 865 992**	**182 115 935**	**45 681 327**	**1 699 585**
北 京	3 101 665	158 299	283 948	1 816 898	468 600	10 692
天 津	2 539 286	130 701	216 283	1 568 812	394 721	8 277
河 北	15 302 097	712 538	1 104 461	10 182 640	2 440 105	100 540
山 西	7 144 111	393 407	507 991	4 831 203	1 076 012	38 146
内蒙古	5 273 146	209 936	359 730	3 742 386	618 289	15 635
辽 宁	10 810 526	369 987	945 251	7 490 600	1 569 734	46 261
吉 林	6 277 160	163 700	425 731	4 405 411	945 643	32 451
黑龙江	8 895 075	221 421	641 995	6 315 619	1 199 209	34 850
上 海	4 065 274	241 432	390 885	2 227 663	783 033	18 914
江 苏	17 815 925	1 054 983	1 429 148	11 207 922	3 147 828	140 270
浙 江	11 684 715	972 365	1 030 058	7 478 424	1 615 176	62 679
安 徽	13 320 101	691 810	794 499	8 860 251	2 138 843	84 295
福 建	6 577 547	296 985	283 206	4 058 637	1 443 502	75 724
江 西	8 329 303	305 219	388 717	5 552 550	1 564 535	60 123
山 东	21 874 449	1 137 491	1 807 586	14 909 704	3 021 592	102 285
河 南	19 735 114	807 003	1 037 745	13 075 579	3 561 599	164 585
湖 北	13 003 134	475 492	777 659	8 459 651	2 351 475	82 680
湖 南	15 648 776	904 494	1 171 474	10 795 801	2 077 009	58 305
广 东	13 436 117	772 760	550 883	7 888 316	2 963 904	121 708
广 西	8 847 909	451 661	338 071	5 470 071	1 793 428	74 890
海 南	1 386 326	80 059	63 047	838 465	255 752	11 045
四 川	28 475 224	1 772 093	1 640 197	18 922 157	4 409 740	127 656
贵 州	7 210 364	318 674	402 410	5 033 036	1 042 027	30 748
云 南	7 964 195	276 074	361 242	5 083 944	1 586 492	71 687
西 藏	402 441	24 787	14 603	189 375	73 759	2 847
陕 西	7 762 770	274 370	426 420	5 132 528	1 414 449	50 035
甘 肃	4 771 514	113 352	157 615	3 000 097	1 026 052	55 213
青 海	916 390	28 076	41 304	567 791	171 667	6 450
宁 夏	992 237	22 321	46 994	700 511	148 297	4 644
新 疆	3 348 876	150 867	226 839	2 309 893	378 855	5 950

辖市家庭户类别

单位:户

五代户	一代户和其他亲属及非亲属	二代户和其他亲属及非亲属	三代户和其他亲属及非亲属	四代户和其他亲属及非亲属	五代户和其他亲属及非亲属	其　他
2 469	**2 256 954**	**6 326 602**	**3 442 128**	**164 963**	**304**	**3 823 151**
1	46 923	71 058	24 527	744		219 975
4	23 124	39 728	14 739	464		142 433
205	109 404	312 971	160 456	8 691	14	170 072
37	53 141	103 224	41 598	1 729	10	97 613
15	45 869	169 711	67 323	1 941	1	42 310
23	62 014	175 955	74 722	2 354	4	73 621
49	39 701	155 764	71 341	2 445	8	34 916
35	62 960	263 837	109 637	3 027	1	42 484
6	56 939	69 120	26 303	747	1	250 231
239	112 256	298 943	158 133	7 698	11	258 494
95	86 519	166 198	63 957	3 123	5	206 116
123	106 838	324 338	168 604	7 684	7	142 809
117	62 517	157 036	107 728	7 038	35	85 022
66	60 428	199 393	109 739	5 070	4	83 459
171	127 328	392 972	178 606	7 622	14	189 078
331	147 201	489 328	266 694	15 691	35	169 323
112	95 795	402 463	230 597	12 261	9	114 940
74	104 612	258 859	106 384	4 236	2	167 526
134	205 610	418 391	259 847	13 153	23	241 388
111	97 103	283 054	207 955	11 251	18	120 296
18	20 138	55 062	29 097	1 360		32 283
116	251 859	549 309	259 227	9 974	13	532 883
40	58 546	159 904	85 684	3 275	2	76 018
91	54 552	220 176	201 636	11 502	18	96 781
19	15 772	42 330	30 253	2 282	39	6 375
72	54 826	181 058	125 691	6 232	7	97 082
141	30 570	157 457	172 951	10 721	22	47 323
10	13 182	39 414	26 996	1 025		20 475
3	7 760	27 891	17 818	702		15 296
11	43 467	141 658	43 885	921	1	46 529

2—15 省、自治区、直辖市

地　区	合　计	单身户	一对夫妇户	二代户	三代户	四代户
总　计	**55 725 174**	**2 445 593**	**4 582 509**	**36 097 319**	**8 364 903**	**227 618**
北　京	2 105 002	89 128	197 960	1 193 659	330 163	7 008
天　津	1 753 445	86 353	158 955	1 050 428	280 406	4 334
河　北	2 313 818	84 130	199 915	1 573 903	311 610	8 353
山　西	1 601 132	63 465	117 558	1 119 844	212 261	4 991
内蒙古	1 321 972	50 158	117 439	936 891	134 453	2 853
辽　宁	4 808 851	161 416	488 501	3 274 494	684 187	17 452
吉　林	1 934 634	56 358	160 678	1 319 240	289 737	8 060
黑龙江	3 121 665	89 203	274 224	2 186 598	392 524	9 348
上　海	2 466 572	110 605	223 442	1 287 923	536 431	11 194
江　苏	2 804 745	145 980	251 397	1 774 380	435 531	11 992
浙　江	1 913 009	140 528	195 098	1 162 817	302 418	13 188
安　徽	1 783 237	84 017	141 872	1 170 336	249 170	7 966
福　建	975 657	45 647	63 046	594 680	189 809	7 882
江　西	1 265 277	48 876	76 039	845 969	208 760	6 739
山　东	4 498 893	231 498	400 904	3 097 012	557 373	13 553
河　南	2 170 585	79 778	147 744	1 438 929	336 890	11 723
湖　北	2 968 798	111 071	221 022	1 941 031	483 804	15 515
湖　南	2 047 218	102 079	185 043	1 374 357	256 520	5 844
广　东	3 472 031	201 438	184 199	2 028 717	663 981	20 990
广　西	773 933	38 946	55 789	477 270	121 335	3 312
海　南	177 249	8 449	7 035	101 378	30 742	1 104
四　川	4 212 362	227 799	295 911	2 597 563	687 904	17 271
贵　州	1 027 150	45 258	73 852	699 758	130 594	3 148
云　南	627 529	33 265	52 055	397 445	89 603	2 647
西　藏	37 440	1 531	3 714	19 107	3 277	60
陕　西	1 271 642	40 032	104 138	856 887	189 934	4 425
甘　肃	933 227	26 049	60 587	638 304	136 758	4 631
青　海	205 174	6 486	17 890	140 609	23 074	442
宁　夏	206 053	6 453	16 960	144 511	20 841	462
新　疆	926 874	29 597	89 542	653 279	74 813	1 131

的市家庭户类别(第二口径)

单位:户

五代户	一代户和其他亲属及非亲属	二代户和其他亲属及非亲属	三代户和其他亲属及非亲属	四代户和其他亲属及非亲属	五代户和其他亲属及非亲属	其　　他
161	**654 367**	**1 347 388**	**496 993**	**17 665**	**20**	**1 490 638**
1	40 288	58 737	19 404	564		168 090
	18 234	28 771	8 735	203		117 026
3	18 770	39 792	14 401	497	1	62 443
1	13 625	26 198	8 039	201		34 949
1	13 170	39 138	9 980	272		17 617
3	32 892	75 233	27 347	695	1	46 630
2	16 484	49 405	17 509	552	1	16 608
6	27 980	89 363	28 908	699	—	22 812
3	49 916	57 337	22 113	605	1	167 002
6	33 525	60 812	22 424	811	1	67 886
21	16 104	27 359	10 484	500	1	44 491
6	25 468	47 036	15 670	659	1	41 036
16	13 568	24 048	10 895	623	1	25 442
3	12 835	30 748	13 426	550		21 332
11	32 057	72 688	25 888	796	1	67 112
12	22 512	57 768	19 615	909	2	54 703
9	28 549	84 749	37 338	1 795	3	43 912
4	20 701	43 628	13 558	414		45 070
19	80 658	134 478	59 585	2 358	2	95 606
1	13 134	28 091	10 008	338	1	25 708
2	4 720	12 313	5 315	226		5 965
10	56 589	114 844	45 590	1 521	3	167 357
7	13 600	30 716	10 510	335		19 372
2	7 898	14 452	6 514	273		23 375
	2 612	5 114	1 281	28		716
5	12 547	20 916	7 719	284		34 755
6	9 171	23 321	13 871	753		19 776
	2 948	5 900	1 526	22		62 77
	2 495	6 660	1 517	40		61 14
1	11 317	37 773	7 823	142		214 56

2—16 省、自治区、直辖市

地　区	合　计	单身户	一对夫妇户	二代户	三代户	四代户
总　计	**21 451 978**	**971 272**	**1 723 258**	**14 148 089**	**2 725 128**	**90 340**
北　京	175 766	8 374	19 097	106 110	14 720	302
天　津	73 866	2 625	5 468	50 314	5 307	125
河　北	765 861	26 548	67 940	538 110	81 135	2 800
山　西	457 405	14 246	37 125	334 691	36 753	870
内蒙古	733 747	23 988	58 271	525 676	66 546	1 464
辽　宁	942 706	28 083	96 643	674 043	108 770	3 226
吉　林	866 566	21 373	75 226	624 453	100 392	2 891
黑龙江	1 416 911	36 503	121 066	1 013 581	157 452	4 044
上　海	190 911	11 720	22 254	112 405	18 597	354
江　苏	1 155 482	68 731	113 481	716 955	147 783	5 274
浙　江	1 805 763	143 333	176 224	1 141 270	217 099	7 416
安　徽	801 718	46 805	62 945	497 945	114 535	4 405
福　建	564 107	25 298	30 527	349 708	111 950	4 890
江　西	592 030	26 371	39 287	393 954	80 467	2 750
山　东	1 598 061	59 051	147 619	1 118 108	179 039	6 325
河　南	963 248	35 109	54 995	633 349	147 101	6 691
湖　北	933 499	34 816	79 367	619 951	119 078	4 032
湖　南	856 540	46 139	77 266	567 003	92 799	2 582
广　东	1 551 508	68 173	64 751	897 926	316 092	12 760
广　西	714 657	37 571	42 376	427 125	119 552	4 358
海　南	158 465	6 678	5 215	90 703	25 206	1 120
四　川	1 655 718	85 160	142 773	1 035 186	196 773	4 094
贵　州	472 092	28 884	30 331	308 635	59 938	1 734
云　南	756 206	34 461	56 755	496 762	103 621	3 743
西　藏	18 579	1 065	1 703	9 926	1 889	53
陕　西	502 735	17 259	43 901	360 399	39 341	903
甘　肃	248 080	8 329	17 393	177 870	22 072	446
青　海	86 061	4 412	6 229	56 675	6 683	133
宁　夏	103 867	3 828	7 490	75 668	7 042	124
新　疆	289 823	16 339	19 540	193 588	27 396	431

的镇家庭户类别(第二口径)

单位:户

五代户	一代户和其他亲属及非亲属	二代户和其他亲属及非亲属	三代户和其他亲属及非亲属	四代户和其他亲属及非亲属	五代户和其他亲属及非亲属	其他
103	**249 146**	**607 554**	**209 399**	**8 708**	**15**	**718 966**
	1 736	2 966	696	18		21 747
	717	754	214	9		8 333
3	5 632	13 059	4 780	226	1	25 627
1	3 917	7 747	1 716	41	1	20 297
	7 491	32 357	8 142	231		9 581
2	4 884	13 763	5 047	174	1	8 070
3	5 664	22 039	7 387	223	1	6 914
2	11 200	49 273	15 562	396		7 832
1	2 134	2 545	548	18		20 335
8	14 830	27 120	9 244	421		51 635
13	20 158	34 692	11 282	516	2	53 758
1	11 857	24 400	8 768	385		29 672
10	7 276	14 137	6 448	401	3	13 459
2	6 741	17 866	5 347	229	1	19 015
9	10 385	34 380	10 810	493	1	31 841
9	11 526	31 777	10 870	631		31 190
5	9 256	35 251	11 059	540	1	20 143
2	9 259	19 800	5 687	224		35 779
14	34 290	69 704	34 729	1 582	2	51 485
11	10 590	28 030	11 908	515	1	32 620
2	4 175	11 847	4 682	243		8 594
3	23 034	46 607	14 164	437		107 487
	5 493	11 812	3 882	132		21 251
2	7 886	17 735	7 911	354		26 976
	903	1 863	462	25		690
	7 244	8 322	1 859	69		23 438
	3 100	5 767	1 410	48		11 645
	1 895	3 655	690	17		5 672
	1 113	3 014	491	13		5 084
	4 760	15 272	3 604	97		8 796

2—17 省、自治区、直辖市

地　区	合　计	单身户	一对夫妇户	二代户	三代户	四代户
总　计	**199 734 615**	**10 115 492**	**11 560 225**	**131 870 527**	**34 591 296**	**1 381 627**
北　京	820 897	60 797	66 891	517 129	123 717	3 382
天　津	711 975	41 723	51 860	468 070	109 008	3 818
河　北	12 222 418	601 860	836 606	8 070 627	2 047 360	89 387
山　西	5 085 574	315 696	353 308	3 376 668	826 998	32 285
内蒙古	3 217 427	135 790	184 020	2 279 819	417 290	11 318
辽　宁	5 058 969	180 488	360 107	3 542 063	776 777	25 583
吉　林	3 475 960	85 969	189 827	2 461 718	555 514	21 500
黑龙江	4 356 499	95 715	246 705	3 115 440	649 233	21 458
上　海	1 407 791	119 107	145 189	827 335	228 005	7 366
江　苏	13 855 698	840 272	1 064 270	8 716 587	2 564 514	123 004
浙　江	7 965 943	688 504	658 736	5 174 337	1 095 659	42 075
安　徽	10 735 146	560 988	589 682	7 191 970	1 775 138	71 924
福　建	5 037 783	226 040	189 633	3 114 249	1 141 743	62 952
江　西	6 471 996	229 972	273 391	4 312 627	1 275 308	50 634
山　东	15 777 495	846 942	1 259 063	10 694 584	2 285 180	82 407
河　南	16 601 281	692 116	835 006	11 003 301	3 077 608	146 171
湖　北	9 100 837	329 605	477 270	5 898 669	1 748 593	63 133
湖　南	12 745 018	756 276	909 165	8 854 441	1 727 690	49 879
广　东	8 412 578	503 149	301 933	4 961 673	1 983 831	87 958
广　西	7 359 319	375 144	239 906	4 565 676	1 552 541	67 220
海　南	1 050 612	64 932	50 797	646 384	199 804	8 821
四　川	22 607 144	1 459 134	1 201 513	15 289 408	3 525 063	106 291
贵　州	5 711 122	244 532	298 227	4 024 643	851 495	25 866
云　南	6 580 460	208 348	252 432	4 189 737	1 393 268	65 297
西　藏	346 422	22 191	9 186	160 342	68 593	2 734
陕　西	5 988 393	217 079	278 381	3 915 242	1 185 174	44 707
甘　肃	3 590 207	78 974	79 635	2 183 923	867 222	50 136
青　海	625 155	17 178	17 185	370 507	141 910	5 875
宁　夏	682 317	12 040	22 544	480 332	120 414	4 058
新　疆	2 132 179	104 931	117 757	1 463 026	276 646	4 388

的县家庭户类别(第二口径)

单位:户

五代户	一代户和其他亲属及非亲属	二代户和其他亲属及非亲属	三代户和其他亲属及非亲属	四代户和其他亲属及非亲属	五代户和其他亲属及非亲属	其　他
2 205	**1 353 441**	**4 371 660**	**2 735 736**	**138 590**	**269**	**1 613 547**
	4 899	9 355	4 427	162		30 138
4	4 173	10 203	5 790	252		17 074
199	85 002	260 120	141 275	7 968	12	82 002
35	35 599	69 279	31 843	1 487	9	42 367
14	25 208	98 216	49 201	1 438	1	15 112
18	24 238	86 959	42 328	1 485	2	18 921
44	17 553	84 320	46 445	1 670	6	11 394
27	23 780	125 201	65 167	1 932	1	11 840
2	4 889	9 238	3 642	124		62 894
225	63 901	211 011	126 465	6 466	10	138 973
61	50 257	104 147	42 191	2 107	2	107 867
116	69 513	252 902	144 166	6 640	6	72 101
91	41 673	118 851	90 385	6 014	31	46 121
61	40 852	150 779	90 966	4 291	3	43 112
151	84 886	285 904	141 908	6 333	12	90 125
310	113 163	399 783	236 209	14 151	33	83 430
98	57 990	282 463	182 200	9 926	5	50 885
68	74 652	195 431	87 139	3 598	2	86 677
101	90 662	214 209	165 533	9 213	19	94 297
99	73 379	226 933	186 039	10 398	16	61 968
14	11 243	30 902	19 100	891		17 724
103	172 236	387 858	199 473	8 016	10	258 039
33	39 453	117 376	71 292	2 808	2	35 395
87	38 768	187 989	187 211	10 875	18	46 430
19	12 257	35 353	28 510	2 229	39	4 969
67	35 035	151 820	116 113	5 879	7	38 889
135	18 299	128 369	157 670	9 920	22	15 902
10	8 339	29 859	24 780	986		8 526
3	4 152	18 217	15 810	649		4 098
10	27 390	88 613	32 458	682	1	16 277

2—18 1989年全国分年龄生育双胞胎妇女及其占有生育妇女的百分比

单位:人

年龄（岁）	人数				占有生育妇女百分比			
	合计	二男	一男一女	二女	合计	二男	一男一女	二女
总计	**186 273**	**61 444**	**67 816**	**57 013**	**0.79**	**0.26**	**0.29**	**0.24**
15—19	**5 626**	**2 079**	**1 455**	**2 092**	**0.42**	**0.16**	**0.11**	**0.16**
15	21	11	1	9	0.30	0.16	0.01	0.13
16	117	46	26	45	0.34	0.13	0.08	0.13
17	462	178	116	168	0.37	0.14	0.09	0.14
18	1 372	498	332	542	0.39	0.14	0.10	0.16
19	3 654	1 346	980	1 328	0.45	0.16	0.12	0.16
20—24	**73 050**	**25 468**	**23 704**	**23 878**	**0.61**	**0.21**	**0.20**	**0.20**
20	8 075	2 943	2 358	2 774	0.49	0.18	0.14	0.17
21	11 560	4 082	3 528	3 950	0.54	0.19	0.16	0.18
22	14 546	5 069	4 729	4 748	0.59	0.21	0.19	0.19
23	19 264	6 601	6 431	6 232	0.65	0.22	0.22	0.21
24	19 605	6 773	6 658	6 174	0.71	0.25	0.24	0.22
25—29	**64 452**	**20 798**	**24 722**	**18 932**	**0.91**	**0.30**	**0.35**	**0.27**
25	19 473	6 535	6 960	5 978	0.80	0.27	0.28	0.24
26	19 574	6 307	7 485	5 782	0.90	0.29	0.34	0.27
27	11 156	3 559	4 403	3 194	0.99	0.31	0.39	0.28
28	6 725	2 053	2 755	1 917	1.05	0.32	0.43	0.30
29	7 524	2 344	3 119	2 061	1.14	0.35	0.47	0.31
30—34	**30 749**	**9 104**	**13 267**	**8 378**	**1.31**	**0.39**	**0.57**	**0.36**
30	6 778	2 005	2 911	1 862	1.23	0.37	0.53	0.34
31	7 834	2 363	3 355	2 116	1.30	0.39	0.56	0.35
32	6 509	1 870	2 828	1 811	1.35	0.39	0.59	0.38
33	5 151	1 497	2 274	1 380	1.36	0.40	0.60	0.37
34	4 477	1 369	1 899	1 209	1.35	0.41	0.57	0.36
35—39	**9 901**	**3 126**	**3 963**	**2 812**	**1.29**	**0.41**	**0.52**	**0.37**
35	3 280	1 009	1 338	933	1.31	0.40	0.54	0.37
36	2 459	786	997	676	1.31	0.42	0.53	0.36
37	1 943	590	828	525	1.33	0.40	0.57	0.36
38	1 214	387	462	365	1.22	0.39	0.47	0.37
39	1 005	354	338	313	1.19	0.42	0.40	0.37
40—44	**1 862**	**660**	**576**	**626**	**1.18**	**0.42**	**0.37**	**0.40**
40	622	231	199	192	1.21	0.45	0.39	0.37
41	464	164	151	149	1.20	0.43	0.39	0.39
42	305	99	93	113	1.07	0.35	0.33	0.40
43	265	93	72	100	1.22	0.43	0.33	0.46
44	206	73	61	72	1.20	0.42	0.35	0.42
45—49	**633**	**209**	**129**	**295**	**1.75**	**0.58**	**0.36**	**0.82**
45	169	59	40	70	1.47	0.51	0.35	0.61
46	126	43	25	58	1.52	0.52	0.30	0.70
47	126	47	21	58	1.86	0.69	0.31	0.86
48	102	30	20	52	1.96	0.58	0.38	1.00
49	110	30	23	57	2.48	0.68	0.52	1.29

2—19 1989年全国市分年龄生育双胞胎妇女及其占有生育妇女的百分比(第二口径)

单位:人

年龄(岁)	人数				占有生育妇女百分比			
	合计	二男	一男一女	二女	合计	二男	一男一女	二女
总计	**26 669**	**8 828**	**9 220**	**8 621**	**0.82**	**0.27**	**0.28**	**0.26**
15—19	**526**	**183**	**160**	**183**	**0.53**	**0.18**	**0.16**	**0.18**
15	2	1	—	1	0.46	0.23	—	0.23
16	11	3	4	4	0.54	0.15	0.20	0.20
17	30	11	10	9	0.38	0.14	0.13	0.11
18	149	60	36	53	0.60	0.24	0.15	0.21
19	334	108	110	116	0.52	0.17	0.17	0.18
20—24	**10 119**	**3 546**	**3 142**	**3 431**	**0.66**	**0.23**	**0.20**	**0.22**
20	902	315	259	328	0.59	0.20	0.17	0.21
21	1 298	462	389	447	0.58	0.21	0.17	0.20
22	1 763	647	550	566	0.64	0.23	0.20	0.20
23	2 917	984	936	997	0.69	0.23	0.22	0.24
24	3 239	1 138	1 008	1 093	0.69	0.24	0.22	0.23
25—29	**10 388**	**3 494**	**3 591**	**3 303**	**0.85**	**0.29**	**0.29**	**0.27**
25	3 431	1 224	1 078	1 129	0.76	0.27	0.24	0.25
26	3 174	1 044	1 108	1 022	0.82	0.27	0.29	0.26
27	1 618	521	585	512	0.93	0.30	0.34	0.29
28	1 038	343	382	313	0.96	0.32	0.35	0.29
29	1 127	362	438	327	1.10	0.35	0.43	0.32
30—34	**4 228**	**1 187**	**1 822**	**1 219**	**1.36**	**0.38**	**0.59**	**0.39**
30	977	262	407	308	1.23	0.33	0.51	0.39
31	1 053	304	469	280	1.29	0.37	0.57	0.34
32	906	259	373	274	1.45	0.41	0.60	0.44
33	726	193	330	203	1.51	0.40	0.69	0.42
34	566	169	243	154	1.43	0.43	0.61	0.39
35—39	**1 145**	**333**	**448**	**364**	**1.42**	**0.41**	**0.55**	**0.45**
35	403	114	153	136	1.39	0.39	0.53	0.47
36	312	93	126	93	1.52	0.45	0.61	0.45
37	218	56	97	65	1.48	0.38	0.66	0.44
38	117	33	44	40	1.21	0.34	0.45	0.41
39	95	37	28	30	1.39	0.54	0.41	0.44
40—44	**160**	**56**	**39**	**65**	**1.48**	**0.52**	**0.36**	**0.60**
40	44	17	8	19	1.15	0.45	0.21	0.50
41	44	16	11	17	1.65	0.60	0.41	0.64
42	31	11	9	11	1.62	0.57	0.47	0.57
43	20	4	8	8	1.44	0.29	0.57	0.57
44	21	8	3	10	2.11	0.80	0.30	1.00
45—49	**103**	**29**	**18**	**56**	**3.59**	**1.01**	**0.63**	**1.95**
45	18	6	3	9	2.47	0.82	0.41	1.23
46	20	7	4	9	3.17	1.11	0.63	1.43
47	26	7	5	14	4.58	1.23	0.88	2.46
48	18	5	4	9	3.67	1.02	0.82	1.84
49	21	4	2	15	4.62	0.88	0.44	3.30

2—20 1989年全国镇分年龄生育双胞胎妇女及其占有生育妇女的百分比(第二口径)

单位:人

年龄(岁)	人数				占有生育妇女百分比			
	合计	二男	一男一女	二女	合计	二男	一男一女	二女
总计	**15 409**	**4 819**	**6 323**	**4 267**	**1.08**	**0.34**	**0.44**	**0.30**
15—19	**410**	**154**	**142**	**114**	**0.77**	**0.29**	**0.27**	**0.21**
15	1	1	—	—	0.43	0.43	—	—
16	8	3	1	4	0.68	0.25	0.08	0.34
17	24	6	9	9	0.57	0.14	0.21	0.21
18	85	37	25	23	0.65	0.28	0.19	0.18
19	292	107	107	78	0.84	0.31	0.31	0.22
20—24	**6 259**	**1 988**	**2 437**	**1 834**	**0.87**	**0.28**	**0.34**	**0.25**
20	583	211	212	160	0.75	0.27	0.27	0.21
21	905	285	339	281	0.81	0.26	0.30	0.25
22	1 186	368	489	329	0.84	0.26	0.35	0.23
23	1 761	543	703	515	0.91	0.28	0.36	0.27
24	1 824	581	694	549	0.92	0.29	0.35	0.28
25—29	**5 354**	**1 708**	**2 187**	**1 459**	**1.15**	**0.37**	**0.47**	**0.31**
25	1 753	588	694	471	1.00	0.34	0.40	0.27
26	1 582	508	607	467	1.10	0.35	0.42	0.32
27	821	255	356	210	1.21	0.38	0.53	0.31
28	563	180	244	139	1.43	0.46	0.62	0.35
29	635	177	286	172	1.59	0.44	0.71	0.43
30—34	**2 509**	**725**	**1 166**	**618**	**1.78**	**0.52**	**0.83**	**0.44**
30	534	156	242	136	1.61	0.47	0.73	0.41
31	628	187	302	139	1.73	0.51	0.83	0.38
32	541	156	250	135	1.88	0.54	0.87	0.47
33	453	136	204	113	2.00	0.60	0.90	0.50
34	353	90	168	95	1.79	0.46	0.85	0.48
35—39	**746**	**199**	**346**	**201**	**1.88**	**0.50**	**0.87**	**0.51**
35	271	69	130	72	1.86	0.47	0.89	0.49
36	202	44	92	66	2.01	0.44	0.92	0.66
37	132	36	69	27	1.83	0.50	0.95	0.37
38	83	30	30	23	1.82	0.66	0.66	0.51
39	58	20	25	13	1.72	0.59	0.74	0.38
40—44	**78**	**28**	**28**	**22**	**1.48**	**0.53**	**0.53**	**0.42**
40	30	12	9	9	1.64	0.66	0.49	0.49
41	19	5	8	6	1.51	0.40	0.64	0.48
42	9	4	3	2	0.95	0.42	0.32	0.21
43	9	2	4	3	1.29	0.29	0.57	0.43
44	11	5	4	2	2.04	0.93	0.74	0.37
45—49	**53**	**17**	**17**	**19**	**3.24**	**1.04**	**1.04**	**1.16**
45	16	6	4	6	3.67	1.38	0.92	1.38
46	10	3	2	5	2.71	0.81	0.54	1.36
47	12	3	4	5	3.66	0.91	1.22	1.52
48	3	1	1	1	1.13	0.38	0.38	0.38
49	12	4	6	2	5.04	1.68	2.52	0.84

2—21　1989年全国县分年龄生育双胞胎妇女及其占有生育妇女的百分比(第二口径)

单位:人

年龄(岁)	人数				占有生育妇女百分比			
	合计	二男	一男一女	二女	合计	二男	一男一女	二女
总计	**144 195**	**47 797**	**52 273**	**44 125**	**0.76**	**0.25**	**0.28**	**0.23**
15—19	**4 690**	**1 742**	**1 153**	**1 795**	**0.40**	**0.15**	**0.10**	**0.15**
15	18	9	1	8	0.28	0.14	0.02	0.13
16	98	40	21	37	0.31	0.13	0.07	0.12
17	408	161	97	150	0.37	0.14	0.09	0.13
18	1 138	401	271	466	0.37	0.13	0.09	0.15
19	3 028	1 131	763	1 134	0.42	0.16	0.11	0.16
20—24	**56 672**	**19 934**	**18 125**	**18 613**	**0.58**	**0.21**	**0.19**	**0.19**
20	6 590	2 417	1 887	2 286	0.46	0.17	0.13	0.16
21	9 357	3 335	2 800	3 222	0.52	0.18	0.15	0.18
22	11 597	4 054	3 690	3 853	0.57	0.20	0.18	0.19
23	14 586	5 074	4 792	4 720	0.62	0.22	0.21	0.20
24	14 542	5 054	4 956	4 532	0.69	0.24	0.24	0.22
25—29	**48 710**	**15 596**	**18 944**	**14 170**	**0.91**	**0.29**	**0.35**	**0.26**
25	14 289	4 723	5 188	4 378	0.79	0.26	0.29	0.24
26	14 818	4 755	5 770	4 293	0.90	0.29	0.35	0.26
27	8 717	2 783	3 462	2 472	0.98	0.31	0.39	0.28
28	5 124	1 530	2 129	1 465	1.05	0.31	0.43	0.30
29	5 762	1 805	2 395	1 562	1.11	0.35	0.46	0.30
30—34	**24 012**	**7 192**	**10 279**	**6 541**	**1.27**	**0.38**	**0.54**	**0.35**
30	5 267	1 587	2 262	1 418	1.21	0.36	0.52	0.32
31	6 153	1 872	2 584	1 697	1.27	0.39	0.54	0.35
32	5 062	1 455	2 205	1 402	1.30	0.37	0.57	0.36
33	3 972	1 168	1 740	1 064	1.29	0.38	0.57	0.35
34	3 558	1 110	1 488	960	1.30	0.41	0.55	0.35
35—39	**8 010**	**2 594**	**3 169**	**2 247**	**1.24**	**0.40**	**0.49**	**0.35**
35	2 606	826	1 055	725	1.26	0.40	0.51	0.35
36	1 945	649	779	517	1.24	0.41	0.50	0.33
37	1 593	498	662	433	1.28	0.40	0.53	0.35
38	1 014	324	388	302	1.19	0.38	0.46	0.35
39	852	297'	285	270	1.15	0.40	0.38	0.36
40—44	**1 624**	**576**	**509**	**539**	**1.15**	**0.41**	**0.36**	**0.38**
40	548	202	182	164	1.20	0.44	0.40	0.36
41	401	143	132	126	1.16	0.41	0.38	0.36
42	265	84	81	100	1.03	0.33	0.32	0.39
43	236	87	60	89	1.20	0.44	0.31	0.45
44	174	60	54	60	1.11	0.38	0.34	0.38
45—49	**477**	**163**	**94**	**220**	**1.51**	**0.52**	**0.30**	**0.70**
45	135	47	33	55	1.31	0.46	0.32	0.53
46	96	33	19	44	1.32	0.45	0.26	0.60
47	88	37	12	39	1.50	0.63	0.20	0.66
48	81	24	15	42	1.82	0.54	0.34	0.95
49	77	22	15	40	2.06	0.59	0.40	1.07

2—22 省、自治区、直辖市

地区	合计			1989年上半年		
	合计	男	女	小计	男	女
总计	**10 328 899**	**5 647 315**	**4 681 584**	**3 280 799**	**1 805 163**	**1 475 636**
北京	84 436	46 053	38 383	25 941	14 228	11 713
天津	75 235	40 747	34 488	23 043	12 543	10 500
河北	497 768	280 674	217 094	148 049	84 076	63 973
山西	261 332	149 299	112 033	83 298	48 309	34 989
内蒙古	173 127	102 181	70 946	49 735	29 663	20 072
辽宁	339 460	191 777	147 683	103 595	58 922	44 673
吉林	222 769	129 665	93 104	72 966	42 792	30 174
黑龙江	264 468	154 799	109 669	78 206	46 246	31 960
上海	128 493	67 220	61 273	43 982	22 846	21 136
江苏	583 709	317 966	265 743	180 140	99 046	81 094
浙江	376 152	210 715	165 437	124 702	69 384	55 318
安徽	457 059	246 450	210 609	135 139	73 641	61 498
福建	254 162	138 783	115 379	84 457	46 426	38 031
江西	348 690	185 274	163 416	102 062	55 373	46 689
山东	783 302	427 002	356 300	259 419	142 888	116 531
河南	762 037	417 718	344 319	238 820	132 801	106 019
湖北	529 512	290 258	239 254	160 780	88 407	72 373
湖南	638 281	351 132	287 149	211 305	117 291	94 014
广东	499 498	268 001	231 497	166 957	90 172	76 785
广西	367 455	194 201	173 254	117 144	62 781	54 363
海南	50 684	28 183	22 501	16 782	9 437	7 345
四川	1 138 639	602 457	536 182	386 946	203 689	183 257
贵州	333 450	174 247	159 203	103 679	54 810	48 869
云南	416 260	217 785	198 475	133 172	69 788	63 384
西藏	28 963	15 208	13 755	8 941	4 795	4 146
陕西	306 599	174 516	132 083	95 197	54 521	40 676
甘肃	190 277	103 594	86 683	59 118	32 557	26 561
青海	42 694	23 113	19 581	12 818	6 990	5 828
宁夏	34 383	19 482	14 901	11 008	6 253	4 755
新疆	140 005	78 815	61 190	43 398	24 488	18 910

分性别的死亡人口数

单位：人

1989年下半年			1990年上半年		
小　计	男	女	小　计	男	女
3 292 160	**1 814 609**	**1 477 551**	**3 755 940**	**2 027 543**	**1 728 397**
26 235	14 465	11 770	32 260	17 360	14 900
24 239	13 212	11 027	27 953	14 992	12 961
162 597	92 389	70 208	187 122	104 209	82 913
80 866	46 348	34 518	97 168	54 642	42 526
51 876	30 889	20 987	71 516	41 629	29 887
105 195	60 408	44 787	130 670	72 447	58 223
69 976	41 190	28 786	79 827	45 683	34 144
81 760	48 409	33 351	104 502	60 144	44 358
40 109	21 285	18 824	44 402	23 089	21 313
191 874	104 943	86 931	211 695	113 977	97 718
122 034	69 188	52 846	129 416	72 143	57 273
149 621	81 340	68 281	172 299	91 469	80 830
81 777	44 939	36 838	87 928	47 418	40 510
117 164	62 576	54 588	129 464	67 325	62 139
241 794	133 589	108 205	282 089	150 525	131 564
245 182	135 004	110 178	278 035	149 913	128 122
172 074	95 039	77 035	196 658	106 812	89 846
201 269	111 506	89 763	225 707	122 335	103 372
158 742	85 821	72 921	173 799	92 008	81 791
117 032	61 995	55 037	133 279	69 425	63 854
16 199	9 015	7 184	17 703	9 731	7 972
352 573	188 779	163 794	399 120	209 989	189 131
110 670	58 041	52 629	119 101	61 396	57 705
136 660	71 960	64 700	146 428	76 037	70 391
9 090	4 736	4 354	10 932	5 677	5 255
97 470	55 986	41 484	113 932	64 009	49 923
62 188	34 047	28 141	68 971	36 990	31 981
12 971	7 171	5 800	16 905	8 952	7 953
10 597	6 018	4 579	12 778	7 211	5 567
42 326	24 321	18 005	54 281	30 006	24 275

2—23 省、自治区、直辖市的市

地区	合计			1989年上半年		
	合计	男	女	小计	男	女
总计	**1 610 091**	**903 594**	**706 497**	**513 115**	**289 268**	**223 847**
北京	53 477	29 114	24 363	16 467	9 031	7 436
天津	48 821	26 554	22 267	14 943	8 109	6 834
河北	54 617	31 093	23 524	16 146	9 220	6 926
山西	41 293	24 742	16 551	12 868	7 755	5 113
内蒙古	31 095	18 484	12 611	9 171	5 466	3 705
辽宁	133 295	76 190	57 105	41 525	24 063	17 462
吉林	59 549	35 082	24 467	19 339	11 446	7 893
黑龙江	82 673	48 424	34 249	24 854	14 645	10 209
上海	79 858	41 945	37 913	26 976	14 091	12 885
江苏	76 186	41 591	34 595	24 165	13 311	10 854
浙江	56 520	31 394	25 126	18 802	10 410	8 392
安徽	44 750	25 316	19 434	13 470	7 664	5 806
福建	30 935	17 130	13 805	10 268	5 658	4 610
江西	39 225	21 924	17 301	11 844	6 783	5 061
山东	137 369	75 646	61 723	45 640	25 444	20 196
河南	56 668	32 141	24 527	16 924	9 659	7 265
湖北	89 216	49 323	39 893	27 629	15 452	12 177
湖南	65 395	37 001	28 394	21 820	12 358	9 462
广东	110 508	59 495	51 013	36 735	19 761	16 974
广西	21 203	11 975	9 228	6 596	3 715	2 881
海南	6 054	3 495	2 559	1 991	1 145	846
四川	143 346	80 056	63 290	48 519	27 055	21 464
贵州	37 797	21 100	16 697	11 712	6 638	5 074
云南	18 807	10 434	8 373	6 027	3 402	2 625
西藏	977	608	369	286	202	84
陕西	34 164	19 769	14 395	10 665	6 196	4 469
甘肃	26 464	15 227	11 237	8 610	4 957	3 653
青海	4 152	2 534	1 618	1 200	749	451
宁夏	4 543	2 812	1 731	1 577	1 001	576
新疆	21 134	12 995	8 139	6 346	3 882	2 464

分性别的死亡人口数(第二口径)

单位:人

1989年下半年			1990年上半年		
小　计	男	女	小　计	男	女
512 615	**290 638**	**221 977**	**584 361**	**323 688**	**260 673**
16 965	9 298	7 667	20 045	10 785	9 260
16 037	8 808	7 229	17 841	9 637	8 204
17 327	9 942	7 385	21 144	11 931	9 213
13 011	7 846	5 165	15 414	9 141	6 273
9 800	5 935	3 865	12 124	7 083	5 041
42 362	24 547	17 815	49 408	27 580	21 828
19 149	11 294	7 855	21 061	12 342	8 719
26 217	15 411	10 806	31 602	18 368	13 234
25 021	13 399	11 622	27 861	14 455	13 406
24 308	13 400	10 908	27 713	14 880	12 833
18 091	10 136	7 955	19 627	10 848	8 779
14 389	8 306	6 083	16 891	9 346	7 545
9 993	5 582	4 411	10 674	5 890	4 784
12 608	7 055	5 553	14 773	8 086	6 687
42 289	23 761	18 528	49 440	26 441	22 999
17 794	10 215	7 579	21 950	12 267	9 683
28 937	15 987	12 950	32 650	17 884	14 766
20 666	11 811	8 855	22 909	12 832	10 077
35 123	19 226	15 897	38 650	20 508	18 142
6 807	3 898	2 909	7 800	4 362	3 438
1 937	1 111	826	2 126	1 239	887
45 288	25 440	19 848	49 539	27 561	21 978
12 526	7 008	5 518	13 559	7 454	6 105
6 091	3 401	2 690	6 689	3 631	3 058
303	175	128	388	231	157
11 093	6 450	4 643	12 406	7 123	5 283
8 982	5 175	3 807	8 872	5 095	3 777
1 338	838	500	1 614	947	667
1 459	905	554	1 507	906	601
6 704	4 278	2 426	8 084	4 835	3 249

2—24 省、自治区、直辖市的镇

地区	合计			1989年上半年		
	合计	男	女	小计	男	女
总计	**552 743**	**324 922**	**227 821**	**171 110**	**101 125**	**69 985**
北京	3 025	1 667	1 358	866	464	402
天津	1 293	773	520	349	203	146
河北	16 131	10 044	6 087	4 495	2 865	1 630
山西	8 670	5 777	2 893	2 636	1 773	863
内蒙古	16 908	10 296	6 612	4 676	2 885	1 791
辽宁	23 082	13 342	9 740	6 641	3 864	2 777
吉林	25 371	15 187	10 184	8 244	4 958	3 286
黑龙江	35 541	21 558	13 983	10 187	6 311	3 876
上海	4 596	2 489	2 107	1 626	875	751
江苏	26 502	14 824	11 678	7 933	4 508	3 425
浙江	45 279	25 913	19 366	14 494	8 217	6 277
安徽	18 758	10 828	7 930	5 209	3 048	2 161
福建	18 755	10 828	7 927	6 199	3 561	2 638
江西	13 398	7 845	5 553	3 759	2 264	1 495
山东	40 242	23 062	17 180	13 204	7 674	5 530
河南	25 596	15 435	10 161	7 687	4 708	2 979
湖北	21 910	12 795	9 115	6 271	3 693	2 578
湖南	23 792	14 299	9 493	8 426	5 094	3 332
广东	46 320	26 646	19 674	15 019	8 657	6 362
广西	18 699	11 011	7 688	5 714	3 310	2 404
海南	3 761	2 274	1 487	1 162	697	465
四川	49 311	29 186	20 125	15 993	9 479	6 514
贵州	15 080	8 707	6 373	4 809	2 789	2 020
云南	23 962	13 559	10 403	7 782	4 338	3 444
西藏	576	337	239	174	106	68
陕西	9 791	6 227	3 564	2 676	1 749	927
甘肃	4 916	3 094	1 822	1 530	968	562
青海	1 591	1 010	581	446	287	159
宁夏	1 765	1 110	655	542	348	194
新疆	8 122	4 799	3 323	2 361	1 432	929

分性别的死亡人口数(第二口径)

单位:人

1989年下半年			1990年上半年		
小　计	男	女	小　计	男	女
175 645	**104 467**	**71 178**	**205 988**	**119 330**	**86 658**
930	535	395	1 229	668	561
410	246	164	534	324	210
5 157	3 207	1 950	6 479	3 972	2 507
2 785	1 889	896	3 249	2 115	1 134
5 153	3 165	1 988	7 079	4 246	2 833
7 106	4 223	2 883	9 335	5 255	4 080
8 142	4 920	3 222	8 985	5 309	3 676
11 172	6 886	4 286	14 182	8 361	5 821
1 387	748	639	1 583	866	717
8 495	4 822	3 673	10 074	5 494	4 580
14 642	8 544	6 098	16 143	9 152	6 991
5 960	3 482	2 478	7 589	4 298	3 291
6 108	3 586	2 522	6 448	3 681	2 767
4 300	2 559	1 741	5 339	3 022	2 317
12 305	7 094	5 211	14 733	8 294	6 439
8 137	4 900	3 237	9 772	5 827	3 945
7 023	4 139	2 884	8 616	4 963	3 653
7 214	4 372	2 842	8 152	4 833	3 319
14 908	8 694	6 214	16 393	9 295	7 098
5 921	3 555	2 366	7 064	4 146	2 918
1 284	791	493	1 315	786	529
15 647	9 380	6 267	17 671	10 327	7 344
4 872	2 833	2 039	5 399	3 085	2 314
7 841	4 485	3 356	8 339	4 736	3 603
186	109	77	216	122	94
3 248	2 064	1 184	3 867	2 414	1 453
1 654	1 039	615	1 732	1 087	645
518	327	191	627	396	231
576	358	218	647	404	243
2 564	1 515	1 049	3 197	1 852	1 345

2—25 省、自治区、直辖市的县

地区	合计			1989年上半年		
	合计	男	女	小计	男	女
总计	**8 166 065**	**4 418 799**	**3 747 266**	**2 596 574**	**1 414 770**	**1 181 804**
北京	27 934	15 272	12 662	8 608	4 733	3 875
天津	25 121	13 420	11 701	7 751	4 231	3 520
河北	427 020	239 537	187 483	127 408	71 991	55 417
山西	211 369	118 780	92 589	67 794	38 781	29 013
内蒙古	125 124	73 401	51 723	35 888	21 312	14 576
辽宁	183 083	102 245	80 838	55 429	30 995	24 434
吉林	137 849	79 396	58 453	45 383	26 388	18 995
黑龙江	146 254	84 817	61 437	43 165	25 290	17 875
上海	44 039	22 786	21 253	15 380	7 880	7 500
江苏	481 021	261 551	219 470	148 042	81 227	66 815
浙江	274 353	153 408	120 945	91 406	50 757	40 649
安徽	393 551	210 306	183 245	116 460	62 929	53 531
福建	204 472	110 825	93 647	67 990	37 207	30 783
江西	296 067	155 505	140 562	86 459	46 326	40 133
山东	605 691	328 294	277 397	200 575	109 770	90 805
河南	679 773	370 142	309 631	214 209	118 434	95 775
湖北	418 386	228 140	190 246	126 880	69 262	57 618
湖南	549 094	299 832	249 262	181 059	99 839	81 220
广东	342 670	181 860	160 810	115 203	61 754	53 449
广西	327 553	171 215	156 338	104 834	55 756	49 078
海南	40 869	22 414	18 455	13 629	7 595	6 034
四川	945 982	493 215	452 767	322 434	167 155	155 279
贵州	280 573	144 440	136 133	87 158	45 383	41 775
云南	373 491	193 792	179 699	119 363	62 048	57 315
西藏	27 410	14 263	13 147	8 481	4 487	3 994
陕西	262 644	148 520	114 124	81 856	46 576	35 280
甘肃	158 897	85 273	73 624	48 978	26 632	22 346
青海	36 951	19 569	17 382	11 172	5 954	5 218
宁夏	28 075	15 560	12 515	8 889	4 904	3 985
新疆	110 749	61 021	49 728	34 691	19 174	15 517

分性别的死亡人口数(第二口径)

单位:人

1989年下半年			1990年上半年		
小　计	男	女	小　计	男	女
2 603 900	**1 419 504**	**1 184 396**	**2 965 591**	**1 584 525**	**1 381 066**
8 340	4 632	3 708	10 986	5 907	5 079
7 792	4 158	3 634	9 578	5 031	4 547
140 113	79 240	60 873	159 499	88 306	71 193
65 070	36 613	28 457	78 505	43 386	35 119
36 923	21 789	15 134	52 313	30 300	22 013
55 727	31 638	24 089	71 927	39 612	32 315
42 685	24 976	17 709	49 781	28 032	21 749
44 371	26 112	18 259	58 718	33 415	25 303
13 701	7 138	6 563	14 958	7 768	7 190
159 071	86 721	72 350	173 908	93 603	80 305
89 301	50 508	38 793	93 646	52 143	41 503
129 272	69 552	59 720	147 819	77 825	69 994
65 676	35 771	29 905	70 806	37 847	32 959
100 256	52 962	47 294	109 352	56 217	53 135
187 200	102 734	84 466	217 916	115 790	102 126
219 251	119 889	99 362	246 313	131 819	114 494
136 114	74 913	61 201	155 392	83 965	71 427
173 389	95 323	78 066	194 646	104 670	89 976
108 711	57 901	50 810	118 756	62 205	56 551
104 304	54 542	49 762	118 415	60 917	57 498
12 978	7 113	5 865	14 262	7 706	6 556
291 638	153 959	137 679	331 910	172 101	159 809
93 272	48 200	45 072	100 143	50 857	49 286
122 728	64 074	58 654	131 400	67 670	63 730
8 601	4 452	4 149	10 328	5 324	5 004
83 129	47 472	35 657	97 659	54 472	43 187
51 552	27 833	23 719	58 367	30 808	27 559
11 115	6 006	5 109	14 664	7 609	7 055
8 562	4 755	3 807	10 624	5 901	4 723
33 058	18 528	14 530	43 000	23 319	19 681

2—26 全国按现住地和1985年7月1日

迁移原因 和现住地	从		本	省	
				城	
	合计	男	女	小计	男
总计	**23 025 734**	**12 375 173**	**10 650 561**	**3 589 237**	**2 310 340**
北京	84 336	49 714	34 622	19 400	11 874
天津	35 422	18 889	16 533	4 045	2 645
河北	812 532	426 056	386 476	141 305	92 124
山西	627 356	346 431	280 925	119 509	77 197
内蒙古	578 138	304 885	273 253	94 560	57 094
辽宁	883 395	444 515	438 880	173 630	105 426
吉林	611 199	298 711	312 488	102 242	58 895
黑龙江	1 055 517	533 133	522 384	163 685	91 966
上海	173 150	102 271	70 879	44 798	29 505
江苏	1 188 589	675 133	513 456	167 471	118 392
浙江	799 618	452 092	347 526	110 379	77 143
安徽	869 545	480 036	389 509	147 342	99 755
福建	722 698	422 077	300 621	127 220	85 053
江西	734 087	407 884	326 203	109 809	73 811
山东	1 190 017	660 565	529 452	210 772	140 302
河南	1 238 943	698 321	540 622	241 860	158 800
湖北	1 088 391	586 942	501 449	153 022	98 957
湖南	1 297 956	655 728	642 228	220 874	140 670
广东	2 671 046	1 410 627	1 260 419	234 566	146 434
广西	888 402	466 866	421 536	92 943	59 841
海南	142 873	73 164	69 709	11 701	6 882
四川	2 345 256	1 190 460	1 154 796	346 237	226 248
贵州	464 694	252 841	211 853	65 392	42 822
云南	732 225	423 484	308 741	111 519	74 646
西藏					
陕西	706 154	399 015	307 139	133 753	86 796
甘肃	449 631	247 052	202 579	88 102	57 112
青海	150 900	87 378	63 522	24 206	14 777
宁夏	122 752	65 132	57 620	23 675	14 686
新疆	360 912	195 771	165 141	105 220	60 487

常往地类型分性别、迁移原因的迁入人口数

单位:人

其他县市						
市	镇			乡村		
女	小计	男	女	小计	男	女
1 278 897	4 851 486	2 672 503	2 178 983	14 585 011	7 392 330	7 192 681
7 526	12 990	7 712	5 278	51 946	30 128	21 818
1 400	6 483	3 498	2 985	24 894	12 746	12 148
49 181	126 571	68 749	57 822	544 656	265 183	279 473
42 312	140 048	76 562	63 486	367 799	192 672	175 127
37 466	133 862	71 400	62 462	349 716	176 391	173 325
68 204	224 010	111 504	112 506	485 755	227 585	258 170
43 347	215 997	106 976	109 021	292 960	132 840	160 120
71 719	256 700	129 422	127 278	635 132	311 745	323 387
15 293	40 945	22 688	18 257	87 407	50 078	37 329
49 079	150 876	88 921	61 955	870 242	467 820	402 422
33 236	173 971	102 136	71 835	515 268	272 813	242 455
47 587	133 841	75 806	58 035	588 362	304 475	283 887
42 167	170 933	98 513	72 420	424 545	238 511	186 034
35 998	137 715	79 792	57 923	486 563	254 281	232 282
70 470	397 862	217 034	180 828	581 383	303 229	278 154
83 060	125 439	70 532	54 907	871 644	468 989	402 655
54 065	279 571	154 251	125 320	655 798	333 734	322 064
80 204	230 775	122 702	108 073	846 307	392 356	453 951
88 132	512 080	282 078	230 002	1 924 400	982 115	942 285
33 102	237 055	128 102	108 953	558 404	278 923	279 481
4 819	38 663	20 996	17 667	92 509	45 286	47 223
119 989	397 028	227 977	169 051	1 601 991	736 235	865 756
22 570	108 660	61 005	47 655	290 642	149 014	141 628
36 873	185 852	112 043	73 809	434 854	236 795	198 059
46 957	161 216	91 895	69 321	411 185	220 324	190 861
30 990	70 422	40 829	29 593	291 107	149 111	141 996
9 429	49 058	27 567	21 491	77 636	45 034	32 602
8 989	32 251	17 201	15 050	66 826	33 245	33 581
44 733	100 612	54 612	46 000	155 080	80 672	74 408

2—26 续表1

迁移原因和现住地	从	本	省		
				城	
	合计	男	女	小计	男
工作调动	**2 379 728**	**1 645 871**	**733 857**	**860 693**	**609 126**
北京	10 695	7 878	2 817	4 162	2 868
天津	4 022	2 778	1 244	1 014	786
河北	88 433	62 375	26 058	41 085	29 578
山西	59 724	43 705	16 019	28 398	20 628
内蒙	54 594	40 075	14 519	21 622	16 022
辽宁	89 314	63 996	25 318	34 821	25 854
吉林	80 606	53 949	26 657	21 261	14 892
黑龙江	70 993	50 323	20 670	28 185	19 738
上海	35 130	21 460	13 670	4 844	3 796
江苏	93 313	65 536	27 777	37 871	28 094
浙江	73 391	51 853	21 538	23 307	17 531
安徽	89 335	62 672	26 663	36 201	26 504
福建	78 374	57 182	21 192	32 767	23 635
江西	95 719	63 297	32 422	25 019	17 233
山东	126 285	93 933	32 352	58 232	42 950
河南	123 088	86 941	36 147	63 408	45 048
湖北	79 981	56 230	23 751	31 955	22 427
湖南	139 301	87 551	51 750	56 588	35 849
广东	177 986	119 015	58 971	55 693	36 553
广西	97 766	62 259	35 507	18 892	12 746
海南	21 223	12 933	8 290	3 303	2 090
四川	279 942	190 567	89 375	96 289	66 902
贵州	41 428	28 078	13 350	11 746	8 283
云南	111 715	79 516	32 199	26 742	19 956
西藏					
陕西	102 313	73 068	29 245	36 064	25 619
甘肃	52 235	36 917	15 318	23 861	16 669
青海	24 941	17 939	7 002	5 818	4 393
宁夏	14 519	9 931	4 588	6 430	4 522
新疆	63 362	43 914	19 448	25 115	17 960

单位:人

其	他	县	市			
市	镇			乡村		
女	小计	男	女	小计	男	女
251 567	916 622	603 965	312 657	602 413	432 780	169 633
1 294	2 621	1 744	877	3 912	3 266	646
228	1 741	1 052	689	1 267	940	327
11 507	26 630	17 537	9 093	20 718	15 260	5 458
7 770	19 648	14 546	5 102	11 678	8 531	3 147
5 600	23 666	16 712	6 954	9 306	7 341	1 965
8 967	34 869	23 534	11 335	19 624	14 608	5 016
6 369	44 455	29 155	15 300	14 890	9 902	4 988
8 447	29 126	20 389	8 737	13 682	10 196	3 486
1 048	11 914	6 829	5 085	18 372	10 835	7 537
9 777	24 904	15 836	9 068	30 538	21 606	8 932
5 776	31 031	20 381	10 650	19 053	13 941	5 112
9 697	31 189	20 258	10 931	21 945	15 910	6 035
9 132	25 842	18 187	7 655	19 765	15 360	4 405
7 786	32 901	20 949	11 952	37 799	25 115	12 684
15 282	46 097	33 948	12 149	21 956	17 035	4 921
18 360	25 763	17 130	8 633	33 917	24 763	9 154
9 528	32 839	22 127	10 712	15 187	11 676	3 511
20 739	53 047	31 891	21 156	29 666	19 811	9 855
19 140	73 786	47 898	25 888	48 507	34 564	13 943
6 146	53 058	31 995	21 063	25 816	17 518	8 298
1 213	9 001	5 530	3 471	8 919	5 313	3 606
29 387	109 141	69 123	40 018	74 512	54 542	19 970
3 463	19 848	12 896	6 952	9 834	6 899	2 935
6 786	49 760	33 590	16 170	35 213	25 970	9 243
10 445	42 183	29 467	12 716	24 066	17 982	6 084
7 192	19 110	12 939	6 171	9 264	7 309	1 955
1 425	13 226	8 922	4 304	5 897	4 624	1 273
1 908	5 987	3 831	2 156	2 102	1 578	524
7 155	23 239	15 569	7 670	15 008	10 385	4 623

2—26 续表 2

迁移原因和现住地	从本省				
	合计	男	女	城	
				小计	男
分配录用	**1 553 473**	**1 065 291**	**488 182**	**803 950**	**556 391**
北京	6 442	4 175	2 267	2 042	1 204
天津	4 051	2 900	1 151	1 389	855
河北	63 923	42 160	21 763	33 050	21 154
山西	43 493	30 369	13 124	23 422	15 385
内蒙	32 556	21 418	11 138	20 517	13 460
辽宁	59 298	34 721	24 577	29 489	17 438
吉林	24 795	14 019	10 776	13 517	8 340
黑龙江	41 011	25 738	15 273	24 711	15 365
上海	21 429	14 517	6 912	7 137	4 515
江苏	99 425	71 132	28 293	48 839	36 212
浙江	77 037	52 482	24 555	34 892	25 072
安徽	57 454	43 598	13 856	37 071	28 469
福建	52 731	38 380	14 351	35 505	26 086
江西	60 750	44 449	16 301	36 085	26 953
山东	146 615	104 440	42 175	59 129	41 421
河南	98 817	68 870	29 947	51 487	34 591
湖北	62 925	42 833	20 092	32 987	24 164
湖南	115 824	78 779	37 045	55 206	38 354
广东	76 751	55 500	21 251	35 283	26 070
广西	56 829	38 660	18 169	30 195	21 353
海南	6 417	4 344	2 073	1 614	1 201
四川	121 390	81 914	39 476	72 178	49 204
贵州	26 626	19 026	7 600	16 310	11 770
云南	56 698	37 102	19 596	27 434	18 240
西藏					
陕西	50 298	34 554	15 744	26 976	18 171
甘肃	35 788	26 048	9 740	19 086	13 968
青海	14 235	8 275	5 960	7 534	4 407
宁夏	8 707	6 264	2 443	3 947	2 720
新疆	31 158	18 624	12 534	16 918	10 249

单位:人

其他县市						
市	镇			乡村		
女	小计	男	女	小计	男	女
247 559	364 204	232 398	131 806	385 319	276 502	108 817
838	1 187	757	430	3 213	2 214	999
534	593	373	220	2 069	1 672	397
11 896	13 439	8 531	4 908	17 434	12 475	4 959
8 037	9 161	6 335	2 826	10 910	8 649	2 261
7 057	6 919	4 538	2 381	5 120	3 420	1 700
12 051	15 260	8 665	6 595	14 549	8 618	5 931
5 177	9 019	4 282	4 737	2 259	1 397	862
9 346	12 476	7 777	4 699	3 824	2 596	1 228
2 622	4 796	3 012	1 784	9 496	6 990	2 506
12 627	15 099	9 887	5 212	35 487	25 033	10 454
9 820	15 536	9 851	5 685	26 609	17 559	9 050
8 602	10 229	7 093	3 136	10 154	8 036	2 118
9 419	10 598	7 369	3 229	6 628	4 925	1 703
9 132	13 192	9 005	4 187	11 473	8 491	2 982
17 708	39 497	27 477	12 020	47 989	35 542	12 447
16 896	9 505	6 114	3 391	37 825	28 165	9 660
8 823	19 332	11 626	7 706	10 606	7 043	3 563
16 852	22 622	12 430	10 192	37 996	27 995	10 001
9 213	20 678	13 775	6 903	20 790	15 655	5 135
8 842	18 730	11 828	6 902	7 904	5 479	2 425
413	2 492	1 583	909	2 311	1 560	751
22 974	28 453	18 212	10 241	20 759	14 498	6 261
4 540	7 361	5 059	2 302	2 955	2 197	758
9 194	20 518	12 814	7 704	8 746	6 048	2 698
8 805	11 794	7 777	4 017	11 528	8 606	2 922
5 118	8 810	5 962	2 848	7 892	6 118	1 774
3 127	4 520	2 627	1 893	2 181	1 241	940
1 227	2 721	1 896	825	2 039	1 648	391
6 669	9 667	5 743	3 924	4 573	2 632	1 941

2—26 续表 3

迁移原因和现住地	从本省				
				城	
	合计	男	女	小计	男
务工经商	**5 302 947**	**3 557 102**	**1 745 845**	**193 808**	**137 283**
北京	13 298	10 456	2 842	559	413
天津	3 994	3 329	665	132	109
河北	143 547	107 436	36 111	3 584	2 394
山西	91 181	76 452	14 729	4 108	3 182
内蒙古	82 598	67 118	15 480	3 433	2 646
辽宁	107 743	78 150	29 593	5 160	4 027
吉林	44 120	31 098	13 022	3 261	2 322
黑龙江	144 159	109 253	34 906	8 691	6 232
上海	17 453	13 106	4 347	1 461	1 236
江苏	375 525	258 078	117 447	9 310	7 621
浙江	229 802	153 860	75 942	9 585	7 529
安徽	178 609	132 945	45 664	6 035	4 571
福建	215 862	158 053	57 809	9 670	7 461
江西	118 379	89 719	28 660	3 681	2 735
山东	208 050	155 876	52 174	5 800	4 851
河南	240 376	191 529	48 847	8 154	5 944
湖北	268 580	172 014	96 566	10 071	7 384
湖南	207 569	136 809	70 760	6 446	4 354
广东	1 534 014	845 502	688 512	52 459	33 471
广西	172 418	111 089	61 329	3 913	2 649
海南	24 623	14 332	10 291	990	631
四川	453 081	324 092	128 989	13 826	9 677
贵州	82 033	55 687	26 346	3 726	2 562
云南	120 369	84 599	35 770	4 563	3 354
西藏					
陕西	107 542	78 197	29 345	7 293	3 861
甘肃	60 959	52 155	8 804	1 978	1 514
青海	20 342	18 283	2 059	1 116	888
宁夏	10 458	8 983	1 475	883	748
新疆	26 263	18 902	7 361	3 920	2 917

单位:人

其他县市						
市	镇			乡村		
女	小计	男	女	小计	男	女
56 525	**667 565**	**424 567**	**242 998**	**4 441 574**	**2 995 252**	**1 446 322**
146	1 034	761	273	11 705	9 282	2 423
23	269	225	44	3 593	2 995	598
1 190	10 465	7 273	3 192	129 498	97 769	31 729
926	14 207	11 371	2 836	72 866	61 899	10 967
787	6 919	5 048	1 871	72 246	59 424	12 822
1 133	19 639	13 485	6 154	82 944	60 638	22 306
939	10 457	6 482	3 975	30 402	22 294	8 108
2 459	22 131	15 182	6 949	113 337	87 839	25 498
225	2 545	1 805	740	13 447	10 065	3 382
1 689	23 489	15 800	7 689	342 726	234 657	108 069
2 056	30 683	20 481	10 202	189 534	125 850	63 684
1 464	11 663	7 637	4 026	160 911	120 737	40 174
2 209	39 176	28 164	11 012	167 016	122 428	44 588
946	8 569	6 024	2 545	106 129	80 960	25 169
949	68 513	50 005	18 508	133 737	101 020	32 717
2 210	10 665	7 633	3 032	221 557	177 952	43 605
2 687	40 834	25 798	15 036	217 675	138 832	78 843
2 092	18 310	10 783	7 527	182 813	121 672	61 141
18 988	216 619	117 609	99 010	1 264 936	694 422	570 514
1 264	26 165	15 954	10 211	142 340	92 486	49 854
359	4 526	2 562	1 964	19 107	11 139	7 968
4 149	31 262	20 923	10 339	407 993	293 492	114 501
1 164	9 300	5 599	3 701	69 007	47 526	21 481
1 209	16 396	11 485	4 911	99 410	69 760	29 650
3 432	14 497	9 777	4 720	85 752	64 559	21 193
464	2 764	2 126	638	56 217	48 515	7 702
228	1 650	1 264	386	17 576	16 131	1 445
135	673	445	228	8 902	7 790	1 112
1 003	4 145	2 866	1 279	18 198	13 119	5 079

2—26 续表 4

迁移原因和现住地	从本省			城	
	合计	男	女	小计	男
学习培训	**3 211 636**	**1 948 608**	**1 263 028**	**600 829**	**332 171**
北京	17 510	9 491	8 019	2 186	1 092
天津	7 448	4 081	3 367	185	120
河北	137 207	72 666	64 541	17 814	9 679
山西	116 177	60 569	55 608	24 240	13 362
内蒙	103 856	56 312	47 544	20 537	10 592
辽宁	124 755	65 319	59 436	39 354	20 421
吉林	89 702	46 480	43 222	27 563	14 072
黑龙江	125 583	64 917	60 666	36 616	19 016
上海	29 890	16 507	13 383	3 984	2 510
江苏	179 016	118 320	60 696	23 698	14 018
浙江	104 006	66 513	37 493	12 581	7 621
安徽	124 749	84 047	40 702	23 833	13 552
福建	101 019	65 702	35 317	17 892	10 363
江西	97 671	67 557	30 114	16 718	9 964
山东	216 651	135 660	80 991	36 541	20 843
河南	196 951	113 952	82 999	35 823	18 909
湖北	157 213	101 510	55 703	26 695	15 658
湖南	200 965	125 767	75 198	34 832	19 384
广东	171 090	114 176	56 914	27 795	16 788
广西	140 491	86 175	54 316	15 953	8 520
海南	20 485	12 811	7 674	1 229	678
四川	244 039	150 134	93 905	49 916	26 644
贵州	77 747	51 512	26 235	13 166	7 552
云南	121 940	76 161	45 779	21 957	12 365
西藏					
陕西	109 786	65 920	43 866	21 218	11 734
甘肃	68 296	45 327	22 969	16 229	9 587
青海	16 285	10 048	6 237	2 429	1 415
宁夏	21 526	12 927	8 599	3 406	1 747
新疆	89 582	48 047	41 535	26 439	13 965

单位:人

其他县市						
市	镇			乡村		
女	小计	男	女	小计	男	女
268 658	**953 149**	**549 275**	**403 874**	**1 657 658**	**1 067 162**	**590 496**
1 094	2 677	1 528	1 149	12 647	6 871	5 776
65	1 204	624	580	6 059	3 337	2 722
8 135	25 457	13 854	11 603	93 936	49 133	44 803
10 878	33 833	17 507	16 326	58 104	29 700	28 404
9 945	40 068	20 447	19 621	43 251	25 273	17 978
18 933	34 901	18 110	16 791	50 500	26 788	23 712
13 491	39 155	19 836	19 319	22 984	12 572	10 412
17 600	58 232	29 295	28 937	30 735	16 606	14 129
1 474	7 388	3 810	3 578	18 518	10 187	8 331
9 680	35 626	22 118	13 508	119 692	82 184	37 508
4 960	32 381	19 933	12 448	59 044	38 959	20 085
10 281	28 809	17 550	11 259	72 107	52 945	19 162
7 529	33 013	19 813	13 200	50 114	35 526	14 588
6 754	29 619	19 024	10 595	51 334	38 569	12 765
15 698	72 752	45 061	27 691	107 358	69 756	37 602
16 914	31 724	17 227	14 497	129 404	77 816	51 588
11 037	56 455	34 786	21 669	74 063	51 066	22 997
15 448	46 156	26 384	19 772	119 977	79 999	39 978
11 007	63 727	41 542	22 185	79 568	55 846	23 722
7 433	51 572	29 926	21 646	72 966	47 729	25 237
551	7 813	4 779	3 034	11 443	7 354	4 089
23 272	69 612	40 056	29 556	124 511	83 434	41 077
5 614	28 070	16 220	11 850	36 511	27 740	8 771
9 592	35 081	20 420	14 661	64 902	43 376	21 526
9 484	30 299	17 191	13 108	58 269	36 995	21 274
6 642	12 669	7 854	4 815	39 398	27 886	11 512
1 014	8 050	4 724	3 326	5 806	3 909	1 897
1 659	6 722	3 718	3 004	11 398	7 462	3 936
12 474	30 084	15 938	14 146	33 059	18 144	14 915

2—26 续表5

迁移原因和现住地	从本省				
				城	
	合计	男	女	小计	男
投亲靠友	2 206 274	901 725	1 304 549	163 736	66 242
北京	7 084	2 469	4 615	1 231	504
天津	4 196	1 591	2 605	424	213
河北	73 030	27 089	45 941	5 222	2 154
山西	86 798	29 396	57 402	4 582	1 781
内蒙	85 144	42 103	43 041	6 037	2 614
辽宁	134 224	65 322	68 902	13 229	6 035
吉林	86 606	46 582	40 024	6 472	2 954
黑龙江	267 549	139 800	127 749	16 787	7 724
上海	13 154	5 805	7 349	1 278	551
江苏	74 491	28 453	46 038	6 832	2 904
浙江	27 489	10 249	17 240	3 193	1 163
安徽	85 112	32 875	52 237	5 878	2 140
福建	56 200	21 932	34 268	4 892	2 061
江西	53 818	20 310	33 508	3 813	1 374
山东	139 635	47 931	91 704	7 335	3 019
河南	73 814	28 248	45 566	7 535	2 808
湖北	67 554	27 114	40 440	5 413	2 006
湖南	98 164	33 855	64 309	8 768	3 123
广东	115 544	40 904	74 640	8 536	2 902
广西	96 458	36 798	59 660	2 962	1 079
海南	20 539	9 146	11 393	886	377
四川	287 416	103 881	183 535	19 630	7 733
贵州	34 430	13 550	20 880	2 754	1 079
云南	56 110	22 577	33 533	3 520	1 388
西藏					
陕西	67 645	24 951	42 694	6 015	2 382
甘肃	42 805	15 643	27 162	3 800	1 404
青海	8 050	3 515	4 535	747	326
宁夏	10 026	3 697	6 329	1 035	402
新疆	33 189	15 939	17 250	4 930	2 042

单位：人

其他县市						
市	镇			乡村		
女	小计	男	女	小计	男	女
97 494	**369 206**	**147 241**	**221 965**	**1 673 332**	**688 242**	**985 090**
727	1 121	432	689	4 732	1 533	3 199
211	767	305	462	3 005	1 073	1 932
3 068	8 698	3 270	5 428	59 110	21 665	37 445
2 801	12 509	4 244	8 265	69 707	23 371	46 336
3 423	14 090	6 435	7 655	65 017	33 054	31 963
7 194	25 131	11 900	13 231	95 864	47 387	48 477
3 518	21 323	10 640	10 683	58 811	32 988	25 823
9 063	45 096	22 722	22 374	205 666	109 354	96 312
727	4 747	2 196	2 551	7 129	3 058	4 071
3 928	9 333	3 604	5 729	58 326	21 945	36 381
2 030	6 225	2 371	3 854	18 071	6 715	11 356
3 738	9 097	3 244	5 853	70 137	27 491	42 646
2 831	11 812	4 560	7 252	39 496	15 311	24 185
2 439	7 402	2 706	4 696	42 603	16 230	26 373
4 316	49 012	16 353	32 659	83 288	28 559	54 729
4 727	5 972	2 130	3 842	60 307	23 310	36 997
3 407	12 984	4 997	7 987	49 157	20 111	29 046
5 645	12 961	4 426	8 535	76 435	26 306	50 129
5 634	21 144	7 422	13 722	85 864	30 580	55 284
1 883	13 575	4 848	8 727	79 921	30 871	49 050
509	4 465	1 844	2 621	15 188	6 925	8 263
11 897	32 408	11 769	20 639	235 378	84 379	150 999
1 675	6 548	2 439	4 109	25 128	10 032	15 096
2 132	9 424	3 476	5 948	43 166	17 713	25 453
3 633	10 903	3 864	7 039	50 727	18 705	32 022
2 396	3 935	1 445	2 490	35 070	12 794	22 276
421	1 813	743	1 070	5 490	2 446	3 044
633	1 479	541	938	7 512	2 754	4 758
2 888	5 232	2 315	2 917	23 027	11 582	11 445

2—26 续表 6

迁移原因和现住地	从本省				
	合计	男	女	城	
				小计	男
退休退职	**369 519**	**319 126**	**50 393**	**177 382**	**159 575**
北京	1 441	1 213	228	932	800
天津	502	443	59	283	262
河北	17 426	16 229	1 197	10 740	10 175
山西	12 300	11 800	500	8 173	7 935
内蒙古	1 966	1 571	395	692	544
辽宁	5 739	4 755	984	3 231	2 798
吉林	2 231	1 693	538	621	451
黑龙江	2 452	1 927	525	999	748
上海	7 020	5 956	1 064	4 918	4 480
江苏	19 949	17 385	2 564	11 319	10 206
浙江	13 795	11 127	2 668	5 697	4 783
安徽	10 913	9 396	1 517	5 756	5 201
福建	10 850	8 966	1 884	4 546	3 730
江西	10 484	8 679	1 805	3 002	2 548
山东	19 534	18 306	1 228	10 582	10 022
河南	32 952	31 316	1 636	23 103	22 266
湖北	7 338	5 801	1 537	3 458	2 829
湖南	31 212	28 322	2 890	16 285	15 078
广东	20 057	15 334	4 723	7 442	5 953
广西	7 278	5 339	1 939	1 852	1 406
海南	2 346	1 582	764	461	341
四川	70 742	60 387	10 355	28 738	25 288
贵州	6 043	4 857	1 186	1 874	1 578
云南	24 562	20 476	4 086	8 027	7 041
西藏					
陕西	15 591	14 507	1 084	9 242	8 786
甘肃	5 582	4 967	615	2 774	2 460
青海	3 802	3 289	513	732	611
宁夏	1 075	769	306	303	262
新疆	4 337	2 734	1 603	1 600	993

单位:人

市	其他县市					
	镇			乡村		
女	小计	男	女	小计	男	女
17 807	102 504	81 347	21 157	89 633	78 204	11 429
132	249	187	62	260	226	34
21	121	91	30	98	90	8
565	3 157	2 781	376	3 529	3 273	256
238	2 280	2 157	123	1 847	1 708	139
148	885	686	199	389	341	48
433	1 741	1 294	447	767	663	104
170	1 229	950	279	381	292	89
251	975	796	179	478	383	95
438	1 355	913	442	747	563	184
1 113	4 076	3 225	851	4 554	3 954	600
914	5 217	3 946	1 271	2 881	2 398	483
555	2 658	2 132	526	2 499	2 063	436
816	3 455	2 746	709	2 849	2 490	359
454	3 454	2 779	675	4 028	3 352	676
560	5 595	5 160	435	3 357	3 124	233
837	2 805	2 517	288	7 044	6 533	511
629	2 528	1 848	680	1 352	1 124	228
1 207	7 018	5 977	1 041	7 909	7 267	642
1 489	6 343	4 599	1 744	6 272	4 782	1 490
446	3 613	2 433	1 180	1 813	1 500	313
120	907	571	336	978	670	308
3 450	21 944	16 941	5 003	20 060	18 158	1 902
296	2 220	1 674	546	1 949	1 605	344
986	9 015	7 041	1 974	7 520	6 394	1 126
456	3 697	3 259	438	2 652	2 462	190
314	1 463	1 261	202	1 345	1 246	99
121	2 442	2 103	339	628	575	53
41	564	326	238	208	181	27
607	1 498	954	544	1 239	787	452

2—26 续表 7

迁移原因和现住地	从本省			城	
	合计	男	女	小计	男
随迁家属	**2355 888**	**941 957**	**1413 931**	**346 306**	**143 663**
北京	7 102	2 808	4 294	3 059	1 191
天津	2 681	1 105	1 576	292	112
河北	88 589	34 790	53 799	15 321	6 329
山西	91 286	34 352	56 934	13 392	5 314
内蒙	36 841	13 321	23 520	7 802	2 965
辽宁	114 101	44 065	70 036	16 963	6 539
吉林	130 051	49 200	80 851	13 018	5 036
黑龙江	148 367	53 685	94 682	20 829	7 909
上海	8 111	3 668	4 443	1 790	761
江苏	60 261	25 430	34 831	10 177	4 603
浙江	83 275	31 936	51 339	6 937	2 920
安徽	94 909	36 997	57 912	12 845	5 163
福建	68 374	26 906	41 468	11 112	4 817
江西	98 511	40 387	58 124	9 124	3 949
山东	107 839	39 704	68 135	21 164	8 674
河南	145 163	55 966	89 197	25 052	10 362
湖北	113 639	48 179	65 460	16 318	6 712
湖南	126 101	52 483	73 618	21 673	9 573
广东	216 450	94 511	121 939	23 810	10 572
广西	96 090	40 891	55 199	8 392	3 645
海南	21 577	9 749	11 828	2 018	906
四川	140 194	58 232	81 962	27 430	11 853
贵州	56 406	23 257	33 149	4 725	1 974
云南	65 663	28 004	37 659	7 539	3 348
西藏					
陕西	67 503	27 120	40 383	13 489	5 735
甘肃	57 028	22 363	34 665	10 363	4 235
青海	30 188	10 928	19 260	3 475	1 223
宁夏	27 425	11 185	16 240	4 572	1 858
新疆	52 163	20 735	31 428	13 625	5 385

单位:人

市	其他县市					
	镇			乡村		
女	小计	男	女	小计	男	女
202 643	660 281	266 951	393 330	1349 301	531 343	817 958
1 868	1 518	639	879	2 525	978	1 547
180	1 067	467	600	1 322	526	796
8 992	18 478	7 412	11 066	54 790	21 049	33 741
8 078	22 738	8 642	14 096	55 156	20 396	34 760
4 837	15 476	5 830	9 646	13 563	4 526	9 037
10 424	37 644	14 705	22 939	59 494	22 821	36 673
7 982	52 446	20 138	32 308	64 587	24 026	40 561
12 920	39 987	14 639	25 348	87 551	31 137	56 414
1 029	2 355	1 095	1 260	3 966	1 812	2 154
5 574	12 631	5 629	7 002	37 453	15 198	22 255
4 017	20 453	8 065	12 388	55 885	20 951	34 934
7 682	19 839	8 196	11 643	62 225	23 638	38 587
6 295	18 952	7 646	11 306	38 310	14 443	23 867
5 175	21 654	9 168	12 486	67 733	27 270	40 463
12 490	41 889	15 114	26 775	44 786	15 916	28 870
14 690	18 555	7 392	11 163	101 556	38 212	63 344
9 606	29 692	12 552	17 140	67 629	28 915	38 714
12 100	31 452	13 385	18 067	72 976	29 525	43 451
13 238	57 011	24 996	32 015	135 629	58 943	76 686
4 747	35 194	15 319	19 875	52 504	21 927	30 577
1 112	6 084	2 735	3 349	13 475	6 108	7 367
15 577	44 912	19 010	25 902	67 852	27 369	40 483
2 751	14 159	5 754	8 405	37 522	15 529	21 993
4 191	22 275	9 422	12 853	35 849	15 234	20 615
7 754	21 568	8 627	12 941	32 446	12 758	19 688
6 128	13 185	5 179	8 006	33 480	12 949	20 531
2 252	12 737	4 576	8 161	13 976	5 129	8 847
2 714	8 277	3 497	4 780	14 576	5 830	8 746
8 240	18 053	7 122	10 931	20 485	8 228	12 257

2—26 续表 8

迁移原因和现住地	从本省				
	合计	男	女	城	
				小计	男
婚姻迁入	**3241 164**	**300 673**	**2940 491**	**94 819**	**17 945**
北京	8 430	1 165	7 265	893	330
天津	5 859	169	5 690	132	14
河北	134 147	9 768	124 379	3 120	689
山西	52 376	4 801	47 575	2 426	325
内蒙	74 326	7 369	66 957	3 299	436
辽宁	157 737	22 809	134 928	8 491	2 048
吉林	89 735	10 678	79 057	4 950	761
黑龙江	131 517	17 809	113 708	10 151	1 447
上海	12 355	2 571	9 784	1 159	528
江苏	198 477	19 443	179 034	3 905	1 092
浙江	108 598	8 545	100 053	2 471	506
安徽	144 540	13 444	131 096	4 185	572
福建	81 214	5 994	75 220	2 639	224
江西	94 771	4 090	90 681	2 616	294
山东	152 525	7 716	144 809	2 717	499
河南	176 712	11 748	164 964	5 173	800
湖北	155 460	14 924	140 536	5 016	963
湖南	236 761	14 913	221 848	4 186	690
广东	161 991	6 293	155 698	5 009	557
广西	120 216	11 431	108 785	1 346	256
海南	15 068	1 081	13 987	389	57
四川	553 458	64 843	488 615	7 357	2 717
贵州	77 814	7 696	70 118	2 101	342
云南	102 143	14 426	87 717	2 400	684
西藏					
陕西	72 692	7 701	64 991	2 011	350
甘肃	64 340	4 058	60 282	1 737	141
青海	14 364	1 759	12 605	630	84
宁夏	14 911	907	14 004	570	79
新疆	28 627	2 522	26 105	3 740	460

单位:人

市	其他县市					
	镇			乡村		
女	小计	男	女	小计	男	女
76 874	364 036	34 092	329 944	2782 309	248 636	2533 673
563	687	146	541	6 850	689	6 161
118	357	18	339	5 370	137	5 233
2 431	11 680	964	10 716	119 347	8 115	111 232
2 101	11 361	904	10 457	38 589	3 572	35 017
2 863	8 574	867	7 707	62 453	6 066	56 387
6 443	33 422	4 063	29 359	115 824	16 698	99 126
4 189	19 603	2 084	17 519	65 182	7 833	57 349
8 704	25 278	3 129	22 149	96 088	13 233	82 855
631	2 233	615	1 618	8 963	1 428	7 535
2 813	12 336	1 295	11 041	182 236	17 056	165 180
1 965	13 709	1 224	12 485	92 418	6 815	85 603
3 613	9 253	750	8 503	131 102	12 122	118 980
2 415	15 023	886	14 137	63 552	4 884	58 668
2 322	8 945	389	8 556	83 210	3 407	79 803
2 218	47 306	2 575	44 731	102 502	4 642	97 860
4 373	7 118	566	6 552	164 421	10 382	154 039
4 053	23 271	2 358	20 913	127 173	11 603	115 570
3 496	17 812	1 258	16 554	214 763	12 965	201 798
4 452	16 018	851	15 167	140 964	4 885	136 079
1 090	16 676	1 373	15 303	102 194	9 802	92 392
332	1 567	158	1 409	13 112	866	12 246
4 640	25 865	3 818	22 047	520 236	58 308	461 928
1 759	7 877	774	7 103	67 836	6 580	61 256
1 716	9 274	1 396	7 878	90 469	12 346	78 123
1 661	8 966	781	8 185	61 715	6 570	55 145
1 596	3 080	204	2 876	59 523	3 713	55 810
546	1 597	189	1 408	12 137	1 486	10 651
491	1 152	86	1 066	13 189	742	12 447
3 280	3 996	371	3 625	20 891	1 691	19 200

2—26 续表 9

迁移原因和现住地	从本省			城	
	合计	男	女	小计	男
其他	**2 405 105**	**1 694 820**	**710 285**	**347 714**	**287 944**
北京	12 334	10 059	2 275	4 336	3 472
天津	2 669	2 493	176	194	174
河北	66 230	53 543	12 687	11 369	9 972
山西	74 021	54 987	19 034	10 768	9 285
内蒙古	106 257	55 598	50 659	10 621	7 815
辽宁	90 484	65 378	25 106	22 892	20 266
吉林	63 353	45 012	18 341	11 579	10 067
黑龙江	123 886	69 681	54 205	16 716	13 787
上海	28 608	18 681	9 927	18 227	11 128
江苏	88 132	71 356	16 776	15 520	13 642
浙江	82 225	65 527	16 698	11 716	10 018
安徽	83 924	64 062	19 862	15 538	13 583
福建	58 074	38 962	19 112	8 197	6 676
江西	103 984	69 396	34 588	9 751	8 761
山东	72 883	56 999	15 884	9 272	8 023
河南	151 070	109 751	41 319	22 125	18 072
湖北	175 701	118 337	57 364	21 109	16 814
湖南	142 059	97 249	44 810	16 890	14 265
广东	197 163	119 392	77 771	18 539	13 568
广西	100 856	74 224	26 632	9 438	8 187
海南	10 595	7 186	3 409	811	601
四川	194 994	156 410	38 584	30 873	26 230
贵州	62 167	49 178	12 989	8 990	7 682
云南	73 025	60 623	12 402	9 337	8 270
西藏					
陕西	112 784	72 997	39 787	11 445	10 158
甘肃	62 598	39 574	23 024	8 274	7 134
青海	18 693	13 342	5 351	1 725	1 430
宁夏	14 105	10 469	3 636	2 529	2 348
新疆	32 231	24 354	7 877	8 933	6 516

单位:人

市	其他县市					
	镇			乡村		
女	小计	男	女	小计	男	女
59 770	**453 919**	**332 667**	**121 252**	**1 603 472**	**1 074 209**	**529 263**
864	1 896	1 518	378	6 102	5 069	1 033
20	364	343	21	2 111	1 976	135
1 397	8 567	7 127	1 440	46 294	36 444	9 850
1 483	14 311	10 856	3 455	48 942	34 846	14 096
2 806	17 265	10 837	6 428	78 371	36 946	41 425
2 626	21 403	15 748	5 655	46 189	29 364	16 825
1 512	18 310	13 409	4 901	33 464	21 536	11 928
2 929	23 399	15 493	7 906	83 771	40 401	43 370
7 099	3 612	2 413	1 199	6 769	5 140	1 629
1 878	13 382	11 527	1 855	59 230	46 187	13 043
1 698	18 736	15 884	2 852	51 773	39 625	12 148
1 955	11 104	8 946	2 158	57 282	41 533	15 749
1 521	13 062	9 142	3 920	36 815	23 144	13 671
990	11 979	9 748	2 231	82 254	50 887	31 367
1 249	27 201	21 341	5 860	36 410	27 635	8 775
4 053	13 332	9 823	3 509	115 613	81 856	33 757
4 295	61 636	38 159	23 477	92 956	63 364	29 592
2 625	21 397	16 168	5 229	103 772	66 816	36 956
4 971	36 754	23 386	13 368	141 870	82 438	59 432
1 251	18 472	14 426	4 046	72 946	51 611	21 335
210	1 808	1 234	574	7 976	5 351	2 625
4 643	33 431	28 125	5 306	130 690	102 055	28 635
1 308	13 277	10 590	2 687	39 900	30 906	8 994
1 067	14 109	12 399	1 710	49 579	39 954	9 625
1 287	17 309	11 152	6 157	84 030	51 687	32 343
1 140	5 406	3 859	1 547	48 918	28 581	20 337
295	3 023	2 419	604	13 945	9 493	4 452
181	4 676	2 861	1 815	6 900	5 260	1 640
2 417	4 698	3 734	964	18 600	14 104	4 496

2—26 续表 10

迁移原因和现住地	外					
				城市		
	合计	男	女	小计	男	女
总计	**11 065 361**	**6 432 311**	**4 633 050**	**2 800 030**	**1 872 702**	**927 328**
北京	672 662	440 375	232 287	192 149	120 378	71 771
天津	244 607	138 932	105 675	71 999	45 586	26 413
河北	520 387	226 585	293 802	164 467	100 553	63 914
山西	307 026	194 322	112 704	52 755	35 146	17 609
内蒙古	254 306	142 500	111 806	28 887	19 122	9 765
辽宁	541 375	323 992	217 383	115 723	74 032	41 691
吉林	237 293	146 106	91 187	54 424	36 894	17 530
黑龙江	367 428	238 833	128 595	50 436	35 250	15 186
上海	665 526	447 932	217 594	163 479	110 582	52 897
江苏	791 110	397 571	393 539	250 764	163 869	86 895
浙江	335 886	184 540	151 346	123 812	86 761	37 051
安徽	337 763	167 652	170 111	106 154	76 528	29 626
福建	251 044	135 480	115 564	51 528	35 691	15 837
江西	224 865	151 494	73 371	50 727	38 948	11 779
山东	609 432	287 962	321 470	195 360	118 974	76 386
河南	477 833	278 024	199 809	173 997	117 789	56 208
湖北	431 121	290 724	140 397	110 265	79 461	30 804
湖南	271 802	166 110	105 692	93 237	65 979	27 258
广东	1 257 508	585 933	671 575	210 104	126 131	83 973
广西	142 505	95 254	47 251	35 893	25 837	10 056
海南	150 101	100 825	49 276	22 753	16 544	6 209
四川	469 876	298 214	171 662	204 828	152 918	51 910
贵州	190 408	133 141	57 267	29 046	21 532	7 514
云南	250 264	184 544	65 720	37 111	27 518	9 593
西藏						
陕西	314 588	209 171	105 417	106 920	72 319	34 601
甘肃	199 196	112 832	86 364	50 621	33 195	17 426
青海	115 819	81 006	34 813	16 356	11 219	5 137
宁夏	91 912	49 999	41 913	13 086	8 044	5 042
新疆	341 718	222 258	119 460	23 149	15 902	7 247

单位:人

省						其他		
镇			乡村			合计	男	女
小计	男	女	小计	男	女			
1 549 201	936 066	613 135	6 716 130	3 623 543	3 092 587	36 512	25 690	10 822
80 482	51 118	29 364	400 031	268 879	131 152	8 694	5 833	2 861
32 123	18 561	13 562	140 485	74 785	65 700	668	532	136
78 152	39 420	38 732	277 768	86 612	191 156	311	251	60
41 248	26 302	14 946	213 023	132 874	80 149	197	180	17
31 826	18 275	13 551	193 593	105 103	88 490	104	85	19
96 390	56 814	39 576	329 262	193 146	136 116	721	507	214
44 603	27 623	16 980	138 266	81 589	56 677	217	156	61
56 762	36 540	20 222	260 230	167 043	93 187	148	89	59
108 060	70 626	37 434	393 987	266 724	127 263	5 086	3 373	1 713
90 798	50 833	39 965	449 548	182 869	266 679	1 541	1 264	277
48 344	29 014	19 330	163 730	68 765	94 965	1 834	1 591	243
38 450	23 843	14 607	193 159	67 281	125 878	583	479	104
31 654	17 374	14 280	167 862	82 415	85 447	1 573	1 133	440
33 546	23 737	9 809	140 592	88 809	51 783	595	508	87
142 207	69 026	73 181	271 865	99 962	171 903	965	872	93
69 148	41 776	27 372	234 688	118 459	116 229	453	392	61
60 920	41 119	19 801	259 936	170 144	89 792	624	518	106
47 701	29 494	18 207	130 864	70 637	60 227	524	452	72
103 209	53 206	50 003	944 195	406 596	537 599	3 131	1 775	1 356
29 290	19 043	10 247	77 322	50 374	26 948	386	258	128
12 142	8 565	3 577	115 206	75 716	39 490	348	234	114
91 640	63 823	27 817	173 408	81 473	91 935	2 606	2 346	260
24 333	16 748	7 585	137 029	94 861	42 168	484	255	229
33 280	24 476	8 804	179 873	132 550	47 323	4 070	2 072	1 998
55 030	37 372	17 658	152 638	99 480	53 158	298	252	46
25 223	14 774	10 449	123 352	64 863	58 489	183	147	36
13 905	9 274	4 631	85 558	60 513	25 045	42	30	12
11 600	6 299	5 301	67 226	35 656	31 570	85	81	4
17 135	10 991	6 144	301 434	195 365	106 069	41	25	16

2—26 续表 11

迁移原因和现住地	合 计	男	女	外		
				城 市		
				小 计	男	女
工作调动	**1 666 745**	**1 299 893**	**366 852**	**957 201**	**729 658**	**227 543**
北 京	65 449	48 236	17 213	35 444	23 226	12 218
天 津	29 517	20 641	8 876	16 622	11 157	5 465
河 北	100 798	70 948	29 850	63 836	44 061	19 775
山 西	31 302	25 461	5 841	16 148	12 452	3 696
内 蒙	18 006	15 452	2 554	7 662	6 394	1 268
辽 宁	56 329	45 206	11 123	32 732	25 553	7 179
吉 林	25 966	22 403	3 563	15 071	12 936	2 135
黑龙江	23 087	20 328	2 759	11 286	9 853	1 433
上 海	114 661	83 441	31 220	48 195	35 826	12 369
江 苏	148 712	108 505	40 207	93 388	66 816	26 572
浙 江	70 937	56 283	14 654	45 422	35 660	9 762
安 徽	67 820	57 592	10 228	45 151	38 247	6 904
福 建	30 142	25 021	5 121	17 536	13 685	3 851
江 西	45 305	40 096	5 209	22 462	19 523	2 939
山 东	116 680	83 965	32 715	71 882	51 730	20 152
河 南	109 798	87 022	22 776	72 422	57 493	14 929
湖 北	65 384	56 269	9 115	36 931	31 283	5 648
湖 南	57 466	45 491	11 975	35 676	28 335	7 341
广 东	132 574	89 534	43 040	79 183	49 938	29 245
广 西	31 961	25 763	6 198	12 393	9 745	2 648
海 南	10 919	8 257	2 662	7 322	5 225	2 097
四 川	145 285	123 942	21 343	86 885	73 765	13 120
贵 州	22 259	19 321	2 938	9 687	8 183	1 504
云 南	28 328	24 866	3 462	12 102	10 196	1 906
西 藏						
陕 西	62 175	49 967	12 208	35 864	28 020	7 844
甘 肃	25 636	19 978	5 658	14 415	11 002	3 413
青 海	10 627	9 576	1 051	3 673	3 204	469
宁 夏	8 197	6 160	2 037	3 756	2 694	1 062
新 疆	11 425	10 169	1 256	4 055	3 456	599

单位:人

省						其他		
镇			乡村			合计	男	女
小计	男	女	小计	男	女			
382 824	**291 671**	**91 153**	**326 720**	**278 564**	**48 156**	**7 532**	**6 394**	**1 138**
12 588	9 269	3 319	17 417	15 741	1 676	2 627	1 892	735
5 327	3 519	1 808	7 568	5 965	1 603	258	242	16
23 329	15 938	7 391	13 633	10 949	2 684	119	112	7
6 621	5 275	1 346	8 533	7 734	799	101	100	1
5 882	4 886	996	4 462	4 172	290	20	20	
15 038	11 939	3 099	8 559	7 714	845	157	140	17
6 916	5 840	1 076	3 979	3 627	352	39	33	6
7 253	6 218	1 035	4 548	4 257	291	9	8	1
31 992	21 913	10 079	34 474	25 702	8 772	390	322	68
27 063	19 085	7 978	28 261	22 604	5 657	364	342	22
14 511	11 186	3 325	11 004	9 437	1 567	479	464	15
11 815	9 727	2 088	10 854	9 618	1 236	273	230	43
5 991	5 152	839	6 615	6 184	431	90	81	9
11 046	9 726	1 320	11 797	10 847	950	283	245	38
31 628	21 523	10 105	13 170	10 712	2 458	180	175	5
24 005	18 188	5 817	13 371	11 341	2 030	165	161	4
14 373	12 080	2 293	14 080	12 906	1 174	134	120	14
13 386	10 039	3 347	8 404	7 117	1 287	120	116	4
23 618	16 555	7 063	29 773	23 041	6 732	136	120	16
9 274	7 136	2 138	10 294	8 882	1 412	51	49	2
1 759	1 440	319	1 838	1 592	246	8	8	
37 158	30 724	6 434	21 242	19 453	1 789	1 269	1 198	71
6 005	5 110	895	6 567	6 028	539	54	31	23
7 142	6 162	980	9 084	8 508	576	21	19	2
14 969	12 057	2 912	11 342	9 890	1 452	160	144	16
5 944	4 375	1 569	5 277	4 601	676	18	18	
2 891	2 464	427	4 063	3 908	155	2	1	1
2 601	1 844	757	1 840	1 622	218	3	2	1
2 699	2 301	398	4 671	4 412	259	2	1	1

2—26 续表 12

迁移原因和现住地	合计	男	女	外		
				城市		
				小计	男	女
分配录用	**500 904**	**391 007**	**109 897**	**397 125**	**307 866**	**89 259**
北京	50 580	37 038	13 542	39 161	27 315	11 846
天津	20 147	16 729	3 418	12 813	10 116	2 697
河北	22 126	16 391	5 735	18 602	13 638	4 964
山西	11 572	8 970	2 602	8 306	6 276	2 030
内蒙古	8 383	6 295	2 088	6 454	4 847	1 607
辽宁	20 083	14 982	5 101	16 383	11 955	4 428
吉林	8 338	6 568	1 770	6 896	5 382	1 514
黑龙江	10 793	8 536	2 257	9 110	7 112	1 998
上海	18 749	14 353	4 396	11 626	9 108	2 518
江苏	28 594	22 067	6 527	23 515	18 209	5 306
浙江	16 276	12 839	3 437	13 328	10 744	2 584
安徽	13 001	11 023	1 978	11 304	9 636	1 668
福建	10 916	8 838	2 078	9 938	8 072	1 866
江西	14 782	13 038	1 744	10 741	9 374	1 367
山东	28 956	21 912	7 044	23 075	17 678	5 397
河南	27 345	21 953	5 392	20 576	16 278	4 298
湖北	18 451	15 391	3 060	15 671	13 278	2 393
湖南	18 737	15 512	3 225	15 000	12 461	2 539
广东	35 830	27 513	8 317	29 280	22 561	6 719
广西	12 992	10 324	2 668	11 666	9 266	2 400
海南	5 303	4 455	848	3 590	2 937	653
四川	27 374	22 272	5 102	24 655	20 057	4 598
贵州	9 410	7 377	2 033	7 654	5 971	1 683
云南	10 589	7 746	2 843	8 697	6 429	2 268
西藏						
陕西	16 013	12 356	3 657	12 277	9 462	2 815
甘肃	13 609	10 471	3 138	10 594	8 217	2 377
青海	7 081	5 200	1 881	4 843	3 428	1 415
宁夏	5 221	3 759	1 462	3 908	2 774	1 134
新疆	9 653	7 099	2 554	7 462	5 285	2 177

单位：人

省						其他		
镇			乡村			合计	男	女
小计	男	女	小计	男	女			
40 456	**31 324**	**9 132**	**63 323**	**51 817**	**11 506**	**328**	**265**	**63**
2 042	1 572	470	9 377	8 151	1 226	153	122	31
2 486	2 277	209	4 848	4 336	512	6	4	2
1 577	1 152	425	1 947	1 601	346	2	2	
1 017	826	191	2 249	1 868	381	2	2	
1 110	773	337	819	675	144	2	1	1
1 722	1 375	347	1 978	1 652	326	10	9	1
814	668	146	628	518	110	2	1	1
983	829	154	700	595	105	3	3	
1 825	1 331	494	5 298	3 914	1 384	17	10	7
1 579	1 118	461	3 500	2 740	760	29	25	4
1 021	727	294	1 927	1 368	559	11	10	1
699	574	125	998	813	185	1	1	
523	423	100	455	343	112	6	5	1
1 968	1 846	122	2 073	1 818	255	2	1	1
2 915	1 970	945	2 966	2 264	702	25	23	2
2 150	1 617	533	4 619	4 058	561	6	5	1
1 318	955	363	1 462	1 158	304	5	5	
1 661	1 307	354	2 076	1 744	332	6	5	1
3 035	2 253	782	3 515	2 699	816	17	14	3
774	611	163	552	447	105	2	2	
626	568	58	1 087	950	137			
1 734	1 399	335	985	816	169	9	7	2
923	771	152	833	635	198	4	2	2
936	646	290	956	671	285	2	1	1
1 381	1 049	332	2 355	1 845	510	1	1	
1 131	827	304	1 884	1 427	457	2	2	
943	684	259	1 295	1 088	207			
610	431	179	703	554	149			
953	745	208	1 238	1 069	169	3	2	1

2—26 续表 13

迁移原因和现住地	外					
				城市		
	合计	男	女	小计	男	女
务工经商	**3 259 570**	**2 360 769**	**898 801**	**178 465**	**136 215**	**42 250**
北 市	276 136	211 432	64 704	11 415	8 732	26 83
天 津	47 743	36 890	10 853	3 489	2 659	830
河 北	51 878	38 041	13 837	3 607	2 448	1 159
山 西	114 469	102 464	12 005	3 891	3 168	723
内 蒙	57 812	49 682	8 130	1 944	1 580	364
辽 宁	123 416	101 403	22 013	4 319	3 309	1 010
吉 林	36 109	31 008	5 101	1 896	1 520	376
黑龙江	103 637	92 222	11 415	2 784	2 285	499
上 海	263 770	198 617	65 153	15 881	13 715	2 166
江 苏	145 473	107 073	38 400	14 304	11 349	2 955
浙 江	64 542	50 596	13 946	14 475	11 893	2 582
安 徽	42 584	33 627	8 957	3 962	3 250	712
福 建	84 780	70 725	14 055	6 200	5 091	1 109
江 西	72 780	56 609	16 171	2 127	1 692	435
山 东	55 038	39 802	15 236	6 306	4 900	1 406
河 南	83 863	69 220	14 643	4 724	3 629	1 095
湖 北	125 202	101 237	23 965	4 894	4 018	876
湖 南	44 959	33 519	11 440	2 564	1 964	600
广 东	772 047	370 023	402 024	36 764	22 345	14 419
广 西	43 475	33 732	9 743	1 972	1 564	408
海 南	74 900	60 112	14 788	7 806	6 379	1 427
四 川	32 209	23 707	8 502	5 790	4 921	869
贵 州	90 719	76 315	14 404	2 002	1 571	431
云 南	128 065	104 040	24 025	4 091	3 286	805
西 藏						
陕 西	69 951	56 053	13 898	3 774	2 952	822
甘 肃	37 799	28 297	9 502	1 677	1 299	378
青 海	54 670	47 892	6 778	2 373	1 859	514
宁 夏	25 050	20 360	4 690	777	578	199
新 疆	136 494	116 071	20 423	2 657	2 259	398

单位:人

省						其他		
镇			乡村			合计	男	女
小计	男	女	小计	男	女			
268 951	**192 123**	**76 828**	**2 812 154**	**2 032 431**	**779 723**	**868**	**683**	**185**
17 666	12 045	5 621	247 055	190 655	56 400	34	24	10
3 328	2 353	975	40 926	31 878	9 048	20	20	
5 987	3 997	1 990	42 284	31 596	10 688			
13 862	11 764	2 098	96 716	87 532	9 184	1	1	
4 845	3 850	995	51 023	44 252	6 771	1	1	
16 035	12 596	3 439	103 062	85 498	17 564	16	16	
4 847	3 987	860	29 366	25 501	3 865	3	2	1
10 127	8 731	1 396	90 726	81 206	9 520	3	2	1
16 363	12 905	3 458	231 526	171 997	59 529	118	115	3
8 836	5 928	2 908	122 333	89 796	32 537	102	101	1
7 119	5 466	1 653	42 948	33 237	9 711	37	32	5
4 673	3 541	1 132	33 949	26 836	7 113	6	5	1
8 448	6 650	1 798	70 132	58 984	11 148	126	83	43
6 873	5 290	1 583	63 780	49 627	14 153	16	12	4
12 688	8 835	3 853	36 044	26 067	9 977	8	8	
7 864	5 785	2 079	71 275	59 806	11 469	9	9	
10 017	7 737	2 280	110 291	89 482	20 809	5	5	
5 043	3 703	1 340	37 352	27 852	9 500	7	6	1
42 804	18 879	23 925	692 479	328 799	363 680	77	60	17
6 747	5 210	1 537	34 756	26 958	7 798	9	7	2
5 640	4 464	1 176	61 454	49 269	12 185	3	3	
5 016	3 722	1 294	21 403	15 064	6 339	42	38	4
7 437	5 902	1 535	81 280	68 842	12 438	13	12	1
13 945	10 897	3 048	110 029	89 857	20 172	206	116	90
8 586	6 608	1 978	57 591	46 493	11 098	3	3	
3 748	2 805	943	32 374	24 193	8 181	1		1
4 126	3 413	713	48 171	42 620	5 551			
1 916	1 445	471	22 357	18 337	4 020	2	2	
4 365	3 615	750	129 472	110 197	19 275			

2—26 续表 14

迁移原因和现住地	外					
	合计	男	女	城市		
				小计	男	女
学习培训	**927 482**	**661 732**	**265 750**	**418 792**	**269 944**	**148 848**
北京	113 287	79 180	34 107	63 834	41 319	22 515
天津	35 961	24 132	11 829	17 401	10 780	6 621
河北	33 378	23 063	10 315	16 288	10 648	5 640
山西	13 665	9 955	3 710	6 379	4 276	2 103
内蒙	7 085	4 829	2 256	2 069	1 334	735
辽宁	56 184	42 111	14 073	23 571	15 754	7 817
吉林	39 242	27 198	12 044	16 679	10 319	6 360
黑龙江	33 727	23 991	9 736	14 626	9 766	4 860
上海	86 776	58 561	28 215	39 252	24 123	15 129
江苏	74 549	53 270	21 279	32 000	20 095	11 905
浙江	21 134	15 339	5 795	11 143	7 525	3 618
安徽	23 110	16 808	6 302	10 630	7 174	3 456
福建	9 838	7 159	2 679	4 659	2 914	1 745
江西	17 609	12 811	4 798	5 597	3 473	2 124
山东	24 274	17 260	7 014	10 781	6 822	3 959
河南	28 414	20 279	8 135	11 060	7 002	4 058
湖北	68 030	50 934	17 096	27 082	18 146	8 936
湖南	34 943	25 727	9 216	13 958	9 092	4 866
广东	27 841	19 426	8 415	13 437	8 261	5 176
广西	8 304	6 026	2 278	2 445	1 514	931
海南	2 162	1 562	600	451	261	190
四川	63 037	46 909	16 128	27 824	18 385	9 439
贵州	4 126	2 826	1 300	1 976	1 378	598
云南	9 574	7 308	2 266	3 934	2 686	1 248
西藏						
陕西	65 939	47 840	18 099	30 687	20 071	10 616
甘肃	19 790	13 627	6 163	8 909	5 497	3 412
青海	1 994	1 493	501	847	648	199
宁夏	1 203	667	536	439	233	206
新疆	2 306	1 441	865	834	448	386

单位:人

省						其他		
镇			乡村			合计	男	女
小计	男	女	小计	男	女			
213 512	**153 637**	**59 875**	**295 178**	**238 151**	**57 027**	**1234**	**823**	**411**
23 975	17 193	6 782	25 478	20 668	4 810	215	132	83
6 876	4 705	2 171	11 684	8 647	3 037	96	58	38
6 761	4 647	2 114	10 329	7 768	2 561	14	11	3
1 900	1 344	556	5 386	4 335	1 051	11	9	2
1 884	1 212	672	3 132	2 283	849	17	12	5
13 280	10 067	3 213	19 333	16 290	3 043	67	46	21
11 422	8 006	3 416	11 141	8 873	2 268	24	17	7
10 665	7 984	2 681	8 436	6 241	2 195	13	6	7
22 113	15 163	6 950	25 411	19 275	6 136	123	84	39
16 435	11 786	4 649	26 114	21 389	4 725	63	38	25
4 278	3 070	1 208	5 713	4 744	969	101	81	20
4 993	3 555	1 438	7 487	6 079	1 408	8	6	2
2 126	1 621	505	3 053	2 624	429	36	16	20
4 330	3 158	1 172	7 682	6 180	1 502	26	17	9
4 977	3 508	1 469	8 516	6 930	1 586	43	31	12
5 550	3 888	1 662	11 804	9 389	2 415	11	8	3
16 710	12 215	4 495	24 238	20 573	3 665	135	104	31
8 037	5 833	2 204	12 948	10 802	2 146	12	8	4
5 953	4 236	1 717	8 451	6 929	1 522	65	39	26
2 510	1 737	773	3 349	2 775	574	11	8	3
797	591	206	914	710	204	1	1	
15 341	11 814	3 527	19 872	16 710	3 162	101	66	35
1 137	703	434	1 013	745	268	2	1	1
2 120	1 602	518	3 520	3 020	500	9	2	7
14 649	10 918	3 731	20 603	16 851	3 752	17	13	4
3 131	2 103	1 028	7 750	6 027	1 723	2	1	1
573	442	131	574	403	171	4	2	2
478	239	239	286	195	91	1	1	
511	297	214	961	696	265	6	5	1

2—26 续表 15

迁移原因和现住地	合计	男	女	外		
				城市		
				小计	男	女
投亲靠友	**1 149 585**	**538 797**	**610 788**	**157 555**	**65 470**	**92 085**
北京	66 498	23 444	43 054	17 288	6 952	10 336
天津	45 566	19 425	26 141	9 149	4 365	4 784
河北	40 872	17 119	23 753	8 331	3 292	5 039
山西	27 640	10 070	17 570	2 508	900	1 608
内蒙古	65 791	34 892	30 899	3 516	1 546	1 970
辽宁	121 668	61 802	59 866	9 613	4 231	5 382
吉林	50 531	29 854	20 677	3 751	1 850	1 901
黑龙江	101 962	58 388	43 574	4 599	2 151	2 448
上海	72 928	33 490	39 438	17 860	8 462	9 398
江苏	47 246	20 435	26 811	11 984	4 772	7 212
浙江	12 660	4 759	7 901	5 088	1 823	3 265
安徽	20 290	8 458	11 832	4 082	1 601	2 481
福建	10 503	3 954	6 549	1 513	586	927
江西	12 869	5 273	7 596	1 836	662	1 174
山东	78 256	36 843	41 413	12 955	5 463	7 492
河南	25 953	11 100	14 853	6 153	2 483	3 670
湖北	25 014	10 976	14 038	3 121	1 242	1 879
湖南	15 017	6 107	8 910	3 586	1 376	2 210
广东	23 549	8 242	15 307	4 577	1 398	3 179
广西	8 810	3 285	5 525	1 223	446	777
海南	22 802	14 090	8 712	601	264	337
四川	37 121	15 140	21 981	8 742	3 644	5 098
贵州	12 538	4 816	7 722	1 560	613	947
云南	14 499	6 292	8 207	1 573	583	990
西藏						
陕西	33 712	12 256	21 456	4 624	1 762	2 862
甘肃	29 927	10 957	18 970	2 771	1 003	1 768
青海	9 419	3 808	5 611	1 060	438	622
宁夏	16 715	6 545	10 170	1 207	436	771
新疆	99 229	56 977	42 252	2 684	1 126	1 558

单位:人

省						其他		
镇			乡村			合计	男	女
小计	男	女	小计	男	女			
153 909	**70 267**	**83 642**	**838 121**	**403 060**	**435 061**	**6 031**	**3 999**	**2 032**
9 236	3 733	5 503	39 974	12 759	27 215	90	46	44
6 636	2 976	3 660	29 781	12 084	17 697	87	65	22
5 742	2 309	3 433	26 799	11 518	15 281	58	44	14
3 161	1 099	2 062	21 971	8 071	13 900	12	11	1
6 379	3 137	3 242	55 896	30 209	25 687	25	18	7
17 960	8 956	9 004	94 095	48 615	45 480	102	70	32
7 019	4 039	2 980	39 761	23 965	15 796	26	24	2
13 080	7 134	5 946	84 283	49 103	35 180	44	32	12
16 973	8 342	8 631	38 095	16 686	21 409	342	175	167
4 518	1 914	2 604	30 744	13 749	16 995	287	215	72
1 573	631	942	5 999	2 305	3 694	639	549	90
1 827	715	1 112	14 381	6 142	8 239	111	92	19
1 422	503	919	7 568	2 865	4 703	723	521	202
1 406	576	830	9 627	4 035	5 592	159	143	16
21 024	9 850	11 174	44 277	21 530	22 747	370	347	23
3 398	1 358	2 040	16 402	7 259	9 143	45	43	2
2 468	999	1 469	19 425	8 735	10 690	94	78	16
2 403	924	1 479	9 028	3 807	5 221	203	171	32
3 242	1 134	2 108	15 730	5 710	10 020	1 271	493	778
1 625	602	1 023	5 962	2 237	3 725	115	61	54
1 132	573	559	21 069	13 253	7 816	196	143	53
5 528	2 254	3 274	22 851	9 242	13 609	86	66	20
1 615	657	958	9 363	3 546	5 817	34	27	7
1 711	651	1 060	11 215	5 058	6 157	839	511	328
4 073	1 494	2 579	25 015	9 000	16 015	28	23	5
2 313	860	1 453	24 843	9 094	15 749	10	7	3
1 045	424	621	7 314	2 946	4 368	9	9	
1 643	592	1 051	13 865	5 517	8 348	9	7	2
3 757	1 831	1 926	92 788	54 020	38 768	17	8	9

迁移原因和现住地	合计	男	女	外 城市 小计	男	女
退休退职	163 764	133 005	30 759	109 214	89 413	19 801
北京	5 144	3 971	1 173	3 016	2 229	787
天津	2 742	2 370	372	1 924	1 672	252
河北	11 012	9 256	1 756	8 538	7 349	1 189
山西	2 155	1 870	285	1 515	1 309	206
内蒙	503	407	96	275	224	51
辽宁	2 582	2 093	489	1 762	1 426	336
吉林	526	428	98	329	271	58
黑龙江	582	466	116	289	229	60
上海	18 843	14 916	3 927	11 530	9 251	2 279
江苏	25 820	20 774	5 046	20 465	16 687	3 778
浙江	10 676	8 406	2 270	7 811	6 092	1 719
安徽	4 377	3 448	929	3 059	2 411	648
福建	1 561	1 232	329	982	758	224
江西	1 301	1 064	237	753	597	156
山东	14 658	12 033	2 625	9 748	8 006	1 742
河南	14 095	12 400	1 695	10 377	9 237	1 140
湖北	2 555	1 824	731	1 568	1 125	443
湖南	5 708	4 596	1 112	3 150	2 551	599
广东	7 085	4 459	2 626	2 965	1 739	1 226
广西	1 168	818	350	552	391	161
海南	261	140	121	127	71	56
四川	19 706	17 264	2 442	12 184	10 664	1 520
贵州	2 109	1 878	231	1 139	1 020	119
云南	1 245	1 020	225	763	619	144
西藏						
陕西	3 876	3 145	731	2 537	2 045	492
甘肃	2 350	1 955	395	1 348	1 109	239
青海	385	265	120	218	139	79
宁夏	328	250	78	130	90	40
新疆	411	257	154	160	102	58

单位:人

省						其他		
镇			乡村			合计	男	女
小计	男	女	小计	男	女			
30 561	**24 147**	**6 414**	**23 989**	**19 445**	**4 544**	**498**	**415**	**83**
1 462	1 197	265	666	545	121	14	11	3
389	335	54	429	363	66	2	2	
1 449	1 132	317	1 025	775	250	2	2	
382	331	51	258	230	28	1	1	
117	95	22	111	88	23			
556	450	106	264	217	47	1	1	
114	95	19	83	62	21			
136	113	23	157	124	33	1	1	
3 735	2 799	936	3 578	2 866	712	49	39	10
2 668	1 997	671	2 687	2 090	597	22	19	3
1 609	1 257	352	1 256	1 057	199	134	119	15
745	587	158	573	450	123	12	11	1
328	265	63	251	209	42	36	31	5
317	273	44	231	194	37	8	8	
3 359	2 709	650	1 551	1 318	233	22	19	3
1 935	1 612	323	1 783	1 551	232	17	15	2
638	445	193	349	254	95	8	7	1
1 631	1 301	330	927	744	183	13	13	
1 599	1 070	529	2 521	1 650	871	113	77	36
371	257	114	245	170	75	6	6	
71	37	34	63	32	31	5	4	1
4 402	3 709	693	3 120	2 891	229	10	10	
547	476	71	423	382	41	6	3	3
247	201	46	235	200	35	7	7	
790	641	149	549	459	90	6	6	
644	526	118	358	320	38	1	1	
85	66	19	82	60	22			
132	104	28	66	56	10	2	2	
103	67	36	148	88	60			

2—26 续表 17

迁移原因和现住地	省外					
	合计	男	女	城市		
				小计	男	女
随迁家属	**1 201 823**	**470 862**	**730 961**	**394 130**	**163 589**	**230 541**
北京	40 817	16 234	24 583	14 780	6 405	8 375
天津	27 977	11 570	16 407	8 262	3 691	4 571
河北	85 168	34 561	50 607	35 300	14 442	20 858
山西	38 090	12 980	25 110	8 542	3 311	5 231
内蒙	13 607	4 622	8 985	2 801	1 027	1 774
辽宁	75 139	28 641	46 498	18 996	7 379	11 617
吉林	35 640	12 521	23 119	5 887	2 281	3 606
黑龙江	32 570	10 766	21 804	3 448	1 311	2 137
上海	38 333	16 645	21 688	12 214	5 657	6 557
江苏	83 645	36 020	47 625	38 201	16 929	21 272
浙江	37 838	14 657	23 181	16 166	6 661	9 505
安徽	39 331	15 168	24 163	15 564	6 179	9 385
福建	20 598	7 267	13 331	5 798	2 496	3 302
江西	27 345	10 598	16 747	4 595	1 996	2 599
山东	113 129	44 221	68 908	47 010	18 751	28 259
河南	81 604	32 005	49 599	37 172	14 883	22 289
湖北	48 295	19 003	29 292	13 671	5 448	8 223
湖南	32 503	13 463	19 040	12 801	5 454	7 347
广东	86 034	37 147	48 887	31 404	13 945	17 459
广西	13 994	5 923	8 071	3 663	1 608	2 055
海南	14 130	5 754	8 376	1 744	732	1 012
四川	48 714	20 083	28 631	24 532	10 204	14 328
贵州	16 708	6 162	10 546	2 416	1 022	1 394
云南	15 644	5 873	9 771	2 437	1 036	1 401
西藏						
陕西	31 785	12 366	19 419	13 468	5 507	7 961
甘肃	34 353	12 994	21 359	7 410	2 966	4 444
青海	19 221	6 788	12 433	2 175	812	1 363
宁夏	21 478	8 275	13 203	2 086	862	1 224
新疆	28 133	8 555	19 578	1 587	594	993

单位:人

省						其他		
镇			乡村			合计	男	女
小计	男	女	小计	男	女			
244 243	**96 625**	**147 618**	**563 450**	**210 648**	**352 802**	**1 251**	**601**	**650**
8 284	3 311	4 973	17 753	6 518	11 235	40	10	30
4 483	1 877	2 606	15 232	6 002	9 230	10	3	7
19 036	7 721	11 315	30 832	12 398	18 434	25	7	18
6 709	2 253	4 456	22 839	7 416	15 423	5	3	2
4 173	1 449	2 724	6 633	2 146	4 487			
17 305	6 654	10 651	38 838	14 608	24 230	74	35	39
7 052	2 494	4 558	22 701	7 746	14 955	30	13	17
7 094	2 469	4 625	22 028	6 986	15 042	9	4	5
8 360	3 743	4 617	17 759	7 245	10 514	30	13	17
15 032	6 467	8 565	30 412	12 624	17 788	10	3	7
7 903	3 065	4 838	13 769	4 931	8 838	51	28	23
6 341	2 534	3 807	17 426	6 455	10 971	16	8	8
2 907	1 066	1 841	11 893	3 705	8 188	43	26	17
4 050	1 623	2 427	18 700	6 979	11 721	6	4	2
33 335	13 097	20 238	32 784	12 373	20 411	10	4	6
17 323	6 781	10 542	27 109	10 341	16 768	11	6	5
8 295	3 218	5 077	26 329	10 337	15 992	21	8	13
7 579	3 110	4 469	12 123	4 899	7 224	16	6	10
13 877	5 975	7 902	40 753	17 227	23 526	66	31	35
4 365	1 834	2 531	5 966	2 481	3 485	22	13	9
1 241	490	751	11 145	4 532	6 613	6	5	1
13 432	5 443	7 989	10 750	4 436	6 314	14	4	10
2 989	1 173	1 816	11 303	3 967	7 336	120	54	66
2 700	1 060	1 640	10 507	3 777	6 730	598	306	292
6 743	2 652	4 091	11 574	4 207	7 367	12	6	6
5 494	2 080	3 414	21 449	7 948	13 501			
2 626	957	1 669	14 420	5 019	9 401	1		1
3 305	1 298	2 007	16 087	6 115	9 972	1		1
2 210	731	1 479	24 336	7 230	17 106	4	1	3

2—26 续表18

迁移原因和现住地	外					
	合计	男	女	城市		
				小计	男	女
婚姻迁入	**1 511 857**	**126 614**	**1385 243**	**62 540**	**11 273**	**51 267**
北京	36 752	7 107	29 645	2 562	640	1 922
天津	27 059	1 446	25 613	1 264	234	1 030
河北	156 156	3 039	153 117	5 029	463	4 566
山西	39 090	3 834	35 256	1 488	144	1 344
内蒙古	38 402	4 188	34 214	1 162	226	936
辽宁	52 319	8 559	43 760	3 803	894	2 909
吉林	24 124	5 460	18 664	1 564	402	1 162
黑龙江	33 486	9 644	23 842	1 874	581	1 293
上海	20 138	5 934	14 204	2 543	1 418	1 125
江苏	203 120	5 512	197 608	7 093	823	6 270
浙江	76 399	1 817	74 582	2 949	338	2 611
安徽	101 875	2 250	99 625	3 166	324	2 842
福建	68 573	2 377	66 196	2 365	94	2 271
江西	20 806	3 894	16 912	786	113	673
山东	125 146	2 064	123 082	6 275	393	5 882
河南	75 776	3 052	72 724	3 269	485	2 784
湖北	38 504	8 924	29 580	2 266	718	1 548
湖南	40 991	5 775	35 216	1 601	407	1 194
广东	124 991	1 429	123 562	2 895	95	2 800
广西	11 284	2 093	9 191	479	105	374
海南	12 051	1 223	10 828	277	34	243
四川	67 812	5 798	62 014	2 815	1 173	1 642
贵州	16 619	3 954	12 665	705	209	496
云南	24 138	12 873	11 265	953	468	485
西藏						
陕西	18 939	5 827	13 112	1 085	247	838
甘肃	15 182	3 032	12 150	989	98	891
青海	5 537	1 132	4 405	352	44	308
宁夏	9 877	1 258	8 619	376	24	352
新疆	26 711	3 119	23 592	555	79	476

单位：人

省						其他		
镇			乡村			合计	男	女
小计	男	女	小计	男	女			
122 351	**11 679**	**110 672**	**1326 966**	**103 662**	**1223 304**	**911**	**166**	**745**
2 291	371	1 920	31 899	6 096	25 803	6	2	4
2 112	132	1 980	23 683	1 080	22 603	3	2	1
11 331	297	11 034	139 796	2 279	137 517	12	1	11
3 639	534	3 105	33 963	3 156	30 807	4		4
2 874	377	2 497	34 366	3 585	30 781	1		1
8 698	1 280	7 418	39 818	6 385	33 433	26	5	21
3 644	704	2 940	18 916	4 354	14 562	6	2	4
4 176	973	3 203	27 436	8 090	19 346	2	1	1
1 798	684	1 114	15 797	3 832	11 965	11	6	5
11 572	319	11 253	184 455	4 370	180 085	15	2	13
6 371	210	6 161	67 079	1 269	65 810	10	5	5
4 206	144	4 062	94 503	1 782	92 721	9	3	6
7 809	239	7 570	58 399	2 044	56 355	15	4	11
2 210	235	1 975	17 810	3 546	14 264	1	1	
19 414	402	19 012	99 457	1 269	98 188	16	7	9
3 598	235	3 363	68 909	2 332	66 577	17		17
3 137	730	2 407	33 101	7 476	25 625	4	2	2
4 231	457	3 774	35 159	4 911	30 248	12	5	7
4 224	134	4 090	117 872	1 200	116 672	67	9	58
1 748	271	1 477	9 057	1 717	7 340	13	1	12
402	60	342	11 372	1 129	10 243	23		23
4 178	646	3 532	60 819	3 979	56 840	7	6	1
1 587	376	1 211	14 327	3 369	10 958	12	2	10
1 750	945	805	21 435	11 460	9 975	613	99	514
1 989	477	1 512	15 865	5 103	10 762	5	1	4
1 204	183	1 021	12 989	2 751	10 238			
664	103	561	4 521	985	3 536	1		1
541	71	470	8 960	1 163	7 797			
953	90	863	25 203	2 950	22 253			

2—26 续表 19

迁移原因和现住地	外					
	合计	男	女	城市		
				小计	男	女
其他	**683 631**	**449 632**	**233 999**	**125 008**	**99 274**	**25 734**
北京	17 999	13 733	4 266	4 649	3 560	1 089
天津	7 895	5 729	2 166	1 075	912	163
河北	18 999	14 167	4 832	4 936	4 212	724
山西	29 043	18 718	10 325	3 978	3 310	668
内蒙	44 717	22 133	22 584	3 004	1 944	1 060
辽宁	33 655	19 195	14 460	4 544	3 531	1 013
吉林	16 817	10 666	6 151	2 351	1 933	418
黑龙江	27 584	14 492	13 092	2 420	1 962	458
上海	31 328	21 975	9 353	4 378	3 022	1 356
江苏	33 951	23 915	10 036	9 814	8 189	1 625
浙江	25 424	19 844	5 580	7 430	6 025	1 405
安徽	25 375	19 278	6 097	9 236	7 706	1 530
福建	14 133	8 907	5 226	2 537	1 995	542
江西	12 068	8 111	3 957	1 830	1 518	312
山东	53 295	29 862	23 433	7 328	5 231	2 097
河南	30 985	20 993	9 992	8 244	6 299	1 945
湖北	39 686	26 166	13 520	5 061	4 203	858
湖南	21 478	15 920	5 558	4 901	4 339	562
广东	47 557	28 160	19 397	9 599	5 849	3 750
广西	10 517	7 290	3 227	1 500	1 198	302
海南	7 573	5 232	2 341	835	641	194
四川	28 618	23 099	5 519	11 401	10 105	1 296
贵州	15 920	10 492	5 428	1 907	1 565	342
云南	18 182	14 526	3 656	2 561	2 215	346
西藏						
陕西	12 198	9 361	2 837	2 604	2 253	351
甘肃	20 550	11 521	9 029	2 508	2 004	504
青海	6 885	4 852	2 033	815	647	168
宁夏	3 843	2 725	1 118	407	353	54
新疆	27 356	18 570	8 786	3 155	2 553	602

单位:人

省			、			其他		
镇			乡村			合计	男	女
小计	男	女	小计	男	女			
92 394	**64 593**	**27 801**	**466 229**	**285 765**	**180 464**	**17 859**	**12 344**	**5 515**
2 938	2 427	511	10 412	7 746	2 666	5 515	3 594	1 921
486	387	99	6 334	4 430	1 904	186	136	50
2 940	2 227	713	11 123	7 728	3 395	79	72	7
3 957	2 876	1 081	21 108	12 532	8 576	60	53	7
4 562	2 496	2 066	37 151	17 693	19 458	38	33	5
5 796	3 497	2 299	23 315	12 167	11 148	268	185	83
2 775	1 790	985	11 691	6 943	4 748	87	64	23
3 248	2 089	1 159	21 916	10 441	11 475	64	32	32
4 901	3 746	1 155	22 049	15 207	6 842	4 006	2 609	1 397
3 095	2 219	876	21 042	13 507	7 535	649	519	130
3 959	3 402	557	14 035	10 417	3 618	372	303	69
3 151	2 466	685	12 988	9 106	3 882	147	123	24
2 100	1 455	645	9 496	5 457	4 039	498	366	132
1 346	1 010	336	8 892	5 583	3 309	94	77	17
12 867	7 132	5 735	33 100	17 499	15 601	291	258	33
3 325	2 312	1 013	19 416	12 382	7 034	172	145	27
3 964	2 740	1 224	30 661	19 223	11 438	218	189	29
3 730	2 820	910	12 847	8 761	4 086	135	122	13
4 857	2 970	1 887	33 101	19 341	13 760	1 319	932	387
1 876	1 385	491	7 141	4 707	2 434	157	111	46
474	342	132	6 264	4 249	2 015	106	70	36
4 851	4 112	739	12 366	8 882	3 484	1 068	951	117
2 093	1 580	513	11 920	7 347	4 573	239	123	116
2 729	2 312	417	12 892	9 999	2 893	1 775	1 011	764
1 850	1 476	374	7 744	5 632	2 112	66	55	11
1 614	1 015	599	16 428	8 502	7 926	149	118	31
952	721	231	5 118	3 484	1 634	25	18	7
374	275	99	3 062	2 097	965	67	67	
1 584	1 314	270	22 617	14 703	7 914	9	8	1

2—27 北京市1989年育龄妇女

年　　龄 （岁）	1989年年中 妇女人数	出生人数	生育率	第　一　孩	
				出生人数	出育率
总　计	**3 053 202**	**142 573**	**46.70**	**102 171**	**33.46**
15—19	**418 625**	**2 091**	**4.99**	**1 977**	**4.72**
15	64 553	10	0.15	10	0.15
16	77 782	57	0.73	55	0.71
17	85 030	195	2.29	190	2.23
18	93 493	520	5.56	501	5.36
19	97 767	1 309	13.39	1 221	12.49
20—24	**476 011**	**49 705**	**104.42**	**42 905**	**90.13**
20	107 305	3 598	33.53	3 363	31.34
21	95 124	6 027	63.36	5 512	57.95
22	77 149	8 038	104.19	7 103	92.07
23	92 218	13 505	146.45	11 661	126.45
24	104 215	18 537	177.87	15 266	146.49
25—29	**596 897**	**68 551**	**114.85**	**49 638**	**83.16**
25	142 153	22 984	161.68	18 374	129.26
26	154 679	21 552	139.33	16 138	104.33
27	89 695	9 691	108.04	6 825	76.09
28	97 026	7 468	76.97	4 762	49.08
29	113 344	6 856	60.49	3 539	31.22
30—34	**562 642**	**17 264**	**30.68**	**6 292**	**11.18**
30	101 699	4 825	47.44	2 021	19.87
31	119 923	4 192	34.96	1 686	14.06
32	114 405	3 406	29.77	1 148	10.03
33	111 203	2 696	24.24	843	7.58
34	115 412	2 145	18.59	594	5.15
35—39	**444 019**	**4 442**	**10.00**	**1 174**	**2.64**
35	108 731	1 687	15.52	421	3.87
36	95 896	1 149	11.98	301	3.14
37	90 918	827	9.10	219	2.41
38	74 315	472	6.35	141	1.90
39	74 159	307	4.14	92	1.24
40—44	**295 821**	**424**	**1.43**	**170**	**0.57**
40	62 380	172	2.76	68	1.09
41	60 182	112	1.86	50	0.83
42	59 936	66	1.10	30	0.50
43	59 546	51	0.86	12	0.20
44	53 777	23	0.43	10	0.19
45—49	**259 187**	**96**	**0.37**	**15**	**0.06**
45	46 037	17	0.37	5	0.11
46	49 236	16	0.32	1	0.02
47	53 564	19	0.35	2	0.04
48	53 545	22	0.41	3	0.06
49	56 805	22	0.39	4	0.07

分年龄、孩次的生育状况

单位：人、%

第二孩		第三孩		第四孩		第五孩及以上	
出生人数	生育率	出生人数	生育率	出生人数	生育率	出生人数	生育率
34 824	**11.41**	**4 787**	**1.57**	**667**	**0.22**	**124**	**0.04**
111	**0.27**	**3**	**0.01**				
2	0.03						
5	0.06						
18	0.19	1	0.01				
86	0.88	2	0.02				
6 537	**13.73**	**251**	**0.53**	**11**	**0.02**	**1**	
232	2.16	1	0.01	1	0.01	1	0.01
503	5.29	11	0.12	1	0.01		
913	11.83	21	0.27	1	0.01		
1 774	19.24	67	0.73	3	0.03		
3 115	29.89	151	1.45	5	0.05		
17 040	**28.55**	**1 718**	**2.88**	**148**	**0.25**	**7**	**0.01**
4 347	30.58	252	1.77	11	0.08		
5 006	32.36	382	2.47	26	0.17		
2 567	28.62	277	3.09	21	0.23	1	0.01
2 337	24.09	335	3.45	32	0.33	2	0.02
2 783	24.55	472	4.16	58	0.51	4	0.04
8 784	**15.61**	**1 881**	**3.34**	**268**	**0.48**	**39**	**0.07**
2 325	22.86	430	4.23	46	0.45	3	0.03
2 059	17.17	383	3.19	56	0.47	8	0.07
1 773	15.50	426	3.72	52	0.45	7	0.06
1 444	12.99	338	3.04	62	0.56	9	0.08
1 183	10.25	304	2.63	52	0.45	12	0.10
2 208	**4.97**	**825**	**1.86**	**185**	**0.42**	**50**	**0.11**
925	8.51	288	2.65	47	0.43	6	0.06
586	6.11	195	2.03	52	0.54	15	0.16
395	4.34	160	1.76	40	0.44	13	0.14
207	2.79	99	1.33	20	0.27	5	0.07
95	1.28	83	1.12	26	0.35	11	0.15
119	**0.40**	**83**	**0.28**	**37**	**0.13**	**15**	**0.05**
44	0.71	34	0.55	22	0.35	4	0.06
33	0.55	19	0.32	7	0.12	3	0.05
16	0.27	14	0.23	4	0.07	2	0.03
20	0.34	14	0.24	2	0.03	3	0.05
6	0.11	2	0.04	2	0.04	3	0.06
25	**0.10**	**26**	**0.10**	**18**	**0.07**	**12**	**0.05**
5	0.11	3	0.07	1	0.02	3	0.07
7	0.14	4	0.08	2	0.04	2	0.04
5	0.09	8	0.15	2	0.04	2	0.04
4	0.07	8	0.15	5	0.09	2	0.04
4	0.07	3	0.05	8	0.14	3	0.05

2—28 天津市1989年育龄妇女

年　龄（岁）	1989年年中妇女人数	出生人数	生育率	第　一　孩	
				出生人数	出育率
总　计	2 486 691	139 522	56.11	101 045	40.63
15—19	343 387	2 650	7.72	2 504	7.29
15	57 001	14	0.25	14	0.25
16	67 141	60	0.89	58	0.86
17	68 069	234	3.44	224	3.29
18	75 928	653	8.60	625	8.23
19	75 248	1 689	22.45	1 583	21.04
20—24	374 355	59 216	158.18	52 858	141.20
20	80 732	4 635	57.41	4 340	53.76
21	71 792	8 032	111.88	7 509	104.59
22	61 515	11 527	187.39	10 525	171.10
23	76 529	17 605	230.04	15 709	205.27
24	83 787	17 417	207.87	14 775	176.34
25—29	451 625	54 706	121.13	39 319	87.06
25	106 841	18 653	174.59	14 970	140.11
26	123 850	18 117	146.28	13 312	107.48
27	67 777	7 839	115.66	5 353	78.98
28	69 486	5 283	76.03	3 387	48.74
29	83 671	4 814	57.53	2 297	27.45
30—34	475 320	16 707	35.15	5 104	10.74
30	83 851	4 004	47.75	1 642	19.58
31	101 935	4 071	39.94	1 289	12.65
32	96 654	3 231	33.43	928	9.60
33	93 934	2 866	30.51	739	7.87
34	98 946	2 535	25.62	506	5.11
35—39	386 839	5 628	14.55	1 081	2.79
35	90 121	2 005	22.25	372	4.13
36	82 924	1 506	18.16	259	3.12
37	78 590	1 139	14.49	203	2.58
38	67 612	585	8.65	143	2.12
39	67 592	393	5.81	104	1.54
40—44	262 750	556	2.12	160	0.61
40	53 900	227	4.21	55	1.02
41	53 863	129	2.39	39	0.72
42	54 830	91	1.66	34	0.62
43	54 609	71	1.30	22	0.40
44	45 548	38	0.83	10	0.22
45—49	192 415	59	0.31	19	0.10
45	36 218	23	0.64	5	0.14
46	40 294	10	0.25	6	0.15
47	41 929	11	0.26	4	0.10
48	37 455	11	0.29	4	0.11
49	36 519	4	0.11		

分年龄、孩次的生育状况

单位:人、%

第二孩		第三孩		第四孩		第五孩及以上	
出生人数	生育率	出生人数	生育率	出生人数	生育率	出生人数	生育率
31 318	**12.59**	**6 051**	**2.43**	**920**	**0.37**	**188**	**0.08**
141	**0.41**	**5**	**0.01**				
2	0.03						
10	0.15						
28	0.37						
101	1.34	5	0.07				
6 019	**16.08**	**325**	**0.87**	**13**	**0.03**	**1**	
288	3.57	7	0.09				
506	7.05	17	0.24				
955	15.52	46	0.75	1	0.02		
1 790	23.39	101	1.32	4	0.05	1	0.01
2 480	29.60	154	1.84	8	0.10		
13 064	**28.93**	**2 120**	**4.69**	**186**	**0.41**	**17**	**0.04**
3 319	31.06	342	3.20	18	0.17	4	0.04
4 150	33.51	611	4.93	41	0.33	3	0.02
2 070	30.54	379	5.59	34	0.50	3	0.04
1 551	22.32	305	4.39	36	0.52	4	0.06
1 974	23.59	483	5.77	57	0.68	3	0.04
8 615	**18.12**	**2 521**	**5.30**	**413**	**0.87**	**54**	**0.11**
1 767	21.07	524	6.25	67	0.80	4	0.05
2 075	20.36	608	5.96	91	0.89	8	0.08
1 670	17.28	527	5.45	90	0.93	16	0.17
1 586	16.88	460	4.90	75	0.80	6	0.06
1 517	15.33	402	4.06	90	0.91	20	0.20
3 289	**8.50**	**949**	**2.45**	**244**	**0.63**	**65**	**0.17**
1 245	13.81	308	3.42	69	0.77	11	0.12
926	11.17	249	3.00	59	0.71	13	0.16
658	8.37	215	2.74	49	0.62	14	0.18
285	4.22	103	1.52	41	0.61	13	0.19
175	2.59	74	1.09	26	0.38	14	0.21
180	**0.69**	**118**	**0.45**	**56**	**0.21**	**42**	**0.16**
81	1.50	59	1.09	21	0.39	11	0.20
46	0.85	18	0.33	17	0.32	9	0.17
25	0.46	16	0.29	9	0.16	7	0.13
20	0.37	18	0.33	6	0.11	5	0.09
8	0.18	7	0.15	3	0.07	10	0.22
10	**0.05**	**13**	**0.07**	**8**	**0.04**	**9**	**0.05**
4	0.11	8	0.22	2	0.06	4	0.11
3	0.07			1	0.02		
		2	0.05	2	0.05	3	0.07
2	0.05	3	0.08			2	0.05
1	0.03			3	0.08		

2—29 河北省1989年育龄妇女

年龄(岁)	1989年年中妇女人数	出生人数	生育率	第一孩	
				出生人数	出育率
总计	**16 086 433**	**1 302 424**	**80.96**	**612 798**	**38.09**
15—19	**2 907 918**	**55 677**	**19.15**	**51 889**	**17.84**
15	485 685	122	0.25	116	0.24
16	569 362	955	1.68	935	1.64
17	585 433	4 593	7.85	4 414	7.54
18	633 380	14 350	22.66	13 596	21.47
19	634 058	35 657	56.24	32 828	51.77
20—24	**3 021 407**	**589 849**	**195.22**	**423 815**	**140.27**
20	621 395	71 352	114.83	63 549	102.27
21	588 848	100 908	171.37	85 644	145.44
22	550 157	119 559	217.32	92 010	167.24
23	625 405	149 396	238.88	100 292	160.36
24	635 602	148 634	233.85	82 320	129.52
25—29	**2 523 161**	**418 905**	**166.02**	**122 742**	**48.65**
25	673 660	139 727	207.41	58 673	87.10
26	703 174	125 488	178.46	38 027	54.08
27	384 569	60 017	156.06	13 579	35.31
28	319 176	42 636	133.58	6 684	20.94
29	442 582	51 037	115.32	5 779	13.06
30—34	**2 523 716**	**171 494**	**67.95**	**10 565**	**4.19**
30	427 464	41 039	96.01	3 183	7.45
31	523 388	42 083	80.40	2 700	5.16
32	524 263	35 122	66.99	1 973	3.76
33	511 958	28 625	55.91	1 439	2.81
34	536 643	24 625	45.89	1 270	2.37
35—39	**2 357 268**	**55 582**	**23.58**	**2 939**	**1.25**
35	516 824	18 451	35.70	924	1.79
36	480 628	13 425	27.93	684	1.42
37	486 359	10 833	22.27	575	1.18
38	437 309	7 329	16.76	409	0.94
39	436 148	5 544	12.71	347	0.80
40—44	**1 644 770**	**9 185**	**5.58**	**675**	**0.41**
40	366 777	3 262	8.89	197	0.54
41	336 077	2 214	6.59	160	0.48
42	330 752	1 596	4.83	124	0.37
43	329 574	1 234	3.74	116	0.35
44	281 590	879	3.12	78	0.28
45—49	**1 108 193**	**1 732**	**1.56**	**173**	**0.16**
45	217 783	479	2.20	52	0.24
46	222 533	414	1.86	42	0.19
47	230 559	384	1.67	39	0.17
48	215 654	299	1.39	28	0.13
49	221 664	156	0.70	12	0.05

分年龄、孩次的生育状况

单位：人、%

第二孩		第三孩		第四孩		第五孩及以上	
出生人数	生育率	出生人数	生育率	出生人数	生育率	出生人数	生育率
469 876	**29.21**	**166 271**	**10.34**	**41 412**	**2.57**	**12 067**	**0.75**
3 669	**1.26**	**112**	**0.04**	**6**		**1**	
6							
19	0.03	1					
176	0.30	3					
747	1.18	7					
2 721	4.29	101	0.16	6			
150 008	**49.65**	**15 099**	**5.00**	**875**	**0.29**	**52**	**0.02**
7 439	11.97	334	0.54	27			
14 387	24.43	828	1.41	42			
25 663	46.65	1 786	3.25	96	0.17	4	0.01
44 654	71.40	4 201	6.72	235	0.38	14	0.02
57 865	91.04	7 950	12.51	475	0.75	24	0.04
214 846	**85.15**	**71 854**	**28.48**	**8 708**	**3.45**	**755**	**0.30**
66 013	97.99	14 039	20.84	955	1.42	47	0.07
65 945	93.78	19 734	28.06	1 676	2.38	106	0.15
32 399	84.25	12 486	32.47	1 434	3.73	119	0.31
23 520	73.69	10 667	33.42	1 608	5.04	157	0.49
26 969	60.94	14 928	33.73	3 035	6.86	326	0.74
78 516	**31.11**	**58 491**	**23.18**	**19 677**	**7.80**	**4 245**	**1.68**
20 100	47.02	13 795	32.27	3 483	8.15	478	1.12
19 434	37.13	14 696	28.08	4 489	8.58	764	1.46
15 804	30.15	12 116	23.11	4 330	8.26	899	1.71
12 557	24.53	9 771	19.09	3 899	7.62	959	1.87
10 621	19.79	8 113	15.12	3 476	6.48	1 145	2.13
20 482	**8.69**	**17 700**	**7.51**	**9 562**	**4.06**	**4 899**	**2.08**
7 466	14.45	6 035	11.68	2 877	5.57	1 149	2.22
5 151	10.72	4 255	8.85	2 244	4.67	1 091	2.27
3 851	7.92	3 447	7.09	1 901	3.91	1 059	2.18
2 419	5.53	2 238	5.12	1 420	3.25	843	1.93
1 595	3.66	1 725	3.96	1 120	2.57	757	1.74
2 076	**1.26**	**2 611**	**1.59**	**2 114**	**1.29**	**1 709**	**1.04**
820	2.24	946	2.58	765	2.09	534	1.46
498	1.48	671	2.00	479	1.43	406	1.21
335	1.01	452	1.37	348	1.05	337	1.02
250	0.76	320	0.97	306	0.93	242	0.73
173	0.61	222	0.79	216	0.77	190	0.67
279	**0.25**	**404**	**0.36**	**470**	**0.42**	**406**	**0.37**
81	0.37	123	0.56	119	0.55	104	0.48
71	0.32	101	0.45	108	0.49	92	0.41
59	0.26	89	0.39	100	0.43	97	0.42
50	0.23	67	0.31	91	0.42	63	0.29
18	0.08	24	0.11	52	0.23	50	0.23

2—30 山西省1989年育龄妇女

年　　龄（岁）	1989年年中妇女人数	出生人数	生育率	第　一　孩	
				出生人数	出育率
总　计	**7 515 182**	**640 892**	**85.28**	**285 847**	**38.04**
15—19	**1 519 173**	**35 878**	**23.62**	**32 239**	**21.22**
15	305 180	153	0.50	149	0.49
16	300 622	760	2.53	747	2.48
17	292 408	3 152	10.78	2 993	10.24
18	309 177	9 409	30.43	8 634	27.93
19	311 786	22 404	71.86	19 716	63.24
20—24	**1 445 203**	**302 088**	**209.03**	**192 640**	**133.30**
20	315 633	41 610	131.83	34 669	109.84
21	290 021	55 156	190.18	42 350	146.02
22	260 277	60 669	233.09	40 425	155.32
23	286 498	72 331	252.47	41 248	143.97
24	292 774	72 322	247.02	33 948	115.95
25—29	1 249 370	208 981	167.27	55 516	44.44
25	298 307	65 109	218.26	24 196	81.11
26	330 629	61 945	187.36	17 578	53.17
27	223 040	35 565	159.46	7 280	32.64
28	171 385	22 082	128.84	3 564	20.80
29	226 009	24 280	107.43	2 898	12.82
30—34	**1 130 710**	**69 842**	**61.77**	**4 574**	**4.05**
30	203 477	18 356	90.21	1 660	8.16
31	239 147	17 820	74.51	1 187	4.96
32	237 314	14 419	60.76	830	3.50
33	220 422	10 582	48.01	506	2.30
34	230 350	8 665	37.62	391	1.70
35—39	**984 486**	**19 578**	**19.89**	**719**	**0.73**
35	220 043	6 592	29.96	270	1.23
36	199 792	4 733	23.69	169	0.85
37	200 264	3 710	18.53	134	0.67
38	183 345	2 555	13.94	82	0.45
39	181 042	1 988	10.98	64	0.35
40—44	**666 201**	**3 526**	**5.29**	**130**	**0.20**
40	138 578	1 115	8.05	33	0.24
41	133 356	840	6.30	38	0.28
42	146 004	762	5.22	26	0.18
43	139 274	494	3.55	22	0.16
44	108 989	315	2.89	11	0.10
45—49	**520 039**	**999**	**1.92**	**29**	**0.06**
45	97 453	262	2.69	9	0.09
46	106 330	205	1.93	9	0.08
47	115 003	201	1.75	7	0.06
48	100 542	171	1.70	2	0.02
49	100 711	160	1.59	2	0.02

分年龄、孩次的生育状况

单位：人、%

第二孩		第三孩		第四孩		第五孩及以上	
出生人数	生育率	出生人数	生育率	出生人数	生育率	出生人数	生育率
219 699	29.23	94 464	12.57	29 355	3.91	11 527	1.53
3 482	2.29	150	0.10	5		2	
3	0.01						
12	0.04			1			
153	0.52	5	0.02				
758	2.45	15	0.05	2	0.01		
2 556	8.20	130	0.42	2	0.01		
91 619	63.40	16 067	11.12	1 640	1.13	122	0.08
6 427	20.36	494	1.57	20	0.06		
11 538	39.78	1 204	4.15	62	0.21	2	0.01
17 648	67.80	2 401	9.22	190	0.73	5	0.02
25 903	90.41	4 690	16.37	462	1.61	28	0.10
30 103	102.82	7 278	24.86	906	3.09	87	0.30
94 937	75.99	46 013	36.83	10 677	8.55	1 838	1.47
29 632	99.33	9 536	31.97	1 575	5.28	170	0.57
29 215	88.36	12 397	37.50	2 446	7.40	309	0.93
16 253	72.87	9 356	41.95	2 294	10.29	382	1.71
9 585	55.93	6 723	39.23	1 834	10.70	376	2.19
10 252	45.36	8 001	35.40	2 528	11.19	601	2.66
25 268	22.35	25 124	22.22	10 755	9.51	4 121	3.64
7 307	35.91	6 579	32.33	2 186	10.74	624	3.07
6 836	28.58	6 407	26.79	2 566	10.73	824	3.45
5 141	21.66	5 155	21.72	2 376	10.01	917	3.86
3 488	15.82	3 872	17.57	1 861	8.44	855	3.88
2 496	10.84	3 111	13.51	1 766	7.67	901	3.91
3 895	3.96	6 258	6.36	5 033	5.11	3 673	3.73
1 651	7.50	2 274	10.33	1 507	6.85	890	4.04
1 001	5.01	1 598	8.00	1 202	6.02	763	3.82
603	3.01	1 182	5.90	1 018	5.08	773	3.86
397	2.17	714	3.89	715	3.90	647	3.53
243	1.34	490	2.71	591	3.26	600	3.31
403	0.60	674	1.01	945	1.42	1 374	2.06
137	0.99	264	1.91	310	2.24	371	2.68
111	0.83	144	1.08	226	1.69	321	2.41
84	0.58	123	0.84	196	1.34	333	2.28
48	0.34	94	0.67	126	0.90	204	1.46
23	0.21	49	0.45	87	0.80	145	1.33
95	0.18	178	0.34	300	0.58	397	0.76
23	0.24	41	0.42	80	0.82	109	1.12
23	0.22	40	0.38	59	0.55	74	0.70
19	0.17	48	0.42	59	0.51	68	0.59
15	0.15	21	0.21	50	0.50	83	0.83
15	0.15	28	0.28	52	0.52	63	0.63

2—31 内蒙古自治区1989年育龄

年　龄 （岁）	1989年年中 妇女人数	出生人数	生育率	第　一　孩	
				出生人数	出育率
总　计	**5 849 741**	**416 049**	**71.12**	**219 974**	**37.60**
15—19	**1 216 356**	**23 922**	**19.67**	**22 120**	**18.19**
15	238 626	114	0.48	105	0.44
16	243 267	554	2.28	539	2.22
17	237 703	2 061	8.67	1 970	8.29
18	257 273	6 629	25.77	6 216	24.16
19	239 487	14 564	60.81	13 290	55.49
20—24	**1 113 763**	**205 633**	**184.63**	**147 227**	**132.19**
20	244 131	27 905	114.30	24 327	99.65
21	217 004	36 033	166.05	29 347	135.24
22	200 651	40 449	201.59	29 897	149.00
23	224 444	50 975	227.12	34 084	151.86
24	227 533	50 271	220.94	29 572	129.97
25—29	**1 011 147**	**139 639**	**138.10**	**47 157**	**46.64**
25	242 021	45 702	188.83	21 920	90.57
26	256 047	40 076	156.52	14 618	57.09
27	168 248	21 515	127.88	5 635	33.49
28	158 782	16 145	101.68	3 009	18.95
29	186 049	16 201	87.08	1 975	10.62
30—34	**891 296**	**37 576**	**42.16**	**2 944**	**3.30**
30	162 317	11 010	67.83	1 042	6.42
31	188 734	9 961	52.78	775	4.11
32	182 446	7 332	40.19	517	2.83
33	175 029	5 201	29.72	358	2.05
34	182 770	4 072	22.28	252	1.38
35—39	**737 846**	**7 710**	**10.45**	**451**	**0.61**
35	173 545	2 848	16.41	178	1.03
36	150 988	1 838	12.17	100	0.66
37	151 196	1 403	9.28	98	0.65
38	127 642	917	7.18	46	0.36
39	134 475	704	5.24	29	0.22
40—44	**468 182**	**1 278**	**2.73**	**68**	**0.15**
40	100 624	410	4.07	24	0.24
41	98 360	321	3.26	10	0.10
42	101 718	244	2.40	16	0.16
43	82 548	163	1.97	13	0.16
44	84 932	140	1.65	5	0.06
45—49	**411 151**	**291**	**0.71**	**7**	**0.02**
45	83 428	115	1.38	2	0.02
46	74 773	45	0.60		
47	83 259	49	0.59	1	0.01
48	83 925	48	0.57	4	0.05
49	85 766	34	0.40		

妇女分年龄、孩次的生育状况

单位：人、%

第二孩		第三孩		第四孩		第五孩及以上	
出生人数	生育率	出生人数	生育率	出生人数	生育率	出生人数	生育率
135 032	23.08	43 425	7.42	11 538	1.97	6 080	1.04
1 733	1.42	65	0.05	4			
8	0.03	1					
15	0.06						
89	0.37	2	0.01				
399	1.55	14	0.05				
1 222	5.10	48	0.20	4	0.02		
50 652	45.48	7 029	6.31	652	0.59	73	0.07
3 357	13.75	210	0.86	11	0.05		
6 180	28.48	473	2.18	31	0.14	2	0.01
9 493	47.31	987	4.92	71	0.35	1	
14 683	65.42	2 017	8.99	174	0.78	17	0.08
16 939	74.45	3 342	14.69	365	1.60	53	0.23
63 105	62.41	23 607	23.35	4 698	4.65	1 072	1.06
18 205	75.22	4 846	20.02	632	2.61	99	0.41
18 026	70.40	6 233	24.34	1 029	4.02	170	0.66
10 438	62.04	4 350	25.85	914	5.43	178	1.06
8 116	51.11	3 844	24.21	935	5.89	241	1.52
8 320	44.72	4 334	23.29	1 188	6.39	384	2.06
17 313	19.42	10 612	11.91	4 322	4.85	2 385	2.68
5 547	34.17	3 079	18.97	948	5.84	394	2.43
4 714	24.98	2 871	15.21	1 106	5.86	495	2.62
3 321	18.20	2 089	11.45	904	4.95	501	2.75
2 144	12.25	1 462	8.35	707	4.04	530	3.03
1 587	8.68	1 111	6.08	657	3.59	465	2.54
2 083	2.82	1 918	2.60	1 554	2.11	1 704	2.31
980	5.65	775	4.47	490	2.82	425	2.45
504	3.34	480	3.18	389	2.58	365	2.42
324	2.14	342	2.26	291	1.92	348	2.30
195	1.53	191	1.50	219	1.72	266	2.08
80	0.59	130	0.97	165	1.23	300	2.23
119	0.25	164	0.35	234	0.50	693	1.48
46	0.46	62	0.62	87	0.86	191	1.90
32	0.33	44	0.45	59	0.60	176	1.79
21	0.21	25	0.25	40	0.39	142	1.40
13	0.16	14	0.17	26	0.31	97	1.18
7	0.08	19	0.22	22	0.26	87	1.02
27	0.07	30	0.07	74	0.18	153	0.37
9	0.11	9	0.11	28	0.34	67	0.80
6	0.08	6	0.08	7	0.09		
7	0.08	6	0.07	14	0.17	21	0.25
3	0.04	4	0.05	16	0.19	21	0.25
2	0.02	5	0.06	9	0.10	18	0.21

2—32 辽宁省1989年育龄妇女

年龄（岁）	1989年年中妇女人数	出生人数	生育率	第一孩	
				出生人数	出育率
总计	**11 416 493**	**611 596**	**53.57**	**450 341**	**39.45**
15—19	**1 838 419**	**19 988**	**10.87**	**19 422**	**10.56**
15	325 420	60	0.18	60	0.18
16	365 968	387	1.06	382	1.04
17	360 488	1 396	3.87	1 377	3.82
18	398 356	4 816	12.09	4 694	11.78
19	388 187	13 329	34.34	12 909	33.25
20—24	**2 051 972**	**320 856**	**156.36**	**298 742**	**145.59**
20	429 133	38 386	89.45	37 128	86.52
21	382 949	55 583	145.14	53 303	139.19
22	355 099	63 257	178.14	59 374	167.20
23	424 280	83 912	197.78	77 621	182.95
24	460 511	79 718	173.11	71 316	154.86
25—29	**1 994 882**	**185 238**	**92.86**	**119 469**	**59.89**
25	514 570	66 841	129.90	56 294	109.40
26	579 588	55 818	96.31	41 041	70.81
27	236 775	17 486	73.85	10 252	43.30
28	290 641	17 732	61.01	6 676	22.97
29	373 308	27 361	73.29	5 206	13.95
30—34	**1 974 254**	**69 464**	**35.18**	**10 044**	**5.09**
30	344 935	22 343	64.77	3 007	8.72
31	422 109	17 732	42.01	2 566	6.08
32	406 046	12 655	31.17	1 825	4.49
33	390 516	9 324	23.88	1 512	3.87
34	410 648	7 410	18.04	1 134	2.76
35—39	**1 668 199**	**14 068**	**8.43**	**2 334**	**1.40**
35	378 012	5 163	13.66	876	2.32
36	338 898	3 542	10.45	563	1.66
37	338 546	2 593	7.66	410	1.21
38	297 270	1 623	5.46	276	0.93
39	315 473	1 147	3.64	209	0.66
40—44	**1 018 100**	**1 557**	**1.53**	**280**	**0.28**
40	224 706	557	2.48	94	0.42
41	213 680	377	1.76	72	0.34
42	206 009	294	1.43	58	0.28
43	194 568	213	1.09	37	0.19
44	179 137	116	0.65	19	0.11
45—49	**870 667**	**425**	**0.49**	**50**	**0.06**
45	173 644	104	0.60	18	0.10
46	174 278	93	0.53	12	0.07
47	179 643	86	0.48	9	0.05
48	173 877	73	0.42	8	0.05
49	169 225	69	0.41	3	0.02

分年龄、孩次的生育状况

单位:人、%

第二孩		第三孩		第四孩		第五孩及以上	
出生人数	生育率	出生人数	生育率	出生人数	生育率	出生人数	生育率
136 227	**11.93**	**20 642**	**1.81**	**3 313**	**0.29**	**1 073**	**0.09**
555	**0.30**	**11**	**0.01**				
5	0.01						
19	0.05						
120	0.30	2	0.01				
411	1.06	9	0.02				
20 778	**10.13**	**1 272**	**0.62**	**63**	**0.03**	**1**	
1 218	2.84	40	0.09				
2 183	5.70	93	0.24	4	0.01		
3 681	10.37	194	0.55	7	0.02	1	
5 943	14.01	327	0.77	21	0.05		
7 753	16.84	618	1.34	31	0.07		
58 732	**29.44**	**6 390**	**3.20**	**581**	**0.29**	**66**	**0.03**
9 568	18.59	920	1.79	54	0.10	5	0.01
13 243	22.85	1 410	2.43	116	0.20	8	0.01
6 301	26.61	853	3.60	76	0.32	4	0.02
9 666	33.26	1 252	4.31	124	0.43	14	0.05
19 954	53.45	1 955	5.24	211	0.57	35	0.09
48 157	**24.39**	**9 536**	**4.83**	**1 403**	**0.71**	**324**	**0.16**
17 011	49.32	2 063	5.98	225	0.65	37	0.11
12 426	29.44	2 392	5.67	292	0.69	56	0.13
8 307	20.46	2 148	5.29	304	0.75	71	0.17
5 877	15.05	1 566	4.01	299	0.77	70	0.18
4 536	11.05	1 367	3.33	283	0.69	90	0.22
7 472	**4.48**	**2 965**	**1.78**	**891**	**0.53**	**406**	**0.24**
2 911	7.70	1 015	2.69	262	0.69	99	0.26
1 970	5.81	734	2.17	200	0.59	75	0.22
1 357	4.01	571	1.69	175	0.52	80	0.24
768	2.58	371	1.25	135	0.45	73	0.25
466	1.48	274	0.87	119	0.38	79	0.25
445	**0.44**	**371**	**0.36**	**273**	**0.27**	**188**	**0.18**
193	0.86	134	0.60	92	0.41	44	0.20
100	0.47	96	0.45	59	0.28	50	0.23
66	0.32	74	0.36	52	0.25	44	0.21
53	0.27	46	0.24	45	0.23	32	0.16
33	0.18	21	0.12	25	0.14	18	0.10
88	**0.10**	**97**	**0.11**	**102**	**0.12**	**88**	**0.10**
24	0.14	25	0.14	19	0.11	18	0.10
20	0.11	19	0.11	22	0.13	20	0.11
18	0.10	17	0.09	21	0.12	21	0.12
15	0.09	18	0.10	14	0.08	18	0.10
11	0.07	18	0.11	26	0.15	11	0.07

2—33 吉林省1989年育龄妇女

年龄（岁）	1989年年中妇女人数	出生人数	生育率	第一孩	
				出生人数	出育率
总计	**7 093 500**	**458 471**	**64.63**	**278 976**	**39.33**
15—19	**1 330 586**	**32 885**	**24.71**	**30 863**	**23.20**
15	223 353	111	0.50	110	0.49
16	264 793	808	3.05	787	2.97
17	270 215	3 122	11.55	3 033	11.22
18	285 177	8 855	31.05	8 424	29.54
19	287 048	19 989	69.64	18 509	64.48
20—24	**1 384 486**	**242 999**	**175.52**	**190 367**	**137.50**
20	303 304	38 840	128.06	34 789	114.70
21	277 377	49 043	176.81	42 089	151.74
22	255 394	51 977	203.52	41 168	161.19
23	271 203	54 483	200.89	39 999	147.49
24	277 208	48 656	175.52	32 322	116.60
25—29	**1 205 911**	**122 488**	**101.57**	**51 425**	**42.64**
25	287 901	40 366	140.21	23 218	80.65
26	313 014	34 502	110.23	15 835	50.59
27	188 159	17 245	91.65	5 972	31.74
28	200 821	15 624	77.80	3 681	18.33
29	216 016	14 751	68.29	2 719	12.59
30—34	**1 074 742**	**44 605**	**41.50**	**5 049**	**4.70**
30	191 016	11 131	58.27	1 546	8.09
31	225 476	11 273	50.00	1 254	5.56
32	217 669	9 019	41.43	977	4.49
33	212 855	7 134	33.52	708	3.33
34	227 726	6 048	26.56	564	2.48
35—39	**994 839**	**12 754**	**12.82**	**1 083**	**1.09**
35	221 406	4 613	20.84	372	1.68
36	200 686	3 043	15.16	261	1.30
37	198 773	2 246	11.30	194	0.98
38	183 797	1 645	8.95	138	0.75
39	190 177	1 207	6.35	118	0.62
40—44	**607 807**	**1 959**	**3.22**	**143**	**0.24**
40	141 350	642	4.54	50	0.35
41	131 164	462	3.52	24	0.18
42	123 848	353	2.85	36	0.29
43	108 212	276	2.55	17	0.16
44	103 233	226	2.19	16	0.15
45—49	**495 129**	**781**	**1.58**	**46**	**0.09**
45	101 343	177	1.75	8	0.08
46	95 906	148	1.54	10	0.10
47	100 107	173	1.73	9	0.09
48	100 357	153	1.52	10	0.10
49	97 416	130	1.33	9	0.09

分年龄、孩次的生育状况

单位:人、‰

第二孩		第三孩		第四孩		第五孩及以上	
出生人数	生育率	出生人数	生育率	出生人数	生育率	出生人数	生育率
133 286	**18.79**	**33 336**	**4.70**	**8 767**	**1.24**	**4 106**	**0.58**
1 968	**1.48**	**53**	**0.04**	**1**			
1							
21	0.08						
88	0.33	1					
421	1.48	10	0.04				
1 437	5.01	42	0.15	1			
47 205	**34.10**	**5 092**	**3.68**	**308**	**0.22**	**27**	**0.02**
3 911	12.89	140	0.46				
6 591	23.76	352	1.27	9	0.03	2	0.01
9 952	38.97	825	3.23	30	0.12	2	0.01
12 889	47.53	1 519	5.60	71	0.26	5	0.02
13 862	50.01	2 256	8.14	198	0.71	18	0.06
51 810	**42.96**	**15 675**	**13.00**	**3 043**	**2.52**	**535**	**0.44**
13 584	47.18	3 139	10.90	379	1.32	46	0.16
13 782	44.03	4 156	13.28	640	2.04	89	0.28
7 839	41.66	2 787	14.81	566	3.01	81	0.43
8 164	40.65	2 913	14.51	713	3.55	153	0.76
8 441	39.08	2 680	12.41	745	3.45	166	0.77
26 232	**24.41**	**8 898**	**8.28**	**3 090**	**2.88**	**1 336**	**1.24**
6 654	34.83	2 100	10.99	628	3.29	203	1.06
6 949	30.82	2 134	9.46	674	2.99	262	1.16
5 289	24.30	1 852	8.51	642	2.95	259	1.19
4 043	18.99	1 506	7.08	606	2.85	271	1.27
3 297	14.48	1 306	5.73	540	2.37	341	1.50
5 637	**5.67**	**3 046**	**3.06**	**1 658**	**1.67**	**1 330**	**1.34**
2 405	10.86	1 027	4.64	494	2.23	315	1.42
1 394	6.95	739	3.68	371	1.85	278	1.39
902	4.54	553	2.78	323	1.62	274	1.38
606	3.30	404	2.20	256	1.39	241	1.31
330	1.74	323	1.70	214	1.13	222	1.17
354	**0.58**	**447**	**0.74**	**464**	**0.76**	**551**	**0.91**
141	1.00	159	1.12	144	1.02	148	1.05
86	0.66	112	0.85	105	0.80	135	1.03
59	0.48	73	0.59	80	0.65	105	0.85
39	0.36	62	0.57	81	0.75	77	0.71
29	0.28	41	0.40	54	0.52	86	0.83
80	**0.16**	**125**	**0.25**	**203**	**0.41**	**327**	**0.66**
21	0.21	31	0.31	50	0.49	67	0.66
17	0.18	30	0.31	33	0.34	58	0.60
17	0.17	24	0.24	52	0.52	71	0.71
15	0.15	21	0.21	36	0.36	71	0.71
10	0.10	19	0.20	32	0.33	60	0.62

2—34 黑龙江省 1989 年育龄妇女

年　龄（岁）	1989 年年中妇女人数	出生人数	生育率	第　一　孩	
				出生人数	出育率
总　计	**10 137 997**	**629 352**	**62.08**	**398 058**	**39.26**
15—19	**1 978 893**	**44 345**	**22.41**	**41 129**	**20.78**
15	394 206	227	0.58	221	0.56
16	408 806	1 132	2.77	1 095	2.68
17	391 172	4 070	10.40	3 907	9.99
18	396 104	11 962	30.20	11 249	28.40
19	388 605	26 954	69.36	24 657	63.45
20—24	**1 950 775**	**351 701**	**180.29**	**266 567**	**136.65**
20	411 965	50 797	123.30	44 459	107.92
21	389 080	66 332	170.48	54 918	141.15
22	357 500	73 428	205.39	55 596	155.51
23	395 842	84 502	213.47	60 570	153.02
24	396 388	76 642	193.35	51 024	128.72
25—29	**1 733 523**	**175 928**	**101.49**	**81 527**	**47.03**
25	416 953	63 949	153.37	37 833	90.74
26	434 038	49 926	115.03	24 723	56.96
27	279 864	24 929	89.08	9 466	33.82
28	286 479	19 674	68.68	5 516	19.25
29	316 189	17 450	55.19	3 989	12.62
30—34	**1 536 165**	**44 156**	**28.74**	**7 170**	**4.67**
30	279 905	12 369	44.19	2 278	8.14
31	323 446	11 421	35.31	1 818	5.62
32	310 736	8 433	27.14	1 271	4.09
33	300 770	6 503	21.62	1 011	3.36
34	321 308	5 430	16.90	792	2.46
35—39	**1 347 065**	**10 958**	**8.13**	**1 435**	**1.07**
35	302 478	3 861	12.76	549	1.82
36	276 013	2 746	9.95	360	1.30
37	272 870	1 977	7.25	247	0.91
38	246 046	1 339	5.44	165	0.67
39	249 658	1 035	4.15	114	0.46
40—44	**875 023**	**1 762**	**2.01**	**192**	**0.22**
40	201 686	614	3.04	92	0.46
41	186 208	428	2.30	39	0.21
42	179 989	288	1.60	32	0.18
43	158 019	252	1.59	20	0.13
44	149 121	180	1.21	9	0.06
45—49	**716 553**	**502**	**0.70**	**38**	**0.05**
45	139 919	138	0.99	10	0.07
46	136 036	96	0.71	9	0.07
47	143 670	100	0.70	6	0.04
48	148 747	84	0.56	9	0.06
49	148 181	84	0.57	4	0.03

分年龄、孩次的生育状况

单位：人、%

第二孩		第三孩		第四孩		第五孩及以上	
出生人数	生育率	出生人数	生育率	出生人数	生育率	出生人数	生育率
173 058	**17.07**	**40 811**	**4.03**	**11 616**	**1.15**	**5 809**	**0.57**
3 105	**1.57**	**105**	**0.05**	**5**		**1**	
6	0.02						
33	0.08	2		2			
155	0.40	8	0.02				
696	1.76	16	0.04			1	
2 215	5.70	79	0.20	3	0.01		
76 080	**39.00**	**8 341**	**4.28**	**662**	**0.34**	**51**	**0.03**
6 070	14.73	262	0.64	6	0.01		
10 738	27.60	638	1.64	35	0.09	3	0.01
16 373	45.80	1 374	3.84	80	0.22	5	0.01
21 339	53.91	2 401	6.07	174	0.44	18	0.05
21 560	54.39	3 666	9.25	367	0.93	25	0.06
67 544	**38.96**	**21 092**	**12.17**	**4 747**	**2.74**	**1 018**	**0.59**
20 480	49.12	4 906	11.77	646	1.55	84	0.20
18 432	42.47	5 608	12.92	1 034	2.38	129	0.30
10 562	37.74	3 821	13.65	906	3.24	174	0.62
9 334	32.58	3 540	12.36	1 027	3.58	257	0.90
8 736	27.63	3 217	10.17	1 134	3.59	374	1.18
22 219	**14.46**	**8 451**	**5.50**	**4 071**	**2.65**	**2 245**	**1.46**
6 440	23.01	2 319	8.28	953	3.40	379	1.35
5 966	18.45	2 173	6.72	1 024	3.17	440	1.36
4 211	13.55	1 648	5.30	804	2.59	499	1.61
3 176	10.56	1 231	4.09	670	2.23	415	1.38
2 426	7.55	1 080	3.36	620	1.93	512	1.59
3 782	**2.81**	**2 406**	**1.79**	**1 618**	**1.20**	**1 717**	**1.27**
1 618	5.35	783	2.59	455	1.50	456	1.51
1 014	3.67	633	2.29	366	1.33	373	1.35
575	2.11	461	1.69	334	1.22	360	1.32
348	1.41	282	1.15	260	1.06	284	1.15
227	0.91	247	0.99	203	0.81	244	0.98
283	**0.32**	**331**	**0.38**	**389**	**0.44**	**567**	**0.65**
108	0.54	119	0.59	134	0.66	161	0.80
76	0.41	81	0.43	95	0.51	137	0.74
34	0.19	58	0.32	64	0.36	100	0.56
39	0.25	45	0.28	54	0.34	94	0.59
26	0.17	28	0.19	42	0.28	75	0.50
45	**0.06**	**85**	**0.12**	**124**	**0.17**	**210**	**0.29**
16	0.11	26	0.19	37	0.26	49	0.35
8	0.06	19	0.14	19	0.14	41	0.30
10	0.07	16	0.11	28	0.19	40	0.28
6	0.04	10	0.07	20	0.13	39	0.26
5	0.03	14	0.09	20	0.13	41	0.28

2—35 上海市1989年育龄妇女

年龄（岁）	1989年年中妇女人数	出生人数	生育率	第一孩	
				出生人数	出育率
总计	**3 627 597**	**150 476**	**41.48**	**138 567**	**38.20**
15—19	**380 268**	**1 531**	**4.03**	**1 497**	**3.94**
15	60 347	5	0.08	5	0.08
16	69 455	19	0.27	19	0.27
17	72 898	92	1.26	91	1.25
18	85 803	357	4.16	353	4.11
19	91 765	1 058	11.53	1 029	11.21
20—24	**446 454**	**56 305**	**126.12**	**54 791**	**122.72**
20	100 098	5 427	54.22	5 346	53.41
21	84 561	8 771	103.72	8 619	101.93
22	71 292	10 744	150.70	10 506	147.37
23	90 850	15 580	171.49	15 126	166.49
24	99 653	15 783	158.38	15 194	152.47
25—29	**661 963**	**67 771**	**102.38**	**63 493**	**95.92**
25	135 085	18 722	138.59	17 907	132.56
26	147 084	17 960	122.11	16 991	115.52
27	111 221	12 993	116.82	12 313	110.71
28	123 125	10 105	82.07	9 358	76.00
29	145 448	7 991	54.94	6 924	47.60
30—34	**821 491**	**20 408**	**24.84**	**15 972**	**19.44**
30	134 010	5 484	40.92	4 617	34.45
31	184 124	5 504	29.89	4 413	23.97
32	168 258	4 083	24.27	3 129	18.60
33	160 605	2 958	18.42	2 151	13.39
34	174 494	2 379	13.63	1 662	9.52
35—39	**611 605**	**4 065**	**6.65**	**2 560**	**4.19**
35	148 138	1 520	10.26	958	6.47
36	125 620	1 108	8.82	680	5.41
37	121 431	751	6.18	471	3.88
38	107 675	415	3.85	287	2.67
39	108 741	271	2.49	164	1.51
40—44	**417 112**	**363**	**0.87**	**244**	**0.58**
40	96 648	169	1.75	126	1.30
41	93 853	95	1.01	64	0.68
42	85 789	52	0.61	28	0.33
43	72 374	31	0.43	15	0.21
44	68 448	16	0.23	11	0.16
45—49	**288 704**	**33**	**0.11**	**10**	**0.03**
45	68 082	14	0.21	4	0.06
46	54 907	2	0.04		
47	56 375	3	0.05	1	0.02
48	55 900	7	0.13	4	0.07
49	53 440	7	0.13	1	0.02

分年龄、孩次的生育状况

单位：人、%

第二孩		第三孩		第四孩		第五孩及以上	
出生人数	生育率	出生人数	生育率	出生人数	生育率	出生人数	生育率
10 986	**3.03**	**812**	**0.22**	**89**	**0.02**	**22**	**0.01**
34	**0.09**						
1	0.01						
4	0.05						
29	0.32						
1 413	**3.16**	**94**	**0.21**	**5**	**0.01**	**2**	
77	0.77	4	0.04				
150	1.77	2	0.02				
230	3.23	8	0.11				
423	4.66	28	0.31	1	0.01	2	0.02
533	5.35	52	0.52	4	0.04		
4 022	**6.08**	**235**	**0.36**	**19**	**0.03**	**2**	
769	5.69	43	0.32	3	0.02		
897	6.10	67	0.46	4	0.03	1	0.01
628	5.65	48	0.43	4	0.04		
705	5.73	40	0.32	2	0.02		
1 023	7.03	37	0.25	6	0.04	1	0.01
4 138	**5.04**	**251**	**0.31**	**35**	**0.04**	**12**	**0.01**
830	6.19	31	0.23	5	0.04	1	0.01
1 016	5.52	66	0.36	8	0.04	1	0.01
891	5.30	53	0.31	7	0.04	3	0.02
742	4.62	54	0.34	8	0.05	3	0.02
659	3.78	47	0.27	7	0.04	4	0.02
1 298	**2.12**	**186**	**0.30**	**16**	**0.03**	**5**	**0.01**
515	3.48	44	0.30	2	0.01	1	0.01
370	2.95	53	0.42	5	0.04		
230	1.89	48	0.40	2	0.02		
98	0.91	27	0.25	1	0.01	2	0.02
85	0.78	14	0.13	6	0.06	2	0.02
71	**0.17**	**36**	**0.09**	**11**	**0.03**	**1**	
31	0.32	8	0.08	4	0.04		
15	0.16	13	0.14	2	0.02	1	0.01
16	0.19	8	0.09				
8	0.11	6	0.08	2	0.03		
1	0.01	1	0.01	3	0.04		
10	**0.03**	**10**	**0.03**	**3**	**0.01**		
5	0.07	3	0.04	2	0.03		
1	0.02	1	0.02				
		1	0.02	1	0.02		
2	0.04	1	0.02				
2	0.04	4	0.07				

2—36 江苏省1989年育龄妇女

年龄（岁）	1989年年中妇女人数	出生人数	生育率	第一孩	
				出生人数	出育率
总计	**18 567 387**	**1 314 542**	**70.80**	**814 860**	**43.89**
15—19	**3 151 132**	**78 479**	**24.91**	**72 728**	**23.08**
15	490 070	383	0.78	381	0.78
16	534 355	1 980	3.71	1 931	3.61
17	607 641	7 682	12.64	7 402	12.18
18	740 605	21 551	29.10	20 243	27.33
19	778 461	46 883	60.23	42 771	54.94
20—24	**3 860 733**	**718 982**	**186.23**	**568 631**	**147.29**
20	851 999	90 920	106.71	80 594	94.59
21	756 606	120 504	159.27	102 981	136.11
22	693 124	146 417	211.24	119 103	171.84
23	822 709	196 099	238.36	149 495	181.71
24	736 295	165 042	224.15	116 458	158.17
25—29	**2 747 780**	**365 220**	**132.91**	**161 781**	**58.88**
25	727 310	133 587	183.67	79 202	108.90
26	779 865	113 856	145.99	51 451	65.97
27	486 301	57 889	119.04	18 239	37.51
28	358 688	32 941	91.84	7 999	22.30
29	395 616	26 947	68.11	4 890	12.36
30—34	**2 771 625**	**108 215**	**39.04**	**9 069**	**3.27**
30	421 279	23 286	55.27	2 648	6.29
31	580 954	26 764	46.07	2 515	4.33
32	590 455	23 043	39.03	1 693	2.87
33	537 761	18 085	33.63	1 217	2.26
34	641 176	17 037	26.57	996	1.55
35—39	**2 586 060**	**36 570**	**14.14**	**2 106**	**0.81**
35	560 770	12 160	21.68	704	1.26
36	554 390	9 546	17.22	495	0.89
37	557 951	7 265	13.02	402	0.72
38	437 904	4 270	9.75	264	0.60
39	475 045	3 329	7.01	241	0.51
40—44	**1 920 271**	**5 717**	**2.98**	**438**	**0.23**
40	430 969	1 924	4.46	123	0.29
41	419 853	1 563	3.72	130	0.31
42	378 531	971	2.57	66	0.17
43	351 525	728	2.07	70	0.20
44	339 393	531	1.56	49	0.14
45—49	**1 529 786**	**1 359**	**0.89**	**107**	**0.07**
45	327 951	403	1.23	28	0.09
46	289 626	312	1.08	21	0.07
47	316 114	247	0.78	25	0.08
48	308 903	195	0.63	14	0.05
49	287 192	202	0.70	19	0.07

分年龄、孩次的生育状况

单位：人、%

第二孩		第三孩		第四孩		第五孩及以上	
出生人数	生育率	出生人数	生育率	出生人数	生育率	出生人数	生育率
355 185	**19.13**	**104 355**	**5.62**	**28 448**	**1.53**	**11 694**	**0.63**
5 566	**1.77**	**181**	**0.06**	**3**		**1**	
2							
49	0.09						
272	0.45	8	0.01				
1 274	1.72	33	0.04	1			
3 969	5.10	140	0.18	2		1	
134 416	**34.82**	**14 821**	**3.84**	**1 042**	**0.27**	**72**	**0.02**
9 834	11.54	472	0.55	20	0.02		
16 398	21.67	1 068	1.41	54	0.07	3	
24 974	36.03	2 195	3.17	140	0.20	5	0.01
41 311	50.21	4 929	5.99	339	0.41	25	0.03
41 899	56.91	6 157	8.36	489	0.66	39	0.05
147 159	**53.56**	**46 969**	**17.09**	**8 175**	**2.98**	**1 136**	**0.41**
43 938	60.41	9 353	12.86	1 013	1.39	81	0.11
46 924	60.17	13 484	17.29	1 819	2.33	178	0.23
27 351	56.24	10 255	21.09	1 798	3.70	246	0.51
15 581	43.44	7 414	20.67	1 670	4.66	277	0.77
13 365	33.78	6 463	16.34	1 875	4.74	354	0.89
53 594	**19.34**	**29 292**	**10.57**	**11 688**	**4.22**	**4 572**	**1.65**
11 752	27.90	6 300	14.95	2 071	4.92	515	1.22
13 626	23.45	7 143	12.30	2 647	4.56	833	1.43
11 708	19.83	6 165	10.44	2 501	4.24	976	1.65
8 626	16.04	4 900	9.11	2 291	4.26	1 051	1.95
7 882	12.29	4 784	7.46	2 178	3.40	1 197	1.87
13 312	**5.15**	**11 180**	**4.32**	**5 863**	**2.27**	**4 109**	**1.59**
5 289	9.43	3 490	6.22	1 696	3.02	981	1.75
3 579	6.46	2 992	5.40	1 454	2.62	1 026	1.85
2 551	4.57	2 249	4.03	1 199	2.15	864	1.55
1 169	2.67	1 392	3.18	816	1.86	629	1.44
724	1.52	1 057	2.23	698	1.47	609	1.28
937	**0.49**	**1 629**	**0.85**	**1 308**	**0.68**	**1 405**	**0.73**
366	0.85	590	1.37	422	0.98	423	0.98
245	0.58	470	1.12	354	0.84	364	0.87
145	0.38	261	0.69	237	0.63	262	0.69
103	0.29	174	0.49	176	0.50	205	0.58
78	0.23	134	0.39	119	0.35	151	0.44
201	**0.13**	**283**	**0.18**	**369**	**0.24**	**399**	**0.26**
56	0.17	93	0.28	106	0.32	120	0.37
56	0.19	60	0.21	89	0.31	86	0.30
36	0.11	48	0.15	60	0.19	78	0.25
29	0.09	39	0.13	57	0.18	56	0.18
24	0.08	43	0.15	57	0.20	59	0.21

2—37 浙江省1989年育龄妇女

年 龄 (岁)	1989年年中 妇女人数	出生人数	生育率	第 一 孩	
				出生人数	出育率
总 计	**11 474 969**	**603 119**	**52.56**	**435 027**	**37.91**
15—19	**1 984 223**	**26 569**	**13.39**	**25 349**	**12.78**
15	346 780	119	0.34	115	0.33
16	382 872	671	1.75	660	1.72
17	393 010	2 540	6.46	2 475	6.30
18	422 312	6 836	16.19	6 594	15.61
19	439 249	16 403	37.34	15 505	35.30
20—24	**2 275 896**	**346 716**	**152.34**	**298 644**	**131.22**
20	469 712	38 493	81.95	35 747	76.10
21	428 510	55 014	128.38	49 885	116.42
22	416 229	69 169	166.18	60 407	145.13
23	484 051	95 787	197.89	81 725	168.84
24	477 394	88 253	184.86	70 880	148.47
25—29	**1 916 793**	**179 892**	**93.85**	**103 939**	**54.23**
25	495 007	69 135	139.66	49 748	100.50
26	528 439	54 620	103.36	33 166	62.76
27	318 582	24 580	77.15	11 949	37.51
28	259 858	15 676	60.33	5 434	20.91
29	314 907	15 881	50.43	3 642	11.57
30—34	**1 789 048**	**42 501**	**23.76**	**5 798**	**3.24**
30	287 102	12 008	41.82	1 852	6.45
31	388 361	12 576	32.38	1 657	4.27
32	380 419	8 720	22.92	1 078	2.83
33	360 130	5 408	15.02	682	1.89
34	373 036	3 789	10.16	529	1.42
35—39	**1 591 892**	**6 071**	**3.81**	**1 080**	**0.68**
35	362 504	2 407	6.64	379	1.05
36	324 925	1 476	4.54	267	0.82
37	332 650	1 060	3.19	194	0.58
38	286 647	667	2.33	141	0.49
39	285 166	461	1.62	99	0.35
40—44	**1 165 509**	**1 069**	**0.92**	**197**	**0.17**
40	275 426	324	1.18	67	0.24
41	265 911	285	1.07	58	0.22
42	236 475	211	0.89	36	0.15
43	203 615	135	0.66	24	0.12
44	184 082	114	0.62	12	0.07
45—49	**751 608**	**301**	**0.40**	**20**	**0.03**
45	179 183	99	0.55	9	0.05
46	150 737	60	0.40	1	0.01
47	139 425	45	0.32	4	0.03
48	144 018	58	0.40	4	0.03
49	138 245	39	0.28	2	0.01

分年龄、孩次的生育状况

单位：人、%

第二孩		第三孩		第四孩		第五孩及以上	
出生人数	生育率	出生人数	生育率	出生人数	生育率	出生人数	生育率
139 981	12.20	22 193	1.93	4 375	0.38	1 543	0.13
1 174	0.59	44	0.02	2			
4	0.01						
11	0.03						
64	0.16	1					
236	0.56	6	0.01				
859	1.96	37	0.08	2			
42 650	18.74	5 026	2.21	366	0.16	30	0.01
2 605	5.55	134	0.29	7	0.01		
4 780	11.15	331	0.77	18	0.04		
7 956	19.11	770	1.85	34	0.08	2	
12 462	25.75	1 501	3.10	90	0.19	9	0.02
14 847	31.10	2 290	4.80	217	0.45	19	0.04
62 934	32.83	10 841	5.66	1 853	0.97	325	0.17
16 218	32.76	2 764	5.58	368	0.74	37	0.07
17 789	33.66	3 103	5.87	490	0.93	72	0.14
10 319	32.39	1 906	5.98	352	1.10	54	0.17
8 435	32.46	1 430	5.50	305	1.17	72	0.28
10 173	32.30	1 638	5.20	338	1.07	90	0.29
30 050	16.80	4 801	2.68	1 322	0.74	530	0.30
8 522	29.68	1 271	4.43	279	0.97	84	0.29
9 194	23.67	1 273	3.28	332	0.85	120	0.31
6 213	16.33	1 026	2.70	279	0.73	124	0.33
3 723	10.34	675	1.87	229	0.64	99	0.27
2 398	6.43	556	1.49	203	0.54	103	0.28
2 914	1.83	1 152	0.72	541	0.34	384	0.24
1 404	3.87	375	1.03	153	0.42	96	0.26
709	2.18	285	0.88	125	0.38	90	0.28
448	1.35	240	0.72	93	0.28	85	0.26
214	0.75	147	0.51	97	0.34	68	0.24
139	0.49	105	0.37	73	0.26	45	0.16
219	0.19	243	0.21	215	0.18	195	0.17
78	0.28	64	0.23	61	0.22	54	0.20
65	0.24	67	0.25	52	0.20	43	0.16
39	0.16	57	0.24	37	0.16	42	0.18
18	0.09	37	0.18	31	0.15	25	0.12
19	0.10	18	0.10	34	0.18	31	0.17
40	0.05	86	0.11	76	0.10	79	0.11
12	0.07	30	0.17	22	0.12	26	0.15
9	0.06	21	0.14	14	0.09	15	0.10
7	0.05	10	0.07	12	0.09	12	0.09
7	0.05	14	0.10	17	0.12	16	0.11
5	0.04	11	0.08	11	0.08	10	0.07

2—38 安徽省 1989 年育龄妇女

年龄（岁）	1989 年年中妇女人数	出生人数	生育率	第一孩	
				出生人数	出育率
总计	**14 679 424**	**1 343 350**	**91.51**	**654 254**	**44.57**
15—19	**3 331 470**	**87 308**	**26.21**	**76 749**	**23.04**
15	577 457	416	0.72	403	0.70
16	655 657	2 272	3.47	2 175	3.32
17	680 841	8 732	12.83	8 202	12.05
18	698 651	23 478	33.60	21 186	30.32
19	718 864	52 410	72.91	44 783	62.30
20—24	**3 377 874**	**728 672**	**215.72**	**457 754**	**135.52**
20	760 113	95 570	125.73	76 726	100.94
21	677 167	124 587	183.98	92 160	136.10
22	636 126	153 524	241.34	101 272	159.20
23	688 064	187 392	272.35	106 866	155.31
24	616 404	167 599	271.90	80 730	130.97
25—29	**2 014 584**	**395 051**	**196.10**	**112 042**	**55.62**
25	593 061	143 932	242.69	53 955	90.98
26	695 380	141 199	203.05	38 190	54.92
27	395 048	70 115	177.48	13 173	33.35
28	176 155	24 337	138.16	4 186	23.76
29	154 940	15 468	99.83	2 538	16.38
30—34	**1 582 333**	**80 380**	**50.80**	**5 415**	**3.42**
30	179 700	13 469	74.95	1 400	7.79
31	304 000	18 749	61.67	1 436	4.72
32	351 323	18 192	51.78	1 049	2.99
33	342 606	15 305	44.67	824	2.41
34	404 704	14 665	36.24	706	1.74
35—39	**1 856 679**	**41 020**	**22.09**	**1 733**	**0.93**
35	400 809	11 998	29.93	543	1.35
36	406 242	10 093	24.84	414	1.02
37	406 348	8 507	20.94	345	0.85
38	315 613	5 666	17.95	206	0.65
39	327 667	4 756	14.51	225	0.69
40—44	**1 353 386**	**9 206**	**6.80**	**444**	**0.33**
40	302 348	3 069	10.15	125	0.41
41	295 335	2 422	8.20	103	0.35
42	265 836	1 615	6.08	95	0.36
43	249 587	1 221	4.89	73	0.29
44	240 280	879	3.66	48	0.20
45—49	**1 163 098**	**1 713**	**1.47**	**117**	**0.10**
45	240 006	632	2.63	36	0.15
46	224 449	433	1.93	28	0.12
47	243 070	285	1.17	24	0.10
48	239 959	203	0.85	15	0.06
49	215 614	160	0.74	14	0.06

分年龄、孩次的生育状况

单位：人、%

第二孩		第三孩		第四孩		第五孩及以上	
出生人数	生育率	出生人数	生育率	出生人数	生育率	出生人数	生育率
434 622	29.61	172 256	11.73	55 847	3.80	26 371	1.80
10 049	3.02	479	0.14	31	0.01		
12	0.02	1					
95	0.14	2					
515	0.76	15	0.02				
2 202	3.15	84	0.12	6	0.01		
7 225	10.05	377	0.52	25	0.03		
226 855	67.16	39 984	11.84	3 737	1.11	342	0.10
17 512	23.04	1 268	1.67	63	0.08	1	
29 287	43.25	2 923	4.32	200	0.30	17	0.03
45 380	71.34	6 406	10.07	437	0.69	29	0.05
66 822	97.12	12 531	18.21	1 078	1.57	95	0.14
67 854	110.08	16 856	27.35	1 959	3.18	200	0.32
171 937	85.35	89 146	44.25	19 120	9.49	2 806	1.39
63 539	107.14	22 556	38.03	3 494	5.89	388	0.65
63 752	91.68	32 266	46.40	6 207	8.93	784	1.13
30 061	76.09	21 060	53.31	5 072	12.84	749	1.90
9 168	52.05	8 212	46.62	2 372	13.47	399	2.27
5 417	34.96	5 052	32.61	1 975	12.75	486	3.14
19 852	12.55	29 017	18.34	17 974	11.36	8 122	5.13
4 177	23.24	4 868	27.09	2 287	12.73	737	4.10
5 286	17.39	6 814	22.41	3 810	12.53	1 403	4.62
4 337	12.34	6 689	19.04	4 268	12.15	1 849	5.26
3 345	9.76	5 544	16.18	3 706	10.82	1 886	5.50
2 707	6.69	5 102	12.61	3 903	9.64	2 247	5.55
5 099	2.75	11 909	6.41	12 029	6.48	10 250	5.52
1 859	4.64	3 982	9.93	3 343	8.34	2 271	5.67
1 296	3.19	3 095	7.62	3 025	7.45	2 263	5.57
947	2.33	2 363	5.82	2 567	6.32	2 285	5.62
558	1.77	1 437	4.55	1 677	5.31	1 788	5.67
439	1.34	1 032	3.15	1 417	4.32	1 643	5.01
699	0.52	1 495	1.10	2 560	1.89	4 008	2.96
233	0.77	533	1.76	952	3.15	1 226	4.05
157	0.53	411	1.39	671	2.27	1 080	3.66
112	0.42	243	0.91	424	1.59	741	2.79
122	0.49	176	0.71	309	1.24	541	2.17
75	0.31	132	0.55	204	0.85	420	1.75
131	0.11	226	0.19	396	0.34	843	0.72
46	0.19	73	0.30	146	0.61	331	1.38
32	0.14	62	0.28	97	0.43	214	0.95
22	0.09	36	0.15	62	0.26	141	0.58
18	0.08	36	0.15	55	0.23	79	0.33
13	0.06	19	0.09	36	0.17	78	0.36

2—39 福建省1989年育龄妇女

年龄（岁）	1989年年中妇女人数	出生人数	生育率	第一孩 出生人数	第一孩 出育率
总计	**7 578 389**	**687 979**	**90.78**	**317 867**	**41.94**
15—19	**1 646 617**	**70 998**	**43.12**	**61 807**	**37.54**
15	321 435	596	1.85	577	1.80
16	329 120	2 623	7.97	2 523	7.67
17	331 316	8 754	26.42	8 215	24.80
18	337 548	20 745	61.46	18 646	55.24
19	327 198	38 280	116.99	31 846	97.33
20—24	**1 591 352**	**374 723**	**235.47**	**205 557**	**129.17**
20	351 694	63 044	179.26	47 610	135.37
21	316 178	72 011	227.75	47 641	150.68
22	293 361	76 835	261.91	41 970	143.07
23	318 295	85 093	267.34	38 813	121.94
24	311 824	77 740	249.31	29 523	94.68
25—29	**1 216 216**	**186 610**	**153.43**	**45 816**	**37.67**
25	303 655	64 418	212.14	19 944	65.68
26	361 961	62 824	173.57	15 177	41.93
27	194 665	27 362	140.56	5 533	28.42
28	149 666	15 619	104.36	2 876	19.22
29	206 269	16 387	79.44	2 286	11.08
30—34	**1 121 185**	**41 953**	**37.42**	**3 862**	**3.44**
30	199 717	11 966	59.91	1 275	6.38
31	255 688	11 348	44.38	1 033	4.04
32	221 435	7 774	35.11	664	3.00
33	211 074	5 831	27.63	505	2.39
34	233 271	5 034	21.58	385	1.65
35—39	**924 391**	**10 976**	**11.87**	**670**	**0.72**
35	217 077	3 662	16.87	244	1.12
36	200 565	2 745	13.69	181	0.90
37	187 720	1 980	10.55	118	0.63
38	160 891	1 460	9.07	70	0.44
39	158 138	1 129	7.14	57	0.36
40—44	**598 253**	**2 212**	**3.70**	**125**	**0.21**
40	140 999	747	5.30	38	0.27
41	125 096	535	4.28	29	0.23
42	117 397	396	3.37	30	0.26
43	113 215	319	2.82	15	0.13
44	101 546	215	2.12	13	0.13
45—49	**480 375**	**507**	**1.06**	**30**	**0.06**
45	101 237	153	1.51	11	0.11
46	99 015	126	1.27	6	0.06
47	97 263	102	1.05	6	0.06
48	89 788	69	0.77	2	0.02
49	93 072	57	0.61	5	0.05

分年龄、孩次的生育状况

单位：人、%

第二孩		第三孩		第四孩		第五孩及以上	
出生人数	生育率	出生人数	生育率	出生人数	生育率	出生人数	生育率
221 283	29.20	100 107	13.21	33 715	4.45	15 007	1.98
8 654	5.26	527	0.32	10	0.01		
19	0.26						
95	0.29	5	0.02				
517	1.56	22	0.07				
2 017	5.98	82	0.24				
6 006	18.36	418	1.28	10	0.03		
130 789	82.19	34 214	21.50	3 868	2.43	295	0.19
13 975	39.74	1 392	3.96	66	0.19	1	
21 169	66.95	3 023	9.56	169	0.53	9	0.03
28 542	97.29	5 848	19.93	451	1.54	24	0.08
34 786	109.29	10 282	32.30	1 137	3.57	75	0.24
32 317	103.64	13 669	43.84	2 045	6.56	186	0.60
71 102	58.46	50 106	41.20	16 317	13.42	3 269	2.69
26 582	87.54	14 471	47.66	3 073	10.12	348	1.15
24 658	68.12	17 257	47.68	4 971	13.73	761	2.10
9 960	51.16	8 156	41.90	3 112	15.99	601	3.09
5 039	33.67	4 881	32.61	2 261	15.11	562	3.76
4 863	23.58	5 341	25.89	2 900	14.06	997	4.83
9 154	8.16	12 572	11.21	9 913	8.84	6 452	5.75
3 157	15.81	3 793	18.99	2 579	12.91	1 162	5.82
2 535	9.91	3 538	13.84	2 688	10.51	1 554	6.08
1 637	7.39	2 313	10.45	1 873	8.46	1 287	5.81
1 023	4.85	1 656	7.85	1 422	6.74	1 225	5.80
802	3.44	1 272	5.45	1 351	5.79	1 224	5.25
1 385	1.50	2 333	2.52	2 959	3.20	3 629	3.93
511	2.35	894	4.12	977	4.50	1 036	4.77
338	1.69	596	2.97	761	3.79	869	4.33
264	1.41	372	1.98	518	2.76	708	3.77
162	1.01	283	1.76	385	2.39	560	3.48
110	0.70	188	1.19	318	2.01	456	2.88
165	0.28	285	0.48	536	0.90	1 101	1.84
49	0.35	108	0.77	192	1.36	360	2.55
36	0.29	68	0.54	141	1.13	261	2.09
30	0.26	45	0.38	93	0.79	198	1.69
32	0.28	40	0.35	63	0.56	169	1.49
18	0.18	24	0.24	47	0.46	113	1.11
34	0.07	70	0.15	112	0.23	261	0.54
14	0.14	12	0.12	35	0.35	81	0.80
8	0.08	22	0.22	33	0.33	57	0.58
4	0.04	12	0.12	20	0.21	60	0.62
1	0.01	15	0.17	18	0.20	33	0.37
7	0.08	9	0.10	6	0.06	30	0.32

2—40 江西省1989年育龄妇女

年 龄（岁）	1989年年中妇女人数	出生人数	生育率	第 一 孩	
				出生人数	出育率
总 计	**9 401 924**	**874 095**	**92.97**	**380 018**	**40.42**
15—19	**2 129 427**	**81 493**	**38.27**	**69 906**	**32.83**
15	465 564	530	1.14	511	1.10
16	447 691	2 334	5.21	2 245	5.01
17	392 718	7 991	20.35	7 401	18.85
18	405 688	22 454	55.35	19 983	49.26
19	417 766	48 184	115.34	39 766	95.19
20—24	**1 987 914**	**508 789**	**255.94**	**262 647**	**132.12**
20	450 162	88 597	196.81	65 559	145.63
21	399 315	100 236	251.02	63 780	159.72
22	371 194	106 623	287.24	54 084	145.70
23	394 273	114 404	290.16	46 645	118.31
24	372 970	98 929	265.25	32 579	87.35
25—29	**1 420 515**	**218 130**	**153.56**	**43 787**	**30.82**
25	364 972	80 023	219.26	21 094	57.80
26	379 981	66 010	173.72	13 106	34.49
27	241 431	33 553	138.98	5 101	21.13
28	197 048	20 050	101.75	2 699	13.70
29	237 083	18 494	78.01	1 787	7.54
30—34	**1 297 891**	**48 555**	**37.41**	**3 025**	**2.33**
30	229 254	13 336	58.17	1 062	4.63
31	297 670	13 363	44.89	838	2.82
32	270 613	9 640	35.62	545	2.01
33	239 440	6 612	27.61	331	1.38
34	260 914	5 604	21.48	249	0.95
35—39		**13 589**	ERR	**540**	ERR
35	258 384	4 366	16.90	185	0.72
36	240 757	3 344	13.89	124	0.52
37	228 251	2 435	10.67	82	0.36
38	200 851	1 852	9.22	73	0.36
39	208 201	1 592	7.65	76	0.37
40—44	**803 787**	**3 005**	**3.74**	**96**	**0.12**
40	186 532	1 022	5.48	48	0.26
41	174 025	756	4.34	12	0.07
42	159 305	555	3.48	15	0.09
43	145 932	386	2.65	11	0.08
44	137 993	286	2.07	10	0.07
45—49	**625 946**	**534**	**0.85**	**17**	**0.03**
45	132 536	214	1.61	4	0.03
46	119 566	114	0.95	2	0.02
47	121 839	90	0.74	5	0.04
48	128 345	68	0.53	2	0.02
49	123 660	48	0.39	4	0.03

分年龄、孩次的生育状况

单位：人、‰

第二孩		第三孩		第四孩		第五孩及以上	
出生人数	生育率	出生人数	生育率	出生人数	生育率	出生人数	生育率
280 605	29.85	132 666	14.11	49 851	5.30	30 955	3.29
10 854	5.10	686	0.32	44	0.02	3	
16	0.03	2		1			
86	0.19	3	0.01				
566	1.44	22	0.06	2	0.01		
2 373	5.85	94	0.23	3	0.01	1	
7 813	18.70	565	1.35	38	0.09	2	
186 620	93.88	51 562	25.94	7 131	3.59	829	0.42
20 773	46.15	2 122	4.71	135	0.30	8	0.02
31 552	79.02	4 486	11.23	376	0.94	42	0.11
42 433	114.31	9 139	24.62	887	2.39	80	0.22
49 587	125.77	15 878	40.27	2 100	5.33	194	0.49
42 275	113.35	19 937	53.45	3 633	9.74	505	1.35
73 655	51.85	65 393	46.03	26 948	18.97	8 347	5.88
31 496	86.30	20 882	57.22	5 644	15.46	907	2.49
22 835	60.10	20 654	54.36	7 608	20.02	1 807	4.76
10 128	41.95	11 280	46.72	5 406	22.39	1 638	6.78
5 021	25.48	6 601	33.50	4 033	20.47	1 696	8.61
4 175	17.61	5 976	25.21	4 257	17.96	2 299	9.70
7 975	6.14	12 515	9.64	12 208	9.41	12 832	9.89
2 598	11.33	3 909	17.05	3 298	14.39	2 469	10.77
2 295	7.71	3 580	12.03	3 528	11.85	3 122	10.49
1 474	5.45	2 342	8.65	2 420	8.94	2 859	10.56
918	3.83	1 463	6.11	1 629	6.80	2 271	9.48
690	2.64	1 221	4.68	1 333	5.11	2 111	8.09
1 315	ERR	2 233	ERR	2 968	ERR	6 533	
499	1.93	845	3.27	1 029	3.98	1 808	7.00
331	1.37	585	2.43	772	3.21	1 532	6.36
221	0.97	369	1.62	486	2.13	1 277	5.59
150	0.75	250	1.24	377	1.88	1 002	4.99
114	0.55	184	0.88	304	1.46	914	4.39
170	0.21	237	0.29	481	0.60	2 021	2.51
47	0.25	85	0.46	185	0.99	657	3.52
50	0.29	71	0.41	123	0.71	500	2.87
34	0.21	39	0.24	79	0.50	388	2.44
22	0.15	32	0.22	58	0.40	263	1.80
17	0.12	10	0.07	36	0.26	213	1.54
16	0.03	40	0.06	71	0.11	390	0.62
5	0.04	10	0.08	22	0.17	173	1.31
5	0.04	6	0.05	9	0.08	92	0.77
2	0.02	6	0.05	18	0.15	59	0.48
2	0.02	14	0.11	11	0.09	39	0.30
2	0.02	4	0.03	11	0.09	27	0.22

2—41 山东省1989年育龄妇女

年龄（岁）	1989年年中妇女人数	出生人数	生育率	第一孩	
				出生人数	出育率
总计	**22 864 691**	**1 659 006**	**72.56**	**811 471**	**35.49**
15—19	**4 405 858**	**52 763**	**11.98**	**47 867**	**10.86**
15	727 469	241	0.33	239	0.33
16	844 220	1 360	1.61	1 321	1.56
17	859 559	4 507	5.24	4 250	4.94
18	994 400	13 535	13.61	12 525	12.60
19	980 210	33 120	33.79	29 532	30.13
20—24	**4 317 293**	**710 296**	**164.52**	**541 127**	**125.34**
20	918 134	65 533	71.38	57 201	62.30
21	811 448	99 659	122.82	83 735	103.19
22	811 271	145 640	179.52	115 565	142.45
23	902 125	200 382	222.12	150 359	166.67
24	874 315	199 082	227.70	134 267	153.57
25—29	**3 561 749**	**543 462**	**152.58**	**206 468**	**57.97**
25	913 750	178 281	195.11	95 424	104.43
26	1 034 598	164 288	158.79	67 486	65.23
27	623 791	93 893	150.52	24 508	39.29
28	460 212	54 149	117.66	11 351	24.66
29	529 398	52 851	99.83	7 699	14.54
30—34	**3 422 052**	**262 694**	**76.77**	**12 273**	**3.59**
30	514 301	54 717	106.39	3 649	7.10
31	734 171	72 651	98.96	3 332	4.54
32	722 360	57 096	79.04	2 277	3.15
33	709 387	43 413	61.20	1 704	2.40
34	741 833	34 817	46.93	1 311	1.77
35—39	**3 233 648**	**75 681**	**23.40**	**2 897**	**0.90**
35	692 531	25 050	36.17	932	1.35
36	663 586	18 947	28.55	732	1.10
37	689 693	14 962	21.69	554	0.80
38	598 700	9 675	16.16	369	0.62
39	589 138	7 047	11.96	310	0.53
40—44	**2 282 202**	**11 646**	**5.10**	**647**	**0.28**
40	492 745	4 130	8.38	193	0.39
41	461 786	2 751	5.96	154	0.33
42	458 106	2 075	4.53	110	0.24
43	454 379	1 558	3.43	114	0.25
44	415 186	1 132	2.73	76	0.18
45—49	**1 641 889**	**2 464**	**1.50**	**192**	**0.12**
45	339 250	746	2.20	67	0.20
46	325 146	532	1.64	36	0.11
47	329 598	434	1.32	34	0.10
48	324 034	433	1.34	39	0.12
49	323 861	319	0.98	16	0.05

分年龄、孩次的生育状况

单位:人、%

第二孩		第三孩		第四孩		第五孩及以上	
出生人数	生育率	出生人数	生育率	出生人数	生育率	出生人数	生育率
565 581	**24.74**	**204 554**	**8.95**	**56 280**	**2.46**	**21 120**	**0.92**
4 795	**1.09**	**96**	**0.02**	**5**			
2							
38	0.05	1					
254	0.30	3					
1 004	1.01	5	0.01	1			
3 497	3.57	87	0.09	4			
148 984	**172**	**19 122**	**22**	**994**	**0.23**	**69**	
8 002	8.72	313	0.34	17	0.02		
14 778	18.21	1 084	1.34	60	0.07	2	
27 136	33.45	2 799	3.45	131	0.16	9	0.01
44 202	49.00	5 556	6.16	250	0.28	15	0.02
54 866	62.75	9 370	10.72	536	0.61	43	0.05
235 274	**66.06**	**86 706**	**24.34**	**13 620**	**3.82**	**1 394**	**0.39**
65 424	71.60	16 142	17.67	1 214	1.33	77	0.08
70 651	68.29	23 670	22.88	2 289	2.21	192	0.19
44 400	71.18	20 737	33.24	3 895	6.24	353	0.57
26 332	57.22	13 076	28.41	3 059	6.65	331	0.72
28 467	53.77	13 081	24.71	3 163	5.97	441	0.83
147 711	**43.16**	**69 660**	**20.36**	**25 303**	**7.39**	**7 747**	**2.26**
33 655	65.44	13 083	25.44	3 657	7.11	673	1.31
44 904	61.16	17 334	23.61	5 732	7.81	1 349	1.84
31 793	44.01	15 508	21.47	5 809	8.04	1 709	2.37
21 794	30.72	12 876	18.15	5 166	7.28	1 873	2.64
15 565	20.98	10 859	14.64	4 939	6.66	2 143	2.89
26 317	**8.14**	**25 133**	**7.77**	**12 946**	**4.00**	**8 388**	**2.59**
10 109	14.60	8 240	11.90	3 775	5.45	1 994	2.88
6 949	10.47	6 284	9.47	3 082	4.64	1 900	2.86
4 832	7.01	5 048	7.32	2 700	3.91	1 828	2.65
2 716	4.54	3 268	5.46	1 905	3.18	1 417	2.37
1 711	2.90	2 293	3.89	1 484	2.52	1 249	2.12
2 157	**0.95**	**3 309**	**1.45**	**2 754**	**1.21**	**2 779**	**1.22**
830	1.68	1 283	2.60	955	1.94	869	1.76
546	1.18	822	1.78	627	1.36	602	1.30
355	0.77	559	1.22	507	1.11	544	1.19
256	0.56	386	0.85	376	0.83	426	0.94
170	0.41	259	0.62	289	0.70	338	0.81
343	**0.21**	**528**	**0.32**	**658**	**0.40**	**743**	**0.45**
106	0.31	168	0.50	186	0.55	219	0.65
74	0.23	118	0.36	148	0.46	156	0.48
70	0.21	90	0.27	115	0.35	125	0.38
55	0.17	96	0.30	100	0.31	143	0.44
38	0.12	56	0.17	109	0.34	100	0.31

2—42 河南省1989年育龄妇女

年龄（岁）	1989年年中妇女人数	出生人数	生育率	第一孩 出生人数	第一孩 出育率
总计	**22 285 248**	**2 168 414**	**97.30**	**925 215**	**41.52**
15—19	**4 732 014**	**61 848**	**13.07**	**57 199**	**12.09**
15	926 634	179	0.19	169	0.18
16	960 966	1 091	1.14	1 064	1.11
17	929 635	4 450	4.79	4 253	4.57
18	948 785	14 378	15.15	13 541	14.27
19	965 994	41 750	43.22	38 172	39.52
20—24	**4 612 090**	**933 419**	**202.39**	**661 298**	**143.38**
20	994 101	94 032	94.59	83 085	83.58
21	916 901	145 241	158.40	122 338	133.43
22	889 509	199 225	223.97	152 498	171.44
23	958 268	256 217	267.38	171 718	179.20
24	853 311	238 704	279.74	131 659	154.29
25—29	**3 301 756**	**725 745**	**219.81**	**188 836**	**57.19**
25	918 175	237 155	258.29	92 133	100.34
26	1 001 290	232 724	232.42	60 055	59.98
27	597 679	122 526	205.00	21 834	36.53
28	338 572	60 562	178.87	8 218	24.27
29	446 040	72 778	163.16	6 596	14.79
30—34	**2 994 164**	**312 993**	**104.53**	**12 977**	**4.33**
30	429 266	61 562	143.41	3 566	8.31
31	618 377	78 013	126.16	3 350	5.42
32	628 054	67 915	108.14	2 512	4.00
33	618 546	55 250	89.32	1 968	3.18
34	699 921	50 253	71.80	1 581	2.26
35—39	**3 023 762**	**111 717**	**36.95**	**3 669**	**1.21**
35	658 758	37 286	56.60	1 174	1.78
36	626 888	27 542	43.93	862	1.38
37	637 125	21 643	33.97	680	1.07
38	560 441	14 461	25.80	486	0.87
39	540 550	10 785	19.95	467	0.86
40—44	**2 087 154**	**18 938**	**9.07**	**918**	**0.44**
40	450 348	6 582	14.62	281	0.62
41	433 893	4 680	10.79	203	0.47
42	414 766	3 307	7.97	160	0.39
43	411 434	2 537	6.17	162	0.39
44	376 713	1 832	4.86	112	0.30
45—49	**1 534 308**	**3 754**	**2.45**	**318**	**0.21**
45	275 512	1 142	4.15	93	0.34
46	296 795	850	2.86	81	0.27
47	333 028	750	2.25	52	0.16
48	322 634	573	1.78	50	0.15
49	306 339	439	1.43	42	0.14

分年龄、孩次的生育状况

单位：人、‰

第二孩		第三孩		第四孩		第五孩及以上	
出生人数	生育率	出生人数	生育率	出生人数	生育率	出生人数	生育率
751 902	**33.74**	**359 475**	**16.13**	**98 327**	**4.41**	**33 495**	**1.50**
4 423	**0.93**	**213**	**0.05**	**9**		**4**	
7	0.01			1		2	
25	0.03	2					
188	0.20	9	0.01				
798	0.84	38	0.04			1	
3 405	3.52	164	0.17	8	0.01	1	
239 707	**51.97**	**30 440**	**6.60**	**1 853**	**0.40**	**121**	**0.03**
10 309	10.37	607	0.61	29	0.03	2	
21 335	23.27	1 493	1.63	71	0.08	4	
42 710	48.02	3 816	4.29	186	0.21	15	0.02
75 013	78.28	8 944	9.33	511	0.53	31	0.03
90 340	105.87	15 580	18.26	1 056	1.24	69	0.08
364 100	**110.27**	**151 737**	**45.96**	**19 470**	**5.90**	**1 602**	**0.49**
112 509	122.54	29 961	32.63	2 416	2.63	136	0.15
121 965	121.81	45 751	45.69	4 658	4.65	295	0.29
64 602	108.09	31 493	52.69	4 252	7.11	345	0.58
30 594	90.36	18 416	54.39	3 039	8.98	295	0.87
34 430	77.19	26 116	58.55	5 105	11.45	531	1.19
114 497	**38.24**	**130 218**	**43.49**	**44 823**	**14.97**	**10 478**	**3.50**
26 738	62.29	24 415	56.88	6 014	14.01	829	1.93
30 526	49.36	32 643	52.79	9 796	15.84	1 698	2.75
23 741	37.80	29 082	46.30	10 372	16.51	2 208	3.52
18 261	29.52	23 359	37.76	9 149	14.79	2 513	4.06
15 231	21.76	20 719	29.60	9 492	13.56	3 230	4.61
26 072	**8.62**	**41 354**	**13.68**	**25 994**	**8.60**	**14 628**	**4.84**
10 292	15.62	14 771	22.42	7 777	11.81	3 272	4.97
6 677	10.65	10 498	16.75	6 274	10.01	3 231	5.15
4 592	7.21	7 739	12.15	5 431	8.52	3 201	5.02
2 714	4.84	4 980	8.89	3 691	6.59	2 590	4.62
1 797	3.32	3 366	6.23	2 821	5.22	2 334	4.32
2 587	**1.24**	**4 837**	**2.32**	**5 246**	**2.51**	**5 350**	**2.56**
875	1.94	1 878	4.17	1 885	4.19	1 663	3.69
622	1.43	1 260	2.90	1 302	3.00	1 293	2.98
442	1.07	786	1.90	930	2.24	989	2.38
361	0.88	539	1.31	690	1.68	785	1.91
287	0.76	374	0.99	439	1.17	620	1.65
516	**0.34**	**676**	**0.44**	**932**	**0.61**	**1 312**	**0.86**
170	0.62	200	0.73	284	1.03	395	1.43
127	0.43	174	0.59	208	0.70	260	0.88
111	0.33	137	0.41	188	0.56	262	0.79
63	0.20	96	0.30	140	0.43	224	0.69
45	0.15	69	0.23	112	0.37	171	0.56

2—43 湖北省1989年育龄妇女

年龄（岁）	1989年年中妇女人数	出生人数	生育率	第一孩	
				出生人数	出育率
总计	**14 235 578**	**1 303 388**	**91.56**	**587 427**	**41.26**
15—19	**2 810 951**	**73 857**	**26.27**	**66 142**	**23.53**
15	481 793	321	0.67	301	0.62
16	542 084	1 744	3.22	1 656	3.05
17	566 971	6 250	11.02	5 893	10.39
18	594 951	18 776	31.56	17 088	28.72
19	625 152	46 766	74.81	41 204	65.91
20—24	**2 905 947**	**669 691**	**230.46**	**413 913**	**142.44**
20	690 016	101 200	146.66	83 652	121.23
21	575 088	120 862	210.16	91 443	159.01
22	522 104	138 277	264.85	88 711	169.91
23	569 527	160 364	281.57	86 205	151.36
24	549 212	148 988	271.28	63 902	116.35
25—29	**2 262 649**	**409 028**	**180.77**	**99 538**	**43.99**
25	593 585	139 603	235.19	47 111	79.37
26	656 004	128 468	195.83	31 614	48.19
27	483 046	80 514	166.68	13 069	27.06
28	229 927	30 558	132.90	4 658	20.26
29	300 087	29 885	99.59	3 086	10.28
30—34	**2 072 769**	**113 992**	**55.00**	**6 308**	**3.04**
30	350 774	28 850	82.25	2 050	5.84
31	469 739	31 400	66.85	1 732	3.69
32	433 424	23 376	53.93	1 140	2.63
33	387 695	16 162	41.69	782	2.02
34	431 137	14 204	32.95	604	1.40
35—39	**1 779 423**	**29 728**	**16.71**	**1 255**	**0.71**
35	406 265	10 348	25.47	426	1.05
36	374 376	7 450	19.90	311	0.83
37	367 641	5 595	15.22	249	0.68
38	315 550	3 558	11.28	156	0.49
39	315 591	2 777	8.80	113	0.36
40—44	**1 345 125**	**5 775**	**4.29**	**227**	**0.17**
40	292 744	1 931	6.60	73	0.25
41	299 335	1 474	4.92	43	0.14
42	288 477	1 113	3.86	62	0.21
43	240 428	749	3.12	29	0.12
44	224 141	508	2.27	20	0.09
45—49	**1 058 714**	**1 317**	**1.24**	**44**	**0.04**
45	227 893	396	1.74	12	0.05
46	204 139	290	1.42	9	0.04
47	221 816	237	1.07	10	0.05
48	225 055	240	1.07	8	0.04
49	179 811	154	0.86	5	0.03

分年龄、孩次的生育状况

单位:人、%

第二孩		第三孩		第四孩		第五孩及以上	
出生人数	生育率	出生人数	生育率	出生人数	生育率	出生人数	生育率
462 740	**32.51**	**170 713**	**11.99**	**54 698**	**3.84**	**27 810**	**1.95**
7 692	**2.74**	**23**	**0.01**				
15	0.03	5	0.01				
82	0.15	6	0.01				
354	0.62	3	0.01				
1 687	2.84	1					
5 554	8.88	8	0.01				
215 917	**74.30**	**35 539**	**12.23**	**3 888**	**1.34**	**434**	**0.15**
16 205	23.48	1 237	1.79	90	0.13	16	0.02
26 662	46.36	2 514	4.37	212	0.37	31	0.05
43 318	82.97	5 669	10.86	522	1.00	57	0.11
62 457	109.66	10 526	18.48	1 076	1.89	100	0.18
67 275	122.49	15 593	28.39	1 988	3.62	230	0.42
189 851	**83.91**	**92 710**	**40.97**	**22 343**	**9.87**	**4 586**	**2.03**
65 997	111.18	22 313	37.59	3 700	6.23	482	0.81
61 436	93.65	28 714	43.77	5 744	8.76	960	1.46
36 995	76.59	23 114	47.85	6 093	12.61	1 243	2.57
12 812	55.72	9 324	40.55	2 984	12.98	780	3.39
12 611	42.02	9 245	30.81	3 822	12.74	1 121	3.74
41 687	**20.11**	**33 544**	**16.18**	**20 415**	**9.85**	**12 038**	**5.81**
11 322	32.28	9 162	26.12	4 565	13.01	1 751	4.99
11 636	24.77	9 591	20.42	5 639	12.00	2 802	5.97
8 320	19.20	6 729	15.53	4 443	10.25	2 744	6.33
5 633	14.53	4 408	11.37	3 021	7.79	2 318	5.98
4 776	11.08	3 654	8.48	2 747	6.37	2 423	5.62
6 945	**3.90**	**7 621**	**4.28**	**6 234**	**3.50**	**7 673**	**4.31**
3 053	7.51	2 738	6.74	2 028	4.99	2 103	5.18
1 807	4.83	1 970	5.26	1 530	4.09	1 832	4.89
1 102	3.00	1 384	3.76	1 277	3.47	1 583	4.31
612	1.94	878	2.78	768	2.43	1 144	3.63
371	1.18	651	2.06	631	2.00	1 011	3.20
544	**0.40**	**1 053**	**0.78**	**1 456**	**1.08**	**2 495**	**1.85**
209	0.71	377	1.29	493	1.68	779	2.66
122	0.41	277	0.93	386	1.29	646	2.16
104	0.36	189	0.66	269	0.93	489	1.70
62	0.26	132	0.55	180	0.75	346	1.44
47	0.21	78	0.35	128	0.57	235	1.05
104	**0.10**	**223**	**0.21**	**362**	**0.34**	**584**	**0.55**
40	0.18	75	0.33	96	0.42	173	0.76
18	0.09	45	0.22	84	0.41	134	0.66
19	0.09	43	0.19	68	0.31	97	0.44
19	0.08	39	0.17	68	0.30	106	0.47
8	0.04	21	0.12	46	0.26	74	0.41

2—44 湖南省1989年育龄妇女

年　龄（岁）	1989年年中妇女人数	出生人数	生育率	第　一　孩	
				出生人数	出育率
总　计	**15 706 246**	**1 423 403**	**90.63**	**648 757**	**41.31**
15—19	**3 246 147**	**94 999**	**29.27**	**84 479**	**26.02**
15	657 968	355	0.54	339	0.52
16	648 306	1 995	3.08	1 919	2.96
17	587 721	6 674	11.36	6 286	10.70
18	640 006	22 916	35.81	20 876	32.62
19	712 146	63 059	88.55	55 059	77.31
20—24	**3 424 329**	**835 794**	**244.08**	**479 447**	**140.01**
20	785 402	139 473	177.58	114 025	145.18
21	674 410	161 247	239.09	116 566	172.84
22	618 474	170 469	275.63	97 205	157.17
23	667 905	187 930	281.37	86 625	129.70
24	678 138	176 675	260.53	65 026	95.89
25—29	**2 327 660**	**370 023**	**158.97**	**78 340**	**33.66**
25	686 907	146 253	212.92	40 357	58.75
26	759 279	128 667	169.46	24 939	32.85
27	360 402	48 822	135.47	7 443	20.65
28	206 108	20 637	100.13	3 081	14.95
29	314 964	25 644	81.42	2 520	8.00
30—34	**2 068 086**	**87 956**	**42.53**	**5 105**	**2.47**
30	306 439	20 460	66.77	1 469	4.79
31	453 499	23 689	52.24	1 399	3.08
32	454 218	18 707	41.19	1 028	2.26
33	401 721	13 614	33.89	667	1.66
34	452 209	11 486	25.40	542	1.20
35—39	**2 058 550**	**28 254**	**13.73**	**1 139**	**0.55**
35	448 884	9 143	20.37	375	0.84
36	436 545	7 143	16.36	312	0.71
37	423 440	5 413	12.78	206	0.49
38	365 007	3 616	9.91	147	0.40
39	384 674	2 939	7.64	99	0.26
40—44	**1 435 476**	**5 296**	**3.69**	**208**	**0.14**
40	337 145	1 867	5.54	74	0.22
41	323 898	1 390	4.29	49	0.15
42	289 213	958	3.31	39	0.13
43	248 470	659	2.65	25	0.10
44	236 750	422	1.78	21	0.09
45—49	**1 145 998**	**1 081**	**0.94**	**39**	**0.03**
45	250 690	343	1.37	12	0.05
46	217 446	249	1.15	9	0.04
47	223 538	183	0.82	6	0.03
48	231 613	173	0.75	7	0.03
49	222 711	133	0.60	5	0.02

分年龄、孩次的生育状况

单位：人、%

第二孩		第三孩		第四孩		第五孩及以上	
出生人数	生育率	出生人数	生育率	出生人数	生育率	出生人数	生育率
498 099	31.71	188 442	12.00	59 454	3.79	28 651	1.82
9 993	3.08	497	0.15	27	0.01	3	
13	0.02	3					
70	0.11	5	0.01	1			
369	0.63	17	0.03	2			
1 959	3.06	77	0.12	4	0.01		
7 582	10.65	395	0.55	20	0.03	3	
297 396	86.85	52 881	15.44	5 494	1.60	576	0.17
23 762	30.25	1 574	2.00	101	0.13	11	0.01
40 885	60.62	3 532	5.24	243	0.36	21	0.03
64 580	104.42	8 005	12.94	632	1.02	47	0.08
84 152	125.99	15 514	23.23	1 500	2.25	139	0.21
84 017	123.89	24 256	35.77	3 018	4.45	358	0.53
164 354	70.61	97 011	41.68	25 107	10.79	5 211	2.24
69 573	101.28	30 410	44.27	5 236	7.62	677	0.99
58 433	76.96	35 559	46.83	8 312	10.95	1 424	1.88
20 314	56.36	15 384	42.69	4 685	13.00	996	2.76
7 565	36.70	6 679	32.41	2 647	12.84	665	3.23
8 469	26.89	8 979	28.51	4 227	13.42	1 449	4.60
21 669	10.48	29 796	14.41	19 901	9.62	11 485	5.55
5 766	18.82	7 456	24.33	4 091	13.35	1 678	5.48
6 204	13.68	8 266	18.23	5 240	11.55	2 580	5.69
4 462	9.82	6 217	13.69	4 389	9.66	2 611	5.75
2 922	7.27	4 384	10.91	3 335	8.30	2 306	5.74
2 315	5.12	3 473	7.68	2 846	6.29	2 310	5.11
4 192	2.04	7 240	3.52	7 361	3.58	8 322	4.04
1 648	3.67	2 589	5.77	2 270	5.06	2 261	5.04
1 099	2.52	1 913	4.38	1 865	4.27	1 954	4.48
696	1.64	1 362	3.22	1 459	3.45	1 690	3.99
455	1.25	770	2.11	957	2.62	1 287	3.53
294	0.76	606	1.58	810	2.11	1 130	2.94
426	0.30	852	0.59	1 302	0.91	2 508	1.75
167	0.50	349	1.04	484	1.44	793	2.35
97	0.30	213	0.66	372	1.15	659	2.03
74	0.26	135	0.47	218	0.75	492	1.70
55	0.22	93	0.37	140	0.56	346	1.39
33	0.14	62	0.26	88	0.37	218	0.92
69	0.06	165	0.14	262	0.23	546	0.48
23	0.09	52	0.21	73	0.29	183	0.73
16	0.07	36	0.17	57	0.26	131	0.60
13	0.06	22	0.10	57	0.25	85	0.38
9	0.04	26	0.11	43	0.19	88	0.38
8	0.04	29	0.13	32	0.14	59	0.26

2—45 广东省 1989 年育龄妇女

年龄 （岁）	1989 年年中 妇女人数	出生人数	生育率	第一孩	
				出生人数	出育率
总计	15 982 548	1 379 392	86.31	561 001	35.10
15—19	3 416 531	66 450	19.45	56 365	16.50
15	614 578	520	0.85	484	0.79
16	661 313	2 306	3.49	2 194	3.32
17	687 775	7 511	10.92	6 920	10.06
18	724 185	18 155	25.07	15 919	21.98
19	728 680	37 958	52.09	30 848	42.33
20—24	3 257 799	552 086	169.47	316 657	97.20
20	725 113	66 546	91.77	49 140	67.77
21	652 161	87 542	134.23	58 474	89.66
22	595 838	107 747	180.83	63 169	106.02
23	642 112	138 606	215.86	73 791	114.92
24	642 575	151 645	236.00	72 083	112.18
25—29	2 528 349	508 923	201.29	164 292	64.98
25	629 101	147 686	234.76	61 001	96.97
26	672 416	148 257	220.48	51 184	76.12
27	494 984	99 129	200.27	27 734	56.03
28	335 411	56 680	168.99	13 792	41.12
29	396 437	57 171	144.21	10 581	26.69
30—34	2 368 040	188 767	79.71	19 780	8.35
30	440 699	51 893	117.75	6 900	15.66
31	522 717	49 500	94.70	5 504	10.53
32	474 710	36 744	77.40	3 393	7.15
33	446 856	27 738	62.07	2 304	5.16
34	483 058	22 892	47.39	1 679	3.48
35—39	1 981 039	50 936	25.71	3 265	1.65
35	459 816	17 413	37.87	1 199	2.61
36	415 230	12 302	29.63	757	1.82
37	385 844	9 286	24.07	561	1.45
38	354 074	6 795	19.19	410	1.16
39	366 075	5 140	14.04	338	0.92
40—44	1 332 212	9 925	7.45	536	0.40
40	306 132	3 208	10.48	182	0.59
41	280 331	2 390	8.53	111	0.40
42	257 179	1 870	7.27	104	0.40
43	244 416	1 402	5.74	77	0.32
44	244 154	1 055	4.32	62	0.25
45—49	1 098 578	2 305	2.10	106	0.10
45	220 958	732	3.31	26	0.12
46	213 913	528	2.47	18	0.08
47	220 137	458	2.08	28	0.13
48	219 226	306	1.40	20	0.09
49	224 344	281	1.25	14	0.06

分年龄、孩次的生育状况

单位:人、%

第二孩		第三孩		第四孩		第五孩及以上	
出生人数	生育率	出生人数	生育率	出生人数	生育率	出生人数	生育率
418 674	26.20	237 098	14.83	104 047	6.51	58 572	3.66
9 341	2.73	681	0.20	56	0.02	7	
18	0.03	10	0.02	6	0.01	2	
104	0.16	7	0.01	1			
555	0.81	31	0.05	4	0.01	1	
2 136	2.95	89	0.12	10	0.01	1	
6 528	8.96	544	0.75	35	0.05	3	
172 628	52.99	54 922	16.86	7 261	2.23	618	0.19
15 295	21.09	1 979	2.73	118	0.16	14	0.02
24 266	37.21	4 444	6.81	333	0.51	25	0.04
34 637	58.13	9 024	15.15	862	1.45	55	0.09
46 468	72.37	16 179	25.20	2 015	3.14	153	0.24
51 962	80.87	23 296	36.25	3 933	6.12	371	0.58
175 118	69.26	118 396	46.83	42 286	16.72	8 831	3.49
51 488	81.84	27 993	44.50	6 488	10.31	716	1.14
52 372	77.89	33 178	49.34	10 066	14.97	1 457	2.17
34 501	69.70	25 587	51.69	9 415	19.02	1 892	3.82
18 475	55.08	15 309	45.64	7 270	21.67	1 834	5.47
18 282	46.12	16 329	41.19	9 047	22.82	2 932	7.40
50 695	21.41	51 463	21.73	40 721	17.20	26 108	11.03
15 400	34.94	15 396	34.94	9 956	22.59	4 241	9.62
13 716	26.24	13 966	26.72	10 633	20.34	5 681	10.87
9 443	19.89	9 936	20.93	8 434	17.77	5 538	11.67
6 873	15.38	6 848	15.32	6 433	14.40	5 280	11.82
5 263	10.90	5 317	11.01	5 265	10.90	5 368	11.11
9 708	4.90	9 953	5.02	11 186	5.65	16 824	8.49
3 798	8.26	3 728	8.11	3 928	8.54	4 760	10.35
2 431	5.85	2 416	5.82	2 719	6.55	3 979	9.58
1 636	4.24	1 770	4.59	2 019	5.23	3 300	8.55
1 074	3.03	1 212	3.42	1 445	4.08	2 654	7.50
769	2.10	827	2.26	1 075	2.94	2 131	5.82
993	0.75	1 402	1.05	2 042	1.53	4 952	3.72
366	1.20	477	1.56	683	2.23	1 500	4.90
242	0.86	356	1.27	532	1.90	1 149	4.10
174	0.68	252	0.98	371	1.44	969	3.77
114	0.47	199	0.81	252	1.03	760	3.11
97	0.40	118	0.48	204	0.84	574	2.35
191	0.17	281	0.26	495	0.45	1 232	1.12
48	0.22	73	0.33	151	0.68	434	1.96
38	0.18	63	0.29	122	0.57	287	1.34
50	0.23	71	0.32	85	0.39	224	1.02
33	0.15	36	0.16	74	0.34	143	0.65
22	0.10	38	0.17	63	0.28	144	0.64

2—46 广西壮族自治区1989年育龄

年龄（岁）	1989年年中妇女人数	出生人数	生育率	第一孩	
				出生人数	出育率
总计	9 913 803	940 199	94.84	372 473	37.57
15—19	2 093 109	46 289	22.11	39 101	18.68
15	451 647	269	0.60	256	0.57
16	415 663	1 219	2.93	1 150	2.77
17	401 267	4 131	10.29	3 788	9.44
18	402 679	11 596	28.80	10 135	25.17
19	421 853	29 074	68.92	23 772	56.35
20—24	2 096 943	437 428	208.60	242 704	115.74
20	448 002	56 404	125.90	42 061	93.89
21	409 207	72 561	177.32	49 111	120.02
22	391 994	88 389	225.49	50 782	129.55
23	429 274	109 912	256.04	54 790	127.63
24	418 466	110 162	263.25	45 960	109.83
25—29	1 463 006	301 343	205.98	79 751	54.51
25	412 852	102 798	248.99	34 537	83.65
26	424 739	93 735	220.69	25 122	59.15
27	249 828	48 672	194.82	10 459	41.86
28	177 261	29 155	164.47	5 454	30.77
29	198 326	26 983	136.05	4 179	21.07
30—34	1 339 494	102 893	76.81	8 294	6.19
30	237 337	25 332	106.73	2 697	11.36
31	300 208	26 969	89.83	2 279	7.59
32	271 350	20 379	75.10	1 524	5.62
33	256 037	16 138	63.03	1 015	3.96
34	274 562	14 075	51.26	779	2.84
35—39	1 227 715	39 581	32.24	2 016	1.64
35	272 029	11 738	43.15	579	2.13
36	258 172	9 319	36.10	492	1.91
37	232 921	7 193	30.88	342	1.47
38	220 964	5 936	26.86	323	1.46
39	243 629	5 395	22.14	280	1.15
40—44	872 302	9 969	11.43	461	0.53
40	201 420	3 293	16.35	156	0.77
41	172 909	2 283	13.20	108	0.62
42	161 463	1 680	10.40	72	0.45
43	165 714	1 468	8.86	72	0.43
44	170 796	1 245	7.29	53	0.31
45—49	821 234	2 696	3.28	146	0.18
45	170 007	832	4.89	34	0.20
46	163 052	624	3.83	35	0.21
47	161 334	502	3.11	25	0.15
48	164 778	432	2.62	30	0.18
49	162 063	306	1.89	22	0.14

妇女分年龄、孩次的生育状况

单位：人、%

第二孩		第三孩		第四孩		第五孩及以上	
出生人数	生育率	出生人数	生育率	出生人数	生育率	出生人数	生育率
315 479	31.82	145 203	14.65	64 780	6.53	42 264	4.26
6 790	3.24	373	0.18	24	0.01	1	
13	0.03						
64	0.15	5	0.01				
332	0.83	11	0.03				
1 405	3.49	50	0.12	6	0.01		
4 976	11.80	307	0.73	18	0.04	1	
158 388	75.53	32 327	15.42	3 708	1.77	301	0.14
13 121	29.29	1 129	2.52	82	0.18	11	0.02
20 957	51.21	2 286	5.59	195	0.48	12	0.03
32 179	82.09	4 941	12.60	451	1.15	36	0.09
44 656	104.03	9 440	21.99	965	2.25	61	0.14
47 475	113.45	14 531	34.72	2 015	4.82	181	0.43
121 005	82.71	73 824	50.46	22 709	15.52	4 054	2.77
44 717	108.31	19 531	47.31	3 635	8.80	378	0.92
39 175	92.23	22 921	53.96	5 776	13.60	741	1.74
18 457	73.88	14 131	56.56	4 793	19.19	832	3.33
9 982	56.31	8 837	49.85	3 993	22.53	889	5.02
8 674	43.74	8 404	42.37	4 512	22.75	1 214	6.12
22 755	16.99	29 577	22.08	26 385	19.70	15 882	11.86
6 787	28.60	8 074	34.02	5 671	23.89	2 103	8.86
6 391	21.29	8 213	27.36	6 883	22.93	3 203	10.67
4 207	15.50	5 701	21.01	5 556	20.48	3 391	12.50
2 994	11.69	4 233	16.53	4 469	17.45	3 427	13.38
2 376	8.65	3 356	12.22	3 806	13.86	3 758	13.69
5 347	4.36	7 562	6.16	9 697	7.90	14 959	12.18
1 788	6.57	2 525	9.28	3 163	11.63	3 683	13.54
1 283	4.97	1 788	6.93	2 281	8.84	3 475	13.46
913	3.92	1 374	5.90	1 678	7.20	2 886	12.39
707	3.20	994	4.50	1 363	6.17	2 549	11.54
656	2.69	881	3.62	1 212	4.97	2 366	9.71
957	1.10	1 255	1.44	1 823	2.09	5 473	6.27
381	1.89	446	2.21	638	3.17	1 672	8.30
210	1.21	327	1.89	409	2.37	1 229	7.11
140	0.87	181	1.12	326	2.02	961	5.95
120	0.72	163	0.98	251	1.51	862	5.20
106	0.62	138	0.81	199	1.17	749	4.39
237	0.29	285	0.35	434	0.53	1 594	1.94
68	0.40	82	0.48	139	0.82	509	2.99
48	0.29	64	0.39	108	0.66	369	2.26
46	0.29	55	0.34	77	0.48	299	1.85
41	0.25	51	0.31	68	0.41	242	1.47
34	0.21	33	0.20	42	0.26	175	1.08

2—47 海南省1989年育龄妇女

年　龄（岁）	1989年年中妇女人数	出生人数	生育率	第　一　孩	
				出生人数	出育率
总　计	**1 549 117**	**155 704**	**100.51**	**60 904**	**39.32**
15—19	**327 599**	**11 307**	**34.51**	**9 290**	**28.36**
15	63 857	132	2.07	119	1.86
16	65 253	485	7.43	448	6.87
17	65 209	1 441	22.10	1 297	19.89
18	62 525	2 947	47.13	2 505	40.06
19	70 755	6 302	89.07	4 921	69.55
20—24	**319 890**	**65 185**	**203.77**	**35 461**	**110.85**
20	66 890	9 202	137.57	6 523	97.52
21	63 105	11 189	177.31	7 066	111.97
22	59 251	12 830	216.54	7 096	119.76
23	64 535	15 558	241.08	7 701	119.33
24	66 109	16 406	248.17	7 075	107.02
25—29	**262 046**	**51 992**	**198.41**	**14 303**	**54.58**
25	65 712	15 539	236.47	5 647	85.94
26	67 520	14 321	212.10	4 266	63.18
27	54 560	10 253	187.92	2 433	44.59
28	36 267	6 258	172.55	1 108	30.55
29	37 987	5 621	147.97	849	22.35
30—34	**215 562**	**18 047**	**83.72**	**1 485**	**6.89**
30	38 469	4 446	115.57	456	11.85
31	46 462	4 480	96.42	416	8.95
32	42 505	3 484	81.97	251	5.91
33	41 891	2 936	70.09	196	4.68
34	46 235	2 701	58.42	166	3.59
35—39	**186 474**	**6 689**	**35.87**	**304**	**1.63**
35	41 923	2 029	48.40	92	2.19
36	38 548	1 491	38.68	73	1.89
37	35 884	1 201	33.47	67	1.87
38	33 484	1 000	29.87	37	1.11
39	36 635	968	26.42	35	0.96
40—44	**119 797**	**1 843**	**15.38**	**49**	**0.41**
40	27 788	520	18.71	18	0.65
41	25 994	447	17.20	10	0.38
42	22 929	333	14.52	8	0.35
43	21 179	298	14.07	6	0.28
44	21 907	245	11.18	7	0.32
45—49	**117 749**	**641**	**5.44**	**12**	**0.10**
45	21 377	196	9.17	3	0.14
46	22 009	124	5.63	2	0.09
47	23 176	136	5.87	1	0.04
48	23 565	89	3.78	2	0.08
49	27 622	96	3.48	4	0.14

分年龄、孩次的生育状况

单位:人、%

第二孩		第三孩		第四孩		第五孩及以上	
出生人数	生育率	出生人数	生育率	出生人数	生育率	出生人数	生育率
44 117	**28.48**	**27 310**	**17.63**	**13 756**	**8.88**	**9 617**	**6.21**
1 787	**5.45**	**193**	**0.59**	**19**	**0.06**	**18**	**0.05**
8	0.13	2	0.03			3	0.05
32	0.49	1	0.02	1	0.02	3	0.05
127	1.95	8	0.12	4	0.06	5	0.08
400	6.40	34	0.54	3	0.05	5	0.08
1 220	17.24	148	2.09	11	0.16	2	0.03
20 380	**63.71**	**7 791**	**24.36**	**1 379**	**4.31**	**174**	**0.54**
2 256	33.73	381	5.70	37	0.55	5	0.07
3 228	51.15	787	12.47	95	1.51	13	0.21
4 194	70.78	1 320	22.28	197	3.32	23	0.39
5 275	81.74	2 177	33.73	359	5.56	46	0.71
5 427	82.09	3 126	47.29	691	10.45	87	1.32
16 139	**61.59**	**13 785**	**52.61**	**6 190**	**23.62**	**1 575**	**6.01**
5 145	78.30	3 529	53.70	1 069	16.27	149	2.27
4 511	66.81	3 821	56.59	1 445	21.40	278	4.12
3 106	56.93	2 938	53.85	1 456	26.69	320	5.87
1 813	49.99	1 879	51.81	1 117	30.80	341	9.40
1 564	41.17	1 618	42.59	1 103	29.04	487	12.82
4 520	**20.97**	**4 201**	**19.49**	**4 244**	**19.69**	**3 597**	**16.69**
1 242	32.29	1 156	30.05	1 014	26.36	578	15.03
1 218	26.21	1 069	23.01	1 073	23.09	704	15.15
815	19.17	831	19.55	824	19.39	763	17.95
662	15.80	615	14.68	731	17.45	732	17.47
583	12.61	530	11.46	602	13.02	820	17.74
1 129	**6.05**	**1 064**	**5.71**	**1 500**	**8.04**	**2 692**	**14.44**
403	9.61	331	7.90	497	11.86	706	16.84
293	7.60	255	6.62	324	8.41	546	14.16
166	4.63	185	5.16	287	8.00	496	13.82
141	4.21	151	4.51	199	5.94	472	14.10
126	3.44	142	3.88	193	5.27	472	12.88
131	**1.09**	**202**	**1.69**	**330**	**2.75**	**1 131**	**9.44**
50	1.80	62	2.23	84	3.02	306	11.01
27	1.04	46	1.77	93	3.58	271	10.43
20	0.87	38	1.66	53	2.31	214	9.33
19	0.90	30	1.42	51	2.41	192	9.07
15	0.68	26	1.19	49	2.24	148	6.76
31	**0.26**	**74**	**0.63**	**94**	**0.80**	**430**	**3.65**
7	0.33	13	0.61	23	1.08	150	7.02
8	0.36	17	0.77	18	0.82	79	3.59
8	0.35	19	0.82	21	0.91	87	3.75
4	0.17	12	0.51	11	0.47	60	2.55
4	0.14	13	0.47	21	0.76	54	1.95

2—48 四川省1989年育龄妇女

年龄(岁)	1989年年中妇女人数	出生人数	生育率	第一孩	
				出生人数	出育率
总计	**29 916 479**	**1 875 785**	**62.70**	**1 141 122**	**38.14**
15—19	**6 893 796**	**114 249**	**16.57**	**106 632**	**15.47**
15	1 401 372	316	0.23	299	0.21
16	1 365 634	1 872	1.37	1 821	1.33
17	1 336 569	7 436	5.56	7 188	5.38
18	1 418 375	26 889	18.96	25 541	18.01
19	1 371 846	77 736	56.67	71 783	52.33
20—24	**6 208 542**	**1 212 383**	**195.28**	**905 821**	**145.90**
20	1 401 589	208 491	148.75	189 004	134.85
21	1 245 448	274 549	220.44	236 713	190.06
22	1 149 959	265 958	231.28	201 845	175.52
23	1 234 523	259 254	210.00	169 523	137.32
24	1 177 023	204 131	173.43	108 736	92.38
25—29	**3 611 834**	**369 555**	**102.32**	**117 812**	**32.62**
25	1 276 334	166 258	130.26	66 531	52.13
26	1 107 429	114 277	103.19	34 641	31.28
27	510 524	43 972	86.13	9 315	18.25
28	310 838	21 736	69.93	4 122	13.26
29	406 709	23 312	57.32	3 203	7.88
30—34	**3 652 581**	**121 002**	**33.13**	**8 093**	**2.22**
30	487 050	23 626	48.51	2 102	4.32
31	735 135	29 779	40.51	2 134	2.90
32	731 911	25 133	34.34	1 565	2.14
33	798 833	21 971	27.50	1 252	1.57
34	899 652	20 493	22.78	1 040	1.16
35—39	**4 091 276**	**47 516**	**11.61**	**2 221**	**0.54**
35	914 102	16 595	18.15	789	0.86
36	917 069	12 425	13.55	545	0.59
37	847 728	8 857	10.45	401	0.47
38	684 123	5 309	7.76	262	0.38
39	728 254	4 330	5.95	224	0.31
40—44	**2 917 648**	**9 046**	**3.10**	**441**	**0.15**
40	638 460	2 990	4.68	148	0.23
41	590 927	2 250	3.81	101	0.17
42	598 904	1 691	2.82	95	0.16
43	555 854	1 188	2.14	48	0.09
44	533 503	927	1.74	49	0.09
45—49	**2 540 802**	**2 034**	**0.80**	**102**	**0.04**
45	577 259	683	1.18	24	0.04
46	524 894	524	1.00	24	0.05
47	489 711	364	0.74	19	0.04
48	490 270	268	0.55	24	0.05
49	458 668	195	0.43	11	0.02

分年龄、孩次的生育状况

单位：人、%

第二孩		第三孩		第四孩		第五孩及以上	
出生人数	生育率	出生人数	生育率	出生人数	生育率	出生人数	生育率
549 655	**18.37**	**130 332**	**4.36**	**34 194**	**1.14**	**20 482**	**0.68**
7 312	**1.06**	**282**	**0.04**	**21**		**2**	
15	0.01	1		1			
50	0.04			1			
239	0.18	9	0.01				
1 294	0.91	51	0.04	2		1	
5 714	4.17	221	0.16	17	0.01	1	
276 977	**44.61**	**26 834**	**4.32**	**2 497**	**0.40**	**254**	**0.04**
18 515	13.21	906	0.65	63	0.04	3	
35 684	28.65	2 002	1.61	140	0.11	10	0.01
59 382	51.64	4 360	3.79	333	0.29	38	0.03
80 913	65.54	8 000	6.48	747	0.61	71	0.06
82 483	70.08	11 566	9.83	1 214	1.03	132	0.11
189 641	**52.51**	**50 928**	**14.10**	**9 100**	**2.52**	**2 074**	**0.57**
81 276	63.68	15 985	12.52	2 137	1.67	329	0.26
60 693	54.81	15 888	14.35	2 590	2.34	465	0.42
23 967	46.95	8 581	16.81	1 731	3.39	378	0.74
11 395	36.66	4 798	15.44	1 094	3.52	327	1.05
12 310	30.27	5 676	13.96	1 548	3.81	575	1.41
59 619	**16.32**	**35 331**	**9.67**	**11 851**	**3.24**	**6 108**	**1.67**
12 313	25.28	6 461	13.27	1 930	3.96	820	1.68
15 516	21.11	8 351	11.36	2 586	3.52	1 192	1.62
12 408	16.95	7 393	10.10	2 470	3.37	1 297	1.77
10 449	13.08	6 619	8.29	2 346	2.94	1 305	1.63
8 933	9.93	6 507	7.23	2 519	2.80	1 494	1.66
15 044	**3.68**	**14 962**	**3.66**	**8 227**	**2.01**	**7 062**	**1.73**
6 512	7.12	5 366	5.87	2 278	2.49	1 650	1.81
4 173	4.55	3 981	4.34	2 099	2.29	1 627	1.77
2 403	2.83	2 876	3.39	1 722	2.03	1 455	1.72
1 167	1.71	1 583	2.31	1 147	1.68	1 150	1.68
789	1.08	1 156	1.59	981	1.35	1 180	1.62
915	**0.31**	**1 739**	**0.60**	**2 072**	**0.71**	**3 879**	**1.33**
358	0.56	709	1.11	740	1.16	1 035	1.62
233	0.39	444	0.75	520	0.88	952	1.61
157	0.26	290	0.48	366	0.61	783	1.31
101	0.18	157	0.28	264	0.47	618	1.11
66	0.12	139	0.26	182	0.34	491	0.92
147	**0.06**	**256**	**0.10**	**426**	**0.17**	**1 103**	**0.43**
56	0.10	83	0.14	141	0.24	379	0.66
35	0.07	69	0.13	113	0.22	283	0.54
26	0.05	42	0.09	69	0.14	208	0.42
14	0.03	43	0.09	55	0.11	132	0.27
16	0.03	19	0.04	48	0.10	101	0.22

2—49 贵州省1989年育龄妇女

年龄（岁）	1989年年中妇女人数	出生人数	生育率	第一孩	
				出生人数	出育率
总计	**7 888 745**	**767 726**	**97.32**	**309 766**	**39.27**
15—19	**1 882 092**	**46 108**	**24.50**	**39 835**	**21.17**
15	427 240	306	0.72	291	0.68
16	379 229	1 326	3.50	1 260	3.32
17	350 515	4 436	12.66	4 104	11.71
18	366 370	12 651	34.53	11 265	30.75
19	358 738	27 389	76.35	22 915	63.88
20—24	**1 680 904**	**366 941**	**218.30**	**210 565**	**125.27**
20	368 701	51 726	140.29	40 274	109.23
21	343 788	66 643	193.85	47 029	136.80
22	308 948	73 169	236.83	43 996	142.41
23	333 564	88 037	263.93	44 194	132.49
24	325 903	87 366	268.07	35 072	107.61
25—29	**1 018 420**	**223 047**	**219.01**	**53 614**	**52.64**
25	312 332	79 268	253.79	25 008	80.07
26	308 276	71 180	230.90	16 790	54.46
27	161 255	33 600	208.37	6 423	39.83
28	100 628	18 103	179.90	3 015	29.96
29	135 929	20 896	153.73	2 378	17.49
30—34	**951 554**	**85 256**	**89.60**	**4 562**	**4.79**
30	150 211	19 073	126.97	1 417	9.43
31	196 303	20 965	106.80	1 271	6.47
32	192 969	17 387	90.10	844	4.37
33	195 666	14 669	74.97	577	2.95
34	216 405	13 162	60.82	453	2.09
35—39	**925 623**	**34 404**	**37.17**	**931**	**1.01**
35	215 660	10 865	50.38	332	1.54
36	202 774	8 408	41.46	216	1.07
37	180 259	6 400	35.50	164	0.91
38	154 989	4 585	29.58	119	0.77
39	171 941	4 146	24.11	100	0.58
40—44	**741 393**	**9 872**	**13.32**	**200**	**0.27**
40	157 723	3 043	19.29	65	0.41
41	154 168	2 427	15.74	57	0.37
42	161 592	1 970	12.19	36	0.22
43	139 279	1 475	10.59	22	0.16
44	128 631	957	7.44	20	0.16
45—49	**688 759**	**2 098**	**3.05**	**59**	**0.09**
45	142 920	734	5.14	17	0.12
46	144 091	527	3.66	11	0.08
47	143 603	436	3.04	17	0.12
48	131 377	261	1.99	12	0.09
49	126 768	140	1.10	2	0.02

分年龄、孩次的生育状况

单位：人、%

第　二　孩		第　三　孩		第　四　孩		第五孩及以上	
出生人数	生育率	出生人数	生育率	出生人数	生育率	出生人数	生育率
201 375	25.53	134 392	17.04	65 798	8.34	56 395	7.15
5 795	3.08	441	0.23	35	0.02	2	
15	0.04						
64	0.17	2	0.01				
324	0.92	8	0.02				
1 303	3.56	80	0.22	3	0.01		
4 089	11.40	351	0.98	32	0.09	2	0.01
114 066	67.86	36 017	21.43	5 472	3.26	821	0.49
10 122	27.45	1 210	3.28	114	0.31	6	0.02
16 560	48.17	2 767	8.05	262	0.76	25	0.07
23 095	74.75	5 420	17.54	586	1.90	72	0.23
31 634	94.84	10 465	31.37	1 538	4.61	206	0.62
32 655	100.20	16 155	49.57	2 972	9.12	512	1.57
68 759	67.52	68 026	66.80	25 501	25.04	7 147	7.02
28 444	91.07	20 041	64.17	4 916	15.74	859	2.75
23 117	74.99	22 377	72.59	7 354	23.86	1 542	5.00
9 395	58.26	11 650	72.25	4 837	30.00	1 295	8.03
4 019	39.94	6 483	64.43	3 432	34.11	1 154	11.47
3 784	27.84	7 475	54.99	4 962	36.50	2 297	16.90
10 049	10.56	23 592	24.79	24 544	25.79	22 509	23.65
2 942	19.59	6 354	42.30	5 328	35.47	3 032	20.18
2 584	13.16	6 466	32.94	6 151	31.33	4 493	22.89
1 881	9.75	4 709	24.40	5 132	26.59	4 821	24.98
1 490	7.62	3 380	17.27	4 239	21.66	4 983	25.47
1 152	5.32	2 683	12.40	3 694	17.07	5 180	23.94
2 235	2.41	5 319	5.75	8 340	9.01	17 579	18.99
810	3.76	1 994	9.25	2 859	13.26	4 870	22.58
558	2.75	1 335	6.58	2 094	10.33	4 205	20.74
381	2.11	913	5.06	1 512	8.39	3 430	19.03
282	1.82	592	3.82	1 042	6.72	2 550	16.45
204	1.19	485	2.82	833	4.84	2 524	14.68
393	0.53	830	1.12	1 635	2.21	6 814	9.19
125	0.79	318	2.02	550	3.49	1 985	12.59
94	0.61	206	1.34	421	2.73	1 649	10.70
74	0.46	142	0.88	314	1.94	1 404	8.69
64	0.46	97	0.70	231	1.66	1 061	7.62
36	0.28	67	0.52	119	0.93	715	5.56
78	0.11	167	0.24	271	0.39	1 523	2.21
19	0.13	48	0.34	93	0.65	557	3.90
21	0.15	38	0.26	56	0.39	401	2.78
21	0.15	43	0.30	55	0.38	300	2.09
13	0.10	22	0.17	40	0.30	174	1.32
4	0.03	16	0.13	27	0.21	91	0.72

2—50　云南省 1989 年育龄妇女

年　龄 （岁）	1989 年年中 妇女人数	出生人数	生育率	第　一　孩	
				出生人数	出育率
总　计	**9 201 486**	**859 406**	**93.40**	**375 991**	**40.86**
15—19	**2 106 799**	**66 610**	**31.62**	**56 420**	**26.78**
15	445 332	587	1.32	570	1.28
16	427 592	2 486	5.81	2 383	5.57
17	416 751	7 806	18.73	7 182	17.23
18	415 029	18 498	44.57	16 169	38.96
19	402 095	37 233	92.60	30 116	74.90
20—24	**1 981 605**	**464 111**	**234.21**	**260 946**	**131.68**
20	446 319	71 272	159.69	54 502	122.11
21	382 331	83 509	218.42	57 630	150.73
22	357 450	93 600	261.85	53 728	150.31
23	401 885	112 591	280.16	54 449	135.48
24	393 620	103 139	262.03	40 637	103.24
25—29	**1 387 250**	**233 254**	**168.14**	**54 382**	**39.20**
25	373 678	83 680	223.94	25 978	69.52
26	380 691	69 521	182.62	16 637	43.70
27	263 277	39 312	149.32	7 072	26.86
28	166 210	20 441	122.98	2 617	15.75
29	203 394	20 300	99.81	2 078	10.22
30—34	**1 161 243**	**62 802**	**54.08**	**3 397**	**2.93**
30	167 746	13 622	81.21	1 011	6.03
31	244 216	16 050	65.72	910	3.73
32	240 499	13 098	54.46	656	2.73
33	246 850	10 674	43.24	473	1.92
34	261 932	9 358	35.73	347	1.32
35—39	**1 028 092**	**23 230**	**22.60**	**684**	**0.67**
35	246 500	7 347	29.81	262	1.06
36	221 822	5 429	24.47	155	0.70
37	202 104	4 189	20.73	113	0.56
38	167 485	3 192	19.06	86	0.51
39	190 181	3 073	16.16	68	0.36
40—44	**805 828**	**7 690**	**9.54**	**124**	**0.15**
40	172 661	2 342	13.56	42	0.24
41	169 654	1 938	11.42	23	0.14
42	175 288	1 525	8.70	23	0.13
43	146 283	1 079	7.38	24	0.16
44	141 942	806	5.68	12	0.08
45—49	**730 669**	**1 709**	**2.34**	**38**	**0.05**
45	150 425	605	4.02	10	0.07
46	150 963	420	2.78	8	0.05
47	154 851	325	2.10	5	0.03
48	141 865	216	1.52	10	0.07
49	132 565	143	1.08	5	0.04

分年龄、孩次的生育状况

单位：人、%

第二孩		第三孩		第四孩		第五孩及以上	
出生人数	生育率	出生人数	生育率	出生人数	生育率	出生人数	生育率
282 042	30.65	106 991	11.63	47 808	5.20	46 574	5.06
9 438	4.48	694	0.33	52	0.02	6	
17	0.04						
95	0.22	8	0.02				
594	1.43	29	0.07	1			
2 200	5.30	120	0.29	7	0.02	2	
6 532	16.24	537	1.34	44	0.11	4	0.01
163 676	82.60	33 268	16.79	5 299	2.67	922	0.47
15 106	33.85	1 492	3.34	156	0.35	16	0.04
22 571	59.04	2 940	7.69	327	0.86	41	0.11
33 459	93.60	5 558	15.55	750	2.10	105	0.29
46 556	115.84	9 896	24.62	1 451	3.61	239	0.59
45 984	116.82	13 382	34.00	2 615	6.64	521	1.32
95 328	68.72	54 236	39.10	21 571	15.55	7 737	5.58
37 760	101.05	15 200	40.68	3 905	10.45	837	2.24
30 296	79.58	15 799	41.50	5 393	14.17	1 396	3.67
15 102	57.36	10 756	40.85	4 771	18.12	1 611	6.12
6 579	39.58	6 317	38.01	3 423	20.59	1 505	9.05
5 591	27.49	6 164	30.31	4 079	20.05	2 388	11.74
11 387	9.81	15 293	13.17	15 360	13.23	17 365	14.95
3 216	19.17	3 851	22.96	3 209	19.13	2 335	13.92
3 190	13.06	4 316	17.67	4 027	16.49	3 607	14.77
2 248	9.35	3 125	12.99	3 323	13.82	3 746	15.58
1 575	6.38	2 254	9.13	2 647	10.72	3 725	15.09
1 158	4.42	1 747	6.67	2 154	8.22	3 952	15.09
1 884	1.83	2 910	2.83	4 434	4.31	13 318	12.95
736	2.99	1 184	4.80	1 581	6.41	3 584	14.54
476	2.15	692	3.12	1 066	4.81	3 040	13.70
317	1.57	498	2.46	781	3.86	2 480	12.27
196	1.17	286	1.71	576	3.44	2 048	12.23
159	0.84	250	1.31	430	2.26	2 166	11.39
263	0.33	493	0.61	919	1.14	5 891	7.31
85	0.49	167	0.97	311	1.80	1 737	10.06
64	0.38	120	0.71	224	1.32	1 507	8.88
57	0.33	101	0.58	173	0.99	1 171	6.68
35	0.24	64	0.44	118	0.81	838	5.73
22	0.15	41	0.29	93	0.66	638	4.49
66	0.09	97	0.13	173	0.24	1 335	1.83
23	0.15	24	0.16	49	0.33	499	3.32
14	0.09	25	0.17	43	0.28	330	2.19
7	0.05	18	0.12	31	0.20	264	1.70
12	0.08	18	0.13	29	0.20	147	1.04
10	0.08	12	0.09	21	0.16	95	0.72

2—51　西藏自治区1989年育龄

年　龄 （岁）	1989年年中 妇女人数	出生人数	生育率	第　一　孩	
				出生人数	出育率
总　计	**524 379**	**65 046**	**124.04**	**16 263**	**31.01**
15—19	**109 314**	**2 923**	**26.74**	**2 371**	**21.69**
15	21 298	40	1.88	31	1.46
16	21 428	128	5.97	112	5.23
17	22 459	352	15.67	311	13.85
18	20 752	794	38.26	651	31.37
19	23 377	1 609	68.83	1 266	54.16
20—24	**105 965**	**17 492**	**165.07**	**9 104**	**85.92**
20	22 396	2 467	110.15	1 753	78.27
21	22 262	3 229	145.05	2 058	92.44
22	19 991	3 412	170.68	1 821	91.09
23	20 089	3 963	197.27	1 777	88.46
24	21 227	4 421	208.27	1 695	79.85
25—29	**89 811**	**19 064**	**212.27**	**3 777**	**42.05**
25	20 799	4 504	216.55	1 360	65.39
26	19 544	4 276	218.79	966	49.43
27	18 459	3 864	209.33	683	37.00
28	15 099	3 187	211.07	430	28.48
29	15 910	3 233	203.21	338	21.24
30—34	**65 162**	**11 587**	**177.82**	**757**	**11.62**
30	14 265	2 742	192.22	226	15.84
31	13 805	2 502	181.24	204	14.78
32	12 244	2 174	177.56	144	11.76
33	12 232	2 123	173.56	109	8.91
34	12 616	2 046	162.18	74	5.87
35—39	**55 918**	**8 033**	**143.66**	**173**	**3.09**
35	12 334	1 966	159.40	49	3.97
36	11 191	1 702	152.09	44	3.93
37	11 160	1 565	140.23	41	3.67
38	10 305	1 482	143.81	28	2.72
39	10 928	1 318	120.61	11	1.01
40—44	**50 442**	**4 749**	**94.15**	**59**	**1.17**
40	10 631	1 340	126.05	11	1.03
41	10 638	1 145	107.63	20	1.88
42	9 913	949	95.73	7	0.71
43	9 652	771	79.88	12	1.24
44	9 608	544	56.62	9	0.94
45—49	**47 767**	**1 198**	**25.08**	**22**	**0.46**
45	9 230	454	49.19	4	0.43
46	9 845	337	34.23	6	0.61
47	9 806	195	19.89	7	0.71
48	8 892	119	13.38	3	0.34
49	9 994	93	9.31	2	0.20

妇女分年龄、孩次的生育状况

单位：人、%

第二孩		第三孩		第四孩		第五孩及以上	
出生人数	生育率	出生人数	生育率	出生人数	生育率	出生人数	生育率
13 197	**25.17**	**9 444**	**18.01**	**7 727**	**14.74**	**18 415**	**35.12**
455	**4.16**	**64**	**0.59**	**19**	**0.17**	**14**	**0.13**
4	0.19	1	0.05	1	0.05		
9	0.42	4	0.19	1		1	
31	1.38	6	0.27	2	0.09		
120	5.78	15	0.72	5	0.24		
291	12.45	38	1.63	10	0.43	4	0.17
5 495	**51.86**	**2 072**	**19.55**	**609**	**5.75**	**212**	**2.00**
566	25.27	103	4.60	31	1.38	14	0.63
888	39.89	215	9.66	53	2.38	15	0.67
1 119	55.98	381	19.06	69	3.45	22	1.10
1 399	69.64	565	28.12	162	8.06	60	2.99
1 523	71.75	808	38.06	294	13.85	101	4.76
5 316	**59.19**	**4 619**	**51.43**	**3 263**	**36.33**	**2 089**	**23.26**
1 507	72.46	1 008	48.46	469	22.55	160	7.69
1 389	71.07	1 039	53.16	644	32.95	238	12.18
1 020	55.26	1 043	56.50	718	38.90	400	21.67
756	50.07	805	53.31	669	44.31	527	34.90
644	40.48	724	45.51	763	47.96	764	48.02
1 351	**20.73**	**1 836**	**28.18**	**2 432**	**37.32**	**5 211**	**79.97**
438	30.70	550	38.56	606	42.48	922	64.63
345	24.99	444	32.16	574	41.58	935	67.73
232	18.95	345	28.18	482	39.37	971	79.30
177	14.47	265	21.66	420	34.34	1 152	94.18
159	12.60	232	18.39	350	27.74	1 231	97.57
440	**7.87**	**632**	**11.30**	**993**	**17.76**	**5 795**	**103.63**
129	10.46	187	15.16	319	25.86	1 282	103.94
120	10.72	160	14.30	228	20.37	1 150	102.76
79	7.08	122	10.93	188	16.85	1 135	101.70
65	6.31	95	9.22	137	13.29	1 157	112.28
47	4.30	68	6.22	121	11.07	1 071	98.01
112	**2.22**	**174**	**3.45**	**326**	**6.46**	**4 078**	**80.85**
36	3.39	68	6.40	108	10.16	1 117	105.07
20	1.88	38	3.57	80	7.52	987	92.78
24	2.42	40	4.04	56	5.65	822	82.92
14	1.45	16	1.66	48	4.97	681	70.56
18	1.87	12	1.25	34	3.54	471	49.02
28	**0.59**	**47**	**0.98**	**85**	**1.78**	**1 016**	**21.27**
9	0.98	14	1.52	27	2.93	400	43.34
7	0.71	12	1.22	23	2.34	289	29.36
6	0.61	6	0.61	16	1.63	160	16.32
3	0.34	8	0.90	11	1.24	94	10.57
3	0.30	7	0.70	8	0.80	73	7.30

2—52 陕西省1989年育龄妇女

年　龄（岁）	1989年年中妇女人数	出生人数	生育率	第　一　孩	
				出生人数	出育率
总　计	**8 717 171**	**798 788**	**91.63**	**333 252**	**38.23**
15—19	**1 735 521**	**37 413**	**21.56**	**33 006**	**19.02**
15	325 918	230	0.71	220	0.68
16	343 216	1 005	2.93	976	2.84
17	346 876	3 418	9.85	3 207	9.25
18	363 729	9 995	27.48	9 025	24.81
19	355 782	22 765	63.99	19 578	55.03
20—24	**1 648 899**	**367 219**	**222.71**	**233 223**	**141.44**
20	381 071	49 327	129.44	40 278	105.70
21	338 067	66 160	195.70	50 113	148.23
22	306 219	78 326	255.78	51 716	168.89
23	312 971	87 397	279.25	50 966	162.85
24	310 571	86 009	276.94	40 150	129.28
25—29	**1 400 528**	**265 898**	**189.86**	**61 743**	**44.09**
25	334 554	82 766	247.39	29 204	87.29
26	358 252	75 926	211.93	19 116	53.36
27	245 742	44 119	179.53	7 173	29.19
28	213 720	31 569	147.71	3 623	16.95
29	248 260	31 518	126.96	2 627	10.58
30—34	**1 261 622**	**94 027**	**74.53**	**4 300**	**3.41**
30	235 569	24 814	105.34	1 400	5.94
31	268 575	23 289	86.71	1 166	4.34
32	251 769	18 577	73.79	792	3.15
33	243 508	14 570	59.83	538	2.21
34	262 201	12 777	48.73	404	1.54
35—39	**1 130 696**	**28 270**	**25.00**	**777**	**0.69**
35	248 598	9 406	37.84	289	1.16
36	233 709	6 895	29.50	201	0.86
37	237 254	5 536	23.33	122	0.51
38	206 394	3 718	18.01	96	0.47
39	204 741	2 715	13.26	69	0.34
40—44	**818 966**	**4 879**	**5.96**	**154**	**0.19**
40	169 088	1 692	10.01	51	0.30
41	160 459	1 176	7.33	34	0.21
42	172 149	920	5.34	33	0.19
43	161 484	663	4.11	25	0.15
44	155 786	428	2.75	11	0.07
45—49	**720 939**	**1 082**	**1.50**	**49**	**0.07**
45	154 622	327	2.11	15	0.10
46	145 859	273	1.87	11	0.08
47	142 404	172	1.21	5	0.04
48	142 672	171	1.20	10	0.07
49	135 382	139	1.03	8	0.06

分年龄、孩次的生育状况

单位：人、%

第二孩		第三孩		第四孩		第五孩及以上	
出生人数	生育率	出生人数	生育率	出生人数	生育率	出生人数	生育率
262 975	30.17	139 401	15.99	44 911	5.15	18 249	2.09
4 152	2.39	232	0.13	17	0.01	6	
7	0.02	2	0.01	1			
24	0.07	4	0.01			1	
199	0.57	11	0.03	1			
933	2.57	35	0.10	2	0.01		
2 989	8.40	180	0.51	13	0.04	5	0.01
109 926	66.67	21 153	12.83	2 661	1.61	256	0.16
8 245	21.64	750	1.97	51	0.13	3	0.01
14 078	41.64	1 816	5.37	142	0.42	11	0.03
22 457	73.34	3 771	12.31	355	1.16	27	0.09
29 858	95.40	5 745	18.36	760	2.43	68	0.22
35 288	113.62	9 071	29.21	1 353	4.36	147	0.47
115 478	82.45	68 469	48.89	16 693	11.92	3 515	2.51
37 813	113.03	13 078	39.09	2 333	6.97	338	1.01
35 287	98.50	17 298	48.28	3 640	10.16	585	1.63
19 090	77.68	13 675	55.65	3 440	14.00	741	3.02
12 124	56.73	11 632	54.43	3 394	15.88	796	3.72
11 164	44.97	12 786	51.50	3 886	15.65	1 055	4.25
27 701	21.96	38 560	30.56	16 610	13.17	6 856	5.43
8 016	34.03	10 619	45.08	3 682	15.63	1 097	4.66
6 944	25.85	9 895	36.84	3 812	14.19	1 472	5.48
5 266	20.92	7 654	30.40	3 478	13.81	1 387	5.51
4 128	16.95	5 581	22.92	2 870	11.79	1 453	5.97
3 347	12.77	4 811	18.35	2 768	10.56	1 447	5.52
5 198	4.60	9 724	8.60	7 232	6.40	5 339	4.72
2 122	8.54	3 444	13.85	2 167	8.72	1 384	5.57
1 330	5.69	2 419	10.35	1 734	7.42	1 211	5.18
929	3.92	1 859	7.84	1 512	6.37	1 114	4.70
492	2.38	1 214	5.88	1 040	5.04	876	4.24
325	1.59	788	3.85	779	3.80	754	3.68
443	0.54	1 073	1.31	1 381	1.69	1 828	2.23
152	0.90	437	2.58	516	3.05	536	3.17
97	0.60	270	1.68	342	2.13	433	2.70
87	0.51	178	1.03	248	1.44	374	2.17
65	0.40	112	0.69	161	1.00	300	1.86
42	0.27	76	0.49	114	0.73	185	1.19
77	0.11	190	0.26	317	0.44	449	0.62
18	0.12	56	0.36	84	0.54	154	1.00
20	0.14	53	0.36	76	0.52	113	0.77
17	0.12	28	0.20	51	0.36	71	0.50
13	0.09	32	0.22	57	0.40	59	0.41
9	0.07	21	0.16	49	0.36	52	0.38

2—53 甘肃省1989年育龄妇女

年龄（岁）	1989年年中妇女人数	出生人数	生育率	第一孩	
				出生人数	出育率
总计	**6 145 897**	**530 460**	**86.31**	**232 416**	**37.82**
15—19	**1 407 251**	**44 127**	**31.36**	**37 348**	**26.54**
15	259 639	331	1.27	316	1.22
16	279 652	1 455	5.20	1 379	4.93
17	277 560	4 520	16.28	4 150	14.95
18	288 845	11 914	41.25	10 509	36.38
19	301 555	25 907	85.91	20 994	69.62
20—24	**1 367 605**	**302 038**	**220.85**	**159 292**	**116.48**
20	309 624	46 749	150.99	34 539	111.55
21	278 188	57 931	208.24	38 406	138.06
22	258 379	64 477	249.54	33 659	130.27
23	268 201	70 130	261.48	29 897	111.47
24	253 213	62 751	247.82	22 791	90.01
25—29	**872 722**	**138 697**	**158.92**	**33 285**	**38.14**
25	247 674	52 964	213.85	16 160	65.25
26	251 280	43 293	172.29	10 468	41.66
27	166 645	22 810	136.88	4 018	24.11
28	96 714	10 254	106.02	1 481	15.31
29	110 409	9 376	84.92	1 158	10.49
30—34	**701 453**	**30 443**	**43.40**	**1 914**	**2.73**
30	101 194	6 770	66.90	603	5.96
31	141 087	7 516	53.27	514	3.64
32	148 655	6 629	44.59	366	2.46
33	154 377	5 336	34.56	230	1.49
34	156 140	4 192	26.85	201	1.29
35—39	**704 570**	**10 926**	**15.51**	**414**	**0.59**
35	153 287	3 252	21.22	154	1.00
36	144 325	2 626	18.20	90	0.62
37	143 876	2 143	14.89	74	0.51
38	129 193	1 580	12.23	54	0.42
39	133 889	1 325	9.90	42	0.31
40—44	**576 148**	**3 206**	**5.56**	**115**	**0.20**
40	115 572	883	7.64	30	0.26
41	114 779	695	6.06	19	0.17
42	121 191	666	5.50	23	0.19
43	115 004	556	4.83	26	0.23
44	109 602	406	3.70	17	0.16
45—49	**516 148**	**1 023**	**1.98**	**48**	**0.09**
45	108 635	311	2.86	13	0.12
46	104 222	228	2.19	11	0.11
47	102 045	191	1.87	6	0.06
48	99 415	149	1.50	7	0.07
49	101 831	144	1.41	11	0.11

分年龄、孩次的生育状况

单位：人、%

第二孩		第三孩		第四孩		第五孩及以上	
出生人数	生育率	出生人数	生育率	出生人数	生育率	出生人数	生育率
175 950	28.63	84 967	13.82	24 829	4.04	12 298	2.00
6 357	4.52	403	0.29	17	0.01	2	
15	0.06						
76	0.27						
351	1.26	18	0.06			1	
1 350	4.67	53	0.18	2	0.01		
4 565	15.14	332	1.10	15	0.05	1	
109 511	80.08	29 513	21.58	3 339	2.44	383	0.28
10 958	35.39	1 187	3.83	58	0.19	7	0.02
16 737	60.16	2 576	9.26	189	0.68	23	0.08
25 012	96.80	5 289	20.47	469	1.82	48	0.19
30 285	112.92	8 902	33.19	954	3.56	92	0.34
26 519	104.73	11 559	45.65	1 669	6.59	213	0.84
49 918	57.20	40 986	46.96	11 813	13.54	2 695	3.09
20 752	83.79	13 073	52.78	2 600	10.50	379	1.53
15 483	61.62	13 121	52.22	3 569	14.20	652	2.59
7 752	46.52	7 720	46.33	2 646	15.88	674	4.04
3 181	32.89	3 648	37.72	1 492	15.43	452	4.67
2 750	24.91	3 424	31.01	1 506	13.64	538	4.87
8 032	11.45	10 338	14.74	6 041	8.61	4 118	5.87
1 941	19.18	2 391	23.63	1 224	12.10	611	6.04
2 035	14.42	2 633	18.66	1 483	10.51	851	6.03
1 754	11.80	2 262	15.22	1 312	8.83	935	6.29
1 299	8.41	1 767	11.45	1 120	7.25	920	5.96
1 003	6.42	1 285	8.23	902	5.78	801	5.13
1 738	2.47	3 016	4.28	2 605	3.70	3 153	4.48
653	4.26	977	6.37	724	4.72	744	4.85
440	3.05	784	5.43	593	4.11	719	4.98
290	2.02	612	4.25	523	3.64	644	4.48
210	1.63	357	2.76	420	3.25	539	4.17
145	1.08	286	2.14	345	2.58	507	3.79
290	0.50	574	1.00	776	1.35	1 451	2.52
78	0.67	178	1.54	211	1.83	386	3.34
64	0.56	132	1.15	183	1.59	297	2.59
74	0.61	116	0.96	159	1.31	294	2.43
36	0.31	88	0.77	128	1.11	278	2.42
38	0.35	60	0.55	95	0.87	196	1.79
104	0.20	137	0.27	238	0.46	496	0.96
23	0.21	39	0.36	73	0.67	163	1.50
29	0.28	37	0.36	47	0.45	104	1.00
19	0.19	26	0.25	44	0.43	96	0.94
22	0.22	13	0.13	36	0.36	71	0.71
11	0.11	22	0.22	38	0.37	62	0.61

2—54 青海省1989年育龄妇女

年龄（岁）	1989年年中妇女人数	出生人数	生育率	第一孩	
				出生人数	出育率
总计	1 171 468	103 212	88.10	46 363	39.58
15—19	280 743	9 873	35.17	8 532	30.39
15	56 513	81	1.43	77	1.36
16	55 752	405	7.26	384	6.89
17	55 496	1 179	21.24	1 107	19.95
18	55 086	2 745	49.83	2 448	44.44
19	57 896	5 463	94.36	4 516	78.00
20—24	264 507	54 410	205.70	29 288	110.73
20	58 247	8 519	146.26	6 261	107.49
21	54 480	10 480	192.36	6 569	120.58
22	49 410	10 928	221.17	5 592	113.18
23	50 982	12 300	241.26	5 642	110.67
24	51 388	12 183	237.08	5 224	101.66
25—29	166 518	26 201	157.35	7 964	47.83
25	50 582	10 488	207.35	3 850	76.11
26	48 920	8 319	170.05	2 509	51.29
27	30 166	4 129	136.88	992	32.88
28	16 419	1 660	101.10	347	21.13
29	20 431	1 605	78.56	266	13.02
30—34	134 525	6 808	50.61	467	3.47
30	21 892	1 452	66.33	154	7.03
31	27 735	1 606	57.91	131	4.72
32	27 808	1 392	50.06	84	3.02
33	28 108	1 261	44.86	58	2.06
34	28 982	1 097	37.85	40	1.38
35—39	122 863	3 627	29.52	77	0.63
35	26 920	898	33.36	27	1.00
36	24 981	811	32.46	12	0.48
37	24 967	752	30.12	21	0.84
38	22 146	586	26.46	10	0.45
39	23 849	580	24.32	7	0.29
40—44	103 801	1 822	17.55	25	0.24
40	20 890	521	24.94	8	0.38
41	19 944	410	20.56	8	0.40
42	21 435	353	16.47	3	0.14
43	20 805	333	16.01	2	0.10
44	20 727	205	9.89	4	0.19
45—49	98 511	471	4.78	10	0.10
45	20 393	158	7.75	2	0.10
46	20 203	124	6.14	3	0.15
47	20 600	74	3.59	2	0.10
48	18 795	69	3.67	2	0.11
49	18 520	46	2.48	1	0.05

分年龄、孩次的生育状况

单位：人、%

第二孩		第三孩		第四孩		第五孩及以上	
出生人数	生育率	出生人数	生育率	出生人数	生育率	出生人数	生育率
28 413	24.25	14 075	12.01	6 259	5.34	8 102	6.92
1 240	4.42	91	0.32	10	0.04		
4	0.07						
20	0.36	1	0.02				
71	1.28	1	0.02				
280	5.08	16	0.29	1	0.02		
865	14.94	73	1.26	9	0.16		
18 599	70.32	5 446	20.59	911	3.44	166	0.63
2 017	34.63	226	3.88	14	0.24	1	0.02
3 353	61.55	499	9.16	54	0.99	5	0.09
4 215	85.31	972	19.67	135	2.73	14	0.28
4 784	93.84	1 588	31.15	245	4.81	41	0.80
4 230	82.31	2 161	42.05	463	9.01	105	2.04
7 197	43.22	6 737	40.46	3 021	18.14	1 282	7.70
3 278	64.81	2 358	46.62	779	15.40	223	4.41
2 234	45.67	2 243	45.85	997	20.38	336	6.87
934	30.96	1 259	41.74	638	21.15	306	10.14
384	23.39	454	27.65	305	18.58	170	10.35
367	17.96	423	20.70	302	14.78	247	12.09
1 103	8.20	1 347	10.01	1 503	11.17	2 388	17.75
298	13.61	376	17.18	324	14.80	300	13.70
300	10.82	356	12.84	346	12.48	473	17.05
227	8.16	267	9.60	319	11.47	495	17.80
169	6.01	204	7.26	278	9.89	552	19.64
109	3.76	144	4.97	236	8.14	568	19.60
215	1.75	363	2.95	590	4.80	2 382	19.39
70	2.60	103	3.83	206	7.65	492	18.28
59	2.36	93	3.72	137	5.48	510	20.42
35	1.40	77	3.08	119	4.77	500	20.03
28	1.26	45	2.03	63	2.84	440	19.87
23	0.96	45	1.89	65	2.73	440	18.45
46	0.44	67	0.65	187	1.80	1 497	14.42
16	0.77	24	1.15	65	3.11	408	19.53
7	0.35	17	0.85	37	1.86	341	17.10
11	0.51	12	0.56	27	1.26	300	14.00
7	0.34	9	0.43	39	1.87	276	13.27
5	0.24	5	0.24	19	0.92	172	8.30
13	0.13	24	0.24	37	0.38	387	3.93
3	0.15	6	0.29	7	0.34	140	6.87
4	0.20	6	0.30	11	0.54	100	4.95
3	0.15	4	0.19	6	0.29	59	2.86
		4	0.21	8	0.43	55	2.93
3	0.16	4	0.22	5	0.27	33	1.78

2—55 宁夏回族自治区1989年育龄

年龄（岁）	1989年年中妇女人数	出生人数	生育率	第一孩	
				出生人数	出育率
总计	**1 206 710**	**114 946**	**95.26**	**46 071**	**38.18**
15—19	**276 497**	**7 743**	**28.00**	**6 765**	**24.47**
15	55 319	21	0.38	21	0.38
16	56 306	129	2.29	124	2.20
17	52 380	493	9.41	471	8.99
18	54 011	1 843	34.12	1 681	31.12
19	58 481	5 257	89.89	4 468	76.40
20—24	**259 148**	**63 055**	**243.32**	**32 488**	**125.36**
20	59 498	9 542	160.38	7 292	122.56
21	52 991	11 875	224.09	7 729	145.85
22	48 241	13 334	276.40	6 711	139.11
23	49 537	14 558	293.88	6 081	122.76
24	48 881	13 746	281.21	4 675	95.64
25—29	**179 860**	**32 068**	**178.29**	**6 402**	**35.59**
25	49 353	11 656	236.18	3 069	62.18
26	51 657	9 893	191.51	2 046	39.61
27	32 785	5 392	164.47	737	22.48
28	20 549	2 588	125.94	299	14.55
29	25 516	2 539	99.51	251	9.84
30—34	**153 981**	**8 480**	**55.07**	**351**	**2.28**
30	23 116	1 907	82.50	111	4.80
31	31 254	2 078	66.49	90	2.88
32	32 642	1 857	56.89	79	2.42
33	33 590	1 480	44.06	44	1.31
34	33 379	1 158	34.69	27	0.81
35—39	**141 143**	**2 678**	**18.97**	**43**	**0.30**
35	31 847	841	26.41	16	0.50
36	28 310	607	21.44	10	0.35
37	28 311	512	18.08	8	0.28
38	26 042	380	14.59	4	0.15
39	26 633	338	12.69	5	0.19
40—44	**103 044**	**746**	**7.24**	**16**	**0.16**
40	20 972	233	11.11	4	0.19
41	19 396	160	8.25	3	0.15
42	21 399	137	6.40	3	0.14
43	20 984	131	6.24	3	0.14
44	20 293	85	4.19	3	0.15
45—49	**93 037**	**176**	**1.89**	**6**	**0.06**
45	20 458	61	2.98	1	0.05
46	19 963	47	2.35	2	0.10
47	17 636	35	1.98	1	0.06
48	16 772	16	0.95	2	0.12
49	18 208	17	0.93		0.00

妇女分年龄、孩次的生育状况

单位：人、%

第二孩		第三孩		第四孩		第五孩及以上	
出生人数	生育率	出生人数	生育率	出生人数	生育率	出生人数	生育率
34 467	28.56	18 979	15.73	8 716	7.22	6 713	5.56
905	3.27	69	0.25	4	0.01		
5	0.09						
21	0.40	1	0.02				
151	2.80	11	0.20				
728	12.45	57	0.97	4	0.07		
22 674	87.49	6 799	26.24	983	3.79	111	0.43
2 007	33.73	216	3.63	26	0.44	1	0.02
3 557	67.12	530	10.00	53	1.00	6	0.11
5 360	111.11	1 130	23.42	117	2.43	16	0.33
6 103	123.20	2 068	41.75	280	5.65	26	0.52
5 647	115.53	2 855	58.41	507	10.37	62	1.27
9 371	52.10	9 610	53.43	4 998	27.79	1 687	9.38
4 194	84.98	3 222	65.28	1 032	20.91	139	2.82
2 872	55.60	3 116	60.32	1 495	28.94	364	7.05
1 233	37.61	1 727	52.68	1 230	37.52	465	14.18
552	26.86	798	38.83	595	28.96	344	16.74
520	20.38	747	29.28	646	25.32	375	14.70
1 285	8.35	2 153	13.98	2 080	13.51	2 611	16.96
330	14.28	569	24.61	505	21.85	392	16.96
361	11.55	559	17.89	508	16.25	560	17.92
259	7.93	470	14.40	458	14.03	591	18.11
189	5.63	356	10.60	351	10.45	540	16.08
146	4.37	199	5.96	258	7.73	528	15.82
202	1.43	298	2.11	544	3.85	1 591	11.27
77	2.42	129	4.05	196	6.15	423	13.28
56	1.98	71	2.51	129	4.56	341	12.05
29	1.02	47	1.66	93	3.28	335	11.83
19	0.73	31	1.19	77	2.96	249	9.56
21	0.79	20	0.75	49	1.84	243	9.12
23	0.22	38	0.37	80	0.78	589	5.72
9	0.43	15	0.72	27	1.29	178	8.49
5	0.26	9	0.46	19	0.98	124	6.39
4	0.19	6	0.28	14	0.65	110	5.14
3	0.14	5	0.24	13	0.62	107	5.10
2	0.10	3	0.15	7	0.34	70	3.45
7	0.08	12	0.13	27	0.29	124	1.33
3	0.15	1	0.05	9	0.44	47	2.30
3	0.15	6	0.30	7	0.35	29	1.45
		1	0.06	6	0.34	27	1.53
1	0.06	1	0.06	2	0.12	10	0.60
		3	0.16	3	0.16	11	0.60

2—56 新疆维吾尔自治区1989年育

年 龄（岁）	1989年年中妇女人数	出生人数	生育率	第 一 孩	
				出生人数	出育率
总 计	**3 920 858**	**391 221**	**99.78**	**132 862**	**33.89**
15—19	**931 681**	**37 162**	**39.89**	**28 097**	**30.16**
15	171 437	254	1.48	204	1.19
16	171 749	1 022	5.95	937	5.46
17	202 469	4 824	23.83	4 204	20.76
18	171 346	8 694	50.74	7 178	41.89
19	214 680	22 368	104.19	15 574	72.55
20—24	**800 510**	**141 913**	**177.28**	**71 885**	**89.80**
20	162 541	18 167	111.77	11 625	71.52
21	171 344	26 404	154.10	14 353	83.77
22	146 018	26 086	178.65	13 389	91.69
23	150 368	32 219	214.27	16 031	106.61
24	170 239	39 037	229.31	16 487	96.85
25—29	**572 710**	**111 284**	**194.31**	**29 639**	**51.75**
25	141 590	31 495	222.44	12 547	88.62
26	130 659	26 192	200.46	8 810	67.43
27	104 599	20 246	193.56	4 355	41.64
28	73 648	12 028	163.32	2 038	27.67
29	122 214	21 323	174.47	1 889	15.46
30—34	**457 116**	**52 124**	**114.03**	**2 372**	**5.19**
30	78 984	10 408	131.77	807	10.22
31	94 884	11 562	121.85	599	6.31
32	84 388	8 948	106.03	360	4.27
33	84 830	8 631	101.74	270	3.18
34	114 030	12 575	110.28	336	2.95
35—39	**438 240**	**33 282**	**75.94**	**620**	**1.41**
35	90 064	7 923	87.97	182	2.02
36	79 692	6 159	77.29	113	1.42
37	82 701	6 361	76.92	99	1.20
38	64 784	3 908	60.32	60	0.93
39	120 999	8 931	73.81	166	1.37
40—44	**367 116**	**11 972**	**32.61**	**169**	**0.46**
40	68 097	3 074	45.14	46	0.68
41	71 304	2 854	40.03	47	0.66
42	65 772	1 802	27.40	20	0.30
43	66 423	1 572	23.67	22	0.33
44	95 520	2 670	27.95	34	0.36
45—49	**353 485**	**3 484**	**9.86**	**80**	**0.23**
45	68 492	1 105	16.13	23	0.34
46	62 613	678	10.83	16	0.26
47	66 417	620	9.33	15	0.23
48	59 435	344	5.79	11	0.19
49	96 528	737	7.64	15	0.16

龄妇女分年龄、孩次的生育状况

单位：人、%

第二孩		第三孩		第四孩		第五孩及以上	
出生人数	生育率	出生人数	生育率	出生人数	生育率	出生人数	生育率
81 783	**20.86**	**51 369**	**13.10**	**39 362**	**10.04**	**85 845**	**21.89**
7 242	**7.77**	**1 432**	**1.54**	**298**	**0.32**	**93**	**0.10**
25	0.15	13	0.08	9	0.05	3	0.02
66	0.38	7	0.04	6	0.03	6	0.03
542	2.68	59	0.29	9	0.04	10	0.05
1 323	7.72	151	0.88	27	0.16	15	0.09
5 286	24.62	1 202	5.60	247	1.15	59	0.27
39 890	**49.83**	**19 512**	**24.37**	**7 637**	**9.54**	**2 989**	**3.73**
4 938	30.38	1 297	7.98	251	1.54	56	0.34
8 078	47.14	2 995	17.48	769	4.49	209	1.22
7 763	53.16	3 508	24.02	1 107	7.58	319	2.18
8 872	59.00	4 753	31.61	1 900	12.64	663	4.41
10 239	60.14	6 959	40.88	3 610	21.21	1 742	10.23
26 042	**45.47**	**20 608**	**35.98**	**17 195**	**30.02**	**17 800**	**31.08**
8 183	57.79	5 510	38.92	3 391	23.95	1 864	13.16
6 748	51.65	4 870	37.27	3 324	25.44	2 440	18.67
4 754	45.45	4 092	39.12	3 639	34.79	3 406	32.56
2 785	37.82	2 294	31.15	2 338	31.75	2 573	34.94
3 572	29.23	3 842	31.44	4 503	36.85	7 517	61.51
6 559	**14.35**	**6 816**	**14.91**	**8 995**	**19.68**	**27 382**	**59.90**
1 929	24.42	1 794	22.71	2 063	26.12	3 815	48.30
1 802	18.99	1 753	18.48	2 155	22.71	5 253	55.36
1 152	13.65	1 151	13.64	1 561	18.50	4 724	55.98
791	9.32	949	11.19	1 389	16.37	5 232	61.68
885	7.76	1 169	10.25	1 827	16.02	8 358	73.30
1 510	**3.45**	**2 140**	**4.88**	**3 748**	**8.55**	**25 264**	**57.65**
447	4.96	612	6.80	1 044	11.59	5 638	62.60
331	4.15	389	4.88	708	8.88	4 618	57.95
249	3.01	365	4.41	652	7.88	4 996	60.41
159	2.45	242	3.74	430	6.64	3 017	46.57
324	2.68	532	4.40	914	7.55	6 995	57.81
386	**1.05**	**647**	**1.76**	**1 144**	**3.12**	**9 626**	**26.22**
98	1.44	170	2.50	311	4.57	2 449	35.96
91	1.28	161	2.26	261	3.66	2 294	32.17
55	0.84	100	1.52	182	2.77	1 445	21.97
50	0.75	77	1.16	131	1.97	1 292	19.45
92	0.96	139	1.46	259	2.71	2 146	22.47
154	**0.44**	**214**	**0.61**	**345**	**0.98**	**2 691**	**7.61**
40	0.58	59	0.86	110	1.61	873	12.75
22	0.35	46	0.73	70	1.12	524	8.37
28	0.42	33	0.50	59	0.89	485	7.30
21	0.35	24	0.40	29	0.49	259	4.36
43	0.45	52	0.54	77	0.80	550	5.70

第 三 部 分

1990年全国人口普查

分析文章

我国15—24岁的青年就学人数较少，就业人数较多

据第四次人口普查资料，我国15—24岁的青年有24 591万(未包括现役军人)。这些青年正是初中、高中和大学的适龄人口，但他们中间正在学校上学的只有3 874万，占15.75%，而在业人口却有19 253万，占78.29%，几乎每5个人中就有4个已经就业。我国15—24岁青年有以下几个特点：

一、过早地离开学校而走上工作岗位

分年龄看，15岁的青年中正在学校上学的占54.95%，参加工作的占38.86%；16岁正在上学的比例下降到39.12%，而就业的比例上升为54.32%，已超过半数；19岁在校学习的只有11.12%，就业人数却超过4/5，占82.72%，以后在校学习的比例不断减少，就业的比例不断升高，到24岁时在校学习的只有0.64%，而就业已高达94.08%。这说明，我国青年年龄很小就开始脱离学校，16岁就有60%以上的人离开学校，到19岁时，仍能继续坚持在校读书的仅有11%。青年人离开学校后，只要身体条件允许就走上工作岗位，大约在16岁，半数以上的人便开始了漫长的劳动就业生涯(参见附表)。

二、文化素质较低，大部分人只具有初中以下文化程度

虽然近年来我国的教育事业取得了长足的发展，使得青年人绝大部分都上过学，有文化程度的青年占全部青年人口的94.28%，文盲率只有5.72%。我国15—24岁有文化程度的人口中各种文化程度人口所占比例见下表：

15—24岁各种文化程度人口及其所占比例

单位：万人、%

	合计	大学本科	大专	中专	高中	初中	小学
人数	23 185	189	235	559	2 329	11 208	8 665
比例	100.00	0.82	1.01	2.41	10.05	48.34	37.37

由上表可见，初中文化程度的比例最高，占48.34%，小学文化程度的次之，占37.37%，高中以

上文化程度的最少，仅占 14.29%。这说明我国青年虽然基本上都曾接受过学校教育，但受教育的程度比较低，85.71%的人只具有小学或初中文化程度。

三、所从事的职业基本以体力型劳动为主

由于青年过早地离开学校而走上工作岗位，文化素质普遍较低，使得选择职业的余地很小，只能从事体力型劳动。我国在业青年的职业分布如下：

职业大类	青年在业人数（万人）	所占比例（%）
1.各类专业技术人员	604	3.14
2.国家机关、党群组织、企事业单位负责人	18	0.09
3.办事人员和有关人员	208	1.08
4.商业工作人员	411	2.13
5.服务性工作人员	361	1.87
6.农、林、牧、渔劳动者	14 427	74.93
7.生产工人、运输工人和有关人员	3 207	16.66
8.不便分类的其他劳动者	18	0.09

可以看出，在业青年所从事各种职业的比例，农、林、牧、渔劳动者最高，占 74.93%，生产工人和运输工人次之，占 16.66%，两者之和为 91.59%。

随着我国经济建设的高速发展，对人才的需求将日益迫切，迅速提高我国青年的文化素质才能满足经济发展的需要，另一方面随着我国力的增强，国际地位的提高，特别是加入关贸总协定后国际竞争也将加剧，国际竞争的实质是以经济和科技实力为基础的综合国力的较量。科学技术是第一生产力，要振兴经济首先要振兴科技，要振兴科技必须优先发展教育。为此提出如下建议：

1.各级领导要高度认识到优先发展教育事业的重要性。科技进步，经济繁荣从根本上说取决于提高劳动者的素质，取决于培养大批人才。必须把教育摆在优先发展的战略地位，努力提高全民族的思想道德和科学文化水平，这是实现我国现代化的根本保证。

2.鼓励多渠道，多形式的办学。一方面各级政府要增加教育的投入，另一方面要国家、集体、个人、社会一起办学。鼓励社会集资办学，工厂和企事业单位办学，鼓励私人办学，为青少年提供更多的就学机会。

3.大力发展成人教育、职业教育。我国的特点大批职工只上过初中或小学，为了满足这部分人的学习要求，必须大力发展成人教育，职业教育。

4.切实贯彻执行中华人民共和国义务教育法。对小学和中学的适龄青少年，如不上学除对家长进行宣传教育外，适当采取一些强制性措施。此外，对招工、参军等应规定文化程度条件，以促使更多的人上学。

附表：

我国 15—24 青年在校和在业状况

单位：万人、%

年龄	人数合计	在校		在业		其他	
		人数	%	人数	%	人数	%
合计	**24 591**	**3 874**	**15.75**	**19 253**	**78.29**	**1 464**	**5.95**
15 岁	2 164	1 189	54.95	841	38.86	134	6.19
16 岁	2 349	919	39.12	1 276	54.32	154	5.56
17 岁	2 454	640	26.08	1 650	67.24	164	6.68
18 岁	2 450	417	17.02	1 873	76.45	160	6.53
19 岁	2 599	289	11.12	2 150	82.72	160	6.16
20 岁	2 604	186	7.14	2 265	86.98	153	5.88
21 岁	2 715	123	4.53	2 442	89.94	150	5.52
22 岁	2 455	66	2.69	2 255	91.85	134	5.46
23 岁	2 282	29	1.27	2 131	93.38	122	5.35
24 岁	2 519	16	0.64	2 370	94.08	133	5.28

注："其他"为料理家务、待升学、市镇待业、丧失劳动能力等人员。

我国在业人口的文化素质亟待提高

全国第四次人口普查资料表明，与1982年相比，我国在业人口的文化素质有所提高，文盲比重降低11.28个百分点。然而，与社会经济发展对在业人口素质的要求相比，总体水平仍然较低，提高尚显缓慢。

一、初中和小学文化程度人口比重上升明显，高中以上文化程度人口比重变化不大

1990年，我国在业人口总数已达6.5亿。其中具有大专以上文化程度的只占1.87%；中专和高中文化程度的占11.07%；其余70.14%的在业人口只具有初中和小学文化程度；另有16.92%的在业人口是文盲、半文盲。1982年和1990年在业人口文化程度构成见下表。

1982、1990年在业人口文化程度分布(%)

年　份	大专以上	高中	初中	小学	文盲半文盲
1982年	0.87	10.54	26.01	34.38	28.20
1990年	1.87	11.07	32.31	37.83	16.92

经比较可看出，八年来我国在业人口中初中和小学文化程度的人口比重上升幅度较大，分别上升6.3和3.45个百分点。而高中和大专以上文化程度人口的比重只略有上升。在受过高等教育的1212万在业人口中，有64.5%的人是大专毕业，大学本科毕业生仅占三分之一。

二、主要从事脑力劳动的人群整体文化素质有所提高，但其中初中以下文化程度人口仍占35.24%

分职业看，我国在业人口中，有5 699.8万人从事的是各类专业技术工作、国家机关、党群组织、企事业单位负责人以及其他办事员工作。他们是我国文化素质相对最高的人群，主要从事脑力劳动。这部分在业人口的文化程度构成与1982年相比变化如下表。

1982、1990年我国脑力劳动者的文化程度构成(%)

年　份	大专以上	高中	初中	小学
1982年	10.29	38.09	36.35	14.69
1990年	19.46	44.94	28.20	7.04

从以上数字可以看出，八年来，我国脑力劳动者的整体文化素质有了明显的提高：大专以上文化程度人口比重上升9.17个百分点；高中文化程度人口比重上升6.85个百分点。但1990年的数据反映出在脑力劳动者中，仍有35.24%的人只具有初中以下的文化程度。在科技高度发达的今天，脑力劳动者的这种文化结构显然是不适宜的。

三、30岁以下的国家机关干部和专业技术人员的文化素质仍然偏低

30岁以下的各级国家机关干部及专业技术人员是我国向市场经济过渡期间各级领导部门和科技部门的后备力量。这部分人员的文化素质如何，将直接影响二十一世纪初期我国经济建设的发展速度。据普查资料反映，在86.7万15—29岁的各级国家机关干部中，具有大专以上文化程度的只占20.42%；52.63%的人只有高中(中专)文化程度；另有24.52%的人文化程度为初中；2.43%的人只上过小学。在1 314.6万名15—29岁的各类专业技术人员中，文化程度为大专以上的占24.63%，高中的占55.89%，初中的占18.38%，小学的占1.1%。这些数字表明我国年轻一代的国家机关干部和专业技术人员的文化素质仍然比较低，受过高等教育的人数还不到四分之一。此种现象，与目前我国15—24岁人口仅有15.75%的人在校读书有关。

教育是经济发展的原动力。国外经济学家和教育学家经研究得出结论：当代劳动生产率的提高和经济的增长有60%—80%是靠利用新技术和提高教育水平来实现的，并提出了终身教育理论，要求人们终身学习，以适应不断变化发展的世界。为此，美国、英国、日本等都兴办起面向成人的开放大学，不断加强在职人员的职业教育。鉴于我国在业人口文化素质偏低，尤其是受过高等教育的人员比重较低，政府在注重普及教育的同时，亦应加强对高等教育及职业教育的投入；积极发展各具特色的职业教育和成人教育，使劳动者就业和上岗前受到合格的职业训练，以适应经济发展对人材的不断需求。

1990年我国不同职业人口的文化程度分布(%)

职　　业	合计	大学	大专	中专	高中	初中	小学	文盲半文盲
总　计	100	0.66	1.21	2.07	9.00	32.31	37.83	16.92
1.各类专业技术人员	100	8.90	12.89	23.27	26.20	24.22	4.87	0.15
2.国家机关、党群组织、企事业单位负责人	100	6.56	13.08	14.17	19.73	33.92	12.55	0.62
3.办事人员和有关人员	100	2.60	9.58	12.65	29.60	35.23	9.62	0.71
4.商业工作人员	100	0.27	0.92	0.94	22.02	47.45	22.63	4.77
5.服务性工作人员	100	0.06	0.29	1.10	15.25	43.53	30.83	8.94
6.农、林、牧、渔劳动者	100	0.01	0.01	0.07	4.13	27.78	45.35	22.66
7.生产工人、运输工人和有关人员	100	0.12	0.55	1.53	18.38	50.97	24.89	3.56
8.不便分类的其他劳动者	100	3.73	5.39	5.50	28.10	45.34	9.91	2.03

我国有多少人“搞饭吃”？

报纸和广播里都曾有过“8亿农民搞饭吃”或“9亿农民搞饭吃”的说法。我国倒底有多少人搞饭吃？第四次人口普查资料可以回答这个问题。

一、所谓“9亿农民”，实际上指的是9亿农业户口的人口，其中从事农业生产的有4.63亿

第四次人口普查时我国有113亿人，其中具有农业户口的人数为9.02亿。非农业户口的人数为2.2亿，另外还有800多万户口待定的人口。这9.02亿农业户口的人，即是宣传媒介所说的“9亿农民”。然而，从地区分布看，这“9亿农民”中，只有7.97亿人住在农村，占总数的88.4%，另外1.05亿农业户口的人都住在城镇。这就是说，事实上我国真正的“农民”，只有7.97亿人。

但是，这7.97亿农民，也并非都是“搞饭吃”的，因为他们当中的2.74亿是未成年的儿童和已丧失劳动能力的老年人口，就业人口只有5.23亿。在就业人口中从事农业劳动的有4.63亿，占总数的88.59%，其余近6 000万就业人口，从事的是非农业生产劳动。另外，在我国非农业户口人口中，亦有418万人从事的是农、林、牧、渔、水利业。这部分人与前者相加，共有4.67亿人。

二、我国“搞饭吃”的粮农有4.2亿

按行业分，我国4.67亿从事农、林、牧、渔、水利业的人口中，从事农业的有4.58亿，其余的900万人从事的是林业、牧业、渔业和水利业。

按职业分，我国有农业劳动者4.47亿，其中粮农4.2亿，他们才是我国真正“搞饭吃”的人。这部分人占全国在业人口的64.98%。其余尚有棉农1469万，菜农670万，茶农、果农、桑农316万，其他农业劳动者183万。若将搞牧业和渔业的人也算作是“搞饭吃”的人，则我国这部分人口总数为4.5亿。

三、我国“搞饭吃”的人口比例，大大高于发达国家和一些发展中国家

按行业分，我国从事农、林、牧、渔业的人口，占在业人口的71.96%。若按职业分，农业劳动者占在业人口的69.05%，其中，粮农占在业人口的64.97%，这些比例都较高。一般国家都低于我国。如美国的农业就业人数占全部就业人数的3%，日本为8%，意大利为9%，印尼为56%，菲律宾为45%，泰国为66%，巴基斯坦为51%，巴西为24%。我国与泰国的比例较接近。

我国的耕地几乎只有美国的一半，而农业就业人口是美国的120倍；我国每个农业劳动者平均只有3亩多耕地，而美国约有800多亩。所以，我国的农业就业人口太多，使农村中有大量的剩余劳

动力，他们亟待向非农产业转移。

四、加速经济发展，推动农业就业人口向非农产业转移

从分析各个不同地区的农业户口人口中从事非农产业的比例，可以看出它与地区的类型和经济发展程度有关。

1.积极发展小城镇，促进农业人口向非农产业转移。

按行业分，我国城市的农业户口的人口中，有三分之一从事非农产业；镇中的农业户口的就业人口中，有二分之一以上从事非农产业；在乡村中的比例不足十分之一。请看下表：

我国农业户口就业人口中从事非农产业的比例(%)

	全　国	市	镇	县
按行业分	11.40	33.34	51.66	8.04
按职业分	13.20	35.07	54.06	9.82

可见，镇的农业户口的就业人口中，从事非农业的比例最高，它是市的1.5倍，是县的6倍。镇是周围农村的商业中心，物资集散地，有发展非农产业的条件，所以积极发展小城镇有利于农业就业人口向非农产业转移。

2.加快改革开放，带动农村经济发展，促进农业就业人口向非农业转移。

我国经济比较发达的沿海省份，农村中农业户口的就业人口中从事非农业的比例较高。如浙江省农村中具有农业户口的就业人口中，从事非农业的占32.91%，差不多3个就业人口中就有一个从事非农业的；江苏省次之，占27.17%。我国西部和西南部的省份经济不太发达，广大农村具有农业户口的就业人口中，从事非农业的比例就较低。如青海省为5.29%，云南省为3.92%。其他，如河南省为4.98%，吉林省为6.33%。他们与江苏、浙江比起来差距较大。可以看出，发展农村经济对促进农村中的农业人口向非农业转移，具有强大的推动作用。

我国农业、非农业户口人口的就业分布

在我国现行的户籍管理制度中，根据是否吃商品粮，每个人都被给定一个农业户口或者非农业户口(其他户口人数很少)，并且往往伴随终身，很少改变。我国是农业大国，四十多年来，农业户口人口占总人口比重基本稳定在80%以上，最低年份也接近79%，如此庞大的农业户口人口曾被长期禁固在农业生产上。在改革开放日益深化，经济迅速发展的今天，我国农业户口和非农业户口在业人口的经济活动状况如何，是否发生了变化?第四次人口普查汇总资料第一次提供了有效的分析数据。

一、农业户口、非农业户口人口就业充分

根据第四次人口普查100%汇总资料，1990年我国在业人口中农业户口和非农业户口人口合计64 663万人占总在业人口99.91%，其他户口在业人口61万人，比重不到1%，其中农业户口在业人口52 278万人，占总在业人口80.77%。农业户口在业人口占农业户口总人口比重为57.97%，男性比重为61.66%；非农业户口在业人口12 385万人，占非农业户口总人口比重为56.31%，男性比重为61.50%。农业户口和非农业户口人口的总在业水平和分性别的在业水平相比较差别很小，水平相当。从总体上看我国人口就业较充分并且就业机会均等，基本不受户口性质影响。

二、农业户口的在业人口仍是农业生产的主要承担者，但已发生分流

改革前三十年，我国的户籍制度曾极有效地规范着人口的经济活动：农业户口人口不享受国家供给的商品粮，被圄于农村，其就业范围基本局限于农、林、牧、副、渔业；非农业户口人口吃商品粮，其经济活动范围则广泛得多，可以伸入社会经济各个领域。根据普查资料，1990年我国按户口分的职业大类人口分布(见表1)，农业户口的在业人口各职业分布相差悬殊，比重分布区间在12.16—99.33%。从事农、林、牧、渔业的劳动者最多，有45 376万人，占全国该职业人口99.33%，农业户口的在业人口仍然担负着我国农业生产重任。非农业户口中，农、林、牧、渔业劳动者极少，仅有26万人，占全国该职业人口0.62%，其他职业大类的在业人口分布较均匀，分布比重区间在54.84—87.67%。从全社会观察，生产工人、运输工人和有关人员、商业工作人员、服务性工作人员中农业户口人口比例接近或超过40%，国家机关、党群组织、企事业单位负责人和各类专业技术人员中农业户口人口占相当比例，分别占21.67%和21.46%，农业户口人口所占比例最少的职业是办事人员和有关人员，为12.16%，表明传统中的农民已经开始走出单一搞农业的圈子，向社会其他经济领域渗透。1990年我国乡镇企业创产值8 000多亿元，农村非农业产值近9 000亿元，均超过当年农村社会总产值一半，非农产业支撑起了农村经济半壁江山。农民的这种择业变化是在改革大潮中，受市场经济牵动的自觉选择。他们依旧是农业户口，不享受国家对非农业户口人口的就业保护和财

政补贴，却操起了与农民传统身分不符的各种职业，农业户口人口择业的变化，极大地解放了农村生产力，产生了巨大的经济效益，推动了农村和全社会的产业结构调整。

表1： 按户口情况分的各职业大类人口所占比重排序

职　　业	合　计	农业户口	非农业户口	其他户口
农林牧渔业劳动者	100	99.33	0.62	0.05
生产工人、运输工人和有关人员	100	45.00	54.84	0.16
商业工作人员	100	39.33	60.42	0.25
服务性工作人员	100	38.45	61.32	0.23
国家机关、党群组织、企事业单位负责人	100	21.67	78.22	0.11
各类专业技术人员	100	21.46	78.32	0.22
不便分类的其他劳动者	100	13.31	82.48	4.21
办事人员和有关人员	100	12.16	87.67	0.17

我国在业人口职业构成的优化组合在逐渐进行着，随着改革开放深入发展，农村劳动生产率不断提高，从事农业生产的农业户口人口比例太高必然向其他职业分流。但进一步分析农业户口、非农业户口内部在业人口的职业分布，可以看到目前分流的情况并不理想(见表2)。如同表1，农业户口在业人口的职业构成仍相差悬殊，从事农业生产的人口高达86.80%，位居第二的生产工人、运输工人和有关人员比例却陡落至8.45%，其他非农职业比例均不到1.5%。全国农业户口的人口中有近90%仍在搞农业，这么高的数字虽然与普查时点正值农忙季节，务农人数较多有关，但也反映了农业户口在业人口从事农业生产的比例确实较高。非农业户口从事的职业分布落差相对较小，最高的生产工人、运输工人和有关人员比例是43.45%，其次是专业技术人员21.75%，商业工作人员，办事人员和有关人员，服务性工作人员，国家机关、党群组织、企事业单位负责人比重分别在7.15—9.50%之间。从两种户口的人口所从事职业的排列位次看，除农林牧渔业劳动者仍分别居一头一尾，其他职业的位次排列大体一致，反映了我国两种户口的人口在农、林、牧、渔业以外的职业选择取向上是基本一致的。

表2： 农业、非农业户口内部各职业人口所占比重排序

农业户口	%	非农业户口	%
农林牧渔业劳动者	86.80	生产工人、运输工人和有关人员	43.45
生产工人、运输工人和有关人员	8.45	各类专业技术人员	21.75
商业工作人员	1.46	商业工作人员	9.50
各类专业技术人员	1.41	办事人员和有关人员	7.98
服务性工作人员	1.14	服务性工作人员	7.68
国家机关、党群组织、企事业单位负责人	0.47	国家机关、党群组织、企事业单位负责人	7.15
办事人员和有关人员	0.26	农林牧渔业劳动者	2.27
不便分类的其他劳动者	—	不便分类的其他劳动者	0.21

三、我国产业结构落后的突出表现在于从事农业生产人口比例太高

调整产业结构，优化产业布局，提高社会生产力是我国经济体制改革的重要目标。这里仅就农业户口、非农业户口在业人口的三大产业分布情况分析(见表 3)。全国在业人口中第一产业的比例是 72.24%，第二产业比例为 15.18%，第三产业比例为 12.58%，这相当于 1980 年印度的水平。当时印度第一产业在业人口占 71%，第二产业 13%，第三产业 16%。分性别看，全国女性在业人口中第一产业的比例为 76.09%，比男性高近 7 个百分点，第一产业女性比例过高，反映了首先从农业转移出的劳动力多是男性人口，使得该产业在业人口素质较低。农业户口中，第一产业在业人口比重高达 88.60%，第二、三产业在业人口则不足 10%，产业结构更落后于全国水平。非农业户口中从事第一产业的人口比重仅 3.37%，第二、三产业人口几乎各占一半，产业结构较为先进，但与发达国家相比，第三产业的发展水平还很落后。如 1990 年美国第一产业就业构成为 2.8%，第三产业高达 70.7%。应当指出的是，由于我国社会产业分工不发达，第一、二产业中还包含相当数量的本应属于第三产业的人员，从而使我国第三产业统计数字偏低。我国产业结构落后表现在多方面，其中农业户口的大部分人口仍滞留在农业是重要的一个方面。

表 3：　　在业人口的产业构成

	全国			农业户口			非农业户口		
	合计	男	女	合计	男	女	合计	男	女
总计	100	100	100	100	100	100	100	100	100
第一产业	72.24	69.10	76.09	88.60	86.39	91.17	3.37	3.74	2.83
第二产业	15.18	16.62	13.40	7.10	8.18	5.83	49.23	48.56	50.22
第三产业	12.58	14.28	10.51	4.30	5.43	3.00	47.40	47.70	46.95

以上分析表明，四十多年来我国农业户口人口搞农业，非农业户口人口搞非农产业的基本格局没有大的改变，第三产业已成为产业发展的瓶颈，产业结构亟待改善；改革十多年来农民的经济参与范围日益扩大，冲破了单一搞农业的框框，迈出了优化产业结构重要的一步。

目前我国存在大量农村剩余劳动力，按 1990 年普查农业户口人口的职业分，已经转移出来的劳动力 6 900 多万人，占农业户口在业人口的 13.2%。这部分农民积极投身于商品经济大潮，与非农业户口人口在就业上竞争，并赢得了一席之地，来之不易。有着农业户口的众多农民走出农业，参与第二、三产业生产经营是社会变革的趋势。如何顺应潮流，因势利导，是摆在各级政府面前的现实课题。国家应采取一定措施，提高农民素质，增强其自身竞争能力，在经济、技术上给与引导和必要扶持。随着我国粮食市场价格放开，商品粮失去了以往对人们的吸引力，以是否吃商品粮为标准的农业、非农业户口失去了赖以存在的基础。现行的户籍管理制度已不利于发挥农民的生产积极性和创造力，不利于产业结构调整，我们应抓住时机，尽快改进和完善现行的户籍管理模式，促进劳动力合理流动。在今后全社会劳动力安排中，应将大部分待业人员和其他产业分流出来的人员引向第三产业，加快第三产业发展。

我国少数民族人口文化教育水平有较大幅度的提高，但各少数民族间的差异很大

第四次全国人口普查为我们提供了各民族人口文化教育状况的丰富资料，这些资料表明，八十年代，我国少数民族人口文化教育水平不断提高，文盲率明显下降。但各少数民族间的文化教育水平仍存在着较大差异。

一、近八年来，我国少数民族大专以上文化程度的人口比重上升 0.74 个百分点，文盲率下降 13.62 个百分点，文化教育的总体水平明显上升

1990 年我国少数民族具有大专以上文化程度的人口占小学及小学以上文化程度人口的比重(以下简称大专以上文化程度的人口比重)为 1.53%，文盲半文盲人口占 15 岁及 15 岁以上人口的比重(以下简称文盲率)为 30.83%，6 岁及 6 岁以上人口的平均受教育年限(以下简称人均受教育年限)为 5.29 年。与 1982 年相比，大专以上文化程度的人口比重比 1982 年的 0.79%提高了 0.74 个百分点，文盲率比 1982 年的 44.45%下降了 13.62 个百分点，人均受教育年限比 1982 年的 4.14 年上升了 1.15 年。以 1982 年时的 15 个百万以上人口的少数民族为例(详见表 1)，1990 年与1982 年相比，大专以上文化程度的人口比重均有不同程度的上升，其中上升幅度最大的是朝鲜族，1990 年为 5.25%，比 1982 年的 2.46%上升了 2.79 个百分点。上升幅度较大的还有，蒙古族为1.31个百分点，回族为 1.22 个百分点，满族为 0.94 个百分点。文盲率下降幅度较大的有维吾尔族(－18.39%)、苗族(－18.32%)、侗族(－18.72%)、瑶族(－18.90%)。这些少数民族文盲率下降的主要原因一是由于这些少数民族文盲半文盲人口多集中在高年龄组，随着老年人口的死亡，文盲半文盲人口也随之自然减员。二是由于我国少数民族地区大力开展扫盲工作使许多文盲人口脱盲，达到了一定的文化水平。从总体上看，少数民族人口文化教育水平的提高速度快于全国平均水平。八年间，少数民族人均受教育年限提高了 1.15 年，而全国平均水平提高了 1.06 年，少数民族高出全国 0.09 年。在这 15 个少数民族中有 9 个少数民族的人均受教育年限的提高速度快于全国，平均提高了 1.06 年以上。上述分析表明，八十年代随着我国全民族文化教育工作的深入开展，特别是我国政府对少数民族地区采取的重教、施教的得力措施，培养了一大批少数民族干部，致使少数民族人口文化教育的总体水平在八十年代呈明显上升的趋势。

二、我国各少数民族人口的文化教育水平仍存在着较大的差异

由于我国各少数民族的地区分布不同，经济发展状况及文化传统各异，所以各少数民族文化教育水平仍存在着较大的差异。

1.1990年，我国有13个少数民族文化教育水平明显高于全国平均水平。

根据《中国1990年人口普查资料》计算，1990年我国大专以上文化程度人口比重为2.00%，人均受教育年限为6.26年。分别比全国少数民族高出0.47个百分点和0.97年。文盲率为22.21%，比全国少数民族低8.62个百分点。显然，从总体看我国少数民族文化教育水平低于全国平均水平。

从分民族的这三个指标的数据看，一部分少数民族的文化教育水平明显高于全国，有的甚至高出几倍。其中百万以上人口的少数民族以朝鲜族的文化教育水平最高，其大专以上文化程度的人口比重为5.25%，是全国的2倍多；文盲率只有7%，低于全国15.21个百分点；人均受教育年限为8.52年，高出全国2.26年。百万以上人口少数民族文化教育水平高于全国的还有蒙古族和满族。不足百万人口的少数民族文化教育水平高于全国的有：高山族、达斡尔族、锡伯族、乌孜别克族、俄罗斯族、鄂温克族、京族、塔塔尔族、鄂伦春族和赫哲族。全国共有13个少数民族的人均受教育年限和大专以上文化程度人口比重均高于全国平均水平。而文盲率均低于全国平均水平(详见表2)。从地区的分布来看，这些民族主要分布在我国的东北等经济发达地区，受区域性社会、经济拉力的影响，使这些少数民族在解放后一直都很重视文化教育工作，致使这些少数民族人口的文化教育水平高于全国平均水平。

2.1990年我国部分少数民族的文盲率在50%以上。

与上述情况相反，有些少数民族不仅文化教育的程度低，而且文盲率也相当高。文盲率在50%以上的少数民族就有17个。其中文盲率在70%以上的少数民族有：东乡族、拉祜族、门巴族、珞巴族。在60—70%的有：藏族、傈僳族、哈尼族、撒拉族、德昂族、保安族。在50—60%的有：水族、佤族、土族、布朗族、普米族、怒族、独龙族。这些少数民族主要分布在我国的西南、西北等边远山区，这些地区交通不便、经济较落后，受此影响，这些地区人口的经济收入较低，家庭对子女的智力投资低，再加上这些民族历史上长期以来教育工作落后，使他们的文化程度一直处于较低水平。因此，今后我国扫盲工作及文化教育的普及工作应根据各少数民族间的差异加以适当调整，有所偏重，以加快这些少数民族文化教育水平的提高。

表1： 1982—1990年少数民族人口文化教育的变动情况

民族别	6岁及6岁以上人口人均受教育年限(年)			大专及以上人口占小学及以上人口比重(%)			15岁及15岁以上人口中文盲、半文盲人口所占比重(%)		
	1990	1982	变化	1990	1982	变化	1990	1982	变化
全国	**6.26**	**5.20**	**+1.06**	**2.00**	**1.00**	**+1.00**	**22.21**	**34.49**	**−12.28**
全国少数民族	5.29	4.14	+1.15	1.53	0.79	+0.74	30.83	44.45	−13.62
蒙古族	6.66	5.46	+1.2	2.67	1.36	+1.31	17.82	30.89	−13.07
回族	5.49	4.56	+0.93	2.61	1.39	+1.22	33.11	42.14	−9.03
藏族	2.21	1.72	+0.49	1.68	0.96	+0.72	69.39	75.80	−6.41
维吾尔族	5.43	4.05	+1.38	1.46	0.70	+0.76	26.58	44.97	−18.39
苗族	4.28	2.83	+1.45	0.77	0.35	+0.42	41.85	60.17	−18.32
彝族	3.61	2.52	+1.09	0.58	0.26	+0.32	49.71	63.79	−14.08
壮族	5.83	4.86	+0.97	0.82	0.39	+0.43	21.17	33.66	−12.49
布依族	4.20	3.06	+1.14	0.75	0.37	+0.38	42.80	57.78	−14.98
朝鲜族	8.52	7.78	+0.74	5.25	2.46	+2.79	7.00	11.31	−4.30
满族	7.11	6.41	+0.70	2.16	1.22	+0.94	11.41	18.76	−7.35
侗族	535	3.88	+1.47	0.95	0.44	+0.51	28.53	47.25	−18.72
瑶族	5.07	3.62	+1.45	0.84	0.33	+0.51	29.92	48.82	−18.90
白族	5.48	4.24	+1.24	1.68	0.81	+0.87	30.15	42.62	−12.47
土家族	5.73	4.79	+0.94	1.06	0.27	+0.79	25.24	36.08	−10.84
哈尼族	2.99	1.96	+1.03	0.47	0.18	+0.29	60.45	66.06	−5.61

表2：　　　1990年少数民族人口文化教育状况

民族别	人均受教育年限(年)	大专及以上人口比重(%)	文盲率(%)	民族别	人均受教育年限(年)	大专及以上人口比重(%)	文盲率(%)
全国	**6.26**	**2.00**	**22.21**	土族	4.09	2.35	51.95
全国少数民族	**5.29**	**1.53**	**30.83**	达斡尔族	7.59	4.20	10.03
蒙古族	6.66	2.67	17.82	仫佬族	6.29	1.35	16.27
回族	5.49	2.61	33.11	羌族	4.91	1.30	36.82
藏族	2.21	1.68	69.39	布朗族	2.85	0.42	59.79
维吾尔族	5.43	1.46	26.58	撒拉族	2.50	2.34	68.69
苗族	4.2	0.77	41.85	毛南族	6.33	1.26	17.59
彝族	3.61	0.58	49.71	仡佬族	5.01	0.84	33.38
壮族	5.83	0.82	21.17	锡伯族	7.90	4.11	6.23
布依族	4.20	0.75	42.81	阿昌族	4.12	0.84	45.26
朝鲜族	8.52	5.25	7.00	普米族	4.18	1.06	51.26
满族	7.11	2.16	11.41	塔吉克族	4.91	1.19	33.45
侗族	5.35	0.95	28.53	怒族	3.31	1.11	55.20
瑶族	5.07	0.84	29.92	乌孜别克族	7.77	6.20	8.32
白族	5.48	1.68	30.15	俄罗斯族	8.53	6.39	7.42
土家族	5.73	1.06	25.24	鄂温克族	7.38	3.54	9.84
哈尼族	2.99	0.47	60.45	德昂族	2.76	0.48	61.68
哈萨克族	6.45	1.78	12.34	保安族	2.57	2.71	68.81
傣族	4.13	0.56	42.21	裕固族	5.62	3.44	29.68
黎族	5.37	0.78	28.51	京族	6.38	2.37	19.23
傈僳族	2.68	0.50	62.91	塔塔尔族	8.23	7.96	4.86
佤族	3.01	0.41	58.81	独龙族	3.37	1.59	53.64
畲族	5.26	0.86	29.35	鄂伦春族	7.75	4.30	7.81
高山族	8.47	9.79	9.39	赫哲族	8.04	6.35	8.54
拉祜族	2.08	0.45	71.71	门巴族	1.66	3.00	77.75
水族	3.58	0.73	50.18	珞巴族	2.19	1.82	72.71
东乡族	1.33	0.86	82.63	基诺族	4.82	0.69	35.37
纳西族	5.66	2.08	28.42	其他未识别的民族	3.73	0.51	49.92
景颇族	4.05	0.55	44.16	外国人加入中国籍	4.93	5.66	43.99
柯尔克孜族	5.49	1.47	24.87				

我国夫妻年龄结构的现状及趋势

规模空前的第四次全国人口普查，取得了比较详细的丈夫与妻子年龄构成方面的数据，为了解和分析我国夫妻年龄结构的现状和变化趋势，提供了条件。

一、在各种夫妻年龄结构中，男大于女1岁所占比重最大，男女同岁所占比重次之

1990年全国人口普查100%机器汇总资料表明，在22 122.8万对生活居住在一起的夫妻中，丈夫年龄大于妻子年龄的为15 489.7万对，占70.02%；丈夫与妻子同年龄的为2 864.4万对，占12.95%；丈夫年龄小于妻子年龄的为3 768.7万对，占17.03%。

从丈夫与妻子的年龄差看，男大于女1岁的夫妻年龄结构所占比重最大，占夫妻总对数的13.90%；其次是夫妻同龄，比重为12.95%；第三位是丈夫比妻子大2岁，比重为12.89%。

各种夫妻年龄结构的比重，是以丈夫大于妻子1岁和夫妻同岁为中心，向两个方面逐步降低：一方面随着丈夫大于妻子的岁数增大而降低，另一方面随着妻子大于丈夫岁数的增大而降低。

二、女大男小的夫妻年龄结构在低年龄组中占有较大的比重

年龄处在15—19岁组的丈夫，有66.11%比妻子年龄小，有20.13%与妻子同年龄，而大于妻子年龄的只占13.76%。在20—24岁组中的丈夫，有33.97%比妻子年龄小，有22.36%与妻子同岁。25—79岁的各个年龄组中，丈夫比妻子年龄小的比重都在20%以下，80岁以上的各个年龄组中，丈夫比妻子年龄小的比重不足10%。

男性选择比自己大的女性为偶，女性选择比自己小的男性为偶，在当今已不新奇。对于青年夫妻，年龄比丈夫大的妻子在各个方面都比较成熟，能体贴和爱护丈夫，善于料理家务和照顾好孩子。

三、夫妻年龄结构在城乡中的差异

从城乡看，各种夫妻年龄构成状况如下：丈夫年龄大于妻子年龄的比重，市为72.38%，镇为72.15%，乡为69.16%，市和镇均比乡高3个百分点。丈夫年龄小于妻子年龄的比重，市为14.46%，镇为15.03%，乡为17.94%，乡大于镇，镇大于市。丈夫与妻子同年龄的比重，市为13.16%，镇为12.82%，乡为12.90%，镇和乡很接近，都小于市。

社会的发展和进步，使我国传统式的男大女小的夫妻年龄结构在比重上发生了一定的变化。随着改革开放的深入发展和人们在婚姻观念上的更新，随着女性政治地位和社会经济地位的提高，我国的夫妻年龄结构将继续发生变化，其变化总的趋势将是：丈夫年龄大于妻子年龄的所占比重继续

减小，而妻子年龄大于丈夫年龄的所占比重继续增大。这种状况，乡村要比市镇变化幅度大些，北方要比南方明显些。

表1： 全国按年龄组分的各种夫妻年龄结构状况

单位：%

年龄组	丈夫年龄大于妻子年龄	丈夫与妻子同年龄	丈夫年龄小于妻子年龄
总计	**70.02**	**12.95**	**17.03**
15—19岁	13.76	20.13	66.11
20—24岁	43.67	22.36	33.97
25—29岁	62.20	19.07	18.73
30—34岁	66.23	14.82	18.94
35—39岁	69.19	14.44	16.37
40—44岁	75.82	11.43	12.75
45—49岁	78.74	9.36	11.90
50—54岁	76.27	8.83	14.90
55—59岁	73.73	8.94	17.33
60—64岁	74.55	8.27	17.18
65—69岁	76.28	7.72	16.01
70—74岁	79.17	6.73	14.10
75—79岁	82.57	5.91	11.52
80—84岁	86.67	4.80	8.53
85—89岁	92.08	3.46	4.47
90—94岁	96.69	1.69	1.62
95—99岁	98.70	0.55	0.75
100岁及以上	98.33	1.67	0.00

表 2： 全国及市、镇、乡各种夫妻年龄结构状况

单位：%

夫妻年龄差		全国	市	镇	乡
丈夫年龄大于妻子年龄	10 岁及 10 岁以上	4.43	4.32	4.79	4.43
	9 岁	1.85	1.82	1.93	1.85
	8 岁	2.58	2.56	2.69	2.57
	7 岁	3.52	3.55	3.69	3.49
	6 岁	4.79	4.89	5.03	4.73
	5 岁	6.59	6.76	6.89	6.52
	4 岁	8.63	8.97	8.98	8.51
	3 岁	10.83	11.38	11.10	10.65
	2 岁	12.89	13.52	13.03	12.71
	1 岁	13.90	14.61	14.03	13.69
夫妻同年龄	0 岁	12.95	13.16	12.82	12.90
丈夫年龄小于妻子年龄	1 岁	8.00	7.58	7.60	8.16
	2 岁	4.49	3.71	4.00	4.76
	3 岁	2.29	1.70	1.88	2.50
	4 岁	1.07	0.73	0.79	1.19
	5 岁	0.51	0.33	0.35	0.57
	6 岁	0.25	0.16	0.16	0.29
	7 岁	0.14	0.08	0.09	0.16
	8 岁	0.09	0.05	0.05	0.10
	9 岁	0.05	0.03	0.03	0.06
	10 岁及 10 岁以上	0.14	0.08	0.08	0.16
合计		100	100	100	100

全国有786万30—44岁大龄未婚人口

一个国家或地区婚龄人口的数量多少、婚姻状况如何，直接影响其人口总体发展趋势，是与社会经济发展密切相关的重要问题，历来被社会各界普遍关注。近年来，我国大龄未婚人口的婚姻问题相当突出，一度成为社会舆论的“热点”。

一、大龄未婚人口规模大、性别构成不平衡

1990年全国有30—44岁大龄未婚人口共786万人，规模大于海南省人口总数（655万人），其中男性人口740.72万人，占94.32%；女性人口45.46万人，占5.78%，男性人口数量为女性人口的16.4倍。这种男女性别构成极不平衡的现象，对解决大龄人口婚姻问题是一大不利因素。

从大龄人口未婚率看，30—44岁男性人口未婚率为6.09%，即平均每百名30—44岁男性人口中有6名未婚者；而大龄女性人口未婚率仅为0.4%。

大龄未婚人口中77%（600多万人）是30—39岁者，40—44岁者仅占23%。

二、男女大龄未婚人口的城乡分布反差极大

我国男女大龄未婚人口的城乡分布存在极大的反差：男性主要分布在农村，人数为604万，约占男性大龄未婚人口总数的81.62%；女性主要分布在城镇，人数为30万，约占女性大龄未婚人口总数的67%。

就城乡大龄未婚人口的数量而言，农村男性（604万）是城镇男性（136万）的4.5倍，而城镇女性（30万）是农村女性的2倍，因而，农村男女未婚人口性别构成失衔现象更为突出，男性人数为女性人数的40倍。

三、大龄低学历男性与高学历女性未婚率高

除了数量与性别结构等自然特征外，人口的文化程度、职业等社会经济特征也是影响其婚姻状况的重要条件。人口普查资料表明，大龄男性人口中，文盲、半文盲者未婚率最高，在城市和农村，分别高达22.02%、21.65%，即平均每5个大龄文盲、半文盲人口即有1人末婚；小学文化程度者未婚率明显下降，分别为5.05%、7.73%；中专文化程度者未婚率最低，分别为1.45%、0.07%；大学文化程度者在3%左右。文化程度对大龄女性人口未婚率的影响表现为：大学本科文化程度者未婚率最高，农村为2.07%，城市高达4.98%，即平均每20个拥有大学本科文化程度的城市大龄女性中即有1人未婚；而文盲、半文盲大龄女性人口未婚率却相当低（农村0.29%、城市0.73%）；小学文化程度者未婚率最低（农村0.09%、城市0.31%）。可见，目前我国202万大龄未婚文盲、半文盲

男性人口(其中181万在农村)和4.8万拥有大学文化程度的大龄未婚女性人口(其中4.5万在城市)是大龄未婚人口的重点和难点。

四、大龄男性体力劳动者与女性脑力劳动者未婚率偏高

1990年,全国共有717万30—44岁大龄未婚在业人口,其中79.25%是农、林、牧、渔业劳动者,12.55%是生产工人、运输工人和有关人员,2.56%是服务工作人员,1.86%是商业工作人员,0.84%是办事人员和有关人员,0.32%是国家机关党群组织、企事业单位负责人,2.59%是各类专业技术人员,0.03%是不便分类的其他劳动者。从总体上看,大龄未婚人口主要分布在体力劳动者当中,但是,分性别观察,则不尽然。根据人口普查资料分性别、分职业计算大龄人口未婚率,结论是:大龄男性体力劳动者未婚率高,大龄女性脑力劳动者未婚率高。各职业大龄男性在业者未婚率如下:农林牧渔业劳动者高达7.59%,其他体力劳动者未婚率在2%—7%之间,而各类专业技术人员等脑力劳动者的未婚率仅在0.33%—1.37%之间,明显低于体力劳动者。各职业大龄女性在业者的情况截然相反,各类专业技术人员以及办事人员和有关人员的未婚率最高,均为1.35%,而农、林、牧、渔业劳动者未婚率最低,仅为0.13%(详见下表)。

分职业大龄人口未婚率

单位:%

职　　业	合　计	男	女
总　　计	3.24	5.67	0.36
1.各类专业、技术人员	1.36	1.37	1.35
2.国家机关党群组织、企事业单位负责人	0.43	0.33	1.12
3.办事人员和有关人员	1.28	1.26	1.35
4.商业工作人员	1.62	2.48	0.67
5.服务工作人员	3.09	6.56	0.69
6.农、林、牧、渔业劳动者	3.89	7.59	0.13
7.生产工人、运输工人和有关人员	2.42	3.24	0.87
8.不便分类的其他劳动者	3.71	6.25	1.36

上述资料向我们初步揭示了大龄未婚人口婚配问题难以解决的症结在于:男女数量、分布以及社会经济文化等特征相差悬殊。如果人们的婚配观念仍然沿袭“男不高攀、女不低就”的传统,那么,难度将更大。而且,在目前我国的社会保障制度和服务体系尚不十分完善的社会经济条件下,随着时间的推移,数百万大龄未婚人口将逐渐步入中老年,他们的身心健康和饮食起居将不同程度地产生某些具体困难,如何关心和帮助他们,是当前乃至较长一段时间需要全社会关心的重要问题。

我国妇女双胎生育的几个特点

第四次人口普查取得了我国妇女双胎生育的宝贵资料，通过对这一资料的简要分析，揭示了目前我国双胎生育的一些特点。

一、大约每125名生育妇女中有1人生育双胞胎

1989年在全国3.1亿15—49岁的育龄妇女中，当年有生育的为2366.6万人，其中生育双胞胎的妇女有18.6万人，占当年有生育妇女的0.79%。这表明，1989年我国每100名当年有生育妇女中约0.8人生了双胎，或者说我国大约每125名生育妇女中有1人成为双胎的母亲。

二、妇女生育年龄越高，其生育双胎的可能性越大

1989年全国15—49岁有生育的妇女中，15—19岁组生双胎的占0.42%，20—24岁组的占0.61%，均低于全国平均水平0.79%，而其余各年龄组均超过全国平均水平，并且呈生育年龄越高，双胎生育比例也越高的规律。如25—29岁组的双胎占0.91%，30—34岁组提高到1.31%，35—39岁组和40—44岁组虽略有下降，也达到了1.29%和1.18%，45—49岁组中，妇女生育双胎的比例达到峰值1.75%，比15—19岁组高出3倍多。即45—49岁组妇女生双胎的可能性为15—19岁组妇女的3倍以上(详见表1)。

三、双胎婴儿出生性别比正常

1989年全国出生的18.6万对双胞胎中，有孪生姐妹5.7万对，孪生兄弟6.1万对，一男一女的6.8万对。三种组合分别占双胎总数的30.65%、32.80%和36.56%，均在三分之一左右，分布较均匀。

从双胎婴儿性别比来看，男婴19.1万人，女婴18.2万人，性别比为104.95。与当年全部出生人口性别比111.27相比，低6.4个百分点。

四、各省双胎生育比例差异较大

1989年有生育妇女生育双胎比例最高的省是山东(1.43%)和河南(1.11%)；其次是江苏(0.99%)和山西(0.92%)。双胎比例最低的是西藏，只有0.42%，仅达到山东的29%。其他省的分布情况是：双胎比例在0.6—0.7%之间有10个省，0.5—0.6%、0.7—0.8%和0.8—0.9%之间各有5个省，表明各省之间差异明显(详见表2)。

经比较还发现，双胎比例最高的前几个省同时也是总人口和出生人口数相对较多的省份。例如双胎比例第一的山东，其总人口和出生人口均居全国第三位；双胎比例第二的河南，其总人口和出生人口分别居全国的第二和第一位；双胎比例第三的江苏，其总人口和出生人口分别居全国的第四和第七位。西藏是全国双胎生育比例最低的省份，同时也是全国总人口和出生人数最少的。但比较其他各省情况，尚未看出其双胎比例与总人口和出生人口数之间有必然联系。

五、市、乡村双胎生育比例相差不大，镇的比例最高

从全国分市、镇、乡村的资料来看，1989 年全国乡村生育双胎的比例最低，为 0.76%；市次之，为 0.82%，均接近全国 0.79%的平均水平；镇的双胎生育比例最高，达到 1.08%。

通过上述分析，可看出两方面的问题：

1. 人口普查资料初步揭示了我国妇女双胎生育的一些基本特征。例如，双胎生育的比例在我国大约为 0.8%，比人们通常认为的 1%约低 20%。当然，由于对活产婴儿（胎儿脱离母体时有过呼吸或心、脐带搏动、随意肌收缩等生命现象）的判断难度较大，人们很容易将活产后死掉的婴儿既不申报出生也不申报死亡，而作为死产处理，可能使双胎生育中的部分活产婴儿统计不全。但不会对双胎生育的比例产生很大的影响。

2. 双胎生育的比例在各省之间、城乡之间的差异以及产生差异的原因需要我们认真地深入研究。

I 表　　1989 年全国分年龄生育双胎妇女占有当年生育妇女的比重

年龄别	生育双胎的妇女人数（人）	生育双胎妇女占有生育妇女的百分比（%）			
		合计	二男	一男一女	二女
总计	186273	0.79	0.26	0.29	0.24
15—19	5626	0.42	0.16	0.11	0.16
20—24	73050	0.61	0.21	0.20	0.20
25—29	64452	0.91	0.30	0.35	0.27
30—34	30749	1.31	0.39	0.57	0.36
35—39	9901	1.29	0.41	0.52	0.37
40—44	1862	1.18	0.42	0.37	0.40
45—49	633	1.75	0.58	0.36	0.82

1989 年各省、自治区、直辖市生育双胎

妇女占当年有生育妇女的比重

表 2　　　　单位：%

省别	双胎比例	省别	双胎比例	省别	双胎比例	省别	双胎比例	省别	双胎比例
山东	1.43	内蒙古	0.85	宁夏	0.73	上海	0.66	湖南	0.59
河南	1.11	河北	0.83	海南	0.70	甘肃	0.64	江西	0.56
江苏	0.99	天津	0.80	福建	0.69	湖北	0.63	云南	0.55
山西	0.92	黑龙江	0.76	陕西	0.68	广东	0.60	青海	0.55
吉林	0.88	四川	0.75	安徽	0.67	贵州	0.60	广西	0.54
新疆	0.87	辽宁	0.74	北京	0.67	浙江	0.60	西藏	0.42

第 四 部 份

全国历年人口统计数据

一、总户数、总人口

4—1 全国历年总户数、总人口

年份	总户数（万户）	人口数（万人） 合计	男	女	性别比（女＝100）
1949		54 167	28 145	26 022	108.2
1950		55 196	28 669	26 527	108.1
1951		56 300	29 231	27 069	108.0
1952		57 482	29 833	27 649	107.9
1953		58 796	30 468	28 328	107.6
1954	13 553	60 266	31 242	29 024	107.6
1955	13 754	61 465	31 809	29 656	107.3
1956	14 048	62 828	32 536	30 292	107.4
1957	14 431	64 653	33 469	31 184	107.3
1958	14 420	65 994	34 195	31 799	107.5
1959	14 661	67 207	34 890	32 317	108.0
1960	14 746	66 207	34 283	31 924	107.4
1961	15 307	65 859	33 880	31 979	105.9
1962	15 533	67 295	34 517	32 778	105.3
1963	15 637	69 172	35 533	33 639	105.6
1964	15 759	70 499	36 142	34 357	105.2
1965	15 953	72 538	37 128	35 410	104.9
1966	16 098	74 542	38 189	36 353	105.1
1967	16 341	76 368	39 115	37 253	105.0
1968	16 671	78 534	40 226	38 308	105.0
1969	17 072	80 671	41 289	39 382	104.8
1970	17 515	82 992	42 686	40 306	105.9
1971	17 962	85 229	43 819	41 410	105.8
1972	18 222	87 177	44 813	42 364	105.8
1973	18 555	89 211	45 876	43 335	105.9
1974	18 906	90 859	46 727	44 132	105.9
1975	19 311	92 420	47 564	44 856	106.0
1976	19 787	93 717	48 257	45 460	106.2
1977	20 235	94 974	48 908	46 066	106.2
1978	20 641	96 259	49 567	46 692	106.2
1979	20 986	97 542	50 192	47 350	106.0
1980	21 396	98 705	50 785	47 920	106.0
1981	22 057	100 072	51 519	48 553	106.1
1982	22 538	101 541 (101 654)	52 310(52 352)	49 231 (49 302)	106.3(106.2)
1983	23 000	102 495 (103 008)	52 865(53 152)	49 630 (49 856)	106.5(106.6)
1984	23 476	103 475 (104 357)	53 423(53 848)	50 052 (50 509)	106.7(106.6)
1985	24 134	104 532 (105 851)	54 011(54 725)	50 521 (51 126)	106.9(107.0)
1986	24 927	105 721 (107 507)	54 605(55 581)	51 116 (51 926)	106.8(107.0)
1987	25 834	107 240 (109 300)	55 409(56 290)	51 831 (53 010)	106.9(106.2)
1988	26 933	108 978 (111 026)	56 298(57 201)	52 680 (53 825)	106.9(106.3)
1989	27 888	110 676 (112 704)	57 193(58 099)	53 483 (54 605)	106.9(106.4)
1990	28 830	113 274 (114 333)	58 498(58 904)	54 776 (55 429)	106.8(106.3)
1991	29 458	114 511 (115 823) *	59 140	55 371	106.8
1992	30 039	115 563 (117 171) *	59 705	55 858	106.9
1993	30 574	116 277 (118 517) *	59 941	56 336	106.4

注：1. 本表为公安年报数。

2. 括号中的数字是根据 1990 年全国人口普查数据进行调整的数字。

3. 标有符号“*”的数字为抽样调查数。

4. 总人口和性别比含中国人民解放军现役军人。

4—2 全国历年非农业、农业人口

单位:万人

年　份	总人口	非农业人口		农业人口	
		人口数	占总人口%	人口数	占总人口%
1949	54 167	9 441	17.4	44 726	82.6
1950	55 196	9 137	16.6	46 059	83.4
1951	56 300	8 674	15.4	47 626	84.6
1952	57 482	8 291	14.4	49 191	85.6
1953	58 796	8 729	14.8	50 067	85.2
1954	60 266	9 229	15.3	51 037	84.7
1955	61 465	9 335	15.2	52 130	84.8
1956	62 828	10 002	15.9	52 826	84.1
1957	64 653	10 618	16.4	54 035	83.6
1958	65 994	12 210	18.5	53 784	81.5
1959	67 207	13 567	20.2	53 640	79.8
1960	66 207	13 731	20.7	52 476	79.3
1961	65 859	12 415	18.9	53 444	81.1
1962	67 295	11 271	16.7	56 024	83.3
1963	69 172	11 584	16.7	57 588	83.3
1964	70 499	11 677	16.6	58 822	83.4
1965	72 538	12 122	16.7	60 416	83.3
1966	74 542	12 340	16.6	62 202	83.4
1967	76 368	12 637	16.5	63 731	83.5
1968	78 534	12 554	16.0	65 980	84.0
1969	80 671	12 403	15.4	68 268	84.6
1970	82 992	12 660	15.3	70 332	84.7
1971	85 229	13 350	15.7	71 879	84.3
1972	87 177	13 632	15.6	73 545	84.4
1973	89 211	13 992	15.7	75 219	84.3
1974	90 859	14 079	15.5	76 780	84.5
1975	92 420	14 278	15.4	78 142	84.6
1976	93 717	14 517	15.5	79 200	84.5
1977	94 974	14 694	15.5	80 280	84.5
1978	96 259	15 230	15.8	81 029	84.2
1979	97 542	16 186	16.6	81 356	83.4
1980	98 705	16 800	17.0	81 905	83.0
1981	100 072	17 413	17.4	82 659	82.6
1982	101 541	17 910	17.6	83 631	82.4
1983	102 495	18 378	17.9	84 117	82.1
1984	103 475	19 686	19.0	83 789	81.0
1985	104 532	21 054	20.1	83 478	79.9
1986	105 721	20 902	19.8	84 819	80.2
1987	107 240	21 592	20.1	85 648	79.9
1988	108 978	22 551	20.7	86 427	79.3
1989	110 676	23 371	21.1	87 305	78.9
1990	113 274	23 887	21.1	89 387	78.9
1991	114 511	24 418	21.3	90 093	78.7
1992	115 563	25 298	21.9	90 265	78.1
1993	116 277	26 068	22.4	90 208	77.6

注:1.本表为公安年报数。

2.总人口含中国人民解放军现役军人,并全部作为非农业人口计算。

4－3　全国历年人口密度

年　　份	总　人　口 （万人）	人口密度 （人/平方公里）	年　　份	总　人　口 （万人）	人口密度 （人/平方公里）
1949	54 167	57	1971	85 229	89
1950	55 196	58	1972	87 177	91
			1973	89 211	93
1951	56 300	59	1974	90 859	95
1952	57 482	60	1975	92 420	97
1953	58 796	61			
1954	60 266	63	1976	93 717	98
1955	61 465	64	1977	94 974	99
			1978	96 259	101
1956	62 828	66	1979	97 542	102
1957	64 653	68	1980	98 705	103
1958	65 994	69			
1959	67 207	70	1981	100 072	105
1960	66 207	69	1982	101 654	106
			1983	103 008	108
1961	65 859	69	1984	104 357	109
1962	67 295	70	1985	105 851	111
1963	69 172	72			
1964	70 499	74	1986	107 507	112
1965	72 538	76	1987	109 300	114
			1988	111 026	116
1966	74 542	78	1989	112 704	118
1967	76 368	80	1990	114 333	119
1968	78 534	82			
1969	80 671	84	1991	115 823	121
1970	82 992	87	1992	117 171	122
			1993	118 517	124

注：1. 各年总人口数为大陆 30 个省、自治区、直辖市人口和现役军人之和，其中 1949－1981 年人口数据为公安年报数，1982－1990 年人口数是根据第四次人口普查数据的调整数，1991－1993 年人口数为抽样调查推算数。

2. 全国面积按 957 万平方公里计算（不含台湾省）。

4—4　台湾、香港、澳门历年人口数

单位:万人

年　份	台　湾	香　港	澳　门	年　份	台　湾	香　港	澳　门
1949	739	186		1971	1 499	405	
1950	755	236		1972	1 529	408	
				1973	1 556	416	
1951	787	202		1974	1 585	425	
1952	813	213		1975	1 615	437	
1953	844	224					
1954	875	237		1976	1 651	444	
1955	908	249		1977	1 681	451	
				1978	1 714	472	
1956	939	262		1979	1 748	490	
1957	969	274		1980	1 781	514	
1958	1 004	285					
1959	1 043	297		1981	1 814	496	30
1960	1 079	308		1982	1 846	506	32
				1983	1 873	486	34
1961	1 115	318		1984	1 899	498	38
1962	1 151	341		1985	1 923	545	41
1963	1 188	359					
1964	1 226	387		1986	1 945	559	42
1965	1 263	369		1987	1 967	566	43
				1988	1 990	575	43
1966	1 299	373		1989	2 011	581	45
1967	1 330	383		1990	2 035	586	
1968	1 365	392					
1969	1 433	399		1991	2 054	582	40 *
1970	1 468	409		1992	2 075	590	37
				1993	2 094	592	40

注:* 1991 年 8 月澳门人口普查数,其他年份的人口为估计数。

4—5 省、自治区、直辖

地区	1955年			1956年			
	总户数	总人口	性别比（女=100）	总户数	总人口	性别比（女=100）	总户数
总计	**13 759.6**	**57 465.0**	**107.3**	**14 048.4**	**63 128.3**	**107.4**	**14 431.5**
北京市	66.1	321.0	125.7	81.0	383.8	120.7	86.4
天津市②	66.8	286.3	115.2	64.3	302.6	111.6	68.4
河北省	897.8	4 023.0	102.2	909.5	4 070.2	104.3	929.0
山西省	373.6	1 518.7	114.8	386.3	1 562.6	115.7	398.4
内蒙古自治区	176.1	822.1	125.8	185.1	870.9	126.2	197.7
辽宁省	430.6	2 230.5	108.1	452.4	2 326.2	108.7	469.9
吉林省	235.8	1 210.1	113.2	242.2	1 231.5	111.3	246.6
黑龙江省	267.5	1 335.9	119.1	287.3	1 423.9	119.5	298.8
上海市	139.8	623.1	111.5	138.8	634.9	108.2	146.6
江苏省	1 007.4	4 313.7	101.4	1 021.3	4 695.8	100.7	1 062.6
浙江省	605.6	2 428.4	112.8	607.7	2 444.9	113.3	617.6
安徽省	739.1	3 221.4	112.0	751.3	3 261.6	112.0	775.4
福建省	323.3	1 378.2	109.7	329.2	1 413.2	108.2	339.5
江西省	453.2	1 770.4	105.8	453.3	1 809.0	107.1	462.6
山东省	1 137.4	5 201.1	101.0	1 167.7	5 244.0	101.0	1 202.6
河南省	1 011.6	4 682.3	105.5	1 044.8	4 760.4	105.2	1 079.6
湖北省	698.0	2 925.9	107.6	705.0	2 979.3	107.8	718.7
湖南省	855.6	3 462.8	111.0	869.3	3 527.1	111.1	883.2
广东省	885.5	3 662.7	103.5	879.7	3 704.7	103.3	900.5
广西壮族自治区③	408.9	1 855.9	105.8	422.0	1 891.4	105.9	430.2
海南省④							
四川省	1 481.2	2 876.9	107.0	1 519.3	7 051.3	107.1	1 542.1
贵州省	344.7	1 595.4	103.3	349.5	1 636.1	103.6	359.6
云南省	381.0	1 814.7	99.8	384.9	1 855.1	99.9	395.0
西藏自治区⑤	27.6	127.4	94.6	27.6	127.4	94.6	27.6
陕西省	351.7	1 711.8	117.4	361.4	1 765.9	116.6	368.9
甘肃省	243.1	1 359.2	112.7	252.9	1 416.4	114.1	262.0
青海省	32.5	182.9	103.8	34.4	199.9	111.8	36.1
宁夏回族自治区⑥							
新疆维吾尔自治区	118.1	523.2	115.8	120.2	538.2	116.8	125.9
其他⑦							

注：①本表为公安年报数。②1958年天津市由中央直辖市改为河北省辖市，1967年又恢复为中央直辖市。③广西壮族自治区于1958年3月5日成立，以前为广西省。④海南省于1988年4月成立，以前为广东省管辖。⑤西藏自治区于1965年9月9日成立，以前为西藏地方。⑥宁夏回族自治区于1958年10月25日成立，以前属甘肃省管辖。⑦主要指中国人民解放军现役军人。

市历年总户数、总人口①

单位:万户、万人

1957年		1958年			1959年		
总人口	性别比(女=100)	总户数	总人口	性别比(女=100)	总户数	总人口	性别比(女=100)
64 653.3	107.3	14 420.7	65 994.3	107.5	14 660.8	67 206.9	108.0
401.2	114.0	133.9	635.5	109.5	139.9	684.1	113.7
322.5	109.7						
4 149.9	104.8	944.2	4 338.5	105.6	960.9	4 429.3	106.1
1 595.7	115.6	384.5	1 627.5	114.7	398.3	1 675.6	115.8
920.3	125.8	204.2	970.7	125.3	215.2	1 047.0	127.9
2 409.5	108.4	471.0	2 459.1	107.9	484.4	2 515.8	109.5
1 255.1	112.0	252.7	1 287.9	112.2	258.9	1 320.6	112.8
1 485.5	117.9	310.1	1 570.7	117.7	327.8	1 689.0	118.2
689.7	108.1	225.0	999.6	101.8	231.2	1 028.4	102.1
4 523.4	100.2	976.8	4 284.2	100.6	1 005.2	4 315.5	101.4
2 528.3	111.9	616.1	2 588.5	113.4	617.4	2 623.3	111.9
3 356.0	111.4	791.4	3 426.7	112.9	773.8	3 445.5	110.5
1 465.3	108.7	331.0	1 499.4	107.9	333.4	1 566.2	110.2
1 860.4	107.0	457.3	1 921.9	107.9	466.9	1 985.0	109.3
5 402.9	101.7	1 203.8	5 451.8	101.7	1 242.6	5 402.5	103.1
4 866.9	105.2	1 100.1	4 969.9	106.8	1 066.9	5 040.0	105.7
3 078.4	107.6	719.8	3 167.5	107.7	713.5	3 248.3	108.0
3 622.2	111.2	881.5	3 692.7	110.6	875.0	3 712.0	111.1
3 796.3	104.1	879.7	3 906.9	104.0	943.1	3 968.0	104.9
1 939.5	105.9	432.2	1 979.6	105.6	436.4	1 993.6	106.3
7 215.7	107.2	1 533.1	7 296.9	107.0	1 548.8	7 372.3	105.9
1 688.9	103.7	360.7	1 718.0	102.6	363.5	1 752.0	103.2
1 909.8	100.0	393.7	1 927.5	100.4	397.5	1 921.4	100.2
127.4	94.6	27.6	127.4	107.5	24.4	113.0	93.5
1 812.9	115.9	359.8	1 822.7	114.1	381.1	1 890.5	114.8
1 461.1	112.4	232.8	1 315.6	113.2	236.3	1 335.6	114.2
204.7	111.7	36.3	225.0	124.1	38.4	260.0	136.4
35.3	193.7	114.7	39.3	209.0	120.7		
563.8	116.8	126.1	588.9	118.6	140.7	663.4	125.5

4－5　续表1

地　　区	1960年			1961年			
	总户数	总人口	性别比（女＝100）	总户数	总人口	性别比（女＝100）	总户数
总　　计	**14 746.2**	**66 207.0**	**107.4**	**15 307.1**	**65 859.1**	**105.9**	**15 532.6**
北　京　市	145.8	732.0	113.1	148.6	721.0	109.1	152.0
天　津　市							
河　北　省	968.7	4 429.1	105.4	1 003.1	4 403.5	102.7	1 019.1
山　西　省	400.9	1 712.0	115.8	420.2	1 709.9	112.7	431.5
内蒙古自治区	237.9	1 175.2	129.9	244.4	1 140.8	122.1	255.4
辽　宁　省	495.7	2 566.4	109.6	515.3	2 514.9	107.0	528.6
吉　林　省	270.7	1 404.7	114.0	285.6	1 414.3	110.7	300.9
黑　龙　江　省	346.0	1 815.4	117.8	378.2	1 897.1	115.9	380.3
上　海　市	232.9	1 050.6	102.1	237.9	1 059.0	99.8	240.8
江　苏　省	1 041.0	4 272.6	100.6	1 060.4	4 244.1	98.9	1 083.6
浙　江　省	622.6	2 650.6	112.5	642.2	2 632.2	109.6	653.3
安　徽　省	743.4	3 085.6	106.9	757.6	2 987.7	106.5	769.5
福　建　省	336.1	1 594.7	110.3	348.5	1 597.8	107.4	348.9
江　西　省	471.5	2 018.8	109.6	484.5	2 022.7	106.9	487.3
山　东　省	1 218.4	5 219.1	101.4	1 262.3	5 265.4	99.9	1 273.8
河　南　省	1 060.2	4 846.3	103.6	1 147.9	4 803.2	100.4	1 139.3
湖　北　省	718.7	3 168.0	107.9	753.5	3 183.0	104.9	760.1
湖　南　省	867.3	3 589.4	109.6	932.1	3 508.0	107.8	928.1
广　东　省	948.7	3 995.1	104.9	952.2	4 035.7	102.4	973.5
广西壮族自治区	438.7	1 955.3	105.0	458.1	1 939.6	103.2	452.1
海　南　省							
四　川　省	1 494.6	6 854.0	107.2	1 562.8	6 467.3	104.3	1 600.8
贵　州　省	407.2	1 665.3	99.7	385.7	1 628.6	97.2	384.0
云　南　省	394.9	1 907.6	100.2	421.8	1 899.4	96.7	428.9
西藏自治区	24.4	112.9	93.7	24.4	112.9	93.5	26.3
陕　西　省	385.7	1 954.2	115.6	386.7	1 968.3	111.5	415.3
甘　肃　省	243.3	1 262.5	110.5	248.8	1 210.8	105.6	254.2
青　海　省	38.4	248.6	134.7	39.9	211.4	116.6	39.7
宁夏回族自治区	39.9	216.3	120.7	40.7	203.1	114.1	41.4
新疆维吾尔自治区	152.6	704.7	125.9	163.7	717.4	125.5	163.9
其　　他					360.0		

单位:万户、万人

1962年		1963年			1964年		
总人口	性别比（女=100）	总户数	总人口	性别比（女=100）	总户数	总人口	性别比（女=100）
67 295.5	**105.3**	**15 637.0**	**69 172.0**	**105.6**	**15 759.0**	**70 499.1**	**105.2**
723.6	106.2	154.3	747.4	106.0	156.0	765.4	105.9
4 496.0	102.1	1 029.0	4 593.9	103.8	1 031.2	4 625.7	104.7
1 745.3	111.9	257.9	1 215.4	119.1	437.3	1 824.4	112.3
1 171.8	119.6	435.8	1 790.1	112.3	263.7	1 253.7	118.0
2 549.0	106.2	534.0	2 653.1	105.9	539.8	2 734.2	105.6
1 476.4	108.7	305.7	1 537.1	108.7	313.8	1 595.2	108.8
1 893.5	112.3	388.0	1 972.0	111.8	403.9	2 053.3	110.7
1 057.9	98.1	241.6	1 073.6	98.5	241.1	1 086.2	98.5
4 333.7	98.9	1 105.6	4 441.1	99.5	1 098.2	4 511.8	101.1
2 706.5	109.2	656.1	2 800.5	108.9	659.1	2 874.6	109.0
3 133.2	106.3	767.2	3 232.3	106.1	769.9	3 181.2	107.0
1 639.7	107.2	488.1	2 100.7	106.0	361.8	1 703.5	107.6
2 058.5	105.9	355.1	1 678.4	107.2	487.0	2 143.6	106.4
5 425.7	100.4	1 287.5	5 585.4	100.8	1 281.5	5 605.7	101.0
4 940.2	101.2	1 129.0	5 036.3	101.8	1 130.7	5 099.3	102.4
3 273.9	104.0	753.6	3 349.8	104.5	756.7	3 418.0	105.1
3 600.3	108.2	920.5	3 715.2	107.7	920.2	3 785.1	108.0
4 134.9	102.4	982.2	4 247.3	102.9	989.6	4 347.5	103.7
1 990.2	102.5	457.7	2 066.1	103.6	470.0	2 122.2	104.6
6 485.6	102.7	1 613.9	6 695.8	102.9	1 633.5	6 898.3	103.8
1 664.3	98.6	384.4	1 703.6	99.7	391.9	1 752.0	103.3
1 963.7	96.9	433.4	2 021.1	97.6	442.6	2 088.4	99.2
121.3	93.5	26.3	121.4	93.5	25.5	125.1	91.3
2 007.8	110.1	418.2	2 056.0	110.1	425.9	2 099.9	110.2
1 240.0	105.7	257.2	1 249.2	107.0	260.7	1 290.0	108.2
205.0	112.5	41.7	209.7	111.1	43.6	219.5	111.8
198.9	110.7	41.4	206.7	110.9	42.9	214.9	110.7
698.6	115.7	171.6	712.8	114.0	180.9	744.2	114.6
360.0			360.0			336.2	

4—5 续表2

地　　区	1965年			1966年			
	总户数	总人口	性别比（女=100）	总户数	总人口	性别比（女=100）	总户数
总　计	**15 953.5**	**72 537.7**	**104.9**	**16 098.0**	**74 542.0**	**105.1**	**16 341.0**
北京市	156.7	776.3	106.5	156.0	771.0	106.7	159.0
天津市							88.0
河北省	1 040.5	4 723.7	104.1	1 052.0	4 823.0	104.9	975.0
山西省	442.4	1 871.6	111.8	447.0	1 911.0	111.9	453.0
内蒙古自治区	268.0	1 296.4	117.4	272.0	1 330.0	117.0	157.0
辽宁省	547.8	2 808.3	105.1	563.0	2 870.0	105.3	610.0
吉林省	318.5	1 639.1	107.7	322.0	1 679.0	107.3	371.0
黑龙江省	414.5	2 133.9	109.8	397.0	2 198.0	109.5	438.0
上海市	242.0	1 093.8	98.6	242.0	1 096.0	98.9	244.0
江苏省	1 110.1	4 623.7	100.7	1 102.0	4 748.0	101.5	1 091.0
浙江省	667.1	2 957.3	108.6	673.0	3 033.0	108.6	689.0
安徽省	781.5	3 285.6	106.3	793.0	3 407.0	106.6	805.0
福建省	365.3	1 759.8	107.3	371.0	1 814.0	107.3	375.0
江西省	490.1	2 209.5	106.0	495.0	2 284.0	106.1	499.0
山东省	1 288.7	5 710.7	100.7	1 300.0	5 851.0	101.0	1 310.0
河南省	1 144.1	5 239.9	102.1	1 161.0	5 389.0	102.9	1 178.0
湖北省	762.9	3 504.5	104.8	767.0	3 603.0	104.8	780.0
湖南省	934.1	3 901.5	107.7	939.0	4 010.0	107.8	953.0
广东省	936.9	4 231.3	102.5	945.0	4 347.0	102.8	969.0
广西壮族自治区	537.8	2 444.7	105.6	548.0	2 519.0	103.5	559.0
海南省							
四川省	1 651.8	7 137.0	103.7	1 668.0	7 368.0	104.0	1 704.0
贵州省	398.3	1 820.7	103.4	406.0	1 885.0	103.6	418.0
云南省	446.3	2 160.4	99.1	452.0	2 232.0	99.6	462.0
西藏自治区	27.9	135.7	93.2	21.0	136.0	94.3	25.0
陕西省	432.3	2 144.3	109.9	437.0	2 193.0	109.9	443.0
甘肃省	267.8	1 345.4	108.1	271.0	1 393.0	107.9	276.0
青海省	44.5	230.5	111.3	46.0	238.0	110.6	47.0
宁夏回族自治区	44.1	226.8	110.7	46.0	240.0	112.4	49.0
新疆维吾尔自治区	191.5	789.1	113.1	206.0	838.0	112.7	214.0
其　他		336.2			336.0		

单位:万户、万人

1967年		1968年			1969年		
总人口	性别比(女=100)	总户数	总人口	性别比(女=100)	总户数	总人口	性别比(女=100)
76 368.2	**105.0**	**16 671.0**	**78 534.2**	**105.0**	**17 072.0**	**80 671.2**	**104.8**
782.0	106.3	163.0	782.0	105.8	167.0	767.0	105.1
437.0	105.2	89.0	437.0	105.2	93.0	427.0	104.3
4 463.0	104.9	990.0	4 560.0	108.7	1 018.0	4 664.0	104.4
1 947.0	112.3	461.0	1 999.0	111.5	470.0	2 049.0	111.7
694.0	123.3	161.0	712.0	123.2	168.0	736.0	123.0
3 198.0	105.3	636.0	3 269.0	104.7	654.0	3 341.0	105.2
1 961.0	106.6	378.0	2 014.0	106.6	391.0	2 071.0	106.7
2 411.0	109.7	470.0	2 491.0	107.4	491.0	2 595.0	107.6
1 106.0	99.3	248.0	1 109.0	99.5	252.0	1 094.0	98.5
4 862.0	101.5	1 145.0	4 996.0	101.8	1 184.0	5 119.0	100.9
3 102.0	108.0	706.0	3 171.0	108.1	722.0	3 253.0	108.1
3 523.0	106.6	817.0	3 641.0	107.5	829.0	3 762.0	108.1
1 861.0	107.0	384.0	1 918.0	106.5	394.0	1 974.0	107.1
2 354.0	106.9	514.0	2 410.0	105.3	532.0	2 504.0	105.9
5 909.0	101.1	1 325.0	6 086.0	101.1	1 369.0	6 265.0	100.9
5 538.0	102.8	1 195.0	5 694.0	102.9	1 212.0	5 848.0	102.8
3 688.0	105.6	799.0	3 807.0	104.8	829.0	3 922.0	104.5
4 122.0	107.8	967.0	4 239.0	107.8	981.0	4 358.0	107.8
4 456.0	103.3	976.0	4 586.0	103.3	990.0	4 702.0	103.3
2 594.0	104.9	570.0	2 670.0	104.8	555.0	2 745.0	105.8
7 589.0	103.6	1 704.0	7 850.0	103.4	1 748.0	8 092.0	103.5
1 957.0	101.3	429.0	2 035.0	100.5	441.0	2 108.0	101.1
2 284.0	99.7	474.0	2 367.0	99.6	478.0	2 423.0	100.2
137.0	95.7	26.0	140.0	94.4	26.0	142.0	94.5
2 243.0	109.8	449.0	2 295.0	109.8	455.0	2 348.0	109.8
1 438.0	107.5	281.0	1 488.0	107.5	284.0	1 535.0	107.2
250.0	110.1	48.0	261.0	110.5	54.0	272.0	110.9
254.0	109.9	43.0	263.0	110.4	51.0	275.0	109.9
872.0	111.1	223.0	908.0	110.2	234.0	944.0	108.8
336.2			336.2			336.2	

4—5 续表3

地　　区	1970年			1971年			
	总户数	总人口	性别比(女=100)	总户数	总人口	性别比(女=100)	总户数
总　　计	**17 515.0**	**82 992.0**	**105.9**	**17 962.1**	**85 229.0**	**105.8**	**18 222.0**
北　京　市	169.0	771.0	104.5	172.5	782.8	104.6	176.7
天　津　市	95.0	423.0	103.4	97.1	429.5	103.9	98.8
河　北　省	1 039.0	4 774.0	104.8	1 053.5	4 869.1	104.0	1 070.4
山　西　省	492.0	2 111.0	111.3	499.1	2 164.4	111.2	505.4
内蒙古自治区	175.0	744.0	134.0	173.8	779.1	120.0	180.0
辽　宁　省	678.0	3 389.0	105.1	688.1	3 446.8	104.8	696.3
吉　林　省	399.0	2 131.0	106.1	412.9	2 195.0	106.3	424.6
黑　龙　江　省	513.0	2 685.0	107.7	533.2	2 800.1	107.7	549.7
上　海　市	253.0	1 072.0	98.5	255.9	1 066.8	98.0	261.3
江　苏　省	1 215.0	5 252.0	100.7	1 237.4	5 360.9	100.9	1 248.8
浙　江　省	742.0	3 316.0	108.0	755.8	3 389.9	108.3	766.5
安　徽　省	873.0	3 940.0	107.0	891.7	4 072.7	107.0	906.2
福　建　省	407.0	2 047.0	107.0	454.0	2 108.7	104.2	417.5
江　西　省	544.0	2 584.0	106.4	548.6	2 652.3	106.5	555.5
山　东　省	1 395.0	6 441.0	101.3	1 414.0	6 568.7	101.7	1 439.4
河　南　省	1 229.0	5 991.0	102.8	1 245.8	6 194.6	102.8	1 260.6
湖　北　省	833.0	4 027.0	104.7	842.0	4 131.9	105.1	852.1
湖　南　省	996.0	4 481.0	107.8	1 044.5	4 598.3	107.8	1 055.6
广　东　省	1 018.0	4 811.0	103.0	1 040.0	4 947.6	103.4	1 042.0
广西壮族自治区	574.0	2 817.0	105.2	585.9	2 898.4	105.4	592.8
海　南　省							
四　川　省	1 783.0	8 342.0	103.7	1 895.0	8 583.7	104.4	1 936.5
贵　州　省	452.0	2 180.0	103.4	459.3	2 259.0	103.7	475.6
云　南　省	495.0	2 509.0	100.4	494.4	2 592.7	99.2	510.2
西藏自治区	27.0	145.0	93.3	27.9	150.4	96.8	30.5
陕　西　省	472.0	2 427.0	108.7	485.5	2 492.3	109.3	491.2
甘　肃　省	296.0	1 588.0	107.0	292.4	1 642.9	107.1	308.0
青　海　省	51.0	283.0	109.6	53.4	295.6	108.5	54.5
宁夏回族自治区	54.0	285.0	108.0	55.2	294.9	108.3	56.5
新疆维吾尔自治区	246.0	976.0	107.7	253.2	1 009.9	107.0	258.8
其　　他		450.0			450.0		

单位:万户、万人

1972年		1973年			1974年		
总人口	性别比(女=100)	总户数	总人口	性别比(女=100)	总户数	总人口	性别比(女=100)
87 177.2	**105.8**	**18 554.8**	**89 211.2**	**105.9**	**18 905.7**	**90 859.3**	**105.9**
793.0	103.9	180.4	806.2	104.3	183.7	814.7	104.2
436.9	103.9	149.5	679.9	103.2	153.2	689.2	103.8
4 961.3	104.4	1 040.7	4 803.7	104.6	1 058.7	4 861.2	104.7
2 213.1	111.6	515.6	2 257.3	111.4	524.8	2 301.9	111.2
802.4	118.3	185.1	821.1	118.0	189.6	839.0	117.2
3 490.6	104.8	712.0	3 548.3	104.6	724.4	3 591.6	104.7
2 249.7	105.8	435.6	2 302.3	106.0	447.0	2 336.0	105.9
2 906.9	107.4	573.4	3 016.3	107.4	597.6	3 113.0	107.3
1 064.1	97.7	265.9	1 070.0	98.1	269.4	1 073.8	98.1
5 433.8	101.1	1 268.4	5 505.7	101.5	1 290.0	5 565.7	101.6
3 450.8	108.1	782.6	3 512.9	108.1	802.2	3 560.9	108.0
4 199.3	106.4	926.7	4 316.8	106.6	938.1	4 408.9	106.7
2 150.7	106.6	425.7	2 210.4	106.7	439.6	2 257.9	106.6
2 723.0	106.3	563.3	2 810.5	106.3	572.8	2 888.3	106.4
6 683.1	101.6	1 454.8	6 793.1	101.9	1 473.7	6 876.0	101.9
6 344.5	103.3	1 286.8	6 516.8	102.9	1 311.2	6 647.4	103.0
4 215.7	104.9	860.6	4 294.6	105.1	875.4	4 348.8	105.2
4 700.6	107.8	1 069.7	4 809.8	108.0	1 082.9	4 900.9	108.1
5 057.1	103.3	1 051.4	5 175.2	103.7	1 064.7	5 268.4	103.8
2 973.1	105.9	600.8	3 056.7	105.9	609.3	3 130.1	106.0
8 817.3	104.1	1 975.1	9 065.7	104.4	2 018.7	9 270.6	104.4
2 323.2	103.4	482.1	2 395.2	103.1	492.9	2 463.4	103.1
2 663.1	99.4	517.2	2 746.9	99.5	525.2	2 819.0	99.8
159.0	94.0	31.1	162.8	94.9	31.1	164.9	94.6
2 553.6	108.6	502.3	2 610.2	108.6	515.0	2 655.4	108.4
1 694.5	106.9	316.2	1 744.5	106.9	323.6	1 781.2	106.8
307.1	108.0	55.7	318.2	107.6	57.4	328.8	106.9
306.0	107.8	58.7	316.8	107.8	60.8	326.5	107.5
1 053.7	106.7	267.4	1 093.3	106.4	272.7	1 125.8	105.6
450.0			450.0			450.0	

4—5 续表4

地区	1975年			1976年			
	总户数	总人口	性别比（女=100）	总户数	总人口	性别比（女=100）	总户数
总计	**19 310.7**	**92 420.1**	**106.0**	**19 787.7**	**93 717.5**	**106.2**	**20 235.6**
北京市	188.2	822.6	104.2	192.6	828.8	104.0	198.9
天津市	157.3	699.8	104.0	161.5	704.2	104.3	166.0
河北省	1 078.9	4 913.4	104.8	1 101.0	4 943.4	105.2	1 125.2
山西省	533.1	2 340.0	110.9	547.2	2 373.0	110.9	550.2
内蒙古自治区	195.4	853.1	116.4	200.4	866.3	116.3	203.8
辽宁省	736.6	3 622.3	105.0	756.3	3 655.0	104.9	780.1
吉林省	458.3	2 371.4	105.8	475.6	2 406.2	105.8	489.9
黑龙江省	620.0	3 182.9	107.2	641.0	3 251.8	106.8	659.8
上海市	271.9	1 076.7	98.1	278.8	1 081.3	98.1	287.0
江苏省	1 315.6	5 636.1	101.8	1 348.2	5 700.8	102.0	1 385.5
浙江省	826.8	3 614.5	108.1	853.0	3 662.8	108.0	878.7
安徽省	952.9	4 492.6	106.8	970.3	4 557.7	107.0	996.8
福建省	450.3	2 310.3	106.8	467.6	2 361.9	106.8	477.6
江西省	582.0	2 968.5	106.7	595.5	3 048.2	106.8	605.6
山东省	1 510.2	6 971.5	102.2	1 540.0	7 038.1	102.4	1 575.9
河南省	1 341.6	6 757.6	103.4	1 377.2	6 851.9	103.7	1 405.8
湖北省	886.5	4 408.1	105.4	911.9	4 466.7	105.4	924.6
湖南省	1 092.3	4 991.4	108.2	1 125.4	5 056.8	108.4	1 149.8
广东省	1 083.1	5 355.3	104.2	1 104.1	5 427.1	104.4	1 128.8
广西壮族自治区	618.2	3 201.0	106.2	627.8	3 267.4	106.3	644.8
海南省							
四川省	2 079.3	9 467.2	104.6	2 132.0	9 578.5	105.0	2 162.1
贵州省	506.0	2 531.0	103.2	521.2	2 585.1	103.2	530.3
云南省	538.3	2 884.3	100.0	542.0	2 951.7	100.2	564.0
西藏自治区	34.1	170.2	95.1	32.2	172.1	94.8	32.9
陕西省	524.9	2 692.1	108.4	537.4	2 721.8	108.4	549.5
甘肃省	330.4	1 806.6	106.9	335.0	1 828.6	107.0	340.7
青海省	58.9	337.5	107.6	61.1	346.6	107.5	63.4
宁夏回族自治区	63.5	337.6	108.1	65.8	347.9	107.8	67.8
新疆维吾尔自治区	276.1	1 154.5	105.6	285.6	1 185.8	105.1	290.1
其他		450.0			450.0		

单位:万户、万人

1977年		1978年			1979年		
总人口	性别比（女=100）	总户数	总人口	性别比（女=100）	总户数	总人口	性别比（女=100）
94 773.5	**106.2**	**20 641.0**	**96 259.1**	**106.2**	**20 985.9**	**97 542.7**	**106.0**
838.4	103.7	205.5	849.9	103.5	214.6	870.8	102.7
710.2	104.2	170.7	721.1	103.7	174.8	741.4	103.3
4 998.2	105.2	1 150.8	5 057.5	105.4	1 175.6	5 104.6	105.4
2 398.4	110.7	558.0	2 423.6	110.7	568.2	2 447.2	110.4
879.3	115.7	208.1	890.0	115.1	394.8	1 851.8	110.2
3 691.4	104.8	810.3	3 743.5	104.7	767.3	3 442.6	104.2
2 437.0	105.7	511.4	2 473.5	105.3	464.4	2 184.6	105.0
3 312.2	106.8	681.9	3 376.0	106.7	657.7	3 168.7	105.8
1 086.5	98.0	291.7	1 098.3	97.7	296.7	1 132.1	98.0
5 765.3	102.1	1 423.1	5 834.3	102.3	1 443.6	5 892.6	102.4
3 707.1	108.0	897.6	3 751.0	108.1	905.3	3 792.3	107.8
4 627.6	107.2	1 018.5	4 713.0	107.3	1 035.5	4 803.2	107.2
2 411.2	106.8	484.5	2 452.8	107.2	493.1	2 487.9	106.5
3 118.0	106.8	615.4	3 182.8	106.7	623.3	3 229.0	106.6
7 098.7	102.5	1 611.0	7 159.6	102.5	1 639.4	7 231.6	102.5
6 757.1	103.8	1 430.9	7 066.6	103.8	1 460.8	7 189.4	103.8
4 520.7	105.5	940.0	4 574.9	105.5	954.6	4 632.8	105.3
5 111.8	108.3	1 167.5	5 165.9	108.2	1 184.8	5 223.1	108.0
5 501.9	104.4	1 150.7	5 592.6	104.4	1 167.1	5 680.8	104.4
3 328.9	106.3	665.0	3 401.6	106.3	666.0	3 470.3	106.1
9 659.4	105.2	2 164.9	9 707.5	105.3	2 183.4	9 774.2	105.4
2 640.1	103.3	538.7	2 686.4	103.3	546.4	2 731.0	103.2
3 024.6	100.4	571.8	3 091.5	100.4	577.5	3 134.8	100.2
175.4	94.8	34.8	178.8	95.4	34.4	182.9	95.8
2 751.1	108.2	560.8	2 779.5	108.1	572.3	2 807.1	107.8
1 850.2	106.8	350.8	1 872.9	106.8	354.6	1 893.8	106.6
356.8	107.7	65.4	364.9	107.8	67.5	372.0	106.9
357.0	107.4	69.1	366.1	107.5	69.0	364.1	106.8
1 209.0	104.8	292.1	1 233.0	104.5	293.2	1 256.0	104.4
450.0			450.0			450.0	

4—5 续表 5

地区	1980年			1981年			
	总户数	总人口	性别比（女＝100）	总户数	总人口	性别比（女＝100）	总户数
总计	**21 396.3**	**98 705.6**	**106.0**	**22 056.7**	**100 072.2**	**106.1**	**22 537.9**
北京市	223.2	886.0	102.5	234.8	901.9	102.8	245.0
天津市	179.7	751.4	103.4	188.6	762.8	103.4	196.6
河北省	1 207.2	5 167.6	105.3	1 245.0	5 256.3	104.9	1 271.3
山西省	581.2	2 476.4	110.4	595.0	2 508.8	109.5	597.7
内蒙古自治区	402.7	1 876.5	110.0	419.1	1 902.9	109.6	428.2
辽宁省	792.2	3 486.9	104.2	840.1	3 534.8	104.1	874.6
吉林省	479.6	2 210.7	105.0	497.7	2 230.9	104.8	509.9
黑龙江省	680.0	3 203.8	105.2	707.7	3 239.3	105.1	729.6
上海市	303.9	1 146.3	98.6	314.6	1 162.8	99.1	321.7
江苏省	1 471.8	5 938.2	102.4	1 518.9	6 010.2	102.9	1 554.8
浙江省	923.6	3 826.6	107.9	965.9	3 871.5	107.7	990.7
安徽省	1 051.0	4 892.8	107.1	1 065.2	4 956.6	107.3	1 090.6
福建省	499.7	2 517.8	106.4	519.6	2 556.9	106.5	533.3
江西省	644.7	3 270.2	106.5	650.2	3 303.9	106.4	658.5
山东省	1 672.2	7 296.4	102.5	1 733.7	7 394.8	102.9	1 769.6
河南省	1 480.5	7 285.4	103.8	1 521.6	7 397.0	103.8	1 564.9
湖北省	975.0	4 684.4	105.2	1 006.7	4 740.3	105.3	1 028.4
湖南省	1 197.9	5 281.0	107.9	1 228.8	5 360.1	108.0	1 251.3
广东省	1 180.0	5 780.2	104.5	1 204.2	5 884.1	104.7	1 226.2
广西壮族自治区	676.2	3 538.4	106.1	694.4	3 612.8	106.3	706.2
海南省							
四川省	2 211.8	9 819.6	105.6	2 278.7	9 924.0	105.9	2 315.4
贵州省	552.9	2 776.7	103.1	566.4	2 826.8	103.8	576.9
云南省	590.9	3 173.4	100.4	605.8	3 222.8	101.4	617.5
西藏自治区	34.4	185.3	95.5	35.8	186.0	96.3	34.3
陕西省	584.8	2 831.4	107.7	603.5	2 864.5	107.8	621.1
甘肃省	361.9	1 918.4	106.6	369.7	1 941.4	107.2	376.6
青海省	68.4	376.9	106.3	69.8	381.6	106.3	72.4
宁夏回族自治区	70.1	373.7	106.8	72.3	383.4	106.6	74.5
新疆维吾尔自治区	298.8	1 283.2	104.2	302.9	1 303.0	104.9	300.1
其他		450.0			450.0		

单位:万户、万人

1982年		1983年			1984年		
总人口	性别比（女=100）	总户数	总人口	性别比（女=100）	总户数	总人口	性别比（女=100）
101 540.7	**106.3**	**23 000.4**	**102 495.1**	**106.5**	**23 475.5**	**103 475.3**	**106.7**
919.0	102.9	255.1	933.5	103.5	263.1	947.1	103.7
777.9	103.5	203.5	788.6	103.6	210.0	798.9	103.6
5 356.3	104.9	1 296.3	5 420.2	105.1	1 321.5	5 487.5	105.3
2 546.0	109.4	612.5	2 572.3	109.8	622.7	2 600.4	110.2
1 937.3	109.4	440.0	1 955.5	109.4	450.0	1 985.3	109.6
3 592.1	104.1	896.6	3 629.1	104.3	920.5	3 654.8	104.4
2 257.6	104.8	523.2	2 269.5	105.0	533.4	2 284.5	105.1
3 281.1	104.7	743.4	3 305.7	104.8	754.6	3 295.4	105.0
1 180.5	99.5	330.6	1 194.0	99.9	340.8	1 204.8	100.1
6 088.9	103.3	1 574.5	6 135.0	103.6	1 597.8	6 171.4	103.8
3 924.3	107.7	1 014.0	3 963.1	107.8	1 038.8	3 993.1	107.8
5 015.9	107.6	1 124.0	5 056.4	108.1	1 137.6	5 102.9	108.3
2 604.0	106.4	545.6	2 639.8	106.6	557.6	2 676.8	106.7
3 348.3	106.5	664.5	3 384.3	106.7	685.2	3 420.6	107.0
7 494.3	103.2	1 799.5	7 563.6	103.5	1 827.1	7 637.1	103.7
7 519.4	104.1	1 596.4	7 591.4	104.6	1 633.4	7 646.1	104.9
4 800.9	105.5	1 049.6	4 835.3	105.8	1 069.0	4 876.1	106.2
5 452.1	108.0	1 273.1	5 509.4	108.3	1 299.3	5 561.3	108.5
5 986.7	104.9	1 253.4	6 074.8	105.4	1 292.3	6 165.9	105.8
3 684.1	106.8	718.1	3 732.9	107.1	734.2	3 805.8	107.2
10 022.1	106.4	2 351.3	10 075.5	106.6	2 387.1	10 111.8	106.8
2 875.2	104.7	587.3	2 901.5	104.8	596.2	2 931.9	105.0
3 283.1	102.0	634.8	3 319.1	102.2	649.6	3 362.3	102.6
189.2	96.6	36.0	193.1	95.9	35.3	196.7	96.5
2 904.1	107.9	635.7	2 930.9	108.4	655.3	2 965.7	108.9
1 974.9	107.1	390.9	1 987.5	107.2	399.4	2 015.6	107.1
392.8	105.8	73.3	392.6	105.6	76.3	401.6	105.3
393.0	106.6	75.7	398.3	106.7	78.5	406.1	106.6
1 315.9	105.4	301.5	1 318.5	104.5	308.9	1 344.1	104.6
423.7			423.7			423.7	

4—5 续表6

地区	1985年			1986年			
	总户数	总人口	性别比(女=100)	总户数	总人口	性别比(女=100)	总户数
总计	**24 133.6**	**104 532.1**	**106.9**	**24 947.0**	**105 721.2**	**106.8**	**25 834.1**
北京市	274.1	960.3	103.9	284.6	975.1	104.2	299.4
天津市	216.9	808.4	103.8	221.9	818.8	103.9	230.9
河北省	1 351.5	5 547.5	105.8	1 384.4	5 617.0	105.8	1 422.0
山西省	631.7	2 626.5	110.5	647.9	2 655.1	110.4	668.7
内蒙古自治区	461.6	2 006.7	109.3	473.6	2 029.3	109.2	486.9
辽宁省	951.4	3 686.2	104.5	977.5	3 726.0	104.5	1 011.8
吉林省	546.1	2 298.0	105.1	558.3	2 315.3	105.1	572.7
黑龙江省	771.9	3 311.4	104.8	789.2	3 331.6	105.0	810.3
上海市	352.7	1 216.7	100.5	364.9	1 232.3	100.9	380.2
江苏省	1 640.2	6 213.5	104.0	1 681.1	6 269.9	104.2	1 723.7
浙江省	1 081.2	4 029.6	107.8	1 122.1	4 070.1	107.9	1 167.3
安徽省	1 174.4	5 155.8	108.5	1 236.5	5 217.2	108.4	1 278.4
福建省	572.2	2 713.1	106.8	589.5	2 749.3	107.0	611.2
江西省	698.6	3 460.3	107.2	746.6	3 509.4	107.2	756.2
山东省	1 863.5	7 694.7	104.0	1 900.1	7 776.4	104.1	1 960.4
河南省	1 675.0	7 712.9	105.2	1 723.5	7 807.8	105.4	1 779.7
湖北省	1 119.1	4 930.9	106.2	1 162.2	4 989.0	106.5	1 211.2
湖南省	1 335.1	5 622.7	108.7	1 407.4	5 695.7	108.7	1 485.8
广东省	1 332.9	6 253.1	106.0	1 372.9	6 346.3	106.2	1 415.4
广西壮族自治区	756.9	3 872.9	107.4	782.6	3 945.9	107.5	807.6
海南省							
四川省	2 453.2	10 187.5	107.0	2 559.8	10 319.5	107.2	2 679.0
贵州省	614.2	2 967.9	105.1	634.6	3 008.0	105.2	661.7
云南省	667.4	3 406.2	102.9	690.6	3 455.6	103.1	721.4
西藏自治区	35.5	199.5	97.4	36.4	202.5	95.7	36.3
陕西省	676.8	3 001.7	109.0	698.3	3 042.6	109.2	723.8
甘肃省	410.2	2 041.3	107.4	420.3	2 071.1	107.1	438.5
青海省	78.9	407.4	104.8	81.2	412.5	104.6	83.5
宁夏回族自治区	80.8	414.6	106.4	84.0	424.3	106.5	88.0
新疆维吾尔自治区	309.6	1 361.1	104.9	315.0	1 383.6	104.9	322.1
其他		423.7			324.0		

单位:万户、万人

1987年		1988年			1989年		
总人口	性别比(女=100)	总户数	总人口	性别比(女=100)	总户数	总人口	性别比(女=100)
107 240.4	**106.9**	**26 932.7**	**108 978.0**	**106.9**	**27 888.0**	**110 676.0**	**106.9**
992.6	104.1	310.8	1 003.9	103.9	322.5	1 024.7	103.9
832.4	103.9	241.6	843.4	103.8	249.4	856.9	103.8
5 695.8	105.8	1 468.1	5 791.9	105.7	1 508.7	5 888.4	105.6
2 690.8	110.3	693.8	2 731.4	110.0	718.3	2 774.4	100.1
2 053.6	109.6	502.5	2 083.1	109.4	516.6	2 112.5	109.3
3 777.4	104.5	1 046.6	3 825.5	104.6	1 084.5	3 876.0	104.4
2 336.4	105.0	589.2	2 357.4	105.2	612.5	2 395.4	105.2
3 364.0	104.9	830.7	3 401.5	104.9	858.3	3 442.4	104.9
1 249.5	101.3	394.9	1 262.4	101.5	406.8	1 276.4	101.7
6 348.0	104.4	1 834.3	6 438.3	104.5	1 903.4	6 535.9	104.5
4 121.2	107.7	1 211.1	4 169.9	107.6	1 240.4	4 208.9	107.5
5 286.6	108.4	1 339.1	5 377.1	108.3	1 397.6	5 469.2	108.2
2 800.5	106.9	634.8	2 845.3	106.9	652.8	2 889.0	107.0
3 559.0	107.3	785.8	3 633.4	107.1	818.6	3 695.2	107.2
7 889.5	104.4	2 039.0	8 009.2	104.5	2 115.2	8 180.9	104.5
7 933.5	105.6	1 862.9	8 079.8	105.6	1 933.6	8 231.1	105.8
5 058.1	106.5	1 272.7	5 144.3	106.4	1 316.3	5 223.9	106.5
5 782.6	108.8	1 562.4	5 915.7	108.6	1 623.0	6 013.6	108.6
6 447.2	106.3	1 326.1	5 928.3	106.2	1 358.6	6 025.0	106.3
4 016.4	107.6	831.4	4 088.1	107.6	866.9	4 150.0	107.7
		144.0	627.5	107.5	147.7	638.8	108.0
10 458.4	107.3	2 807.7	10 589.7	107.4	2 912.4	10 700.3	107.6
3 051.4	105.3	697.4	3 143.9	104.6	729.4	3 184.0	105.6
3 513.0	103.5	753.1	3 582.6	103.6	782.7	3 642.2	104.2
207.9	96.9	36.5	212.3	97.2	37.6	215.9	97.1
3 088.2	109.3	753.0	3 140.0	109.3	780.3	3 198.0	109.4
2 103.4	107.0	452.6	2 135.7	107.0	468.1	2 170.8	106.9
417.5	105.0	87.9	421.5	104.7	89.1	427.3	104.8
435.2	106.7	92.3	444.5	106.5	96.0	454.8	106.4
1 406.3	104.8	330.4	1 426.4	105.0	340.7	1 454.2	105.1
324.0			324.0			319.9	

4—5 续表 7

地区	1990年			1991年		
	总户数	总人口	性别比（女＝100）	总户数	总人口	性别比（女＝100）
总计	**28 830.0**	**113 274.2**	**106.3**	**29 457.9**	**114 510.8**	**106.8**
北京市	335.0	1 035.7	103.6	343.1	1 042.9	103.4
天津市	258.4	870.5	103.6	262.8	876.6	103.5
河北省	1 583.8	6 116.8	105.1	1 613.2	6 183.2	105.0
山西省	740.6	2 845.2	109.6	754.6	2 883.4	109.4
内蒙古自治区	536.8	2 149.4	109.0	548.7	2 164.8	108.7
辽宁省	1 126.5	3 917.4	104.2	1 146.0	3 938.5	104.2
吉林省	637.2	2 440.2	104.7	648.9	2 459.7	104.8
黑龙江省	899.9	3 488.9	104.7	921.4	3 510.7	104.6
上海市	415.3	1 283.4	101.7	425.8	1 287.2	101.7
江苏省	1 956.9	6 671.7	104.3	1 987.5	6 733.9	104.4
浙江省	1 259.5	4 234.9	107.5	1 276.8	4 261.4	107.4
安徽省	1 444.7	5 660.7	107.6	1 481.3	5 744.0	107.6
福建省	679.7	2 999.8	106.4	693.5	3 039.0	106.6
江西省	852.5	3 761.4	107.3	872.8	3 801.9	107.5
山东省	2 204.1	8 423.6	104.2	2 261.5	8 534.0	104.1
河南省	2 014.0	8 564.4	105.5	2 064.9	8 687.0	105.6
湖北省	1 349.7	5 373.5	106.5	1 383.2	5 446.8	106.2
湖南省	1 661.4	6 110.6	108.4	1 696.9	6 167.0	108.4
广东省	1 411.1	6 246.3	105.9	1 454.5	6 349.0	106.0
广西壮族自治区	895.9	4 241.6	108.3	918.2	4 294.5	108.4
海南省	150.3	651.2	108.2	155.4	661.5	108.6
四川省	2 986.6	10 813.4	107.8	3 030.6	10 886.8	107.9
贵州省	749.1	3 237.0	106.4	767.9	3 271.4	106.5
云南省	812.0	3 694.5	105.0	837.4	3 734.7	105.2
西藏自治区	38.3	218.1	98.5	39.2	221.8	97.0
陕西省	802.0	3 275.0	108.8	817.7	3 309.9	109.0
甘肃省	486.7	2 229.9	107.1	499.0	2 258.0	107.0
青海省	91.5	434.8	105.0	93.6	439.4	105.1
宁夏回族自治区	100.9	465.7	106.1	103.5	473.8	106.1
新疆维吾尔自治区	349.6	1 498.7	105.5	358.0	1 528.0	105.5
其他		319.9			320.0	

单位:万户、万人

1992年			1993年		
总户数	总人口	性别比（女=100）	总户数	总人口	性别比（女=100）
30 039.0	**115 563.0**	**106.9**	**30 573.9**	**116 276.6**	**106.4**
349.3	1 048.7	103.3	354.6	1 056.9	103.3
266.8	882.7	103.3	270.8	889.6	103.3
1 650.1	6 249.3	104.9	1 679.8	6 309.6	104.7
766.5	2 919.1	109.6	785.2	2 955.5	109.5
559.7	2 178.5	108.7	572.2	2 198.0	108.5
1 166.9	3 957.9	104.1	1 186.4	3 982.9	104.1
661.2	2 474.0	104.7	678.8	2 496.1	104.6
932.8	3 526.2	104.6	943.8	3 538.9	104.6
431.7	1 289.4	101.7	438.7	1 294.7	101.7
2 015.2	6 767.5	104.5	2 034.9	6 800.7	104.6
1 297.8	4 285.9	107.3	1 311.1	4 313.3	107.3
1 500.3	5 817.5	107.6	1 512.3	5 870.0	107.7
707.5	3 066.9	106.6	718.4	3 099.2	106.7
887.7	3 827.0	107.6	898.7	3 857.2	107.4
2 325.1	8 579.8	104.0	2 364.3	8 620.4	103.9
2 118.0	8 811.5	105.8	2 181.4	8 914.6	105.9
1 407.8	5 513.6	106.3	1 437.1	5 590.5	106.3
1 723.1	6 209.2	108.6	1 746.5	6 248.0	108.5
1 504.6	6 463.2	106.1	1 557.1	6 581.6	106.2
949.7	4 359.4	109.0	972.6	4 408.8	109.2
158.2	671.3	109.0	161.0	681.8	109.1
3 064.0	10 942.9	108.0	3 097.5	11 002.4	108.2
776.9	3 301.0	106.8	787.8	3 332.3	107.0
857.9	3 767.1	105.5	883.4	3 802.1	105.8
40.2	225.3	96.9	39.8	228.9	97.8
836.1	3 340.3	109.2	847.5	3 369.7	109.4
512.6	2 288.1	107.2	524.6	2 318.6	107.3
96.4	443.1	104.8	97.2	446.3	104.9
107.1	482.3	106.2	110.0	490.9	106.0
367.5	1 554.1	105.5	380.5	1 577.1	105.6
	320.0				

二、市、镇 人 口

4—6 全国历年城乡人口构成

单位:万人、%

年份	总人口	市镇总人口		乡村总人口	
		人口数	比重	人口数	比重
1951	56 300	6 632	11.78	49 668	88.22
1952	57 482	7 163	12.46	50 319	87.54
1953	58 796	7 826	13.31	50 970	86.69
1954	60 266	8 249	13.69	52 017	86.31
1955	61 465	8 285	13.48	53 180	86.52
1956	62 828	9 185	14.62	53 643	85.38
1957	64 653	9 949	15.39	54 704	84.61
1958	65 994	10 721	16.25	55 273	83.75
1959	67 207	12 371	18.41	54 836	81.59
1960	66 207	13 073	19.75	53 134	80.25
1961	65 859	12 707	19.29	53 152	80.71
1962	67 295	11 659	17.33	55 636	82.67
1963	69 172	11 646	16.84	57 526	83.16
1964	70 499	12 950	18.37	57 549	81.63
1965	72 538	13 045	17.98	59 493	82.02
1966	74 542	13 313	17.86	61 229	82.14
1967	76 368	13 548	17.74	62 820	82.26
1968	78 534	13 838	17.62	64 696	82.38
1969	80 671	14 117	17.50	66 554	82.50
1970	82 992	14 424	17.38	68 568	82.62
1971	85 229	14 711	17.26	70 518	82.74
1972	87 177	14 935	17.13	72 242	82.87
1973	89 211	15 345	17.20	73 866	82.80
1974	90 859	15 595	17.16	75 264	82.84
1975	92 420	16 030	17.34	76 390	82.66
1976	93 717	16 341	17.44	77 376	82.56
1977	94 974	16 669	17.55	78 305	82.45
1978	96 259	17 245	17.92	79 014	82.08
1979	97 542	18 495	18.96	79 047	81.04
1980	98 705	19 140	19.39	79 565	80.61
1981	100 072	20 171	20.16	79 901	79.84
1982	101 654	21 480	21.13	80 174	78.87
1983	103 008	22 274	21.62	80 734	78.38
1984	104 357	24 017	23.01	80 340	76.99
1985	105 851	25 094	23.71	80 757	76.29
1986	107 507	26 366	24.52	81 141	75.48
1987	109 300	27 674	25.32	81 626	74.68
1988	111 026	28 661	25.81	82 365	74.19
1989	112 704	29 540	26.21	83 164	73.79
1990	114 333	30 191	26.41	84 142	73.59
1991	115 823	30 543	26.37	85 280	73.63
1992	117 171	32 372	27.63	84 799	72.37
1993	118 517	33 351	28.14	85 166	71.86

注:1.本表各年人口包括大陆30个省、自治区、直辖市和现役军人数字。

2.1949—1981年市镇总人口是指辖区内全部人口;乡村总人口是指县人口、但不包括镇人口。

3.1982年以后数字是根据第四次人口普查数据调整的。市镇总人口指设区的市所辖的区人口,不设区的市所辖街道人口和所辖镇的居民委员会人口以及县辖镇的居民委员会人口;乡村总人口是指除市镇人口以外的人口。

4—7 全国历年市、镇人口数

单位:万人

年份	市镇总人口			市镇总人口中的非农业人口		
	合计	市	镇	合计	市	镇
1954	9 253	5 768	3 485			
1955	9 361	5 884	3 477			
1956	9 715	6 343	3 372			
1957	10 619	6 902	3 717			
1958	13 685	9 794	3 891			
1959	14 981	10 428	4 553			
1960	16 348	11 771	4 577			
1961	14 783	10 277	4 506	10 603	7 004	3 599
1962	13 727	9 671	4 056	9 819	6 535	3 284
1963	13 369	9 255	4 114	10 007	6 607	3 400
1964	12 950	9 317	3 633	9 885	6 944	2 941
1965	13 045	9 252	3 793	10 170	7 087	3 083
1966	13 413	9 394	4 019	10 301	7 164	3 137
1967		9 544		10 609	7 221	3 388
1968		9 587		10 472	7 214	3 258
1969		9 520		10 401	7 058	3 343
1970	14 424	9 848	4 576	10 525	7 113	3 412
1971	14 493	10 047	4 446	10 709	7 331	3 378
1972	14 928	10 364	4 564	11 070	7 535	3 535
1973	15 340	10 610	4 730	11 349	7 690	3 659
1974	15 595	10 775	4 820	11 458	7 748	3 710
1975	16 056	11 105	4 951	11 609	7 852	3 757
1976	16 341	11 300	5 041	11 792	7 956	3 836
1977	16 668	11 515	5 153	11 956	8 055	3 901
1978	17 245	11 929	5 316	12 444	8 405	4 039
1979	18 496	12 940	5 556	13 312	9 037	4 275
1980	19 141	13 448	5 693	13 863	9 448	4 415
1981	20 172	14 332	5 840	14 320	9 828	4 492
1982	21 156	14 940	6 216	14 715	10 136	4 579
1983	24 123	17 895	6 228	15 234	10 752	4 482
1984	33 006	19 559	13 447	16 689	11 461	5 228
1985	38 244	21 611	16 633	17 971	12 250	5 721
1986	43 753	23 384	20 369	18 515	12 552	5 963
1987	50 101	26 435	23 666	19 441	13 298	6 143
1988	54 249	30 405	23 844	20 406	14 373	6 033
1989	57 383	31 890	25 493	21 170	14 934	6 236
1990	59 808	33 506	26 302	21 733	15 348	6 385
1991	61 888	34 717	27 171	22 292	15 756	6 536
1992	71 234	37 574	33 660	23 412	16 642	6 770
1993	75 020	42 366	32 654	24 292	17 609	6 683

注:1.本表为公安年报数,按行政建制统计的市、镇人口数。

2.现役军人列为市镇人口和非农业人口统计。

4—8 省、自治区、直辖市部分年份市、镇人口数

单位:万人

地区	1957	1965		1970		1975		1980	
	市镇人口	市镇人口	其中:非农业人口	市镇人口	其中:非农业人口	市镇人口	其中:非农业人口	市镇人口	其中:非农业人口
总计	**10 619**	**13 045**	**10 170**	**14 424**	**10 525**	**16 055**	**11 609**	**19 140**	**13 863**
北京	401	505	432	470	387	511	423	572	487
天津	323	435	343	423	306	469	340	512	388
河北	573	441	297	495	321	560	380	671	469
山西	289	307	222	352	246	438	281	503	337
内蒙古	196	330	268	227	174	264	214	535	433
辽宁	938	1 132	945	1 312	950	1 321	958	1 419	1 139
吉林	384	579	463	697	503	767	572	854	639
黑龙江	565	827	704	1 020	847	1 161	941	1 233	993
上海	690	698	689	643	580	614	604	667	659
江苏	766	688	556	663	504	741	559	902	717
浙江	365	423	298	477	294	494	321	569	381
安徽	317	388	310	432	331	523	378	663	452
福建	191	357	235	399	243	439	257	498	300
江西	235	372	250	391	257	491	305	614	377
山东	536	662	373	817	412	895	449	1 030	545
河南	528	576	355	641	380	793	443	895	558
湖北	411	485	409	520	418	638	497	786	612
湖南	315	406	331	445	355	532	405	671	499
广东	541	717	542	773	544	876	598	1 069	733
广西	162	241	183	273	198	315	229	388	292
海南									
四川	780	864	664	946	701	1 038	776	1 336	902
贵州	195	225	175	282	207	298	212	543	258
云南	244	260	178	337	216	335	213	396	260
西藏		11	11	14	6	15	12	24	18
陕西	288	334	241	402	284	435	296	522	349
甘肃	231	213	162	218	163	267	187	290	214
青海	53	43	34	65	53	63	53	75	64
宁夏	-	41	29	68	45	70	48	80	55
新疆	102	149	135	172	150	242	208	373	283
其他	-	336	336	450	450	450	450	450	450

注:1988年以前海南省为广东省管辖。

4—8 续表 1

单位:万人

地区	1982		1983		1984		1985	
	市镇人口	其中:非农业人口	市镇人口	其中:非农业人口	市镇人口	其中:非农业人口	市镇人口	其中:非农业人口
总计	**21 155**	**14 715**	**24 130**	**15 635**	**33 006**	**16 690**	**38 244**	**17 971**
北京	596	510	617	524	628	536	640	549
天津	532	404	542	414	552	426	565	434
河北	740	511	844	527	1 511	625	1 749	657
山西	541	363	712	381	1 453	477	1 483	490
内蒙古	564	456	570	465	844	494	870	522
辽宁	1 509	1 228	1 547	1 265	2 001	1 342	2 482	1 425
吉林	894	680	878	695	1 256	751	1 422	786
黑龙江	1 309	1 052	1 420	1 084	1 693	1 140	1 929	1 183
上海	695	685	711	699	738	719	749	736
江苏	954	761	1 229	793	1 396	896	1 596	970
浙江	1 000	436	908	440	1 018	467	1 534	599
安徽	721	488	837	505	915	530	975	569
福建	548	320	598	330	998	360	1 163	385
江西	643	408	709	421	761	445	965	490
山东	1 436	598	2 215	658	3 704	815	4 088	896
河南	1 025	610	1 175	638	1 228	674	1 440	730
湖北	849	652	1 395	691	1 648	773	1 883	886
湖南	818	544	877	958	1 289	608	1 724	672
广东	1 107	770	1 300	807	1 602	948	1 877	1 067
广西	451	312	455	319	1 434	364	1 483	385
海南				984				
四川	1 416	950	1 595	264	1 860	1 048	2 599	1 164
贵州	542	259	551	265	854	296	875	307
云南	411	258	447	16	878	312	901	327
西藏	24	17	19	383	20	17	21	18
陕西	548	370	577	236	1 101	447	1 167	480
甘肃	313	223	357	66	415	254	771	285
青海	80	65	77	65	129	85	138	94
宁夏	88	61	109	316	115	68	146	74
新疆	375	299	436		544	349	585	367
其他	424	424	424	424	424	424	424	424

4—8 续表 2

单位:万人

地区	1986		1987		1988		1989	
	市镇人口	其中:非农业人口	市镇人口	其中:非农业人口	市镇人口	其中:非农业人口	市镇人口	其中:非农业人口
总计	43 753	18 515	50 101	19 441	54 249	20 406	57 383	21 170
北京	655	564	719	584	734	597	748	612
天津	579	439	594	447	623	460	636	469
河北	2 013	699	2 102	730	2 298	757	2 563	794
山西	1 512	516	1 538	537	1 573	561	1 644	580
内蒙古	927	541	989	563	1 020	586	1 043	604
辽宁	2 570	1 448	2 680	1 495	2 783	1 538	2 842	1 572
吉林	1 471	812	1 598	842	1 729	875	1 778	898
黑龙江	2 038	1 205	2 145	1 266	2 332	1 315	2 359	1 329
上海	780	752	799	768	812	782	859	803
江苏	2 059	959	2 881	1 031	3 213	1 128	3 494	1 203
浙江	1 780	589	2 127	615	2 399	636	2 612	656
安徽	1 527	647	1 656	679	1 802	706	1 903	725
福建	1 202	396	1 275	407	1 420	422	1 529	441
江西	1 029	509	1 116	535	1 257	554	1 350	573
山东	4 449	894	4 674	956	4 982	1 158	5 217	1 240
河南	1 674	761	1 985	808	2 661	875	2 884	924
湖北	2 357	939	3 627	1 019	3 837	1 062	3 920	1 100
湖南	1 879	701	2 257	737	2 460	782	2 597	811
广东	3 744	1 209	5 551	1 360	4 935	1 212	5 486	1 376
广西	1 506	397	1 529	417	2 152	552	1 877	466
海南					442	107	454	112
四川	2 823	1 204	2 947	1 235	3 225	1 295	3 391	1 331
贵州	904	314	936	321	686	299	1 004	344
云南	1 000	336	991	349	1 422	365	1 522	379
西藏	25	17	26	19	28	19	36	21
陕西	1 203	492	1 244	509	1 405	528	1 439	545
甘肃	813	303	848	312	869	318	890	332
青海	140	96	143	99	147	100	151	102
宁夏	170	84	170	90	176	94	178	96
新疆	600	368	630	387	503	399	657	412
其他	324	324	324	324	324	324	320	320

4—8 续表 3

单位:万人

地区	1990		1991		1992		1993	
	市镇人口	其中:非农业人口	市镇人口	其中:非农业人口	市镇人口	其中:非农业人口	市镇人口	其中:非农业人口
总计	**59 807**	**21 734**	**61 888**	**22 292**	**70 914**	**23 092**	**75 019**	**24 292**
北京	759	621	883	640	892	648	899	661
天津	645	478	655	483	660	487	665	492
河北	2 733	808	2 889	833	3 055	887	3 352	922
山西	1 699	599	1 724	609	1 788	625	1 868	653
内蒙古	1 090	616	1 101	624	1 114	633	1 135	650
辽宁	2 881	1 593	2 967	1 618	3 037	1 648	3 265	1 701
吉林	1 888	920	1 908	935	2 060	961	2 127	1 001
黑龙江	2 459	1 370	2 478	1 379	2 559	1 402	2 634	1 429
上海	869	810	878	815	886	820	1 038	856
江苏	3 686	1 240	3 975	1 277	4 334	1 340	4 717	1 475
浙江	2 650	661	2 733	672	3 593	711	3 679	736
安徽	1 967	739	2 008	769	3 838	884	4 043	911
福建	1 698	455	1 801	466	2 364	502	2 518	541
江西	1 419	589	1 493	606	1 570	629	1 877	662
山东	5 481	1 316	5 583	1 374	5 801	1 483	6 073	1 591
河南	3 087	971	3 213	1 010	3 307	1 065	3 527	1 146
湖北	4 053	1 112	4 167	1 147	4 301	1 199	4 389	1 249
湖南	2 679	830	2 738	848	2 812	894	3 039	953
广东	5 739	1 438	5 835	1 504	5 980	1 603	6 403	1 789
广西	1 960	476	2 064	498	2 200	544	2 436	598
海南	467	119	477	122	483	127	527	138
四川	3 557	1 375	3 715	1 405	6 885	1 565	7 238	1 626
贵州	1 074	351	1 230	365	2 216	396	2 237	404
云南	1 500	387	1 536	396	1 581	414	1 640	435
西藏	36	19	36	19	37	19	38	21
陕西	1 483	559	1 515	573	1 546	594	1 567	609
甘肃	914	339	927	347	945	359	970	368
青海	153	103	155	104	157	105	158	106
宁夏	189	103	197	106	209	109	228	112
新疆	672	417	687	428	704	439	730	454
其他	320	320	320	320	320	320	320	320

4－9 全国历年按非农业人口分组的市数

单位:个

年份	总计	10万人以下	10～30万人	30～50万人	50～100万人	100～200万人	200万人以上
1959	183	42	81	24	21	10	5
1960							
1961	208	55	88	26	24	9	6
1962	198	55	81	27	21	8	6
1963	174	35	77	28	19	9	6
1964	169	44	71	23	18	8	5
1965	171	44	73	23	18	8	5
1966	175	42	78	22	20	8	5
1967	175	41	78	23	20	8	5
1968	175	41	80	22	19	8	5
1969	175	36	82	25	21	6	5
1970	176	40	81	23	21	6	5
1971	180	39	83	22	25	6	5
1972	181	36	84	26	23	7	5
1973	181	33	87	24	24	8	5
1974	181	31	89	24	24	8	5
1975	184	33	87	26	25	8	5
1976	187	32	90	27	25	8	5
1977	189	32	90	28	26	8	5
1978	191	29	91	31	27	7	6
1979	203	32	93	35	28	9	6
1980	217	43	98	31	30	8	7
1981	229	49	103	31	28	11	7
1982	239	55	105	31	28	13	7
1983	271	62	126	35	26	13	7
1984	295	69	137	39	30	12	8
1985	324	77	150	45	30	14	8
1986	347	92	159	42	31	15	8
1987	381	105	171	50	30	17	8
1988	432	114	210	50	30	19	9
1989	446	116	218	54	28	21	9
1990	461	121	221	60	28	22	9
1991	475	129	224	61	30	22	9
1992	507	133	246	66	30	22	10
1993	561	146	279	68	36	22	10

三、人 口 自 然 变 动

4—10 全国历年人口自然变动情况

单位:万人

年 份	出 生		死 亡		自 然 增 长	
	人 数	‰	人 数	‰	人 数	‰
1949		36.00		20.00		16.00
1950	2 023	37.00	984	18.00	1 039	19.00
1951						
1952						
1953						
1954	2 245	37.97	779	13.18	1 466	24.79
1955	1 978	32.60	745	12.28	1 233	20.32
1956	1 976	31.90	706	11.40	1 270	20.50
1957	2 167	34.03	688	10.80	1 479	23.23
1958	1 905	29.22	781	11.98	1 124	17.24
1959	1 647	24.78	970	14.59	677	10.19
1960	1 389	20.86	1 693	25.43	-304	-4.57
1961	1 188	18.02	939	14.24	249	3.78
1962	2 460	37.01	666	10.02	1 794	26.99
1963	2 954	43.37	684	10.04	2 270	33.33
1964	2 729	39.14	802	11.50	1 927	27.64
1965	2 704	37.88	678	9.50	2 026	28.38
1966	2 579	35.05	649	8.83	1 928	26.22
1967	2 563	33.96	636	8.43	1 927	25.53
1968	2 757	35.59	636	8.21	2 121	27.38
1969	2 715	34.11	639	8.03	2 076	26.08
1970	2 736	33.43	622	7.60	2 114	25.83
1971	2 567	30.65	613	7.32	1 954	23.33
1972	2 566	29.77	656	7.61	1 910	22.16
1973	2 463	27.93	621	7.04	1 842	20.89
1974	2 235	24.82	661	7.34	1 574	17.48
1975	2 109	23.01	671	7.32	1 438	15.69
1976	1 853	19.91	675	7.25	1 178	12.66
1977	1 787	18.93	649	6.87	1 138	12.06
1978	1 745	19.28	598	6.25	1 147	12.00
1979	1 727	17.82	602	6.21	1 125	11.61
1980	1 779	18.21	619	6.34	1 160	11.87
1981	2 069	20.91	629	6.36	1 440	14.55
1982	2 238	22.28	663	6.60	1 575	15.68
1983	2 058	20.19	703	6.90	1 354	13.29
1984	2 055	19.90	704	6.82	1 351	13.08
1985	2 202	21.04	710	6.78	1 493	14.26
1986	2 384	22.43	729	6.86	1 655	15.57
1987	2 522	23.33	726	6.72	1 795	16.61
1988	2 457	22.37	729	6.64	1 728	15.73
1989	2 407	21.58	730	6.54	1 678	15.04
1990	2 391	21.06	762	6.67	1 629	14.39
1991	2 258	19.68	768	6.70	1 490	12.98
1992	2 119	18.24	771	6.64	1 348	11.60
1993	2 126	18.09	780	6.64	1 346	11.45

注:1982—1989 年数据是根据 1982、1990 年两次人口普查推算数,1990 年以后是人口变动情况抽样调查数,其余均为公安年报数。

4—11 省、自治区、直辖市部分年份人口自然变动情况

单位:‰

地区	1957年			1961年			1965年		
	出生率	死亡率	自然增长率	出生率	死亡率	自然增长率	出生率	死亡率	自然增长率
总计	**34.03**	**10.80**	**23.23**	**18.02**	**14.24**	**3.78**	**37.88**	**9.50**	**28.38**
北京	44.25	8.10	36.15	25.73	10.81	14.92	23.10	6.70	16.40
天津	45.21	8.13	37.08						
河北	30.39	11.60	18.79	15.41	13.43	1.98	31.80	8.40	23.40
山西	33.07	12.61	20.46	19.04	12.20	6.84	34.00	10.40	23.60
内蒙古	37.17	10.69	26.48	22.05	8.61	13.44	38.00	9.60	28.40
辽宁	41.60	9.38	32.22	17.28	17.14	0.14	36.20	7.10	29.10
吉林	34.64	9.23	25.41	26.45	12.04	14.41	40.50	9.70	30.80
黑龙江	36.43	10.38	26.05	27.25	11.12	16.13	40.40	8.00	32.40
上海	46.00	6.06	39.94	22.49	7.70	14.79	17.00	5.70	11.30
江苏	34.01	9.99	24.02	18.60	13.22	5.38	36.90	9.50	27.40
浙江	34.62	9.24	25.38	17.56	9.83	7.73	36.50	8.10	28.40
安徽	29.51	9.03	20.48	12.29	8.07	4.22	41.80	7.20	34.60
福建	37.90	8.92	28.98	17.42	11.87	5.55	41.10	7.30	33.80
江西	38.15	11.42	26.73	21.00	11.54	9.46	38.90	9.40	29.50
山东	35.59	11.98	23.61	21.54	18.49	3.05	35.50	10.20	25.30
河南	33.48	11.74	21.74	15.25	10.20	5.05	36.10	8.50	27.60
湖北	34.21	9.56	24.65	27.22	9.08	18.14	35.10	10.00	25.10
湖南	33.28	10.35	22.93	12.51	17.48	-4.97	42.30	11.20	31.10
广东	34.73	8.55	26.18	21.51	10.74	10.77	36.30	6.80	29.50
广西	32.98	11.94	21.04	15.97	20.08	-4.11	42.40	9.00	33.40
四川	30.63	11.82	18.81	28.01	11.65	16.36	42.40	11.50	30.90
贵州	34.27	12.29	21.98	15.81	20.04	-4.23	50.00	15.20	34.80
云南	36.02	16.06	19.96	19.41	11.83	7.58	44.10	13.00	31.10
西藏									
陕西	32.00	10.25	21.75	20.98	8.76	12.22	34.70	13.00	21.70
甘肃	34.06	11.07	22.99	14.76	11.48	3.28	45.30	12.30	33.00
青海	32.18	10.40	21.78	11.43	11.68	-0.25	48.70	9.10	39.60
宁夏				13.02	10.71	2.31	48.10	9.30	38.80
新疆	28.00	14.06	13.94	25.50	11.02	14.48	41.70	11.10	30.60

注:1. 1954—1980年为公安年报数。

2. 1985—1989年数据是根据1982、1990年两次人口普查数据的调整数(全国部分)和人口变动抽样调查推算数(地区部分)。

3. 1990、1991年数据为人口变动抽样调查推算数。

4—11 续表1

地区	1970年			1975年			1980年			
	出生率	死亡率	自然增长率	出生率	死亡率	自然增长率	出生率	死亡率	自然增长率	出生率
总计	**33.43**	**7.60**	**25.83**	**23.01**	**7.32**	**15.69**	**18.21**	**6.34**	**11.87**	**21.04**
北京	20.68	6.37	14.31	9.94	6.53	3.41	15.58	6.30	9.28	14.43
天津	19.29	6.35	12.94	13.94	6.59	7.35	13.45	6.03	7.42	14.53
河北	26.76	6.48	20.28	15.57	7.22	8.35	19.64	7.27	12.37	13.40
山西	31.11	8.13	22.98	23.22	7.85	15.37	17.50	6.73	10.77	14.16
内蒙古	28.92	5.81	23.11	22.19	5.68	16.51	18.51	5.46	13.05	13.80
辽宁	27.40	5.14	22.26	16.36	6.16	10.20	15.84	5.60	10.24	11.85
吉林	33.17	6.33	26.84	20.48	6.74	13.74	17.85	6.20	11.65	11.93
黑龙江	34.81	5.80	29.01	21.97	5.43	16.54	23.57	7.24	16.33	10.74
上海	13.85	4.99	8.86	9.43	6.01	3.42	12.57	6.49	6.08	12.74
江苏	30.69	6.85	23.84	17.86	6.46	11.40	14.69	6.57	8.12	10.84
浙江	26.16	5.97	20.19	19.49	6.31	13.18	15.10	6.29	8.81	12.11
安徽	37.19	6.44	30.75	22.13	5.68	16.45	15.52	4.73	10.79	12.75
福建	33.42	6.02	27.40	28.83	6.54	22.29	18.65	6.54	12.11	17.49
江西	31.56	7.74	23.82	33.98	8.01	25.97	16.01	5.30	10.71	14.28
山东	33.91	7.34	26.57	21.56	7.53	14.03	15.29	6.61	8.68	11.75
河南	31.59	7.43	24.16	22.75	7.66	15.09	17.25	5.22	12.03	11.51
湖北	29.92	7.70	22.22	19.93	7.88	12.05	16.52	7.09	9.43	13.20
湖南	37.22	10.16	27.06	25.04	8.34	16.70	16.19	6.87	9.32	14.44
广东	29.64	5.89	23.75	21.03	6.06	14.97	20.72	5.41	15.31	15.68
广西	31.14	6.76	24.38	27.53	6.77	20.76	22.87	5.88	16.99	19.46
四川	52.70	12.60	40.10	29.14	8.86	20.28	11.93	6.81	5.12	12.79
贵州	43.10	10.78	32.32	37.52	10.53	26.99	21.00	7.04	13.96	14.95
云南	28.51	8.15	20.36	29.54	8.68	20.86	17.83	7.42	10.41	16.79
西藏	19.44	7.64	11.80	22.35	9.05	13.30	22.35	8.20	14.15	23.32
陕西	26.76	6.28	20.48	21.70	8.16	13.54	16.15	7.23	8.92	16.09
甘肃	39.46	7.94	31.52	20.96	7.42	13.54	16.51	5.53	10.98	14.32
青海	39.93	7.56	32.37	31.95	8.24	23.71	22.26	6.09	16.17	14.21
宁夏	40.36	6.43	33.93	36.34	7.74	28.60	27.37	5.67	21.70	17.09
新疆	36.67	8.23	28.44	33.10	8.74	24.36	21.83	7.70	14.13	19.80

单位:‰

1985年		1988年			1989年			1990年		
死亡率	自然增长率	出生率	死亡率	自然增长率	出生率	死亡率	自然增长率	出生率	死亡率	自然增长率
6.78	14.26	22.37	6.64	15.73	21.58	6.54	15.04	21.06	6.67	14.39
5.50	8.93	14.40	5.54	8.86	12.84	5.63	7.21	13.01	5.81	7.20
5.78	8.75	15.92	5.65	10.27	15.48	5.47	10.01	15.61	5.78	9.83
5.69	7.71	20.32	5.50	14.82	20.19	5.44	14.75	20.46	6.82	13.64
5.98	8.18	20.28	6.42	13.86	20.15	6.30	13.85	22.54	6.56	15.98
4.46	9.34	19.96	5.71	14.25	19.25	5.81	13.44	21.19	7.21	13.98
5.27	6.58	16.14	5.43	10.71	15.04	5.61	9.43	16.30	6.59	9.71
5.34	6.59	18.35	5.63	12.72	19.35	6.40	12.95	19.49	6.56	12.93
4.29	6.45	17.12	4.41	12.71	18.84	5.47	13.37	18.11	6.35	11.76
6.69	6.05	13.20	6.80	6.40	12.53	6.64	5.89	10.31	6.64	3.67
5.87	4.97	16.30	5.89	10.41	20.38	6.54	13.84	20.54	6.53	14.01
6.05	6.06	15.54	6.35	9.19	15.20	6.41	8.79	15.33	6.31	9.02
5.16	7.59	20.81	5.61	15.20	23.61	5.92	17.69	24.47	6.25	18.22
5.38	12.11	20.35	5.64	14.71	23.78	6.09	17.69	24.44	6.71	17.73
5.54	8.74	19.79	5.80	13.99	23.04	6.26	16.78	24.59	7.54	17.05
5.90	5.85	17.54	6.04	11.50	16.88	5.70	11.18	18.21	6.96	11.25
6.22	5.29	21.52	5.93	15.59	24.25	6.24	18.01	24.92	6.52	18.40
6.69	6.51	19.08	6.44	12.64	21.09	6.94	14.15	21.60	7.30	14.30
6.46	7.98	23.32	6.82	16.50	22.91	7.07	15.84	23.93	7.23	16.70
5.01	10.67	20.90	5.07	15.83	20.27	5.73	14.54	22.26	5.76	16.50
5.05	14.41	22.18	6.36	15.82	20.34	5.72	14.62	20.20	6.60	13.60
6.67	6.12	18.29	6.59	17.80	21.16	7.02	14.14	23.09	7.90	15.19
6.37	8.58	23.81	6.01	16.88	23.07	8.05	15.02	23.60	7.92	15.68
6.56	10.23	24.01	7.13	17.18	24.17	7.94	16.23	23.98	7.55	16.43
10.13	13.19	24.20	7.02	14.93	22.25	6.32	15.93	23.48	6.52	16.96
5.99	10.10	21.04	6.11	15.35	22.57	5.60	16.97	20.68	6.20	14.48
4.99	9.33	20.41	5.06	14.59	20.11	5.11	15.00	24.34	7.47	16.87
4.58	9.63	19.27	4.68	19.55	23.56	4.61	18.95	24.34	5.52	18.82
3.77	13.32	24.79	5.24	13.73	26.52	5.71	20.81	26.44	7.82	18.62
6.39	13.41	19.72	5.99	13.73						

4—11 续表 2 单位:‰

地区	1991年			1992年			1993年		
	出生率	死亡率	自然增长率	出生率	死亡率	自然增长率	出生率	死亡率	自然增长率
总计	**19.68**	**6.70**	**12.98**	**18.24**	**6.64**	**11.60**	**18.09**	**6.64**	**11.45**
北京	8.03	5.82	2.21	9.22	6.11	3.11	9.35	6.16	3.19
天津	11.94	5.78	6.16	12.50	6.00	6.50	10.71	6.20	4.51
河北	16.59	6.75	9.84	15.33	6.43	8.90	15.43	6.11	9.32
山西	21.56	6.87	14.69	19.59	6.94	12.65	17.48	6.36	11.12
内蒙古	16.77	6.97	9.80	17.07	6.73	10.34	18.48	6.83	11.65
辽宁	12.10	6.64	5.46	12.57	6.11	6.46	12.43	6.11	6.32
吉林	17.09	6.84	10.25	15.74	6.57	9.17	15.28	6.31	8.97
黑龙江	15.89	5.70	10.19	16.25	6.12	10.13	15.90	5.52	10.38
上海	7.68	7.01	0.67	7.28	6.74	0.54	6.50	7.30	-0.80
江苏	17.05	6.50	10.55	15.71	6.76	8.95	13.97	6.61	7.36
浙江	14.48	6.39	8.09	14.72	6.57	8.15	13.61	6.58	7.03
安徽	21.19	6.06	15.13	18.76	6.14	12.62	17.18	6.51	10.67
福建	20.03	6.26	13.77	18.18	6.02	12.16	16.72	5.62	11.10
江西	21.20	7.13	14.07	19.53	7.07	12.46	20.33	6.89	13.44
山东	15.40	6.54	8.86	11.43	6.88	4.55	10.47	6.76	3.71
河南	19.78	6.63	13.15	18.13	6.99	11.14	15.87	6.11	9.76
湖北	20.70	7.36	13.34	19.05	6.87	12.18	20.04	6.93	13.11
湖南	20.50	7.30	13.20	16.70	7.30	9.40	14.08	7.13	6.95
广东	20.54	5.95	14.59	19.31	6.17	13.14	18.34	5.84	12.50
广西	21.89	7.24	14.65	20.19	7.28	12.91	19.58	6.35	13.23
海南	22.97	5.97	17.00	21.31	6.07	15.24	20.81	5.26	15.55
四川	15.82	7.29	8.53	16.27	7.03	9.24	16.77	7.21	9.56
贵州	22.42	8.11	14.31	22.40	8.52	13.88	22.60	8.50	14.10
云南	21.80	8.10	13.70	21.00	8.00	13.00	22.80	8.10	13.90
西藏	23.53	7.40	16.13	23.63	8.09	15.54	26.68	7.60	19.08
陕西	19.82	6.51	13.31	18.85	6.57	12.28	17.63	6.55	11.08
甘肃	19.38	6.05	13.33	19.37	6.64	12.73	20.16	6.84	13.32
青海	23.37	8.35	15.02	22.54	8.14	14.40	20.50	8.26	12.24
宁夏	21.96	5.13	16.83	20.11	5.36	14.75	19.43	5.36	14.07
新疆	24.45	7.86	16.59	22.80	7.84	14.96	21.53	7.68	13.85

四、人 口 教 育

4—12 各级学

<table>
<tr><th rowspan="2">年份</th><th colspan="2">普通高等学校</th><th colspan="2">中等学校</th></tr>
<tr><th>学校数</th><th>教师数</th><th>学校数</th><th>教师数</th></tr>
<tr><td>1952</td><td>201</td><td>2.7</td><td>6 059</td><td>13.0</td></tr>
<tr><td>1957</td><td>229</td><td>7.0</td><td>12 474</td><td>29.4</td></tr>
<tr><td>1962</td><td>610</td><td>14.4</td><td>24 756</td><td>47.3</td></tr>
<tr><td>1965</td><td>434</td><td>13.8</td><td>80 993</td><td>70.9</td></tr>
<tr><td>1970</td><td>434</td><td>12.9</td><td>106 041</td><td>121.3</td></tr>
<tr><td>1975</td><td>387</td><td>15.6</td><td>125 718</td><td>216.5</td></tr>
<tr><td>1976</td><td>392</td><td>16.7</td><td>194 595</td><td>280.9</td></tr>
<tr><td>1977</td><td>404</td><td>18.6</td><td>203 753</td><td>327.4</td></tr>
<tr><td>1978</td><td>598</td><td>20.6</td><td>165 105</td><td>328.1</td></tr>
<tr><td>1979</td><td>633</td><td>23.7</td><td>147 266</td><td>319.1</td></tr>
<tr><td>1980</td><td>675</td><td>24.7</td><td>124 760</td><td>317.1</td></tr>
<tr><td>1981</td><td>704</td><td>25.0</td><td>112 505</td><td>300.9</td></tr>
<tr><td>1982</td><td>715</td><td>28.7</td><td>107 829</td><td>287.1</td></tr>
<tr><td>1983</td><td>805</td><td>30.3</td><td>105 045</td><td>282.6</td></tr>
<tr><td>1984</td><td>902</td><td>31.5</td><td>104 017</td><td>282.2</td></tr>
<tr><td>1985</td><td>1 016</td><td>34.4</td><td>104 848</td><td>296.7</td></tr>
<tr><td>1986</td><td>1 054</td><td>37.2</td><td>104 936</td><td>311.5</td></tr>
<tr><td>1987</td><td>1 063</td><td>38.5</td><td>105 151</td><td>326.5</td></tr>
<tr><td>1988</td><td>1 075</td><td>39.3</td><td>104 468</td><td>338.9</td></tr>
<tr><td>1989</td><td>1 075</td><td>39.7</td><td>102 732</td><td>342.3</td></tr>
<tr><td>1990</td><td>1 075</td><td>39.5</td><td>100 777</td><td>349.2</td></tr>
<tr><td>1991</td><td>1 075</td><td>39.1</td><td>99 348</td><td>355.7</td></tr>
<tr><td>1992</td><td>1 053</td><td>38.8</td><td>97 784</td><td>362.6</td></tr>
<tr><td>1993</td><td>1 065</td><td>38.8</td><td>96 744</td><td>366.8</td></tr>
</table>

校数、教师数

单位:所、万人

小学		幼儿园		盲、聋、哑学校	
学校数	教师数	学校数	教师数	学校数	教师数
526 964	143.5	6 531	1.4		
547 306	188.4	16 420	5.0	66	0.1
668 318	251.1	17 564	7.0	261	0.2
1 681 939	385.7	19 226	6.2	266	0.3
961 131	361.2				
1 093 317	520.4	171 749	23.7	246	0.3
1 044 274	528.9	442 650	51.4	269	0.4
982 291	522.6	261 936	33.5	286	0.4
949 323	522.6	163 952	27.7	292	0.4
923 532	538.2	165 629	29.5	289	0.5
917 316	549.9	170 419	41.1	292	0.5
894 074	558.0	130 296	40.1	302	0.5
880 516	550.5	122 107	41.5	312	0.5
862 165	542.5	136 306	43.3	318	0.6
853 740	537.0	165 526	49.1	326	0.6
832 309	537.7	172 262	55.0	350	0.7
820 846	541.4	173 376	60.5	387	0.7
807 406	543.4	176 775	65.1	414	0.8
793 261	550.1	171 845	67.0	446	0.9
777 244	554.4	172 634	70.9	483	0.9
766 072	558.2	172 322	75.0	555	1.1
729 158	553.2	164 465	76.9	651	1.2
712 973	552.7	172 506	81.5	754	1.3
696 681	555.2	165 197	83.6	824	1.5

4—13 中等学校分

年份	合计		中等专业学校					
			小计		中等技术学校		中等师范学校	
	学校数	教师数	学校数	教师数	学校数	教师数	学校数	教师数
1952	6 059	13.0	1 710	3.5	794	1.5	916	2.0
1957	12 474	29.4	1 320	5.8	728	4.3	592	1.5
1962	24 756	47.3	1 514	6.1	956	4.7	558	1.4
1965	80 993	70.9	1 265	5.5	871	4.4	394	1.1
1970	106 041	121.3	1 087	3.9	685	2.6	402	1.3
1975	125 718	216.5	2 213	7.3	1 326	4.8	887	2.5
1976	194 595	280.9	2 443	8.0	1 461	5.2	982	2.8
1977	203 753	327.4	2 485	8.7	1 457	5.8	1 028	2.9
1978	165 105	328.1	2 760	9.9	1 714	6.9	1 046	3.0
1979	147 266	319.1	3 033	11.3	1 980	7.9	1 053	3.4
1980	124 760	317.1	3 069	12.8	2 052	7.1	1 017	3.7
1981	112 505	300.9	3 132	13.6	2 170	9.8	962	3.8
1982	107 829	287.1	3 076	15.0	2 168	11.0	908	4.0
1983	105 045	282.6	3 090	15.6	2 229	11.6	861	4.0
1984	104 017	282.2	3 301	16.1	2 293	11.9	1 008	4.3
1985	104 848	296.7	3 557	17.4	2 529	12.8	1 028	4.6
1986	104 936	311.5	3 782	19.3	2 741	14.3	1 041	5.0
1987	105 151	326.6	3 913	21.0	2 854	15.6	1 059	5.4
1988	104 468	339.6	4 022	22.5	2 957	16.8	1 065	5.7
1989	102 732	342.3	3 984	22.9	2 940	17.1	1 044	5.8
1990	100 777	349.2	3 982	23.4	2 956	17.6	1 026	5.8
1991	99 348	355.7	3 925	23.2	2 977	17.5	948	5.7
1992	97 784	362.6	3 903	23.5	2 984	17.8	919	5.7
1993	96 744	366.8	3 964	23.9	3 046	18.1	918	5.8

类学校数、教师数

单位:所、万人

普通中学						农业中学、职业中学	
小计		高中		初中			
学校数	教师数	学校数	教师数	学校数	教师数	学校数	教师数
4 298	9.4	1 181	1.3	3117	8.1		
11 096	23.4	2 184	4.0	8912	19.4		
19 521	39.9	4 434	8.1	15087	31.8	3 715	1.3
18 102	45.7	4 112	7.8	13990	37.9	61 626	19.7
104 954	117.4						
123 505	209.2	39 120	53.0	84385	156.2		
192 152	272.9	60 535	69.4	131617	203.5		
201 268	318.7	64 903	82.6	136365	236.1		
162 345	318.2	49 215	74.1	113130	244.1		
144 233	307.8	40 289	66.8	103944	241.0		
118 377	302.0	31 300	57.1	87077	244.9	3 314	2.3
106 718	284.4	24 447	49.4	82271	235.0	2 655	2.9
101 649	268.1	20 874	46.6	80775	221.5	3 104	4.0
96 474	259.7	18 876	45.1	77598	241.6	5 481	7.3
93 714	255.7	17 847	45.9	75867	209.7	7 002	10.4
93 221	265.2	17 318	49.2	75903	216.0	8 070	14.1
92 967	275.8	17 111	51.8	75856	223.9	8 187	16.4
92 857	287.0	16 930	54.4	75927	232.7	8 381	18.5
91 492	296.0	16 524	55.7	74968	240.3	8 954	20.3
89 575	298.0	16 050	55.4	73525	242.7	9 173	21.4
87 631	303.3	15 678	56.2	71953	247.0	9 164	22.4
85 851	309.0	15 243	57.3	70608	251.7	9 572	23.5
84 021	314.1	14 850	57.6	69171	256.5	9 860	24.8
82 795	316.7	14 380	55.9	68 415	260.8	9 985	26.2

4－14 普通高等学校各类学生数

单位:万人

年 份	招 生	在校生	毕业生
1949		11.7	2.1
1950		13.7	1.8
1952	7.9	19.1	3.2
1955		28.8	5.5
1957	10.6	44.1	5.6
1962	10.7	83.0	17.7
1963		75.0	19.9
1964		68.5	20.4
1965	16.4	67.4	18.6
1966		53.4	14.1
1967		40.9	12.5
1968		25.9	15.0
1969		10.9	15.0
1970	4.2	4.8	10.3
1971		8.3	0.6
1972		19.4	1.7
1973		31.4	3.0
1974		43.0	4.3
1975	19.1	50.1	11.9
1976	21.7	56.5	14.9
1977	27.3	62.5	19.4
1978	40.1	85.6	16.5
1979	27.5	102.0	8.5
1980	28.1	114.4	14.7
1981	27.9	127.9	14.0
1982	31.5	115.4	45.7
1983	39.1	120.7	33.5
1984	47.5	139.6	28.7
1985	61.9	170.3	31.6
1986	57.2	188.0	39.3
1987	61.7	195.9	53.2
1988	67.0	206.6	55.3
1989	59.7	208.2	57.6
1990	60.9	206.3	61.4
1991	62.0	204.4	61.4
1992	75.4	218.4	60.4
1993	92.4	253.6	57.1

4－15 小学各类学生数

单位:万人

年 份	招 生	在校生	毕业生
1949		2 439.1	64.6
1950		2 892.4	78.3
1952	1 149.3	5 110.0	149.0
1955		5 312.6	322.9
1957	1 249.2	6 428.3	498.0
1962	1 586.3	6 923.9	559.0
1963		7 157.5	476.8
1964		9 294.5	567.4
1965	3 296.0	11 620.9	667.6
1966		10 341.7	900.5
1967		10 244.3	899.5
1968		10 036.3	1 428.2
1969		10 066.8	1 489.5
1970	2 831.8	10 528.0	1 652.5
1971		11 211.2	1 376.0
1972		12 549.2	1 414.9
1973		13 570.4	1 349.0
1974		14 481.4	1 521.0
1975	3 352.1	15 094.1	1 999.4
1976	3 161.1	15 005.5	2 489.5
1977	3 111.5	14 617.6	2 573.9
1978	3 315.4	14 624.0	2 287.9
1979	3 101.7	14 662.9	2 087.9
1980	2 942.3	14 627.0	2 053.3
1981	2 749.2	14 332.8	2 075.7
1982	2 671.7	13 972.0	2 068.9
1983	2 544.0	13 578.0	1 980.7
1984	2 472.9	13 557.1	1 995.0
1985	2 298.2	13 370.2	1 999.9
1986	2 258.2	13 182.5	2 016.1
1987	2 094.6	12 835.9	2 043.0
1988	2 123.3	12 535.8	1 930.3
1989	2 151.5	12 373.1	1 857.1
1990	2 064.0	12 241.4	1 863.1
1991	2 072.7	12 164.2	1 846.7
1992	2 183.2	12 201.3	1 872.4
1993	2 353.5	12 421.2	1 841.5

4—16 盲、聋哑学校各类学生数

单位:万人

年　　份	招　　生	在校生	毕业生
1949			
1950			
1952			
1955		0.5	0.1
1957		0.8	
1962		1.8	
1963		1.8	0.1
1964		2.0	0.1
1965		2.3	0.2
1966			
1967			
1968			
1969			
1970			
1971			
1972			
1973		2.5	0.3
1974		2.6	0.3
1975	0.5	2.7	0.3
1976	0.5	2.9	0.3
1977	0.6	3.0	0.3
1978	0.6	3.1	0.3
1979	0.6	3.2	0.3
1980	0.6	3.3	0.4
1981	0.6	3.3	0.4
1982	0.6	3.4	0.4
1983	0.6	3.6	0.3
1984	0.7	3.6	0.4
1985	0.7	3.8	0.4
1986	0.9	4.1	0.5
1987	0.9	4.3	0.4
1988	0.9	4.5	0.4
1989	0.9	4.7	0.5
1990	1.0	5.1	0.5
1991	1.2	5.6	0.5
1992	1.3	6.7	0.5
1993	1.2	6.4	0.6

4—17 幼儿园各类学生数

单位:万人

年　　份	招　　生	在校生	毕业生
1949			
1950		14.0	
1952		42.4	
1955		56.2	
1957		108.8	
1962		144.6	
1963		147.2	
1964		158.9	
1965		171.3	
1966			
1967			
1968			
1969			
1970			
1971			
1972			
1973		245.0	
1974		263.8	
1975		620.0	
1976		1 395.5	
1977		896.8	
1978		787.7	
1979		879.2	
1980		1 150.8	
1981		1 056.2	
1982		1 113.1	
1983		1 140.3	
1984		1 294.7	
1985		1 479.7	
1986		1 629.0	
1987		1 807.8	
1988		1 854.5	
1989		1 847.7	
1990		1 972.2	
1991		2 209.3	
1992	1627.6	2 428.2	1 348.4
1993	1 748.8	2 552.5	1 534.0

4—18 中等学校

年份	合计				
				小计	
	招生	在校	毕业	招生	在校
1949		126.8	35.2		22.9
1950		156.6	37.1		25.7
1952	174.6	314.5	28.9	35.1	63.6
1955		447.3	121.1		53.7
1957	261.6	708.1	145.2	12.3	77.8
1962	298.8	833.5	237.5	3.9	53.5
1963		837.6	217.6		45.2
1964		1 019.5	196.7		53.1
1965	673.0	1 431.8	232.5	20.8	54.7
1966		1 296.8	201.9		47.0
1967		1 254.5	230.2		30.8
1968		1 405.1	618.1		12.8
1969		2 025.3	409.7		3.8
1970	1 420.7	2 648.3	689.3	5.4	6.4
1971		3 149.4	944.3		21.8
1972		3 616.7	1 260.9		34.2
1973		3 494.7	1 491.0		48.2
1974		3 713.7	1 495.1		63.4
1975	2 478.0	4 536.8	1 519.5	34.4	70.7
1976	3 240.2	5 905.5	1 757.1	34.8	69.0
1977	3 397.4	6 848.8	2 178.4	36.6	68.9
1978	2 743.6	6 637.2	2 398.5	44.7	88.9
1979	2 391.0	6 024.9	2 402.5	49.1	119.9
1980	2 011.8	5 677.8	1 629.9	46.8	124.3
1981	1 810.5	5 014.6	1 710.2	43.3	106.9
1982	1 726.9	4 702.8	1 400.4	41.9	103.9
1983	1 700.4	4 634.7	1 254.5	47.8	114.3
1984	1 713.4	4 860.9	1 205.6	54.6	132.2
1985	1 789.8	5 092.6	1 279.1	66.8	157.1
1986	1 824.4	5 321.6	1 388.5	67.7	175.7
1987	1 834.2	5 403.1	1 496.9	71.6	187.4
1988	1 781.9	5 246.1	1 548.4	77.6	205.2
1989	1 743.3	5 054.0	1 520.9	73.5	217.8
1990	1 815.8	5 105.4	1 497.5	73.0	224.4
1991	1 871.0	5 226.8	1 477.0	78.0	227.7
1992	1 939.8	5 354.4	1 499.4	87.9	240.8
1993	1 983.7	5 383.7	1 541.9	114.9	282.0

各类学生数

单位:万人

中等专业学校	中等技术学校			中等师范学校		
毕业	招生	在校	毕业	招生	在校	毕业
7.2		7.7	2.4		15.2	4.8
7.5		9.8	2.2		15.9	5.3
6.8	16.9	29.1	4.1	18.2	34.5	2.7
23.5		31.8	9.7		21.9	13.8
14.6	6.0	48.2	9.6	6.3	29.6	5.0
30.5	2.6	35.3	15.9	1.3	18.2	14.6
19.6		32.1	10.7		13.1	8.9
16.5		39.7	10.3		13.4	6.2
9.1	14.6	39.2	7.3	6.2	15.5	1.8
11.9		33.6	8.0		13.4	3.9
17.0		22.4	11.8		8.4	5.2
19.7		9.8	13.5		3.0	6.2
10.3		2.3	8.2		1.5	2.1
2.8	2.5	3.2	1.7	2.9	3.2	1.1
8.9		9.8	3.8		12.0	5.1
9.5		14.7	3.6		19.5	5.9
12.2		26.4	3.8		21.8	8.4
16.6		34.9	7.8		28.5	8.8
24.8	18.4	40.5	12.4	16.0	30.2	12.4
33.9	19.3	38.6	19.1	15.5	30.4	14.8
34.0	20.8	39.1	17.9	15.8	29.8	16.1
23.2	26.8	52.9	11.9	17.9	36.0	11.3
18.1	26.5	71.4	7.9	22.6	48.5	10.2
41.0	25.3	76.1	20.1	21.5	48.2	20.9
60.5	23.8	63.2	36.5	19.5	43.7	24.0
44.6	24.1	62.8	24.2	17.8	41.1	20.4
37.5	28.7	68.8	23.0	19.1	45.5	14.5
37.6	35.1	81.1	223.8	19.5	51.1	13.8
42.9	45.3	101.3	26.2	21.5	55.8	16.7
49.6	45.0	114.6	32.1	22.7	61.1	17.5
57.8	48.5	122.3	38.9	23.0	65.1	18.9
59.6	54.0	136.8	39.2	23.6	68.4	20.4
59.1	50.8	149.3	36.5	22.7	68.5	22.6
66.1	50.3	156.7	42.8	22.7	67.7	23.4
74.0	55.1	161.6	49.6	22.9	66.1	24.4
74.3	63.8	174.3	50.7	24.1	66.6	23.6
73.5	86.5	208.4	50.7	28.4	72.2	22.8

4—18 续表

年份	普通			普通	
	小计			高中	
	招生	在校	毕业	招生	在校
1949		103.9	28.0		20.7
1950		130.5	29.6		23.8
1952	138.3	249.0	22.1	14.1	26.0
1955		390.0	96.9		58.0
1957	249.3	628.1	129.9	32.3	90.4
1962	280.0	752.8	202.5	41.7	133.9
1963		761.6	195.0		123.5
1964		854.1	175.3		124.7
1965	345.7	933.8	209.8	45.9	130.8
1966		1 249.8	190.0		137.3
1967		1 223.7	213.2		126.5
1968		1 392.3	598.4		140.8
1969		2 021.5	399.4		189.1
1970	1 415.3	2 641.9	686.5	239.0	349.7
1971		3 127.6	935.4		558.7
1972		3 582.5	1 251.4		858.1
1973		3 446.5	1 478.8		923.3
1974		3 650.3	1 478.5		1 002.7
1975	2 443.6	4 466.1	1 494.7	633.1	1 163.7
1976	3 205.4	5 836.5	1 723.2	861.1	1 483.6
1977	3 360.8	6 779.9	2 144.4	993.1	1 800.0
1978	2 698.9	6 548.3	2 375.3	692.9	1 553.1
1979	2 341.9	5 905.0	2 384.4	614.1	1 292.0
1980	1 934.3	5 508.1	1 581.0	383.4	969.8
1981	1 740.5	4 859.6	1 640.3	327.8	715.0
1982	1 642.4	4 528.5	1 342.7	279.3	640.5
1983	1 576.9	4 397.8	1 195.4	259.8	629.0
1984	1 564.9	4 554.2	1 140.2	262.3	689.8
1985	1 606.9	4 706.0	1 194.9	257.5	741.1
1986	1 643.9	4 889.9	1 281.0	257.3	773.4
1987	1 649.5	4 948.1	1 364.1	255.2	773.7
1988	1 584.8	4 761.5	1 407.8	244.3	746.0
1989	1 551.5	4 554.0	1 377.5	242.1	716.1
1990	1 619.6	4 586.0	1 342.1	249.8	717.3
1991	1 655.2	4 683.5	1 308.5	243.8	722.9
1992	1 699.7	4 770.8	1 328.4	234.7	704.9
1993	1 707.3	4 739.1	1 365.9	228.3	656.9

单位:万人

中学				农业中学和职业中学		
	初中					
毕业	招生	在校	毕业	招生	在校	毕业
6.1		83.2	21.9			
6.2		106.7	23.4			
3.6	124.2	223.0	18.5			
9.9		332.0	87.0			
18.7	217.0	537.7	111.2			
44.1	238.3	618.0	158.4	14.9	26.7	4.5
43.3		638.1	152.3		30.8	2.4
36.7		729.4	138.6		112.3	4.9
36.0	299.8	803.0	173.8	306.5	443.3	13.6
28.0		1 112.3	162.0			
26.8		1 097.2	186.4			
79.4		1 251.5	519.0			
38.0		1 832.4	361.4			
67.6	1 176.3	2 292.2	618.9			
100.4		2 568.9	835.0			
215.9		2 724.4	1 035.5			
349.4		2 523.2	1 129.4			
417.9		2 647.6	1 060.6			
447.0	1 810.5	3 302.4	1 047.7			
517.2	2 344.3	4 352.9	1 026.0			
585.8	2 367.7	4 979.9	1 558.6			
682.7	2 006.0	4 995.2	1 692.6			
726.5	1 727.8	4 613.0	1 657.9			
616.2	1 550.9	4 538.3	964.8	30.7	45.4	7.9
486.1	1 412.7	4 144.6	1 154.2	26.7	48.1	9.4
310.6	1 363.1	3 888.0	1 032.2	42.6	70.4	13.1
235.1	1 317.1	3 768.8	960.3	75.7	122.0	21.6
189.8	1 302.5	3 864.3	950.4	93.9	174.5	27.8
196.6	1 349.4	3 964.8	998.3	116.1	229.5	41.3
224.0	1 386.6	4 116.6	1 057.0	112.8	256.0	57.9
246.8	1 394.3	4 174.4	1 117.3	113.2	267.6	75.0
250.6	1 340.5	4 015.5	1 157.2	119.5	279.4	81.0
243.2	1 309.4	3 837.9	1 134.3	118.3	282.3	86.3
233.0	1 369.9	3 868.7	1 109.1	123.2	295.0	89.3
222.9	1 141.3	3 960.6	1 085.6	137.8	315.6	94.5
226.1	1 465.0	4 065.9	1 102.2	152.1	342.8	96.7
231.7	1 479.0	4 082.2	1 134.2	161.5	362.6	102.5

4—19 初中毕业生和小学毕业生升学率

年　份	初中毕业生数（万人）	高级中等学校招生数（万人）	初中毕业生升学率（%）	小学毕业生数（万人）	初级中等学校招生数（万人）	小学毕业生（升学率）（%）
1952	18.5	31.2	168.6	149.0	143.0	96.0
1957	111.2	44.2	39.8	498.0	219.9	44.2
1962	158.4	47.5	30.0	559.0	253.3	45.3
1965	184.0	121.5	66.0	667.6	550.7	82.5
1970	618.9	239.0	38.6	1 652.5	1 176.3	71.2
1975	1 047.6	633.1	60.4	1 999.4	1 810.5	90.6
1980	964.9	416.1	43.1	2 053.3	1 557.6	75.9
1985	998.3	416.2	41.7	1 999.9	1 367.0	68.4
1986	1 057.0	429.2	40.6	2 016.1	1 402.0	69.5
1987	1 128.4	437.0	39.1	2 043.0	1 410.9	69.1
1988	1 169.0	439.6	38.0	1 930.4	1 359.0	70.4
1989	1 134.3	434.6	38.3	1 857.1	1 328.4	71.5
1990	1 109.1	450.4	40.6	1 863.1	1 389.2	74.6
1991	1 085.5	462.9	42.6	1 846.7	1 435.1	77.7
1992	1 102.3	478.1	43.4	1 872.4	1 491.7	79.7
1993	1 134.2	500.5	44.1	1 841.5	1 505.6	81.8

4—20 小学学龄儿童入学率

年　份	学龄儿童数（万人）	已入学学龄儿童数（万人）	入学率（%）
1952	6 642.4	3 268.1	49.2
1957	8 077.7	4 986.6	61.7
1962	10 836.0	6 082.0	56.1
1965	11 603.2	9 829.1	84.7
1975	12 261.9	11 868.5	95.0
1980	12 219.6	11 478.2	93.0
1985	10 362.3	9 942.8	95.9
1986	10 067.5	9 702.1	96.4
1987	9 750.9	9 477.2	97.2
1988	9 623.9	9 351.4	97.2
1989	9 699.1	9 450.7	97.4
1990	9 740.7	9 529.7	97.8
1991	9 806.6	9 594.8	97.8
1992	11 156.2	10 845.5	97.2
1993	11 432.0	11 170.9	97.7

第 五 部 份

1993年度全国户籍统计

人 口 数 据

5—1 总户数、总人口

地区	总户数（户）	总人口（人）			占总人口%	
		合计	男	女	男	女
总计	**305 739 295**	**1 162 765 740**	**599 409 672**	**563 356 068**	**51.55**	**48.45**
北京	3 545 886	10 569 303	5 370 179	5 199 124	50.81	49.19
天津	2 708 136	8 896 290	4 519 230	4 377 060	50.80	49.20
河北	16 797 521	63 096 138	32 270 077	30 826 061	51.14	48.86
山西	7 851 870	29 555 212	15 445 823	14 109 389	52.26	47.74
内蒙古	5 721 860	21 980 124	11 436 804	10 543 320	52.03	47.97
辽宁	11 863 718	39 828 801	20 315 586	19 513 215	51.01	48.99
吉林	6 787 695	24 960 752	12 759 982	12 200 770	51.12	48.88
黑龙江	9 437 867	35 388 506	18 093 254	17 295 252	51.13	48.87
上海	4 386 852	12 947 446	6 529 234	6 418 212	50.43	49.57
江苏	20 348 684	68 006 895	34 762 548	33 244 347	51.12	48.88
浙江	13 110 724	43 132 973	22 327 217	20 805 756	51.76	48.24
安徽	15 123 280	58 700 093	30 443 137	28 256 956	51.86	48.14
福建	7 183 988	30 991 680	15 994 868	14 996 812	51.61	48.39
江西	8 987 115	38 571 932	19 977 157	18 594 775	51.79	48.21
山东	23 643 064	86 204 099	43 922 792	42 281 307	50.95	49.05
河南	21 814 413	89 146 430	45 857 475	43 288 955	51.44	48.56
湖北	14 370 753	55 904 638	28 808 209	27 096 429	51.53	48.47
湖南	17 465 132	62 479 958	32 508 362	29 971 596	52.03	47.97
广东	15 570 504	65 816 008	33 903 682	31 912 326	51.51	48.49
广西	9 726 413	44 087 964	23 012 917	21 075 047	52.20	47.80
海南	1 610 087	6 817 804	3 557 029	3 260 775	52.17	47.83
四川	30 974 606	110 023 710	57 176 969	52 846 741	51.97	48.03
贵州	7 878 282	33 323 009	17 221 784	16 101 225	51.68	48.32
云南	8 834 363	38 021 358	19 544 682	18 476 676	51.40	48.60
西藏	397 811	2 288 768	1 131 708	1 157 060	49.45	50.55
陕西	8 475 073	33 697 374	17 606 691	16 090 683	52.25	47.75
甘肃	5 246 394	23 185 662	12 001 109	11 184 553	51.76	48.24
青海	972 171	4 463 192	2 285 333	2 177 859	51.20	48.80
宁夏	1 099 661	4 908 582	2 525 650	2 382 932	51.45	48.55
新疆	3 805 372	15 771 039	8 100 184	7 670 855	51.36	48.64

5—2 非农业、

地区	全国			市		
	合计	非农业	农业	小计	非农业	农业
总计	1 162 765 740	260 682 318	902 083 422	423 656 746	176 091 128	247 565 618
北京	10 569 303	6 696 579	3 872 724	7 174 007	5 992 256	1 181 751
天津	8 896 290	5 019 961	3 876 329	5 893 795	4 690 600	1 203 195
河北	63 096 138	9 905 731	53 190 407	18 819 443	6 842 717	11 976 726
山西	29 555 212	6 809 324	22 745 888	9 778 455	4 598 034	5 180 421
内蒙古	21 980 124	6 962 601	15 017 523	6 904 815	4 215 418	2 689 397
辽宁	39 828 801	17 356 591	22 472 210	25 614 604	14 920 524	10 694 080
吉林	24 960 752	10 211 547	14 749 205	14 975 347	7 730 730	7 244 617
黑龙江	35 388 506	15 414 455	19 974 051	19 343 390	11 041 500	8 301 890
上海	12 947 446	8 934 565	4 012 881	9 480 074	8 103 450	1 376 624
江苏	68 006 895	15 969 076	52 037 819	33 212 143	11 408 962	21 803 181
浙江	43 132 973	7 500 607	35 632 366	22 721 016	5 256 360	17 464 656
安徽	58 700 093	9 641 157	49 058 936	15 326 048	5 430 274	9 895 774
福建	30 991 680	5 606 665	25 385 015	11 344 342	3 509 545	7 834 797
江西	38 571 932	7 601 785	30 970 147	10 380 605	4 026 510	6 354 095
山东	86 204 099	18 963 631	67 240 468	43 155 110	13 461 785	29 693 325
河南	89 146 430	12 870 838	76 275 592	16 977 241	7 368 678	9 608 563
湖北	55 904 638	13 300 091	42 604 547	27 515 399	9 268 142	18 247 257
湖南	62 479 958	10 433 031	52 046 927	17 257 357	5 945 065	11 312 292
广东	65 816 008	18 080 946	47 735 062	30 693 089	12 071 044	18 622 045
广西	44 087 964	6 733 725	37 354 239	8 400 184	3 164 920	5 235 264
海南	6 817 804	1 514 205	5 303 599	2 084 909	727 171	1 357 738
四川	110 023 710	17 385 158	92 638 552	30 710 074	9 830 896	20 879 178
贵州	33 323 009	4 215 960	29 107 049	7 050 380	2 481 276	4 569 104
云南	38 021 358	4 940 518	33 080 840	6 632 100	2 467 954	4 164 146
西藏	2 288 768	314 179	1 974 589	212 271	139 915	72 356
陕西	33 697 374	6 596 398	27 100 976	8 534 310	4 037 816	4 496 494
甘肃	23 185 662	3 924 361	19 261 301	6 156 763	2 659 664	3 497 099
青海	4 463 192	1 250 002	3 213 190	786 194	652 809	133 385
宁夏	4 908 582	1 195 545	3 713 037	1 297 492	781 670	515 822
新疆	15 771 039	5 333 086	10 437 953	5 225 789	3 265 443	1 960 346

农业人口

单位：人

县			县辖镇		
小计	非农业	农业	小计	非农业	农业
739 108 994	84 591 190	654 517 804	326 535 278	66 825 306	259 709 972
3 395 296	704 323	2 690 973	1 816 303	614 152	1 202 151
3 002 495	329 361	2 673 134	758 146	233 151	524 995
44 276 695	3 063 014	41 213 681	14 705 235	2 378 413	12 326 822
19 776 757	2 211 290	17 565 467	8 901 184	1 927 752	6 973 432
15 075 309	2 747 183	12 328 126	4 440 244	2 281 509	2 158 735
14 214 197	2 436 067	11 778 130	7 039 201	2 091 198	4 948 003
9 985 405	2 480 817	7 504 588	6 291 013	2 283 623	4 007 390
16 045 116	4 372 955	11 672 161	6 998 330	3 252 620	3 745 710
3 467 372	831 115	2 636 257	899 629	459 653	439 976
34 794 752	4 560 114	30 234 638	13 960 128	3 344 842	10 615 286
20 411 957	2 244 247	18 167 710	14 064 010	2 107 676	11 956 334
43 374 045	4 210 883	39 163 162	25 106 015	3 677 853	21 428 162
19 647 338	2 097 120	17 550 218	13 839 568	1 904 923	11 934 645
28 191 327	3 575 275	24 616 052	8 384 976	2 589 921	5 795 055
43 048 989	5 501 846	37 547 143	17 578 633	2 443 345	15 135 288
72 169 189	5 502 160	66 667 029	18 295 426	4 094 619	14 200 807
28 389 239	4 031 949	24 357 290	16 370 798	3 226 660	13 144 138
45 222 601	4 487 966	40 734 635	13 131 758	3 587 703	9 544 055
35 122 919	6 009 902	29 113 017	33 339 207	5 823 665	27 515 542
35 687 780	3 568 805	32 118 975	15 956 097	2 810 290	13 145 807
4 732 895	787 034	3 945 861	3 188 888	647 872	2 541 016
79 313 636	7 554 262	71 759 374	41 673 943	6 433 706	35 240 237
26 272 629	1 734 684	24 537 945	15 323 242	1 560 611	13 762 631
31 389 258	2 472 564	28 916 694	9 765 742	1 878 099	7 887 643
2 076 497	174 264	1 902 233	166 100	72 757	93 343
25 163 064	2 558 582	22 604 482	7 136 910	2 057 027	5 079 883
17 028 899	1 264 697	15 764 202	3 547 782	1 024 387	2 523 395
3 676 998	597 193	3 079 805	794 279	403 050	391 229
3 611 090	413 875	3 197 215	985 862	339 398	646 464
10 545 250	2 067 643	8 477 607	2 076 629	1 274 831	801 798

5—3 非农业、农业人口所占比重

单位:%

地 区	全 国		市		县		县辖镇	
	非农业	农 业	非农业	农 业	非农业	农 业	非农业	农 业
总 计	**22.42**	**77.58**	**41.56**	**58.44**	**11.45**	**88.55**	**20.46**	**79.54**
北 京	63.36	36.64	83.53	16.47	20.74	79.26	33.81	66.19
天 津	56.43	43.57	79.59	20.41	10.97	89.03	30.75	69.25
河 北	15.70	84.30	36.36	63.64	6.92	93.08	16.17	83.83
山 西	23.04	76.96	47.02	52.98	11.18	88.82	21.66	78.34
内蒙古	31.68	68.32	61.05	38.95	18.22	81.78	51.38	48.62
辽 宁	43.58	56.42	58.25	41.75	17.14	82.86	29.71	70.29
吉 林	40.91	59.09	51.62	48.38	24.84	75.16	36.30	63.70
黑龙江	43.56	56.44	57.08	42.92	27.25	72.75	46.48	53.52
上 海	69.01	30.99	85.48	14.52	23.97	76.03	51.09	48.91
江 苏	23.48	76.52	34.35	65.65	13.11	86.89	23.96	76.04
浙 江	17.39	82.61	23.13	76.87	10.99	89.01	14.99	85.01
安 徽	16.42	83.58	35.43	64.57	9.71	90.29	14.65	85.35
福 建	18.09	81.91	30.94	69.06	10.67	89.33	13.76	86.24
江 西	19.71	80.29	38.79	61.21	12.68	87.32	30.89	69.11
山 东	22.00	78.00	31.19	68.81	12.78	87.22	13.90	86.10
河 南	14.44	85.56	43.40	56.60	7.62	92.38	22.38	77.62
湖 北	23.79	76.21	33.68	66.32	14.20	85.80	19.71	80.29
湖 南	16.70	83.30	34.45	65.55	9.92	90.08	27.32	72.68
广 东	27.47	72.53	39.33	60.67	17.11	82.89	17.47	82.53
广 西	15.27	84.73	37.68	62.32	10.00	90.00	17.61	82.39
海 南	22.21	77.79	34.88	65.12	16.63	83.37	20.32	79.68
四 川	15.80	84.20	32.01	67.99	9.52	90.48	15.44	84.56
贵 州	12.65	87.35	35.19	64.81	6.60	93.40	10.18	89.82
云 南	12.99	87.01	37.21	62.79	7.88	92.12	19.23	80.77
西 藏	13.73	86.27	65.91	34.09	8.39	91.61	43.80	56.20
陕 西	19.58	80.42	47.31	52.69	10.17	89.83	28.82	71.18
甘 肃	16.93	83.07	43.20	56.80	7.43	92.57	28.87	71.13
青 海	28.01	71.99	83.03	16.97	16.24	83.76	50.74	49.26
宁 夏	24.36	75.64	60.24	39.76	11.46	88.54	34.43	65.57
新 疆	33.82	66.18	62.49	37.51	19.61	80.39	61.39	38.61

5—4 市、县、县辖镇个数及人口数

单位：人

地区	市		县		县辖镇	
	个数	人口数	个数	人口数	个数	人口数
总计	**561**	**423 656 746**	**1 801**	**739 108 994**	**10 472**	**326 535 278**
北京	1	7 174 007	8	3 395 296	65	1 816 303
天津	1	5 893 795	5	3 002 495	26	758 146
河北	30	18 819 443	119	44 276 695	585	14 705 235
山西	17	9 778 455	89	19 776 757	409	8 901 184
内蒙古	17	6 904 815	71	15 075 309	210	4 440 244
辽宁	27	25 614 604	31	14 214 197	255	7 039 201
吉林	25	14 975 347	23	9 985 405	234	6 291 013
黑龙江	29	19 343 390	50	16 045 116	254	6 998 330
上海	1	9 480 074	6	3 467 372	33	899 629
江苏	35	33 212 143	40	34 794 752	397	13 960 128
浙江	31	22 721 016	44	20 411 957	478	14 064 010
安徽	18	15 326 048	60	43 374 045	650	25 106 015
福建	20	11 344 342	50	19 647 338	361	13 839 568
江西	18	10 380 605	73	28 191 327	322	8 384 976
山东	43	43 155 110	67	43 048 989	407	17 578 633
河南	28	16 977 241	102	72 169 189	368	18 295 426
湖北	31	27 515 399	48	28 389 239	440	16 370 798
湖南	28	17 257 357	76	45 222 601	528	13 131 758
广东	38	30 693 089	61	35 122 919	979	33 339 207
广西	13	8 400 184	75	35 687 780	373	15 956 097
海南	5	2 084 909	17	4 732 895	154	3 188 888
四川	30	30 710 074	159	79 313 636	1 366	41 673 943
贵州	10	7 050 380	70	26 272 629	543	15 323 242
云南	14	6 632 100	111	31 389 258	299	9 765 742
西藏	2	212 271	71	2 076 497	31	166 100
陕西	12	8 534 310	85	25 163 064	344	7 136 910
甘肃	13	6 156 763	67	17 028 899	160	3 547 782
青海	3	786 194	37	3 676 998	35	794 279
宁夏	4	1 297 492	16	3 611 090	52	985 862
新疆	17	5 225 789	70	10 545 250	114	2 076 629

5—5　全国及市、县、县辖镇性别比

（女＝100）

地　区	全　国	市	县	县辖镇
总　计	**106.40**	**105.96**	**106.65**	**106.91**
北　京	103.29	104.26	101.27	102.24
天　津	103.25	103.30	103.14	105.93
河　北	104.68	104.61	104.72	105.51
山　西	109.47	111.00	108.73	110.03
内蒙古	108.47	106.66	109.31	107.31
辽　宁	104.11	103.59	105.06	105.23
吉　林	104.58	104.01	105.45	105.05
黑龙江	104.61	104.05	105.30	104.48
上　海	101.73	103.22	97.76	101.86
江　苏	104.57	104.99	104.16	103.86
浙　江	107.31	105.94	108.86	108.23
安　徽	107.74	108.38	107.51	106.92
福　建	106.66	107.11	106.40	105.73
江　西	107.43	108.76	106.95	108.38
山　东	103.88	104.15	103.62	104.16
河　南	105.93	107.04	105.67	106.57
湖　北	106.32	106.06	106.57	105.77
湖　南	108.46	108.63	108.40	108.50
广　东	106.24	104.92	107.41	107.39
广　西	109.20	110.99	108.78	109.36
海　南	109.09	109.14	109.06	108.34
四　川	108.19	107.64	108.41	108.12
贵　州	106.96	107.81	106.73	106.31
云　南	105.78	105.99	105.74	106.01
西　藏	97.81	108.36	96.79	101.71
陕　西	109.42	109.68	109.34	110.81
甘　肃	107.30	108.03	107.04	109.38
青　海	104.93	105.18	104.88	107.43
宁　夏	105.99	105.34	106.22	108.62
新　疆	105.60	106.16	105.32	106.41

5—6 行 政 区 划

单位:个

地 区	地 区	县	市			市辖区	县辖镇	市辖镇
			合 计	地级市	县级市			
总 计	140	1 801	558	196	362	674	10 472	4 600
北 京		8				10	65	13
天 津		5				13	26	15
河 北	2	119	30	10	20	34	585	158
山 西	5	89	17	6	11	18	409	89
内蒙古	8	71	17	4	13	16	210	47
辽 宁		31	27	14	13	56	255	240
吉 林	1	23	25	8	17	19	234	185
黑龙江	3	50	29	11	18	64	254	149
上 海		6				14	33	49
江 苏		40	35	11	24	42	397	410
浙 江	2	44	31	9	22	21	478	439
安 徽	6	60	18	10	8	35	650	164
福 建	3	50	20	6	14	17	361	181
江 西	5	73	18	6	12	15	322	61
山 东	5	67	43	12	31	37	407	596
河 南	5	102	28	12	16	39	368	57
湖 北	6	48	31	9	22	29	440	292
湖 南	6	76	28	8	20	26	528	131
广 东		61	38	20	18	40	979	488
广 西	8	75	13	6	7	23	373	62
海 南		17	5	2	3	4	154	50
四 川	10	159	30	13	17	43	1366	448
贵 州	7	70	10	2	8	9	543	117
云 南	15	111	14	2	12	4	299	59
西 藏	6	71	2	1	1	1	31	
陕 西	6	85	12	4	8	14	344	50
甘 肃	9	67	13	5	8	10	160	30
青 海	7	37	3	1	2	4	35	
宁 夏	2	16	4	2	2	6	52	8
新 疆	13	70	17	2	15	11	114	12

5—7 22个沿海城市人

地区	年末总人口					出生		
	总人口			总人口中				
	合计	男	女	非农业人口	未落常住户口的人员	合计	男	女
总计	**35 653 301**	**18 227 046**	**17 426 255**	**26 568 872**	**146 668**	**325 672**	**168 345**	**157 327**
天津市	5 893 795	2 994 747	2 899 048	4 690 600	4 964	43 356	22 466	20 890
秦皇岛市	543 972	278 266	265 706	398 191	4 599	6 076	3 035	3 041
大连市	2 486 704	1 261 221	1 225 483	1 818 082	316	19 633	10 084	9 549
营口市	601 676	308 601	293 075	448 788	590	6 013	3 176	2 837
上海市	9 480 074	4 815 175	4 664 899	8 103 450	14 787	53 730	27 160	26 570
南通市	596 983	303 220	293 763	406 331	1 760	6 238	3 212	3 026
连云港市	548 005	281 469	266 536	385 085	1 838	6 007	3 240	2 767
宁波市	1 118 412	571 605	546 807	592 921	4 969	9 926	5 000	4 926
温州市	1 112 736	573 314	539 422	440 107	30 597	14 206	7 797	6 409
福州市	1 338 007	690 227	647 780	926 717	23 256	13 200	6 858	6 342
厦门市	640 946	330 329	310 617	426 317	2 250	7 953	3 821	4 132
青岛市	2 120 572	1 069 818	1 050 754	1 571 436	641	17 882	9 103	8 779
烟台市	849 122	429 535	419 587	565 659		7 286	3 719	3 567
威海市	293 722	148 141	145 581	143 331		3 005	1 550	1 455
广州市	3 726 270	1 941 594	1 784 676	3 037 031	29 948	39 478	20 720	18 758
深圳市	876 866	452 457	424 409	640 759	807	12 054	6 459	5 595
珠海市	309 247	160 516	148 731	241 188	12	4 573	2 424	2 149
汕头市	914 808	463 927	450 881	674 181	12 608	15 767	8 229	7 538
湛江市	1 147 614	601 615	545 999	463 679	8 960	20 491	10 605	9 886
北海市	234 043	119 623	114 420	128 051	559	5 260	2 674	2 586
海口市	432 799	227 713	205 086	341 894	433	6 966	3 623	3 343
三亚市	386 928	203 933	182 995	125 074	2 774	6 572	3 390	3 182

口及人口变动情况

单位:人

1993年1月1日至12月31日人口变动								
出生合计中未落常住户口小孩		死亡			迁入		迁出	
小计	其中:本年生	合计	男	女	省内迁入	省外迁入	迁往省内	迁往省外
51 003	**43 307**	**208 116**	**111 847**	**96 269**	**370 598**	**317 245**	**129 523**	**129 444**
1 364	1 263	34 390	18 494	15 896	6 735	50 984	2 231	18 489
655	288	2 693	1 531	1 162	10 248	8 752	2 715	2 894
202	155	13 650	7 664	5 986	22 963	21 964	6 525	8 143
431	114	3 023	1 751	1 272	15 118	2 685	6 321	789
4 479	4 179	71 197	37 144	34 053	28 040	111 321	15 954	49 841
1 051	771	3 226	1 814	1 412	13 284	1 265	4 076	977
1 644	1 079	2 727	1 472	1 255	6 940	2 879	2 955	1 340
1 664	1 516	5 855	3 221	2 634	12 279	4 975	4 771	2 322
10 071	9 327	5 166	2 964	2 202	6 086	1 431	4 225	2 412
5 663	4 326	7 223	3 882	3 341	23 115	6 322	12 557	5 891
1 340	1 338	3 131	1 761	1 370	9 428	6 222	3 306	2 556
70	31	12 660	6 959	5 701	23 075	12 013	6 793	5 224
		4 412	2 376	2 036	19 515	6 953	8 040	1 922
		1 480	824	656	10 920	4 989	1 721	403
10 321	7 987	22 169	12 117	10 052	37 732	19 198	22 343	13 144
		1 619	765	854	39 747	25 784	3 101	1 060
12	12	991	553	438	12 255	7 596	715	5 571
5 564	4 960	4 194	2 250	1 944	9 901	3 061	2 515	949
5 576	5 086	5 194	2 567	2 627	33 918	7 033	14 626	2 077
		552	345	207	9 873	2 001	1 123	496
		1 142	645	497	16 293	8 119	1 872	1 338
896	875	1 422	748	674	3 133	1 698	1 038	1 606

5—8 地级市及县级市个数、总人口、非农业人口

单位：人

地区	地级市			县级市		
	个数	总人口	非农业人口	个数	总人口	非农业人口
总计	**196**	**174 742 495**	**109 057 825**	**362**	**226 366 375**	**48 246 997**
北京	10	7 901 558	5 618 009	20	10 917 885	1 224 708
天津	6	5 488 425	3 398 684	11	4 290 030	1 199 350
河北	4	3 460 280	2 342 850	13	3 444 535	1 872 568
山西	14	16 394 742	12 904 958	13	9 219 862	2 015 566
内蒙古	8	6 939 782	4 881 360	17	8 035 565	2 849 370
辽宁	11	10 183 030	8 232 793	18	9 160 360	2 808 707
吉林	11	10 020 530	7 459 725	24	23 191 613	3 949 237
黑龙江	9	6 913 211	3 274 788	22	15 807 805	1 981 572
上海	10	6 403 837	4 136 709	8	8 922 211	1 293 565
江苏	6	3 415 117	2 035 609	14	7 929 225	1 473 936
浙江	6	4 513 042	2 473 394	12	5 867 563	1 553 116
安徽	12	16 486 493	7 812 056	31	26 668 617	5 649 729
福建	12	7 904 812	5 385 155	16	9 072 429	1 983 523
江西	9	9 671 830	6 142 954	22	17 843 569	3 125 188
山东	8	6 133 836	3 648 008	20	11 123 521	2 297 057
河南	20	14 647 888	8 633 886	18	16 045 201	3 437 158
湖北	6	3 544 871	2 327 393	7	4 855 313	837 527
湖南	2	819 727	466 968	3	1 265 182	260 203
广东	13	17 603 114	7 422 533	17	13 106 960	2 408 363
广西	2	3 487 577	1 471 217	8	3 562 803	1 010 059
海南	2	1 893 533	1 282 448	12	4 738 567	1 185 506
四川	1	129 805	115 519	1	82 466	24 396
贵州	4	4 557 062	3 102 367	8	3 977 248	935 449
云南	5	3 324 290	1 953 494	8	2 832 473	706 170
西藏	1	664 447	562 001	2	121 747	90 808
陕西	2	797 401	654 710	2	500 091	126 960
甘肃	2	1 442 255	1 318 237	15	3 783 534	1 947 206
青海						
宁夏						
新疆						

5—9 市人口分组

单位:人

组 别	按市总人口分组			按市非农业人口分组		
	市个数	人 数	占市总人口%	市个数	人 数	占市非农业人口%
总 计	**561**	**423 656 746**	**100.00**	**561**	**176 091 128**	**100.00**
400万以上	5	31 572 350	7.45	3	18 786 306	10.67
200万—400万	13	33 940 686	8.01	7	19 308 050	10.96
100万—200万	108	138 049 441	32.59	22	28 640 015	16.26
90万—100万	24	22 691 144	5.36	1	926 717	0.53
80万—90万	33	28 180 440	6.65	7	5 847 583	3.32
70万—80万	42	31 405 150	7.41	6	4 520 193	2.57
60万—70万	54	35 035 981	8.27	6	4 006 853	2.28
50万—60万	50	27 473 690	6.48	16	8 738 201	4.96
40万—50万	82	36 757 269	8.68	23	10 166 195	5.77
30万—40万	59	20 667 445	4.88	45	15 754 762	8.95
20万—30万	51	13 037 911	3.08	90	21 755 668	12.35
10万—20万	26	3 994 570	0.94	189	27 398 068	15.56
10万以下	14	850 669	0.20	146	10 242 517	5.82

5—10 按总人口排序的市及其人口数

单位：人

城市名称	人口数	城市名称	人口数	城市名称	人口数
总计	**423 656 746**	贵港	1 522 751	中山	1 216 659
		普宁	1 510 510	莱芜	1 188 547
400万上	**31 572 350**	合川	1 496 059	榆树	1 183 429
上海	9 480 074	宿州	1 493 208	萧山	1 181 472
北京	7 174 007	邳州	1 473 151	东台	1 178 410
天津	5 893 795	滕州	1 468 561	菏泽	1 176 495
沈阳	4 648 087	邓州	1 467 693	潍坊	1 169 825
武汉	4 376 387	通州	1 456 423	淮安	1 166 499
		仙桃	1 451 717	邯郸	1 166 426
200—400万	**33 940 686**	江津	1 448 412	启东	1 164 433
广州	3 726 270	如皋	1 444 207	耒阳	1 154 025
重庆	3 064 219	泰安	1 435 902	巴中	1 151 842
成都	2 933 544	萍乡	1 432 966	南宁	1 151 696
哈尔滨	2 878 911	玉林	1 427 763	湛江	1 147 614
西安	2 878 247	南昌	1 422 208	瑞安	1 147 336
南京	2 585 362	鞍山	1 421 851	大同	1 146 643
淄博	2 519 203	齐齐哈尔	1 404 156	松原	1 129 986
大连	2 486 704	泰兴	1 402 900	江阴	1 128 822
济南	2 397 449	东莞	1 389 232	禹州	1 120 516
长春	2 187 716	长沙	1 387 087	宁波	1 118 412
潮阳	2 121 842	石家庄	1 385 728	宿迁	1 117 655
青岛	2 120 572	盐城	1 385 459	丰城	1 115 467
太原	2 040 647	杭州	1 383 310	温州	1 112 736
		抚顺	1 375 522	麻城	1 104 516
100—200万	**138 049 441**	南安	1 370 610	福清	1 100 583
六盘水	1 885 178	吉林	1 352 304	乐山	1 096 602
枣庄	1 862 689	高州	1 347 726	合肥	1 088 642
郑州	1 742 328	福州	1 338 007	宜兴	1 086 935
南充	1 723 271	内江	1 324 882	日照	1 082 462
临沂	1 679 260	浏阳	1 317 793	天水	1 078 773
六安	1 651 044	新泰	1 315 770	钦州	1 074 957
阜阳	1 617 342	遂宁	1 314 130	邹城	1 072 924
昆明	1 607 686	平度	1 303 281	荆门	1 069 230
贵阳	1 602 399	亳州	1 299 110	定州	1 062 218
天门	1 597 704	廉江	1 295 085	乐清	1 060 954
万县	1 589 021	淮南	1 263 294	临海	1 057 235
兰州	1 575 977	常德	1 262 379	涪陵	1 051 593
唐山	1 555 071	洛阳	1 242 732	海城	1 049 755
随州	1 540 024	包头	1 231 097	常熟	1 041 416
兴化	1 534 261	乌鲁木齐	1 222 167	即墨	1 040 727

5—10 续表1 单位:人

城市名称	人口数	城市名称	人口数	城市名称	人口数
湖州	1 038 843	**80—90万**	**28 180 440**	巢湖	793 849
诸城	1 035 361	莱阳	899 537	孝感	789 668
资阳	1 034 920	鸡西	893 041	绥化	788 608
枣阳	1 030 812	新会	887 843	咸阳	785 889
诸暨	1 030 147	聊城	887 214	海伦	785 535
涟源	1 029 791	汝州	886 622	张家口	775 802
寿光	1 013 436	曲靖	886 183	吴江	774 819
永川	1 010 949	庄河	883 211	东阳	767 877
自贡	1 005 674	湘乡	878 771	溧阳	765 920
瓦房店	1 004 663	莱州	878 411	保山	765 649
赤峰	1 004 427	深圳	876 866	上虞	758 222
钟祥	1 004 136	盖州	876 693	锦州	755 692
台山	1 001 417	苏州	872 564	嘉兴	754 189
		广水	872 350	双城	754 153
90—100万	**22 691 144**	青州	871 078	辉县	753 981
南海	994 994	宜春	858 977	荣成	753 800
公主岭	994 229	伊春	858 011	阜新	751 973
大庆	986 601	阆中	854 948	巩义	750 037
醴陵	981 768	胶南	853 258	儋州	740 886
慈溪	976 182	烟台	849 122	恩施	736 532
顺德	974 568	锦西	847 641	高安	732 353
鄂州	970 096	洪湖	847 382	河间	730 514
肥城	965 694	张家港	846 435	平顶山	728 524
章丘	963 801	龙海	844 970	牡丹江	728 518
无锡	955 281	高邮	832 494	衡阳	728 260
晋江	951 869	江油	832 379	胶州	726 014
徐州	951 735	广元	827 501	乐平	722 322
本溪	943 037	番禺	822 279	文登	721 395
绵阳	936 702	余姚	817 000	沅江	721 253
黄岩	935 173	九台	814 116	任丘	713 992
罗定	923 721	普兰店	810 511	开封	713 618
济宁	917 106	肇东	805 890	通辽	712 615
五常	916 429	丹阳	805 268	藁城	712 227
潜江	916 113	渭南	801 874	莱西	709 645
汕头	914 808			蚌埠	706 731
呼和浩特	912 754	**70—80万**	**31405 150**	增城	705 861
武威	905 049	宣州	797 828	宜宾	703 241
新沂	903 268	柳州	796 390	晋城	702 337
安康	900 166	利川	794 263		
		德阳	794 168	**60—70万**	**35 035 981**

5—10 续表 2 单位:人

城市名称	人口数	城市名称	人口数	城市名称	人口数
大石桥	696 820	北票	627 297	连云港	548 005
新余	694 814	阿城	626 435	秦皇岛	543 972
常州	693 855	廊坊	622 220	长治	542 770
安顺	691 470	兴义	621 137	金坛	541 014
讷河	690 209	凌源	618 929	邵阳	539 839
临清	688 979	临汾	614 959	桂林	538 643
汨罗	683 810	株洲	612 531	宜昌	536 427
武穴	683 352	曲阜	611 072	石河子	536 071
灵宝	680 480	济源	609 665	兴城	534 232
界首	679 707	石首	607 392	涿州	533 844
高要	679 398	辛集	606 902	揭阳	531 860
鹤岗	678 703	湘潭	602 498	花都	529 266
舟山	673 213	龙口	602 410	安庆	524 389
新民	667 545	营口	601 676	商州	521 723
丹东	666 039			防城港	521 197
淮北	664 461	**50—60万**	**27 473 690**	泊头	518 240
西宁	664 447	开原	597 660	万源	518 198
黄州	662 748	南通	596 983	怀化	517 010
遵化	662 598	贵池	590 123	云浮	516 250
开平	656 718	梅河口	589 524	运城	515 011
昭通	656 474	安陆	587 635	银川	513 365
舒兰	655 670	兖州	584 088	永康	513 053
武安	655 591	仪征	583 861	镇江	509 868
佳木斯	655 463	襄樊	583 744	泉州	509 515
靖江	654 800	攀枝花	583 018	樟树	506 115
辽阳	653 033	芜湖	581 539	霸州	506 029
东营	649 894	尚志	581 471		
保定	649 286	茂名	577 604	**40—50万**	**36 757 269**
安阳	647 883	昆山	575 519	西昌	496 658
兰溪	647 620	阳泉	574 645	建德	493 501
新乡	645 745	岳阳	572 968	双鸭山	492 327
厦门	640 946	招远	572 143	晋州	492 074
东港	639 144	黄石	570 151	咸宁	492 037
桐乡	637 840	滨州	566 969	建瓯	491 350
乳山	637 145	永州	564 268	禹城	491 129
焦作	636 239	都江堰	560 215	高碑店	490 377
义乌	635 120	浑江	559 821	蓬莱	489 385
乐陵	632 475	福安	551 836	阳江	486 303
应城	631 567	广汉	551 221	盘锦	485 402
海宁	629 557	江山	550 778	当阳	482 730

5—10 续表3　　单位:人

城市名称	人口数	城市名称	人口数	城市名称	人口数
奉化	482 049	沙河	434 132	濮阳	388 575
朔州	481 383	临河	433 077	三亚	386 928
老河口	477 603	海口	432 799	铁力	386 629
蒲圻	476 283	辽源	431 541	承德	385 983
平湖	474 169	楚雄	428 962	枝城	385 813
榆次	472 715	琼海	428 920	四会	384 375
敦化	470 255	大庸	428 274	瑞昌	383 441
宝鸡	470 159	龙岩	427 695	宁德	379 812
清远	468 640	都匀	426 836	孝义	379 459
马鞍山	466 858	密山	426 593	榆林	378 833
汉中	466 195	阿克苏	425 856	沧州	376 574
南平	464 949	洮南	425 232	个旧	375 529
蛟河	463 664	牙克石	424 376	安国	374 163
淮阴	462 348	椒江	423 897	汕尾	374 125
丹江口	460 860	四平	423 538	景德镇	371 675
卫辉	459 849	滁州	423 501	冀州	364 801
扬州	459 070	铜川	422 767	沙市	356 259
安达	458 570	扎兰屯	422 374	资兴	355 490
德州	457 160	十堰	419 868	韩城	355 452
大理	455 840	沁阳	417 985	铁岭	354 708
韶关	454 130	新乐	416 761	三水	353 646
高平	453 407	佛山	413 827	漳州	353 238
原平	452 551	通化	413 259	衡水	349 898
临湘	451 719	富锦	411 944	介休	347 625
北安	450 821	大安	411 516	娄底	344 506
清镇	449 552	泸州	410 382	达川	344 160
太仓	449 110	遵义	408 683	华蓥	342 307
忻州	447 913	朝阳	403 377	鹤山	339 702
南宫	447 612	峨眉山	403 235	景洪	339 348
九江	446 522	三河	402 890	玉溪	337 084
七台河	444 914			冷水江	334 421
黄骅	443 022	**30—40万**	**20 667 445**	延吉	330 068
白城	441 617	平凉	398 586	丽水	325 261
邢台	440 496	南阳	397 735	江门	325 034
桦甸	439 037	赣州	396 973	莆田	322 280
张掖	438 353	鹤壁	393 671	舞钢	318 539
宁安	438 234	肇庆	393 566	延安	317 485
冷水滩	438 226	凯里	390 748	潮州	316 405
益阳	437 459	白银	388 954	乌海	312 002
海林	436 585	黄山	388 795	许昌	311 533

5—10 续表 4 单位:人

城市名称	人口数	城市名称	人口数	城市名称	人口数
珠海	309 247	梅州	255 540	黑河	162 385
上饶	308 542	霍州	255 070	满洲里	150 769
丰镇	307 956	三明	251 131	思茅	149 717
酒泉	307 273	开远	246 993	东胜	148 148
雅安	306 623	郴州	244 217	同江	145 026
哈密	306 173	津市	241 701	鹰潭	144 857
梧州	302 902	衢州	240 403	合山	142 118
永安	302 565	吉首	240 314	和田	140 233
百色	301 969	和龙	238 264	图们	139 620
金华	301 849	乌兰浩特	236 841	塔城	136 677
吉安	300 152	喀什	236 019	阜康	132 535
		漯河	235 930	拉萨	129 805
20—30万	**13 037 911**	华阴	235 520	锡林浩特	126 707
铜陵	295 627	北海	234 043	敦煌	120 132
铜仁	295 272	奎屯	231 585	义马	118 357
威海	293 722	吐鲁番	230 291	嘉峪关	113 991
邵武	293 515	集安	226 051		
昌吉	293 053	青铜峡	223 995	**10万以下**	**850 669**
惠州	292 844	克拉玛依	220 088	韶山	98 741
河池	292 660	三门峡	218 034	通什	95 376
绍兴	290 256	海拉尔	216 578	凭祥	93 095
库尔勒	290 202	铁法	213 402	洪江	88 238
德兴	286 568	武夷山	205 952	瑞丽	85 959
东川	285 847	集宁	202 699	日喀则	82 466
周口	284 838	玉门	202 229	格尔木	74 235
伊宁	284 258	抚州	202 058	井冈山	54 595
石嘴山	284 036			霍林郭勒	50 400
西峰	283 554	**10—20万**	**3 994 570**	德令哈	47 512
赤水	279 105	珲春	198 785	绥芬河	34 453
石狮	276 556	侯马	188 354	五大连池	22 775
吴忠	276 096	阿勒泰	187 918	二连浩特	11 995
信阳	275 794	临江	181 601	畹町	10 829
龙井	274 504	河源	177 314		
驻马店	267 297	临夏	177 297		
漳平	266 963	阿图什	176 449		
泰州	263 993	博乐	176 214		
龙泉	263 362	金昌	166 595		
商丘	263 041	古交	162 966		

5—11 按非农业人口排序的市及其人口数

单位:人

城市名称	人口数	城市名称	人口数	城市名称	人口数
总计	**176 091 128**	**90万—100万**	**926 717**	黄石	517 774
		福州	926 717	佳木斯	516 881
400万以上	**18 786 306**			潍坊	514 900
上海	8 103 450	**80万—90万**	**5 847 583**	新乡	507 937
北京	5 992 256	邯郸	874 965	保定	505 787
天津	4 690 600	徐州	855 349		
		无锡	852 983	**40万—50万**	**10 166 195**
200万—400万	**19 308 050**	大同	832 874	枣庄	499 184
沈阳	3 724 304	合肥	815 934	襄樊	476 334
武汉	3 459 145	洛阳	813 924	平顶山	469 562
广州	3 037 031	南宁	801 554	蚌埠	468 697
哈尔滨	2 490 567			湘潭	467 226
重庆	2 343 841	**70万—80万**	**4 520 193**	湛江	463 679
南京	2 187 642	伊春	798 667	淮北	459 630
西安	2 065 520	本溪	796 011	株洲	455 476
		淮南	754 848	营口	448 788
100万—200万	**28 640 015**	苏州	734 165	芜湖	448 270
成都	1 834 870	鸡西	718 309	焦作	446 716
大连	1 818 082	大庆	718 193	安阳	446 002
长春	1 757 491			萍乡	445 732
济南	1 603 515	**60万—70万**	**4 006 853**	温州	440 107
太原	1 601 240	常州	688 517	攀枝花	437 972
青岛	1 571 436	柳州	675 658	厦门	426 317
淄博	1 269 515	汕头	674 181	临沂	416 328
兰州	1 253 288	呼和浩特	671 343	自贡	415 775
鞍山	1 240 015	阜新	656 395	宜昌	410 421
抚顺	1 233 272	深圳	640 759	浑江	406 865
昆明	1 218 764			南通	406 331
郑州	1 177 051	**50万—60万**	**8 738 201**	盘锦	405 496
长沙	1 169 802	锦州	597 416	双鸭山	405 287
杭州	1 151 352	牡丹江	595 088		
南昌	1 135 455	宁波	592 921	**30万—40万**	**15 754 762**
石家庄	1 129 210	张家口	592 041	秦皇岛	398 191
乌鲁木齐	1 108 096	烟台	565 659	泰安	398 168
吉林	1 098 913	西宁	562 001	镇江	396 213
齐齐哈尔	1 091 596	鹤岗	550 780	六盘水	394 571
唐山	1 086 967	丹东	543 317	韶关	393 136
贵阳	1 076 646	衡阳	529 964	阳泉	391 697
包头	1 013 439	开封	525 769	锦西	391 219
		辽阳	519 966	桂林	389 150

5—11 续表1

单位:人

城市名称	人口数	城市名称	人口数	城市名称	人口数
银川	385 782	景德镇	291 484	万县	242 682
咸阳	385 547	南阳	288 866	珠海	241 188
连云港	385 085	铜川	286 972	江阴	241 034
牙克石	380 379	内江	285 686	敦化	240 345
赤峰	378 677	铁岭	281 901	阳江	240 259
乐山	372 638	乌海	279 391	白城	239 705
辽源	370 288	遵义	278 998	如皋	238 497
宝鸡	364 328	泸州	277 392	随州	237 760
马鞍山	360 682	延吉	276 035	海林	236 299
滕州	358 936	瓦房店	275 763	绥化	235 763
盐城	353 107	江门	275 313	莱州	235 047
佛山	351 460	潜江	273 590	梅河口	234 452
岳阳	350 059	溧阳	271 297	赣州	231 752
东营	348 539	邵阳	270 389	龙口	229 553
四平	345 005	石嘴山	268 928	湖州	229 420
潮阳	344 337	铁力	266 756	梧州	228 806
通化	342 558	天水	264 310	鹤壁	228 678
海口	341 894	沧州	264 143	茂名	228 277
扬州	340 182	宿州	263 374	仙桃	227 776
东莞	337 408	通辽	261 120	聊城	227 390
长治	336 207	南海	260 412	德州	227 224
莱芜	334 738	淮阴	260 151	许昌	224 600
邢台	332 081	承德	258 664	白银	224 236
中山	328 825	铜陵	257 889	海城	223 633
常德	327 656	南平	256 854	五常	223 162
新泰	324 514	荆门	255 863	嘉兴	222 187
松原	320 535	宜宾	255 781	菏泽	221 398
济宁	320 138	邹城	253 876	尚志	221 138
安庆	314 245	公主岭	253 046	潮州	219 704
绵阳	313 855	新会	252 242	惠州	218 129
宜兴	313 383	七台河	251 791	德阳	215 850
九江	311 728	肇庆	251 438	广元	214 808
十堰	310 434	通州	250 202	个旧	214 528
石河子	309 021	六安	250 179	云浮	213 884
沙市	304 069	鄂州	249 427	龙岩	213 721
南充	303 393	阜阳	248 949	丰城	213 345
番禺	300 704	朝阳	248 776	东台	213 301
		贵港	244 932	北安	211 506
20万—30万	**21 755 668**	肥城	243 102	章丘	210 296
顺德	292 894	日照	242 933	克拉玛依	210 141

5—11 续表 2　　单位:人

城市名称	人口数	城市名称	人口数	城市名称	人口数
濮阳	210 119	集宁	178 814	怀化	155 430
榆次	208 604	枣阳	178 418	冷水江	154 946
曲靖	208 468	三明	177 806	昌吉	154 378
廉江	207 495	廊坊	175 960	招远	154 207
阿城	207 403	兴化	175 786	咸宁	153 942
益阳	205 872	荣成	173 942	黄州	153 009
信阳	205 704	娄底	173 898	安康	152 692
泉州	205 301	库尔勒	173 577	大理	151 438
启东	204 119	哈密	172 623	晋城	150 560
		萧山	170 512	花都	150 527
10万—20万	**27 398 068**	乌兰浩特	168 181	上饶	150 425
临汾	199 855	揭阳	167 616	青州	150 113
洪湖	199 614	蛟河	167 044	大石桥	149 972
新余	198 788	兖州	166 982	西昌	149 636
常熟	198 670	开平	166 588	双城	149 445
舒兰	198 417	盖州	166 394	三门峡	149 302
北票	197 382	平度	165 940	宁安	148 839
郴州	194 757	遂宁	163 771	洮南	148 486
漳州	194 168	天门	162 901	普兰店	147 964
汉中	193 538	即墨	162 819	临河	146 968
江津	193 521	增城	162 637	安达	146 775
普宁	193 259	宜春	162 632	榆树	146 182
伊宁	192 731	舟山	162 619	耒阳	145 193
绍兴	191 848	泰州	162 391	驻马店	144 851
九台	190 021	瑞安	161 753	铁法	144 827
江油	189 636	清远	161 480	济源	144 467
涪陵	189 617	渭南	160 876	武威	144 134
丹阳	189 278	孝感	159 487	威海	143 331
达川	188 908	周口	159 131	大安	143 313
海拉尔	187 991	寿光	158 447	滁州	143 225
肇东	187 745	胶州	158 409	庄河	142 997
喀什	186 363	泰兴	158 357	密山	142 495
漯河	185 495	滨州	157 696	龙井	142 142
商丘	185 054	永川	157 594	高州	141 351
合川	184 742	钟祥	157 183	老河口	140 899
阿克苏	184 586	金华	156 908	文登	139 911
桦甸	183 202	梅州	156 878	扎兰屯	139 258
安顺	181 287	儋州	156 818	淮安	138 955
台山	180 522	吉安	156 797	都匀	138 852
玉林	180 149	莱阳	156 739	海伦	138 653

5—11 续表 3

单位:人

城市名称	人口数	城市名称	人口数	城市名称	人口数
吴江	138 017	张家港	118 504		
巢湖	137 529	冷水滩	118 295	**10万以下**	**10 242 517**
胶南	137 225	乐平	116 746	平凉	99 893
任丘	135 562	珲春	115 998	孝义	99 727
钦州	135 333	讷河	115 528	涿州	99 219
高要	135 319	拉萨	115 519	龙海	99 119
和龙	135 067	忻州	114 815	昭通	98 774
都江堰	133 857	石首	114 375	晋江	98 345
三水	131 043	广水	113 716	樟树	97 681
抚州	131 008	黄山	113 289	靖江	97 595
蒲圻	130 075	涟源	113 262	广汉	97 431
仪征	130 003	邳州	112 058	开远	97 283
诸城	129 202	资兴	111 106	罗定	97 237
奎屯	128 303	新民	109 969	桐乡	97 053
临清	128 239	慈溪	109 937	福清	96 541
北海	128 051	雅安	109 840	当阳	95 761
开原	128 017	兴城	109 809	黑河	95 634
蓬莱	127 897	高安	109 063	邓州	94 778
丹江口	127 490	麻城	108 062	安陆	94 349
衢州	127 426	海宁	107 051	德兴	94 194
汕尾	126 841	富锦	107 042	永州	94 184
满洲里	126 204	浏阳	106 134	新沂	93 490
凌源	126 082	应城	105 859	河池	93 478
三亚	125 074	莆田	105 300	楚雄	93 159
凯里	124 534	禹州	105 300	韩城	92 979
亳州	124 112	四会	104 863	太仓	92 938
资阳	123 275	武穴	104 856	东港	92 757
玉门	122 617	恩施	104 779	湘乡	92 431
延安	122 373	防城港	104 174	南安	92 272
沅江	121 657	临江	103 640	吉首	92 140
昆山	121 351	乳山	103 112	张掖	91 589
宣州	121 295	峨眉山	103 098	邵武	91 290
金昌	120 626	黄岩	103 064	嘉峪关	91 034
运城	120 592	宿迁	102 448	定州	90 685
河源	120 284	莱西	102 076	鹰潭	90 207
余姚	119 800	临海	102 034	锡林浩特	89 630
衡水	119 642	鹤山	101 844	巩义	89 627
永安	119 474	曲阜	101 300	诸暨	89 530
高邮	119 365	百色	100 864	阿勒泰	89 262
醴陵	119 073	图们	100 767	原平	89 172

5—11 续表 4　　　　单位:人

城市名称	人口数	城市名称	人口数	城市名称	人口数
义马	89 112	平湖	75 412	江山	56 742
榆林	88 718	丽水	74 167	赤水	55 251
乐清	88 256	吴忠	74 080	洪江	54 118
清镇	87 940	铜仁	73 971	塔城	53 278
福安	87 434	瑞昌	73 778	高碑店	52 966
巴中	87 009	义乌	72 187	青铜峡	52 880
华蓥	86 962	沙河	72 121	遵化	49 057
阆中	86 607	集安	71 213	永康	48 211
玉溪	86 361	万源	70 849	高平	47 625
灵宝	86 292	古交	70 463	武安	47 076
兰溪	86 180	宁德	70 304	霸州	46 009
朔州	86 106	界首	69 881	藁城	45 287
临夏	85 752	兴义	69 226	武夷山	42 735
建瓯	85 513	沁阳	69 015	漳平	42 712
津市	85 357	奉化	68 829	阿图什	41 721
东胜	85 294	金坛	68 198	霍林郭勒	41 013
上虞	84 728	禹城	67 262	河间	40 750
侯马	84 568	临湘	66 595	同江	38 496
霍州	84 228	东阳	65 986	通什	37 974
泊头	84 068	三河	65 876	龙泉	35 077
建德	83 855	琼海	65 411	南宫	33 928
卫辉	83 090	辛集	63 704	晋州	30 630
椒江	81 208	东川	63 684	安国	30 247
汝州	81 059	华阴	63 399	德令哈	29 054
枝城	80 707	黄骅	62 893	冀州	28 723
景洪	80 057	合山	62 772	新乐	26 265
介休	79 701	吐鲁番	62 290	日喀则	24 396
辉县	79 379	格尔木	61 754	绥芬河	23 816
汨罗	79 266	博乐	61 241	敦煌	23 692
和田	78 903	商州	60 874	凭祥	19 999
酒泉	78 539	乐陵	60 547	瑞丽	16 826
贵池	78 246	利川	60 067	井冈山	15 695
舞钢	77 798	西峰	59 954	韶山	13 343
石狮	77 622	阜康	58 929	二连浩特	9 669
大庸	77 436	丰镇	58 047	五大连池	7 846
保山	76 293	思茅	57 860	畹町	4 459

5—12 按县总人口分组的县数

单位：个

地　　区	县数合计	1 000 000 人以上	800 000 至 999 999 人	500 000 至 799 999 人	300 000 至 499 999 人	100 000 至 299 999 人	100 000 人以下
总　计	**1801**	**114**	**98**	**331**	**481**	**544**	**230**
北　京	8			3	3	2	
天　津	5			3	2		
河　北	119			25	53	41	
山　西	89			3	17	56	13
内蒙古	71			3	17	34	17
辽　宁	31		1	10	16	3	1
吉　林	23	1	2	4	9	6	1
黑龙江	50			5	23	17	5
上　海	6			4	2		
江　苏	40	16	7	10	5	2	
浙　江	44	2	3	11	19	8	1
安　徽	60	16	6	20	11	6	1
福　建	50	2	2	9	16	19	1
江　西	73	1	1	17	22	30	2
山　东	67	7	10	30	16	3	1
河　南	102	17	13	47	22	3	
湖　北	48	6	7	15	13	6	1
湖　南	76	6	12	25	21	12	
广　东	61	9	5	15	18	13	1
广　西	75	7	5	10	32	21	
海　南	17			3	4	7	1
四　川	159	20	19	29	25	34	32
贵　州	70	2	3	11	21	32	1
云　南	111	2	1	4	37	58	9
西　藏	71						71
陕　西	85		1	11	21	42	10
甘　肃	67			3	21	33	10
青　海	37				4	8	25
宁　夏	16				4	9	3
新　疆	71			1	7	40	23

第 六 部 份

1993年度全国计划生育统计人口数据

6—1 各地区采取各种节育措施的人口数

单位:人

地区	合计	男性绝育	女性绝育	宫内节育器	避孕药	避孕套	外用药	其他
总计	**203 059 320**	**23 236 455**	**81 843 830**	**81 193 119**	**7 337 181**	**7 312 839**	**1 215 335**	**920 561**
北京	2 040 295	8 070	217 628	1 294 947	170 788	313 377	15 127	20 358
天津	1 751 317	8 791	282 903	1 000 958	117 522	326 856	9 376	4 911
河北	11 413 688	989 081	6 209 275	3 565 388	276 228	282 059	31 390	60 267
山西	4 880 807	59 977	2 534 502	1 929 253	186 620	113 408	40 316	16 731
内蒙古	3 995 867	14 872	1 970 780	1 571 831	228 690	133 406	31 627	44 661
辽宁	7 903 809	12 309	2 109 494	5 205 170	179 225	359 229	24 715	13 667
吉林	4 910 852	1 844	1 801 821	2 830 687	116 824	138 507	12 601	8 568
黑龙江	6 819 261	16 249	2 718 953	3 323 781	277 118	424 109	34 868	24 183
上海	2 587 696	25 745	186 841	1 868 315	207 989	228 574	10 682	59 550
江苏	13 546 317	741 051	4 085 572	7 855 824	640 618	171 511	38 886	12 855
浙江	8 525 836	149 458	3 802 235	3 658 175	452 141	319 062	36 754	108 011
安徽	9 639 210	1 296 369	4 373 975	3 161 656	535 718	200 790	35 950	34 752
福建	5 479 606	578 962	3 048 125	1 298 523	167 587	305 765	64 827	15 817
江西	6 516 628	72 317	4 613 521	1 650 396	79 729	63 494	18 423	18 748
山东	15 484 624	3 423 147	5 013 119	5 887 899	340 131	675 516	84 443	60 369
河南	15 683 610	2 399 903	7 750 637	4 049 754	404 859	905 861	145 276	27 320
湖北	9 367 581	827 834	4 824 637	3 173 824	302 055	180 856	32 800	25 575
湖南	11 107 113	1 366 357	6 032 595	3 065 034	224 367	329 769	57 440	31 551
广东	10 052 163	1 613 132	5 134 752	2 531 344	267 819	375 645	100 975	28 496
广西	6 106 184	1 054 871	2 315 314	2 398 148	155 037	68 308	34 918	79 588
海南	881 108	48 207	509 934	276 463	15 663	16 382	9 485	4 974
四川	20 333 748	6 603 812	1 788 330	10 376 374	620 963	706 883	152 017	85 369
贵州	4 608 360	1 111 224	1 884 319	1 264 127	212 979	101 142	27 788	6 781
云南	5 759 945	448 767	1 513 299	3 262 345	330 070	126 783	33 805	44 876
陕西	5 841 983	341 195	3 155 359	2 098 306	95 351	111 683	28 580	11 509
甘肃	4 119 370	12 353	2 874 453	1 083 048	56 724	59 204	20 974	12 614
青海	681 324	1 583	309 206	237 491	97 763	25 510	7 612	2 159
宁夏	814 040	787	360 814	243 417	136 921	53 546	15 115	3 440
新疆	2 206 978	8 188	421 437	1 030 641	439 682	195 604	58 565	52 861

6—2 各地区采取各种节育措施人数与上年对比情况

单位：人

地区	合计	男性绝育	女性绝育	宫内节育器	避孕药	避孕套	外用药	其他
总计	4 197 449	-749 926	3 015 103	3 401 438	-871 494	-410 450	-184 414	-2 808
北京	29 020	-138	-4 114	40 063	-14 560	6 422	-1 215	2 562
天津	47 201	-1 087	8 048	58 319	13 072	-25 386	-1 509	-4 256
河北	256 004	48 513	226 404	98 401	-57 628	-53 206	-14 457	7 977
山西	5 468	3 538	209 588	-138 640	-33 537	-25 164	-11 050	733
内蒙古	146 327	-255	45 303	138 508	-22 247	-10 592	-2 128	-2 262
辽宁	148 681	-916	-27 093	175 867	-7 591	8 745	-1 441	1 110
吉林	130 176	-219	35 363	107 724	-9 120	- 249	138	-3 461
黑龙江	117 679	-1 235	-15 933	42 486	-9 028	96 669	5 603	-883
上海	10 778	-3 033	-12 676	46 158	-14 240	-4 807	1 066	-1 690
江苏	355 202	-14 889	67 237	533 862	-74 817	-158 843	-5 613	8 265
浙江	207 778	-5 806	62 504	195 212	-33 278	-3 118	-2 636	-5 100
安徽	563 024	-198 590	622 837	188 487	-24 679	-22 034	-4 048	1 051
福建	154 249	6 836	124 764	12 982	3 310	4 567	660	1 130
江西	34 548	-6 656	-8 958	105 717	-19 233	-19 275	-8 333	-8 714
山东	115 312	-1 101	54 903	222 676	-69 386	-49 497	-33 287	-8 996
河南	773 419	-305 726	563 585	506 917	-44 971	60 087	-12 812	6 339
湖北	115 199	12 497	93 034	82 788	-48 984	-10 970	-9 755	-3 411
湖南	125 758	-68 632	144 101	140 970	-66 863	-4 115	-19 836	133
广东	378 968	39 507	213 202	102 708	597	27 384	-4 511	81
广西	177 574	47 095	376 163	-223 924	-44 074	-4 529	-4 873	31 716
海南	26 496	-2 410	31 533	-1 149	-1 685	801	-770	176
四川	389 328	-164 878	-45 940	676 982	-19 416	-64 772	226	7 126
贵州	-432 509	-120 065	-124 173	-63 352	-46 795	-56 044	-19 844	-2 236
云南	146 140	-5 276	103 781	107 471	-46 243	-5 191	-4 576	-3 826
陕西	-40 613	-9 056	75 072	-68 974	-17 755	-13 042	-7 413	555
甘肃	31 097	357	135 175	45 991	-54 092	-83 071	-10 643	-2 620
青海	10 578	-57	18 125	2 783	-7 595	- 911	-904	- 863
宁夏	46 994	-20	21 346	30 829	-8 463	5 782	-663	-1 817
新疆	127 573	1 776	21 922	233 576	-92 193	-6 091	-9 790	-21 627

6—3 各地区节育率及采取各种节育措施所占比重

单位:%

地区	节育率	男性绝育	女性绝育	宫内节育器	避孕药	避孕套	外用药	其他
总计	**89.66**	**11.44**	**40.31**	**39.98**	**3.61**	**3.60**	**0.60**	**0.45**
北京	89.47	0.40	10.67	63.47	8.37	15.36	0.74	1.00
天津	91.55	0.50	16.15	57.15	6.71	18.66	0.54	0.28
河北	91.02	8.67	54.40	31.24	2.42	2.47	0.28	0.53
山西	69.42	1.23	51.93	39.53	3.82	2.32	0.83	0.34
内蒙古	91.14	0.37	49.32	39.34	5.72	3.34	0.79	1.12
辽宁	90.73	0.16	26.69	65.86	2.27	4.55	0.31	0.17
吉林	92.69	0.04	36.69	57.64	2.38	2.82	0.26	0.17
黑龙江	92.35	0.24	39.87	48.74	4.06	6.22	0.51	0.35
上海	92.29	0.99	7.22	72.20	8.04	8.83	0.41	2.30
江苏	92.90	5.47	30.16	57.99	4.73	1.27	0.29	0.09
浙江	92.43	1.75	44.60	42.91	5.30	3.74	0.43	1.27
安徽	89.86	13.45	45.38	32.80	5.56	2.08	0.37	0.36
福建	91.20	10.57	55.63	23.70	3.06	5.58	1.18	0.29
江西	90.66	1.11	70.80	25.33	1.22	0.97	0.28	0.29
山东	92.86	22.11	32.37	38.02	2.20	4.36	0.55	0.39
河南	89.92	15.30	49.42	25.82	2.58	5.78	0.93	0.17
湖北	90.68	8.84	51.50	33.88	3.22	1.93	0.35	0.27
湖南	93.73	12.30	54.31	27.60	2.02	2.97	0.52	0.28
广东	88.03	16.05	51.08	25.18	2.66	3.74	1.00	0.28
广西	88.34	17.28	37.92	39.27	2.54	1.12	0.57	1.30
海南	88.18	5.47	57.87	31.38	1.78	1.86	1.08	0.56
四川	91.22	32.48	8.79	51.03	3.05	3.48	0.75	0.42
贵州	80.13	24.11	40.89	27.43	4.62	2.19	0.60	0.15
云南	83.72	7.79	26.27	56.64	5.73	2.20	0.59	0.78
陕西	89.70	5.84	54.01	35.92	1.63	1.91	0.49	0.20
甘肃	86.87	0.30	69.78	26.29	1.38	1.44	0.51	0.31
青海	83.36	0.23	45.38	34.86	14.35	3.74	1.12	0.32
宁夏	87.77	0.10	44.32	29.90	16.82	6.58	1.86	0.42
新疆	77.69	0.37	19.10	46.70	19.92	8.86	2.65	2.40

6—4 各地区采取各种节育措施比重与上年比较情况

地 区	节育率	男 性 绝 育	女 性 绝 育	宫内 节育器	避孕药	避孕套	外用药	其 他
总 计	-0.93	-0.62	0.67	0.87	-0.51	-0.28	-0.11	-0.01
北 京	-0.60	-0.01	-0.36	1.08	-0.84	0.10	-0.07	0.11
天 津	-0.36	-0.08	0.02	1.84	0.58	-2.01	-0.10	-0.26
河 北	-1.04	0.24	0.78	0.17	-0.57	-0.53	-0.14	0.06
山 西	-22.22	0.07	4.24	-2.89	-0.69	-0.52	-0.23	0.01
内蒙古	-0.29	-0.02	-0.70	2.10	-0.80	-0.40	-0.09	-0.10
辽 宁	0.11	-0.01	-0.86	1.01	-0.14	0.03	-0.02	0.01
吉 林	0.61	-0.01	-0.26	0.68	-0.26	-0.08	-0.00	-0.08
黑龙江	0.33	-0.02	-0.94	-0.22	-0.21	1.33	0.07	-0.02
上 海	0.25	-0.12	-0.52	1.49	-0.59	-0.22	0.04	-0.08
江 苏	1.09	-0.26	-0.30	2.49	-0.69	-1.24	-0.05	0.06
浙 江	0.35	-0.11	-0.36	1.28	-0.53	-0.13	-0.04	-0.09
安 徽	0.91	-3.02	4.05	0.04	-0.62	-0.37	-0.07	-0.01
福 建	0.22	-0.18	0.73	-0.44	-0.03	-0.08	-0.02	0.01
江 西	-1.63	-0.11	-0.52	1.50	-0.30	-0.30	-0.13	-0.14
山 东	-0.58	-0.17	0.11	1.16	-0.47	-0.35	-0.22	-0.06
河 南	-0.08	-2.84	1.22	2.06	-0.44	0.10	-0.13	0.03
湖 北	-0.11	0.03	0.36	0.47	-0.57	-0.14	-0.11	-0.04
湖 南	0.84	-0.77	0.69	0.97	-0.63	-0.07	-0.19	-0.00
广 东	0.24	-0.22	0.20	0.08	-0.10	0.14	-0.09	-0.01
广 西	-0.02	0.28	5.21	-4.95	-0.82	-0.11	-0.10	0.50
海 南	5.16	-0.45	1.90	-1.11	-0.25	0.04	-0.12	0.00
四 川	0.18	-1.46	-0.40	2.40	-0.16	-0.39	-0.01	0.03
贵 州	-11.47	-0.31	1.04	1.10	-0.53	-0.92	-0.34	-0.03
云 南	-0.18	-0.30	1.16	0.44	-0.97	-0.15	-0.10	-0.09
陕 西	-1.44	-0.11	1.65	-0.92	-0.29	-0.21	-0.12	0.01
甘 肃	-1.78	0.01	2.78	0.92	-1.33	-2.04	-0.26	-0.07
青 海	0.45	-0.01	1.99	-0.13	-1.36	-0.19	-0.15	-0.13
宁 夏	2.64	-0.01	0.07	2.19	-2.13	0.35	-0.20	-0.26
新 疆	3.74	0.06	-0.12	8.37	-5.66	-0.84	-0.63	-1.19

6—5 各地区节育率及各分项措施节育率

地区	节育率	男性绝育	女性绝育	宫内节育器	避孕药	避孕套	外用药	其他
总计	**89.66**	**10.26**	**36.14**	**35.85**	**3.24**	**3.23**	**0.54**	**0.41**
北京	89.47	0.35	9.54	56.78	7.49	13.74	0.66	0.89
天津	91.55	0.46	14.79	52.33	6.14	17.09	0.49	0.26
河北	91.02	7.89	49.52	28.43	2.20	2.25	0.25	0.48
山西	69.42	0.85	36.05	27.44	2.65	1.61	0.57	0.24
内蒙古	91.14	0.34	44.95	35.85	5.22	3.04	0.72	1.02
辽宁	90.73	0.14	24.22	59.75	2.06	4.12	0.28	0.16
吉林	92.69	0.03	34.01	53.43	2.21	2.61	0.24	0.16
黑龙江	92.35	0.22	36.82	45.01	3.75	5.74	0.47	0.33
上海	92.29	0.92	6.66	66.64	7.42	8.15	0.38	2.12
江苏	92.90	5.08	28.02	53.88	4.39	1.18	0.27	0.09
浙江	92.43	1.62	41.22	39.66	4.90	3.46	0.40	1.17
安徽	89.86	12.09	40.78	29.47	4.99	1.87	0.34	0.32
福建	91.20	9.64	50.73	21.61	2.79	5.09	1.08	0.26
江西	90.66	1.01	64.19	22.96	1.11	0.88	0.26	0.26
山东	92.86	20.53	30.06	35.31	2.04	4.05	0.51	0.36
河南	89.92	13.76	44.44	23.22	2.32	5.19	0.83	0.16
湖北	90.68	8.01	46.70	30.72	2.92	1.75	0.32	0.25
湖南	93.73	11.53	50.91	25.87	1.89	2.78	0.48	0.27
广东	88.03	14.13	44.97	22.17	2.35	3.29	0.88	0.25
广西	88.34	15.26	33.50	34.70	2.24	0.99	0.51	1.15
海南	88.18	4.82	51.03	27.67	1.57	1.64	0.95	0.50
四川	91.22	29.62	8.02	46.55	2.79	3.17	0.68	0.38
贵州	80.13	19.32	32.76	21.98	3.70	1.76	0.48	0.12
云南	83.72	6.52	21.99	47.42	4.80	1.84	0.49	0.65
陕西	89.70	5.24	48.45	32.22	1.46	1.71	0.44	0.18
甘肃	86.87	0.26	60.62	22.84	1.20	1.25	0.44	0.27
青海	83.36	0.19	37.83	29.06	11.96	3.12	0.93	0.26
宁夏	87.77	0.08	38.90	26.24	14.76	5.77	1.63	0.37
新疆	77.69	0.29	14.84	36.28	15.48	6.89	2.06	1.86

6—6 各地区节育率及各分项措施节育率与上年比较情况

地区	节育率	男性绝育	女性绝育	宫内节育器	避孕药	避孕套	外用药	其他
总计	**-0.93**	**-0.67**	**0.23**	**0.42**	**-0.50**	**-0.29**	**-0.10**	**-0.01**
北京	-0.60	-0.01	-0.39	0.59	-0.81	-0.00	-0.07	0.10
天津	-0.36	-0.07	-0.04	1.48	0.51	-1.91	-0.10	-0.24
河北	-1.04	0.13	0.15	-0.17	-0.55	-0.52	-0.13	0.05
山西	-22.22	-0.21	-7.65	-11.43	-1.48	-0.99	-0.39	-0.06
内蒙古	-0.29	-0.02	-0.78	1.81	-0.74	-0.38	-0.08	-0.10
辽宁	0.11	-0.01	-0.75	0.98	-0.13	0.03	-0.02	0.01
吉林	0.61	-0.00	-0.01	0.98	-0.22	-0.06	-0.00	-0.07
黑龙江	0.33	-0.02	-0.73	-0.04	-0.18	1.25	0.07	-0.02
上海	0.25	-0.11	-0.46	1.55	-0.52	-0.18	0.04	-0.06
江苏	1.09	-0.18	0.05	2.92	-0.59	-1.12	-0.04	0.06
浙江	0.35	-0.10	-0.18	1.32	-0.47	-0.11	-0.04	-0.08
安徽	0.91	-2.57	4.01	0.34	-0.50	-0.31	-0.06	-0.01
福建	0.22	-0.14	0.79	-0.35	-0.02	-0.06	-0.02	0.01
江西	-1.63	-0.12	-1.63	0.97	-0.30	-0.30	-0.12	-0.13
山东	-0.58	-0.29	-0.08	0.87	-0.45	-0.36	-0.21	-0.06
河南	-0.08	-2.57	1.05	1.83	-0.39	0.09	-0.12	0.03
湖北	-0.11	0.01	0.27	0.39	-0.52	-0.13	-0.10	-0.04
湖南	0.84	-0.61	1.10	1.13	-0.57	-0.04	-0.17	0.00
广东	0.24	-0.15	0.30	0.13	-0.08	0.13	-0.07	-0.01
广西	-0.02	0.24	4.60	-4.38	-0.72	-0.10	-0.09	0.44
海南	5.16	-0.09	4.56	0.70	-0.12	0.13	-0.05	0.03
四川	0.18	-1.27	-0.35	2.27	-0.14	-0.35	-0.01	0.03
贵州	-11.47	-3.05	-3.73	-2.14	-1.02	-1.10	-0.38	-0.05
云南	-0.18	-0.26	0.93	0.26	-0.83	-0.13	-0.08	-0.08
陕西	-1.44	-0.19	0.72	-1.36	-0.29	-0.22	-0.12	0.01
甘肃	-1.78	0.00	1.22	0.35	-1.21	-1.84	-0.24	-0.06
青海	0.45	-0.01	1.85	0.05	-1.06	-0.14	-0.12	-0.11
宁夏	2.64	-0.00	1.23	2.65	-1.37	0.47	-0.12	-0.21
新疆	3.74	0.06	0.63	7.94	-3.44	-0.29	-0.37	-0.79

6—7 各地区已婚育龄妇女及领证情况

地区	已婚育龄妇女人数	对比	领证人数	对比	领证率	对比
总计	**226 464 651**	**6 940 115**	**43 238 625**	**1 082 914**	**19.09**	**-0.11**
北京	2 280 507	47 534	1 303 496	45 815	57.16	0.84
天津	1 912 950	58 863	998 621	34 974	52.20	0.23
河北	12 539 922	420 271	1 432 417	-1 699	11.42	-0.41
山西	7 030 491	1 710 625	695 786	23 054	9.90	-2.75
内蒙古	4 384 392	174 149	575 727	24 209	13.13	0.03
辽宁	8 711 138	153 008	3 526 390	158 358	40.48	1.13
吉林	5 298 110	106 450	1 450 457	99 570	27.38	1.36
黑龙江	7 383 954	101 183	2 136 061	91 650	28.93	0.86
上海	2 803 777	4 137	1 966 256	25 579	70.13	0.81
江苏	14 581 250	213 173	6 200 017	463 179	42.52	2.59
浙江	9 224 591	191 475	2 187 976	74 636	23.72	0.32
安徽	10 726 819	523 044	1 081 047	89 600	10.08	0.36
福建	6 008 461	155 215	666 516	48 017	11.09	0.53
江西	7 187 765	164 165	615 437	34 968	8.56	0.30
山东	16 674 600	227 130	3 643 969	156 548	21.85	0.65
河南	17 442 565	875 686	1 514 606	-51 905	8.68	-0.77
湖北	10 330 495	139 135	1 613 570	82 157	15.62	0.59
湖南	11 849 484	27 830	1 194 454	48 467	10.08	0.39
广东	11 418 485	400 285	79 786	- 951 628	0.70	-8.66
广西	6 911 887	202 441	468 745	35 497	6.78	0.32
海南	999 233	-30 159	79 977	3 397	8.00	0.56
四川	22 291 877	384 743	7 174 246	510 919	32.18	1.77
贵州	5 751 104	247 745	358 574	19 639	6.23	0.08
云南	6 880 401	189 712	549 992	31 760	7.99	0.25
陕西	6 512 978	58 744	793 233	6 719	12.18	-0.01
甘肃	4 741 990	130 224	379 742	-61 758	8.01	-1.57
青海	817 311	8 278	85 900	-1 102	10.51	-0.24
宁夏	927 515	26 513	107 344	8 905	11.57	0.65
新疆	2 840 599	28 516	358 283	33 389	12.61	1.06

第　七　部　份

1993 年度全国民政统计
人　口　数　据

7—1 省、自治区、直辖市主要民政对象情况

单位:人

地 区	总 数	优抚对象	离退休、退职人员	社会困难户	社会散居孤老残幼
总 计	**123 581 256**	**39 049 283**	**281 008**	**80 987 928**	**3 263 037**
北 京	417 242	298 311	31 992	82 766	4 173
天 津	349 839	276 959	6 700	59 669	6 511
河 北	5 956 769	2 950 439	15 602	2854 112	136 616
山 西	2 812 830	969 867	6 474	1 770 765	65 724
内蒙古	2 248 380	422 324	5 405	1 745 448	75 203
辽 宁	2 031 001	1 295 414	20 476	662 868	52 243
吉 林	1 714 266	935 469	5 523	719 794	53 480
黑龙江	2 884 384	917 623	1 574	1 894 989	70 198
上 海	271 299	246 993	4 492	16 173	3 641
江 苏	5 296 397	2 755 605	22 177	2 360 105	158 510
浙 江	2 775 616	1 170 735	14 124	1 519 936	70 821
安 徽	6 027 430	1 719 139	5 635	4 063 793	238 863
福 建	2 695 896	898 507	13 391	1 713 996	70 002
江 西	4 673 424	1 621 895	7 871	2 866 292	177 366
山 东	10 012 542	4 085 833	32 551	5 723 824	170 334
河 南	10 750 249	3 417 001	7 473	7 070 225	255 550
湖 北	6 599 879	2 418 564	14 216	3 927 284	239 815
湖 南	9 339 134	2 382 592	13 698	6 610 954	331 890
广 东	4 598 664	1 321 403	14 712	3 062 554	199 995
广 西	5 717 167	852 472	3 186	4 672 130	189 379
海 南	899 726	145 588	1 117	718 272	34 749
四 川	10 674 920	3 938 010	12 889	6 448 695	275 326
贵 州	8 348 945	694 534	2 085	7 563 232	89 094
云 南	7 562 984	888 847	5 820	6 536 625	131 692
西 藏	324 193	36 900	419	280 000	6 874
陕 西	3 814 749	1 378 428	5 960	2 362 909	67 452
甘 肃	3 078 673	655 317	2 132	2 384 015	37 209
青 海	403 125	73 080	1 232	321 746	7 067
宁 夏	564 384	82 488	501	475 655	5 740
新 疆	737 149	198 946	1 581	499 102	37 520

7—2 省、自治区、直辖市

地区	优抚对象总人数（人）	革命伤残军人	烈军属人数	烈士家属	牺牲病故军人家属
总计	**39 049 283**	**882 838**	**17 792 014**	**2 495 575**	**459 943**
北京	298 311	13 457	166 912	19 859	1 921
天津	276 959	8 032	158 984	11 996	1 640
河北	2 950 439	82 866	1 363 992	149 766	21 881
山西	969 867	46 300	430 457	68 562	8 368
内蒙古	422 324	15 029	215 362	13 624	2 934
辽宁	1 295 414	43 766	612 073	26 856	7 442
吉林	935 469	28 743	437 807	31 273	7 089
黑龙江	917 623	30 377	383 144	28 990	5 723
上海	246 993	8 289	99 061	7 085	3 598
江苏	2 755 605	68 356	1 138 720	132 988	26 464
浙江	1 170 735	22 243	427 317	17 603	6 466
安徽	1 719 139	37 827	756 473	88 532	16 543
福建	898 507	10 498	384 295	63 174	12 918
江西	1 621 895	18 032	1 102 605	606 284	18 049
山东	4 085 833	129 853	1 834 983	205 120	35 288
河南	3 417 001	65 710	1 616 950	134 790	66 018
湖北	2 418 564	34 003	1 315 935	316 887	82 060
湖南	2 382 592	34 472	999 428	230 071	29 702
广东	1 321 403	23 187	543 687	48 610	11 622
广西	852 472	11 748	368 146	20 268	4 315
海南	145 588	2 554	68 225	22 401	2 172
四川	3 938 010	75 081	1 483 955	145 903	47 295
贵州	694 534	14 389	266 103	16 104	7 033
云南	888 847	17 163	316 564	28 036	10 850
西藏	36 900	614	24 145	1 988	1 217
陕西	1 378 428	21 357	741 850	32 951	10 698
甘肃	655 317	9 540	331 604	18 213	8 118
青海	73 080	2 438	36 150	1 462	634
宁夏	82 488	1 807	44 123	1 983	635
新疆	198 946	5 107	122 964	4 196	1 250

优抚对象人员情况

单位：人

现役军人家属	在乡退伍红军老战士	西路军	在乡复员军人	在乡退伍军人	带病还乡	优抚对象中孤老人数
14 836 496	**8 873**	**2 997**	**3 069 846**	**17 295 712**	**948 239**	**416 920**
145 132	5		17 313	100 624	4 872	1 339
145 348	5		10 813	99 125	4 292	1 160
1 192 345	75		181 564	1 321 942	68 791	42 331
353 527	282	1	95 800	397 028	17 073	12 466
198 804	40	1	59 929	131 964	10 146	12 332
577 775	36		91 029	548 510	17 166	8 762
399 445	41		78 125	390 753	20 458	7 409
348 431	71		128 763	375 268	22 302	12 754
88 378			7 193	132 450	4 361	182
979 268	43	1	177 495	1 370 991	64 380	26 780
403 248	2		88 020	633 153	54 105	10 279
651 398	89		135 278	789 472	66 649	27 157
308 203	37	1	64 495	439 182	13 683	9 046
478 272	136		94 158	406 964	26 686	22 280
1 594 575	73		287 225	1 833 699	85 202	41 713
1 416 142	219	44	233 979	1 500 143	56 208	39 653
916 988	432	337	187 984	880 210	86 265	33 454
739 655	70		221 584	1 127 038	98 614	27 526
483 455	2		81 632	672 895	18 257	7 359
343 563	20		93 618	378 940	4 007	7 344
43 652			19 191	55 618	1 222	2 451
1 290 757	3 555	1 739	371 515	2 003 904	151 324	27 986
242 966	12		86 751	327 279	12 036	6 175
277 678	6		83 111	472 003	11 596	3 475
20 940			1 564	10 577	103	97
698 201	2 402		101 555	511 264	18 481	14 210
305 273	955	653	38 933	274 285	8 342	7 526
34 054	181	156	5 851	28 460	595	842
41 505	70	51	6 973	29 515	527	982
117 518	14	13	18 405	52 456	496	1 850

7—3 省、自治区、直

<table>
<tr><th rowspan="3">地 区</th><th colspan="6">申 请 结 婚 登</th></tr>
<tr><th rowspan="2">合 计</th><th rowspan="2">准予登记
结婚数</th><th rowspan="2">初婚数
（人）</th><th rowspan="2">再婚数
（人）</th><th colspan="2"></th></tr>
<tr><th>男</th><th>女</th></tr>
<tr><td>总 计</td><td>9 533 915</td><td>9 121 622</td><td>17 470 092</td><td>773 152</td><td>400 696</td><td>372 456</td></tr>
<tr><td>北 京</td><td>89 431</td><td>89 128</td><td>160 127</td><td>18 129</td><td>9 234</td><td>8 895</td></tr>
<tr><td>天 津</td><td>66 569</td><td>66 191</td><td>122 008</td><td>10 374</td><td>5 351</td><td>5 023</td></tr>
<tr><td>河 北</td><td>461 497</td><td>430 337</td><td>827 386</td><td>33 288</td><td>16 678</td><td>16 610</td></tr>
<tr><td>山 西</td><td>210 726</td><td>201 161</td><td>385 167</td><td>17 155</td><td>8 561</td><td>8 594</td></tr>
<tr><td>内蒙古</td><td>174 601</td><td>168 363</td><td>324 897</td><td>11 829</td><td>6 116</td><td>5 713</td></tr>
<tr><td>辽 宁</td><td>337 400</td><td>330 506</td><td>612 579</td><td>48 433</td><td>25 487</td><td>22 946</td></tr>
<tr><td>吉 林</td><td>230 575</td><td>221 238</td><td>416 105</td><td>26 371</td><td>14 545</td><td>11 826</td></tr>
<tr><td>黑龙江</td><td>308 559</td><td>290 833</td><td>540 852</td><td>40 814</td><td>23 336</td><td>17 478</td></tr>
<tr><td>上 海</td><td>87 523</td><td>87 281</td><td>156 511</td><td>18 051</td><td>8 535</td><td>9 516</td></tr>
<tr><td>江 苏</td><td>559 820</td><td>548 295</td><td>1 072 173</td><td>24 417</td><td>12 154</td><td>12 263</td></tr>
<tr><td>浙 江</td><td>355 802</td><td>346 140</td><td>667 553</td><td>24 727</td><td>11 405</td><td>13 322</td></tr>
<tr><td>安 徽</td><td>598 275</td><td>583 239</td><td>1 145 637</td><td>20 841</td><td>11 359</td><td>9 482</td></tr>
<tr><td>福 建</td><td>238 679</td><td>234 996</td><td>461 708</td><td>8 284</td><td>4 272</td><td>4 012</td></tr>
<tr><td>江 西</td><td>243 688</td><td>236 384</td><td>458 275</td><td>14 493</td><td>8 034</td><td>6 459</td></tr>
<tr><td>山 东</td><td>583 124</td><td>548 328</td><td>1 046 515</td><td>50 141</td><td>21 732</td><td>28 409</td></tr>
<tr><td>河 南</td><td>802 419</td><td>748 966</td><td>1 458 069</td><td>39 863</td><td>21 178</td><td>18 685</td></tr>
<tr><td>湖 北</td><td>459 669</td><td>424 713</td><td>821 229</td><td>28 197</td><td>15 137</td><td>13 060</td></tr>
<tr><td>湖 南</td><td>474 815</td><td>443 400</td><td>846 974</td><td>39 826</td><td>20 312</td><td>19 514</td></tr>
<tr><td>广 东</td><td>593 950</td><td>578 562</td><td>1 130 684</td><td>26 440</td><td>13 757</td><td>12 683</td></tr>
<tr><td>广 西</td><td>289 605</td><td>281 053</td><td>541 904</td><td>20 202</td><td>10 372</td><td>9 830</td></tr>
<tr><td>海 南</td><td>34 950</td><td>34 606</td><td>68 208</td><td>1 004</td><td>597</td><td>407</td></tr>
<tr><td>四 川</td><td>1 000 077</td><td>956 834</td><td>1 822 110</td><td>91 558</td><td>45 496</td><td>46 062</td></tr>
<tr><td>贵 州</td><td>274 346</td><td>265 206</td><td>516 175</td><td>14 237</td><td>8 339</td><td>5 898</td></tr>
<tr><td>云 南</td><td>328 666</td><td>315 784</td><td>607 156</td><td>24 412</td><td>13 170</td><td>11 242</td></tr>
<tr><td>西 藏</td><td>5 958</td><td>5 733</td><td>9 800</td><td>1 666</td><td>849</td><td>817</td></tr>
<tr><td>陕 西</td><td>269 606</td><td>254 113</td><td>487 105</td><td>21 121</td><td>10 961</td><td>10 160</td></tr>
<tr><td>甘 肃</td><td>205 625</td><td>197 855</td><td>385 295</td><td>10 415</td><td>5 528</td><td>4 887</td></tr>
<tr><td>青 海</td><td>34 746</td><td>33 565</td><td>62 963</td><td>4 167</td><td>2 232</td><td>1 935</td></tr>
<tr><td>宁 夏</td><td>36 622</td><td>35 430</td><td>67 943</td><td>2 917</td><td>1 587</td><td>1 330</td></tr>
<tr><td>新 疆</td><td>176 592</td><td>163 382</td><td>246 984</td><td>79 780</td><td>44 382</td><td>35 398</td></tr>
</table>

辖市婚姻登记情况

单位:对

记		申请离婚数	准予登记离婚数	附:法院判决、调解离婚(件)	
附:再婚中恢复结婚	申请结婚未予登记数			收案合计	其中:判决调解离婚数
42 412	**412 293**	**584 858**	**334 997**	**946 682**	**574 198**
479	303	8 815	7 584	18 368	10 245
440	378	4 677	3 070	11 722	5 923
1 664	31 160	19 291	11 353	47 665	29 719
910	9 565	14 773	7 206	22 358	14 103
788	6 238	11 875	6 678	29 381	17 220
3 254	6 894	41 423	26 825	67 338	38 718
2 631	9 337	27 054	19 606	42 085	25 315
3 291	17 726	28 016	17 772	72 993	43 274
765	242	12 910	7 750	21 277	10 970
1 165	11 525	19 855	12 790	42 479	23 310
907	9 662	16 623	10 811	26 131	15 290
1 019	15 036	20 002	7 079	25 753	14 858
454	3 683	7 789	5 404	13 243	8 229
1 195	7 304	11 131	6 981	23 502	12 310
1 206	34 796	20 760	11 359	49 075	32 623
2 288	53 453	36 725	19 406	49 937	32 708
1 777	34 956	27 986	11 919	41 799	23 226
2 021	31 415	37 714	18 238	43 783	26 108
969	15 388	19 130	11 103	26 104	18 178
721	8 552	18 500	9 101	19 413	12 545
100	344	1 173	656	2 620	1 797
4 945	43 243	66 343	37 375	103 319	63 885
711	9 140	11 952	7 245	24 771	15 534
1 610	12 882	16 621	9 583	29 321	18 189
238	225	999	557		
1 097	15 493	16 147	10 010	30 535	17 950
591	7 770	10 229	5 017	17 691	11 251
155	1 181	3 519	2 049	6 748	4 312
171	1 192	2 613	1 383	5 195	3 005
4 850	13 210	50 213	29 087	32 076	23 403

7—4 省、自治区、直辖市涉外及

地 区	准予登记结婚			准予登记结婚人员分类（人）	国内公民		
	合 计（对）	初 婚（人）	再 婚（人）			男	女
总 计	**32 769**	**50 489**	**15 049**	**65 538**	**32 568**	**3 331**	**29 237**
北 京	810	455	1 165	1 620	804	145	659
天 津	216	310	122	432	216	17	199
河 北	75	108	42	150	75	2	73
山 西	41	60	22	82	41	3	38
内蒙古	59	88	30	118	58	9	49
辽 宁	626	979	273	1 252	606	66	540
吉 林	1 013	1 471	555	2 026	1 010	35	975
黑龙江	808	1 365	251	1 616	808	121	687
上 海	2 552	2 678	2 426	5 104	2 552	488	2064
江 苏	777	1 173	381	1 554	777	78	699
浙 江	1 416	2 296	536	2 832	1 405	120	1285
安 徽	251	390	112	502	251	9	242
福 建	3 043	5 191	895	6 086	3 043	393	2650
江 西	396	532	260	792	396	9	387
山 东	328	425	231	656	328	13	315
河 南	190	267	113	380	190	7	183
湖 北	563	815	311	1 126	563	26	537
湖 南	1 067	1 538	596	2 134	970	8	962
广 东	13 925	23 449	4 401	27 850	13 863	1 554	12309
广 西	1 233	2 091	375	2 466	1 232	35	1197
海 南	1 035	1 901	169	2 070	1 035	88	947
四 川	1 271	1 217	1 325	2 542	1 271	27	1244
贵 州	342	555	129	684	342	6	336
云 南	289	453	125	578	289	41	248
西 藏	10	18	2	20	10	5	5
陕 西	240	372	108	480	240	9	231
甘 肃	57	99	15	114	57	2	55
青 海							
宁 夏	34	55	13	68	34	4	30
新 疆	102	138	66	204	102	11	91

华侨、港澳台同胞婚姻情况

港澳同胞	台胞	华侨	外籍华人	外国人	申请离婚数（对）	准予登记离婚数
16 441	5 359	3 541	2 976	4 653	1 234	968
217	102	93	64	340	5	5
59	36	17	13	91	4	4
31	23	3	3	15		
11	14	7		9	1	1
18	9	3	8	22		
111	61	124	20	330	24	21
73	20	25	4	894	9	2
63	28	103	137	477	1	1
406	503	226		1 417	59	59
310	288	55	25	99	33	28
483	459	284	106	95	85	69
100	116	3	2	30	6	4
1 369	711	462	331	170	164	123
164	195	10	10	17	14	7
66	177	37	9	39	6	5
89	72	7	8	14	6	6
276	233	9	13	32	19	18
616	483	7	33	25	193	89
9 215	676	1 916	1 921	259	505	435
727	261	50	147	49	32	32
830	104	24	51	26	34	26
664	476	22	9	100	23	23
217	113	2	3	7	1	1
137	71	11	25	45	6	6
		10				
104	92	6	7	31		
20	21	7	1	8	2	1
25	1	6	1	1		
40	14	12	25	11	2	2

7—5 1979—1993年全国婚姻登记情况

单位:对

年份	准予登记结婚	准予离婚	涉外、华侨、港澳台婚姻准予登记结婚
1979	6 362 678	319 252	8 460
1980	7 197 860	340 998	11 317
1981	10 403 171	389 153	13 866
1982	8 354 922	427 584	14 193
1983	7 641 813	418 068	12 540
1984	7 834 076	453 715	13 921
1985	8 290 588	457 938	22 249
1986	8 822 935	505 675	16 851
1987	9 247 372	581 484	20 084
1988	8 971 750	655 168	20 021
1989	9 351 915	752 396	20 389
1990	9 486 870	800 037	23 762
1991	9 509 849	829 449	26 382
1992	9 545 047	849 616	29 589
1993	9 121 622	909 195	32 769

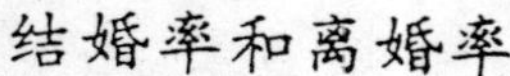

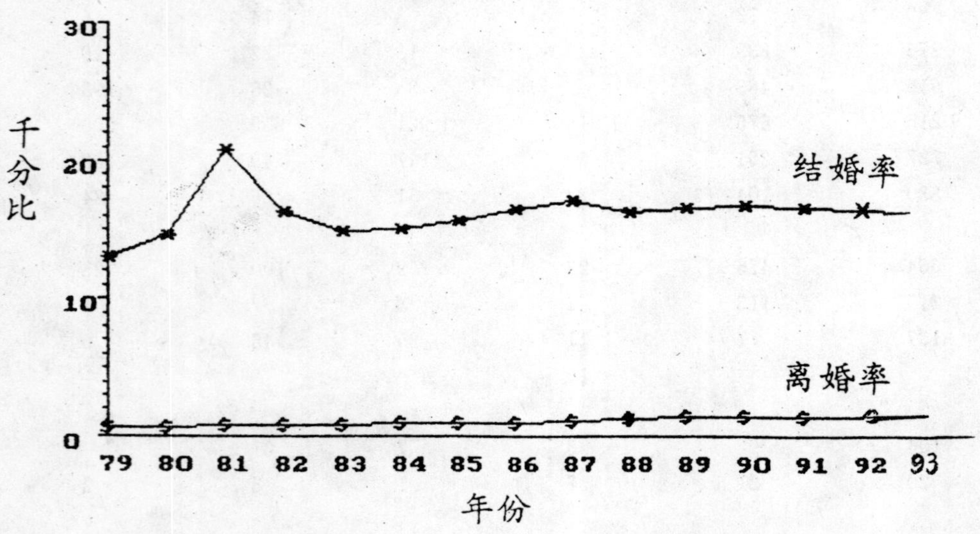

第 八 部 份

世界各国主要人口数据

8—1　世界各国人口密度

国　　家	总面积（平方哩）	人口/平方哩	国　　家	总面积（平方哩）	人口/平方哩
阿富汗	251 770	69	乍得	486 180	11
阿尔巴尼亚	10 580	314	智利	289 110	47
阿尔及利亚	919 590	30	中国	3 600 930	327
安哥拉	481 350	20	哥伦比亚	401 040	87
安提瓜和巴布达	170	377	科摩罗	860	595
阿根廷	1 056 640	32	刚果	131 850	18
亚美尼亚	11 500	312	哥斯达黎加	19 710	166
澳大利亚	2 941 490	6	象牙海岸	122 780	109
奥地利	31 940	249	克罗地亚	21 830	203
阿塞拜疆	33 400	214	古巴	42 400	258
巴哈马	3 860	69	塞浦路斯	3 570	204
巴林	260	2087	捷克	30 590	338
孟加拉国	50 260	2 266	丹麦	16 360	317
巴巴多斯	170	1 566	吉布提	8 950	54
白俄罗斯	80 200	128	多米尼加	290	245
比利时	11 750	857	多米尼加共和国	18 680	408
伯利兹	8 800	23	厄瓜多尔	106 890	96
贝宁	42 710	119	埃及	384 340	152
不丹	18 150	43	萨尔瓦多	8 000	644
玻利维亚	418 680	19	赤道几内亚	10 830	35
波斯尼亚黑塞哥维那	19 740	203	爱沙尼亚	17 410	89
博茨瓦那	218 810	6	埃塞俄比亚	425 100	133
巴西	3 265 060	47	斐济	7 050	107
文莱	2 030	136	芬兰	117 610	43
保加利亚	42 680	210	法国	212 390	272
布基纳法索	105 710	94	法属玻利尼西亚	1 410	149
布隆迪	9 900	589	加蓬	99 490	11
柬埔寨	68 150	132	冈比亚	3 860	241
喀麦隆	179 690	71	格鲁吉亚	26 900	204
加拿大	3 560 220	6	德国	134 930	601
佛得角	1 560	254	加纳	88 810	185
中非共和国	240 530	13	希腊	50 520	207

注:1 平方哩=259 平方公里

8—1 续表1

国　　家	总面积（平方哩）	人口/平方哩	国　　家	总面积（平方哩）	人口/平方哩
格林纳达	130	708	利比亚	679 360	7
瓜德罗普	650	621	列支敦士登	60	486
危地马拉	41 860	240	立陶宛	25 210	152
几内亚	94 930	66	卢森堡	990	404
几内亚比绍	10 860	95	澳门(地区)	10	53 766
圭亚那	76 000	11	马其顿	9 930	198
海地	10 640	614	马达加斯加	224 530	59
洪都拉斯	43 200	130	马拉维	36 320	276
香港(地区)	380	15 142	马来西亚	126 850	145
匈牙利	35 650	289	马尔代夫	120	2 055
冰岛	38 710	7	马里	471 120	19
印度	1 147 950	782	马耳他	120	2 946
印度尼西亚	705 190	266	马提尼克	410	907
伊朗	631 660	99	毛里塔尼亚	395 840	6
伊拉克	168 870	113	毛里求斯	710	1 526
爱尔兰	26 600	134	墨西哥	736 950	122
以色列	7 850	671	摩尔多瓦	14 170	309
意大利	113 540	509	蒙古	604 830	4
牙买加	4 180	581	摩洛哥	172 320	162
日本	145 370	858	莫桑比克	302 740	51
约旦	34 340	111	缅甸	253 880	171
哈萨克斯坦	1 049 200	16	纳米比亚	317 870	5
肯尼亚	219 960	126	尼泊尔	52 820	386
北朝鲜	46 490	487	荷兰	13 100	1 164
南朝鲜	38 120	1 170	荷属安的列斯	380	503
科威特	6 880	247	新喀里多尼亚	7 060	25
吉尔吉斯斯坦	76 600	60	新西兰	103 470	33
老挝	89 110	51	尼加拉瓜	45 850	89
拉脱维亚	24 900	106	尼日尔	489 070	17
黎巴嫩	3 950	899	尼日利亚	351 650	270
莱索托	11 720	161	挪威	118 470	36
利比里亚	37 190	77	阿曼	82 030	20

8—1 续表 2

国　　家	总面积(平方哩)	人口/平方哩	国　　家	总面积(平方哩)	人口/平方哩
巴基斯坦	297 640	411	苏里南	60 230	7
巴拿马	29 340	84	瑞士	6 640	123
巴布亚新几内亚	174 850	23	瑞典	158 930	55
巴拉圭	153 400	28	斯威士兰	15 360	453
秘鲁	494 210	46	叙利亚	71 070	189
菲律宾	115 120	562	中国台湾(省)	13 900	1 501
波兰	117 550	327	塔吉克斯坦	55 300	102
葡萄牙	35 500	277	坦桑尼亚	342 100	81
波多黎各	3 420	1 060	泰国	197 250	290
卡塔尔	4 250	117	多哥	21 000	195
留尼汪	970	657	特立尼达和多巴哥	1 980	646
罗马尼亚	88 930	261	突尼斯	59 980	143
俄罗斯	6 592 800	23	土耳其	297 150	204
卢旺达	9 530	777	土库曼斯坦	188 500	21
圣基茨尼维斯	140	288	乌干达	77 050	235
圣卢西亚岛	240	611	乌克兰	233 100	223
圣文森特和格林纳丁斯	150	757	阿拉伯联合酋长国	32 280	65
圣马力诺	20	1 036	联合王国	93 280	622
圣多美的普林西比	370	359	美国	3 536 342	73
沙特阿拉伯	830 000	21	乌拉圭	67 490	47
塞内加尔	74 340	107	乌兹别克斯坦	172 700	126
塞舌尔	100	691	瓦努阿图	4 710	35
塞拉利昂	27 650	163	委内瑞拉	340 560	61
新加坡	240	11 982	越南	125 670	571
斯洛伐克	18 790	284	西萨哈拉	103 000	2
斯洛文尼亚	7 820	256	西萨摩亚	1 090	183
所罗门群岛	10 810	32	也门	203 850	56
索马里	242 220	39	南斯拉夫	26 940	366
南非	471 440	83	扎伊尔	875 520	47
西班牙	192 830	203	赞比亚	287 020	30
斯里兰卡	24 950	715	津巴布韦	149 290	72
苏丹	917 370	30			

8—2 1993 年世界各国人口数据

地区和国家	1993 年年中人口估计数（百万人）	出生率（‰）	死亡率（‰）	自然增长率（‰）	人口倍增时间（年）	2010 年人口预测数（百万人）
世　界	**5 506**	**26**	**9**	**1.6**	**42**	**7 041**
发达地区	**1 230**	**14**	**9**	**0.4**	**162**	**1 317**
不发达地区	**4 276**	**29**	**9**	**2.0**	**35**	**5 724**
不发达地区（不含中国）	**3 097**	**33**	**10**	**2.3**	**30**	**4 327**
非　洲	**677**	**43**	**14**	**2.9**	**24**	**1 081**
北部非洲	**155**	**34**	**8**	**2.6**	**27**	**222**
阿尔及利亚	27.3	34	7	2.7	26	38.2
埃　及	58.3	31	8	2.3	30	82.5
利比亚	4.9	42	8	3.4	21	8.9
摩洛哥	28	31	8	2.4	29	38.1
苏　丹	27.4	45	14	3.1	22	43
突尼斯	8.6	25	6	1.9	36	11.3
西撒哈拉	0.2	49	21	2.7	25	0.3
西部非洲	**188**	**46**	**16**	**3.1**	**23**	**315**
贝　宁	5.1	49	19	3.0	23	8.4
布基纳法索	10	50	16	3.4	21	17.2
佛得角	0.4	36	8	2.9	24	0.6
象牙海岸	13.4	50	15	3.5	20	23.7
冈比亚	0.9	46	20	2.5	27	1.6
加　纳	16.4	43	12	3.1	23	26.6
几内亚	6.2	47	22	2.5	28	9.3
几内亚比绍	1	43	22	2.1	34	1.5
利比里亚	2.8	47	15	3.2	21	4.8
马　里	8.9	52	22	3.0	23	15
毛里塔尼亚	2.2	46	18	2.8	25	3.5
尼日尔	8.5	52	20	3.2	22	14.3
尼日利亚	95.1	45	14	3.1	23	162
塞内加尔	7.9	44	17	2.7	25	12.4
塞拉利昂	4.5	48	23	2.6	27	6.9
多　哥	4.1	49	13	3.6	19	7.4
东部非洲	**214**	**46**	**16**	**3.0**	**23**	**356**
布隆迪	5.8	47	15	3.2	22	9.8
科摩罗	0.5	46	12	3.5	20	0.9
吉布提	0.5	47	17	3.0	23	0.8
埃塞俄比亚	56.7	47	20	2.8	25	94.5
肯尼亚	27.7	45	9	3.7	19	45.2
马达加斯加	13.3	46	13	3.3	21	22.4

8－2　续表 1

地区和国家	1993 年年中人口估计数（百万人）	出生率（‰）	死亡率（‰）	自然增长率（‰）	人口倍增时　间（年）	2010 年人口预测数（百万人）
马拉维	10	53	19	3.4	20	16.5
毛里求斯	1.1	21	7	1.4	49	1.3
莫桑比克	15.3	45	19	2.7	26	25.4
留尼汪	0.6	24	5	1.8	38	0.8
卢旺达	7.4	40	17	2.3	31	11.7
塞舌尔	0.1	25	8	1.7	41	0.1
索马里	9.5	50	19	3.1	22	15.9
坦桑尼亚	27.8	46	15	3.1	22	47.5
乌干达	18.1	51	20	3.1	23	32.5
赞比亚	8.6	48	17	3.1	23	13.9
津巴布韦	10.7	41	11	3.0	23	16.5
中部非洲	**76**	**46**	**15**	**3.1**	**22**	**123**
安哥拉	9.5	51	20	3.1	22	15
喀麦隆	12.8	41	12	2.9	24	21.2
中非共和国	3.1	44	18	2.6	27	4.7
乍　得	5.4	44	19	2.5	28	7.7
刚　果	2.4	42	14	2.6	24	3.8
赤道几内亚	0.4	43	16	2.6	26	0.6
加　蓬	1.1	41	16	2.4	28	1.4
圣多美和普林西比	0.1	35	10	2.5	28	0.2
扎伊尔	41.2	48	15	3.3	21	68.6
南部非洲	**45**	**35**	**8**	**2.7**	**26**	**65**
博茨瓦纳	1.4	37	9	2.8	25	2.2
莱索托	1.9	35	10	2.5	28	2.8
纳米比亚	1.6	43	11	3.1	22	2.6
南　非	39	34	8	2.6	26	55.9
斯威士兰	0.8	44	12	3.2	22	1.3
亚　洲	**3257**	**26**	**9**	**1.7**	**40**	**4175**
亚洲（不含中国）	**2079**	**30**	**10**	**2.1**	**34**	**2778**
西　亚	**144**	**36**	**8**	**2.8**	**25**	**224**
巴　林	0.5	27	3	2.4	29	0.8
塞浦路斯	0.7	19	9	1.0	71	0.7
加　沙	0.7	56	6	5.0	14	1.3
伊拉克	19.2	45	8	3.7	19	34.5
以色列	5.3	21	7	1.5	47	6.9
约　旦	3.8	40	4	3.6	19	6.2
科威特	1.7	32	2	3.0	23	3.2
黎巴嫩	3.6	28	7	2.1	33	5

8—2 续表 2

地区和国家	1993年年中人口估计数（百万人）	出生率（‰）	死亡率（‰）	自然增长率（‰）	人口倍增时间（年）	2010年人口预测数（百万人）
阿曼	1.6	42	7	3.5	20	3.0
卡塔尔	0.5	23	2	2.1	33	0.6
沙特阿拉伯	17.5	39	7	3.2	22	30.3
叙利亚	13.5	45	7	3.8	18	24.2
土耳其	60.7	29	7	2.2	32	81.8
阿拉伯联合酋长国	2.1	31	3	2.8	25	2.7
北也门	1.6	46	7	4.0	17	2.3
南也门	11.3	53	21	3.2	22	20.0
南亚	**1 253.0**	**34**	**11**	**2.3**	**31**	**1717**
阿富汗	17.4	49	22	2.8	25	34.6
孟加拉	113.9	37	13	2.4	29	164.8
不丹	0.8	40	17	2.3	30	1.1
印度	897.4	31	10	2.1	34	1 166.2
伊朗	62.8	45	10	3.5	20	106.8
马尔代夫	0.2	41	6	3.4	20	0.4
尼泊尔	20.4	41	16	2.5	28	30.5
巴基斯坦	122.4	44	13	3.1	23	190.7
斯里兰卡	17.8	20	6	1.4	49	21.4
东南亚	**460.0**	**28**	**8**	**1.9**	**36**	**593**
文莱	0.3	29	3	2.6	27	0.4
柬埔寨	9.0	41	15	2.5	27	13.0
印度尼西亚	187.6	26	9	1.7	42	238.8
老挝	4.6	45	16	2.9	24	7.2
马来西亚	18.4	23	5	2.3	30	26.0
缅甸	43.5	30	11	1.9	36	57.7
菲律宾	64.6	32	7	2.5	28	85.5
新加坡	2.8	17	5	1.3	55	3.2
泰国	57.2	21	7	1.4	49	69.2
越南	71.8	30	8	2.2	31	91.7
东亚	**1 400.0**	**17**	**7**	**1.1**	**63**	**1642**
中国	1 178.5	18	7	1.2	60	1 397.8
香港(地区)	5.8	12	5	0.7	100	6.3
日本	124.8	10	7	0.3	217	130.4
北朝鲜	22.6	24	6	1.9	37	28.5
韩国	44.6	16	6	1.0	71	51.7
澳门(地区)	0.4	15	3	1.2	58	0.5
蒙古	2.3	36	9	2.7	25	3.5
中国台湾(省)	20.9	16	5	1.1	66	23.8

8－2　续表 3

地区和国家	1993 年年中人口估计数（百万人）	出生率（‰）	死亡率（‰）	自然增长率（‰）	人口倍增时间（年）	2010 年人口预测数（百万人）
北美洲	**287**	**16**	**8**	**0.8**	**92**	**331**
加拿大	28.1	15	7	0.8	87	32.7
美　国	258.3	16	9	0.8	92	298.6
拉丁美洲	**460**	**26**	**7**	**1.9**	**36**	**589**
中美洲	**121**	**31**	**6**	**2.5**	**28**	**165**
伯利兹	0.2	38	5	3.3	21	0.3
哥斯达黎加	3.3	27	4	2.4	29	4.5
萨尔瓦多	5.2	34	8	2.6	26	7.3
危地马拉	10.0	39	7	3.1	22	15.8
洪都拉斯	5.6	39	8	3.1	23	8.7
墨西哥	90.0	29	6	2.3	30	118.5
尼加拉瓜	4.1	38	7	3.0	23	6.4
巴拿马	2.5	25	5	2.0	35	3.2
加勒比海地区	**35**	**25**	**8**	**1.7**	**41**	**43**
安提瓜和巴布达	0.1	18	6	1.2	58	0.1
巴哈马	0.3	20	5	1.4	48	0.3
巴巴多斯	0.3	16	9	0.8	91	0.3
古　巴	11.0	16	7	1.0	72	12.3
多米尼加	0.1	20	7	1.2	55	0.1
多米尼加共和国	7.6	28	6	2.2	31	9.9
格林纳达	0.1	33	8	2.5	28	0.1
瓜德罗普	0.4	19	6	1.3	52	0.5
海　地	6.5	43	15	2.8	25	9.3
牙买加	2.4	25	6	1.9	36	2.9
马提尼克	0.4	18	6	1.2	59	0.4
荷属安的列斯	0.2	18	6	1.3	55	0.2
波多黎各	3.6	18	7	1.1	64	4.2
圣基茨——尼维斯	0.04	23	11	1.2	60	0.1
圣卢西亚	0.1	23	6	1.7	40	0.2
圣文森特和格林纳丁斯	0.1	24	6	1.8	40	0.1
特立尼达和多巴哥	1.3	21	7	1.4	50	1.5
南美洲	**305**	**24**	**7**	**1.7**	**40**	**382**
阿根廷	33.5	21	8	1.3	53	39.9
玻利维亚	8.0	37	10	2.7	26	11.4
巴　西	152.0	23	7	1.5	46	185.6
智　利	13.5	21	6	1.6	44	17.0
哥伦比亚	34.9	26	5	2.1	34	44.5

8—2 续表4

地区和国家	1993年年中人口估计数（百万人）	出生率（‰）	死亡率（‰）	自然增长率（%）	人口倍增时间（年）	2010年人口预测数（百万人）
厄瓜多尔	10.3	31	6	2.5	28	14.0
圭亚那	0.8	25	7	1.8	39	1.0
巴拉圭	4.2	34	6	2.7	26	6.4
秘　鲁	22.9	28	8	2.0	34	30.1
苏里南	0.4	24	7	1.7	41	0.5
乌拉圭	3.2	19	10	0.9	80	3.5
委内瑞拉	20.7	30	5	2.6	27	27.6
欧　洲	**513**	**12**	**10**	**0.2**	**382**	**523**
北　欧	**93**	**14**	**11**	**0.3**	**255**	**97**
丹　麦	5.2	13	12	0.1	722	5.2
爱沙尼亚	1.6	12	13	0.0		1.8
芬　兰	5.1	13	10	0.3	210	5.0
冰　岛	0.3	18	7	1.1	65	0.3
爱尔兰	3.6	15	9	0.6	114	3.8
拉脱维亚	2.6	12	14	—0.2		2.9
立陶宛	3.8	15	11	0.4	173	4.3
挪　威	4.3	14	11	0.4	187	4.5
瑞　典	8.7	14	11	0.3	210	9.0
英　国	58.0	14	11	0.3	267	59.9
西　欧	**179**	**12**	**10**	**0.2**	**440**	**180**
奥地利	7.9	12	10	0.2	347	8.2
比利时	10.1	13	11	0.2	330	10.1
法　国	57.7	13	9	0.4	169	58.8
德　国①	81.1	10	11	—0.1		78.2
列支敦士登	0.03	14	6	0.8	89	0.03
卢森堡	0.4	13	10	0.3	217	0.4
荷　兰	15.2	13	9	0.5	151	16.7
瑞　士	7.0	13	9	0.3	204	7.5
东　欧	**97**	**13**	**11**	**0.1**	**483**	**101**
保加利亚	9.0	11	12	—0.2		8.9
捷　克	10.3	13	12	0.1	1386	10.8
匈牙利	10.3	12	14	—0.2		10.4
波　兰	38.5	13	10	0.3	224	41.3
罗马尼亚	23.2	12	11	0.1	693	24.0
斯洛伐克	5.3	15	10	0.5	154	5.9
南　欧	**143**	**11**	**9**	**0.2**	**391**	**144**
阿尔巴尼亚	3.3	25	6	2.0	35	4.0

①仅为前西德数据。

8—2 续表5

地区和国家	1993年年中人口估计数（百万人）	出生率（‰）	死亡率（‰）	自然增长率（‰）	人口倍增时间（年）	2010年人口预测数（百万人）
波斯尼亚—黑塞哥维那	4.0	14	6	0.8	90	4.2
克罗地亚	4.4	12	11	0.1	990	4.6
希　腊	10.5	10	9	0.1	990	10.9
意大利	57.8	10	10	0.0	3466	56.4
马其顿	2.0	17	7	1.0	70	2.2
马耳他	0.4	15	8	0.7	95	0.4
葡萄牙	9.8	12	11	0.1	533	10.1
圣马利诺	0.02	12	7	0.5	144	0.03
斯洛文尼亚	2.0	13	10	0.3	267	2.2
西班牙	39.1	10	9	0.1	578	38.9
南斯拉夫②	9.8	14	9	0.5	141	10.5
前苏联③	**285**	**16**	**11**	**0.6**	**123**	**307**
亚美尼亚	3.6	23	7	1.6	43	4.0
阿塞拜疆	7.2	27	6	2.1	33	8.5
*白俄罗斯	10.3	13	11	0.2	385	10.8
格鲁吉亚	5.5	15	8	0.7	94	6.1
哈萨克斯坦	17.2	21	8	1.3	53	18.8
吉尔吉斯斯坦	4.6	29	7	2.2	31	5.7
*摩尔多瓦	4.4	17	11	0.6	112	4.7
*俄罗斯	149.0	12	11	0.1	990	153.0
塔吉克斯坦	5.7	40	6	3.4	21	8.4
土库曼斯坦	4.0	34	7	2.7	26	5.4
*乌克兰	51.9	12	13	-0.1		52.3
乌兹别克斯坦	21.7	35	6	2.8	24	29.8
大洋洲	**28**	**19**	**8**	**1.2**	**60**	**34**
澳大利亚	17.8	15	7	0.8	91	20.9
密克罗尼西亚联邦	0.1	30	7	2.3	31	0.1
斐　济	0.8	25	5	2.0	35	0.9
法属波利尼西亚	0.2	28	5	2.3	31	0.3
马绍尔群岛	0.1	43	9	3.4	20	0.1
新喀里多尼亚	0.2	25	6	1.9	36	0.2
新西兰	3.4	18	8	1.0	71	3.9
巴布亚新几内亚	3.9	35	12	2.3	30	5.7
所罗门群岛	0.3	39	7	3.2	21	0.6
瓦努阿图	0.2	40	7	3.3	21	0.3
西萨摩亚	0.2	34	7	2.8	25	0.3

②爱沙尼亚、拉脱维亚和立陶宛被列入北欧；

③1992年4月27日塞尔维亚和蒙特内格罗已成为南斯拉夫联邦共和国的新省；

*被认为全部或部分国土在欧洲的前苏维埃共和国的国名。

8—2 续表 6

地区和国家	2050 年人口预测数（百万人）	婴儿死亡率（‰）④	总和生育率⑤	15 岁以下人口（%）	65 岁以上人口（%）	城市人口（%）
世 界	**8 425**	**70**	**3.3**	**33**	**6**	**42**
发达地区	**1 360**	**14**	**1.8**	**21**	**12**	**72**
不发达地区	**7 065**	**77**	**3.7**	**36**	**4**	**34**
不发达地区（不含中国）	**5 519**	**82**	**4.4**	**39**	**4**	**37**
非 洲	**1 552**	**94**	**6.1**	**45**	**3**	**30**
北部非洲	**287**	**64**	**4.9**	**42**	**4**	**43**
阿尔及利亚	46.8	61	4.9	44	4	50
埃 及	104.6	56	4.6	39	4	44
利比亚	14.4	68	6.4	50	2	76
摩洛哥	46.3	57	4.2	40	4	47
苏 丹	60.6	87	6.5	46	2	21
突尼斯	13.4	43	3.4	37	5	59
西撒哈拉	0.4					
西部非洲	**474**	**96**	**6.7**	**46**	**3**	**23**
贝 宁	12.4	89	7.1	46	3	38
布基纳法索	26.2	119	7.1	48	4	20
佛得角	0.8	47	4.6	45	5	33
象牙海岸	37.9	95	7.4	48	3	40
冈比亚	2.4	138	6.3	44	3	23
加 纳	38	86	6.2	45	3	32
几内亚	12.9	149	6.1	44	3	26
几内亚比绍	2	146	5.8	43	3	20
利比里亚	7.2	134	6.8	46	4	44
马 里	23.7	111	7.3	46	4	22
毛里塔尼亚	5	122	6.5	44	4	39
尼日尔	21.3	123	7.4	49	3	15
尼日利亚	246	84	6.6	45	3	16
塞内加尔	17.1	84	6.3	47	3	39
塞拉利昂	9.8	148	6.5	44	3	32
多 哥	11.7	96	7.1	49	2	29
东部非洲	**525**	**110**	**6.8**	**48**	**3**	**20**
布隆迪	14.9	109	6.9	46	4	6
科摩罗	1.4	89	7.1	48	3	28
吉布提	1.2	117	6.6	45	3	81
埃塞俄比亚	140.8	127	7.5	49	4	14
肯尼亚	61.9	72	6.5	49	2	24
马达加斯加	33.7	93	6.1	47	3	24

④每千名活产婴儿的婴儿死亡数；

⑤一名妇女在其一生中所生子女的平均数。

出生预期寿命(岁)			数据完整性代码⑥	已婚妇女避孕率(%)		政府对生育水平看法(H=太高,S=满意,L=太低)	1991年人均国民生产总值(美元)
平均	男	女		总计	现代方法		
65	**63**	**67**		**57**	**49**	S	**4 180**
74	**71**	**78**			**51**		**15 420**
63	**61**	**64**		**54**	**49**		**870**
60	**59**	**61**		**42**	**35**		**1 080**
54	**52**	**56**		**21**	**16**		**600**
61	**60**	**63**		**38**	**33**		**960**
66	65	67	B	36	31	H	2 020
60	59	62	B	48	44	H	620
63	62	66	B			S	
65	64	67	B	42	36	H	1 030
53	52	53	B	9	6	S	*400
68	67	69	B	50	40	H	1 510
			D				
51	**50**	**52**		**7**	**3**		**360**
46	44	48	C	*9	1	S	380
52	52	53	C			H	350
67	66	68	B			H	750
52	50	53	C	*3	1	S	690
44	42	46	C			H	360
55	53	57	B	13	5	H	400
42	40	44	C			H	450
43	41	44	C			H	190
54	53	56	B	6	6	H	
45	43	46	B	5	1	H	280
47	45	49	B	4	1	S	510
45	43	46	B	4	2	H	300
53	52	54	B	6	4	H	290
48	47	49	B	11	2	H	720
42	40	44	C			H	210
56	54	58	B	34	3	S	410
50	**48**	**52**		**14**	**9**		**220**
52	50	54	B	9	1	H	210
56	54	58	C			H	500
48	46	50	D			S	
46	44	48	B	4	3	H	120
62	60	64	B	27	18	H	340
55	53	56	C	17	5	H	210

⑥A=完整数据;D=缺乏数据或无数据。

8—2 续表 7

地区和国家	2050年人口预测数（百万人）	婴儿死亡率（‰）	总和生育率	15岁以下人口（%）	65岁以上人口（%）	城市人口（%）
马拉维	25.8	138	7.7	48	3	16
毛里求斯	1.4	18.6	2.3	30	5	41
莫桑比克	36.3	151	6.5	44	3	27
留尼汪	0.9	8	2.3	30	6	73
卢旺达	16.7	110	6.2	49	2	5
塞舌尔	0.1	*13	2.5	35	6	50
索马里	23.4	127	7.0	46	3	24
坦桑尼亚	73	104	6.4	47	3	21
乌干达	49.6	106	7.3	49	3	11
赞比亚	21	107	6.5	49	2	49
津巴布韦	22.5	59	5.3	45	3	29
中部非洲	**184**	**104**	**6.5**	**43**	**3**	**38**
安哥拉	21.7	131	7.2	45	3	28
喀麦隆	32.6	82	5.9	45	3	40
中非共和国	6.7	140	5.6	42	3	47
乍　得	10.3	127	5.9	41	4	32
刚　果	5.2	114	5.6	44	3	41
赤道几内亚	0.8	112	5.5	43	4	37
加　蓬	1.8	99	5.2	33	6	46
圣多美和普林西比	0.2	71.9	4.9	42	5	42
扎伊尔	104.5	98	6.7	43	3	40
南部非洲	**82**	**54**	**4.6**	**40**	**4**	**52**
博茨瓦纳	3	45	4.9	48	3	25
莱索托	3.8	84	4.9	41	4	19
纳米比亚	3.8	75	6.0	46	3	33
南　非	70	51	4.5	40	4	56
斯威士兰	1.7	101	6.2	47	3	23
亚　洲	**4946**	**74**	**3.2**	**33**	**5**	**31**
亚洲(不含中国)	**3400**	**82**	**4.0**	**36**	**5**	**34**
西　亚	**311**	**67**	**5.1**	**40**	**4**	**62**
巴　林	1.1	20	3.9	35	2	81
塞浦路斯	0.9	11	2.4	26	10	62
加　沙	1.9	45	7.9	60	3	
伊拉克	52.6	79	7.0	48	3	70
以色列	8	9.4	2.9	31	9	90
约　旦	8.3	34	4.0	44	3	70
科威特	4.6	14	4.4	42	1	
黎巴嫩	6.1	46	3.7	40	5	84

出生预期寿命(岁)			数据完整性	已婚妇女避孕率(%)		政府对生育水平看法(H=太高,S=满意,L=太低)	1991年人均国民生产总值(美元)
平　均	男	女	代码	总　计	现代方法		
47	46	49	B	*7	1	H	230
69	65	73	A	75	46	S	2420
47	45	48	C			H	70
73	69	78	B	72	67		
46	44	48	B	21	13	H	260
68	64	72	B			H	5110
46	44	48	C			S	
52	50	55	B	10	7	H	100
43	42	45	B	5	3	H	160
46	46	47	B	15	9	H	*420
56	54	57	B	43	36	H	620
51	**49**	**53**					**460**
45	44	47	D			H	
56	54	58	B	16	4	H	942
47	45	48	D			H	390
47	45	48	D			S	220
54	52	55	C			L	1120
50	48	52	C			L	330
53	51	54	D			L	3780
62	60	64	A			S	350
52	50	53	C			S	*220
63	**61**	**66**		**49**	**47**		**2370**
61	58	64	B	33	32	H	2590
59	57	62	B			H	580
58	56	59	B			S	1120
64	62	67	B	50	48	H	*2530
55	51	59	B	20	17	H	1060
64	**63**	**66**		**60**	**55**		**1770**
61	**60**	**62**		**46**	**39**		**2660**
65	**63**	**67**					**3300**
72	70	74	B	53	30	S	6910
76	74	79	B			L	8640
66	65	67	C				
64	63	64	C	14	10	L	
76	75	78	A			L	11330
71	70	73	B	40	27	H	1120
74	72	77				S	
68	66	70	D			S	

8—2 续表8

地区和国家	2050年人口预测数（百万人）	婴儿死亡率（‰）	总和生育率	15岁以下人口（%）	65岁以上人口（%）	城市人口（%）
阿曼	4.9	44	6.7	47	3	11
卡塔尔	0.7	26	4.3	28	1	90
沙特阿拉伯	48.7	65	6.8	39	2	77
叙利亚	36.5	48	7.1	49	4	50
土耳其	98.7	59	3.6	35	4	59
阿拉伯联合酋长国	3.2	25	4.9	35	1	81
北也门	2.9	40	5.7	50	0	
南也门	31.6	131	7.5	49	3	29
南亚	**2144**	**96**	**4.4**	**38**	**4**	**26**
阿富汗	48.8	168	6.9	46	4	18
孟加拉	211.2	116	4.9	44	3	14
不丹	1.5	130	5.5	39	4	13
印度	1379.6	91	3.9	36	4	26
伊朗	161.9	76	6.6	47	3	54
马尔代夫	0.6	34	5.8	47	3	28
尼泊尔	41	107	5.6	42	3	8
巴基斯坦	275.1	109	6.7	44	4	28
斯里兰卡	24	19	2.3	35	4	22
东南亚	**696**	**57**	**3.4**	**36**	**4**	**29**
文莱	0.5	9	3.5	36	3	59
柬埔寨	16.7	123	4.6	35	3	13
印度尼西亚	278.2	68	3.0	37	4	31
老挝	9.8	110	6.3	45	4	19
马来西亚	33.5	14	3.6	37	4	51
缅甸	69.9	72	3.9	37	4	24
菲律宾	100.8	43	4.1	39	4	43
新加坡	3.3	5.5	1.7	23	6	100
泰国	76.4	40	2.4	29	5	19
越南	107.2	45	4.0	39	5	20
东亚	**1795**	**48**	**1.8**	**27**	**6**	**34**
中国	1546.3	53	1.9	28	6	26
香港(地区)	6.2	6.7	1.2	21	9	
日本	125.8	4.4	1.5	18	13	77
北朝鲜	32.1	30	2.5	29	4	60
韩国	54.8	15	1.6	26	5	74
澳门(地区)	0.5	8	1.4	25	7	97
蒙古	4.6	50	4.5	44	4	57
中国台湾(省)	25.2	5.1	1.6	26	7	71

出生预期寿命(岁)			数据完整性	已婚妇女避孕率(%)		政府对生育水平看法(H=太高,S=满意,L=太低)	1991年人均国民生产总值(美元)
平　均	男	女	代码	总　计	现代方法		
66	64	68	D	9	8	S	＊5 650
71	69	74	C	32	28	S	＊15 870
66	64	67	D			S	＊7 070
65	64	66	C			S	1 110
66	64	69	B	63	31	H	1 820
71	69	74	C			S	＊19 870
69	67	70	C				
46	46	47	C	10	6	H	540
58	**58**	**58**		**41**	**35**		**430**
42	42	43	D			H	
53	54	53	B	40	31	H	220
49	50	48	D			S	180
59	58	59	B	45	40	H	330
62	62	62	C		22	H	2 320
61	62	59	B			S	460
54	55	53	B	25	24	H	180
56	56	57	B	12	9	H	400
71	68	74	A	62	40	H	500
62	**60**	**64**		**51**	**44**		**980**
71	69	72	A			S	
50	48	51	D			L	200
59	58	61	B	50	47	H	610
50	49	52	C			S	230
71	69	73	B	56	37	H	2 490
58	56	60	C			S	
64	63	66	B	36	22	H	740
74	72	77	A	＊74	73	L	12 890
68	66	71	B	66	64	H	1 580
64	62	66	B	53	38	H	
71	**69**	**73**		**81**	**79**		**3 070**
70	68	71	B	83	82	H	370
78	75	80	A	81	75		13 200
79	76	82	A	64	60	L	26 920
69	66	72	D			S	
71	67	75	B	79	72	S	6 340
79	77	81	B				
65	62	67	C			H	
74	71	76	A	75	68	S	

8—2 续表 9

地区和国家	2050年人口预测数（百万人）	婴儿死亡率（‰）	总和生育率	15岁以下人口（%）	65岁以上人口（%）	城市人口（%）
北美洲	**371**	**8**	**2.0**	**22**	**12**	**75**
加拿大	35.7	6.8	1.8	21	12	77
美　国	334.7	8.6	2.0	22	13	75
拉丁美洲	**682**	**49**	**3.2**	**36**	**5**	**71**
中美洲	**198**	**42**	**3.7**	**40**	**4**	**64**
伯利兹	0.4	23	4.5	44	5	48
哥斯达黎加	5.6	15.3	3.3	37	5	45
萨尔瓦多	9.1	53	4.6	45	4	48
危地马拉	21.7	59	5.2	45	3	33
洪都拉斯	11.5	61	5.6	47	4	44
墨西哥	137.5	38	3.4	38	4	71
尼加拉瓜	8.2	59	4.8	46	3	57
巴拿马	3.7	21	2.9	35	5	53
加勒比海地区	**49**	**50**	**3.1**	**31**	**7**	**62**
安提瓜和巴布达	0.1	*24.4	1.7	27	6	34
巴哈马	0.4	28.4	2.1	30	5	64
巴巴多斯	0.3	*11.8	1.7	25	11	45
古　巴	12.9	10.7	1.8	23	9	73
多米尼加	0.1	*18.4	2.1	31	7	
多米尼加共和国	11.4	43	3.3	38	3	60
格林纳达	0.2	*15.9	4.2	42	5	
瓜德罗普	0.5	9.9	2.2	27	8	49
海　地	12.2	105	6.0	40	4	44
牙买加	3.4	17	2.4	33	8	52
马提尼克	0.4	9	2.0	23	10	75
荷属安的列斯	0.2	*6.3	2.1	26	7	
波多黎各	4.7	13	2.2	27	10	74
圣基茨——尼维斯	0.1	*22.2	2.7	32	9	49
圣卢西亚	0.2	20.8	3.3	44	6	44
圣文森特和格林纳丁斯	0.2	21.7	2.4	38	5	20
特立尼达和多巴哥	1.8	10.2	2.4	31	6	65
南美洲	**435**	**52**	**2.9**	**35**	**5**	**75**
阿根廷	44.6	25.6	2.9	30	9	86
玻利维亚	14.3	89	4.9	41	4	51
巴　西	205.3	63	2.6	35	5	76
智　利	19.8	15.4	2.6	31	6	85
哥伦比亚	51.3	34	2.8	34	4	68

出生预期寿命(岁)			数据完整性	已婚妇女避孕率(%)		政府对生育水平看法(H=太高,S=满意,L=太低)	1991年人均国民生产总值(美元)
平　均	男	女	代码	总　计	现代方法		
76	**72**	**79**		**74**	**69**	S	**22 430**
77	74	81	A	*73	69	S	21 260
75	72	79	A	74	69	S	22 560
68	**65**	**71**		**58**	**48**	H	**2 360**
69	**66**	**72**		**49**	**42**	S	**2 400**
67	65	69	B	47	42		2 050
76	74	78	A	70	58	H	1 930
63	61	68	B	47	44	H	1 070
63	61	66	B	23	19	H	930
65	63	67	B	41	33	H	570
70	66	73	B	53	45		2 870
63	60	65	C	*27	23		340
72	71	75	B	*58	54		2 180
69	**67**	**72**		**53**	**49**	H	
72	70	74	A	53	51	H	4 770
72	68	75	A	62	60		11 720
75	72	77	A	55	53	H	6 630
76	74	79	A	70	67	H	
76	73	79	A	50	48	H	2 440
68	65	70	B	56	52	S	950
69	67	72	A	*31	27	S	2 180
76	73	79	A			S	
54	52	55	B	10	10	S	370
74	71	76	B	55	51		1 380
77	74	81	B			S	
74	72	76	A			H	
75	72	78	A	*70	62	H	6 330
68	66	71	A	*41	37	H	3 960
71	68	75	A	47	46	H	2 500
72	70	73	A	58	55	H	1 730
70	68	73	A	53	44	H	3 620
68	**65**	**71**		**63**	**52**	S	**2 360**
71	67	74	A				2 780
61	59	64	C	30	12		650
67	64	71	B	66	57	S	2 920
73	70	76	A			S	2 160
71	68	73	B	66	55		1 280

8—2 续表 10

地区和国家	2050年人口预测数（百万人）	婴儿死亡率（‰）	总和生育率	15岁以下人口（%）	65岁以上人口（%）	城市人口（%）
厄瓜多尔	16.8	53	3.8	39	4	55
圭亚那	1.1	48	2.6	35	4	33
巴拉圭	8.6	48	4.4	40	4	48
秘　鲁	35.6	81	3.5	38	4	72
苏里南	0.6	27	2.7	41	4	70
乌拉圭	3.8	20	2.5	26	12	89
委内瑞拉	32.7	20.4	3.7	37	4	84
欧　洲	**516**	**10**	**1.6**	**20**	**14**	**73**
北　欧	**99**	**8**	**1.9**	**20**	**15**	**83**
丹　麦	4.9	7.5	1.7	17	16	85
爱沙尼亚	1.9	14	1.8	22	12	71
芬　兰	4.8	5.8	1.8	19	14	62
冰　岛	0.3	5.5	2.2	25	11	91
爱尔兰	4.1	8.6	2.2	27	11	56
拉脱维亚	3.1	17	1.7	21	12	71
立陶宛	4.6	14	1.9	23	11	69
挪　威	4.7	7.8	1.9	20	16	72
瑞　典	9.5	6.2	2.1	19	18	83
英　国	61	7.1	1.8	19	16	90
西　欧	**176**	**7**	**1.5**	**18**	**14**	**80**
奥地利	8.2	7.5	1.5	18	15	54
比利时	9.9	8.4	1.6	18	15	97
法　国	58.7	7.3	1.8	20	14	73
德　国	73.2	6.7	1.4	16	15	85
列支敦士登	0.04		1.4	19	10	
卢森堡	0.4	9.2	1.6	17	13	86
荷　兰	17.2	6.5	1.6	18	13	89
瑞　士	7.8	6.9	1.6	17	15	60
东　欧	**103**	**16**	**1.8**	**23**	**11**	**60**
保加利亚	8.7	16.7	1.6	20	13	68
捷　克	10.9	10.4	1.8	21	13	
匈牙利	10.4	15.1	1.9	20	13	62
波　兰	42.7	14.4	2.0	25	10	62
罗马尼亚	24.4	22.7	1.6	23	11	54
斯洛伐克	6.1	13.2	2.0	25	10	
南　欧	**138**	**11**	**1.4**	**19**	**13**	**63**
阿尔巴尼亚	4.5	28.3	3.0	33	5	36

出生预期寿命(岁)			数据完整性	已婚妇女避孕率(%)		政府对生育水平看法(H=太高,S=满意,L=太低)	1991 年人均国民生产总值(美元)
平　均	男	女	代码	总　计	现代方法		
67	65	69	B	53	41	H	1 020
65	62	68	B			S	290
67	65	69	B	48	35	S	1 210
65	63	66	B	59	33	H	1 020
68	66	71	B			S	3 610
73	70	76	A			L	2 860
70	67	73	A			S	2 610
75	**71**	**78**					**15 780**
75	**72**	**78**		**79**	**71**		**17 330**
75	72	78	A			S	23 660
70	65	75	B		26	S	3 830
75	71	79	A			S	24 400
78	75	81	A			S	22 580
75	72	77	A	60		S	10 780
70	64	75	B		19	S	3 410
71	65	76	B		12	S	2 710
77	73	80	A	76	72	S	24 160
78	75	80	A	78	71	S	25 490
76	73	78	A	81	78	S	16 750
76	**73**	**80**					**22 250**
76	73	79	A	71	56	S	20 380
76	73	79	A	81	63	S	19 300
77	73	81	A	80	64	L	20 600
75	72	78	A			L	23 650
69	66	73	A			L	
76	72	79	A			L	31 080
77	74	80	A	76	71	S	18 560
77	74	81	A	71	65	L	33 510
71	**67**	**75**					**1 800**
71	68	75	A			L	1 840
72	68	76	A				
70	65	74	A	73	62	L	2 690
71	67	76	A			S	1 830
70	67	73	B			L	1 340
71	67	75	A				
76	**72**	**79**					**14 330**
72	69	75	A			S	

8—2　续表 11

地区和国家	2050 年人口预测数（百万人）	婴儿死亡率（‰）④	总和生育率⑤	15 岁以下人口（%）	65 岁以上人口（%）	城市人口（%）
波斯尼亚—黑塞哥维那	4.3	15.2	1.6	28	6	34
克罗地亚	4.7	10.6	1.7	21	12	51
希　腊	10.5	10	1.4	19	14	58
意大利	51.9	8.3	1.3	17	14	68
马其顿	2.4	35.3	2.1	29	7	54
马耳他	0.4	9.1	2.1	23	11	85
葡萄牙	9.8	10.8	1.4	21	13	30
圣马利诺	0.03	3.8	1.3	16	14	90
斯洛文尼亚	2.3	8.9	1.7	21	11	49
西班牙	36.4	7.8	1.3	19	14	78
南斯拉夫	10.9	15.4	2.0	23	11	47
前苏联	**320**	**28**	**2.2**	**26**	**9**	**66**
亚美尼亚	4.1	22	2.8	30	5	68
阿塞拜疆	9.4	33	2.8	33	5	53
*白俄罗斯	11	15	1.8	23	10	67
格鲁吉亚	6.4	16	2.0	25	9	56
哈萨克斯坦	19.6	32	2.6	32	6	58
吉尔吉斯斯坦	6.7	40	3.7	37	5	38
*摩尔多瓦	4.8	23	2.2	28	8	47
*俄罗斯	152.3	20	1.7	23	11	74
塔吉克斯坦	11	50	5.2	43	4	31
土库曼斯坦	6.6	56	4.2	41	4	45
*乌克兰	51.5	18	1.8	22	12	68
乌兹别克斯坦	37	44	4.2	41	4	40
大洋州	**39**	**34**	**2.6**	**26**	**10**	**70**
澳大利亚	22.9	6.9	1.8	22	11	85
密克罗尼西亚联邦	0.1	41	4.2			19
斐　济	1.1	10	3.1	38	3	39
法属波利尼西亚	0.4	16	3.4	36	3	65
马绍尔群岛	0.2	57	7.2	51	3	65
新喀里多尼亚	0.3	15	2.8	33	5	59
新西兰	4.2	8.3	2.2	23	12	84
巴布亚新几内亚	7.3	99	5.4	40	3	13
所罗门群岛	0.7	44	5.5	47	3	16
瓦努阿图	0.3	65	5.5	46	3	18
西萨摩亚	0.4	43	4.7	40	4	21

出生预期寿命(岁)			数据完整性代码⑥	已婚妇女避孕率(%)		政府对生育水平看法(H=太高,S=满意,L=太低)	1991年人均国民生产总值(美元)
平　均	男	女		总　计	现代方法		
72	69	75	A				
72	68	76	A				
76	74	79	A			L	6 230
77	73	80	A			L	18 580
72	70	73	A				
76	74	78	A			S	6 850
74	70	77	A			S	5 620
76	73	79	A			S	
73	69	77	A				
77	73	80	A	59	38	S	12 460
72	69	74	A			S	
70	**65**	**74**			**19**		**2 680**
72	68	75	B		12		2 150
71	67	75	B		7		1 670
71	66	76	B		13	S	3 110
73	69	76	B		8		1 640
69	64	73	B		22		2 470
69	65	73	B		25		1 550
69	65	72	B		15		2 170
69	64	74	B		22		3 220
70	67	72	B		15		1 050
66	63	70	B		12		1 700
71	66	75	B		15	S	2 340
70	**66**	**73**	B		**19**		**1 350**
73	70	76					12 830
77	74	80	A	76	72	S	16 590
67	65	69	C			H	
64	62	66	B			H	1 830
70	67	72	B				
61	60	63	B			H	
72	69	76	B				
75	72	78	A			S	12 140
55	54	56	B			H	820
65			B			H	560
65			B			S	1 120
66	64	69	B			H	930

世界人口数据表注释、数据来源及定义

一、注释

数据表列出了人口在15万以上的所有地理政治实体和所有联合国成员国，包括主权国、属地、海外行政区以及一些地位或边界尚未确定或解决的领地。按联合国的划分方法，发达国家包括欧洲和北美的所有国家，加上澳大利亚、日本、新西兰和前苏联。所有其他地区和国家都归入不发达国家。作为当前政治发展的一个结果，前苏联和南斯拉夫的加盟共和国表示独立。被认为全部或部分国土在欧洲的前苏维埃共和国的国名前标有 * 号。在前苏联中，俄罗斯象土耳其一样跨欧亚大陆。

世界和地区人口总数：地区人口总数是四舍五入的整数，包括一些未列出的小国或地区。地区和世界的各种率和百分比为未得到数据的国家的加权平均数，列出的地区平均数至少得到了地区人口的三分之二的数据或估计数。

早先各年出版的世界人口数据表不应作为一个时间序列表来使用。数值的年年波动与其说是反映实际水平的变化，不如说是依据新的数据或估计数作了修正。因为数据往往涉及不同的年份，具有极其不同的可靠性，应当注意国家的顺序和变量之间的关系。有关可能趋势和时间序列的其他资料可以从人口咨询局得到，也可在联合国、世界银行和美国普查局的出版物中查到。

二、数据来源

本表采用的各种率和数字主要由以下资料汇编而成：1992年《联合国人口年鉴》（即将出版）和人口与生命统计报告，联合国统计室到1993年4月1日止得到的数据，联合国人口司1992年估计的《世界人口展望》，美国人口普查局国际研究中心的数据文件，欧洲理事会和欧洲共同体出版物中的数据，以及世界银行的长期人口预测。其他来源包括最近在美国及国外进行的人口调查、与各国人口学家及统计局进行的专题研究和直接交流。各种具体数据的原始资料，可通过与数据表编者的联系取得。

对那些有完整出生、死亡登记的国家来说，表中的各种率多是接近报告的。发达国家的生命率，几乎都是参照1991年和1992年12个月中某个时候的资料；而不发达国家的引用日期，一般是90年代初期某个时候的资料。用一位小数表示婴儿死亡率，以表明生命统计登记（出生和死亡）的完整性。

三、定义

1993年年中人口数　此数系以最近的人口普查或国家官方的数据以及联合国、美国人口普查局或世界银行的预测为根据的估计数。由于当代政治事件而引起的难民迁居，大量外国工人以及人口移动的影响已尽可能考虑在内。

出生率和死亡率　由于这两种率通常为“粗率”，不考虑人口的年龄结构，因此发达国家和粗死亡率往往高于不发达国家，因为发达国家的老年人比例大。

自然增长率　出生率减死亡率所得年人口增长率，不包括迁移。用百分数表示。

人口“倍增时间”　在假定自然增长率保持不变的情况下人口增加一倍所需的年数。以自增长率为基础，此项数字只表示与特定自然增长率有关的潜在增长趋势，不是预报任何人口和实际倍增时间。

2010年和2025年人口数　根据对生育、死亡和迁移未来发展的合理假设预测的人口数。预测数系根据各国官方预测或联合国、美国普查局、世界银行或人口咨询局预测出版的丛书。

婴儿死亡率　每年每千名活产婴儿中未满周岁婴儿死亡数。带小数的婴儿死亡率完全是根据国家的统计，而不是上述资料的估计数。加＊数字表示婴儿死亡率系年婴儿死亡数少于50人的，结果是每年变化很大。

总和生育率 假定妇女在其生育期内（通常为15—49岁）目前的分年龄出生率保持不变，一个妇女所生子女的平均数。

15岁以下及65岁以上人口 通常被认为是“被抚养年龄”的这两个年龄组的人口占总人口的百分比。

出生预期寿命 按目前的死亡水平，预期一个新生婴儿存活的平均年数。

城市人口 居住在被国家称作城区的或上述某资料中估计的城区人口占总人口的百分比。

数据完整性 一般用“A”到“D”划分数据完整性的等级。“A”表示一个国家既有完整的生命统计（出生和死亡数据）又在15年内公布过国家级人口普查资料或有连续的人口登记；列为“B”的国家，表示有上述两种数据中的一种，加上一次可用的15年前的人口普查资料或一次10年内的国家调查或抽样登记，或两者皆有；“C”表示至少有一次人口普查，一次调查或一次抽样登记；“D”表示缺乏或无可靠人口资料，估计数是根据不完整的数据或人口模型得出来的，尽管范畴相同，数据的质量可能有很大的差别。

避孕率 在婚或同居育龄妇女（15—49岁）采用任何避孕措施人数的百分比。“现代”方法包括临床和提供如避孕丸、避孕套、宫内节育器及绝育等方法。数据取自各人口统计与健康调查项目、联合国人口司的监测报告的数据文档或国家报告等。除标有＊号的数据指从1980年至1985年，其它数据均指从1986年到1992年的某个时间。

政府对当前生育水平的看法 此人口政策指数表示各国政府对本国出生率的官方态度。大多数指数引自1991年联合国人口司所编《全球人口政策数据库》一书，是根据各国的最新报告补充的。

人均国民生产总值 国民生产总值包括所有国内外的产值。估计数主要引自1992年第25版《世界银行图表集》。加＊的数据为1990年而不是1991年的。

主要统计指标解释

人口数 指一定时点、一定地区范围内有生命的个人的总和。本年鉴各部分人口数的时点不一致，第四次全国人口普查人口数是指 1990 年 7 月 1 日 0 时的人口数；1993 年全国人口变动抽样调查推算数和 1993 年度户籍统计、计划生育统计、民政统计数是指 1993 年 12 月底的人口数；世界主要国家人口数是指当年年中数。

性别比 反映两性人口间比例的指标。指在总人口中或各年龄人口中，男性人数与女性人数之比。通常用每 100 个女性人口相应有多少男性人口表示。其计算公式为：

$$性别比=\frac{男性人口}{女性人口}\times 100\%$$

出生率（又称粗出生率） 指在一定时期内（通常为一年）一定地区的出生人数与同期平均人数（或期中人数）之比。它反映人口的出生水平，一般以千分数表示。本资料中的出生率指年出生率，其计算公式为：

$$出生率=\frac{年出生人数}{年平均人数}\times 1000‰$$

死亡率 指一定时期内（通常为一年）一定地区的死亡人数与同期平均人数（或期中人数）之比。说明该时期人口的死亡强度，一般用千分率表示。本资料中的死亡率指年死亡率，其计算公式如下：

$$死亡率=\frac{年死亡人数}{年平均人数}\times 1000‰$$

自然增长率 表明人口自然增长的趋势和程度（或速度）的指标。即一定时期内人口自然增长数（出生人数减死亡人数）与同期平均人数（或期中人数）之比。通常以一年为期计算，用千分率表示。计算公式为：

$$人口自然增长率=\frac{全年出生人数-全年死亡人数}{年平均人数}\times 1000‰$$

或，人口自然增长率＝人口出生率－人口死亡率

人口平均增长速度（或人口平均增长率） 指在两年以上的时期内，平均每年人口增长程度或增长速度（包括人口机械变动因素）。最常用的计算方法是几何平均数法。人口平均增长速度计算公式为：

$$\overline{K}=\sqrt[n]{\frac{P_n}{P_0}}-1=\sqrt[年数]{\frac{报告期人口数}{基期人口数}}-1=人口平均发展速度-1$$

生育率　指按一定性别一定年龄计算的每千人生育的活婴数。

一般生育率　指一定时期内(通常为一年)出生的活婴数与全体育龄妇女人数之比。亦称总生育率。所谓全体育龄妇女,是指15岁到49岁的全体妇女,不论是否结婚,不论是否生育,都计算在内,故一般生育率也称育龄妇女生育率。其计算公式为:

$$一般生育率=\frac{一年内出生活婴数}{育龄妇女(15-49岁)人数}\times 1000‰$$

总和生育率　指一定时期(如某一年)各年龄组妇女生育率的合计数。

$$总和生育率=f_T=\sum_{15}^{49} fx=各年龄组妇女生育率之和$$

育龄妇女　指处于生育年龄的妇女。人口统计中一般以15-49岁为妇女生育年龄。

婚姻状况　指一定地区的人口中,每个人在是否婚居方面所处的状态。婚姻状况通常分为四类,即:(1)未婚(指从未结过婚),(2)已婚(亦称有配偶或婚居),(3)丧偶(指配偶已死亡,本人并未再婚),(4)离婚(指已正式与配偶解除婚姻关系,本人并未再婚)。

抚养系数(又称抚养比)　指人口中非劳动年龄人数对劳动年龄人数之比,以百分数表示。它表明,从整个社会来看,每100名劳动年龄人口负担多少非劳动年龄人口。抚养比的计算公式为:

$$抚养比=\frac{14岁及以下人数+65岁及以上人数}{15-64岁人数}\times 100\%$$

少年儿童抚养系数(又称少年儿童抚养比)　指人口中少年儿童人数与劳动年龄人数之比,以百分比表示。它表明,从整个社会来看,每100名劳动年龄人口负担多少少年儿童。计算公式为:

$$少年儿童抚养比=\frac{14岁及以下人数}{15-64岁人数}\times 100\%$$

老年抚养系数(又称老年抚养比)　指人口中老年人数与劳动年龄人数之比,以百分比表示。它表明,从整个社会来看,每100名劳动年龄人口负担多少老年人。其计算公式为:

$$老年抚养比=\frac{65岁及以上人数}{15-64岁人数}\times 100\%$$

非农业人口　指城乡中常年从事第二、三产业的人口及其所抚养的那部分人口,包括吃国家定量粮的人口、集镇自理口粮常住人口、国营农场中的行政管理人员以及附属的独立核算的工业企业中常年不从事农业生产的国家职工、乡镇党政机关的在编人口。